Langenscheidt
Universal-Wörterbuch

Slowenisch

Slowenisch – Deutsch
Deutsch – Slowenisch

Langenscheidt

Langenscheidt Universal-Wörterbuch Slowenisch

Bearbeitet von: ACT Fachübersetzungen GmbH,
Dr. Christiane Wirth

Entwickelt auf der Basis des
Langenscheidt Universal-Wörterbuch Slowenisch

Lexikografische Bearbeitung: Susanne Brudermüller,
Dr. Vesna Kondrič Horvat, Helene Perné,
Ana Monika Pirc, Madita Šetnic Salzmann

1. Auflage 2024 (1,01 - 2024)

www.langenscheidt.com

Projektleitung: Ursula Martini
Typgografisches Konzept nach:
KOCHAN & PARTNER GmbH, München
Satz: Claudia Wild, Konstanz
Druck und Bindung: Druckerei C. H. Beck, Nördlingen
Printed in Germany

ISBN 978-3-12-514586-3

Inhalt

Hinweise für die Benutzung

Die Tilde ~ ersetzt das Stichwort in den Wendungen und in den idiomatischen Ausdrücken:

> **četŕt** F Viertel *n*; **méstna ~** Stadtviertel *n*

Die Betonung der slowenischen Wörter folgt diesen Regeln:
ê und ô sind lang und offen,
á, é, í, ó, ú sind lang und geschlossen,
à, è, ì, ò, ù sind kurz und meistens offen.

Das Geschlecht der slowenischen Substantive wird nur dann angegeben, wenn es von folgenden Regeln abweicht:
Wörter, die auf Konsonanten enden, sind männlich (*m*),
Wörter mit Endung auf a sind weiblich (*f*),
Wörter mit Endung auf o und e sind sächlich (*n*).

Das Geschlecht der Substantive und Wortartangaben stehen in Kapitälchen bzw. in kursiver Schrift.

> **Harmonie** F harmoníja, ubránost *f*, skládnost *f*
> **polágoma** ADV allmählich, langsam

Slowenische Verben treten meist als imperfektive und perfektive Verben auf. Perfektive Verben werden stets mit PF bzw. *pf* gekennzeichnet, Verben, die sowohl perfektiv als auch imperfektiv sind, mit IM(PF) bzw. *im(pf)*. Im deutsch-slowenischen Wörterbuchteil ist das perfektive Verb in spitzwinkligen Klammern angegeben:

odgovoríti PF antworten, entgegnen
regulírati (IM)PF regulieren
einsteigen vstópati ⟨vstopíti⟩

Wo die Bedeutung des perfektiven bzw. imperfektiven slowenischen Verbs derjenigen des deutschen nähersteht, wird nur das entsprechende Verb angeführt:

erblicken zaglédati *pf*
verharren vztrájati; ostáti *pf*

Die Rektion, d. h. die zum Stichwort gehörenden Präpositionen, wird mit folgenden Kasusangaben angegeben: *N* = Nominativ, *G* = Genitiv, *D* = Dativ, *A* = Akkusativ, *L* = Lokativ, *I* = Instrumental

pod (*A, I*) unter (*A, D*)

Erläuternde Hinweise in kursiver Schrift für die Wahl der richtigen Übersetzung:

lìh *Zahl*: ungerade

Sachgebiete sind meistens abgekürzt in Kapitälchen angegeben:

Birne F hrúška; ELEK žárnica

Die Aussprache des Slowenischen

A,a	
B,b	
C,c	wie *z* (*ts*) in *Katze*
Č,č	wie *tsch*
D,d	
E,e	
F,f	
G,g	
H,h	wie deutsches *ch* in *Wache*, aber schwächer
I,i	
J,j	
K,k	
L,l	im Wortlaut und zwischen Vokalen wie deutsches *l*; vor Konsonant und im Wortauslaut oft ein kurz gesprochener Laut zwischen *w* und *u*, z. B. poln [poŭn], žival [ʒiwaŭ]; in Fremdwörtern und Neubildungen meist wie deutsches *l*
M,m	
N,n	
O,o	
P,p	
R,r	Zungenspitzen-r; in den Silben r + Konsonant und beim r mit Akzent im Wortanlaut wird vor r der silbenbildende Halbvokal ə eingefügt, z. B. trg [tərg]
S,s	
Š,š	wie *sch*
T,t	
U,u	

V,v vor Vokalen und dem silbenbildenden r wie *w* in *W̲ein;* z. B. vrt [wərt]; im Wort- und Silbenauslaut ähnlich wie *u*

Z,z stimmhaftes *s* wie in *les̲en;* auch im Auslaut halb stimmhaft

Ž,ž wie *j* in *J̲ournal*

Die Konsonanten **b, d, f, g, k, m, n, p** und **t** werden wie im Deutschen ausgesprochen; **k, p** und **t** jedoch unbehaucht. Die Verbindung **eu** wird – anders als im Deutschen – getrennt ausgesprochen.

lj enge Verbindung von *l* und *j*, wie in *Lil̲ie*, im Auslaut kaum hörbar

nj enge Verbindung von *n* und *j*, wie in *Kog̲n̲ak*, im Auslaut kaum hörbar

Zur Aussprache der Vokale s. S. 4.

Slowenisch – Deutsch

A

a aber, jedoch
abecéda Abc *n*, Alphabet *n*
abonènt Abonnent *m*
abonmá M Abonnement *n*
admiral Admiral *m*
advokát Advokat *m*, Rechtsanwalt *m*
áfna at-Zeichen *n*, *umg* Klammeraffe *m*
Áfrika Afrika *n*
Afrikánec Afrikaner *m*
agènt Agent *m*, Vermittler *m*, Vertreter *m*
agentúra Agentur *f*
agírati agieren, handeln
airbag *umg* Airbag *m*
ájda Buchweizen *m*
akademíja Akademie *f*
akadémik Akademiker *m*
ákcija Aktion *f*, Handlung *f*; HANDEL Aktie *f*, Anteilschein *m*
akcíjski Aktien-
ákt Akt *m*
áktovka Aktentasche *f*
aktuálen aktuell, zeitgemäß
akumulátor Akkumulator *m*
akvarél Aquarell *n*
akvárij Aquarium *n*
álbum Album *n*
alêrgik Allergiker *m*
alêrgikinja Allergikerin *f*
álga Alge *f*
àli oder; ob; aber, jedoch **àli ... àli** entweder ... oder; **~ ne?** nicht wahr?
alkohól Alkohol *m*; **brez ~a** alkoholfrei
alkohólik Alkoholiker *m*
Álpe FPL Alpen *fpl*
alumínij Aluminium *n*
amatêr Amateur *m*
ambasáda Botschaft *f*
Amêrika Amerika *n*
Amerikánec Amerikaner *m*
àmpak aber, sondern
ángel Engel *m*
angléščina Englisch *n*
Angléž Engländer *m*
Angléžinja Engländerin *f*
Ánglija England *n*
ankéta Umfrage *f*
anonímen anonym, ungenannt
anténa Antenne *f*
aparát Apparat *m*; **brívski ~** Rasierapparat *m*
aplikácija IT App *f*
apnén kalkig
apnénec Kalkstein *m*
ápno Kalk *m*
apóstol Apostel *m*
apotéka Apotheke *f*
apotékar Apotheker *m*

apríl April *m*
Arábec Araber *m*
Arábija Arabien *n*
arábski arabisch
aretácija Verhaftung *f*
aretírati verhaften
Argentína Argentinien *n*
Argentínec Argentinier *m*
argentínski argentinisch
argumentírati argumentieren
arheológ Archäologe *m*
arhitékt Architekt *m*
arhív Archiv *n*
armáda Armee *f*, Heer *n*
arogánten arrogant, hochmütig
artêrija Arterie *f*, Schlagader *f*
asfált Asphalt *m*
asistènt Assistent *m*
aspirín® M Aspirin® *n*
astrológ Astrologe *m*
ateljé Atelier *n*
átlas Atlas *m*
atmosfêra Atmosphäre *f*
atóm Atom *n*
atómski Atom-; **atómska bómba** Atombombe *f*
atrákcija Attraktion *f*
avgúst August *m*
ávla Aula *f*
Avstrálec Australier *m*
Avstrálija Australien *n*
avstrálski australisch
Ávstrija Österreich *n*
Avstríjec Österreicher *m*
Avstríjka Österreicherin *f*
avstríjski österreichisch
ávto Auto *n*; **~ césta** Autobahn *f*
ávtobus Autobus *m*
ávtodóm Wohnmobil *n*
avtomát Automat *m*
avtomátski automatisch, selbsttätig
avtonomíja Autonomie *f*
ávtor Autor *m*, Verfasser *m*
Ázija Asien *n*
Ázijec Asiate *m*
ázijski asiatisch

B

bába *pop* Weib *n*
bábica Großmutter *f*; Hebamme *f*
bacíl Bazillus *m*
baháč Angeber *m*, Aufschneider *m*
báhati se prahlen, angeben, protzen
bahàv angeberisch, protzig
bájalica Wünschelrute *f*
bajè angeblich
bájka Märchen *n*, Fabel *f*
báker Kupfer *n*
bákla Fackel *f*
bakrén Kupfer-
bakroréz Kupferstich *m*
baktêrija Bakterie *f*
bála Ausstattung *f*; *Papier*: Ballen *m*
baláda Ballade *f*
balét Ballett *n*
balkón Balkon *m*
balón Ballon *m*
banálen banal, alltäglich
banána Banane *f*

bánja (Bade-)Wanne *f*
bánka Bank *f*
bankír Bankier *m*
bankomát Geldautomat *m*, *österr* Bankomat® *m*; **dvígniti** *pf* **denár na ~u** Geld am Geldautomaten/Bankomaten abheben
bánkovec Banknote *f*, Geldschein *m*
bár Bar *f*
barantáti *umg* feilschen
bárje Moor *n*
baróčen barock, Barock-
barók Barock *n*, *m*
barométer Barometer *n*
bárva Farbe *f*; **brez bárve** farblos
bárvast farbig
bárvati färben
barvílo Farbstoff *m*
básen F Fabel *f*
bateríja Batterie *f*; **akumulátorska ~** AUTO Akku *m*
báti se (sich) fürchten
Bavárska Bayern *n*
báza Basis *f*, Grundlage *f*
bazén Wasserbecken *n*; Schwimmbecken *n*, Swimmingpool *m*
bêbec Tölpel *m*, Idiot *m*
béda Elend *n*, Not *f*
bedák Dummkopf *m*
bêdast blöd, dumm
béden ärmlich, elend
bedéti wach sein, wachen
bêdro Oberschenkel *m*
bég Flucht *f*
bégati umhergehen; verwirren, beunruhigen
begúnec Flüchtling *m*
békati blöken
bél weiß
beletrístika Belletristik *f*
beléžiti notieren
beléžnica Notizbuch *n*
Bélgija Belgien *n*
Bélgijec Belgier *m*
belílo Bleichmittel *n*
belíti weißen, bleichen, tünchen; **~ si glávo** sich den Kopf zerbrechen
belják Eiweiß *n*, *österr* Eiklar *n*
beljakovína Eiweißstoff *m*
bélkast weißlich
beloúška Ringelnatter *f*
belúš Spargel *m*
bencín Benzin *n*
Benétke FPL Venedig *n*
beráč Bettler *m*
beračíca Bettlerin *f*
bêrem → bráti
bérgla Krücke *f*
berílo Lektüre *f*
bès Wut *f*
beséda Wort *n*, Vokabel *f*; **brez beséd** wortlos; sprachlos
besedíčenje Geschwätz *n*, Rederei *f*
besedíčiti schwätzen
besedílo Text *m*
besednják Wortschatz *m*; Wörterbuch *n*
bêsen wütend
besnéti wüten
béštija Bestie *f*
betón Beton *m*
betonírati (IM)PF betonieren
bévskati kläffen
bezèg Holunder *m*
bezníca Spelunke *f*, Kneipe *f*
bežáti fliehen, flüchten
béžen flüchtig

bíbavica Gezeiten *pl*
bíblija Bibel *f*
bibliotéka Bibliothek *f*
bicíkel Fahrrad *n*
biciklíst Radfahrer *m*
bíč Geißel *f*, Peitsche *f*
bíčati geißeln, peitschen
bifé M Büffet *n*
bìk Stier *m*
bikobórba Stierkampf *m*
biljárd Billard *n*
bílka Halm *m*
bingljáti baumeln
bínkošti FPL Pfingsten *n*
biografíja Biografie *f*
biológ Biologe *m*
biologíja Biologie *f*
biolóški biologisch
bírma Firmung *f*
biró Büro *n*
bíser Perle *f*
biserovína Perlmutt *n*
bíster klar, rein; **bístra gláva** ein heller Kopf
bistroúmen scharfsinnig
bístven wesentlich
bístvo Wesen *n*
bíti[1] **(sèm)** sein, bestehen, existieren; sich befinden
bíti[2] **(bíjem)** schlagen; *Herz:* klopfen
bítje Wesen *n*
bítka Schlacht *f*, Gefecht *n*
bivalíšče Aufenthaltsort *m*, Wohnort *m*, Wohnsitz *m*
bívanje Aufenthalt *m*
bívati wohnen
bívol Büffel *m*
bívši ehemalig
blág gütig, mild
blagájna Kasse *f*
blagájničarka Kassiererin *f*
blagájnik Kassierer *m*
blagájniški Kassen-
blagínja Wohl *n*; Wohlstand *m*
blagó Gut *n*, Ware *f*; Stoff *m*
blagohôten wohlwollend
blágor Wohl *n*, Wohlergehen *n*
blagoslávljanje Weihe *f*
blagoslávljati segnen, weihen
blagoslòv Segen *m*
blagoslovíti PF segnen
blagôvnica Kaufhaus *n*, Warenhaus *n*
blamáža Blamage *f*
bláten schmutzig, schlammig
blátiti beschmutzen; *fig* durch den Schmutz ziehen
blátnik Kotflügel *m*
bláto Kot *m*, Schlamm *m*; MED Stuhl *m*
blázen verrückt, wahnsinnig
blazína Polster *n*, Kissen *n*; **zráčna ~** Luftmatratze *f*
bláznež Irre(r) *m*
bláznost F Verrücktheit *f*, Irrsinn *m*, Wahnsinn *m*
blážen selig
blažílnik Stoßdämpfer *m*
blažíti lindern, mildern
blebetánje Geplapper *n*, Geschwätz *n*
blebetáti plappern, schwätzen
blebetàv geschwätzig
bléd blass, bleich, fahl; **mrtváško ~** leichenblass
bledíca Blässe *f*
blèsk Glanz *m*, Schimmer *m*
blêsti fantasieren; **blêde se mu** er fantasiert
bleščáti se glänzen, gleißen

bleščèč glänzend, gleißend
blísk Blitz *m*
blískati se blitzen
blískavica Blitzlicht *n*
bliskovít blitzschnell, blitzartig
blíšč Glanz *m*, Prunk *m*
blízu nah(e); **prav ~** ganz in der Nähe
blížati se sich nähern
bližína Nähe *f*
blížnji benachbart, anliegend
bljúvati (sich) erbrechen, sich übergeben
blodíti irren; **~ naokróg** umherirren
blódnja Wahn *m*, Irrglaube *m*
blók Block *m*
blúza Bluse *f*
bóben Trommel *f*
bóber Biber *m*
bóbnati trommeln
bobnéti dröhnen
bóbnič Trommelfell *n*
bóčen seitlich
bodálo Dolch *m*
bodèč stechend, stachelig; **~a žíca** Stacheldraht *m*
bôdem → **bôsti**
bodíca Stachel *m*
bodóč (zu)künftig
bodríti aufmuntern
bóg, Bóg Gott *m*; **~ ne dàj!** Gott behüte!
bogástvo Reichtum *m*
bogàt reich
bogatáš Reiche(r) *m*
bogatéti reich werden
bogatíti se sich bereichern
bogínja Göttin *f*
bogoklétje Gotteslästerung *f*
bogoslôvec Seminarist *m*; Theologe *m*
bogoslôvje Priesterseminar *n*; Theologie *f*
bogoslúžje Gottesdienst *m*
bohôten üppig
bòj Kampf *m*, Gefecht *n*; **~ za obstánek** Existenzkampf *m*
bojázen F Angst *f*, Beklommenheit *f*
bojazljív ängstlich; schüchtern, zaghaft
bojazljívec Feigling *m*
bojèč furchtsam, schüchtern, ängstlich, scheu
bojeváti se kämpfen; **~ proti** (*D*) et. bekämpfen
bojevít kampflustig, kriegerisch
bojím se → **báti se**
bojíšče Schlachtfeld *n*
bojkót Boykott *m*
bojkotírati (IM)PF boykottieren
bók Hüfte *f*; Flanke *f*; Seite *f*
bòks Boxen *n*
bôksati boxen
ból F Schmerz *m*, Leid *n*, Pein *f*
bolán krank; **duševno ~** psychisch krank
bolèč schmerzend; schmerzvoll
bolečína Schmerz *m*
boléhati kränkeln
boléhav, bolêhen kränklich
bolésten schmerzlich
boléti schmerzen, wehtun
bolézen F Krankheit *f*, Leiden *n*
Bolgár Bulgare *m*
Bolgarija Bulgarien *n*
bôlha Floh *m*

bòlj mehr; **vsè ~** zunehmend; **tóliko ~** umso mehr
bólj(š)e ADV besser
bóljši ADJ besser
bólnica Krankenhaus *n*
bolníca Kranke *f*, Patientin *f*
bolník Kranke(r) *m*, Patient *m*
bolníšnica Krankenhaus *n*
bolščáti starren, glotzen
bómba Bombe *f*; **atómska ~** Atombombe *f*; **vodíkova ~** Wasserstoffbombe *f*
bombardírati (IM)PF bombardieren
bombáž Baumwolle *f*
bómbnik Bombenflugzeug *n*
bón Bon *m*; Gutschein *m*
bòr Kiefer *f*, Föhre *f*
bórba Kampf *m*
bóre: **~ málo** sehr wenig
bórec Kämpfer *m*, Streiter *m*
bóren ärmlich, armselig
boríti se kämpfen, ringen
borovníca Heidelbeere *f*, *österr* Schwarzbeere *f*
bórza Börse *f*
bós barfuß
Bosánec Bosnier *m*
bosánski bosnisch
Bósna Bosnien *n*
bôsti stechen
bòt *umg* quitt, wett
botánik Botaniker *m*
botánika Botanik *f*
bóter Pate *m*
bótra Patin *f*
bótrstvo Patenschaft *f*
božánski göttlich
božánstvo Gottheit *f*
bóžati streicheln, liebkosen
bôžič Weihnachten *n*
božjást F Epilepsie *f*
bôžji göttlich, Gottes-; **bôžja pót** *f* Wallfahrt *f*
bráda Bart *m*; Kinn *n*
bradàt bärtig
bradavíca Warze *f*
brádlja SPORT Barren *m*
brálec Leser *m*
brán F: **postáviti se v ~** sich zur Wehr setzen
brána Egge *f*
braníti verteidigen; beschützen
branílec Verteidiger *m*
bránje Lesen *n*, Lektüre *f*
bràt Bruder *m*; **brátje in sêstre** *mpl* Geschwister *pl*
bráti lesen; sammeln
brátovščina Bruderschaft *f*
brátranec Vetter *m*, Cousin *m*
brátski brüderlich
brázda Furche *f*; **vôdna ~** Kielwasser *n*
brazgotína Narbe *f*
brazgotínast narbig
Brazílija Brasilien *n*
brbljáti plappern, schwatzen
bŕca (Fuß-)Tritt *m*
bŕcati ausschlagen, Fußtritte geben
bŕcniti PF e-n Stoß versetzen, e-n Fußtritt geben
brég Hügel *m*; Ufer *n*; Böschung *f*, Abhang *m*; **za ~om iméti** im Schilde führen
brême Last *f*, Bürde *f*
bremeníti belasten
bréncelj ZOOL Bremse *f*
brenčánje Summen *n*
brenčáti summen, surren, brummen

brenkálo Zupfinstrument *n*
brénkati zupfen
bréskev F Pfirsich *m*; Pfirsichbaum *m*
brêsti waten
brez (G) ohne (A)
bréza Birke *f*
brezbárven farblos
brezbrížen achtlos, sorglos
brezbrížnost F Sorglosigkeit *f*
brezčásen zeitlos
brezčúten gefühllos
brezdánji *fig* unendlich
brezdélen untätig, müßig
brezdélnež Nichtstuer *m*, Müßiggänger *m*, Tagedieb *m*
brezdómec Heimatlose(r) *m*
brezglàv kopflos
brezhíben tadellos, einwandfrei
brezímen namenlos, anonym
brezizrázen ausdruckslos
brezmádežen makellos, unbefleckt
brezmêjen grenzenlos, unbegrenzt
brêzno Abgrund *m*
brezobrésten zinslos
brezobzíren rücksichtslos
brezobzírnost F Rücksichtslosigkeit *f*
brezpláčen unentgeltlich, kostenlos
brezpogójen bedingungslos
brezpôseln arbeitslos
brezpôselnost F Arbeitslosigkeit *f*
brezpráven rechtlos
brezskŕben unbesorgt, unbekümmert
brezskŕbnost F Sorglosigkeit *f*
brezsŕčen herzlos
brezúpen hoffnungslos, aussichtslos
brezvésten gewissenlos, skrupellos
brezvétrje Windstille *f*
brezvládje Anarchie *f*
brezvóljen willenlos
brezžíčen drahtlos
bŕhek nett, sauber
brídek bitter, bitterlich
bridkóst F Bitterkeit *f*, Kummer *m*
bríga Sorge *f*
brigáda Brigade *f*
brígati se *umg* sich kümmern (za um)
briljánt Brillant *m*
brìn Wacholder *m*
brínovec Wacholderschnaps *m*
brisáča Handtuch *n*
brisálec Scheibenwischer *m*
brísati wischen
brítev F Rasiermesser *n*
bríti rasieren
brítvica Rasierklinge *f*
brívnik Rasierapparat *m*, Rasierer *m*
brizgálka Spritze *f*
brízgati spritzen
bŕki MPL Schnurrbart *m*
brkljáti werkeln
brléti schwach brennen
brlòg ZOOL Bau *m*, Höhle *f*
brnéti summen, surren, schwirren
bród Furt *f*; Fähre *f*
brodíti waten
brodolòm Schiffbruch *m*

bròn Bronze *f*
bróša Brosche *f*
brošúra Broschüre *f*
brózga Matsch *m*
bŕskati stöbern, wühlen; stochern
bŕst M, F Knospe *f*, Spross *m*, Trieb *m*
brstéti sprießen, treiben
bršlján Efeu *m*
brúhati (sich) erbrechen, sich übergeben
brúnarica Holzhaus *n*
brúndati brummen
brúno Balken *m*
Brúselj Brüssel *n*
brusílnik Schleifmaschine *f*
brusíti schleifen, schärfen
brúsnica Preiselbeere *f*
brúto brutto
bŕv F Steg *m*
bŕzda Zaum *m*, Zaumzeug *n*
bŕzdati zäumen, zügeln
brzíca Stromschnelle *f*
brzína Geschwindigkeit *f*
brzínomer Tacho(meter) *m*
brzostrélka Maschinenpistole *f*
bŕzovlak Schnellzug *m*, Eilzug *m*
bŕž schnell, geschwind; **~ ko** sobald als
bŕžkone vermutlich, wahrscheinlich
bržóla Rostbraten *m*
búba ZOOL Puppe *f*
búcika Stecknadel *f*
búča Kürbis *m*; *umg* Kopf *m*
bučánje Brausen *n*, Getöse *n*
bučáti tosen, brausen
búčen lärmend
budálo Dummkopf *m*
búden wach
budílka Weckuhr *f*, Wecker *m*
budízem Buddhismus *m*
budíti wecken
búdnost F Wachsamkeit *f*
budžét Budget *n*
bújen üppig
bújnost F Üppigkeit *f*
búkev F Buche *f*
búla Beule *f*, Geschwulst *f*
búldog Bulldogge *f*
bulimíja Magersucht *f*; **iméti bulimíjo** magersüchtig sein
búljiti glotzen, starren
búren stürmisch, bewegt, heftig
búrja Sturm *m*, Bora *f*
búška Beule *f*
bútanje Stoßen *n*; **~ valóv** Brandung *f*
bútati stoßen
bútec Dummkopf *m*
butéljka Flasche *f*
butíca *umg* Kopf *m*

C

cápa Fetzen *m*
capljáti trippeln, zappeln
carína Zoll *m*; **caríni zavézan** zollpflichtig
carínik Zollbeamte(r) *m*
carinárnica Zollamt *n*
carínski zollamtlich
cedílce Küchensieb *n*
cedílo Durchschlag *m*, Seiher

m; **pustíti** *pf* **na cedílu** im Stich lassen
cedíti seihen; **~ se** triefen
cefráti fasern, fransen
céh Gilde *f*, Zunft *f*
cékar Handkorb *m*
cél ganz, völlig
célica Zelle *f*
celína Festland *n*, Kontinent *m*
celítev F Heilung *f*
celíti heilen; **~ se** (ver)heilen
celó sogar, selbst
celodnéven ganztägig
celolétten ganzjährig
celôta Gesamtheit *f*
celôten gänzlich, gesamt
Celovec Klagenfurt
celulóza Zellulose *f*, Zellstoff *m*
cemènt Zement *m*
cementírati (IM)PF zementieren
céna Preis *m*; **prodájna ~** Verkaufspreis *m*; **továrniška ~** Fabrikpreis *m*
cenén billig
ceník Preisliste *f*
cenítev F Schätzung *f*
céniti schätzen, würdigen, achten
cénjen geschätzt, verehrt, wert
cènt (*Eurocent*) Cent *m*
centiméter Zentimeter *n*
centrála Zentrale *f*; **telefónska ~** Vermittlung *f*
centrifúga Schleuder *f*, Zentrifuge *f*
cenzúra Zensur *f*
cenzurírati (IM)PF zensieren
cepetáti trampeln, stampfen; zappeln
cepíti *Holz* spalten; BOT propfen; MED impfen
cepívo Impfstoff *m*
cérkev F Kirche; **rómarska ~** *f* Wallfahrtskirche *f*
cerkvén kirchlich, Kirchen-
cêsar Kaiser *m*
cesaríca Kaiserin *f*
cesárstvo Kaiserreich *n*
césta Straße *f*; **avtomobílska ~** Autobahn *f*; **dovózna ~** Zufahrtsstraße *f*
cestíšče Fahrbahn *f*
cestnína *österr* Maut *f*
cestnínski Maut-, **cestnínska postája** Mautstelle *f*
cév F Rohr *n*, Röhre *f*; Schlauch *m*; *Waffen*: Lauf *m*; **izpúšna ~** *f* Auspuffrohr *n*
cigàn *neg!* Zigeuner *m*
cigánka *neg!* Zigeunerin *f*
cigára Zigarre *f*
cigaréta Zigarette *f*
cíkel Zyklus *m*, Kreis *m*
cikláma Zyklamen *n*, Alpenveilchen *n*
cilínder Zylinder *m*
cílj Ziel *n*; Zweck *m*
címet Zimt *m*
cíncati *umg* zaudern, unschlüssig sein
cingljáti schellen, klingeln
cíničen zynisch
cínik Zyniker *m*
cínk Zink *n*
cípa *abw meist neg!* Hure *f*
ciprésa Zypresse *f*
cirílica kyrillische Schrift *f*
cirkulárka Kreissäge *f*
církus Zirkus *m*

citát Zitat *n*
cítre FPL Zither *f*
civílen zivil, bürgerlich; Zivil-
civilizácija Zivilisation *f*
cmeràv weinerlich, quengelig
cmériti se heulen
cmòk Kloß *m*; *österr* Knödel *m*
cmokáti schmatzen
cóna Zone *f*
copáta Pantoffel *m*
cŕkniti PF *umg* verrecken
cúla Bündel *n*
cúnja Lappen *m*, Fetzen *m*
cúrek Strahl *m*
curljáti rieseln, rinnen
cvét Blüte *f*
cvetáča Blumenkohl *m*; *österr* Karfiol *m*
cvéten Blüten-
cvèten blühend; **cvètna nedélja** Palmsonntag *m*
cvetéti blühen, gedeihen
cvétje Blüten *fpl*, Blumen *fpl*
cvetlíca Blume *f*
cvetličárna Blumenladen *m*
cvetóč blühend
cvíliti winseln, wimmern; quietschen
cvrčáti zirpen; zwitschern
cvŕtje Rührei *n*; *österr* Eierspeise *f*

Č

čáj Tee *m*; **kamílični ~** Kamillentee *m*; **lípov ~** Lindenblütentee *m*
čájnik Teekanne *f*; Teekessel *m*
čakálnica Warteraum *m*, Wartezimmer *n*
čákanje Warten *n*
čákati warten
čár Reiz *m*, Zauber *m*
čárati zaubern
čarôben reizend, zauberhaft, bezaubernd; Zauber-
čarôvnica Hexe *f*
čarôvnik Zauberer *m*, Magier *m*
čàs Zeit *f*; **vsák ~** jederzeit
čásnik Tageszeitung *f*
čásnikar Journalist *m*
časopís Zeitschrift *f*, Zeitung *f*
časopísje Presse *f*
časóven zeitlich, Zeit-
část F Ehre *f*, Würde *f*
črásten ehrenvoll, Ehren-
častihlépen ehrgeizig
častihlépnost F Ehrgeiz *m*
častíti ehren, verehren, anbeten
častítljiv ehrwürdig
častílec Verehrer *m*
částnik Offizier *m*
če wenn, falls
čebéla Biene *f*
čebelár Bienenzüchter *m*, Imker *m*
čebelárstvo Bienenzucht *f*

čebèr Kübel *m*, Bottich *m*
čebljánje Geplauder *n*, Plauderei *f*
čebljáti plaudern; plappern
čebúla Zwiebel *f*
čečkánje Gekritzel *n*, Kritzelei *f*
čečkáti kritzeln
čedálje immer mehr
čéden hübsch; schick
čéditi säubern, putzen, reinigen
čédnost F Tugend *f*
čédnosten tugendhaft
Čéh Tscheche *m*
Čéhinja Tschechin *f*
ček Scheck *m*
čekôven Scheck-; **čekóvna knjížica** Scheckbuch *n*
čeláda Helm *m*; **várnostna ~** Sturzhelm *m*
čeljúst F Kiefer *m*
čêlo Stirn *f*
čeméren verdrossen, verdrießlich, missmutig
čemú wofür, wozu
čénča Klatschbase *f*
čèp Zapfen *m*, Pfropfen *m*, Korken *m*
čepéti hocken, kauern
čépica Mütze *f*, Kappe *f*
čepràv obgleich, obwohl
čér F Klippe *f*
čerávno → čepràv
česáti kämmen, frisieren
čêsen Knoblauch *m*
čestítati gratulieren, beglückwünschen
čestítka Glückwunsch *m*
čésto oft, häufig
čèš: **~ da** angeblich
češárek (Tannen-)Zapfen *m*
češčèn geehrt; gesegnet
češčênje Anbetung *f*, Verehrung *f*
čéšem → česáti
Čéška Tschechien *n*
čéški tschechisch
čéšnja Kirsche *f*; Kirschbaum *m*
čéšplja Pflaume *f*, Zwetsch(g)e *f*; Zwetsch(g)enbaum *m*; **súha ~** Dörrpflaume *f*
čéta Truppe *f*, Schar *f*, Kompanie *f*
četŕt F Viertel *n*; **méstna ~** Stadtviertel *n*
četŕtek Donnerstag *m*; **véliki ~** Gründonnerstag *m*
četŕti vierte(r)
četŕtič viertens
četrtína Viertel *n*
četŕtléten vierteljährlich
četúdi obgleich, obwohl
četverokótnik Viereck *n*
čévelj Schuh *m*; (*Maß*) Fuß *m*; **nízek ~** Halbschuh *m*
čevljár Schuster *m*
čez (*A*) über(*D, A*); nach (*D*); **~ pét lét** nach fünf Jahren
čezméren übermäßig
čežána Mus *n*
čígar wessen
čigáv wessen, wem gehörig
čìl frisch, munter; rege
čim ... tem ... je ... desto ...
čimprêj so schnell wie möglich, baldigst
čín Rang *m*, Dienstgrad *m*
čípka (*Stoffart*) Spitze *f*
čípkast aus Spitzen
čír Geschwür *n*; **želódčni ~** Ma-

gengeschwür *n*
číst rein, klar
čistílo Reinigungsmittel *n*
čístiti reinigen, säubern, putzen
čístka POL Säuberung *f*
čísto ganz, völlig; **~ nič** gar nichts
čistôča Reinheit *f*, Sauberkeit *f*
čistokŕven vollblütig
čístost F Reinheit *f*; Keuschheit *f*
čìšča: **meséčna ~** Menstruation *f*, Regel *f*
číščenje Reinigung *f*, Säuberung *f*
čitálnica Lesesaal *m*
čítanka Lesebuch *n*
čítati lesen
čitljív leserlich
čívkati piepsen
člán Mitglied *n*; **částni ~** Ehrenmitglied *n*
članarína Mitgliedsbeitrag *m*
článek Artikel *m*
článstvo Mitgliedschaft *f*
člén Glied *n*; Artikel *m*; Paragraf *m*
člének Glied *n*; Knöchel *m*
človéčnost F Menschlichkeit *f*, Humanität *f*
člôvek Mensch *m*
člověški menschlich
člověštvo Menschheit *f*
čmŕlj Hummel *f*
čofotáti planschen
čokàt gedrungen, untersetzt
čokoláda Schokolade *f*
čôln Boot *n*; **~ na vêsla** Ruderboot *n*; **gúmijasti ~** Schlauchboot *n*; **motórni ~** Motorboot *n*; **rešílni ~** Rettungsboot *n*
čòp Schopf *m*; Quaste *f*
čópič Pinsel *m*
čréda Herde *f*
črepínja Scherbe *f*
čréva NPL Gedärme *n*, Eingeweide *npl*
črevó Darm *m*; **debélo ~** Dickdarm *m*; **slépo ~** Blinddarm *m*; **tánko ~** Dünndarm *m*
čŕhniti: **ne ~** keinen Laut von sich geben
čríček ZOOL Grille *f*
čŕka Buchstabe *m*
črkováti buchstabieren
čŕn schwarz
čŕnec Schwarze(r) *m*
črníca *österr* Schwarzbeere *f*, Heidelbeere *f*
črnílo Tinte *f*; **tiskársko ~** Druckerschwärze *f*
čŕniti schwärzen; verleumden
čŕnka Schwarze *f*
črnoglèd Pessimist *m*
Črnogórec Montenegriner *m*
črnolás schwarzhaarig
črpálka Pumpe *f*; **bencínska ~** Tankstelle *f*
čŕpati pumpen; schöpfen
čŕta Linie *f*, Strich *m*; **zráčna ~** Luftlinie *f*
čŕtast linienförmig; liniert
čŕtati streichen
čŕtica (kurzer) Strich *m*; *literarisch*: Skizze *f*
črtíti hassen
čŕtkati schraffieren
čŕv Wurm *m*
črvív wurmstichig
čudák Sonderling *m*
čudáški schrullig, verschroben

čúden sonderbar, seltsam
čúdež Wunder *n*
čúdežen wundersam, Wunder-
čudíti se sich wundern, staunen; **tému se ne čúdim** das wundert mich nicht
čúdo Wunder *n*; **svetóvno ~** Weltwunder *n*
čudovít wunderbar, wundervoll
čújem → čúti
čúk ZOOL Kauz *m*
čústven gefühlvoll, empfindsam; **~ člôvek** Gefühlsmensch *m*
čústvo Gefühl *n*, Empfindung *f*
custvováti fühlen, empfinden
čút Sinn *m*, Gefühl *n*; **~ dolžnósti** Pflichtgefühl *n*; **~ za čast** Ehrgefühl *n*
čúti wachen; hören, vernehmen
čutílo Sinnesorgan *n*
čutíti fühlen, empfinden
čuváj Wächter *m*
čúvati bewahren, hüten
čvekánje Geschwätz *n*
čvekáti schwätzen
čvŕst fest, kräftig; rüstig; prall; **~ega zdrávja** kerngesund

D

dà ja, jawohl
da dass, damit; **~ bi** um; **ne ~ bi** ohne dass
dahníti PF hauchen
dajálnik Dativ *m*
dajátev F Abgabe *f*
dajáti geben; **~ se s kóm** mit j-m streiten
dáleč weit, entfernt; **~ naokóli** weit und breit
dàlj weiter, länger; **~ čása** längere Zeit, e-e Weile
daljáva Weite *f*, Ferne *f*
dálje weiter, ferner; **in takó ~** und so weiter
dáljen fern, entfernt, weit
daljíca Strecke *f*
daljínec Fernbedienung *f*
daljnoglèd Fernrohr *n*, Fernglas *n*
daljnoséžen weitgehend, weitreichend
daljnovíden weitsichtig
daljnovídnost F Weitsichtigkeit *f*; Weitblick *m*
dáljšati verlängern, ausdehnen; **~ se** länger werden
dáljši länger, weiter
Dalmácija Dalmatien *n*
Dalmatínec Dalmatiner *m*
dám → dáti
dáma Dame *f*
dán Tag *m*; **čez ~** tagsüber; **dóber ~!** guten Tag!
danášnji heutig
dándánes heutzutage
dánes heute
daníca Morgenstern *m*
daníti se tagen, grauen; **daní se** es wird Tag
dánka Mastdarm *m*
dár Gabe *f*, Geschenk *n*; Talent *n*
darežljív freigebig
darežljívost F Freigebigkeit *f*

darílo Geschenk *n*, Spende *f*
darítev F Opfer *n*; **mášna ~** Messopfer *n*
darováti (IM)PF opfern, spenden
dàsi, **dasirávno** obwohl, obgleich
dátelj Dattel *f*
dáti PF geben; **ne dá se mi** ich habe keine Lust; **kar se dá** möglichst
datotéka Datei *f*; **shrániti** *pf* **datotéko** e-e Datei speichern
dátum Datum *n*
dávek Steuer *f*; **~ na dohódek** Einkommenssteuer *f*; **prométni ~** Umsatzsteuer *f*
dáven alt, uralt; längst vergangen
dávi heute früh
dávica Diphterie *f*
dáviti würgen
davkoplačeválec Steuerzahler *m*
dávno längst
dêbel dick, fett; beleibt; **za prst ~** fingerdick
debelína Dicke *f*, Stärke *f*
debelíti mästen
debelóst F Dicke *f*, Stärke *f*; Fettleibigkeit *f*
debelúh Fettwanst *m*
debelúšen mollig
dêblo Stamm *m*
decêmber Dezember *m*
déci(líter) Deziliter *n*
decimálen dezimal
decimálka Dezimalzahl *f*
déček Knabe *m*
déd Großvater *m*; **~ in bábica** Großeltern *pl*
déden erblich, vererblich
dédič Erbe *m*
dédinja Erbin *f*
dédiščina Erbe *n*, Erbschaft *f*
dédnopráven erbrechtlich
dédnost F Vererbung *f*
dedováti (IM)PF erben
defékt Defekt *m*, Fehler *m*
defékten defekt, fehlerhaft
defibrilátor MED Defibrillator *m*
definícija Definition *f*
definitíven definitiv, endgültig
dehtéti duften
dejánje Tat *f*, Handlung *f*; THEAT Akt *m*; **sramôtno ~** Schandtat *f*
dejánski tatsächlich
dejáti PF sagen
dejáven tätig, aktiv
dejávnik Faktor *m*
dejávnost F Tätigkeit *f*
déjstvo Tatsache *f*
dékla Magd *f*
deklè Mädchen *n*
deklíški mädchenhaft
dekorácija Dekoration *f*
dél Teil *m*, Anteil *m*
délati tun, machen, arbeiten
délavec Arbeiter *m*; **pomóžni ~** Hilfsarbeiter *m*
délaven arbeitsam, fleißig; geschäftig
délavka Arbeiterin *f*
delávnica Werkstatt *f*; **mehánična/sêrvisna ~** Servicewerkstatt *f*
délavnik Werktag *m*, Arbeitstag *m*
delazmóžen arbeitsfähig

délen partiell, Teil-
délež Anteil *m*, Teil *m*
deléžen: **bíti ~** (G) teilhaben an et.
delfín Delfin *m*
delikatésa Delikatesse *f*; Feinkostgeschäft *n*
delírij Delirium *n*
delítev F Teilung *f*; **~ déla** Arbeitsteilung *f*; **~ beséd** Silbentrennung *f*
delíti teilen, dividieren; trennen
deljênje Teilung *f*; Division *f*
deljív teilbar, trennbar
délnica Aktie *f*
delníčar Aktionär *m*
délo Arbeit *f*; **nàjljúbše ~** Lieblingsbeschäftigung *f*
delodajálec Arbeitgeber *m*
delojemálec Arbeitnehmer *m*
déloma teilweise, zum Teil
delomŕzen arbeitsscheu
delovánje Tätigkeit *f*
delováti wirken; tätig sein
delovódja M Werkführer *m*
demokracíja Demokratie *f*
demokrát Demokrat *m*
demokrátičen, **demokrátski** demokratisch
demonstrácija Demonstration *f*
demontáža Demontage *f*, Abbau *m*
denár Geld *n*
denárnica Geldtasche *f*, Geldbörse *f*
dénem → dejáti, déti
deportácija Deportation *f*
deróč reißend
desét zehn
deseták Zehner *m*
desetíca Zehn *f*, Zehner *m*
desetínka Zehntel *n*
desétkrat zehnmal
desetlétje Jahrzehnt *n*
deskà Brett *n*, Tafel *f*; **likálna ~** Bügelbrett *n*; **odskóčna ~** Sprungbrett *n*
désni rechte(r); **na désni** rechts, zur Rechten
desníca Rechte *f*
désno rechts
destilácija Destillation *f*
déški knabenhaft
detájl Detail *n*, Einzelheit *f*
déte Kind *n*, Kleinkind *n*
dételja Klee *m*
déti PF tun; setzen, stellen, legen; **dôbro ~** wohltun, angenehm sein; **nìč ne dé** macht nichts
devét neun
devétdeset neunzig
devêti neunte(r)
devetíca Neun *f*, Neuner *m*
devetína Neuntel *n*
devétkrat neunmal
devétnajst neunzehn
devíca Jungfrau *f*
devíški jungfräulich; keusch
devíze FPL Devisen *fpl*
dèž Regen *m*
dežêla Land *n*; **na dežêli** auf dem Land; **čezmôrske dežêle** *fpl* Übersee *f*
dežêlen Landes-; **dežêlna vláda** Landesregierung *f*
deževáti regnen; **dežúje** es regnet
dežéven regnerisch
dežévnik Regenwurm *m*

dežník Regenschirm *m*
dežúren diensthabend
diagnóza Diagnose *f*
diamánt Diamant *m*
diéta Diät *f*
digitálen digital; **digitálni fótoaparát** Digitalkamera *f*
díh Atem *m*, Hauch *m*
díhanje Atmung *f*
díhati atmen
dihúr Iltis *m*
diják Schüler *m*
dijákinja Schülerin *f*
diktírati (IM)PF diktieren, ansagen
dìm Rauch *m*, Qualm *m*
dímlje FPL Leistenbeuge *f*
dímnik Schornstein *m*, Schlot *m*; *österr* Rauchfang *m*
dímnikar Schornsteinfeger *m*; *österr* Rauchfangkehrer *m*
dinámičen dynamisch
dinámika Dynamik *f*
dínamo Dynamo *m*
dínja Zuckermelone *f*
diplóma Diplom *n*
diplomacíja Diplomatie *f*
diplomíran diplomiert, Diplom-; **~ inženír** Diplomingenieur *m*
dír Galopp *m*
direndáj Wirrwarr *m*
dírjati rennen, laufen
dírka Rennen *n*, Wettrennen *n*; **avtomobílska ~** Autorennen *n*; **kónjska ~** Pferderennen *n*
dirkáč Rennfahrer *m*
dirkalíšče Rennbahn *f*, Rennplatz *m*
disciplína Disziplin *f*
diskotéka Diskothek *f*
diskréten diskret
diskusíja Diskussion *f*
dišáti duften, gut riechen
dišáva Wohlgeruch *m*; Gewürz *n*
dišèč duftend
divjáčina Wildbret *n*
divjád F Wild *n*
divják Wilde(r) *m*; BOT Wildling *m*
divjánje Toben *n*, Wüten *n*
divjáti rasen, toben, wüten
dívji wild; wütend
divjína Wildnis *f*
dízel Dieselmotor *m*
dláka Körperhaar *n*
dlákast, dlákav behaart
dlakocépstvo Haarspalterei *f*, Wortklauberei *f*
dlán F Handfläche *f*
dlésen F Zahnfleisch *n*
dléto Meißel *f*, Stemmeisen *n*
dljè weiter, länger
dnéven täglich, Tages-
dnévnica Tagegeld *n*, Diäten *fpl*
dnévnik Tagebuch *n*; Tageszeitung *f*
dnò Boden *m*, Grund *m*; **dolínsko ~** Talsohle *f*; **môrsko ~** Meeresgrund *m*
do (*G*) bis (*D*), bis zu, bis auf
dób Eiche *f*
dôba Zeit *f*, Zeitraum *m*, Alter *n*; **kaména ~** Steinzeit *f*; **účna ~** Lehrzeit *f*
dobáva Lieferung *f*; **dodátna, poznéjša ~** Nachlieferung *f*
dobavítelj Lieferant *m*
dobáviti PF, **dobávljati** liefern, zuliefern

dobávnica Lieferschein *m*
dóber gut
dobeséden wörtlich, wortgetreu; **dobesédno** wortwörtlich
dobíček Gewinn *m*, Profit *m*
dobítek Gewinn *m*, Treffer *m*
dobíti PF bekommen, erhalten; gewinnen
dobítnik Gewinner *m*
dobívati → dobíti
dobríkati se schmeicheln
dobrína Gut *n*
dôbro ADV gut
dobrodêjen wohltuend, angenehm
dobrodélen wohltätig
dobrodôšel willkommen
dobrodúšen, **dobrosŕčen** gutherzig
dobróta Güte *f*
dobrotljív gütig
dobrótnica Wohltäterin *f*
dobrótnik Wohltäter *m*
dóbršen ansehnlich, ziemlich
docéla durchaus, vollends
dočakáti PF erwarten, erleben; **~ velíko stárost** ein hohes Alter erreichen
dodátek Zusatz *m*, Zugabe *f*
dodáten nachträglich; zusätzlich
dodáti PF beigeben, beifügen, zugeben
dodélati PF vollenden
dodelíti PF zuteilen
dogájanje Geschehen *n*; Ablauf *m*
dogájati se geschehen, vorkommen
dogléden absehbar
dógma Dogma *n*
dognáti PF feststellen; ermitteln, ergründen
dogódek Ereignis *n*, Vorfall *m*
dogodíti se PF → dogájati se
dogodívščina Abenteuer *n*
dogovárjati se verhandeln
dogóvor Vereinbarung *f*, Verabredung *f*, Abkommen *n*
dogovoríti se PF verabreden; vereinbaren, ausmachen; übereinkommen
dohájati Schritt halten
dohitéti PF einholen
dohòd Zugang *m*
dohódek Einkommen *n*; **dohódki** *pl* Einkünfte *pl*
dohodnína Einkommenssteuer *f*
dojémati auffassen, erfassen
dojemljív empfänglich
dojênček Säugling *m*
dojéti PF → dojémati
dojíti stillen
dójke FPL Brüste *fpl*
dokàz Beweis *m*, Beleg *m*
dokázan bewiesen
dokázati PF beweisen, nachweisen
dokazílo Beweismittel *n*, Beleg *m*
dokazljív beweisbar
dokazováti → dokázati
dokláda Zulage *f*, Zuschlag *m*
doklèr solange, bis; **~ ne príde** bis er kommt
dokončáti vollenden, beenden
dokônčen endgültig, definitiv
dóktor Doktor *m*
dokumènt Dokument *n*, Urkunde *f*

dôl hinab, hinunter
dólar Dollar *m*
dôlbsti meißeln, stemmen
dôlg ADJ lang; **že ~o** seit Langem
dôlg Schuld *f*; **poravnáti ~** e-e Schuld begleichen
dôlgčas Langeweile *f*
dolgočásen langweilig
dolgočásiti langweilen
dolgotrájen langwierig
dolgováti schulden
dolgovézen weitschweifig, langatmig
dôli unten
dolína Tal *n*
dolíti PF nachfüllen
dólnji untere(r)
dolóčati bestimmen, festsetzen
dolóčba Bestimmung *f*
dolóčen bestimmt
določílo Bestimmung *f*, Entscheid *m*
določiti PF → dolóčati
dolóčnost F Bestimmtheit *f*
dolžán schuldig
dolžína Länge *f*; **valôvna ~** Wellenlänge *f*
dolžíti beschuldigen
dolžník Schuldner *m*
dolžnóst F Pflicht *f*, Verpflichtung *f*
dóm Haus *n*, Zuhause *n*
domá zu Hause
domàč häuslich, heimisch, Haus-, Heim-, Heimat-; vertraut; **~ krúh** hausgemachtes Brot *n*; **domáča nalóga** Hausaufgabe *f*; **domáča (splétna) strán** IT Homepage, Startseite *f*
domačíja Elternhaus *n*
domačín Einheimische(r) *m*
domála beinahe, fast
domének Verabredung *f*, Abmachung *f*
domeníti se PF abmachen, sich einigen; sich verabreden
domíslek Einfall *m*, Idee *f*
domíslica Einfall *m*, Witz *m*
domísliti se PF sich entsinnen, auf e-n Gedanken kommen
domíšljati si sich einbilden
domišljàv eingebildet
domišljávost F Einbildung *f*
domišljíja Fantasie *f*
domnéva Vermutung *f*, Annahme *f*
domnévati vermuten, annehmen
domoljúb Patriot *m*
domotóžje Heimweh *n*
domôv heim, nach Hause
domováti wohnen, hausen
domovína Heimat *f*, Vaterland *n*
domovínski heimatlich
Dónava Donau *f*
donéti schallen, tönen
donòs Ertrag *m*
donôsen einträglich, rentabel
dopís Zuschrift *f*
dopísnica Postkarte *f*; Korrespondentin *f*
dopísnik Korrespondent *m*, Berichterstatter *m*
dopisovánje Korrespondenz *f*, Briefwechsel *m*
dopisováti (si) korrespondieren
dopláčati PF nachzahlen, zuzahlen

doplačílo Nachzahlung *f*, Zuschlag *m*
dopôldan Vormittag *m*
dopôldne vormittags
dopolnílo Ergänzung *f*; Nachtrag *m*
dopolníti PF ergänzen
dopovédati PF begreiflich machen, beibringen
dopŕsje Brustbild *n*, Büste *f*
dopúst Urlaub *m*; **~ dáti** beurlauben
dopústen erlaubt, zulässig
dopustíti PF zulassen; erlauben; gewähren
dopústnik Urlauber *m*
dopúščati → dopustíti
doráščati heranwachsen
doséči PF erreichen, durchsetzen
dosedánji bisherig
dosegljív erreichbar
doséžek Ergebnis *n*, Resultat *n*
dosléden konsequent, folgerichtig
doslédnost F Konsequenz *f*
doslêj bisher, bis jetzt
dospéti PF eintreffen, ankommen
dostáva Zustellung *f*
dostáviti PF, **dostávljati** beifügen; zustellen, liefern
dôsti genug
dôstikrat oft, öfters
dostojánstven würdevoll
dostojánstvenik Würdenträger *m*
dostojánstvo Würde *f*
dostójen anständig; angemessen
dostôp Zutritt *m*
dostópen zugänglich, erreichbar
dóta Mitgift *f*, Aussteuer *f*
dotakníti se PF (*G*) berühren (*A*)
dotík Berührung *f*
dotíkati se (*G*) berühren (*A*); grenzen an
dotlêj bis dahin
dotòk Zufluss *m*; Zustrom *m*; Zufuhr *f*
douméti PF begreifen, erfassen
dovájati zuführen, zuleiten
dovódnica Vene *f*
dovolíti PF erlauben, gestatten
dovòlj genug
dovóljen erlaubt, gestattet
dovoljênje Erlaubnis *f*, Bewilligung *f*, Genehmigung *f*; **prométno ~** Kraftfahrzeugschein *m*; **vozníško ~** Führerschein *m*
dovòz Zufahrt *f*; Auffahrt *f*
dovŕšen perfektiv
dovršíti PF vollenden, vollbringen
dovtíp Witz *m*
dovzéten empfänglich
dóza Dose *f*; Dosis *f*
dozdévati se scheinen, vorkommen
dozdéven vermutlich, scheinbar
dozorél reif
dozoréti PF reif werden
doženêm → dognáti
doživéti PF erleben
doživétje Erlebnis *n*
doživljati → doživéti
dráčje Reisig *n*
drág teuer, kostspielig; lieb,

wert
drága Schlucht *f*; Bucht *f*
dragocén kostbar, wertvoll
dragocénost F Kostbarkeit *f*, Kleinod *n*
dragúlj Edelstein *m*
dráma Drama *n*
dramátičen dramatisch
drážba Versteigerung *f*
dražíti reizen; necken
dražíti teurer machen; **~ se** teurer werden
dražljáj Reiz *m*
dražljív reizend, prickelnd
drégniti PF stoßen, e-n Stoß versetzen
drémati schlummern, dösen
dremàv schläfrig, verschlafen
drémež Schlummer *m*
drés Dress *m*
drevésce Bäumchen *n*; **božíčno ~** Weihnachtsbaum *m*
drévi heute Abend
drévje Bäume *mpl*
drevó Baum *m*
drevoréd Allee *f*
drézati stochern; stoßen
drgetáti zittern, schlottern
dŕgniti reiben, scheuern, schrubben
drhál F Gesindel *n*, Pöbel *m*
drhtéti zittern, beben
dríska Durchfall *m*
dŕn: **čez ~ in stŕn** über Stock und Stein
drôbčkan winzig, zierlich, schmächtig
dróbec Splitter *m*
drôben dünn, fein; **trgovína na drôbno** Einzelhandel *m*
drobíti bröckeln; bröseln
drobíž Kleingeld *n*
drobnaríja Kleinigkeiten *fpl*
drobníca Kleinvieh *n*
drobnják Schnittlauch *m*
drobtína Krume *f*, Brösel *m*
dróg Stange *f*, Stab *m*; SPORT Reck *n*
drogeríja Drogerie *f*
drózg Drossel *f*
drsalíšče Eisbahn *f*
drsálec Eisläufer *m*
drsálke FPL Schlittschuhe *mpl*
dŕsati se Schlittschuh laufen
drséti gleiten, rutschen
drúg andere(r); **~ za ~im** nacheinander
drugáče anders; sonst
drugáčen anders, verschieden
drugàm anderswohin
drúgi zweite(r)
drúgič zweitens; ein anderes Mal
drugjé, **drugód** anderswo
drúščina Gesellschaft *f*
drúštven Vereins-
drúštvo Verein *m*; **pévsko ~** Gesangverein *m*
družáben gesellig; gesellschaftlich, Gesellschafts-
družábnik HANDEL Gesellschafter *m*, Teilhaber *m*
družábnost F Geselligkeit *f*
drúžba Gesellschaft *f*; Umgang *m*; **délniška ~** Aktiengesellschaft *f*
drúžben gesellschaftlich, sozial
družíca Brautjungfer *f*
družína Familie *f*
družínski Familien-
družíti einen, vereinen; ver-

binden
dŕva NPL Brennholz *n*
drvéti eilen, hasten
dŕzen verwegen, wagemutig, waghalsig; frech
dŕznost F Verwegenheit *f*, Wagemut *m*
dŕža Haltung *f*
držáj Griff *m*, Stiel *m*, Schaft *m*
držáti halten, festhalten; *Gefäß:* fassen; **to ne drží** das stimmt nicht
držáva Staat *m*; **zvézna ~** Bundesstaat *m*; **~ v razvôju** Entwicklungsland *n*
držáven staatlich, Staats-
državljàn Staatsbürger *m*
državljánstvo Staatsangehörigkeit *f*
držávnik Staatsmann *m*
držávnopráven staatsrechtlich
dúh Geruch *m*, Duft *m*; Geist *m*; **iméti ~ po** riechen nach; **~ po znóju** Schweißgeruch *m*
dúhati riechen, wittern
duhôven geistig; geistlich
duhovít geistreich, witzig
duhovítost F Geist *m*, Witz *m*
duhôvnik Geistliche(r) *m*, Priester *m*
duhôvščina Klerus *m*
Dúnaj Wien *n*
Dúnajčan Wiener *m*
dúnajski wienerisch, Wiener-
duplikát Duplikat *n*, Abschrift *f*
duplína Höhle *f*; **ústna ~** Mundhöhle *f*
dúplo Baumhöhle *f*
dúša Seele *f*, Geist *m*; **vérne dúše** Allerseelen
dúšek: **dáti** PF **dúška jézi** seinem Ärger Luft machen
dušéven seelisch, Seelen-, psychisch
dušévnost F Psyche *f*
dušík Stickstoff *m*
dušíti würgen; dünsten, dämpfen
dvá M, **dve** F, N zwei; **ob dvéh** um zwei Uhr
dvájset zwanzig
dvájseti zwanzigste(r)
dvákrat zweimal
dvanajst zwölf
dvánajsti zwölfte(r)
dvanajstína Zwölftel *n*
dvanájstnik Zwölffingerdarm *m*
DVD zapisoválnik DVD-Brenner *m*
dvigálo Fahrstuhl *m*, Lift *m*
dvígati heben
dvígniti PF aufheben
dvóbòj Zweikampf *m*, Duell *n*
dvódélen zweiteilig
dvogôvor Dialog *m*
dvójček Zwilling *m*
dvóje zwei, zweierlei
dvójen zweifach, doppelt
dvojíca Paar *n*, Duo *n*
dvojína Zweizahl *f*, Dual *m*
dvójka Zwei *f*, Zweier *m*
dvójnik Doppelgänger *m*; Duplikat *n*
dvókrílnik FLUG Doppeldecker *m*
dvóm Zweifel *m*; **brez dvóma** zweifellos
dvómiti zweifeln, bezweifeln
dvomljív zweifelhaft, fraglich

dvónadstrópen zweistöckig
dvópíčje Doppelpunkt *m*
dvór *(Gebäude)* Hof *m*; **sódni ~** Gerichtshof *m*
dvorána Saal *m*; **gledalíška ~** Theatersaal *m*
dvoríšče *(Fläche)* Hof *m*
dvóspôlnik Zwitter *m*
dvóstránski zweiseitig, doppelseitig
dvótíren zweigleisig
dvoúmen zweideutig
dvóvŕsten zweireihig, doppelreihig
dvózlóžen zweisilbig
dvožívka Amphibie *f*
džúngla Dschungel *m*
džus *österr* Juice *m, n*

E

ebenovína Ebenholz *n*
e-cigaréta E-Zigarette *f*
êden, êna, êno ein, eine, einer; **ob êni** um ein Uhr
edín einzig
edínec, edínka Einzelkind *n*
edínost F Einigkeit *f*, Eintracht *f*
edínstven einmalig
ednína Einzahl *f*, Singular *m*
Egipčàn Ägypter *m*
Egípt Ägypten *n*
ekípa Mannschaft *f*
e-koló E-Bike *n*
ekonomíja Ökonomie *f*
eksákten exakt, genau
ekscés Exzess *m*, Ausschweifung *f*
eksisténca Existenz *f*, Dasein *n*
eksistírati existieren, bestehen
eksótičen exotisch, fremdartig
ekspedícija Expedition *f*
ekspedít Versandabteilung *f*
eksplodírati (IM)PF explodieren
eksplozíja Explosion *f*
eksportírati (IM)PF exportieren
ekspresionízem Expressionismus *m*
ekvátor Äquator *m*
elástičen elastisch, dehnbar
elástičnost F Elastizität *f*
elegánca Eleganz *f*
elektrárna Elektrizitätswerk *n*, Kraftwerk *n*
eléktričen elektrisch
eléktrika Elektrizität *f*, Strom *m*
eléktrikar Elektriker *m*
elektrónka (Elektronen-)Röhre *f*
elektrónski elektronisch, Elektro-; **elektrónska póšta** E-Mail *f*; **préko elektrónske póšte** per E-Mail
eléktrotéhnik Elektrotechniker *m*
eléktrotéhnika Elektrotechnik *f*
elemènt Element *n*
elementáren elementar
e-mail M *umg* E-Mail *f*; **po ~u** per E-Mail; **posláti** *pf* **kómu ~** j-m e-e E-Mail schicken
emájl Email *n*
emancipácija Emanzipation *f*

embaláža Verpackung *f*
emigrácija Emigration *f*, Auswanderung *f*
emigrírati auswandern
èn, **êna**, **êno** ein, eine, ein
enačáj Gleichheitszeichen *n*
enáčba Gleichung *f*
enájst elf
enájsti elfte(r)
enák gleich
enakoméren gleichmäßig
enakopráven gleichberechtigt
enakoprávnost F Gleichberechtigung *f*
enákost F Gleichheit *f*
enakovréden gleichwertig
endívija Endivie *f*
enêrgičen energisch
energíja Energie *f*
eníca, **ênka** Eins *f*
ênkrat einmal; **~ za vsèlej** ein für alle Mal
ênkraten einmalig, einzigartig
ênobárven einfarbig
ênodejánka Einakter *m*
ênodnéven eintägig
ênoglásen einstimmig
ênoléten einjährig
enolíčen eintönig, monoton
enolíčnost F Monotonie *f*
enolônčnica Eintopfgericht *n*
ênonadstrópen einstöckig
enostáven einfach
enôta Einheit *f*
enôten einheitlich
enôtnost F Einheitlichkeit *f*
ép Epos *n*
epidemíja Epidemie *f*
épika Epik *f*
epilóg Epilog *m*, Nachwort *n*
epizóda Episode *f*
e-póšta E-Mail *f*
epruvéta Reagenzglas *n*, Probierglas *n*
erótičen erotisch
erótika Erotik *f*
eséj Essay *m*, *n*
Eskím Eskimo *m*
estét Ästhet *m*
estétika Ästhetik *f*
etápa Etappe *f*
éter Äther *m*
étika Ethik *f*, Sittenlehre *f*
etikéta (*Aufschrift*) Etikett *n*; (*Umgangsformen*) Etikette *f*
etimologíja Etymologie *f*
etimolóški etymologisch
etnologíja Ethnologie *f*, Völkerkunde *f*
etuí M Etui *n*
evangélij Evangelium *n*
evidénca Evidenz *f*
evolúcija Evolution *f*
e-vozílo E-Auto *n*
évro M *Währung:* Euro *m*
Evrópa Europa *n*; **Srédnja ~** Mitteleuropa *n*
Evropêjec Europäer *m*
evrópski europäisch

F

fakultéta Fakultät *f*
fanátičen fanatisch
fanátik Fanatiker *m*
fànt Bursche *m*; **~ od fáre** Prachtkerl *m*

fantástičen fantastisch
fantazíja fantasie *f*, Einbildungskraft *f*
fantazírati (IM)PF fantasieren
fantóm Phantom *n*
fántovščina (*f. Männer*) Junggesellenabschied *f* (*vor der Hochzeit*)
fára Pfarre *f*
farizêj Pharisäer *m*, Heuchler *m*
fársa Farce *f*, Posse *f*
fasáda Fassade *f*
fašízem Faschismus *m*
fáza Phase *f*
fébruar Februar *m*
federácija Föderation *f*, Bund *m*
federatíven föderativ
fenomén Phänomen *n*
fenomenálen phänomenal, fabelhaft
fevdalízem Feudalismus *m*
fíga Feige *f*
figúra Figur *f*
filiála Filiale *f*
fílm Film *m*; **rísani ~** Zeichentrickfilm *m*
fílmati (IM)PF filmen
fílmski Film-; **~ igrálec** Filmschauspieler *m*
filozóf Philosoph *m*
filozofíja Philosophie *f*
fílter Filter *m*
fín fein
finále M Finale *n*; SPORT Endspiel *n*
finánce FPL Finanzen *fpl*
financírati (IM)PF finanzieren
fítnes *umg* Fitnesscenter *n*
fízičen physisch
fízik Physiker *m*
fízika Physik *f*
fižòl Bohne *f*
flávta Flöte *f*
fonétičen phonetisch
fonétika Phonetik *f*
formálen formal
formálnost F Formalität *f*; Formsache *f*
formát Format *n*; **žêpni ~** Taschenformat *n*
formulácija Formulierung *f*
fotoaparát Fotoapparat *m*
fotográf Fotograf *m*
fotografíja Fotografie *f*
fotografírati (IM)PF fotografieren
fotográfski fotografisch, Foto-
fragmènt Fragment *n*, Bruchstück *n*
frák Frack *m*
Fráncija Frankreich *n*
francóski französisch
Francóz Franzose *m*
Francózinja Französin *f*
fráza Phrase *f*, Redewendung *f*
frekvénca Frequenz *f*
fréska Fresko *n*
frfotáti flattern
frizêr Friseur *m*
frizêrka Friseuse *f*
frónta Front *f*
fúnkcija Funktion *f*
funkcionár Funktionär *m*

G

gábiti se ekeln, anekeln, anwidern; **gábi se mi** es ekelt mich an
gàd Viper *f*, Natter *f*
gágati schnattern
gáj Hain *m*
galánten galant
galéb Möwe *f*
galeríja Galerie *f*
gálica Vitriol *n*; **módra ~** Kupfervitriol *n*
galòp Galopp *m*
galopírati (IM)PF galoppieren
gáms Gämse *f*
ganíti PF rühren, bewegen
gánjen bewegt, gerührt; **močnó ~** tiefbewegt
gánjenost F Rührung *f*
ganljív rührend
garancíja Garantie *f*
garantírati (IM)PF garantieren, gewährleisten
garáti schuften, sich abrackern
garáža Garage *f*
garderóba Garderobe *f*
gárjav räudig
gárje FPL Räude *f*, Krätze *f*
Gármin® *umg* AUTO Navi *n*
garnitúra Garnitur *f*
gasílec Feuerwehrmann *m*; **gasílci** *mpl* Feuerwehr *f*
gasíti löschen
gašênje Löschen *n*, Löscharbeit *f*
gazéla Gazelle *f*
gáziti (*A*) waten; **~ snég** durch den Schnee stapfen
gén Gen *n*
generácija Generation *f*
generál General *m*
generálka THEAT Generalprobe *f*
geniálen genial
génij Genie *n*
génski Gen-, gentechnisch; **génsko spremenjèn** gentechnisch verändert
geografíja Geografie *f*
geologíja Geologie *f*
germaníst Germanist *m*
germanístika Germanistik *f*
geslo Stichwort *n*; Wahlspruch *m*; Motto *n*; Kennwort *n*, Passwort *n*
gíb Bewegung *f*, Geste *f*, Gebärde *f*
gíbanje Bewegung *f*
gíbati se sich bewegen, sich rühren, sich regen
gíbčen beweglich; flexibel
gíbčnost F Beweglichkeit *f*
gíbek beweglich; bewegt; biegsam
gibljív beweglich
gimnázija Gymnasium *n*
ginekológ Gynäkologe *m*
glád Hunger *m*
gládek glatt; **gládko govoríti** fließend sprechen
gladína: **môrska ~** Meeresspiegel *m*; **vôdna ~** Wasserspiegel *m*
gláditi glätten; polieren; streicheln
gládkost F Glätte *f*
glágol Zeitwort *n*, Verb *n*; **po-**

mózni ~ Hilfsverb *n*
glás Stimme *f*; Laut *m*; Gerücht *n*; **na** ~ laut; **na vès** ~ aus voller Kehle; **správiti** *pf* **na slàb** ~ in Verruf bringen
glásba Musik *f*; **kómorna** ~ Kammermusik *f*
glásben musikalisch, Musik-
glásbenik Musiker *m*
glasbílo Musikinstrument *n*
glásen laut
glasílka Stimmband *n*
glasílo Zeitschrift *f*
glasíti se lauten
glasoslôvje Phonetik *f*, Lautlehre *f*
glasovánje Abstimmung *f*; **ljúdsko** ~ Volksabstimmung *f*
glasováti (IM)PF abstimmen
glasôvnica Stimmzettel *m*
gláva Kopf *m*, Haupt *n*; ~ **motórja** TECH Zylinderkopf *m*; **bístra** ~ ein heller Kopf; **belíti si glávo** sich den Kopf zerbrechen; **čez glávo** bis über die Ohren; ~ **me bolí** ich habe Kopfschmerzen
glavár: **dežêlni** ~ Landeshauptmann *m*
gláven hauptsächlich, Haupt-
glávica Kopf *m*, Köpfchen *n*; **sklépna** ~ ANAT Gelenkkopf *m*
glávnica Kapital *n*
glavník Kamm *m*
glavobòl Kopfweh *n*, Kopfschmerz *m*
gledálec Zuschauer *m*
gledalíšče Theater *n*, Schauspielhaus *n*
gledalíški Theater-
gledálka Zuschauerin *f*
glédati schauen, blicken; zuschauen; **debélo** ~ große Augen machen
gledé (*G*) hinsichtlich (*G*); **ne** ~ **na to** abgesehen davon
gléženj Knöchel *m*
glína Ton *m*, Tonerde *f*, Lehm *m*
glínast aus Ton; **~a tla** *npl* Lehmboden *m*
glísta Fadenwurm *m*; **človéška** ~ Spulwurm *m*
glíva Pilz *m*, Schwamm *m*
glôba Geldbuße *f*
globél F Vertiefung *f*; **skálna** ~ Felsspalte *f*
globína Tiefe *f*
globòk tief, tief gehend
glódati nagen
glodávec Nagetier *n*
glucóza Glukose *f*
glúh taub, gehörlos
gluhoném taubstumm
glúhost F, **gluhôta** Taubheit *f*
glúšec Taube(r) *m*
glušíti dämpfen
glutén BIOL Gluten *n*, Kleber *m*; **brez ~a** *Lebensmittel*: glutenfrei *adj*
gmôta Masse *f*
gmôten materiell
gnáti treiben, jagen; sprießen; **k sŕcu si** ~ (*A*) sich et. zu Herzen nehmen
gnéča Gedränge *n*, Gewühl *n*
gnêsti kneten; ~ **se** sich drängen
gnézditi nisten
gnézdo Nest *n*; *Raubvögel*: Horst *m*

gnída Nisse *f*; *fig* Miststück *n*
gníl faul
gnilôba Fäule *f*, Fäulnis *f*
gníti faulen, verwesen
gnítje Faulen *n*
gnját F Schinken *m*, Keule *f*; **zvíta ~** Rollschinken *m*
gnjáviti belästigen, plagen
gnój Mist *m*, Dünger *m*; MED Eiter *m*
gnôjen MED eit(e)rig, vereitert
gnojênje Düngung *f*; MED Eiterung *f*, Eitern *n*
gnojílo Dünger *m*; **umétno ~** Kunstdünger *m*
gnojíti düngen; **~ se** MED eitern
gnójnica Jauche *f*
gnús Ekel *m*, Abscheu *f*
gnúsen ekelhaft, ek(e)lig, abscheulich
gnúsiti se ekeln, anekeln; **gnúsi se mi** es ekelt mich an
gnúsnost F Ekel *m*, Abscheulichkeit *f*
góba Pilz *m*, Schwamm *m*
gobán Herrenpilz *m*, Steinpilz *m*
góbar Pilzsammler *m*
góbav aussätzig
góbavost F Aussatz *m*, Lepra *f*
góbec Maul *n*, Schnauze *f*
gód Namenstag *m*
godálo Streichinstrument *n*
gódba Musik *f*; Kapelle *f*; Band *f*; **pihálna ~** Blaskapelle *f*
gódec Musikant *m*
góden reif; flügge
godíti se vorgehen, geschehen
gódlja: **bíti v gódlji** *fig* in der Patsche sitzen
gódnost F Reife *f*
godováti Namenstag feiern
godrnjáč Nörgler *m*
godrnjánje Nörgelei *f*
godrnjáti nörgeln; murren; brummen
godrnjàv brummig, mürrisch
gojênec Zögling *m*
gojíšče Nährboden *m*
gojítelj Züchter *m*
gojítev F Zucht *f*, Pflege *f*
gojíti züchten, pflegen
gójzar Bergschuh *m*
gól SPORT Tor *n*
gòl nackt, kahl
golázen Ungeziefer *n*
gólaž Gulasch *m*, *n*
golén F Unterschenkel *m*
goleníca Schienbein *n*
gólf Golf *n*
goljúf Betrüger *m*, Schwindler *m*, Gauner *m*
goljufáti betrügen
goljufíja Betrug *m*, Schwindel *m*
goljufív betrügerisch
golób Taube *f*; **~ pismonóša** Brieftaube *f*
golobnják Taubenschlag *m*
golobràd bartlos
golôta Nacktheit *f*, Blöße *f*
gôlša Kropf *m*
gólšavost F Basedow'sche Krankheit *f*
gôlt Kehle *f*, Rachen *m*
goltánec Gurgel *f*, Kehle *f*
gôltati schlingen; schlucken
gôltnik Kehllaut *m*
gomazéti wimmeln, kribbeln, krabbeln

gomíla Erdhügel *m*, Grabhügel *m*
gomólj Knolle *f*
gomóljast knollig, knollenartig
gòn Trieb *m*, Drang *m*
góndola Gondel *f*
gonílo Getriebe *n*, Triebwerk *n*, Antrieb *m*
goníti treiben, antreiben; jagen, hetzen
gôr hinauf, herauf
gôra Berg *m*; **Čŕna ~** Montenegro *n*
goràt gebirgig
gorčíca Senf *m*
gorèč brennend, glühend; inbrünstig, eifrig
goréčnost F Eifer *m*; Inbrunst *f*
gôrek warm; *fig* böse
goréti brennen
gôri oben, oberhalb
goríla Gorilla *m*
gorílnik Brenner *m*; **plínski ~** Gasbrenner *m*
goríšče Brennpunkt *m*
gorívo Brennstoff *m*; Kraftstoff *m*
gorjé Jammer *m*; **~ vam!** wehe euch!
gorkóta Wärme *f*
gorljív brennbar
górnji Ober-, obere(r)
gorôvje Gebirge *n*
gôrski Berg-
gôrstvo Gebirgskette *f*, Gebirge *n*
gós F Gans *f*
gosénica Raupe *f*
goséničar Raupenfahrzeug *n*
gósli FPL Geige *f*, Violine *f*
gospá Frau *f*
gospód Herr *m*
gospôda Herrschaft *f*; **jára ~** Emporkömmlinge *mpl*
gospodár Hausherr *m*
gospodáren wirtschaftlich, ökonomisch; sparsam; rationell
gospodaríca Herrin *f*
gospodáriti wirtschaften; walten
gospodárski wirtschaftlich, ökonomisch
gospodárstvo Wirtschaft *f*; **národno ~** Volkswirtschaft *f*
gospodíčna Fräulein *n*
gospodínja Hausfrau *f*
gospodínjski Wirtschafts-
gospodínjstvo Haushalt *m*
gospodoválen herrisch, gebieterisch
gospodováti herrschen, gebieten
gospôski vornehm
gòst Gast *m*; **stálni ~** Stammgast *m*
góst dicht; dickflüssig
gostíja Festmahl *n*, Festessen *n*
gostílna Gasthaus *n*, Gasthof *m*
gostílničar Gastwirt *m*
gostíšče Gaststätte *f*
gostítelj Gastgeber *m*
gostíti bewirten; **~ se** schmausen
gôstja (weiblicher) Gast *m*
gostobeséden redselig
gostobesédnost F Redseligkeit *f*

gostoljúben gastfreundlich
gostoljúbnost F Gastfreundschaft *f*
gostôta Dichte *f*; **~ naséljenosti** Bevölkerungsdichte *f*
gostovánje Gastspiel *n*; SPORT Auswärtsspiel *n*; TEL Roaming *n*
gostováti gastieren
góšča Bodensatz *m*; Dickicht *n*; **kávna ~** Kaffeesatz *m*
goščáva Dickicht *n*, Gebüsch *n*
gotòv fertig; gewiss, sicher; bestimmt
gotovína Bargeld *n*; **za gotovíno** gegen Barzahlung
gotôvo gewiss
gotôvost F Gewissheit *f*
gótski gotisch
govéd F Rindvieh *n*
govédina Rindfleisch *n*
govédo Rind *n*
góvno Mist *m*, Kot *m*
gôvor Rede *f*; Sprache *f*; **slávnostni ~** Festrede *f*
gôvoren Sprech-, Sprach-; **gôvorna napáka** Sprachfehler *m*; **gôvorna vája** Sprechübung *f*
govoríca Rede *f*; Gerede *n*; Gerücht *n*; Sprache *f*
govoríčenje Rederei *f*
govorílnica Sprechzimmer *n*
govoríti reden, sprechen; **govorí se** es heißt, man sagt; **ali govoríte némško?** sprechen Sie Deutsch?
govorjênje Reden *n*, Sprechen *n*; **nenéhno ~** Redefluss *m*
govórnik Redner *m*
govórništvo Redekunst *f*, Rhetorik *f*
gòzd Wald *m*; **íglasti ~** Nadelwald *m*; **lístnati ~** Laubwald *m*; **méšani ~** Mischwald *m*
gozdár Förster *m*
gozdárstvo Forstwesen *n*
gózden Wald-, Forst-
gozdíček Wäldchen *n*
gózdnat bewaldet
grabežljív raffgierig, habsüchtig
grabežljívost F Raffgier *f*, Habsucht *f*
grabíti greifen; rechen
gráblje FPL Rechen *m*
grád Schloss *n*, Burg *f*; **~ v oblákih** Luftschloss *n*
grádbenik Baumeister *m*
gradbíšče Bau *m*, Baustelle *f*
gradítev F Bau *m*; **~ cést** Straßenbau *m*
graditi bauen
gradívo Baumaterial *n*; Material *n*; Unterlagen *fpl*; **dokazílno ~** Beweismaterial *n*
grádnja Bau *m*; **visôka ~** Hochbau *m*; **nízka ~** Tiefbau *m*
gráfičen grafisch
gráfika Grafik *f*
grafít Grafit *m*
gràh Erbse *f*
grájski Schloss-, Burg-
grám Gramm *n*
gramofón Plattenspieler *m*
gramòz Schotter *m*
granáta Granate *f*
granít Granit *m*
grápa Graben *m*, Schlucht *f*
grápast, **grápav** holp(e)rig
graščák Schlossherr *m*, Burgherr *m*

gravêr Graveur *m*
gravírati (IM)PF gravieren
gravúra Gravur *f*
gŕb Wappen *n*
gŕba Höcker *m*, Buckel *m*
grbánčiti runzeln
gŕbast, **gŕbav** höckerig, buck(e)lig
gŕčast, **gŕčav** knorrig
Gŕčija Griechenland *n*
gŕd hässlich
grdôba Ekel *m*, Scheusal *n*
grdobíja Schandtat *f*
grebén Kamm *m*, Grat *m*; **gôrski ~** Gebirgskamm *m*
grêbsti graben, scharren, wühlen
gréd F Stange *f*; **gonílna ~** Antriebswelle *f*; ; **telovádna ~** Schwebebalken *m*
grêda (Garten-)Beet *n*; ARCH Balken *m*; **cvetlíčna ~** Blumenbeet *n*
gredé unterwegs; **nazáj ~** auf dem Rückweg
gréh Sünde *f*; **izvírni ~** Erbsünde *f*
grélnik Kocher *m*; **pretóčni ~** Durchlauferhitzer *m*
grém → íti
grenák, **grênek** bitter
grenčíca Magenbitter *m*
greníti *fig* trüben
grenívka Grapefruit *f*, Pampelmuse *f*
grenkôba Bitterkeit *f*
gréšen sündhaft, sündig
grešíti (IM)PF sündigen
gréšnik Sünder *m*
gréšnost F Sündhaftigkeit *f*
gréti wärmen, erhitzen
grgráti gurgeln
gríč Hügel *m*, Anhöhe *f*
gričévje Hügelland *n*
gričévnat hügelig
grípa Grippe *f*
grísti beißen; *fig* wurmen
gríva Mähne *f*
grizljáti knabbern
gríža Ruhr *f*
grižljáj Bissen *m*
Gŕk Grieche *m*
Gŕkinja Griechin *f*
gŕlica Turteltaube *f*
gŕlo Kehle *f*, Gurgel *f*; Kehlkopf *m*; **na vsè ~** aus voller Kehle
gŕm Strauch *m*, Busch *m*
grmáda Scheiterhaufen *m*
grmênje Donner *m*
grméti donnern; **grmí** es donnert
grmôvje Gebüsch *n*
gròb Grab *n*
grób grob
gróbnica Gruft *f*, Grabkammer *f*
grobóst F Grobheit *f*
gródnica ANAT Brustbein *n*
gròf Graf *m*
grofíja Grafschaft *f*
grofóvski gräflich
gròm Donner *m*
grôza Grauen *n*, Schauder *m*, Entsetzen *n*; **~ me je** mich durchläuft ein Schauder
gròzd (Wein-)Traube *f*
grôzdast traubenförmig
grózdje Weintrauben *fpl*
grôzen grauenvoll, grauenhaft, fürchterlich
grozíti drohen, androhen
grozljív gruselig, unheimlich,

schaurig

grozljívka Gruselfilm *m*

grozôta Gräuel *m*

grozôten schauderhaft

grozovít grausam, grässlich

grozovítost F Grausamkeit *f*

grôžnja Drohung *f*

gŕščina Griechisch *n*

gŕški griechisch

grúča Gruppe *f*

grúda Scholle *f*, Klumpen *m*

gúba Falte *f*, Runzel *f*; **~ na čêlu** Stirnfalte *f*

gubánčiti falten, runzeln

gúbast faltig, runz(e)lig

gúbati in Falten legen; *Stirn* turchen

gugálnica Schaukel *f*

gugálnik Schaukelstuhl *m*

gúgati schaukeln

gúliti se *umg* büffeln

gúma Gummi *m, n*; Reifen *m*; Schlauch *m*; **zímska ~** Winterreifen *m*

gúmb Knopf *m*; **zapéstni ~** Manschettenknopf *m*

gúmbnica Knopfloch *n*

gúmi Gummi *m, n*; **žvečílni ~** Kaugummi *m*

gúmijast aus Gummi, Gummi-

gúmijevec Gummibaum *m*

gumírati (IM)PF gummieren

gúsar Seeräuber *m*

H

hahljáti se kichern, (still) lachen

hàjdi! auf!, los!

hálja Kittel *m*; **délovna ~** Arbeitskittel *m*

haló! hallo!

hángar Hangar *m*, Flugzeughalle *f*

hárfa Harfe *f*

harmóničen harmonisch

harmoníja Harmonie *f*, Einklang *m*

hazárd Glücksspiel *n*

hčérka Töchterchen *n*

hčí F Tochter *f*

Hebrêjec Hebräer *m*

hebrêjski hebräisch

hehetáti se kichern

helikópter Helikopter *m*

hemofílik MED Bluter *m*

herbárij Herbarium *n*

herétičen häretisch, ketzerisch

herezíja Häresie *f*, Ketzerei *f*

híba Gebrechen *n*, Mangel *m*, Fehler *m*

hidroplán Wasserflugzeug *n*

higiéna Hygiene *f*

hijéna Hyäne *f*

hímna Hymne *f*, Lobgesang *m*; **národna ~** Nationalhymne *f*

hinávec Heuchler *m*

hinávski heuchlerisch, scheinheilig

hinávščina Heuchelei *f*,

Falschheit *f*
híp Augenblick *m*, Moment *m*
hípen augenblicklich, momentan
hipnóza Hypnose *f*
hípoma augenblicklich, plötzlich
hipotéka Hypothek *f*
hipotéza Hypothese *f*
hírati siechen, verkümmern
histêričen hysterisch
histeríja Hysterie *f*
híša Haus *n*; **ênodružínska ~** Einfamilienhaus *n*
híšen häuslich, Haus-
híšica Häuschen *n*; **pásja ~** Hundehütte *f*
híšnica Hausmeisterin *f*
híšnik Hausmeister *m*
híter schnell, geschwind, rasch
hitéti eilen, sich beeilen
hítrica Eile *f*
hitróst F Geschwindigkeit *f*, Schnelligkeit *f*
hkráti zugleich, zur gleichen Zeit
hláče FPL Hose *f*; **krátke ~** Shorts *pl*; **spódnje ~** Unterhose *f*
hláčke FPL Höschen *n*
hláčnica Hosenbein *n*
hlád Kühle *f*
hláden kühl, frisch
hladílen kühlend, Kühl-
hladílnica Kühlhaus *n*
hladílnik Kühler *m*, Kühlschrank *m*, Eisschrank *m*
hladíti abkühlen
hladnokŕven kaltblütig
hladnokŕvnost F Kaltblütigkeit *f*
hládnost F Kälte *f*, Kühle *f*
hlajênje Kühlung *f*
hláp Dunst *m*
hlápec Knecht *m*
hlapéti verdunsten
hlastáti schnappen, haschen
hlásten hastig, eilig
hléb Laib *m*
hlepéti begehren, gieren, lechzen; **~ po maščevánju** nach Rache dürsten
hlév Stall *m*; **kónjski ~** Pferdestall *m*
hlíniti heucheln; **~ se** sich verstellen
hlípati schluchzen
hlipajóč schluchzend
hlód Stamm *m*
hmélj Hopfen *m*
hméljev Hopfen-
hóčem → hotéti
hòd Gang *m*, Weg *m*; **dvé úri hodá** zwei Stunden Gehzeit
hodíti gehen; wandern
hodník Gang *m*, Korridor *m*; **krížni ~** Kreuzgang *m*
hodúlja Stelze *f*
hója Gang *m*, Gehen *n*, Gangart *f*; BOT Tanne *f*
Holándec Holländer *m*
holándski holländisch
holándščina Holländisch *n*
Holándsko Holland *n*
homoseksuálen homosexuell
honorár Honorar *n*
horizónt Horizont *m*
hormón Hormon *n*
hormónski hormonal
horoskóp Horoskop *n*
hósta Gehölz *n*, Gebüsch *n*
hóstija Hostie *f*

hoté absichtlich
hotél Hotel *n*
hotelír Hotelbesitzer *m*
hotéti wollen; vorhaben; **hóčeš nóčeš** wohl oder übel
hráber tapfer, mutig
hrabríti ermutigen, Mut zusprechen
hrábrost F Tapferkeit *f*, Mut *m*
hrána Speise *f*, Nahrung *f*; **présna ~** Rohkost *f*
hranílen[1] nahrhaft
hranílen[2] Spar-; **hranílna knjížica** Sparbuch *n*
hranílnica Sparkasse *f*
hranílnik Sparbüchse *f*
hraníti nähren, ernähren; verwahren; sparen
hranívo Nährstoff *m*
hrápav rau, körnig
hrást Eiche *f*; **čŕni ~** Steineiche *f*
hrástje Eichenwald *m*
hŕbet Rücken *m*; **obrníti kómu ~** j-m den Rücken zukehren
hrbteníca Wirbelsäule *f*; Rückgrat *n*
hŕček Hamster *m*
hrèn Meerrettich *m*, *österr* Kren *m*
hrénovka (*Wurst*) Frankfurter *f*
hrepenèč sehnsüchtig, sehnsuchtsvoll
hrepenênje Sehnsucht *f*, Verlangen *n*
hrepenéti: **~ po** (*L*) sich nach et. sehnen
hreščáti knarren
hríb Hügel *m*; **čez ~e in dolíne** über Berg und Tal
hribovít hügelig
hribôvje Hügelland *n*
hrípav heiser
hrípavost F Heiserkeit *f*
hŕkati, hŕkniti PF sich räuspern
hròm lahm
hropéti, hrôpsti röcheln
hròšč Käfer *m*; **rjávi ~** Maikäfer *m*
hŕt ZOOL Windhund *m*
hrulíti anherrschen, anschnauzen
hrumênje Getöse *n*, Tumult *m*
hruméti tosen, dröhnen
hrúp Lärm *m*; Getöse *n*; **zagnáti** *pf* **~** Lärm schlagen
hrúpen lärmend
hrustánec Knorpel *m*
hrústati knabbern
hrustljàv knusprig; *österr* resch
hrúšč Getöse *n*, Lärm *m*
hrúška Birne *f*
hrváščina Kroatisch *n*
Hrváška Kroatien *n*
hrváški kroatisch
Hrvàt Kroate *m*
Hrvatíca Kroatin *f*
hŕzati wiehern
húd böse, übel, schlimm, arg; **zélo ~** bitterböse; **~a zíma** strenger Winter
hudíč Teufel *m*
hudôba Bosheit *f*
hudôben böse, schlimm
hudôbnež Bösewicht *m*
hudodélec Übeltäter *m*, Verbrecher *m*
hudodélski verbrecherisch
hudomúšen schalkhaft, schelmisch

hudomúšnež Schalk *m*, Schelm *m*
hudoúrnik Wildbach *m*
hudováti se *j-m* böse sein, zürnen
hújskati hetzen, aufwiegeln
hújšanje Abmagerung *f*; Gewichtsverlust *m*
hújšati abmagern, abnehmen
humanístičen humanistisch
humanízem Humanismus *m*
humór Humor *m*
humoréska Humoreske *f*
hvála Dank *m*; Lob *n*; danke; **lástna ~** Eigenlob *n*; **~ lépa!** schönen Dank!; **hvále vréden** lobenswert
hvaléžen dankbar
hvaléžnost F Dankbarkeit *f*
hvalíti loben, rühmen, preisen
hválnica Lobgesang *m*, Loblied *n*

ideál Ideal *n*
ideálen ideal
idêja Idee *f*
idéntičen identisch
identitéta Identität *f*
ideológ Ideologe *m*
ideologíja Ideologie *f*
idíla Idylle *f*
ígla Nadel *f*
íglavec Nadelbaum *m*
ignorírati (IM)PF ignorieren, nicht beachten
ígra Spiel *n*; Schauspiel *n*; **rádijska ~** Hörspiel *n*
igráča Spielzeug *n*
igráčkanje Spielerei *f*
igrálec Spieler *m*; Schauspieler *m*; **fílmski ~** Filmschauspieler *m*
igrálnica Spielkasino *n*, Spielbank *f*
igránje Spielen *n*; Musizieren *n*
igráti spielen; THEAT aufführen
igríšče Spielplatz *m*; **špórtno ~** Sportplatz *m*
igrv spielerisch, verspielt
íhta Wut *f*, Wutanfall *m*
ihtênje Schluchzen *n*
ihtéti schluchzen
ilegálen illegal, ungesetzlich
ilegálnost F Illegalität *f*
ílovica Lehm *m*, Ton *m*, Tonerde *f*
íl(ov)nat lehmig
ilustrácija Illustration *f*
ilustrírati (IM)PF illustrieren
imé Name *m*; Vorname *m*; **po ~nu** namens, dem Namen nach; **deklíško ~** Mädchenname *m*; **ljubkoválno ~** Kosename *m*
imeník Namensverzeichnis *n*, Namensregister *n*; **telefónski ~** Telefonbuch *n*; **volílni ~** Wählerliste *f*
imeníten vortrefflich; vornehm
iménoma dem Namen nach, namentlich
imenoválec Nenner *m*
imenoválnik Nominativ *m*
imenován benannt, genannt; **zgôraj ~i** obige(r), oben ge-

nannte(r)
imenovánje Ernennung *f*
imenováti PF nennen, benennen; ernennen; **~ se** sich nennen, heißen
iméti haben, besitzen; **~ kóga za kaj** j-n für et. halten; **kakó se imáte?** wie geht es Ihnen?
imétje Habe *f*; Vermögen *n*; Besitz *m*
imétnik Inhaber *m*
imponírati imponieren, beeindrucken
impoténca Impotenz *f*
impúlz Impuls *m*
impulzíven impulsiv
imún immun
imunitéta Immunität *f*
in und
Índija Indien *n*; **~ Koromándija** Schlaraffenland *n*
Indijánec *neg!* Indianer *m*
indijánski *neg!* indianisch
Índijec Inder *m*
índijski indisch
individuálen individuell
individuálnost F Individualität *f*
Indonézija Indonesien *n*
indúkcija Induktion *f*
industríja Industrie *f*
industríjski industriell
infékcija Infektion *f*
inflácija Inflation *f*
informácija Information *f*, Auskunft *f*
informatíven informativ
informírati (IM)PF informieren, belehren; **~ se** sich erkundigen
injékcija Injektion *f*
inovácija Innovation *f*, Neuerung *f*
insolvénten insolvent, zahlungsunfähig
instánca Instanz *f*
instínkt Instinkt *m*
instinktíven instinktiv
institúcija Institution *f*
instruírati (IM)PF instruieren, Anweisungen geben
instrúkcija Instruktion *f*, Anleitung *f*
instrumènt Instrument *n*
inšpékcija Inspektion *f*
inšpéktor Inspektor *m*
inštalácija Installation *f*
inštalatêr Installateur *m*
inštalírati installieren
inštitút Institut *n*
inštruírati Nachhilfestunden geben
inštrúkcije FPL Nachhilfestunden *fpl*
intelékt Intellekt *m*, Verstand *m*
intelektuálec Intellektuelle(r) *m*
intelektuálen intellektuell
inteligénca Intelligenz *f*
inteligénten intelligent
intêren intern, innerlich
interès Interesse *n*
interesánten interessant
internácija Internierung *f*
internát Internat *n*
ínternét Internet *n*; **dostòp do ~a** Internetzugang *m*; **priključek za ~** Internetanschluss *m*; **iméti dostòp do ~a** Zugang zum Internet haben
interpretácija Interpretation *f*, Auslegung *f*

intervéncija Intervention *f*, Vermittlung *f*
interveniráti (IM)PF intervenieren, vermitteln
intervjú Interview *n*
intímen intim, vertraut
intímnost F Intimität *f*
intonácija Intonation *f*
intríga Intrige *f*
intuícija Intuition *f*
invalíd Invalide *m*
invalíden schwerbehindert
invazíja Invasion *f*
inventár Inventar *n*
inventúra Inventur *f*
investícija Investition *f*
investiráti (IM)PF investieren
inzulín Insulin *n*
inženír Ingenieur *m*
Írec Ire *m*
Írka Irin *f*
iróničen ironisch
ironíja Ironie *f*
Írska Irland *n*
írski irisch
iskánje Suche *f*
iskáti suchen
ísker feurig
ískra Funke *m*
iskrén innig, aufrichtig
iskrénost F Aufrichtigkeit *f*
iskríti se Funken sprühen; funkeln
ísti der gleiche
istočásen gleichzeitig
istoiménski gleichnamig
íščem → iskáti
ítak ohnehin
Itálija Italien *n*
Italiján Italiener *m*
italijánski italienisch
íti (IM)PF gehen; ~ **po kaj** et. holen; ~ **gôr** hinaufgehen; ~ **mímo** vorübergehen, passieren; ~ **nazáj** zurückgehen; ~ **pròč** weggehen; ~ **vèn** hinausgehen; **gré za** es handelt sich um
ivér M, F (Holz-)Splitter *m*
ívje Reif *m*, Raureif *m*
iz (*G*) aus (*D*), heraus; ~ **čésa(r)** woraus
ízba Stube *f*, Kammer *f*
izbíra Auswahl *f*
izbírati auswählen
izbírčen wählerisch
izbíti PF ausschlagen
izbóčen konvex
izbóljšati PF verbessern
izboljšáva Verbesserung *f*
izbòr Auswahl *f*, Auslese *f*
izbrán ausgewählt, (aus)erlesen
izbráti PF auswählen
izbrís Löschung *f*; *Schuld*: Tilgung *f*
izbrísati PF löschen, tilgen
izbrúh Ausbruch *m*; Eruption *f*
izbrúhniti PF ausbrechen
izčístiti PF reinigen, säubern
izčŕpan erschöpft, zerschlagen; verbraucht
izčŕpanost F Erschöpfung *f*
izčŕpati PF erschöpfen; ausschöpfen
izčŕpen erschöpfend; ausführlich
izdája Ausgabe *f*; TYPO Auflage *f*; Verrat *m*; **posébna ~** Sonderausgabe *f*
izdajálec Verräter *m*
izdajálski verräterisch

izdajátelj Herausgeber *m*
izdájati herausgeben; erlassen; ausstellen; verraten
izdátek Ausgabe *f*
izdáten ausgiebig, ergiebig
izdáti PF → izdájati
izdátnost F Ergiebigkeit *f*
izdélati PF ausarbeiten
izdeláva Erzeugung *f*, Anfertigung *f*
izdélek Erzeugnis *n*, Produkt *n*
izdelovánje Erzeugung *f*, Herstellung *f*, Produktion *f*
izdelováti herstellen, anfertigen, produzieren
izdíhniti PF ausatmen; *fig* sterben
izdírati ausreißen, herausziehen
izdolbína Aushöhlung *f*, Vertiefung *f*
izdólbsti PF aushöhlen
izdréti PF → izdírati
izenáčen ausgeglichen
izenáčenje Ausgleich *m*
izenáčiti PF ausgleichen
izgánjati austreiben
izgíniti PF verschwinden
izgnánec Verbannte(r) *m*
izgnánstvo Verbannung *f*
izgnáti PF verbannen; vertreiben; ausweisen
izgòn Ausweisung *f*; Verbannung *f*
izgovárjati aussprechen; **~ se** sich ausreden
izgôvor Aussprache *f*; Ausrede *f*
izgovoríti PF aussprechen, ausreden
izgovorjáva Aussprache *f*
izgrêbsti PF ausscharren, ausgraben
izgrèd Ausschreitung *f*
izgúba Verlust *m*, Einbuße *f*
izgubíti PF verlieren, einbüßen; **~ se** verloren gehen, abhandenkommen; **~ življênje** umkommen, sterben
izhájati entstammen, entspringen
izhlapéti PF verdunsten
izhòd Ausgang *m*, Ausweg *m*; **~ v síli** Notausgang *m*
izhodíšče Ausgangspunkt *m*
izhójen ausgetreten
izíd Ausgang *m*, Ergebnis *n*
izigráti PF ausspielen
izíti PF *Publikation*: erscheinen; **~ se** ausgehen
izjalovíti se PF misslingen, fehlschlagen
izjáva Aussage *f*, Äußerung *f*, Erklärung *f*
izjáviti PF aussagen, äußern, erklären
izjéma Ausnahme *f*; **brez izjéme** ausnahmslos
izjémoma ADV ausnahmsweise
izkázati PF erweisen; **~ se** sich bewähren, sich erweisen
izkáznica Ausweis *m*, Legitimation *f*; **članska ~** Mitgliedskarte *f*
izklepetáti PF ausplaudern
izklesáti PF ausmeißeln
izkljúčen ausgeschlossen; ausschließlich
izključítev F Ausschluss *m*
izkljúčiti PF ausschließen, ausschalten

izklopíti PF ausschalten
izkòp Ausgrabung *f*
izkopáti PF ausgraben
izkoreníniti PF entwurzeln, ausrotten
izkoreninjen entwurzelt
izkorístiti PF ausnützen, ausbeuten
izkoríščanje Ausbeutung *f*; Nutzung *f*
izkoríščati → izkorístiti
izkŕcanje Landung *f*
izkŕcati se PF landen, an Land gehen
izkrvavéti PF verbluten
izkupíček Erlös *m*
izkúšati prüfen, probieren
izkúšen ADJ erfahren
izkúšnja Erfahrung *f*
izléči PF ausbrüten; **~ se** aus dem Ei kriechen
izlèt Ausflug *m*
izlétnik Ausflügler *m*
izlétniški Ausflugs-
izlíti PF ausgießen
izlív Erguss *m*, Ausguss *m*; Mündung *f*; **~ krví** Bluterguss *m*
izlívati ausgießen; **~ se** münden
izlóčanje Ausscheidung *f*, Absonderung *f*
izlóčati ausscheiden, aussondern
izlóček Ausscheidung *f*
izločíti PF → izlóčati
izlóžba Auslage *f*, Schaufenster *n*
izmakníti PF entwenden, entziehen
izmalíčiti PF entstellen
izméček Auswurf *m*
izmed (*G*) mitten aus (*D*), unter (*D*), von (*D*)
izména Wechsel *m*; Schicht *f*
izméničen Wechsel-; **izménični tók** Wechselstrom *m*
izmenjáva Wechsel *m*, Austausch *m*
izménoma abwechselnd
izmériti PF abmessen
izmetáti PF auswerfen
izmíkati se ausweichen
izmísliti si PF, **izmíšljati si** sich ausdenken, erfinden
izmíti PF, **izmívati** auswaschen
izmoledováti PF erbetteln
izmótati PF auspacken; **~ se** sich herauswinden
izmúčiti PF ermüden
izmúzniti se PF entschlüpfen, entwischen, entgleiten
iznad (*G*) von oben her
iznájdba Erfindung *f*
iznajdítelj Erfinder *m*
iznajdljív erfinderisch
iznájti PF erfinden
iznenáda ADV unverhofft
iznenáditi PF überraschen
iznevériti PF abtrünnig machen; **~ se** abtrünnig werden, untreu werden
izóbčenje Bann *m*, Acht *f*
izóbčiti PF ausschließen, ächten
izobések Aushängeschild *n*
izobésiti PF aushängen
izobílje Überfluss *m*
izoblikováti PF formen
izobrázba Bildung *f*; **splôšna ~** Allgemeinbildung *f*; **šólska**

~ Schulbildung *f*
izobráziti PF ausbilden, schulen
izobrážen gebildet
izobráženec Gebildete(r) *m*
izogíbati se, **izogníti se** PF ausweichen, meiden
izolácija Isolation *f*
izolírati (IM)PF isolieren
izostánek Ausbleiben *n*
izostáti PF ausbleiben
izpàd Ausfall *m*
izpàh Verrenkung *f*
izpahníti PF verrenken
izparévati ausdünsten, verdampfen
izparína Ausdünstung *f*, Dunst *m*
izpásti PF ausfallen
izpeljáti PF ausführen, durchführen; *Wörter* ableiten
izpeljáva Durchführung *f*; Ableitung *f*
izpírati auswaschen, spülen
izpís(ek) Auszug *m*
izpísati PF ausschreiben
izpít Prüfung *f*; ~ **opráviti** *pf* e-e Prüfung ablegen; **mójstrski** ~ Meisterprüfung *f*; **sprejémni** ~ Aufnahmeprüfung *f*; **zrélostni** ~ Reifeprüfung *f*
izpíti PF austrinken
izpláčati PF auszahlen; ~ **se** sich auszahlen, sich lohnen
izplačílo Auszahlung *f*
izplakníti PF, **izplakováti** (aus)spülen, (aus)schwemmen
izpljúniti PF ausspucken
izpodbíjati, **izpodbíti** PF anfechten; widerlegen
izpodríniti PF verdrängen
izpodrívanje Verdrängung *f*
izpolnítev F Erfüllung *f*
izpolníti PF erfüllen; ausfüllen; ~ **se** in Erfüllung gehen
izpolnjeváti → izpolníti
izpopolnítev F Vervollkommnung *f*
izpopolníti PF, **izpopolnjeváti** vervollkommnen; fortbilden
izposlováti PF erwirken
izposodíti PF, **izposójati** ausleihen, ausborgen, entlehnen
izposójenka Lehnwort *n*
izpostáviti PF, **izpostávljati** aussetzen
izpôved Aussage *f*; Bekenntnis *n*
izpovédati PF, **izpovedováti** aussagen; bekennen
izprán verwaschen
izprášati PF ausfragen, prüfen
izpraševálec Prüfer *m*
izpraševánje Prüfung *f*
izpraševáti → izprášati
izpráti PF auswaschen
izprazníti PF entleeren, ausleeren; räumen
izpréči PF ausspannen
izpred (*G*) vor (*D*)
izpreglédati PF die Augen öffnen; *fig j-n* durchschauen; *j-m et.* nachsehen
izpríčati PF bezeugen, beweisen
izpríditi PF *moralisch*: verderben
izpríjen *moralisch*: verdorben
izpríjenost F (moralische) Verkommenheit *f*

izprosíti PF erbitten
izpúh Auspuff *m*
izpulíti PF ausreißen, auszupfen
izpustíti PF auslassen
izpuščáj MED Ausschlag *m*
izrabíti PF, **izrábljati** ausnützen; abnützen
izračúnati PF, **izračunávati** ausrechnen, berechnen
izrástek Auswuchs *m*
izravnáti PF, **izravnávati** ausgleichen; ebnen, einebnen; gleichstellen
izravnáva Ausgleich *m*
izràz Ausdruck *m*; **~ obráza** Gesichtsausdruck *m*; **strokóvni ~** Fachausdruck *m*
izrazít ausdrucksvoll, ausgeprägt
izráziti PF ausdrücken, zum Ausdruck bringen
izrazoslôvje Terminologie *f*
izrážanje Ausdrucksweise *f*
izrážati → izráziti
izrécen ausdrücklich
izrêči PF aussprechen
izréden außerordentlich, außergewöhnlich; **izrédno** äußerst
izrèk Ausspruch *m*
izrèz Ausschnitt *m*
izrézati PF ausschneiden
izrezljáti PF ausschnitzen
izríniti PF hinausdrängen
izročílo Überlieferung *f*
izročítev F Übergabe *f*
izročíti PF aushändigen, übermitteln; übergeben; überliefern
izródek Ausgeburt *f*
izrodíti se PF ausarten, degenerieren
izrópati PF ausrauben
izsèk Ausschnitt *m*; MATH Sektor *m*
izsékati PF aushauen; ausstanzen; ausholzen
izselítev F Auswanderung *f*
izselíti PF aussiedeln, ausquartieren; **~ se** auswandern
izséljenec Auswanderer *m*
izseljevánje Auswanderung *f*, Abwanderung *f*
izsesáti PF aussaugen
izsíliti PF, **izsiljeváti** erzwingen, erpressen
izsiljevález Erpresser *m*
izsiljevánje Erpressung *f*
izsledíti PF aufspüren
izstòp Austritt *m*, Ausstieg *m*
izstopíti PF austreten; aussteigen
izstrélek Geschoss *n*, Projektil *n*
izstrelítev F Abschuss *m*; SPORT Abschlag *m*
izstrelíti PF abschießen
izsušíti PF austrocknen
iztakníti PF ausstechen; ausschalten; aufstöbern; ergattern
iztêči PF ausfließen, ausrinnen, auslaufen
iztegníti PF, **iztegováti** ausstrecken
iztépati PF ausklopfen
iztérjati PF einfordern
iztézati (aus)strecken
iztíkati ausschalten
iztíriti PF entgleisen
iztísniti PF ausdrücken, auspressen

iztočíti PF ausschenken
iztòk Ausfluss *m*, Abfluss *m*
iztovóriti PF abladen, ausladen
iztrébek Exkrement *n*, Kot *m*
iztrebíti PF ausrotten; *Wald* lichten
iztŕgati PF entreißen
iztŕžek Erlös *m*
iztŕžiti PF HANDEL einnehmen
izučíti PF ausbilden; ~ **se** auslernen
izúm Erfindung *f*
izumetníčen gekünstelt
izumítelj Erfinder *m*
izúmiti PF erfinden
izumréti PF, **izumírati** aussterben
izúrjen geübt
izúrjenost F Fertigkeit *f*, Geschicklichkeit *f*
izústiti PF aussprechen
izvabíti PF entlocken
izvájanje Ableitung *f*; Folgerung *f*; Ausführung *f*
izvájati ableiten; folgern; ausführen
izvážati exportieren, ausführen
izvédba Ausführung *f*; Aufführung *f*; **pŕva** ~ Erstaufführung *f*
izvédenec Sachverständige(r) *m*
izvédeti PF erfahren
izvedljív ausführbar
izvedljívost F Ausführbarkeit *f*
ízven (*G*) außer (*D*); außen
izvések Schild *n*
izvêsti PF ausführen
izvíd Befund *m*
izvijáč Schraubenzieher *m*
izvíjati auswinden, ausdrehen; ~ **se** *fig* Ausflüchte machen
izvín Verstauchung *f*
izvíniti PF verstauchen
izvír Quelle *f*; Ursprung *m*
izvírati entspringen; abstammen
izvíren ursprünglich; original
izvírnik Original *n*
izvírnost F Ursprünglichkeit *f*; Originalität *f*
izvíti PF herausschrauben, herausdrehen; entwinden
izvléček Auszug *m*, Exzerpt *n*
izvléči PF ausziehen
izvòd Exemplar *n*
izvóhati PF aufspüren
izvolítev F Wahl *f*
izvolíti PF wählen, erwählen
izvóljenec Auserwählte(r) *m*
izvòr Ursprung *m*, Herkunft *f*
izvotlíti PF aushöhlen
izvòz Ausfuhr *f*, Export *m*
izvozíti PF ausführen, exportieren
izvréči PF ausstoßen
izvŕsten vorzüglich, ausgezeichnet, vortrefflich
izvŕšba Vollstreckung *f*
izvrševálec Vollzieher *m*; **sódni** ~ Gerichtsvollzieher *m*
izvrševánje Ausübung *f*
izvrševáti ausüben; vollstrecken
izvršítev F Vollstreckung *f*, Vollzug *m*, Exekution *f*; ~ **kázni** Strafvollzug *m*
izvršíti PF vollstrecken, vollziehen
izvŕtati PF ausbohren

izvŕžek Auswurf *m*, Ausschuss *m*
izvzéti PF ausklammern, ausnehmen, sich vorbehalten
izza (*G*) von hinten hervor
izzív Herausforderung *f*, Provokation *f*
izziválen herausfordernd, provokant
izzívanje → izzív
izzívati, **izzváti** PF herausfordern, provozieren
izzvenéti PF ausklingen, verklingen
izžarévanje Ausstrahlung *f*
izžarévati ausstrahlen
izžémati, **izžéti** PF auspressen; *Wäsche* auswringen
izžênem → izgnáti
izživéti se PF, **izžívljati se** sich ausleben
izžrébati PF auslosen, verlosen
izžvížgati PF auspfeifen

J

jáblana Apfelbaum *m*
jábolčnik Apfelmost *m*
jábolko Apfel *m*; **Ádamovo ~** Adamsapfel *m*; **granátno ~** Granatapfel *m*
jadrálec Segler *m*
jádranje Segeln *n*; Segelsport *m*
jádrati segeln
jádrnica Segelboot *n*
jádrnik Mastbaum *m*
jádro Segel *n*
jadrovína Segeltuch *n*
jágnje Lamm *n*
jágnjetina Lammfleisch *n*
jágoda Beere *f*; Erdbeere *f*
jágodast beerenförmig
jaháč Reiter *m*
jahalíšče Reitbahn *f*
jahálka Reiterin *f*
jahálnica Reitschule *f*
jáhanje Reiten *n*
jáhati reiten
jáhta Jacht *f*
jájce Ei *n*; **uméšano ~** Rührei *n*
jájčast eiförmig, oval
jájčen Eier-; **jájčna lupína** Eierschale *f*
jájčnik Eierstock *m*; Eierspeise *f*; Eierbecher *m*
ják: **~i tòk** ELEK Starkstrom *m*
jáko sehr
jákost F Stärke *f*
jálov unfruchtbar
jálovost F Unfruchtbarkeit *f*
jáma Grube *f*; Höhle *f*, Grotte *f*; **zláta ~** Fundgrube *f*
jámast holp(e)rig
jámbor Mast *m*, Mastbaum *m*
jámčiti (IM)PF bürgen
jámski Höhlen-
jámstvo Gewähr *f*
jánež Anis *m*
jáneževec Anisbranntwein *m*
jánjček Lämmchen *n*
jántar Bernstein *m*
jánuar Januar *m*
Japónec Japaner *m*
japónski japanisch
Japónska Japan *n*
járec Hammel *m*
járek Graben *m*

járem Joch *n*
jása Lichtung *f*
jásen licht, hell; klar, deutlich
jásli FPL Krippe *f*
jasmín Jasmin *m*
jasnína Helle *f*, Klarheit *f*
jasníti se *Wetter*: sich aufheitern, sich aufklären
jásnost F Klarheit *f*, Deutlichkeit *f*
jasnovídec Hellseher *m*
jástog Hummer *m*
jástreb Geier *m*
jášek Schacht *m*
játa Schwarm *m*, Schar *f*
jáven öffentlich
jáviti PF melden
jávnost F Öffentlichkeit *f*
jávor Ahorn *m*
jàz ich
jázbec Dachs *m*
jázbečar Dackel *m*
jecljánje Stottern *n*, Gestammel *n*
jecljáti stottern, stammeln
jecljávec Stotterer *m*
jéča Gefängnis *n*, Kerker *m*
ječánje Stöhnen *n*, Gestöhne *n*
ječáti stöhnen
jêčmen Gerste *f*
jéd F Speise *f*; Essen *n*; Kost *f*; Gericht *n*; **nàjljúbša ~** Leibgericht *n*, Leibspeise *f*
jédek beißend, ätzend
jedílen Speise-
jedílnica Speisesaal *m*, Esszimmer *m*
jedílnik Speisekarte *f*
jédkati ätzen
jêdrce Kern *m*; **oréhovo ~** Nusskern *m*
jedrnàt kernig; *fig* knapp
jêdro Kern *m*
jêdrski kernig; Kern-, nuklear
jéglič Primel *f*
jegúlja Aal *m*
jegúljast *fig* aalglatt
jeklár Stahlarbeiter *m*
jeklárna Stahlfabrik *f*
jeklén stählern, Stahl-
jeklénka Stahlflasche *f*; *umg* Skistock *m*; Angelrute *f*
jêklo Stahl *m*
jêlen Hirsch *m*; **séverni ~** Rentier *n*
jelenjád F Rotwild *n*
jélka Tanne *f*
jélša Erle *f*
jemánje Nehmen *n*
jemáti nehmen
jérbas (Weiden-)Korb *m*
jerebíca Rebhuhn *n*
jerebíka Eberesche *f*
jêrmen Riemen *m*; **gonílni ~** Treibriemen *m*; **klínasti ~** Keilriemen *m*
jêsen Esche *f*
jesén F Herbst *m*
jesénski herbstlich, Herbst-
jeséter ZOOL Stör *m*
jésti essen, speisen
jestvína Essware *f*
jéšprenj Graupe *f*; *österr* Gerstel *n*
jétičen tuberkulös
jétika Tuberkulose *f*
jetníca Gefangene *f*
jetník Gefangene(r) *m*
jetníšnica Haftanstalt *f*, Strafanstalt *f*
jétra NPL Leber *f*
jétrnica Leberwurst *f*

jétrnik Leberblümchen *n*
jéz Damm *m*, Deich *m*
jéza Zorn *m*, Ärger *m*, Groll *m*; **nágla ~** Jähzorn *m*; **nágle jéze** jähzornig
jézdec Reiter *m*
jézditi reiten
jézen zornig, böse; **~ bíti na** (*A*) j-m zürnen
jézero See *m*; **umétno ~** Stausee *m*
jézerski See-
jezíček Zünglein *n*; ANAT Zäpfchen *n*
jezíčen Zungen-; zungenfertig
jezíčnost F Zungenfertigkeit *f*
jêzik M Zunge *f*; Sprache *f*; **knjížni ~** Schriftsprache *f*; **máterni ~** Muttersprache *f*; **pogóvorni ~** Umgangssprache *f*; **túj ~** Fremdsprache *f*; **zbórni ~** Hochsprache *f*
jezikáti die Zunge wetzen; *fig* geifern
jezikoslôvec Sprachwissenschaftler *m*, Philologe *m*
jezikoslôvje Sprachwissenschaft; Philologie *f*
jezikôven sprachlich, Sprach-
jezíti ärgern
jezuít Jesuit *m*
Jézus Jesus *m*
Jézušček Christkindlein *n*
jéž Igel *m*
jéža Ritt *m*, Reiten *n*
jéževec Stachelschwein *n*
jéževka Stachelpilz *m*; AUTO Spikesreifen *m*
jéžiti se sich sträuben; *Haare*: zu Berge stehen
jód Jod *n*
jóga Yoga *m*, *n*
jòj! o weh!
jók Weinen *n*; **krčevít ~** Weinkrampf *m*; **z ~om in stókom** mit Ach und Krach
jokánje Weinen *n*
jókati weinen
jokàv weinerlich
jópa Jacke *f*
jópič Jacke *f*; **odsévni ~** Warnweste *f*; **prisílni ~** Zwangsjacke *f*; **rešílni ~** Schwimmweste *f*
jubilánt Jubilar *m*
jubilêj Jubiläum *n*
Júd Jude *m*
Júdinja Jüdin *f*
júdovski jüdisch
Jugoslávija HIST Jugoslawien *n*
Jugoslován Jugoslawe *m*
Jugoslovánka Jugoslawin *f*
jugoslovánski jugoslawisch
júgovzhòd Südost(en) *m*
júgovzhóden südöstlich
júgozahòd Südwest(en) *m*
júgozahóden südwestlich
júha Suppe *f*, Brühe *f*; **govéja ~** Fleischbrühe *f*; **zelenjávna ~** Gemüsesuppe *f*
júlij Juli *m*
junák Held *m*
junákinja Heldin *f*
junáški heldenhaft; Helden-
junáštvo Heldentum *n*
júnec junger Ochse *m*
júnij Juni *m*
júrček Herrenpilz *m*, Steinpilz *m*
jurídičen juristisch, rechtlich
jútranji morgendlich, Morgen-

jútranjica Morgenstern *m*
jútranjik Morgenblatt *n*
jútri morgen; ~ **zjútraj** morgen früh
jútrišnji morgig
jútro Morgen *m*; **drúgo** ~ am nächsten Morgen
júžen südlich, Süd-; **júžni tečáj** Südpol *m*
júžina: **súha** ~ ZOOL Weberknecht *m*
južnják Südländer *m*
južnjáški südländisch
júžno- Süd-
júžnoslovánski südslawisch

K

k (*D*) zu (*D*), gegen (*A*)
kábel Kabel *n*; **polnílni** ~ Ladekabel *n*
kabína Kabine *f*
káča Schlange *f*
káčast schlangenförmig
kàd F Wanne *f*
kàdar wenn, wann
kadílec Raucher *m*
kadílnica REL Räuchergefäß *n*
kadílo Weihrauch *m*
kadíti rauchen; räuchern; ~ **se** dampfen, qualmen
kadúlja Salbei *m*
káfra Kampfer *m*
káj was
kàj etwas; ~ **drúgega** etwas anderes; ~ **málo** recht wenig; **kakó je ~?** wie geht es?
kajênje Rauchen *n*
kajnè(da)? nicht wahr?
kájpada allerdings, freilich
kájti denn
kajúta Kajüte *f*
kàk irgendein
kakáv Kakao *m*
kakó wie; ~ **da** wieso
kàkor wie, als; ~ **da** als ob; ~ **hítro** sobald; ~ **kóli** wie immer; ~ **se vzáme** je nachdem
kakôvost F Beschaffenheit *f*, Qualität *f*
kakôvosten Qualitäts-
kákršen wie
kakšen was für ein, welch ein
kál F Keim *m*, Trieb *m*
kálcij Kalzium *n*
kálček Keimling *m*
kálen trüb, unklar
kalíber Kaliber *n*
Kalifórnija Kalifornien *n*
kalín ZOOL Gimpel *m*
kalíti keimen, treiben, sprießen; *Wasser* trüben
kalóričen kalorisch
kaloríja Kalorie *f*
kalúp Form *f*, Gussform *f*
kám wohin
kàm irgendwohin
kaméla Kamel *n*
kámen Stein *m*; **drági** ~ Edelstein *m*; **ledvíčni** ~ Nierenstein *m*; **mlínski** ~ Mühlstein *m*; **preskúsni** ~ Prüfstein *m*; **têmeljni** ~ Grundstein *m*
kamenjáti steinigen
kámenje Gestein *n*
kámera Kamera *f*
kamílica Kamille *f*
kamín Kamin *m*

kamión Lastkraftwagen *m*
kamnít steinig
kamnolòm Steinbruch *m*
kamnosèk Steinmetz *m*
kámor wohin; **~ kóli** wohin immer, irgendwohin
kampíranje Camping *n*
kanál Kanal *m*
kanárček Kanarienvogel *m*
káncler Kanzler *m*
kandidát Kandidat *m*, Bewerber *m*
kandidatúra Kandidatur *f*, Bewerbung *f*
kandidírati (IM)PF kandidieren
kánec Tropfen *m*
kángla Kanne *f*
kániti[1] **(kánem)** PF fallen, tropfen, tröpfeln
kániti[2] **(kánim)** PF beabsichtigen
kánja Mäusebussard *m*
kanónik Chorherr *m*
kantína Kantine *f*
kantón *Schweiz* Kanton *m*
káos Chaos *n*
kaótičen chaotisch
káp M Traufe *f*; **z dežjà pod ~** vom Regen in die Traufe
káp F Schlag(anfall) *m*; **možgánska ~** Gehirnschlag *m*
kápa Kappe *f*, Mütze *f*; **sušílna ~** Trockenhaube *f*
kapacitéta Kapazität *f*
kápati tropfen, tröpfeln, triefen
kápavica MED Tripper *m*
kapéla Kapelle *f*
kapélnik Kapellmeister *m*
kapétan MIL Hauptmann *m*; SPORT Kapitän *m*
kápica Käppchen *n*; **Rdéča ~** Rotkäppchen *n*
kapitál Kapital *n*
kapitalíst Kapitalist *m*
kapitalístičen kapitalistisch
kapitalízem Kapitalismus *m*
kapitán SCHIFF Kapitän *m*
kapitél Kapitell *n*
kapitulácija Kapitulation *f*
kapitulírati (IM)PF kapitulieren
kaplán Kaplan *m*
káplja Tropfen *m*
kapljáti tropfen, tröpfeln
kápljica Tröpfchen *n*
kápnik Tropfstein *m*; **stoječi ~** Stalagmit *m*; **viséči ~** Stalaktit *m*
kápsula Kapsel *f*
kapucín Kapuziner *m*
kapučíno M Cappuccino *m*
kàr was; **~ kóli** was immer; **~ se lè dá** so viel wie möglich
karákter Charakter *m*
karakterístičen charakteristisch
karaván AUTO Kombi *m*
karavána Karawane *f*
kardinál Kardinal *m*
karfijóla Blumenkohl *m*; *österr* Karfiol *m*
kariêra Laufbahn *f*, Karriere *f*
karikatúra Karikatur *f*
karírast kariert
karnevál Karneval *m*
karoseríja Karosserie *f*
Karpáti MPL Karpaten *pl*
kárta Karte *f*; Spielkarte *f*
kártati Karten spielen
kartón Karton *m*
kartotéka Kartei *f*
kasárna Kaserne *f*

kásen spät
kaséta Kassette *f*
káša Brei *m*; **mléčna ~** Milchbrei *m*
kášast breiig
kášča Getreidespeicher *m*
kášelj Husten *m*; **oslóvski ~** Keuchhusten *m*
kášljati husten
katakómba Katakombe *f*
katalóg Katalog *m*
katár Katarrh *m*
katáster Kataster *m*
katastrófa Katastrophe *f*
katastrofálen katastrophal
katéder Katheder *m*
katedrála Kathedrale *f*
kategoríja Kategorie *f*
katéri welcher; der wievielte; **~ kóli** irgendein
katéta MATH Kathete *f*
katóda Kathode *f*
katolicízem Katholizismus *m*
katolíčan Katholik *m*
katóliški katholisch
katrán Teer *m*
káva Kaffee *m*; **béla ~** Milchkaffee *m*; **ledéna ~** Eiskaffee *m*
kavalír Kavalier *m*
kavárna Café *n*
kávbojke FPL Jeans *pl*
kávcija Kaution *f*
kávč Couch *f*
kávčuk Kautschuk *m*
kávelj Haken *m*
káviar Kaviar *m*
kávka Dohle *f*
kavomát Kaffeeautomat *m*, Kaffeemaschine *f*
kávsati, **kávsniti** PF picken, hacken
kazálec Zeiger *m*; Zeigefinger *m*
kazálo Inhaltsverzeichnis *n*, Register *n*
kázati zeigen; aufweisen; zur Schau stellen; **ne káže** es ist nicht ratsam
kázen F Strafe *f*; **préjšnja ~** Vorstrafe *f*; **smŕtna ~** Todesstrafe *f*
kázenski Straf-
kázenskopráven strafrechtlich
kazíti entstellen, verunstalten
kaznív strafbar; **~o dejánje** strafbare Handlung *f*
kaznováti (IM)PF strafen, bestrafen
kážem → kázati
kážipot Wegweiser *m*
kdáj wann; **od ~** seit wann
kdàj jemals; **~ pa ~** hie und da
kdó wer; **~ drúg** sonst jemand
kdór welcher, der; **~ kóli** wer immer
kêgelj Kegel *m*
kegljáti kegeln
kegljíšče Kegelbahn *f*
kéks Keks *m*, *n*
kélih Kelch *m*
Kélt Kelte *m*
kéltski keltisch
kémičen chemisch
kemíja Chemie *f*
kémik Chemiker *m*
kengurú Känguru *n*
képa Klumpen *m*; **snéžna ~** Schneeball *m*
képast klumpig
képati se einander mit Schneebällen bewerfen

ker weil, da
kerámika Keramik *f*
kès, kesánje Reue *f*
kesáti se bereuen
ki welcher, der
kíč Kitsch *m*
kíčast kitschig
kídati schaufeln
kíhati, kíhniti PF niesen
kíj Keule *f*
kikiríkanje Krähen *n*
kikiríkati krähen
kíla MED Bruch *m*; **dímeljska ~** Leistenbruch *m*
kíla *umg* Kilo *n*
kilográm Kilogramm *n*
kilométer Kilometer *n*
kilometrína Kilometergeld *n*
kímanje Nicken *n*
kímati nicken
kínkati dösen
kíno M Kino *n*; **íti/hodíti v ~** ins Kino gehen
kíp Statue *f*, Plastik *f*
kipár Bildhauer *m*
kipárstvo Bildhauerkunst *f*, Plastik *f*
kípec Statuette *f*
kipéti überkochen; **~ od jéze** *fig* schäumen vor Wut
kirúrg Chirurg *m*
kirurgíja Chirurgie *f*; **nezgódna ~** Unfallchirurgie *f*
kís Essig *m*
kísel sauer; *fig* mürrisch
kíselkast säuerlich
kisík Sauerstoff *m*
kislína Säure *f*; **ócetna ~** Essigsäure *f*; **solítrna ~** Salpetersäure *f*
kít Kitt *m*; Wal(fisch) *m*
kíta Zopf *m*; ANAT Sehne *f*
Kitájec Chinese *m*
Kitájska China *n*
kitájski chinesisch
kitára Gitarre *f*
kítati kitten
kítica Strophe *f*
kjé wo; **~ drugjé** anderswo
kjèr wo; **~ kóli** wo immer
kláda Klotz *m*
kládivo Hammer *m*
klánec Steigung *f*, Steilhang *m*
klánjati se sich verneigen
klánje Schlachten *n*; Gemetzel *n*
klarinét Klarinette *f*
klás Ähre *f*
klásičen klassisch
klásik Klassiker *m*
klásje Ähren *fpl*
klátež Vagabund *m*, Landstreicher *m*
kláti schlachten, stechen; spalten
klatíti se herumstreichen, herumstreunen
klávec Schlächter *m*
klavír Klavier *n*, Flügel *m*
klávnica Schlachthof *m*
klávrn jämmerlich, kläglich; niedergeschlagen, trübsinnig
klávzula Klausel *f*
klavzúra Klausur *f*
klécniti PF in die Knie brechen
kléč F Klippe *f*, Riff *n*
klečáti knien; **klečé prosíti** auf den Knien bitten
klečeplázec *abw* Kriecher *m*
klečeplázati *fig* kriechen
kléj Leim *m*
klékljati klöppeln

klepár Spengler *m*, Klempner *m*
klepèt Geschwätz *n*, Tratsch *m*
klepetáti schwatzen, tratschen
klepetàv geschwätzig
klepetávost F Klatschsucht *f*
klepetúlja Klatschbase *f*, Plaudertasche *f*
klêrik Kleriker *m*
klesáti *Steine* behauen; meißeln
kléšče FPL Zange *f*; *Krebs*: Schere *f*
klét F Keller *m*
klétev F Fluch *m*, Kraftausdruck *m*
kléti fluchen
klétka Käfig *m*
klétvica → klétev
klíc Ruf *m*; ~ **na pomóč** Hilferuf *m*
klíca Keim *m*
klicáj Ausrufezeichen *n*
klícanje Rufen *n*
klícati rufen, anrufen; JUR vorladen
kliènt Klient *m*
klientéla Klientel *f*
klíka Clique *f*
klíma Klima *n*
klimátski klimatisch, Klima-
klín Keil *m*; Bolzen *m*; **obésiti** *pf* **na** ~ *fig* an den Nagel hängen
klínast keilförmig
klínček Stift *m*; GASTR Gewürznelke *f*
klíničen klinisch
klínika Klinik *f*
klistír Klistier *n*
klišé M Klischee *n*
klíti keimen, sprießen, treiben
kljúb (*D*) trotz; ~ **tému** trotzdem, dennoch
kljuboválen trotzig
kljuboválnost F Trotz *m*
kljubováti trotzen
kljúč Schlüssel *m*; **pod ~em** hinter Schloss und Riegel
ključávnica (Tür-)Schloss *n*; ~ **na števílke** Zahlenschloss *n*; **várnostna** ~ Sicherheitsschloss *n*
ključávničar Schlosser *m*
kljúčnica Schlüsselbein *n*
kljúka Haken *m*; Klinke *f*
kljúkast gekrümmt; Haken-
kljún Schnabel *m*; SCHIFF Bug *m*
kljunáč Schnepfe *f*
kljúnast schnabelförmig
kljúse Gaul *m*, Mähre *f*
kljúvati picken, hacken
klobása Wurst *f*; Strieme *f*
klobasáti dummes Zeug reden
klôbčič Knäuel *n*
klobúček Hütchen *n*
klobučevína Filz *m*
klobúk Hut *m*
klôfniti PF ohrfeigen
klofúta Ohrfeige *f*
klokotáti glucksen, gluckern
kloníti beugen
klóp F (Sitz-)Bank *f*
klòp Zecke *f*
klopòt Geklapper *n*
klopotáti klappern
klór Chlor *n*
klôvn Clown *m*
klúb Klub *m*; **špórtni** ~ Sportklub *m*

kmálu bald
kméčki bäuerlich; Bauern-
kmèt Bauer *m*
kmetíja Bauernhof *m*
kmetíjstvo Landwirtschaft *f*
kmetováti Landwirtschaft betreiben
knéginja Fürstin *f*
knéz Fürst *m*
kneževína Fürstentum *n*
knéžji fürstlich
knjíga Buch *n*; **mátična ~** Personenstandsregister *n*; **spomínska ~** Stammbuch *n*; **zemljíška ~** Grundbuch *n*
knjigárna Buchhandlung *f*
knjigárnar Buchhändler *m*
knjigovéznica Buchbinderei *f*
knjigovódja M Buchhalter *m*
knjigovódstvo Buchhaltung *f*
knjížen Buch-, Bücher-, Schrift-
knjíženje Buchung *f*
knjižéven literarisch
knjižévnik Schriftsteller *m*, Literat *m*
knjižévnost F Literatur *f*
knjížica Büchlein *n*; **čekóvna ~** Scheckbuch *n*; **hranílna ~** Spar(kassen)buch *n*
knjížiti buchen, verbuchen
knjížnica Bibliothek *f*
knjížničar Bibliothekar *m*
ko wenn; als; **potém ~** nachdem
kobacáti krabbeln
kobíla Stute *f*
kobílica Heuschrecke *f*; SCHIFF Kiel *m*
kobúlnica Doldenpflanze *f*
kocína Haar *n*; Bartstoppel *f*
kocínast haarig, zottig
kócka Würfel *m*; **júšna ~** Suppenwürfel *m*
kóckast würfelig
kóckati würfeln
kóča Hütte *f*; **planínska ~** Berghütte *f*; **plánšarska ~** Almhütte *f*
kočíja Kutsche *f*
kočijáž Kutscher *m*
kočljív heikel
kóčnik Backenzahn *m*
kód wo; **od ~** woher
kóder wo; **~ kóli** irgendwo
kóder Locke *f*; (*Hund*) Pudel *m*
kódrast lockig
kódrati kräuseln
kokéten kokett
kóklja Bruthenne *f*, Glucke *f*
kokodákanje Gegacker *n*
kokodákati gackern
kokóš F Henne *f*, Huhn *n*
kokošeréja Hühnerzucht *f*
kòks Koks *m*
kòl Stange *f*, Pflock *m*
koláč Kuchen *m*; **sádni ~** Obstkuchen *m*
kolájna Medaille *f*
kôlcanje Schluckauf *m*, Schlucken *m*
kôlcati Schluckauf haben; **kólca se mi** ich habe Schluckauf
kôlčnica Hüftbein *n*
koledár Kalender *m*; **sténski ~** Wandkalender *m*; **žêpni ~** Taschenkalender *m*
koléga M Kollege *m*
kolegiálen kollegial
kolégica Kollegin *f*
kolégij Kollegium *n*
kolektív Kollektiv *n*
kolektíven kollektiv

kolénast kniefömig
koléno Knie *n*
kólera Cholera *f*
koleràba Kohlrabi *m*
kolesár Radfahrer *m*
kolesáriti Rad fahren
kolesárski (Fahr)Rad-; **kolesárska stèza** Radweg *m*
kolésce Rädchen *n*
kolésje Getriebe *n*; Uhrwerk *n*
kolíba Baracke *f*
kolíbri M Kolibri *m*
količína Menge *f*
kóličkaj ein bisschen, ein wenig
kólika Kolik *f*
kóliko wie viel; **~ čása** wie lange
kólikokrat wie oft
kólikor wie viel; sofern; **~ vém** soviel ich weiß; **~ tóliko** mehr oder weniger
kóljem → kláti
kôlk Hüfte *f*
kôlnem → kléti
koló Rad *n*, Fahrrad *n*; **krmílno ~** Steuerrad *n*
kolobár Kreis *m*, Ring *m*; ASTRON Hof *m*
kolobáriti kreisen
kolobárjenje Kreisen *n*; AGR Wechselwirtschaft *f*
kolodvór Bahnhof *m*
kolóna Kolonne *f*
koloniálen kolonial
koloníja Kolonie *f*
kolovòz Fahrweg *m*
kolóvrat Spinnrad *n*
kolovrátiti torkeln; sich herumtreiben
kolút Scheibe *f*
kómaj kaum, mit Mühe
kománda Kommando *n*
komandánt Kommandant *m*
komandírati *umg* kommandieren
komár Stechmücke *f*; *österr* Gelse *f*
kómbi Kleinbus *m*
komédija Komödie *f*, Lustspiel *n*
komedijánt Komödiant *m*
komentár Kommentar *m*
komentírati (IM)PF kommentieren
komét Komet *m*
kómičen komisch
kómik Komiker *m*
komisár Kommissar *m*
komisíja Kommission *f*; **izpítna ~** Prüfungskommission *f*
komité M Komitee *n*
komólec Ell(en)bogen *m*
kómora Kammer *f*
kómoren: **kómorna glásba** Kammermusik *f*
kómpas Kompass *m*
kompeténca Kompetenz *f*
kompeténten kompetent, befugt
komplicíran kompliziert
komplicírati (IM)PF komplizieren
komplikácija Komplikation *f*
komponírati (IM)PF komponieren
kompót Kompott *n*
kompozícija Komposition *f*
kompromís Kompromiss *m*
kompromitírati (IM)PF kompromittieren
komúna Kommune *f*

komunálen kommunal
komuníst Kommunist *m*
komunístičen kommunistisch
komunízem Kommunismus *m*
koncentrácija Konzentration *f*
koncépt Konzept *n*, Entwurf *m*
koncêrt Konzert *n*
koncesíja Konzession *f*
koncíl Konzil *n*
končáti PF beenden, vollenden; ~ **se** enden
kônčen End-; **kônčno** *adv* endlich
končníca Endung *f*
kondenzátor Kondensator *m*
kondenzírati (IM)PF kondensieren
kônec Ende *n*, Schluss *m*
konfékcija Konfektion *f*
konferénca Konferenz *f*
konflíkt Konflikt *m*
kongrés Kongress *m*
koníca Spitze *f*
koníčast spitz
kònj Pferd *n*; **dirkálni** ~ Rennpferd *n*; **gugálni** ~ Schaukelpferd *n*; **jézdni** ~ Reitpferd *n*
kónjak Kognak *m*
konjeníca Kavallerie *f*
konjeréja Pferdezucht *f*
konjíček Pferdchen *n*
konkréten konkret
konkurénca Konkurrenz *f*; **brez konkurénce** konkurrenzlos
konkurénčen konkurrenzfähig
konkurírati (IM)PF konkurrieren
konkúrz Konkurs *m*
konôplja Hanf *m*
konservatórij Konservatorium *n*
konservírati konservieren
konstánten konstant, beständig
konstelácija Konstellation *f*
konstrúkcija Konstruktion *f*
konstruktêr Konstrukteur *m*
kontékst Kontext *m*, Zusammenhang *m*
kontinènt Kontinent *m*
kontinuitéta Kontinuität *f*
kónto M Konto *n*
kontróla Kontrolle *f*
kontrolírati kontrollieren
konvéncija Konvention *f*
konvencionálen konventionell
konzêrva Konserve *f*
kónzul Konsul *m*
konzulát Konsulat *n*
konzultácija Konsultation *f*
kopálec Badegast *m*
kopalíšče Bad *n*; Badeort *m*; **obréžno** ~ Strandbad *n*
kopálke FPL Badehose *f*, Bikini *m*, Badeanzug *m*
kopálnica Badezimmer *n*
kópati V/T baden; ~ **se** *v/i* baden
kopáti graben, scharren
kopél F Bad *n*
kôpen schneefrei
kopíca Haufen *m*
kopíčiti (an)häufen
kópija Kopie *f*
kopírati kopieren
kopíto Huf *m*; *Gewehr:* Kolben *m*
kópje Speer *m*, Lanze *f*

kopnéti schmelzen, tauen
kôpno Festland *n*
kopríva Nessel *f*, Brennnessel *f*; ~ **ne pozébe** Unkraut vergeht nicht
koprnênje Sehnsucht *f*
koprnéti sich sehnen
koráčnica Marsch *m*, Marschlied *n*
korák Schritt *m*
korákati schreiten, marschieren
korála Koralle *f*
korékten korrekt
korektúra Korrektur *f*
korén Wurzel *f*; **kvadrátni** ~ Quadratwurzel *f*
korénček Karotte *f*
koreníka Wurzelstock *m*
korenína Wurzel *f*
korenít gründlich, radikal
korenják starker, rüstiger Mann *m*
korênje Gelbe Rübe *f*, Möhre *f*, Karotte *f*
korespondénca Korrespondenz *f*, Briefwechsel *m*
koríst F Nutzen *m*, Vorteil *m*
korísten nützlich, vorteilhaft
korístiti nützen, nutzen
korístnost F Nützlichkeit *f*
koristoljúben eigennützig
koristoljúbje Eigennutz *m*
koríto Trog *m*; Futtertrog *m*; Wasserbett *n*
koronapandemíja Coronapandemie *f*
koronavírus Coronavirus *n o m*
Koróšec Kärntner *m*
koróški kärntnerisch
Koróška Kärnten *n*
korúpcija Korruption *f*
korúpten korrupt
korúza Mais *m*, *österr* Kukuruz *m*
kós Stück *n*, Teil *m*, Brocken *m*; **bíti** ~ (*D*) j-m/et. gewachsen sein
kós Amsel *f*
kôsa Sense *f*
kósati zerstückeln; ~ **se** wetteifern
kôsem Flocken *m*
kosílnica Mähmaschine *f*
kosílo Mittagessen *n*
kosíter Zinn *n*
kósiti zu Mittag essen
kosíti mähen
kosmàt behaart, zottig
kosmìč Flocke *f*; **korúzni kosmíči** *mpl* Cornflakes *pl*; **ovséni kosmíči** *mpl* Haferflocken *pl*
kosmúlja Stachelbeere *f*
kóst F Knochen *m*, Bein *n*; **nósna** ~ Nasenbein *n*; **slônova** ~ Elfenbein *n*
kôstanj Kastanie *f*; **dívji** ~ Rosskastanie *f*
kostím Kostüm *n*; **hláčni** ~ Hosenanzug *m*
kòš Korb *m*; **pŕsni** ~ Brustkorb *m*
košára Korb *m*
košárica Körbchen *n*
košárka Basketball *m*
košàt buschig
košátiti se stolzieren; angeben
kóšček Stückchen *n*
koščén knöchern
koščíca Obstkern *m*; **ríbja** ~ Fischgräte *f*

kôšnja Heuernte *f*
koštrún Hammel *m*
koštrunovína Hammelfleisch *n*
košúta Hirschkuh *f*
kót Winkel *m*
kot KONJ als, wie
kotalíti rollen, wälzen; **~ se** kullern, rollen
kotálke FPL Rollschuhe *mpl*
kotánja Mulde *f*
kôtel Kessel *m*
kotíti Junge werfen
kôtlast kesselförmig
kotlína Talkessel *m*, Talbecken *n*
kótnik Winkeleisen *n*
kotomér Winkelmesser *m*
kòv Prägung *f*; **móž tákega kôva** *fig* ein Mann von diesem Schlag
kováč Schmied *m*
kováčnica Schmiede *f*
kovánec Münze *f*
kováti schmieden, hämmern; *Münzen* prägen
kôvček Koffer *m*; **pótni ~** Reisekoffer *m*
kovína Metall *n*
kovínski Metall-
kôvnica Münzanstalt *f*
kôza Ziege *f*; SPORT Bock *m*; **dívja ~** Gämse *f*; **kôze** *pl* Pocken *pl*
kozárček Gläschen *n*
kozárec Glas *n*, Trinkglas *n*, Becher *m*
kozàv pockennarbig
kôzel Bock *m*, Ziegenbock *m*; **gréšni ~** Sündenbock *m*
kozíca (kleine) Ziege *f*; (*Gefäß*) Pfanne *f*
kozlíček Kitz *n*
kozmétika Kosmetik *f*
kózmičen kosmisch
kozólec Purzelbaum *m*, Rolle *f*; Heustadel *m*
kozoróg Steinbock *m*
kóža Haut *f*, Fell *n*
kóžica Häutchen *n*; ANAT Vorhaut *f*
kôžuh Pelz *m*; Pelzmantel *m*
kradljív diebisch
kragúlj Habicht *m*
kragúljček Schelle *f*
kràj Ort *m*, Stelle *f*, Stätte *f*, Platz *m*; Ende *n*; **na kráju sámem** an Ort und Stelle
krája Diebstahl *m*
krájec Rand *m*; Mondsichel *f*; **krájci** *pl* Hutkrempe *f*
krajéven örtlich
krajína Landschaft *f*; Landschaftsbild *n*
krajšati kürzen, abkürzen
krajšáva Kürzung *f*
krák Schenkel *m*
krákati krächzen
králj König *m*
kraljéstvo Königreich *n*
kraljévski königlich, Königs-
králjevič Prinz *m*
kraljíčna Prinzessin *f*
kráma Kram *m*
kramljánje Plauderei *f*, Geplauder *n*
kramljáti plaudern
kràmp Hacke *f*, Spitzhacke *f*
Kránjsko Krain *n*
kràp Krapfen *m*, Berliner Pfannkuchen *m*; ZOOL Karpfen *m*
krás Karst *m*
krásen prächtig, schön

krasíti schmücken, zieren
krasôta Pracht *f*
krásta Schorf *m*, Kruste *f*
krastáča Kröte *f*
krásti stehlen
kráški Karst-
kràt mal
krátek kurz; **pred krátkim** kürzlich, neulich
kratíca Abkürzung *f*
krátiti kürzen, schmälern
kratkočásen unterhaltsam
kratkočásiti unterhalten, die Zeit vertreiben
kratkočásje Zeitvertreib *m*
kratkoróčen kurzfristig
krátkost F Kürze *f*
kratkovíden kurzsichtig
kráva Kuh *f*
kraváta Krawatte *f*
krávl SPORT Kraulstil *m*; **plávati ~** kraulen
kŕč Krampf *m*; **~ v méčih** Wadenkrampf *m*; **otŕpni ~** Wundstarrkrampf *m*
kŕčen: **kŕčna žíla** Krampfader *f*
kŕčenje Kontraktion *f*; AGR Rodung *f*
krčevít krampfhaft
kŕčiti kürzen; roden; **~ se** schrumpfen, eingehen
kŕčma Schenke *f*, Gastwirtschaft *f*
krčmár Wirt *m*
krčmaríca Wirtin *f*
krdélo Haufen *m*, Schar *f*
kréda Kreide *f*; **rdéča ~** Rötel *m*
kredénca Anrichte *f*
kredít Kredit *m*
krégati *umg* schelten; **~ se** streiten; schimpfen
kréma Creme *f*; **~ za čévlje** Schuhcreme *f*
krêmen Quarz *m*, Kiesel *m*
krémpelj Kralle *f*, Klaue *f*
krémžiti se Grimassen schneiden, das Gesicht verziehen
kreníti PF einschlagen, abbiegen; **~ na pót** sich auf den Weg machen
krêpek, **krepák** kräftig, stark, rüstig
krepčáti stärken, laben
krepčílo Stärkung *f*
krepílen stärkend
krepíti stärken
krepkóst F Kraft *f*
krepóst F Tugend *f*
krepósten tugendhaft
krés Sonnwendfeuer *n*
kresníca Glühwürmchen *n*, Leuchtkäfer *m*
kréša: **vŕtna ~** Gartenkresse *f*
krétnica BAHN Weiche *f*
krétnja Gebärde *f*, Geste *f*
kŕhati *Messer*: stumpf werden; **~ se** abbröckeln
kŕhek brüchig, spröde, zerbrechlich
kŕhelj (gedörrtes) Obststückchen *n*
krí F Blut *n*; **~ mi têče** ich blute
kričáč Schreihals *m*
kričánje Geschrei *n*, Schreien *n*
kričáti schreien
kričèč schreiend; *Farbe*: grell
krík Schrei *m*, Aufschrei *m*
kríkniti PF aufschreien
krilática geflügeltes Wort *n*
krílce Röckchen *n*

kríliti flattern; **~ z rokámi** mit den Händen fuchteln
krílo Flügel *m*; Rock *m*; **hláčno ~** Hosenrock *m*; **spódnje ~** Unterrock *m*
kriminálen kriminell
kriminálka Kriminalroman *m*
krínka Maske *f*
kristál Kristall *m*
kristálen Kristall-
kristján Christ *m*
kritêrij Kriterium *n*
kríti decken, bedecken
krítičen kritisch
krítik Kritiker *m*
krítika Kritik *f*
kritizírati kritisieren
krítje Deckung *f*
krív krumm, gebogen; schuld, schuldig; **po ~em** zu Unrecht; **~ bíti** (G) die Schuld an et. tragen; **òn jè ~** ihn trifft die Schuld
krívda Schuld *f*; Verschulden *n*
krívec Schuldige(r) *m*
krivíca Unrecht *n*
krivíčen ungerecht
krivíčnost F Ungerechtigkeit *f*
krivína Krümmung *f*
krivíti krümmen, biegen; beschuldigen
krivonóg x-beinig, krummbeinig
krivovérski ketzerisch
krivúlja Kurve *f*
kríž Kreuz *n*
krížanec Mischling *m*, Hybride *m*
krížanje Kreuzigung *f*
krížanka Kreuzworträtsel *n*
krížarka SCHIFF Kreuzer *m*
križárjenje Kreuzfahrt *f*
krížati (IM)PF kreuzigen; ZOOL, BOT kreuzen; **~ se** sich kreuzen; sich überschneiden
krížem durcheinander; **~ krážem** kreuz und quer; **~ rók** mit verschränkten Armen
križíšče Kreuzung *f*
križpótje Wegscheide *f*
kŕma Futter *n*; SCHIFF Heck *n*
krmár Steuermann *m*
krmáriti steuern
krmíljenje Steuern *n*; **daljínsko ~** Fernsteuerung *f*
krmílo Steuer *n*, Ruder *n*, Lenkrad *n*
kŕmiti füttern
kŕmljenje Fütterung *f*
kŕn Bug *m*; MED Stumpf *m*
króg Kreis *m*; Ring *m*
krógla Kugel *f*, Ball *m*
króglast kugelförmig
krohòt lautes, schallendes Gelächter *n*
krohotáti se überlaut lachen
kròj Schnitt *m*
krojáč Schneider *m*
krojíti zuschneiden
krókar Rabe *m*
krokodíl Krokodil *n*
króm Chrom *n*
krompír Kartoffel *f*; **~ v oblícah** Pellkartoffeln *pl*
króna Krone *f*
krónanje Krönung *f*
krónati (IM)PF krönen
króničen chronisch
krónika Chronik *f*
kronolóški chronologisch
kròp siedendes Wasser *n*
kropíti besprengen

krós SPORT Geländelauf *m*
krôšnja Baumkrone *f*
krôtek, kroták zahm, sanft
krotíti bändigen, zähmen; zügeln
krotkóst F Sanftmut *f*
kròv Deck *n*
krôvec Dachdecker *m*
króžek Kreis *m*, Zirkel *m*, Kränzchen *n*
króženje Kreisen *n*; Umlauf *m*; Zirkulation *f*
krožíti kreisen, zirkulieren
króžnik Teller *m*
króžniček Untertasse *f*
kŕpa Lappen *m*
kŕpati flicken, stopfen
kŕst Taufe *f*
kŕsta Sarg *m*
kŕsten Tauf-; **kŕstni bóter** Taufpate *m*; **kŕstni líst** Taufschein *m*; **kŕstna predstáva** Uraufführung *f*
krstílnik Taufstein *m*
krstíti taufen
krščánski christlich
krščánstvo Christentum *n*
kŕščen getauft
kŕšenje, kršítev F Verletzung *f*, Übertretung *f*, Zuwiderhandeln *n*
kŕšiti verletzen, übertreten, zuwiderhandeln
kŕt Maulwurf *m*
krtáča Bürste *f*
krtáčiti bürsten
krtína Maulwurfshaufen *m*
krùh Brot *n*; **~ z máslom** Butterbrot *n*; **~ z otróbi** Vollkornbrot *n*
krúhek Brötchen *n*
krulíti grunzen; *Magen*: knurren
krúljav lahm
krúljenje Grunzen *n*
krúšen: **krúšna péč** F Backofen *m*; **krúšna máti** Ziehmutter *f*
krušíti se abbröckeln
krút grausam
krútost F Grausamkeit *f*
krváv blutig
krvavèč blutend
krvavênje Blutung *f*; **~ iz nósa** Nasenbluten *n*
krvavéti bluten
krvavíca Blutwurst *f*
krvavítev F Blutung *f*; **nótranja ~** innere Blutung *f*
krvodajálec Blutspender *m*
krvolóčen blutrünstig, mordgierig
krvolóčnost F Mordgier *f*, Blutgier *f*
krvoskrúnstvo Blutschande *f*, Inzest *m*
krznén pelzig, Pelz-
kŕzno Pelz *m*
kubíčen kubisch
kúčma Pelzmütze *f*
kúga Pest *f*
kuhálnica Kochlöffel *m*
kuhálnik Kocher *m*; **plínski ~** Gaskocher *m*
kúhan gekocht; **~o víno** Glühwein *m*
kúhanje Kochen *n*
kúhar Koch *m*
kúharica Köchin *f*
kúhati kochen
kúhinja Küche *f*
kúhinjski Küchen-

kújati se schmollen
kújem → kováti
kukálnik Guckloch *n*
kukálo Opernglas *n*
kúkati gucken; *Kuckuck*: rufen
kúkavica Kuckuck *m*
kulísa Kulisse *f*
kúlt Kult *m*
kultúra Kultur *f*
kultúren kulturell
kúmara Gurke *f*
kúmina Kümmel *m*
kúna Marder *m*
kúnec Kaninchen *n*
kùp Haufen *m*; **na kúpe** haufenweise; ~ **snegá** Schneehaufen *m*
kúpa Becher *m*, Kelch *m*
kupčeváti handeln
kupčíja Geschäft *n*, Handel *m*
kúpec Käufer *m*
kúpen Kauf-
kupíti PF kaufen
kupljív käuflich
kúpola Kuppel *f*
kupón Coupon *m*, Abschnitt *m*
kupovánje Kaufen *n*
kupováti einkaufen, ankaufen
kúra Henne *f*, Huhn *n*
kurílen heizbar, Heiz-
kurílnica Heizhaus *n*
kuríti heizen
kurívo Heizmaterial *n*
kurjáva Heizung *f*; **centrálna** ~ Zentralheizung *f*
kúrnik Hühnerstall *m*
kúrz Kurs *m*
kurzíven kursiv
kúščar Eidechse *f*
kúštrav zerzaust, struppig
kúta Kutte *f*
kútina Quitte *f*
kuvêrta Kuvert *n*, Briefumschlag *m*
kúža M, **kúžek** Hündchen *n*
kúžen ansteckend
kváčkanje Häkelarbeit *f*
kváčkati häkeln
kvadrát Quadrat *n*
kvadráten quadratisch, Quadrat-
kvalificíran qualifiziert, geeignet; **~i délavec** Facharbeiter *m*
kvalitéta Qualität *f*, Güte *f*
kvantitéta Quantität *f*, Menge *f*
kváren schädlich, nachteilig
kváriti *Charakter* verderben; *Glück* trüben; ~ **se** *Speisen*: verderben
kvartét Quartett *n*
kvartopírec Kartenspieler *m*
kvás Hefe *f*
kvasáti schwatzen, faseln
kvásen: **kvásne glívice** FPL Hefepilz *m*
kvéčjemu höchstens
kvíšku empor, hinauf
kvíz Quiz *n*
kvóta Quote *f*; Anteil *m*

L

labód Schwan *m*
laboratórij Laboratorium *n*
láčen hungrig
ládja Schiff *n*

ladjedélnica Werft *f*
lagáti lügen
lagóden bequem
láhek leicht
láhen leise, sacht, sanft
lahkomíseln leichtsinnig
lahkomíselnost F Leichtsinn *m*
lahkovéren leichtgläubig
lahkovérnost F Leichtgläubigkeit *f*
láik Laie *m*
lájanje, **lájež** Gebell *n*
lájati bellen
lájšati lindern
lák Lack *m*
láket Ell(en)bogen *m*
lákomen gierig
lákomnost F Gier *f*
lákota Hunger *m*; Hungersnot *f*
laktóza BIOL Laktose *f*; **brez laktóze** laktosefrei *adj*
láni voriges Jahr *n*
lánski vorjährig
lapúh Huflattich *m*
lás Haar *n*
lasáti an den Haaren ziehen
lasíšče Kopfhaut *f*
láskanje Schmeichelei *f*
láskati schmeicheln
láskavec Schmeichler *m*
lást F Eigentum *n*
lásten eigen
lastíti si beanspruchen
lastníca Eigentümerin *f*
lastník Eigentümer *m*
lastnína Eigentum *n*
lastnóst F Eigenschaft *f*
lástovica, **lástovka** Schwalbe *f*
lasúlja Perücke *f*
latínski lateinisch
latínščina Latein *n*
lazíti schleichen, kriechen
láž F Lüge *f*
lažnívec Lügner *m*
lažnív lügnerisch, verlogen
lažnívka Lügnerin *f*
lè nur, bloß
léča Linse *f*
léčast linsenförmig
léči PF sich legen, sich niederlegen
léd Eis *n*
ledén eisig
ledeník Gletscher *m*
ledíšče Gefrierpunkt *m*
lédje Lende *f*
ledvíca Niere *f*
ledvíčast nierenförmig
léga Lage *f*
legálen legal, gesetzlich
legálnost F Legalität *f*
legitimácija Legitimation *f*
legitímen legitim, gesetzmäßig
lêglo *fig* Brutstätte *f*; **~ bolézni** Krankheitsherd *m*
lék Arznei *f*
lekárna Apotheke *f*
lekárnar Apotheker *m*
lékcija Lektion *f*
léksikon Lexikon *n*
lén faul
lenáriti faulenzen
lenôba Faulheit *f*
lenúh Faulenzer *m*, Faulpelz *m*
lép schön; **na vsèm ~em** unvermutet, unerwartet
lepénka Pappe *f*, Karton *m*
lepílo Klebstoff *m*

lepíti kleben, leimen
lepljív kleb(e)rig
leposlôvje Belletristik *f*
lepôta Schönheit *f*
lepotíca Schöne *f*, Schönheit *f*
lépšati verschönern
lés Holz *n*
lesén hölzern
lèsk Glanz *m*
léska Haselstrauch *m*
leskèt Schimmer *m*, Gefunkel *n*
lesketáti se schimmern, funkeln
lesténec Kronleuchter *m*, *österr* Lüster *m*
léstev F Leiter *f*
lésti kriechen, schleichen
léstva → léstev
léstvica Leiter *f*; Skala *f*
léšnik Haselnuss *f*
lèt Flug *m*; **strmoglávi ~** Sturzflug *m*
letálec (*Person*) Flieger *m*
leták Flugblatt *n*; Flyer *m*
letalíšče Flugplatz *m*
letálo Flugzeug *n*
letálski Flug-, Luft-; **letálska drúžba, letálski prevóznik** Fluglinie, Fluggesellschaft *f*; **letálska próga** Fluglinie *f*
letálstvo Flugwesen *n*
létati fliegen; **~ za** (*l*) j-m nachlaufen
letéti fliegen
létina Ernte *f*; Ertrag *m*
létnica Jahreszahl *f*
létnik Jahrgang *m*
léto Jahr *n*; **v létih** betagt
letopís Jahrbuch *n*; Chronik *f*
létos in diesem Jahr
létošnji diesjährig
letováti den Sommerurlaub/die Sommerferien verbringen
letovíščar Sommerfrischler
letovíšče Sommerfrische *f*, Urlaubsort *m*
létva Latte *f*, Leiste *f*
lèv Löwe *m*
lévi linke(r)
levíca Linke *f*
levíčar Linkshänder *m*
levínja Löwin *f*
levíti se sich häuten
lévo ADV links
lézem → lésti
ležáj TECH Lager *n*
ležálnik Liegestuhl *m*; Schlafwagen *m*
ležáti liegen
léžem → léči
ležíšče Lagerstätte *f*
líce Wange *f*
licemérstvo Heuchelei *f*
licénca Lizenz *f*
líčen nett, hübsch, sauber
ličílo Schminke *f*
ličínka ZOOL Larve *f*
líčiti schminken
líčnica Backenknochen *m*, Wangenbein *n*
líh *Zahl*: ungerade
liják Trichter *m*
lík Form *f*, Figur *f*
likálnik Bügeleisen *n*
líkanje Bügeln *n*
líkati bügeln
likêr Likör *m*
lílast lila
lílija Lilie *f*
limóna Zitrone *f*
limonáda Limonade *f*
lína Luke *f*, Dachfenster *n*;

strélna ~ Schießscharte *f*
línčati IM/PF lynchen
línija Linie *f*
linoléj Linoleum *n*
lípa Linde *f*
líra Lyra *f*; (*Geld*) Lira *f*
líričen lyrisch
lírika Lyrik *f*
lísa (Farb-)Fleck *m*
lísast fleckig; gesprenkelt; scheckig
lisíca Fuchs *m*; Füchsin *f*; **lisíce** *pl* Handschellen *fpl*
lisíčka Eierpilz *m*, Eierschwamm *m*, Pfifferling *m*
lisják Fuchs *m* (*a. fig*)
líst Blatt *n*; Zettel *m*; Schein *m*; **pótni** ~ Reisepass *m*; **rôjstni** ~ Geburtsurkunde *f*
lísta Liste *f*
lístati blättern
lístavec Laubbaum *m*
lístek Zettel *m*
lístina Urkunde *f*
lístje Laub *n*
listopàd November *m*
lišáj Flechte *f*
líšček Stieglitz *m*, Distelfink *m*
litaníje FPL Litanei *f*
líter Liter *m*, *n*
líti gießen, strömen
lítina Guss *m*, Gussware *f*
livárna Gießerei *f*
lízati lecken; schlecken; lutschen
lízing, leasing M Leasingvertrag *m*
ljúb lieb
ljúbček Liebling *m*
ljúbek lieblich, niedlich
ljubézen F Liebe *f*
ljubeznív liebenswürdig
ljúbica Geliebte *f*; Liebling *m*
ljubímec Liebhaber *m*
ljubítelj: ~ **glásbe** Musikliebhaber *m*; ~ **umétnosti** Kunstliebhaber *m*
ljubosúmen eifersüchtig
ljubosúmnost F Eifersucht *f*
ljudjé MPL Menschen *pl*, Leute *pl*
ljúdski Volks-; volkstümlich
ljúdstvo Volk *n*
lobánja Schädel *m*
lóčen getrennt; geschieden
lóčenec Geschiedene(r) *m*
lóčenka Geschiedene *f*
ločílo Trennungsstrich *m*; Satzzeichen *n*
ločítev F Trennung *f*, Scheidung *f*
ločíti IM/PF scheiden, trennen, absondern
lóčje Binse *f*, Schilf *n*
ločljív trennbar
lóg Hain *m*
logár Förster *m*
lógičen logisch
lógika Logik *f*
lój Talg *m*
lójnica Talgdrüse *f*
lók Bogen *m*
lóka Au(e) *f*
lokàv (heim)tückisch, hinterlistig
lókvanj Seerose *f*, Wasserlilie *f*
lòm Bruch *m*
lomíti brechen
lončár Töpfer *m*
lônček Töpfchen *n*
lončén tönern, irden
lončenína Töpferware *f*

lônčnica Topfblume *f*
lônec Topf *m*
lópa Laube *f*, Hütte *f*, Schuppen *m*
lopár SPORT Schläger *m*, Racket *n*
lopáta Schaufel *f*; Ruderblatt *n*
lopática Spachtel *m*, *f*; ANAT Schulterblatt *n*
lópov Schurke *m*, Gauner *m*
lopúta Klappe *f*; Falltür *f*
lopútniti PF *Tür* laut zuschlagen
lós Elch *m*
lósos Lachs *m*
lotíti se PF beginnen **lotíti se** (G) j-n angreifen
lòv Jagd *f*; Fang *m*
lôvec Jäger *m*
lovíti jagen, fangen
lôvor Lorbeer *m*
lúbenica Wassermelone *f*
lúbje Borke *f*, Rinde *f*
lúč F Licht *n*
lučáj Wurf *m*, Wurfweite *f*
lúčati werfen, schleudern
lúg Lauge *f*
lúknja Loch *n*, Höhle *f*, Bau *m*
luknjáč Locher *m*
lúknjičast löch(e)rig, porös
lúna Mond *m*
lupína Schale *f*, Hülse *f*
lupíti schälen
lúska Schuppe
luskína BOT Hülse *f*; Kopfschuppe *f*
luskínast schuppig
luščína Hülse *f*
luščíti schälen
lútka Marionette *f*, Puppe *f*
lúža Pfütze *f*, Lache *f*
lúžiti laugen, beizen

M

macêsen Lärche *f*
máčeha Stiefmutter *m*; BOT Stiefmütterchen *n*
máčehovski stiefmütterlich
máček Kater *m* (*a. fig*)
máčica Kätzchen *n*; **vŕbova ~** Weidenkätzchen *n*
máčka Katze *f*; **dívja ~** Wildkatze *f*
mádež Makel *m*, Fleck *m*
Madžár Ungar *m*
Madžárska Ungarn *n*
madžárski ungarisch
mágičen magisch
magistrála Hauptverbindung *f*, Hauptverkehrsweg *m*
magnét Magnet *m*
magnétnica Magnetnadel *f*
máh Moos *n*
màh Schlag *m*; **na èn ~** mit einem Schlag; **ubíti** *pf* **dvé múhi na èn ~** zwei Fliegen mit einer Klappe schlagen
máhati schwingen, winken; wedeln
mahedráti flattern
mahedràv flatternd
máhniti e-n Schlag versetzen; **~ jo** sich begeben
máhoma ADV plötzlich, sofort, auf einmal
mail *umg* E-Mail *f*
máj Mai *m*

majarón Majoran *m*
majáti schütteln; ~ **se** schwanken, taumeln, wanken, wackeln; **zób se máje** der Zahn ist locker
majàv schwankend, taumelnd, wack(e)lig
májčken winzig, klein
májhen klein, gering
májica T-Shirt *n*; Unterhemd *n*
májski Mai-
màk Mohn *m*
malárija Malaria *f*
málce ein klein wenig
málček kleines Kind *n*, Knirps *m*
malénkost F Kleinigkeit *f*; Bagatelle *f*
malénkosten geringfügig; kleinlich
máli Kleine(r) *m*; **z málega** von klein auf; **po málem** langsam; **po málem píti** Schluck für Schluck trinken
málica Imbiss *m*; Zwischenmahlzeit *f*; *österr* Jause *f*
málicati e-e Zwischenmahlzeit einnehmen; *österr* jausen
malík Götze *m*
malína Himbeere *f*
malínovec Himbeersaft *m*
málo wenig, ein bisschen; **še ~ ne** bei Weitem nicht
málodanè fast, beinahe, nahezu
malodúšen kleinmütig, zaghaft
málokàm selten wohin
málokatéri selten jemand
málokdàj selten
malokŕvnost F Blutarmut *f*
malomáren nachlässig
malomárnost F Nachlässigkeit *f*
malomeščánski kleinbürgerlich, spießbürgerlich
maloprídnež Nichtsnutz *m*
maloštevílen nicht zahlreich
malovéren kleingläubig
malovréden minderwertig; nichtswürdig, verdorben
málta Mörtel *m*
máma Mutter *f*
mamílo Droge *f*, Rauschgift *n*
mamíti betäuben, berauschen; betören
mamljív verlockend, betörend
mandát Mandat *n*
mándelj Mandel *f*
mánem → méti
manéver Manöver *n*
manevrírati manövrieren
manikíra Maniküre *f*
manipulácija Manipulation *f*
manipulírati manipulieren
mànj weniger, minder; **čím ~** möglichst wenig
mánjkati fehlen, fernbleiben
mánjšati verkleinern, verringern
manjšína Minderheit *f*
manjvréden minderwertig
manjvrédnost F Minderwertigkeit *f*
manšéta Manschette *f*
mápa Mappe *f*
màr denn; doch; lieber
márati: **ne ~** nicht mögen, nicht gernhaben
márec März *m*
marélica Aprikose *f*, *österr* Marille *f*

marjética Gänseblümchen *n*
márka HIST Mark *f*
marksízem Marxismus *m*
marljív fleißig, emsig
marljívost F Fleiß *m*
marmeláda Marmelade *f*
mármor Marmor *m*
mármoren Marmor-
maróga Fleck *m*
marógast gefleckt, scheckig
màrsikaj so manches, allerhand, allerlei
màrsikdaj so manches Mal *n*
màrsikdó so mancher, manch einer
màrsikje mancherorts
màrš Marsch *m*
maršál Marschall *m*
màrveč vielmehr, sondern
mása Masse *f*; **stečájna ~** Konkursmasse *f*
masáža Massage *f*
masêr Masseur *m*
masírati massieren
máska Maske *f*; **medicínska ~** medizinische Maske
maskírati (IM)PF maskieren; tarnen
máslo Butter *f*
mást F Fett *n*, Schmalz *n*
másten fett
mastíti fetten; **~ se** schmausen
máša REL Messe *f*
maščeválen rachsüchtig
maščeválnost F Rachsucht *f*
maščevánje Rache *f*
maščeváti (IM)PF rächen; **~ se nad** (*I*) sich an j-m rächen
maščôba Fett *n*
mašíti stopfen
mášnik Priester *m*
mát *Schach*: Matt *n*
matemátičen mathematisch
matemátika Mathematik *f*
materiál Material *n*
materialíst Materialist *m*
materialízem Materialismus *m*
matêrija Materie *f*
materínski mütterlich, Mutter-
materínstvo Mutterschaft *f*
materínščina Muttersprache *f*
máternica Gebärmutter *f*
máti Mutter *f*; **po máteri** mütterlicherseits; **stára ~** Großmutter *f*
mática Bienenkönigin *f*
mátičen: **mátični uràd** Standesamt *n*
matúra Reifeprüfung *f*, Abitur *n*; *österr* Matura *f*
maturírati (IM)PF die Reifeprüfung ablegen, *österr* maturieren
mávec Gips *m*
mávrah Morchel *f*
mávrica Regenbogen *m*
mazáč Quacksalber *m*, Kurpfuscher *m*
mázati schmieren
mazíljen gesalbt
mazílo Salbe *f*
mecén Mäzen *m*
mecénstvo Mäzenatentum *n*
mèč Schwert *n*
méča NPL Wade *f*
mečeváti se fechten
mečkáti zerdrücken, zerknüllen; *fig* zaudern, zögern
med (*A, I*) zwischen, unter (*A, D*); während (*G*)

méd Honig *m*
méd F Messing *n*
medálja Medaille *f*
mèddržáven zwischenstaatlich
medèl schwach, matt
medén Honig-; *fig* honigsüß; **medéni tédni** *mpl* Flitterwochen *fpl*
medeníca ANAT Becken *n*
medenják Honigkuchen *m*, Lebkuchen *m*
medíca Met *m*, Honigwein *m*
medicína Medizin *f*
mèdígra Zwischenspiel *n*
médij Medium *n*
mèdklíc Zwischenruf *m*
medléti hinsiechen, schwach werden; matt werden
mêdmet Interjektion *f*
mednároden international
medsebójen gegenseitig
medtém inzwischen, unterdessen, mittlerweile; **~ ko** während
medúza Qualle *f*
mêdved Bär *m*
medvédek kleiner Bär *m*; Teddybär *m*
meglà Nebel *m*
meglén neb(e)lig
meglénka Nebelschlussleuchte *f*
meglíca Wölkchen *n*; (*auf Glas*) Beschlag *m*
méh Balg *m*
mehák, mêhek weich, zart
meháničen mechanisch
mehánik Mechaniker *m*
mehánika Mechanik *f*
mehanízem Mechanismus *m*
mehčálec Weichspüler *m*
mehčáti aufweichen, weich machen
mehkôba Weichheit *f*
mehkúžec Weichtier *n*
mehkúžen verweichlicht
mehúr Blase *f*; **séčni ~** Harnblase *f*
mehúrček Blase *f*, Bläschen *n*; **mílni ~** Seifenblase *f*
mêja Grenze *f*; **žíva ~** Hecke *f*
mejíti angrenzen
mejník Grenzstein *m*
meketáti meckern
melanholíja Melancholie *f*
melanhóličen melancholisch
melísa Melisse *f*
melíšče Geröll *n*
méljem → **mléti**
melódičen melodisch
ména MED Wechseljahre *pl*; ASTRON Mondphase *f*; **~ glasú** Stimmbruch *m*
mencáti *Wäsche* reiben; auf der Stelle treten; *fig* zögern
mènda vermutlich
mení M Menü *n*
meníca HANDEL Wechsel *m*
meníh Mönch *m*
meníti meinen, glauben, annehmen; **ne ~ se za** sich nicht kümmern um
menjálnica Wechselstube *f*
ménjati wechseln, tauschen
menjáva Wechsel *m*, Tausch *m*
menstruácija Menstruation *f*
ménza Mensa *f*
méra Maß *n*; Ausmaß *n*; **obréstna ~** Zinsfuß *m*; **~ na okó** Augenmaß *n*

merílnik Messgerät *n*
merílo Maß *n*, Maßstab *m*
merítev F Messung *f*
mériti messen; **~ na** (*A*) auf et. zielen
merjásec Eber *m*
mérjenje → merítev
mesár Fleischer *m*
mesaríca Schlachtbeil *n*
mesaríja Fleischerei *f*
mesáriti zerfleischen
mésec Monat *m*; Mond *m*
mésečen monatlich; mondhell; mondsüchtig; **~ bíti** nachtwandeln
mesečína Mondschein *m*
mésečnik Nachtwandler *m*; Monatsschrift *f*
mêsen Fleisch-
mesén fleischlich
mesíti kneten
mesnàt fleischig
mesníca → mesaríja
mesó Fleisch *n*; **prekajêno ~** Rauchfleisch *n*
mesojédec Fleischfresser *m*
méstece Städtchen *n*
mésten städtisch, Stadt-
méstnik Lokativ *m*
mésto Stadt *f*; Stätte *f*; Stelle *f*; Platz *m*; Ort *m*; **ne bíti na méstu** nicht angebracht sein; **délovno ~** Arbeitsplatz *m*; **glávno ~** Hauptstadt *f*; **obmôrsko ~** Küstenstadt *f*
mešálnik Mixer *m*
méšan gemischt
méšanec Mischling *m*
méšanica Mischung *f*
méšati mischen; rühren; **~ se v** (*A*) sich in et. einmischen; **méša se mu** er ist von Sinnen
meščàn Städter *m*; Bürger *m*
meščánski städtisch, bürgerlich
meščánstvo Bürgertum *n*
mèt Wurf *m*; **~ kópja** Speerwerfen *n*
méta Minze *f*
metalurgíja Metallurgie *f*
metáti werfen, schleudern; **~ poléna pod nôge** Steine in den Weg legen
meteór Meteor *m*
meteorológ Meteorologe *m*
meteorolóški meteorologisch
méter Meter *m*, *n*; **zložljívi ~** Zollstock *m*
métež: **snéžni ~** Schneegestöber *n*
méti *Augen, Hände* reiben
mêtla Besen *m*
metóda Methode *f*, Verfahren *n*
metódičen methodisch
metúlj Schmetterling *m*; **nôčni ~** Nachtfalter *m*
mévža Memme *f*
mèzda Lohn *m*
mezínec kleiner Finger *m*
mežíkati blinzeln, zwinkern
mí wir
míg Wink *m*
mígati bewegen
migetáti flimmern, flackern
migljáj → míg
migljánje Flimmern *n*
mijávkati miauen
mík Reiz *m*
míkati reizen, anziehen
mikáven reizend, anziehend
mikávnost F Reiz *m*, Anzie-

hungskraft *f*
mikrofón Mikrofon *n*
mikroskóp Mikroskop *n*
míkrovlákno Mikrofaser *f*
míl mild; lieb; **mílo se jokáti** bitterlich weinen; **pod ~im nébom** unter freiem Himmel
mílica Miliz *f*
milijárda Milliarde *f*
milijón Million *f*
milijonár Millionär *m*
milína Anmut *f*, Liebreiz *m*
mílja Meile *f*; **môrska ~** Seemeile *f*
mílnica Seifenwasser *n*
mílo Seife *f*
mílost F Gnade *f*, Gunst *f*
mílosten, **milostljív** gnädig
míloščina Almosen *n*
mímo PRÄP (*G*), ADV vorbei, vorüber
mimogredé im Vorbeigehen; **~ rečêno** nebenbei gesagt
minévati vergehen
minimálen minimal
miníster Minister *m*; **nótranji ~** Innenminister *m*; **fináncni ~** Finanzminister *m*
minístrstvo Ministerium *n*
miníti PF enden, vorübergehen, vergehen
minljív vergänglich
minljívost F Vergänglichkeit *f*
minúli vergangen
minúta Minute *f*
mír Ruhe *f*, Friede(n) *m*; **brez mirú** ruhelos
míren ruhig, friedlich, gelassen
miríti beruhigen, beschwichtigen
mírnost F Ruhe *f*, Gelassenheit *f*
miroljúben friedfertig
miroljúbnost F Friedfertigkeit *f*
mirováti ruhen
mírta Myrte *f*
mísel F Gedanke *m*; Idee *f*; **na ~ príti** einfallen
míseln gedanklich, Denk-
míselnost F Denkweise *f*; Mentalität *f*
misijón Mission *f*
misijonár Missionar *m*
míslec Denker *m*
mísliji MPL Müsli *n*
mísliti denken, meinen; beabsichtigen; **kaj pa mísliš** was fällt dir ein
místika Mystik *f*
mìš F Maus *f*; **móker ko ~** pudelnass
míšica Muskel *m*
míšičast muskulös
mišljênje Gesinnung *f*
míšnica Mausefalle *f*
míting Meeting *n*
míza Tisch *m*, Tafel *f*; **pisálna ~** Schreibtisch *m*
mizár Tischler *m*
mizárstvo Tischlerhandwerk *n*; Tischlerei *f*
mižáti die Augen geschlossen halten
mláčen lau, lauwarm
mlád jung
mladénič Jüngling *m*
mladìč Junge *n*
mladíka Trieb *m*, Spross *m*
mladína (*junge Menschen*) Jugend *f*

mladoléten minderjährig
mladóst F (*Lebensabschnitt*) Jugend *f*
mladósten jugendlich
mladóstnik Jugendliche(r) *m*
mláhav schlaff; matt
mláj Neumond *m*; Maibaum *m*
mláka, mlakúža Tümpel *m*
mlatíti dreschen
mlekárna Molkerei *f*
mléko Milch *f*; **kíslo ~** Sauermilch *f*; **neposnéto ~** Vollmilch *f*; **posnéto ~** Magermilch *f*; **~ v práhu** Trockenmilch *f*, Milchpulver *n*
mléti mahlen
mlín Mühle *f*; **~ na véter** Windmühle *f*
mlínar Müller *m*
mnênje Ansicht *f*, Meinung *f*; Gutachten *n*; **po môjem mnênju** meiner Meinung nach
mnóg mancher, viel
mnogobárven vielfarbig
mnogobóštvo Polytheismus *m*
mnógokrat vielmals
mnogostránski vielseitig
mnogovŕsten mannigfaltig, vielerlei
množênje Multiplikation *f*
mnóžica Menge *f*, Masse *f*
množína GRAM Mehrzahl *f*, Plural *m*
množíti vervielfachen, multiplizieren
mobílen mobil; **mobílni telefón** Mobiltelefon *n*
mobilizírati (IM)PF mobilisieren
móbitel® Mobiltelefon *n*
móč F Kraft *f*, Stärke *f*; Macht *f*; **brez ~í** kraftlos
môčen, močán stark, kräftig
močeràd Molch *m*
môči können
močíti nässen, befeuchten
móčnat mehlig, Mehl-
móčnik Mehlbrei *m*
močvíren sumpfig, morastig
močvírje Sumpf *m*, Morast *m*
móda Mode *f*
modél Modell *n*
módel Backform *f*
móden modisch
móder blau; klug, weise
modêren modern
modernizácija Modernisierung *f*
modernizírati (IM)PF modernisieren
módo Hode *f*
modràs Sandviper *f*
módrček Büstenhalter *m*
módrec Weise(r) *m*
modríca Strieme *f*
modríkast bläulich
modrína Blau *n*
modróst F Weisheit *f*
modrováti philosophieren
mogòč möglich
mogóče ADV vielleicht, möglicherweise, womöglich
mogóčen mächtig, gewaltig
mogóčnež Machthaber *m*
mój mein; **po môjem** meiner Ansicht nach; **tó jè môje** das gehört mir
mójster Meister *m*
mojstrovína Meisterstück *n*, Meisterwerk *n*
mójstrski meisterhaft

móka Mehl *n*
mókast mehlig
móker nass
mokrôta Nässe *f*
molčáti schweigen
molčèč schweigend, schweigsam, verschwiegen
molčéčnost F Verschwiegenheit *f*
moledováti flehen, flehentlich bitten
molékula Molekül *n*
moléti hervorragen; vorspringen, vorstehen
molítev F Gebet *n*
molíti[1] **(mólim)** beten
molíti[2] **(molím)** hinstrecken, hinhalten; reichen
molítvenik Gebetbuch *n*
mòlj Motte *f*; **knjížni ~** Bücherwurm *m*
mólk Schweigen *n*, Stille *f*
mólsti melken
momljáti murmeln, brummen
monarhíja Monarchie *f*
monopól Monopol *n*
montáža Montage *f*
montêr Monteur *m*
monumentálen monumental
môra Alb(traum) *m*
morála Moral *f*
mórati müssen, sollen
mordà vielleicht, möglicherweise, eventuell
morebíten möglich, etwaig
morebítnost F Eventualität *f*
mórem → môči
mórfij Morphium *n*
morílec Mörder *m*
morílka Mörderin *f*
morílski mörderisch
moríti morden; quälen
mórje Meer *n*, See *f*; **Sredozémsko ~** Mittelmeer *n*; **na odpŕtem mórju** auf hoher See
mornár Matrose *m*
mornárica Flotte *f*, Marine *f*
môrski See-; **môrska zvézda** Seestern *m*
móst Brücke *f*
mostíček Steg *m*
mošéja Moschee *f*
môški[1] männlich; Herren-
môški[2] Mann *m*
môšnja Beutel *m*; MED Hodensack *m*
mòšt Most *m*
móštvo Mannschaft *f*, Besatzung *f*
môten trübe, matt
motíka *österr* Haue *f*
motíti stören; **~ se** sich irren, sich täuschen
motív Motiv *n*
môtnja Störung *f*; Zwischenfall *m*; **prebávna ~** Verdauungsstörung *f*
móto M Motto *n*, Leitspruch *m*
motór Motor *m*
motorizíran motorisiert
motovíliti herumstreichen; sich ungeschickt bewegen
mozaík Mosaik *n*
mózeg Mark *n*; **hŕbtni ~** Rückenmark *n*; **kôstni ~** Knochenmark *n*
mozólj Pustel *f*, Pickel *m*
mozóljast pick(e)lig
móž Mann *m*; Ehemann *m*, Gatte *m*
možák Mannsbild *n*
možàt mannhaft

možgáni MPL Gehirn *n*
možgánski Gehirn-
možíček Männchen *n*
móžnost F Möglichkeit *f*, Chance *f*
mráčen finster, düster
mračíti se dämmern
mrák Dämmerung *f*
mrávlja Ameise *f*
mravljíšče Ameisenhaufen *m*
mràz Kälte *f*, Frost *m*
mrcváriti schinden, misshandeln; zerfleischen
mrčés Ungeziefer *n*
mŕda Fratze *f*, Grimasse *f*
mréna Haut *f*; MED Star *m*; **možgánska ~** Hirnhaut *f*; **rêbrna ~** Rippenfell *n*
mréti sterben
mréža Netz *n*; Gitter *n*
mréžast netzartig, Netz-
mréžnica Netzhaut *f*
mrgoléti wimmeln, kribbeln; **v spísu mrgolí napák** der Aufsatz strotzt von Fehlern
mŕha Mähre *f*, Klepper *m*; *vulg* Luder *n*, Schuft *m*
mrhovína Aas *n*
mŕk finster, düster
mŕk Finsternis *f*; **lúnin ~** Mondfinsternis *f*; **sónčni ~** Sonnenfinsternis *f*
mrlìč Tote(r) *m*, Leiche *f*
mrmránje Gemurmel *n*
mrmráti murmeln, brummen
mróž Walross *n*
mŕšav hager, dünn, mager
mŕščiti runzeln; **~ čêlo** die Stirn runzeln
mŕšiti zausen, zerzausen
mŕtev tot
mrtvášnica Leichenhalle *f*
mŕtvec Tote(r) *m*
mrtvílo Erstarrung *f*; Lethargie *f*
mŕzek verhasst
mŕzel kalt, frostig; **~ ko léd** eiskalt
mrzíti hassen
mŕzlica Schüttelfrost *m*
mŕzličen fieberhaft
mrzlôta Kälte *f*
mŕžnja Hass *m*; Widerwille *m*
múcka Kätzchen *n*
múčen peinlich; qualvoll
mučênec Märtyrer *m*
múčenje Tortur *f*, Folterung *f*, Quälerei *f*
múčiti quälen, peinigen, foltern; **~ se z** (*I*) sich mit et. abquälen
múčnost F Peinlichkeit *f*
mudíti aufhalten (**se** sich); **mudí se** es eilt
múha Fliege *f*; **múhe** *pl fig* Launen *fpl*
múhast, **múhav** launisch
múhavost F Launenhaftigkeit *f*
múka Mühe *f*, Plage *f*, Qual *f*
múkati muhen
múla Maultier *n*
multikultúren multikulturell
múmija Mumie *f*
munícija Munition *f*
múren Feldgrille *f*
múrva Maulbeere *f*; Maulbeerbaum *m*
muslimán Muslim *m*
muslimánski muslimisch
muškát Muskat *m*
múšnica Fliegenpilz *m*

mútast stumm
mútec Stumme(r) *m*
múzati se schmunzeln
muzéj Museum *n*
múzika Musik *f*
muzikáličen musikalisch

N

na (*A, L*) auf, an, in(*D, A*); nach (*D*)
ná nimm!, da hast du!
nabádati aufspießen
nabásati PF vollstopfen; *Gewehr* laden
nabáva Anschaffung *f*; Einkauf *m*, Erwerb *m*
nabáviti PF, **nabávljati** anschaffen; einkaufen, erwerben, erstehen
nabirálnik: **póštni ~** Briefkasten *m*
nabíranje Sammeln *n*; Ansammlung *f*
nabírati sammeln; lesen, pflücken; **~ se** sich ansammeln
nabít vollgestopft; geladen
nabíti PF anschlagen, aufschlagen; *fig* verprügeln
nabòj Patrone *f*; ELEK Ladung *f*
nabòr MIL Musterung *f*; Rüsche *f*
nabôsti PF → nabádati
nabráti PF → nabírati
nabrékel angeschwollen
nabrékniti PF anschwellen
nabréžje Ufer *n*, Kai *m*
nabrusíti PF schleifen
nacionálen national
nacionalíst Nationalist *m*
nacionalizácija Nationalisierung *f*, Verstaatlichung *f*
načêlen grundsätzlich, prinzipiell
načêlnik Vorstand *m*; **postájni ~** Bahnhofsvorsteher *m*
načêlo Grundsatz *m*, Prinzip *n*
načénjati, **načéti** PF anbrechen, anschneiden; *Frage* aufrollen
načín Art *f*, Weise *f*; **na vsák ~** unbedingt; **na nobèn ~** auf keinen Fall
načítan belesen
načŕt Entwurf *m*, Plan *m*, Skizze *f*; **po ~u** planmäßig; **účni ~** Lehrplan *m*
načŕten planmäßig; **načŕtno gospodárstvo** Planwirtschaft *f*
načrtováti planen
nad (*A, I*) über, oberhalb(*D, A*)
nadálje weiterhin, ferner
nadaljevánje Fortsetzung *f*
nadaljevánka Fernsehserie *f*
nadaljeváti fortsetzen, fortfahren
nadáljnji weitere(r); **brez nadáljnjega** ohne Weiteres
nàdángel Erzengel *m*
nadárjen begabt, talentiert
nadárjenost F Begabung *f*, Talent *n*
nàdčlovéški übermenschlich
nàdčúten übersinnlich
nadéti PF aufsetzen, anlegen
nadèv GASTR Fülle *f*, Füllung *f*
nadévati GASTR füllen
nàdgrádnja Überbau *m*

nadláhtnica Oberarmknochen *m*
nadláket M, F Oberarm *m*
nadléga: **bíti v nadlégo** zur Last fallen
nadlegovánje Belästigung *f*
nadlegováti belästigen, behelligen, bedrängen
nadléžen lästig, zudringlich
nadléžnež Quälgeist *m*, Plagegeist *m*
nadléžnost F Zudringlichkeit *f*, Aufdringlichkeit *f*
nadlóga Plage *f*
nàdnaráven übernatürlich
nadoméstek Ersatz *m*, Surrogat *n*
nadoméstеn Ersatz-
nadomestíti PF ersetzen
nadomestljív ersetzbar
nadoméščanje Vertretung *f*, Ersatz *m*
nadredíti PF überordnen
nadrejèn übergeordnet
nadréti PF anherrschen, anfahren
nadróben genau, ausführlich
nadrobíti PF einbrocken
nadróbnost F Detail *n*, Einzelheit *f*
nadstrópje Stockwerk *n*, Stock *m*
nàdškòf Erzbischof *m*
nàdúra Überstunde *f*
nadút aufgeblasen, arrogant
nàdvójvoda M Erzherzog *m*
nadvòz Überführung *f*
nadvsè überaus, ungemein
nadzêmeljski überirdisch
nadzídek Zinne *f*; Anbau *m*
nadzírati beaufsichtigen, überwachen, kontrollieren
nadzòr Aufsicht *f*
nadzórnik Aufseher *m*, Inspektor *m*
nadzorovánje Beaufsichtigung *f*
nadzorováti → nadzírati
nadzórstvo Aufsicht *f*, Kontrolle *f*
naênkrat auf einmal, plötzlich
náfta Erdöl *n*
nág nackt, bloß
nagájati necken, ärgern
nagajív neckisch, schelmisch
nagajívost F Schelmerei *f*, Streich *m*
nágel schnell, hurtig, eilig
nágelj Nelke *f*
nagíb Steigung *f*; *fig* Beweggrund *m*
nagíbati neigen
naglàs Betonung *f*, Akzent *m*
naglás laut
naglasíti PF, **naglášati** betonen
naglédati se PF sich sattsehen
náglica Eile *f*, Hast *f*
naglúšen schwerhörig
nagnáti PF vertreiben
nagnít angefault
nágniti PF → nagíbati
nágnjen geneigt, schief; **bíti ~ k** anfällig sein für, neigen zu
nágnjenje, **nágnjenost** F Neigung *f*, Hang *m*
nagnúsen ekelhaft, abscheulich
nagóbčnik Maulkorb *m*
nagòn Trieb *m*, Instinkt *m*
nagónski instinktiv, triebhaft
nagôta Nacktheit *f*, Blöße *f*

nagovárjati (*A*) zureden (*D*)
nagôvor Anrede *f*, Ansprache *f*
nagovoríti PF anreden, ansprechen
nagráda Belohnung *f*, Preis *m*, Prämie *f*
nagradíti PF belohnen, prämieren
nagrajênec Preisträger *m*
nagrbánčen runz(e)lig, faltig
nagrbánčiti PF runzeln
nagrmáditi anhäufen, aufstapeln
nagróbnik Grabstein *m*, Grabmal *n*
nagúban faltig, runz(e)lig, verrunzelt
nagúbati PF falten, runzeln
nahajalíšče Fundort *m*
náhod Schnupfen *m*; **senéni ~** Heuschnupfen *m*
nahóden verschnupft
nahraníti PF sättigen
nahŕbtnik Rucksack *m*
nahrulíti PF anschnauzen, anschreien
nahújskati aufhetzen, aufwiegeln
nàjblížji nächste(r)
nàjbolj am meisten
nàjbólje am besten
nàjbóljši beste(r)
nàjbrž wahrscheinlich
nàjdáljši längste(r)
nájdenček Findling *m*
najdíšče Fundort *m*
najdítelj Finder *m*
najèm Miete *f*; **v ~ dáti** vermieten
najémnik Mieter *m*
najemnína Miete *f*
najemodajálec Vermieter *m*
najésti se PF sich satt essen
najéti PF mieten
nájin unser (beider)
nàjljúbše am liebsten
nàjmanj am wenigsten
nàjpoznéje spätestens
nájprej zuerst
nájstnik Teenager *m*
nájti PF finden
nàjveč am meisten; höchstens
nàjvéčji größte(r)
nàjvíšji höchste(r)
nakázati PF überweisen; andeuten
nakazílo Überweisung *f*
nakít Schmuck *m*
nakláda Auflage *f*
nakládati laden, beladen, aufladen
naklèp Plan *m*, Vorhaben *n*
naklépati Pläne schmieden
naklépen JUR vorsätzlich
nakléstiti PF (Äste) abhacken; verprügeln
nakljúčen zufällig
nakljúčje Zufall *m*
naklòn Neigung *f*; GRAM Aussageweise *f*
naklónjen geneigt, wohlgesinnt
naklónjenost F Zuneigung *f*, Gunst *f*
naknáden nachträglich
nakopáti si PF sich zuziehen
nakopíčiti PF anhäufen
nakoválo Amboss *m*
nakúp Einkauf *m*, Ankauf *m*
nakupíti PF, **nakupováti** einkaufen, ankaufen

nakupoválen Einkaufs-; **nakupoválno sredíšče** Einkaufszentrum *n*
nalágati aufladen; HANDEL anlegen
nalagáti PF anlügen, belügen
naláhko leise, sachte
nalàšč absichtlich, zum Trotz; **kákor ~ príti** *pf* wie gerufen kommen
nalepíti PF aufkleben
nalépka (*Aufkleber*) *österr* Pickerl *n*
nalésti se PF sich anstecken
nalèt Auffahrunfall *m*
naletávati schneien
naletéti PF: **~ na** (*A*) stoßen auf
nalezljív ansteckend
nalíti PF einschenken; aufgießen, füllen
nalív Regenguss *m*, Sturzregen *m*
nalívati → nalíti
nálog Auftrag *m*, Befehl *m*; **plačílni ~** Zahlungsauftrag *m*
nalóga Aufgabe *f*
nalovíti PF fangen, erjagen
nalóžba Geldanlage *f*, Kapitalanlage *f*
naložíti PF aufladen; auferlegen; *Geld* anlegen
namákati bewässern
namàz GASTR Aufstrich *m*
namazáti PF anstreichen; bestreichen
naméček Zugabe *f*
namèn Absicht *f*, Zweck *m*
nameníti PF bestimmen, widmen; **~ se** sich vornehmen
naménoma ADV absichtlich, vorsätzlich
naméra Absicht *f*, Vorhaben *n*
nameràvati beabsichtigen, bezwecken, vorhaben
naméren absichtlich, willentlich
naméríti PF richten, zielen
namestíti PF aufstellen; unterbringen
naméstnik Stellvertreter *m*
naméSto (*G*) statt, anstatt (*G*)
naméščenec Angestellte(r) *m*
namíg Wink *m*, Andeutung *f*; **očíten ~** ein Wink mit dem Zaunpfahl
namigávati andeuten, anspielen
namígniti PF andeuten, zu verstehen geben
namíšljen eingebildet, erdacht
namízen Tisch-, Tafel-; **namízni pŕt** Tischtuch *n*
namočíti PF durchnässen, einweichen
nàmreč nämlich
namŕščiti se PF die Stirn runzeln
namúzniti se PF schmunzeln
nanášati auftragen; anschwemmen, ablagern; **~ se na** (*A*) sich auf et. beziehen
naôknica Fensterladen *m*
naokóli, **naokróg** *umg* herum
napáčen falsch, verkehrt
napàd Angriff *m*, Überfall *m*
napadálec Angreifer *m*; SPORT Stürmer *m*
napadálen angriffslustig
napádati angreifen

napájati tränken
napáka Fehler *m*; **brez napáke** fehlerlos
napásti PF angreifen, überfallen
napeljáti PF legen; leiten; führen
napeljáva Leitung *f*
napénjanje Spannen *n*; Blähung *f*; *fig* Anstrengung *f*
napénjati (an)spannen; blähen; ~ **se** sich anstrengen
napét gespannt, spannend
napéti PF → napénjati
napétost F Spannung *f*
napèv Melodie *f*
napíhniti PF aufblasen; aufblähen; ~ **se** sich aufblasen
napíhnjen aufgeblasen (*a. fig*)
napíhnjenost F Aufgeblasenheit *f*
napihováti → napíhniti
napís Aufschrift *f*
napísati PF (auf)schreiben
napíti se PF sich betrinken
napítnica Trinkspruch *m*
napitnína Trinkgeld *n*
napláviti PF anschwemmen
napodíti PF fortjagen
napojíti PF tränken; betrunken machen
napól halb, zur Hälfte
napolníti PF anfüllen
napòr Mühe *f*, Anstrengung *f*, Kraftaufwand *m*; **brez napôra** mühelos
napóren anstrengend
napósled endlich, schließlich
napóta: **bíti v napóto** im Wege stehen
napótek Anleitung *f*, Anweisung *f*
napotíti PF anweisen; ~ **se** sich auf den Weg machen
napótnica Anweisung *f*; **zdravníška** ~ Überweisungsschein *m*
napôved F Ankündigung *f*, Voraussage *f*; **vreménska** ~ Wettervorhersage *f*
napovédati PF voraussagen, ansagen, ankündigen
napovedoválec Ansager *m*
napovedováti → napovédati
napráva Vorrichtung *f*, Anlage *f*; **čistílna** ~ Kläranlage *f*; **hladílna** ~ Kühlanlage *f*
napráviti PF machen, anstellen
naprédek Fortschritt *m*
napréden fortschrittlich
napredovánje Fortschreiten *n*; Progression *f*
napredováti vorrücken, Fortschritte machen; avancieren
naprêj voran; nach vorn; weiter; ~! herein!
napródaj verkäuflich; **bíti** ~ zu verkaufen sein
napróti entgegen; ~ **príti** entgegenkommen
napŕstnik Fingerhut *m*
napŕtiti PF aufbürden
napúh Hochmut *m*
napúhnjen aufgeblasen, hochmütig
napúšč Vordach *n*
naráhlo zart, sachte, leise, leicht
narámnica Hosenträger *m*
narástek GASTR Auflauf *m*
narásti PF anwachsen

naraščáj Nachwuchs *m*
naráščanje Zunehmen *n*, Anwachsen *n*
naráščati → narásti
naráva Natur *f*; Naturell *n*
naráven natürlich
naravnáti PF einstellen; zurechtrücken
narávnost geradewegs, direkt; unumwunden
narávnost F Natürlichkeit *f*
naravoslôvec Naturwissenschaftler *m*
naravoslôvje Naturwissenschaft *f*
nárazen auseinander, entzwei
narcísa Narzisse *f*
naréčen mundartlich
naréčje Mundart *f*, Dialekt *m*
narediti PF machen, tun
narédnik Feldwebel *m*
narejèn gemacht; gekünstelt
narèk Ansage *f*, Diktat *n*
narekováj Anführungszeichen *n*
narekováti ansagen, diktieren
narézati PF aufschneiden, anschneiden
narézek Aufschnitt *m*, kalte Platte *f*
narísati PF aufzeichnen
narkóza Narkose *f*
naróbe verkehrt
naročílnica Bestellkarte *f*
naročílo Auftrag *m*, Bestellung *f*
naročíti PF bestellen; beauftragen
naróčje Schoß *m*; **v ~ vzéti** in die Arme nehmen
naročník Besteller *m*, Auftraggeber *m*; Abonnent *m*
naročnína Bezugspreis *m*
národ Nation *f*, Volk *n*
národen national, Volks-
národnost F Nationalität *f*
narodopísje Völkerkunde *f*, Ethnologie *f*
narópati PF erbeuten
nárt ANAT Rist *m*
nasàd Pflanzung *f*, Plantage *f*
nasadíti PF pflanzen; aufsetzen
nasajèn *umg fig* gereizt, kurz angebunden
nasékati PF zerhacken; *umg j-n* verprügeln
nasélbina Siedlung *f*, Ansiedlung *f*
naselíti PF besiedeln, ansiedeln; **~ se** sich niederlassen
naselítev F Besied(e)lung *f*
nasélje Ortschaft *f*
naséljen ansässig; bevölkert
nasésti PF stranden, auf Grund laufen; (*D*) sich von j-m täuschen lassen
nasíčen gesättigt
nasílen gewaltsam, gewalttätig
nasílje Gewalt *f*
nasíp Damm *m*
nasípati anschütten
nasítiti PF sättigen
naskakováti, **naskočíti** PF anspringen
naskòk MIL Angriff *m*; SPORT Vorsprung *m*
naskrivàj heimlich, verstohlen, insgeheim
nasláda Lust *f*, Wollust *f*
naslájati se genießen

naslanjáč Lehnsessel *m*
naslánjati se sich anlehnen
naslédnica Nachfolgerin *f*
naslédnik Nachfolger *m*
naslédnji (nach)folgend, nachstehend
naslédstvo Nachfolge *f*, Erbfolge *f*
naslíkati PF abbilden
naslòn Lehne *f*
naslonjáč → naslanjáč
naslòv Adresse *f*; *Buch*: Titel *m*
naslóven Titel-
nasloviti PF adressieren
naslóvljenec, **naslóvnik** Adressat *m*, Empfänger *m*
nasmèh Lächeln *n*
nasméhniti se PF lächeln; (*D*) j-n anlächeln
naspáti se PF sich ausschlafen
nasplòh im Allgemeinen
naspróten entgegengesetzt; gegensätzlich; gegenüberliegend
nasprótno im Gegenteil, umgekehrt
naspróti gegenüber, entgegen
nasprótje Gegensatz *m*, Kontrast *m*; Gegenteil *n*
nasprótnik Widersacher *m*, Gegner *m*
nasprotováti sich widersetzen; **~ si** sich widersprechen
nastájanje Entstehen *n*
nastájati entstehen
nastánek Entstehung *f*
nastániti PF einquartieren
nastáti PF werden, entstehen
nastávek Ansatz *m*
nastavítev F Anstellung *f*
nastáviti PF, **nastávljati** anstellen; *Köder* auslegen; *Ohren* spitzen
nastežáj: **~ odpŕt** sperrangelweit offen
nastòp Auftritt *m*; Antritt *m*
nastopíti PF auftreten; antreten
nastŕgati PF *Meerrettich* reiben
nasúti PF aufschütten
nasvèt Rat *m*, Ratschlag *m*
nàš unser
naščúvati PF aufhetzen
našémiti PF maskieren
našíti PF annähen, aufnähen
našív Besatz *m*
našóbiti PF: **~ ústnice** e-n Schmollmund machen
našopíriti se PF sich aufplustern
naštéti PF, **naštévati** aufzählen
natákar Kellner *m*, Ober *m*
natákarica Kellnerin *f*
natákati einschenken
natakníti PF aufspießen; aufsetzen
natáknjen *fig* kurz angebunden, gereizt
natánčen genau, gründlich
natánčnost F Genauigkeit *f*, Gründlichkeit *f*
natečáj Wettbewerb *m*
nategníti PF, **nategováti** spannen, straffen, strecken
natêpsti PF verprügeln
natézati spannen; anziehen
natíhem insgeheim
natikáč MPL Badeschuh *m*; Pantolette *f*
natíkati → natakníti
natís Aufdruck *m*; TYPO Druck

m, Abdruck *m*
natísniti PF (ab)drucken
natláčiti PF vollstopfen
nató dann, darauf
natočíti PF → natákati
natovóriti PF aufladen
natréti PF *Salbe* einreiben
natŕgati PF pflücken
natŕpati PF vollstopfen
natvésti PF *fig* aufbinden
naučíti PF (be)lehren; ~ **se** (er)-lernen
náuk Lehre *f*, Belehrung *f*
naváda Gewohnheit *f*; Brauch *m*, Sitte *f*; **kákor po navádi** wie üblich
naváden gewöhnlich, üblich
navádno gewöhnlich, in der Regel
naváditi PF gewöhnen; ~ **se** sich angewöhnen
navájati anführen, zitieren
navájen gewohnt
navál Andrang *m*, Ansturm *m*
navdájati, **navdáti** PF erfüllen (**z** mit)
navdíh Eingebung *f*, Inspiration *f*
navdíhniti PF, **navdihováti** eingeben, inspirieren
navdúšen begeistert
navdúšenje Begeisterung *f*
navduševáti, **navdúšiti** PF begeistern
navédba Angabe *f*
navédek Zitat *n*
navêdem → navêsti
navedèn angeführt, angegeben, zitiert; besagt
navelíčan satt, überdrüssig
navelíčanost F Überdruss *m*
navelíčati se überdrüssig werden
navêsti PF → navájati
navéza SPORT Seilschaft *f*
navézan angebunden
navézati anbinden; ~ **kóga náse** j-n an sich binden; ~ **stíke** Beziehungen knüpfen
navídezen scheinbar
navíhan schelmisch
navíhanec Schalk *m*, Schelm *m*
navíjati, **navíti** PF aufwinden; *Haare* eindrehen; SPORT anfeuern
navkréber bergauf
navláka Kram *m*, Gerümpel *n*
navodílo Anleitung *f*; ~ **za uporábo** Gebrauchsanweisung *f*
navòj Gewinde *n*
navòr Hebel *m*
navpíčen senkrecht, vertikal
navsezádnje zu guter Letzt
navsezgódaj in aller Frühe
navzdòl hinab, abwärts, bergab; **po réki** ~ flussabwärts
navzgòr aufwärts, nach oben, bergauf; **po réki** ~ flussaufwärts
navzkríž durcheinander; ~ **si príti s kóm** sich mit j-m zerstreiten
navznóter nach innen
navzóč anwesend
navzóčnost F Anwesenheit *f*
navzvèn nach außen
nazádnje zuletzt, letztlich; **prav** ~ zuallerletzt
nazadovánje Rückgang *m*
nazadováti zurückgehen, sich

verschlechtern, Rückschritte machen
nazáj zurück; rückwärts; nach hinten
nazdráviti PF, **nazdrávljati** zutrinken
nazív Titel *m*, Anrede *f*
naznanílo Anzeige *f*, Ankündigung *f*
naznaníti PF, **naznánjati** melden, ankündigen
nazóbčkan zackig
názor Anschauung *f*; **svetóvni ~** Weltanschauung *f*
nazóren anschaulich
nè nein, nicht
nebésa NPL REL Himmel *m*
nebéški himmlisch
nèbístven unwesentlich
nebó Himmel *m*; ANAT Gaumen *m*; **pod mílim nébom** unter freiem Himmel
nebogljèn schwächlich, hilflos
nebotíčnik Wolkenkratzer *m*
nečák Neffe *m*
nečákinja Nichte *f*
nèčásten ehrlos
nečímrn eitel
nečímrnost F Eitelkeit *f*
nèčíst unrein
nèčistôča Unreinheit *f*
nèčitljív unleserlich
nèčlovéčnost F Unmenschlichkeit *f*
nèčlovéški unmenschlich
nèdáleč unweit
nèdávno unlängst, neulich, vor Kurzem
nèdejáven untätig
nèdélaven untüchtig
nedélja Sonntag *m*; **ob ~h** sonntags; **vélika ~** Ostersonntag *m*
nèdeljív unteilbar
nedéljski sonntäglich
nèdogléden unabsehbar
nèdokazljív unbeweisbar
nèdokončán unvollendet
nèdolóčen unbestimmt
nèdolóčnik Infinitiv *m*
nedôlžen unschuldig; schuldlos
nedôlžnost F Unschuld *f*
nèdopovedljív unsagbar
nèdopústen unzulässig
nèdosegljív unerreichbar
nèdosléden inkonsequent
nèdostôpen unzugänglich, unnahbar
nèdostôpnost F Unnahbarkeit *f*
nèdotakljív unantastbar
nèdotáknjen unberührt
nèdotáknjenost F Unberührtheit *f*
nèdoumljív unfassbar
nèdovóljen unerlaubt
nèdovršèn unvollendet
nèdovŕšen GRAM imperfektiv
nèdovzéten unempfänglich
nèdozôrel unreif, nicht ausgereift
nèduhovít geistlos
nèdvómno zweifellos, zweifelsohne
nèdvoúmen eindeutig
nèedín uneinig
nèenák ungleich
nèenakoméren ungleichmäßig
néga Pflege *f*

nègíbčen ungelenk
nègíben, **nègibljív** unbeweglich, regungslos
nègotôv unsicher, ungewiss
nègotôvost F Ungewissheit *f*, Unsicherheit *f*
negovánje Pflege *f*
negováti pflegen, hegen, betreuen
néhati aufhören
nèhoté unwillkürlich
nèhvaléžen undankbar
nèhvaléžnost F Undankbarkeit *f*
nèimenován ungenannt
nèizbrísen unauslöschlich
nèizčŕpen unerschöpflich
nèizgovorljív unaussprechlich
nèizkúšen unerfahren
nèizméren unermesslich
nèizobrážen ungebildet
nèizogíben unvermeidlich
nèizpodbíten unanfechtbar
nèizprôsen unerbittlich
nèizrečèn unausgesprochen
nèizvedljív unausführbar
nèjásen undeutlich, unklar
nèjásnost F Unklarheit *f*
nejevólja Unmut *m*, Verdruss *m*
nèkadílec Nichtraucher *m*
nékaj etwas; **~ čása** e-e Zeit lang
nékajkrat ein paarmal, einige Male
nekàk irgendein
nekàko irgendwie
nékam irgendwohin
nekatéri MPL manche, einige
nèkaznován unbestraft, ungestraft
nékdaj einst
nekdánji einstig, ehemalig
nekdó jemand; irgendwer, irgendeiner
néki irgendein; ein gewisser; **kdó ~ bi tó bíl** wer mag das wohl sein; **kjé ~!** wo denn!
nekjé irgendwo
nekóč einst, früher
nekód irgendwo
nekóliko etwas, ein wenig
nèkorísten unnütz, nutzlos, unbrauchbar
nèlikvídnost F Zahlungsunfähigkeit *f*
nèločljív untrennbar
nèlógičen unlogisch
ném stumm
nemára vielleicht
nemáren nachlässig, unordentlich
nemárnost F Nachlässigkeit *f*
Némčija Deutschland *n*
Némec Deutsche(r) *m*
nèmílost F Ungnade *f*; **príti v ~** in Ungnade fallen
nèmilosten ungnädig
nèminljív unvergänglich
nemír Unruhe *f*
nemíren unruhig
nemírnost F Ruhelosigkeit *f*
Némka Deutsche *f*
nèmóč F Machtlosigkeit *f*
nèmogóč unmöglich
nèmorálen unmoralisch, unsittlich
nèmóten ungestört
némščina Deutsch *n*
némški deutsch
nemúdoma ADV unverzüglich

nenáden unerwartet, unverhofft
nenádoma ADV unversehens, plötzlich
nènadomestljív unersetzlich
nènaglašèn unbetont
nènaklónjen abgeneigt
nènapovédan unangemeldet
nènaráven unnatürlich
nènatánčen ungenau
nènaváden ungewöhnlich, außergewöhnlich; sonderbar, merkwürdig
nenéhen unaufhörlich
nenéhno ADV fortwährend
nènráven unsittlich
nèobčutljív unempfindlich
nèobdélan unbearbeitet; unbebaut
nèobičájen ungewöhnlich
nèobljúden unbewohnt
nèobvézen unverbindlich
nèodgovóren unverantwortlich
nèodlóčen unentschlossen, unschlüssig; unentschieden
nèodlóčnost F Unentschlossenheit *f*
nèodpustljív unverzeihlich
nèodvísen unabhängig
nèodvísnost F Unabhängigkeit *f*
nèogíben unvermeidlich
nèokréten ungelenk, schwerfällig
nèokúsen geschmacklos
nèolíkan unmanierlich
nèomejèn unbegrenzt, unbeschränkt
nèomíkan ungebildet
nèopázen unmerklich, unauffällig
nèopážen unbemerkt, unbeachtet
nèoporéčen unbescholten
nèopravíčen ungerechtfertigt
nèopravičljív unentschuldbar
nèopredeljív undefinierbar
nèosében unpersönlich
nèotesán unbehauen; *fig* ungehobelt
nèotesánec Flegel *m*, Lümmel *m*
nèovíran ungehindert
nèozdravljív unheilbar
nèpazljív unachtsam, achtlos
nèpísmeni M Analphabet *m*
nèplóden unfruchtbar
nèpoboljšljív unverbesserlich
nèpodkupljív unbestechlich
nèpogrešljív unentbehrlich
nèpokóren ungehorsam
nèpokórnost F Ungehorsam *m*
nèpomémben unbedeutend, nebensächlich; nichtssagend
nèpomirljív unversöhnlich
nèpopísen unbeschreiblich
nèpopôln unvollkommen, unvollständig
nèpopravljív irreparabel
nèpopustljív unnachgiebig
nèporočèn unverheiratet, ledig
nèposréden unmittelbar, direkt
nèpoškodovàn unbeschädigt, unversehrt
nèpoštèn unehrlich
nèpotrében unnötig, überflüssig; **po nèpotrébnem** unnötigerweise

nèpotrpežljív ungeduldig
nèpozában unvergesslich
nèprávi unecht, falsch
nèprebavljív unverdaulich
nèpredíren undurchdringlich
nèpredvíden unvorhergesehen
nèpregléden unübersehbar
nèprehóden unwegsam; GRAM intransitiv
nèpreklícen unwiderruflich
nèpremagljív unbesiegbar
nèpremíčen fest, unbeweglich, regungslos
nèpremičnína Liegenschaft *f*; **nèpremičníne** *pl* Immobilien *fpl*
nèpremíšljen unüberlegt, unbedacht
nèprenéhen unaufhörlich
nèprenéhno immerfort, fortwährend
nèprepústen undurchlässig; **~ za vôdo** wasserdicht
nèpreračunljív unberechenbar
nèpreskrbljèn unversorgt
nèprestáno unaufhörlich
nèpretŕgan ununterbrochen, anhaltend
nèprevíden unvorsichtig
nèprevídnost F Unvorsichtigkeit *f*
nèpričakován unerwartet
nèprijázen unfreundlich
nèprijéten unangenehm
nèprijétnost F Unannehmlichkeit *f*
nèprikrít unverhohlen
nèpriljúbljen unbeliebt
nèpriméren unangemessen, unpassend; unschicklich
nèpriporočljív nicht ratsam
nèpriprávljen unvorbereitet
nèprisíljen ungezwungen, zwanglos
nèprísten unecht
nèpristránski unparteiisch
nèprištéven unzurechnungsfähig
nèprizadét teilnahmslos
nèprizanesljív unnachsichtig, streng
nèprostovóljen unfreiwillig
nèprozóren undurchsichtig
neràd ungern
nèrazdružljív unzertrennlich
nèraziskán unerforscht
nèrazlóčen undeutlich
nèrazložljív unerklärlich
nèrazrešljív unlösbar
nèrazumljív unverständlich
nèrazvít unterentwickelt; **~a držáva** Entwicklungsland *n*
neréd Unordnung *f*
neréden unordentlich
nèresníca Unwahrheit *f*
nèresníčen unwahr, unwirklich
nergáč Nörgler *m*
nergáti nörgeln
nèrjavèč rostfrei
neróda ungeschickter Mensch *m*, Tollpatsch *m*
neróden ungeschickt
nèrodovíten unfruchtbar
nervózen nervös
nervóznost F Nervosität *f*
nèsamostójen unselbständig
nèsebíčen uneigennützig, selbstlos
nèsebíčnost F Uneigennüt-

zigkeit *f*, Selbstlosigkeit *f*
nèskláden unharmonisch
neskônčen unendlich
neskônčnost F Unendlichkeit *f*
neslán ungesalzen; *fig* geschmacklos
nèslíšen unhörbar, lautlos
nèslóga Uneinigkeit *f*, Zwietracht *f*
nèsmísel Unsinn *m*
nèsmíseln unsinnig, sinnlos
nèsmótrn zwecklos
nesmŕten unsterblich
nesnága Unrat *m*, Schmutz *m*
nesnážen unrein, schmutzig
nèsoglásje Unstimmigkeit *f*
nèsorazméren unverhältnismäßig
nespámet F Unvernunft *f*, Unverstand *m*
nespámeten unvernünftig, töricht
nèspodóben unanständig, unschicklich
nèspodóbnost F Unanständigkeit *f*
nèsporazúm Missverständnis *n*
nèspóren unbestritten
nèsposóben unfähig
nèsposóbnost F Unfähigkeit *f*
nèspoštljív respektlos
nèspoštljívost F Respektlosigkeit *f*
nèspremenljív unabänderlich
nèspréten ungeschickt
nesrámen schamlos, unverschämt, frech
nesrámnost F Unverschämtheit *f*, Frechheit *f*
nesréča Unglück *n*, Unfall *m*
nesréčen unglücklich, unselig
nèstálen unbeständig
nèstanovíten sprunghaft, wankelmütig
nèstanovítnost F Wankelmut *m*
nêsti tragen; einbringen; **jájca** ~ Eier legen
nestŕpen ungeduldig
nestŕpnost F Ungeduld *f*
nèsumljív unverdächtig
nèškodljív unschädlich
neštétokrat unzählige Male, x-mal
netopír Fledermaus *f*
nèubogljív ungehorsam, unfolgsam
nèubogljívost F Ungehorsam *m*
nèubrán verstimmt
neučákan ungeduldig
neučákanost F Ungeduld *f*
nèučinkovít unwirksam, wirkungslos
nèudeléžen unbeteiligt
nèudóben unbequem
nèugnán unermüdlich
nèugóden ungünstig, unvorteilhaft
nèugódje Unbehagen *n*
nèuklonljív unbeugsam
nèuklonljívost F Unbeugsamkeit *f*
nèukrotljív unbezähmbar
neúmen dumm
nèuméstеn unangebracht
neúmnež Dummkopf *m*
neúmnost F Dummheit *f*

nèumrljív unsterblich
nèuničljív unverwüstlich
nèuporáben unbrauchbar
nèupravíčen unberechtigt, unbefugt
nèurejèn unordentlich
neúrje Unwetter *n*
nèuslíšan unerhört
nèusmíljen erbarmungslos
nèuspèh Misserfolg *m*
nèuspéšen erfolglos
nèustrášen unerschrocken, furchtlos
nèutemeljèn unbegründet, grundlos
nèutrúden unermüdlich
nèužíten ungenießbar
neváren gefährlich; **smŕtno ~** lebensgefährlich
nevárnost F Gefahr *f*; **smŕtna ~** Lebensgefahr *f*
nevéden unwissend
nevédnost F Unwissenheit *f*, Unkenntnis *f*
nèveljáven ungültig
nevéra Unglaube *m*
nevéren ungläubig
nèverjéten unglaublich, unglaubwürdig
nèverjétno unwahrscheinlich
nevésta Braut *f*
nèvézan ungebunden
nèvíden unsichtbar
nevíhta Gewitter *n*
nèvljúden unhöflich
nevoščljív neidisch
nevoščljívost F Neid *m*
nevrológ Neurologe *m*
nèvsiljív unaufdringlich
nevšéčnost F Unannehmlichkeit *f*
nevtrálen neutral
nevtrálnost F Neutralität *f*
nèvzdŕžen unerträglich
nèzadôsten ungenügend, unzulänglich
nèzadovoljív unbefriedigend
nèzadovóljstvo Unzufriedenheit *f*
nèzakonít ungesetzlich
nèzakónski unehelich
nèzanesljív unverlässlich, unzuverlässig
nèzanimív uninteressant
nèzaslíšan unerhört
nèzaúpanje Misstrauen *n*
nèzaúpen, **nèzaupljív** misstrauisch
nèzavéden unbewusst
nèzavést F Bewusstlosigkeit *f*, Ohnmacht *f*
nèzavésten bewusstlos, ohnmächtig
nèzaželèn unerwünscht
nèzdràv ungesund
nèzdružljív unvereinbar
nezgóda Unfall *m*; Missgeschick *n*; **prométna ~** Verkehrsunfall *m*
nèzméren unmäßig
nèzmérnost F Maßlosigkeit *f*
nèzmotljív unfehlbar
nèzmotljívost F Unfehlbarkeit *f*
nèzmóžen unfähig
nèzmóžnost F Unfähigkeit *f*
nèznačájen charakterlos
neznàn unbekannt
neznánec Unbekannte(r) *m*
neznáten geringfügig, unerheblich
neznôsen unerträglich

nèzrèl unreif
nezvést untreu
nèzvestôba Untreue *f*
néžen zärtlich, zart, mild
néžnost F Zärtlichkeit *f*
ni ist nicht
nìč nichts
níčev nichtig
níčla Null *f*
ničvréden nichtswürdig
niháj Schwingung *f*
nihálo Pendel *n*
níhati schwingen, pendeln
nihčè niemand; **~ drúg** sonst niemand
nikákor: **~ ne** keineswegs, keinesfalls, auf keinen Fall
nikálen verneinend
nikálnica Verneinungswort *n*
nikámor nirgendhin
nikár ja nicht
níkdar nie, niemals
níkelj Nickel *n*
nikjér nirgends, nirgendwo; **~ drugjé** nirgends sonst
nikóder nirgends
nikóli nie, niemals
nìt F Faden *m*
níti auch nicht; nicht einmal **níti ... níti ...** weder ... noch ...
nítka Faden *m*; **zóbna ~** Zahnseide *f*
níz Reihe *f*; Schnur *f*
nízati aneinanderreihen, auffädeln
nízek niedrig, nieder
nizkocenôven billig; **nizkocenôvni lèt** Billigflug *m*
nizkôten niederträchtig
Nizozémska Niederlande *pl*
nížati niedriger machen; **~ se** niedriger werden
nižávje Tiefland *n*
nižína Niederung *f*
njegôv sein
njén ihr
njíhov ihr *pl*
njíva Acker *m*
njún ihr *dl*
nò nun; aber, doch
nobêden keiner, niemand
nobèn kein
nobênkrat nie, niemals
nocój heute Abend, heute Nacht
nóč F Nacht *f*; **vsò ~** die ganze Nacht; **céle noči** nächtelang; **velíka ~** Ostern *n*; **vesélo velíko ~!** frohe Ostern!
nóčem ich will nicht
nôčen nächtlich
nôga Fuß *m*; Bein *n*
nogavíca Strumpf *m*; **krátka ~** Socke *f*
nogomèt Fußball *m*
nogometáš Fußballspieler *m*
nóht Nagel *m*; **~ na rôki** Fingernagel *m*; **~ na nôgi** Zehennagel *m*
nój ZOOL Strauß *m*
nomád Nomade *m*
nòr verrückt; wahnsinnig
norčeváti se zum Narren halten, sich lustig machen über
norčíja Narretei *f*; **ugánjati norčíje** Possen reißen
nôrec Narr *m*; **za nôrca iméti** zum Narren halten
noréti toll sein, von Sinnen sein
noríca Närrin *f*; **noríce** MED *pl*

Windpocken *pl*
normálen normal
Norvéška Norwegen *n*
norvéški norwegisch
Norvežàn Norweger *m*
nós Nase *f*; **ládijski ~** SCHIFF Bug *m*; **(na) vrát na ~** Hals über Kopf
nosáč Träger *m*
noséča schwanger
noséčnost F Schwangerschaft *f*
nosíla NPL Trage *f*, Bahre *f*
nosíti tragen
nósnica Nasenbein *n*
nosníca Nasenloch *n*
nosoróg Nashorn *n*
nóša Tracht *f*
nóta Note *f*
notár Notar *m*
nóter hinein
nótranji innere(r); innerliche(r)
nótranjost F Innere(s) *n*, Innenraum *m*
nótri innen, drinnen
nòv neu, neuartig; **po nôvem** neuerdings
nôvec Geldstück *n*, Münze *f*
novéla Novelle *f*
novêmber November *m*
novíca Neuigkeit *f*, Nachricht *f*
novínar Journalist *m*
novínec Neuling *m*, Anfänger *m*
novodôben neuzeitlich, modern
novoléten Neujahrs-
novomóden neumodisch
nôvorojèn neugeboren
novorojênec Neugeborene(s) *n*
novóst F Neuheit *f*; Neuigkeit *f*; Neuerung *f*
nozdŕv F Nüster *f*
nòž Messer *n*
nóžnica Scheide *f*
nráven sittlich
nraví FPL Sitten *fpl*
nrávnost F Sitte *f*, Sittlichkeit *f*
núja Not *f*, Zwang *m*, Notfall *m*
nújen dringend; notwendig
nújnost F Notwendigkeit *f*
nukleáren nuklear, Kern-
núna Nonne *f*

O

o (*L*) zu, von (*D*); über (*A*)
oáza Oase *f*
ob (*L*) an, bei (*D*); längs, entlang (*G*); um
obá MDL, **obé** FDL beide
obád ZOOL Bremse *f*
obádva MDL beide (zwei)
obédve FDL beide (zwei)
obála Küste *f*, Strand *m*, Ufer *n*
obára Ragout *n*
obcésten Straßen-
občàn Gemeindemitglied *n*; Bürger *m*
óbčestvo Gemeinschaft *f*
občevánje Umgang *m*, Verkehr *m*; **spôlno ~** Geschlechtsverkehr *m*
občeváti verkehren
óbči allgemein, öffentlich
óbčina Gemeinde *f*

občínski Gemeinde-, kommunal
občudoválec Bewunderer *m*
občudováti bewundern
občudovánje Bewunderung *f*
občútek Empfindung *f*, Gefühl *n*; ~ **krívde** Schuldgefühl *n*
občúten fühlbar
občutíti PF empfinden
občutljív empfindlich
občutljívost F Empfindlichkeit *f*
obdájati umgeben
obdaríti PF, **obdarováti** beschenken
obdávčenje Besteuerung *f*
obdávčiti PF besteuern
obdélati PF, **obdelováti** bearbeiten; bebauen, kultivieren, bestellen
obdeláva Bearbeitung *f*
obdelovánje AGR Bestellung *f*
obdóbje Zeitabschnitt *m*
obdolžítev F Beschuldigung *f*
obdolžíti PF beschuldigen
obdržáti PF behalten, beibehalten
obèd Mittagessen *n*
obédnica Speisesaal *m*
obedováti zu Mittag essen
obênem zugleich, gleichzeitig
obések Behang *m*; (*Schmuck*) Anhänger *m*
obésiti PF aufhängen; ~ **se** sich erhängen
obešálnik Kleiderständer *m*, Bügel *m*
obéšati → obésiti
obetajóč vielversprechend
obétati versprechen
obgláviti PF enthaupten, köpfen
obhájati festlich begehen, feiern
obhajílo Kommunion *f*
obhòd Umgang *m*, Umzug *m*
obíčaj Brauch *m*, Sitte *f*
obíčajen üblich, gebräuchlich
obílen reichlich, ergiebig
obílica, **obílje** Fülle *f*, Überfluss *m*
obílo viel
obírati pflücken; *fig umg* klatschen; ~ **se** zögern; trödeln
obísk Besuch *m*
obiskáti PF, **obiskováti** besuchen
obiskoválec Besucher *m*
obíti[1] PF (**obídem**) umgehen
obíti[2] PF (**obíjem**) beschlagen
objádrati PF umsegeln
objáva Veröffentlichung *f*, Bekanntmachung *f*
objáviti PF, **objávljati** veröffentlichen
objékt Objekt *n*
objektív Objektiv *n*
objektíven objektiv, sachlich
objèm Umarmung *f*
objémati umarmen
objésten ausgelassen, übermütig
objéti PF → objémati
objókan verweint
obkládek Umschlag *m*, Kompresse *f*
obkolíti PF umzingeln, umstellen
obkróžati, **obkrožíti** PF umkreisen; einkreisen, umringen, umgeben
óbla Kugel *f*; **zémeljska** ~ Erd-

kugel *f*
obláčen bewölkt
oblačílo Bekleidung *f*
obláčiti ankleiden; ~ **se** sich anziehen
oblačíti se bewölkt werden
obláčnost F Bewölkung *f*
oblák Wolke *f*
oblást F Gewalt *f*, Macht *f*; Behörde *f*
oblásten gebieterisch; behördlich
obléči PF → obláčiti
obledèl verblichen
obledéti PF verblassen, verbleichen
obléganje Belagerung *f*
oblégati belagern
obléka Kleid *n*; Anzug *m*; Kleidung *f*
oblepíti PF bekleben
obletávati umfliegen, umschwärmen
oblétnica Jahrestag *m*
obležáti PF liegen bleiben
oblíčje Antlitz *n*
oblíka Form *f*, Gestalt *f*; Format *n*
oblikovánje Gestaltung *f*
oblikováti formen, bilden, gestalten
oblína Rundung *f*
oblív Guss *m*, Überzug *m*, Glasur *f*
oblízati PF, **oblizováti** ablecken
oblíž MED Pflaster *n*
obljúba Versprechen *n*
obljubíti PF, **obljúbljati** versprechen
obljúden bevölkert
oblóga Belag *m*
obložíti PF belegen
obmêjen Grenz-
obméstje Stadtrand *m*
obmetávati bewerfen
obmóčje Bereich *m*, Gebiet *n*
obmôlkniti PF verstummen
obnášati se sich benehmen
obnávljati erneuern; nacherzählen
obnêsti se PF sich bewähren
obnôva Erneuerung *f*; Wiederaufbau *m*; Nacherzählung *f*
obnovíti PF → obnávljati
obogatéti PF reich werden
obogatíti PF reich machen, bereichern
obójen beiderlei, beidseitig
obojestránski beiderseitig
obòk Bogen *m*, Wölbung *f*; **krížni** ~ Kreuzgewölbe *n*
obókati PF wölben
obolênje Erkrankung *f*
oboléti PF erkranken
oborožèn bewaffnet
oboroževánje Aufrüstung *f*
oboroževáti, **oborožíti** PF rüsten, aufrüsten
obotávljanje Zögern *n*
obotávljati se zaudern, zögern
oboževáti vergöttern
obrába Abnützung *f*, Verschleiß *m*
obrabíti PF abnutzen
obrábljen abgegriffen, abgenutzt
obráčati drehen, wenden
obračún Abrechnung *f*
obračúnati PF abrechnen
obrámba Verteidigung *f*, Ab-

wehr *f*
obraníti PF abwehren
obràt Drehung *f*, Umdrehung *f*; Wende *f*; Betrieb *m*
obráten umgekehrt; Betriebs-
obratovánje Betrieb *m*
obratováti in Betrieb sein
obravnáva Verhandlung *f*; Abhandlung *f*; **sódna ~** Gerichtsverhandlung *f*
obravnávati behandeln; abhandeln
obràz Gesicht *n*; Miene *f*
obrázec Formular *n*; Formel *f*
obrazložítev F JUR Begründung *f*
obrazložíti PF begründen
obrèd Zeremonie *f*, Ritus *m*
obréden rituell, zeremoniell
obrekljív verleumderisch
obrekovánje Verleumdung *f*, üble Nachrede *f*
obrekováti verleumden
obremenílen belastend, Belastungs-
obremenítev F Belastung *f*
obremeníti PF, **obremenjeváti** belasten
obrésti FPL Zinsen *pl*
obrestováti verzinsen
obrézati PF beschneiden, stutzen
obréžen Küsten-
obréžje Ufer *n*, Küste *f*
obrís Umriss *m*, Kontur *f*
obrísati PF abwischen, abtrocknen
obríti PF rasieren
obrízgati PF bespritzen
obrníti PF umdrehen, wenden; umkehren; **~ se pròč** sich abwenden
obróben Rand-
obrobíti PF umsäumen, umranden
obróč Reifen *m*, Ring *m*
obrodíti PF Früchte tragen
obròk Mahlzeit *f*, Portion *f*; Rate *f*; **plačáti na obróke** in Raten zahlen
obrónek Abhang *m*, Böschung *f*
obŕt F Gewerbe *n*
obrtník Gewerbetreibende(r) *m*
obrusíti PF abschleifen
obŕv F Augenbraue *f*
obséči PF umfassen
obséden besessen
obsédenost F Besessenheit *f*
obsedéti PF sitzen bleiben
obsèg Umfang *m*, Ausmaß *n*
obségati umfassen; enthalten, umschließen
observatórij Sternwarte *f*
obsévanje Bestrahlung *f*
obsévati bestrahlen
obséžen umfangreich
obsôdba Verurteilung *f*
obsodíti PF, **obsójati** verurteilen
obsójenec Verurteilte(r) *m*
obstájati bestehen; **nadálje ~** fortbestehen
obstánek Bestehen *n*, Existenz *f*
obstáti PF stehen bleiben
obstòj Bestand *m*
obstreljeváti beschießen
obstrméti PF (*vor Staunen*) erstarren
obsúti PF überschütten
obšíren umfangreich

obtežíti PF beschweren
obtičáti PF stecken bleiben
obtòk Umlauf *m*, Kreislauf *m*
obtôžba Anklage *f*
obtóženec Angeklagte(r) *m*
obtožíti PF anklagen
obubóžati verarmen
obudíti PF erwecken
obúp Verzweiflung *f*
obúpan verzweifelt
obúpati PF verzweifeln
obúpen hoffnungslos
obútev F Schuhwerk *n*
obúti se PF Schuhe anziehen
obvarováti PF behüten, bewahren
obveljáti PF recht behalten
obvestílo Nachricht *f*, Benachrichtigung *f*
obvestíti PF benachrichtigen, verständigen
obvéza MED Verband *m*
obvézan verbunden; verpflichtet
obvézati PF verbinden; verpflichten; **~ se** sich verpflichten
obvézen bindend, verbindlich
obvéznost F Pflicht *f*, Verpflichtung *f*; **~ nóšenja máske** (*während der COVID-19-Pandemie*) Maskenpflicht *f*
obviséti PF hängen bleiben
obvládati PF beherrschen; **~ se** sich zusammennehmen
obvladovánje Beherrschung *f*; **~ sámega sêbe** Selbstbeherrschung *f*
obvòz Umleitung *f*
obzídje Ringmauer *f*; Befestigungsmauern *fpl*
obzír Rücksicht *f*
obzíren rücksichtsvoll
obzírnost F Rücksicht *f*, Zartgefühl *n*
obzórje Horizont *m*
obžalovánje Bedauern *n*; **obžalovánja vréden** bedauernswert
obžalováti bedauern
ocaríniti PF verzollen
oceán Ozean *m*
océna Beurteilung *f*, Rezension *f*; *Schule*: Note *f*, Zensur *f*
ocenítev F Bewertung *f*, Schätzung *f*, Benotung *f*
oceníti PF, **ocenjeváti** beurteilen, bewerten, zensieren
ocenjevánje Bewertung *f*; SPORT Wertung *f*
ocvírki MPL Grieben *fpl*; *österr* Grammeln *fpl*
očála NPL Brille *f*
očárati bezaubern, verzaubern, entzücken
očarljív bezaubernd, entzückend
ôče Vater *m*; **stári ~** Großvater *m*
očéditi PF reinigen, putzen
očenàš Vaterunser *n*
očésen Augen-
očétovski väterlich
očétovstvo Vaterschaft *f*
očí FPL Augen *npl*
óčim Stiefvater *m*
očístiti PF reinigen, putzen
očítati PF vorwerfen
očítek Vorwurf *m*
očíten offenkundig
očividec Augenzeuge *m*
očŕniti PF anschwärzen; verleumden

očŕt Umriss *m*, Skizze *f*
očŕtati PF umreißen, skizzieren
od (*G*) von, seit (*D*); ab
odbíjati abstoßen; abschlagen; *Geld* abziehen; **~ se** reflektieren
odbítek HANDEL Abzug *m*
odbíti abstoßen; abschlagen; HANDEL abziehen; **~ se** abprallen
odblèsk Abglanz *m*, Widerschein *m*
odbójnik Stoßstange *f*; **svetlôbni ~** Rückstrahler *m*
odbòr Ausschuss *m*
odbórnik Ausschussmitglied *n*
odcéditi PF abseihen
odcèp Abzweigung *f*
odcepíti PF abzweigen; abspalten
odcvetéti PF verblühen
oddahníti se PF aufatmen, verschnaufen
oddája Ablieferung *f*; Sendung *f*
oddájati abgeben, weggeben; vermieten; senden, ausstrahlen
oddájnik Sender *m*
oddáljen entfernt
oddáljenost F Entfernung *f*, Abstand *m*
oddaljíti se PF sich entfernen
oddáti PF → oddájati
oddélek Abteil *n*; Abteilung *f*; **~ za kadílce** Raucherabteil *n*
oddíh Erholung *f*
oddolžíti se PF sich revanchieren
odêja Decke *f*; **prešíta ~** Steppdecke *f*
óder Bühne *f*; Gerüst *n*
oderúh Wucherer *m*
oderúštvo Wucher *m*
odéti PF bedecken, einhüllen
odfrčáti PF davonflattern
odgánjati fortjagen; treiben, sprießen
odgovárjati antworten; **~ za** (*A*) für et. verantwortlich sein
odgôvor Antwort *f*
odgovóren verantwortlich
odgovoríti PF antworten, entgegnen
odgovórnost F Verantwortung *f*
odgrízniti PF abbeißen
odhájati fortgehen
odhitéti PF wegeilen
odhòd Abfahrt *f*, Abreise *f*
odíti PF weggehen; abziehen
odjádrati PF davonsegeln
odjáva Abmeldung *f*
odjáviti PF abmelden
odjèk Echo *n*, Widerhall *m*
odjékniti PF widerhallen
odjemálec Abnehmer *m*
odjúga Tauwetter *n*
odkàr seit, seitdem
odkášljati se PF sich räuspern
odkázati PF zuweisen
odkímati PF den Kopf schütteln
odklánjati ablehnen
odkleníti PF, **odklépati** aufschließen, aufsperren
odklòn Abweichung *f*
odklonílen ablehnend
odkloníti PF → odklánjati
odkotalíti PF wegrollen
odkrít offen, aufrichtig; entblößt; **~o rečêno** offen gestan-

den
odkríti PF entdecken; abdecken; enthüllen, offenbaren
odkrítje Entdeckung *f*; Offenbarung *f*
odkritosŕčen offen, aufrichtig, offenherzig
odkritosŕčnost F Offenheit *f*
odkrížati se PF sich entledigen
odkupíti PF abkaufen
odkupnína Lösegeld *n*
odlágati ablegen; aufschieben
odlášanje Aufschieben *n*
odlášati aufschieben; zögern
odléči PF nachlassen, aufhören
odlèt Abflug *m*
odletéti PF wegfliegen, davonfliegen
odlíčen ausgezeichnet, hervorragend
odličnják *österr* Vorzugsschüler *m*
odlíka Auszeichnung *f*; *Schule*: Vorzug *m*
odlikovánje Auszeichnung *f*, Orden *m*
odlikováti PF auszeichnen
odlítek Abguss *m*
odlíti PF abgießen
odljúden *Mensch*: ungesellig; *Ort*: entlegen
odlóčati → odločíti
odlóčba Entscheid *m*, Entscheidung *f*
odlóčen entschlossen
odločílen entscheidend
odločítev F Entscheidung *f*
odločíti PF entscheiden
odlóčnost F Entschlossenheit *f*
odlòg Aufschub *m*
odlòk Erlass *m*
odlómek Abschnitt *m*, Kapitel *n*
odlomíti PF abbrechen
odložíti ablegen, weglegen; aufschieben
odmakníti PF wegrücken
odmašíti PF entkorken
odméra: ~ **kázni** Strafausmaß *n*; **dávčna** ~ Steuerbescheid *m*
odmériti PF zumessen, zuteilen; dosieren
odmèv Echo *n*, Widerhall *m*
odmévati widerhallen
odmík Abweichung *f*
odmíkati → odmakníti
odmòr Rast *f*, Pause *f*; **opoldánski** ~ Mittagspause *f*
odmótati PF abwickeln, abspulen
odmréti PF absterben
odnášati wegtragen, forttragen
odnéhati PF nachlassen, nachgeben
odnêsti PF → odnášati
odnòs Beziehung *f*
odobrávanje Beifall *m*, Zustimmung *f*
odobrávati, **odobríti** PF gutheißen, billigen
odójek Spanferkel *n*
odpàd Abfall *m*
odpádati abfallen, wegfallen
odpádek Abfall *m*, Müll *m*
odpádnik Abtrünnige(r) *m*
odpahníti PF entriegeln
odpárati PF abtrennen
odpásti PF → odpádati; *fig* abtrünnig werden

odpeljáti PF wegführen; ~ **se** wegfahren; losfahren
odpénjati, **odpéti** PF aufknöpfen
odpíhniti PF wegblasen
odpiráč Öffner *m*
odpírati öffnen, aufsperren
odpísati PF zurückschreiben, schriftlich antworten
odpláčati PF, **odplačeváti** abzahlen
odplúti PF SCHIFF auslaufen
odpočíti se sich ausruhen, rasten
odpoklícati PF abberufen
odpòr Widerstand *m*; **brez odpôra** widerstandslos
odpóren widerstandsfähig
odpórnost F Widerstandskraft *f*
odposlánec Abgesandte(r) *m*
odposláti PF absenden; entsenden
odpošíljati → odposláti
odpotováti PF abreisen
odpôved F Absage *f*; Kündigung *f*
odpovédati PF absagen; kündigen; ~ **se** (*D*) entsagen
odpráva Abschaffung *f*, Aufhebung *f*; Abfertigung *f*; Versand *m*; Expedition *f*
odpráviti PF abschaffen, aufheben; abfertigen; expedieren; ~ **se** sich begeben, aufbrechen
odpravnína Abfertigung *f*, Abfindung *f*
odpréti PF → odpírati
odpŕt offen, geöffnet; zugänglich
odprtína Öffnung *f*
odpúst Entlassung *f*
odpustíti PF entlassen; verzeihen, vergeben
odpústnica Entlassungsschein *m*
odpuščánje Verzeihung *f*, Vergebung *f*
odpúščati → odpustíti
odračúnati PF abrechnen, abziehen
odrásel erwachsen
odrážati widerspiegeln
odrêči PF absagen, verweigern; ~ **se** entsagen, verzichten
odrédba Verordnung *f*
odredíti PF verfügen, anordnen
odrešeník Erlöser *m*
odrešênje Erlösung *f*
odrešíti PF erlösen, befreien
odrevenèl starr
odrevenéti PF erstarren
odrézati PF abschneiden; wegschneiden
odrezàv schlagfertig
odrezávost F Schlagfertigkeit *f*
odrézek Abschnitt *m*, Coupon *m*
odŕgniti PF abwetzen; abschürfen
odrgnína Abschürfung *f*
odríniti PF wegschieben, verdrängen
odróčen entlegen
ódrski Bühnen-
odsedéti PF absitzen
odsèk Abschnitt *m*; Abteilung *f*, Sektion *f*
odsékati PF abhacken
odselíti se PF wegziehen

odsèv Widerschein *m*, Abglanz *m*
odsévati widerspiegeln, reflektieren
odskočiti PF abspringen; abprallen
odslêj von nun an, fortan
odslovíti PF verabschieden, entlassen
odslužiti PF abdienen, ausdienen
odsôten abwesend
odsôtnost F Abwesenheit *f*
odstávek Absatz *m*
odstáviti PF wegstellen, absetzen
odstòp Abtritt *m*, Rücktritt *m*
odstopíti PF abtreten, zurücktreten
odstótek Prozent *n*
odstranítev F Beseitigung *f*
odstraníti PF, **odstranjeváti** beseitigen
odstrél Abschuss *m*
odsvetováti PF abraten
odščípniti PF abzwicken
odšèl → odíti
odškodnína Entschädigung *f*, Schadenersatz *m*
odškodováti PF entschädigen
odštéti PF abziehen, abrechnen; bezahlen
odštévanje Subtraktion *f*; Abzählen *n*
odštévati subtrahieren
odtêči PF abfließen
odtegníti PF abziehen, entziehen
odtékati → odtêči
odtének Abstufung *f*, Nuance *f*, Ton *m*
odtís Abdruck *m*; **pŕstni ~** Fingerabdruck *m*
odtísniti PF abdrucken, abziehen
odtòk Abfluss *m*
odtŕgati PF abreißen
odtujíti PF entfremden
odtujítev F Entfremdung *f*
odúren abstoßend, widerlich
odváditi PF abgewöhnen
odvajálen abführend, Abführ-
odvajálo MED Purgativ *n*
odvájati abführen, ableiten
odvalíti PF abwälzen
odvážanje Wegführen *n*
odvážati wegführen
odvèč überflüssig, unnötig; zu viel
odvèčen überflüssig
odvêsti PF abführen
odvétnik Anwalt *m*
odvéza Absolution *f*
odvézati PF losbinden
odvíjati → odvíti
odvísen abhängig
odvísnost F Abhängigkeit *f*
odvíti PF abwickeln, abspulen
odvléči PF abschleppen; **na sílno ~** verschleppen
odvódnica Arterie *f*, Schlagader *f*
odvòz Abfuhr *f*
odvráčati → odvrníti
odvráten ekelhaft
odvréči PF abwerfen
odvrníti PF abwenden; (*antworten*) erwidern; **~ kóga od** j-n abbringen von
odvzèm Abnahme *f*
odvzéti PF abnehmen
odzdráviti PF den Gruß erwi-

dern
odzív Erwiderung *f*; Anklang *m*
odzívnik TEL Mailbox *f*
odzváti se PF Folge leisten
oficír Offizier *m*
ogáben ekelhaft
ógel Ecke *f*; Kohle *f*
ôgenj Feuer *n*
ogíbati se (*G, D*) ausweichen (*D*)
oglàs Ankündigung *f*; Anzeige *f*, Inserat *n*
oglasíti PF inserieren; **~ se** seine Stimme erheben; von sich hören lassen
oglášati → oglasíti
oglàt eckig
oglèd Besichtigung *f*
ogledálo Spiegel *m*
oglédati si PF, **ogledováti si** besichtigen
ogledúh Spion *m*, Spitzel *m*
óglje Holzkohle *f*
ogljík Kohlenstoff *m*
oglódati PF abnagen
oglušéti PF taub werden
ognjemèt Feuerwerk *n*
ognjén Feuer-
ognjeník Vulkan *m*
ognjevít feurig
ognjíšče Feuerstätte *f*, Herd *m*
ogoljufáti PF betrügen, prellen
ogórčenje, **ogórčenost** F Entrüstung *f*
ogórčiti PF entrüsten, verbittern
ogórek glühendes Stück *n* Holz; Zigarettenstummel *m*
ogôrel braun gebrannt
ogoréti PF (*von der Sonne*) braun werden
ogovárjati, **ogovoríti** PF anreden, ansprechen
ográda Einfriedung *f*, Gehege *n*, Koppel *f*
ogradíti PF einfrieden, einzäunen
ograja Geländer *n*, Zaun *m*
ógrc Mitesser *m*
ogréti se PF sich aufwärmen, sich erwärmen
ogrinjálo Umhang *m*
ogrlica Halskette *f*
ogrníti PF umhängen
ogródje Gerüst *n*, Gerippe *n*; **kolésno ~** Radgestell *n*
ogrômen riesig
ogróžati bedrohen, gefährden
ogróžanje Bedrohung *f*, Gefährdung *f*
ógrski HIST ungarisch
Ógrsko HIST Ungarn *n*
ogúljen abgerissen, schäbig, fadenscheinig, abgedroschen, abgegriffen
ohladítev F Abkühlung *f*
ohladíti PF abkühlen
ohlápen schlaff, lose
ohól hochmütig, anmaßend
ohrabríti PF ermutigen
ohraníti PF erhalten, bewahren
ohromélost F Lähmung *f*
ohrométi lahm werden
óhrovt Wirsing *m*
ojačeválnik Verstärker *m*
ojačeváti, **ojáčiti** PF verstärken
ojunáčiti se PF Mut fassen
okajèn *fig* beschwipst
okamnèl versteinert

ôkence Fensterchen *n*; Schalter *m*
okleníti PF, **oklépati**: ~ **se** (*G*) sich an j-n/et. klammern
oklèp Panzer *m*
oklepáj TYPO Klammer *f*
oklíc Aufruf *m*; Aufgebot *n*
óknica Fensterflügel *m*
ôkno Fenster *n*
okó Auge *n*; **kúrje** ~ Hühnerauge *n*
okóli PRÄP (*G*) um (*A*); ADV umher
okólica Umgebung *f*
okóliš Umkreis *m*; Bezirk *m*
okóliščina Umstand *m*; **v téh ~h** unter diesen Umständen
okončína Extremität *f*
okólje Umwelt *f*; Umgebung *f*; Milieu *n*
okòp Wall *m*
okóren unbeholfen, schwerfällig
okóstje Knochengerüst *n*
okostnják Skelett *n*
okòv Beschlag *m*; Fassung *f*
okováti PF beschlagen
okràj Bezirk *m*
okrájen Bezirks-
okrájšati PF abkürzen
okrajšáva Abkürzung *f*
okràs Verzierung *f*
okrásek Schmuck *m*, Ornament *n*
okrasíti PF schmücken
okrásti PF bestehlen
okrepčeválnica Imbissstand *m*, Büfett *n*
okrepčílo Erfrischung *f*
okrepítev F Stärkung *f*
okrepíti PF verstärken; ~ **se** sich stärken
okréten gewandt, wendig
okrevalíšče Erholungsheim *n*
okrévati genesen, sich erholen
okróg PRÄP (*G*) um (*A*); ADV herum
okrógel rund
okróglast rundlich, kreisförmig
okroglína Rundung *f*
okróžnica Rundschreiben *n*
okrušíti PF abschlagen, abbrechen
oksíd Oxid *n*
oksidírati (IM)PF oxidieren
október Oktober *m*
okupácija Okkupation *f*
okús Geschmack *m*
okúsen schmackhaft
okúsiti PF, **okúšati** kosten
okúžba F Infektion *f*
okúžiti PF anstecken
okvára Schaden *m*; Panne *f*
okváriti PF beschädigen
okvír Rahmen *m*
olájšanje Erleichterung *f*
olájšati PF erleichtern
olajšáva Erleichterung *f*; Vergünstigung *f*; **dávčna** ~ Steuererleichterung *f*
olajševálen mildernd
olépšati PF verschönern
olíka feines Benehmen *n*, Manieren *pl*
olíkan wohlerzogen, gesittet
olíva Olive *f*; Olivenbaum *m*
olíven oliv; **olívno ólje** Olivenöl *n*
ólje Öl *n*; **búčno** ~ Kürbiskernöl *n*; **jedílno** ~ Speiseöl *n*; **mo-**

tórno ~ Motoröl *n*
óljka → olíva
óljnat ölig
oltár Altar *m*
olúpek Schale *f*
olupíti PF schälen
oluščíti PF aushülsen
omágati PF kraftlos werden, aufgeben
omahljív wankelmütig
omáhniti PF niedersinken, umfallen
omahováti wanken, schwanken; *fig* zögern
omajáti PF lockern; ins Wanken bringen
omaka Soße *f*, Tunke *f*
omalovaževáti gering schätzen
omáma Betäubung *f*; Betäubungsmittel *n*; MED Narkose *f*
omámen, **omamljív** betäubend, betörend
omamíti PF betäuben
omára Schrank *m*, Kasten *m*
omedléti PF ohnmächtig werden
omedlévica Ohnmacht *f*
omehčáti PF erweichen; ~ **se** weich werden
omejèn begrenzt, beschränkt
omejênost F Beschränktheit *f*
omejeváti, **omejíti** PF einschränken
omejítev F Einschränkung *f*
oméla Mistel *f*
omémba Erwähnung *f*; **vrédem omémbe** erwähnenswert
omeníti PF erwähnen
oménjen erwähnte(r), besagte(r)
omèt Verputz *m*
ométati fegen; verputzen
omíka Kultur *f*; Bildung *f*
omíkan gebildet
omíliti PF lindern
omísliti si PF sich anschaffen
omízje Tischrunde *f*; **stálno** ~ Stammtisch *m*
omléta Omelette *n*, Pfannkuchen *m*
omogóčati, **omogóčiti** PF ermöglichen
omótica MED Schwindel *m*
omótičen schwind(e)lig
omréžiti PF umgarnen
omréžje Netz *n*, Netzwerk *n*
omrtvíti PF betäuben
òn, **ôna**, **ôno** er, sie, es
onečástiti PF entehren, schänden
oneméti PF verstummen
onemógel erschöpft
onemóglost F Erschöpfung *f*, Schwäche *f*
onemogóčiti PF vereiteln
onesnaževánje Verschmutzung *f*, Verunreinigung *f*; ~ **okólja** Umweltverschmutzung *f*
onesnážiti PF verunreinigen, verschmutzen
onesposóbiti PF unfähig machen
onesvéstiti se PF ohnmächtig werden
óni, **óna**, **óno** jener, jene, jenes
ónkraj, **ónstran** (*G*) jenseits (*G*)
ónstránstvo Jenseits *n*
opájati betrunken machen;

~ **se** sich berauschen
opát Abt *m*
opatíja Abtei *f*
opázen bemerkbar
opazíti PF bemerken
opázka Bemerkung *f*
opazoválec Beobachter *m*
opazováti beobachten
opêči PF anbraten; ~ **se** sich verbrennen
opéka Ziegel *m*
opeklína Brandwunde *f*
ópera Oper *f*
operácija Operation *f*
opêrem → opráti
operírati (IM)PF operieren
opéšati PF schwach werden, ermatten, erlahmen
opévati besingen
ópica Affe *m*
ópij Opium *n*
opijániti PF betrunken machen; *fig* berauschen; ~ **se** sich betrinken
opírati stützen; ~ **se** sich stützen
opís Beschreibung *f*
opísati PF, **opisováti** beschreiben
oplakníti PF abspülen
oplazíti PF streifen
oplemenítiti PF veredeln
opleníti PF ausplündern, ausrauben
opléti PF jäten
opljúvati PF anspucken
oplodítev F Befruchtung *f*
oplodíti PF befruchten
opogúmiti PF ermutigen; ~ **se** Mut fassen
opójen berauschend
opójnost F Rausch *m*, Taumel *m*
opôldan Mittag *m*
opôldne mittags, zu Mittag
opôlnoči um Mitternacht
opôlzek schlüpfrig, obszön
opómba Bemerkung *f*
opomín Mahnung *f*
opomínjati, **opómniti** PF (er)mahnen; erinnern
opomôči si PF zu Kräften kommen
opomórem si → opomôči si
oponášati vorwerfen, nachtragen; nachahmen, nachäffen
opóra Stütze *f*
oporêči PF, **oporékati** widersprechen
oporíšče Stützpunkt *m*
oporóka Testament *n*; Vermächtnis *n*
opotêči se PF, **opotékati se** stolpern, taumeln
opozárjati aufmerksam machen, hinweisen
opozícija Opposition *f*
opozicíjski oppositionell
opozorílo Hinweis *m*
opozoríti PF → opozárjati
opráskati PF zerkratzen
opráskan zerkratzt, zerschunden
opráti PF waschen
opráva Ausstattung *f*, Einrichtung *f*
oprávek Erledigung *f*, Besorgung *f*
opravičeváti, **opravíčiti** PF rechtfertigen, entschuldigen
opravičílo Rechtfertigung *f*, Entschuldigung *f*

opravičljív entschuldbar
opravílo Geschäft *n*, Besorgung *f*; Erledigung *f*; **najljúbše ~** Lieblingsbeschäftigung *f*
opráviti PF verrichten, erledigen; **iméti velíko ~** viel zu tun haben
oprávljati ausüben, verrichten; *umg* klatschen
opredelítev F Bestimmung *f*, Definition *f*
opredelíti PF bestimmen, definieren
opréma Ausstattung *f*, Einrichtung *f*; Ausrüstung *f*
oprémiti PF ausstatten, einrichten; ausrüsten
opréti se PF sich stützen, sich anlehnen
oprézati lauern
oprézen vorsichtig
opréznost F Vorsicht *f*
oprijèm Griff *m*
oprijémati se (G) sich klammern an
oprostítev F Befreiung *f*, Freisprechung *f*
oprostíti PF entschuldigen, verzeihen; lossprechen; befreien
oproščèn befreit
opŕsje Büste *f*
óptičen optisch
óptik Optiker *m*
opustítev F Unterlassung *f*
opustíti PF unterlassen
opustóšenje Verwüstung *f*
opustóšiti PF verheeren, verwüsten
opuščáj Apostroph *m*
oránje Ackern *n*, Pflügen *n*
oráti ackern, pflügen
ordinácija Sprechzimmer *n*
ôreh Nuss *f*; Nussbaum *m*
oréhov Nuss-
ôrel Adler *m*
orgán Organ *n*; **izvršílni ~** Vollzugsorgan *n*
orgáničen, **orgánski** organisch
órgle FPL Orgel *f*
órglice FPL Mundharmonika *f*
originál Original *n*
originálen original, originell
orís Schilderung *f*
orísati PF schildern
orják Riese *m*, Hüne *m*
orjáški riesig
órjem → oráti
orkéster Orchester *n*; **godálni ~** Streichorchester *n*
oródje Werkzeug *n*; Geräte *npl*
oródnik GRAM Instrumental *m*
orópati PF berauben
orosíti PF benetzen
oróžen Waffen-; **oróžni líst** Waffenschein *m*
oróžje Waffe *f*
orumenéti PF gelb werden
ós F Achse *f*
ôsa Wespe *f*
osamèl, **osámljen** vereinsamt, einsam
osámljenost F Vereinsamung *f*
osamosvojíti se PF sich selbstständig machen
osát Distel *f*
oséba Person *f*
osébek Subjekt *n*
osében persönlich
osébje Personal *n*

osébnost F Persönlichkeit *f*
osedláti PF satteln
oséka Ebbe *f*
ôsel Esel *m*
ósem acht; **ob ôsmih** um acht Uhr
ósemdeset achtzig
osemdnéven achttägig
ósemkrat achtmal
ósemnajst achtzehn
osénčiti PF beschatten; schattieren
osípati se PF *Blätter*: abfallen
osivéti PF ergrauen
oskŕba Versorgung *f*
oskrbéti PF versorgen; besorgen
oskrbník Verwalter *m*
oskrbovánje Versorgung *f*
oskrbováti → oskrbéti
oskrunítev F Schändung *f*
oskrúniti PF schänden
oskúbsti PF rupfen
oslabélost F Schwäche *f*, Kraftlosigkeit *f*; **~ vída** Sehschwäche *f*
oslabéti PF schwach werden
oslabíti PF schwächen; abschwächen, entkräften
osláden süßlich
oslepéti PF erblinden
oslepíti PF blenden, blind machen
oslíniti PF mit Speichel benetzen
osmérec (*Boot*) Achter *m*; (*Vers*) Tetrameter *m*, vierfüßiger Vers *m*
osmerokótnik Achteck *n*
osméšiti PF lächerlich machen, blamieren
osmíca Acht *f*
osmínka Achtel *n*
osmodíti PF versengen
osmojèn angebrannt
osmŕtnica Todesanzeige *f*
osnážiti PF reinigen, putzen
osnôva Entwurf *m*; Grundlage *f*, Fundament *n*
osnôven grundlegend
osnútek Entwurf *m*, Grundriss *m*; Skizze *f*
osóren barsch, schroff
osórnost F Schroffheit *f*
osprédje Vordergrund *m*
osramočèn beschämt
osramotíti PF beschämen
osŕčje Herzgegend *f*; Mittelpunkt *m*, Zentrum *n*
osŕčnik Herzbeutel *m*
osréčiti PF beglücken
osrédnji Mittel-, zentral
osredotóčiti se PF sich konzentrieren
óst F Spitze *f*, Stachel *m*
ostájati übrig bleiben; **zádaj ~** zurückbleiben
ostánek Rest *m*
ostarèl gealtert, bejahrt
ostaréti PF altern, alt werden
ostáti PF (übrig) bleiben; **~ žív** am Leben bleiben
óster scharf; spitz; streng; *fig* bissig
ostréšje Dachstuhl *m*
ostŕgati PF abschaben
ostríči PF scheren, die Haare schneiden
ostríga Auster *f*
ostrína Schärfe *f*; Schneide *f*
ostríti schärfen, spitzen
ostríž Barsch *m*

ostrméti PF *Person*: erstarren; erstaunen
ostróga Sporn *m*
ostrostrélec Scharfschütze *m*
ostroúmen scharfsinnig
ostúden ekelhaft, abscheulich
osúmiti PF verdächtigen
osúmljenec Verdächtige(r) *m*
osúpel bestürzt, verblüfft, verdutzt
osupljív verblüffend, frappant
osúplost F Verblüffung *f*
osúpniti PF bestürzt sein
osuševánje Trockenlegung *f*
osuševáti trockenlegen, entwässern
osvajálec Eroberer *m*
osvájati erobern
osvetlítev F Belichtung *f*
osvetlíti PF belichten, beleuchten
osvetljáva Beleuchtung *f*
osvežílo Erfrischung *f*
osvežíti PF erfrischen
osvobodílen Befreiungs-
osvobodítev F Befreiung *f*
osvobodíti PF befreien
osvojítev F Eroberung *f*
osvojíti PF erobern, einnehmen
ošáben hochmütig, arrogant
ošábnost F Hochmut *f*, Arroganz *f*
ošíliti PF *Bleistift* spitzen
ošíniti PF: ~ **kóga s poglédom** j-n mit e-m Blick streifen
oškodovánec Geschädigte(r) *m*
oškodováti PF schädigen
oškropíti PF bespritzen, besprühen
óšpice FPL Masern *pl*
oštéti PF, **oštévati** schelten
oštevílčiti PF nummerieren
ošvŕkniti PF e-n Peitschenhieb versetzen; streifen
otájati PF auftauen
otêči PF, **otékati** anschwellen
otékel geschwollen
oteklína Schwellung *f*
otépati abklopfen; ~ **se** (G) sich wehren, sich weigern
oteževáti, **otežíti** PF erschweren
otipljív tastbar, greifbar
otiščánec Schwiele *f*
otóčje Inselgruppe *f*
ôtok Insel *f*
otopèl abgestumpft
otopéti PF abstumpfen
otorinolaringológ HNO-Arzt *m*
otorinolaringológinja HNO--Ärztin *f*
otóžen schwermütig, wehmutsvoll
otóžnost F Schwermut *f*, Wehmut *f*
otrdíti PF erhärten
otrésati abschütteln
otrésti PF abschütteln; ~ **se** (G) j-n/et. loswerden
otréti PF abwischen
otróbi MPL Kleie *f*
otročád F Kinder *npl*
otróčji kindisch
otròk Kind *n*
otróški kindlich
otróštvo Kindheit *f*
otŕpel starr
otŕpniti PF erstarren
otvorítev F Eröffnung *f*

otvóriti PF eröffnen
ovádba Anzeige *f*
ováditi PF anzeigen
ovadúh Denunziant *m*
ovájati → ováditi
oválen oval
ôvca Schaf *n*
ovčár Schafhirt *m*; Schäferhund *m*
ovčerêja Schafzucht *f*
ovdovèl verwitwet
ovdovéti PF Witwer/Witwe werden
ovekovéčiti PF verewigen
ôven Widder *m*
ovênčati PF bekränzen
ovenéti PF verwelken
overítev F Beglaubigung *f*
ovériti PF beglaubigen
ôves Hafer *m*
ovijálka Schlingpflanze *f*
ovíjati umwinden; ~ **se** sich ranken, sich schlingen
ovínek Krümmung *f*, Kurve *f*; **brez ovínka** ohne Umschweife
ovíra Hindernis *n*; SPORT Hürde *f*; **brez ovíre** ungehindert; **ték čez ovíre** Hürdenlauf *m*
ovírati hindern, hemmen
ovítek Umschlag *m*
ovíti PF → ovíjati
ovlážiti PF befeuchten
ovòj Verpackung *f*; Umschlag *m*
ovójnica Hülle *f*
ovrátnica Halsband *n*; Schlips *m*; **pasja** ~ Hundehalsband *n*
ovrátnik Kragen *m*
ovréči PF widerlegen; *fig* umstoßen
ovŕžem → ovréči
ozádje Hintergrund *m*
ozdravéti PF gesund werden, genesen
ozdráviti PF gesund machen, heilen
ozdrávljenje, **ozdravljênje** Genesung *f*, Gesundung *f*, Heilung *f*
ozdravljív heilbar
ozeblína Frostbeule *f*
ózek eng, schmal, knapp
ozelenéti PF grün werden
ozémlje Gebiet *n*, Territorium *n*
ozemljítev F ELEK Erdung *f*
ozemljíti PF ELEK erden
ozír Rücksicht *f*; Hinblick *m*
ozirálen relativ, bezüglich
ozírati se zurückblicken; sich umblicken; ~ **na** (*A*) et. berücksichtigen
ozíroma beziehungsweise
ozkosŕčen engherzig
ózkost F Enge *f*
ozkotíren schmalspurig
ozmérjati PF beschimpfen
oznáčba Kennzeichnung *f*
oznáčiti PF kennzeichnen
oznanílo Verkündigung *f*, Verlautbarung *f*
oznaníti PF, **oznánjati** ankündigen; verkündigen, verlautbaren
ozón Ozon *n*
ozráčje Atmosphäre *f*, Stimmung *f*
ozréti se PF zurückblicken
ozvézdje Sternbild *n*
ožémati auswringen
ožéti PF → ožémati
ožgáti PF versengen

ožílje Adern *fpl*
ožína Enge *f*; Verengung *f*; **môrska ~** Meerenge *f*
óžiti verengen
oživéti PF aufleben, lebendig werden
oživítev F Wiederbelebung *f*
oživíti PF beleben, ins Leben rufen
ožulíti PF wund reiben, aufreiben
ožúljen aufgerieben, wund

P

pa aber, jedoch; und; wohl
pacáti schmieren, patzen; unsauber schreiben
paciènt Patient *m*
pácka Klecks *m*; (*Kind*) Schmierfink *m*
packánje Schmiererei *f*
packáti schmieren, klecksen
pàč doch; wohl; **~ pa** wohl aber
páčiti entstellen, verzerren; **~ se** Grimassen schneiden
pàd Fall *m*, Sturz *m*
padálec Fallschirmspringer *m*
padálo Fallschirm *m*
pádanje Fallen *n*
pádati fallen; stürzen; zurückgehen
padavína Niederschlag *m*
pádec Fall *m*, Sturz *m*, Absturz *m*; Gefälle *n*
pádem → pásti
páglavec Fratz *m*, Schlingel *m*; ZOOL Kaulquappe *f*
pahljáča Fächer *m*
pahljáti fächeln
pajčevína Spinnwebe *f*
pajčolán Schleier *m*
pajdáš *abw* Kumpan *m*
pájek Spinne *f*
pakét Paket *n*
pákt Pakt *m*
paláča Palast *m*
palačínka Pfannkuchen *m*; *österr* Palatschinke *f*
pálček Däumling *m*, Zwerg *m*; ZOOL Zaunkönig *m*
pálčnik Fäustling *m*
pálec Daumen *m*, *Fuß.* große Zehe *f*; (*Maß*) Zoll *m*
paléta Palette *f*
pálica Stab *m*, Stock *m*; **beráška ~** Bettelstab *m*
pálma Palme *f*
palúba Deck *n*
pámet F Verstand *m*, Vernunft *f*; **na ~** auswendig; **zdráva ~** gesunder Menschenverstand *m*
pámeten vernünftig, klug, gescheit; **pámetni telefón** Smartphone *n*
pandemíja Pandemie *f*
páničen panisch
pánika Panik *f*
pánj Baumstumpf *m*; Bienenstock *m*
pánoga Zweig *m*, Fach *n*; **industríjska ~** Industriezweig *m*
pápeški päpstlich
pápež Papst *m*
pápiga Papagei *m*
papír Papier *n*
papírnica Papierhandlung *f*; Papierfabrik *f*

páprika Paprika *m*
pár Paar *n*; **zakónski ~** Ehepaar *n*
pára Dampf *m*
paradížnik Tomate *f*
paragráf Paragraf *m*
paraléla Parallele *f*
paralélka Parallelklasse *f*
párati auftrennen
parcéla Parzelle *f*
parfúm Parfüm *n*
páriti brühen; paaren; **~ se** dampfen; sich paaren
párk Park *m*
párkelj Klaue *f*; Knecht Ruprecht, *österr* Krampus *m*
parkét Parkett *n*
parkírati (IM)PF parken
parkíren Park-; **parkírna híša** Parkhaus *n*; **parkírni lístek** Parkschein *m*
parkiríšče Parkplatz *m*
parlamènt Parlament *n*
parlamentáren parlamentarisch
párnik Dampfschiff *n*
pároma paarweise
partêr Erdgeschoss *n*, Parterre *n*
partíja Partie *f*
pártner Partner *m*
pás Gürtel *m*; Taille *f*; Streifen *m*, Zone *f*
pasáža Durchgang *m*, Passage *f*
pasíven passiv, untätig
pásji Hunds-, Hunde-
pásma Rasse *f*, Schlag *m*
pást F Falle *f*
pásta Paste *f*
pásti[1] **(pádem)** PF fallen
pásti[2] **(pásem)** weiden

pastír Hirte *m*; **dúšni ~** Seelsorger *m*; **káčji ~** ZOOL Libelle *f*
pástorek Stiefkind *n*, Stiefsohn *m*
pástorka Stieftochter *f*
pášnik Weide *f*, Weideplatz *m*
paštéta Pastete *f*; **jétrna ~** Leberpastete *f*
patènt Patent *n*
patétičen pathetisch, feierlich
patrón Patron *m*, Schutzherr *m*; Patrone *f*
patróna Patrone *f*; Patronin *f*
patrúlja Patrouille *f*, Streife *f*
páv Pfau *m*
paviljón Pavillon *m*
pávka Pauke *f*
pavlíha M Possenreißer *m*, Spaßvogel *m*
pávza Pause *f*
pázduha Achselhöhle *f*
pazíti achtgeben, aufpassen; **~ se** sich in Acht nehmen
pazljív aufmerksam
pazljívost F Aufmerksamkeit *f*
páznik Aufseher *m*
pêcelj Stiel *m*, Stängel *m*
pecívo Gebäck *n*
péč F Ofen *m*
pečát Siegel *n*, Stempel *m*; **urádni ~** Amtssiegel *n*
pečeníca Bratwurst *f*
pečénka Braten *m*
pêči braten, backen; brennen, schmerzen
pečíca Bratrohr *n*, Backofen *m*
pečkà Obstkern *m*
pedál Pedal *n*
pedántski pedantisch, kleinlich

péga Fleck *m*; **sónčna ~** Sommersprosse *f*
pégast fleckig; sommersprossig
pégavica Fleckfieber *n*, Flecktyphus *m*
peháti stoßen; **~ se** sich abrackern
pehôta Infanterie *f*
pék Bäcker *m*
pekáč Backform *f*; **DVD ~** *umg* DVD-Brenner *m*
pekárna Bäckerei *f*
pekèl Hölle *f*
peklénski höllisch
peklénšček Teufel *m*
pekóc brennend, glühend
pelerína Pelerine *f*, Umhang *m*
pêlin Wermut *m*
pelínkovec Wermutwein *m*
peljáti führen, leiten; **~ se** fahren; **~ se nazáj** zurückfahren
péna Schaum *m*; Gischt *m*, *f*
pénast schaumig, schäumend
penína Schaumwein *m*, Sekt *m*
péniti se schäumen
pêntlja Masche *f*, Schleife *f*
pénzija Pension *f*; Ruhestand *m*; Rente *f*
pepél Asche *f*
pepélnat aschfahl, aschgrau
pepelníca Aschermittwoch *m*
pepélnik Aschenbecher *m*
perèč dringend
pêrem → práti
perésnica Federbüchse *f*
perésnik Federhalter *m*
perfékten perfekt, vollendet
perílo Wäsche *f*
perióda Periode *f*
perjánica Federbusch *m*; SPORT Federball *m*
pérje Gefieder *n*; Laub *n*
pérnat gefiedert
pérnica Daunendecke *f*
peró Feder *f*
perón Bahnsteig *m*
perúnika Schwertlilie *f*
perút F Flügel *m*
perutnína Geflügel *n*
Pêrzijec Perser *m*
pêrzijski persisch
pès Hund *m*; **môrski ~** Hai (-fisch) *m*
pésa Runkelrübe *f*; **rdéča ~** Rote Rübe *f*
pések Sand *m*
pésem F Lied *n*, Gedicht *n*; **ljúdska ~** Volkslied *n*
pesmaríca Liederbuch *n*
pésnica Dichterin *f*
pésnik Dichter *m*
pésništvo Poesie *f*, Dichtung *f*
pesnítev F Dichtung *f*, Gedicht *n*
pésniti dichten
pést F Faust *f*
péster bunt
pestíti bedrängen, plagen
péstunja Kindermädchen *n*
péš zu Fuß; **~ pót** *f* Fußweg *m*; Wanderweg *m*
pešáčiti zu Fuß gehen
péšati schwach werden; zurückgehen, abnehmen
peščén sandig
peščénec Sandstein *m*
peščíca Handvoll *f*
peščína Strand *m*, Düne *f*
péšec Fußgänger *m*
pét fünf
pêta Ferse *f*; Schuhabsatz *m*

peták *(Münze)* Fünfer *m*
pétdeset fünfzig
pétdesetlétnica 50-jähriges Jubiläum *n*
pétek Freitag *m*; **véliki ~** Karfreitag *m*
petêlin Hahn *m*; *Gewehr*: Abzug *m*
peteršílj Petersilie *f*
péti singen; *Hahn*: krähen
petíca Fünf *f*
petína Fünftel *n*
pétje Gesang *m*
pétkrat fünfmal
pêtlja (Strick-)Masche *f*
pétnajst fünfzehn
petrolêj Petroleum *n*
petrolêjka Petroleumlampe *f*
pétsto fünfhundert
pévec Sänger *m*; **óperni ~** Opernsänger *m*
pévka Sängerin *f*
pfénig HIST Pfennig *m*
pianíst Pianist *m*
píca Pizza *f*
píčel knapp
piceríja Pizzeria *f*
píčiti PF beißen, stechen
piháìo Blasinstrument *n*
píhanje Blasen *n*
píhati blasen; wehen
píhniti PF blasen; **kákor bi píhnil** im Nu
pijáča Getränk *n*
pijàn betrunken
pijánec Trunkenbold *m*, Trinker *m*; Betrunkene(r) *m*
pijánost F Rausch *m*
pijávka Blutegel *m*
píjem → píti
pík Stich *m*, Biss *m*
píka Punkt *m*
pikapolónica Marienkäfer *m*
píkast gepunktet
píkati beißen, stechen; sticheln
píker beißend, bissig
píknik Picknick *n*
pikolôvski pedantisch
píkrost F Bissigkeit *f*
píla Feile *f*; **pílica za nóhte** Nagelfeile *f*
píliti feilen
pilót Pilot *m*
pincéta Pinzette *f*
PIN (kóda) PIN (persönliche Identifikationsnummer) *f* *(zum Geldabheben, fürs Handy usw)*
pionír Pionier *m*, Vorkämpfer *m*
pípa Pfeife *f*; TECH Hahn *m*
pípec Taschenmesser *n*
piramída Pyramide *f*
pirát Pirat *m*, Seeräuber *m*
pírh Osterei *n*
pisálen: **pisálni stròj** Schreibmaschine *f*; **pisálna míza** Schreibtisch *m*
pisálo Schreibgerät *n*
písan bunt
pisánje Schreiben *n*
písanka → pírh
pisárna Büro *n*
pisátelj Schriftsteller *m*
pisáteljica Schriftstellerin *f*
písati schreiben
pisáva Schrift *f*; **~ za slépe** Blindenschrift *f*
písec Schreiber *m*, Verfasser *m*
písemce Briefchen *n*
písemski brieflich; Brief-
písk Pfiff *m*

pískati pfeifen
písker *umg* Topf *m*
písmen schriftlich
písmo Brief *m*, Schreiben *n*; **priporočêno** ~ Einschreiben *n*; **Svéto** ~ Bibel *f*, Heilige Schrift *f*
pismonóša M Briefträger *m*
píš Windstoß *m*
piščál F Pfeife *f*, Flöte *f*; ANAT Schienbein *n*
piščálka MUS Pfeife *f*
piščánec Küken *n*; **pečêni** ~ Brathähnchen *n*
pišem → písati
piškav wurmstichig
piškót Keks *m*, *n*; Plätzchen *n*
pištóla Pistole *f*
pítati füttern, mästen
píten trinkbar, Trink-
píti trinken
pítje Trinken *n*
pívec Trinker *m*
pívnica Schank *m*
pívo Bier *n*
pivovárna Bierbrauerei *f*
pižáma Pyjama *m*
pláča Gehalt *n*, Lohn *m*; **najnížja** ~ Mindestlohn *m*
pláčati PF zahlen, bezahlen
plačevánje Zahlung *f*, Bezahlen *n*; ~ **v obrókih** Ratenzahlung *f*
plačeváti → pláčati
plačljív zahlbar
plačník Zahler *m*
pládenj Platte *f*, Tablett *n*
pláh scheu, schüchtern
pláhost F Scheu *f*, Schüchternheit *f*
pláhta Plane *f*
plahutáti flattern
plakát Plakat *n*
plámen Flamme *f*
plameníca Fackel *f*
plán Plan *m*
plán flach, eben
planét Planet *m*
planíka Edelweiß *n*
planína Alm *f*
planínec Bergsteiger *m*
planírati (IM)PF planen, entwerfen; planieren, einebnen
planíti PF aufspringen; ~ **na** (*A*) sich auf et. stürzen
planjáva Flachland *n*; Ebene *f*
planôta Hochebene *f*, Plateau *n*
plánšar Senner *m*
plánšarica Sennerin *f*
plantáža Plantage *f*, Pflanzung *f*
plapoláti flackern, lodern
plást F Schicht(e) *f*, Lage *f*
plástičen plastisch; aus Kunststoff
plástika Plastik *f*; Statue *f*
plášč Mantel *m*
plášen scheu, ängstlich
plašíti scheu machen, ängstigen
plašljív → plášen
plašljívec Angsthase *m*, Feigling *m*
plát F Seite *f*
plátina Platin *n*
platnén Leinen-
platníca Buchdeckel *m*
plátno Leinen *n*; Leinwand *f*
plaváč Schwimmer *m*
plaválen Schwimm-
plávanje Schwimmen *n*

plávati schwimmen
plavolás blond
plavoláska Blondine *f*
plavút F Flosse *f*
pláz Lawine *f*
plazíti se (sich) schleichen, kriechen
pláža (Bade-)Strand *m*; Schund *m*, Schundliteratur *f*
plečàt breitschultrig
pléča NPL Schultern *fpl*
plêhek schal, fade, leer
plême Rasse *f*, Stamm *m*
plemenít adelig; edel
plemenítost F Edelmut *m*
plémič Edelmann *m*, Ad(e)lige(r) *m*
plémiški adelig, aristokratisch
plémstvo Adel *m*, Aristokratie *f*
plén Beute *f*
pleníca Windel *f*
pleníti plündern, rauben
plés Ball *m*, Tanz *m*
plesálec Tänzer *m*
plesálka Tänzerin *f*
plésati tanzen
plésen F Schimmel(pilz) *m*
plesíšče Tanzboden *m*, Tanzfläche *f*
pléskanje Anstreichen *n*
pléskati anstreichen
plesnéti schimmeln
plesnív schimmlig
plesnôba BOT Schimmel *m*
plêsti flechten; stricken
pléša Glatze *f*
pléšast kahlköpfig
pletênje Flechten *n*; Strickarbeit *f*; Stricken *n*
pléti jäten
pletílka Stricknadel *f*
pletívo Strickgarn *n*, Strickmaterial *n*
plezálec Bergsteiger *m*, Alpinist *m*
plezálka Bergsteigerin *f*, Alpinistin *f*; Kletterpflanze *f*, Schlingpflanze *f*
plézati klettern
plíma Flut *f*
plimovánje Gezeiten *pl*
plín Gas *n*
plinovòd Gasleitung *f*
plínski Gas-
plítev seicht
pljúča NPL Lunge *f*
pljúčnica Lungenentzündung *f*
pljúniti PF (aus)spucken
pljúskati wogen, branden
pljúvati spucken, speien
pločevína Blech *n*
pločevínast Blech-
plóčnik Gehsteig *m*
plód Frucht *f*
plóden fruchtbar, ertragreich; produktiv
plodíti befruchten
plodovít → plóden
plôha Platzregen *m*
plómba Plombe *f*
plombírati (IM)PF plombieren
plòsk platt, flach
plôskanje Applaus *m*, Beifall *m*
plôskati klatschen, applaudieren
plôskev F Fläche *f*
plôšča Platte *f*, Tafel *f*
ploščád F Plattform *f*
ploščàt platt, flach

plôščica Fliese *f*; Kachel *f*
plôščina Flächeninhalt *m*
plót Zaun *m*
plôvba Schifffahrt *f*
plôvec Boje *f*; Bimsstein *m*
plôven schiffbar
plúg Pflug *m*
plúti *Schiff*: fahren, schwimmen
plutovína Kork *m*
plúžiti pflügen
pnevmátika AUTO Reifen *m*; **zímska ~** Winterreifen *m*
po *(A, I)* an*(D, A)*; auf*(D, A)*; nach *(D)*; durch *(A)*; mittels *(G)*; laut *(G)*; **~ čém** wie teuer
pobalin Lausbube *m*
pobalínstvo Lausbubenstreich *m*
pobárvati PF färben, anstreichen
pobèg Flucht *f*
pobégniti PF flüchten, entfliehen
pobelíti PF weißen, tünchen
pobésiti PF senken
pobíjati niederschlagen, bekämpfen
pobírati → pobráti
pobít niedergeschlagen
pobíti PF → pobíjati
pobledéti PF erblassen, erbleichen
pobóčje Abhang *m*, Böschung *f*
pobòj Totschlag *m*
pobóljšati PF (ver)bessern
pobóžati PF streicheln
pobóžen fromm, andächtig
pobóžnost F Frömmigkeit *f*
pobráti PF (ein)sammeln, auflesen; **~ se** sich davonmachen; aufstehen
pobrígati se PF *umg* sich kümmern
pobrísati abwischen; **~ jo** davonlaufen
pobúda Anregung *f*, Anstoß *m*
pocéni billig, preiswert
pocenítev F Verbilligung *f*
poceníti PF verbilligen
pocéstnica Prostituierte *f*
pocúkati PF zupfen
počákati PF (ab)warten
počásen langsam, träge
počási ADV langsam
počásnost F Langsamkeit *f*
počastítev F Ehrung *f*
počastíti PF ehren, auszeichnen
počečkáti PF bekritzeln, beschmieren
počéditi PF reinigen, säubern
počéniti PF sich niederhocken
počénjati beginnen; treiben, tun
počèp Hocke *f*
počesáti PF kämmen, frisieren
počéti PF → počénjati
počétje Treiben *n*, Tun *n*
počéz quer
počítek Rast *f*, Ruhe *f*
počíti PF rasten, sich ausruhen
póčiti PF bersten, platzen; knallen
počítnice FPL Ferien *pl*
počivalíšče Ruhestätte *f*; Rastplatz *m*
počívati rasten, ruhen
počutíti se sich fühlen
počútje Befinden *n*
pod *(A, I)* unter *(A, D)*

pòd Fußboden *m*
podájati (zu)reichen
podáljšanje Verlängerung *f*
podáljšati PF verlängern
podáljšek Verlängerung *f*, Fortsatz *m*
podaríti PF schenken, stiften, spenden
podátek Angabe *f*; **podátki** *pl* Daten *pl*; **osébni podátki** Personalien *pf*
podáti se PF passen, zu Gesicht stehen; sich begeben
podbòj Türstock *m*
podbrádek Doppelkinn *n*
podcenjeváti unterschätzen
pòdčástnik Unteroffizier *m*
podčŕtati PF unterstreichen
podedováti PF erben
pôdel gemein, niedrig
podelíti PF verleihen; erteilen
podežêlje Provinz *f*
podgána Ratte *f*
podhòd Unterführung *f*
podírati niederreißen; abtragen; **~ se** einstürzen; verfallen
podíti treiben, jagen
podivjáti PF wild werden
podjármiti PF unterjochen, unterwerfen
podjéten unternehmungslustig
podjétje Unternehmen *n*
podjétnik Unternehmer *m*
pôdkev F Hufeisen *n*
podkopávati untergraben
podkován ADJ beschlagen (*a. fig*)
podkováti PF beschlagen
podkrepíti PF verstärken; begründen, erhärten
podkupíti PF bestechen
podkupljív bestechlich, käuflich
podkupnína Bestechungsgeld *n*
podlága Grundlage *f*; Unterlage *f*
podlágati unterlegen; *Kleid* füttern
podláket M, F Unterarm *m*
podlásica Wiesel *n*
podléči PF unterliegen, erliegen
pôdlež Schurke *m*, Schuft *m*
podlístek Feuilleton *n*
podlóga Unterlage *f*; (*Stoff*) Futter *n*
podlóžen untertan
podložíti PF → podlágati
podlóžnik Untertan *m*
podména Annahme *f*, Hypothese *f*
podmórnica Unterseeboot *n*
pòdnajèm Untermiete *f*
pòdnajémnik Untermieter *m*
pòdnaslòv Untertitel *m*
podnébje Klima *n*
podnévi bei Tage
podóba Bild *n*, Bildnis *n*, Abbildung *f*
podóben ähnlich
podóbnost F Ähnlichkeit *f*
podôknica Ständchen *n*
podolgovàt länglich
pòdpíčje Strichpunkt *m*, Semikolon *n*
podpihováti schüren, aufwiegeln, aufhetzen
podpíranje Unterstützung *f*
podpírati unterstützen; fördern

podpís Unterschrift *f*
podpísati PF unterschreiben, unterzeichnen
podplàt Sohle *f*
pòdpolkóvnik Oberstleutnant *m*
podpóra Stütze *f*; Unterstützung *f*; Beihilfe *f*
pòdporóčnik Leutnant *m*
pòdpredsédnik Vizepräsident *m*
podpréti PF → podpírati
podrást F Unterholz *n*
podražítev F Verteuerung *f*
podražíti PF verteuern; **~ se** teurer werden
podredíti PF unterordnen; **~ se** sich unterwerfen
podrédje Satzgefüge *n*
podrejèn untergeordnet; **bíti kómu ~** j-m unterstehen
podréti PF niederreißen; fällen
podróben genau, eingehend
podróbnost F Einzelheit *f*, Detail *n*
podróčje Bereich *m*, Region *f*, Gebiet *n*
podrtína Ruine *f*
podrúžnica Filiale *f*, Zweigstelle *f*
podržáviti verstaatlichen
podržávljenje Verstaatlichung *f*
podstávek Untersatz *m*, Sockel *m*
podstáviti PF untersetzen
podstréšje Dachboden *m*
podstréšnica Mansarde *f*, Dachzimmer *n*
podtakníti PF unterschieben
podtálen unterirdisch, Grund-, Untergrund-
podtíkati → podtakníti
podúhati PF riechen, schnuppern
podvézati PF unterbinden
podvojèn verdoppelt
podvojítev F Verdopp(e)lung *f*
podvojíti PF verdoppeln
podvómiti PF bezweifeln
podvòz Unterführung *f*
podvréči PF unterwerfen
pòdzavést F Unterbewusstsein *n*
pòdzavésten unterbewusst
podzêmeljski unterirdisch
podzémlje Unterwelt *f*, Untergrund *m*
podzémski unterirdisch; Untergrund-
podzídati PF untermauern
podžígati *fig* anfeuern
poenostáviti PF vereinfachen
poenôtiti PF vereinheitlichen
poezíja Poesie *f*, Dichtung *f*
pogáča Kuchen *m*
pogáčica Kniescheibe *f*
pogájanje Verhandlung *f*
pogájati se verhandeln
pogán Heide *m*
pogánjati antreiben, treiben; sprießen, keimen; **~ se za** (*A*) sich um et. bemühen
pogánjek Spross *m*, Trieb *m*
pogánstvo Heidentum *n*
pogasíti PF löschen
pogáziti PF niedertreten
pogíniti PF umkommen, verenden; *umg* verrecken
pogláditi PF glätten; streichen
poglavár Oberhaupt *n*, Häupt-

ling *m*
poglavíten hauptsächlich, Haupt-
poglávje Kapitel *n*
poglèd Blick *m*; Anblick *m*
poglédati PF ansehen
poglobítev F Vertiefung *f*
poglobíti PF vertiefen
pognáti PF in Gang bringen, ankurbeln; verprassen; BOT sprießen
pognojíti PF düngen
pogódba Vertrag *m*
pogódben vertragsmäßig
pogodíti se PF sich einigen, übereinkommen
pogòj Bedingung *f*; **pod tém pogójem** unter dieser Bedingung
pogójen bedingt
pogôltniti PF verschlingen
pogòn Antrieb *m*; Treibjagd *f*; Verfolgung *f*; **~ na sprédnja kolésa** Vorderradantrieb *m*
pogoréti PF abbrennen
pogórje Gebirge *n*
pogóst häufig; **pogósto** häufig, oft
pogostítev F Bewirtung *f*
pogostíti PF bewirten
pogóstost F Häufigkeit *f*
pogovárjati beschwichtigen; **~ se** sich unterhalten, sich bereden, sich besprechen
pogôvor Gespräch *n*, Unterredung *f*
pogovoríti se PF → pogovárjati se
pogozdítev F Aufforstung *f*
pograbíti PF zusammenrechen; zusammenraffen; ergreifen
pógrad Stockbett *n*, Etagenbett *n*; Pritsche *f*
pogrèb Begräbnis *n*, Beerdigung *f*
pogréšan verschollen
pogréšati vermissen; entbehren
pogrešljív entbehrlich
pogréti PF, **pogrévati** aufwärmen
pogrézati, **pogrézniti** PF versenken; **~ se** versinken
pogrínjati decken
pogrínjek Gedeck *n*
pogrníti PF → pogrínjati
pogúba Verderben *n*, Untergang *m*
pogúben verderblich
pogubíti PF zugrunde richten, verderben
pogúm Mut *m*
pogúmen mutig
pohábiti PF verstümmeln
pohábljen verstümmelt
pohábljenec *neg!* Krüppel *m*
pohájati zu Ende gehen
pohajkováti bummeln
pohíštvo Möbel *pl*
pohitéti PF sich beeilen, sich tummeln
pohlèp Gier *f*
pohlépen gierig
pohléven sanft, folgsam
pohlévnost F Sanftmut *f*, Folgsamkeit *f*
pohòd Marsch *m*
pohodíti PF niedertreten, zertreten
pohôta Begierde *f*, Wollust *f*
pohôten lüstern, wollüstig

pohôtnež Lüstling *m*; *umg* Lustmolch *m*
pohújšati PF, **pohujševáti** *moralisch*: verderben
pohujšljív anstößig
pohvála Lob *n*
pohvalíti PF loben
poimenováti PF benennen
poiskáti PF (auf)suchen
poíti PF (*nicht mehr vorhanden sein*) ausgehen
poizvédba Erkundigung *f*
poizvédeti PF, **poizvedováti** ausforschen, sich erkundigen
pojasníló Erläuterung *f*
pojasnítev F Klarstellung *f*
pojásniti PF erläutern
pojàv Erscheinung *f*, Phänomen *n*
pojáviti se PF erscheinen, zum Vorschein kommen
pojédina Festmahl *n*
pôjem → péti
pójem Begriff *m*; **nímam pójma** ich habe keine Ahnung
pojémati abnehmen, nachlassen
pojésti PF aufessen, verzehren
pojíti tränken
pojmovánje Auffassung *f*
pojútrišnjem übermorgen
pòk Knall *m*
pokápati PF beträufeln
pokárati PF rügen, zurechtweisen
pokašljeváti hüsteln
pókati bersten; knallen
pokázati PF zeigen, vorzeigen, vorweisen
pokímati PF nicken
poklánjati spenden, widmen
pokláti PF niedermetzeln
poklékniti PF niederknien
poklíc Beruf *m*
poklícati PF rufen; anrufen
poklícen beruflich
pokljáti prasseln, knistern
poklòn Verbeugung *f*; Kompliment *n*
pokloníti PF spenden, widmen; **~ se** sich verbeugen
poklópec Klappe *f*, Deckel *m*
pôkoj Ruhe *f*; Ruhestand *m*
pokójen ruhig, friedlich; verstorben
pokójnica Verstorbene *f*
pokójnik Verstorbene(r) *m*
pokojnína (*Geld*) Pension *f*
pokòl Gemetzel *n*, Massaker *n*
pokolênje Generation *f*
pokóljem → pokláti
pokônci ADV aufrecht
pokončáti PF vernichten, ausrotten
pokônčen aufrecht
pokòp Begräbnis *n*, Beerdigung *f*
pokopalíšče Friedhof *m*
pokopáti PF begraben
pokóra Buße *f*
pokorávati se sich fügen, sich unterordnen
pokóren gehorsam, fügsam
pokoríti PF bändigen, unterwerfen; **~ se** sich fügen; büßen
pokrájina Landschaft *f*
pokrajínski landschaftlich
pokramljáti plaudern
pokrásti PF (alles) stehlen
pokristjániti PF christianisieren

pokríti PF, **pokrívati** zudecken, bedecken
pokrížati se PF sich bekreuzigen
pokròv Deckel *m*, Klappe *f*
pokrovíteljstvo Schirmherrschaft *f*
pokrôvka Topfdeckel *m*
pokupíti PF aufkaufen
pokuríti PF verheizen
pokúsiti PF, **pokúšati** GASTR kosten
pokúšnja Kostprobe *f*
pokváriti PF beschädigen; **~ se** verderben
pokvárjen verdorben
pokvárjenost F Verdorbenheit *f*
pól[1] Pol *m*
pôl[2] halb
pôl: **(úra) je ~ ôsmih** es ist halb acht
pôla (Papier-)Bogen *m*
polágati legen
polágoma ADV allmählich, langsam
polastíti se PF sich bemächtigen
pôlbràt Halbbruder *m*
pôldan Mittag *m*
pôldne → póldan
póldnéven halbtägig
poldrúgi anderthalb
poléči se PF sich legen, nachlassen
poledenéti PF eisig werden, vereisen
polédica Glatteis *n*
póleg PRÄP (*G*) neben(*D*, *A*); an(*D*, *A*); ADV daneben, dabei; **~ téga** außerdem
polégati kränkeln, bettlägerig sein
polémika Polemik *f*
poleníti se PF faul werden, träge werden
poléno (Holz-)Scheit *n*
polénovka Kabeljau *m*, Stockfisch *m*
polénta Polenta *f*
polépšati PF verschönern
polèt Flug *m*
poléten sommerlich, Sommer-
poléti im Sommer
polétje Sommer *m*
polglásnik Halbvokal *m*
pôlh Siebenschläfer *m*
políca Regal *n*, Bord *n*
policíja Polizei *f*
policíst Polizist *m*
polírati (IM)PF polieren, glätten
políti PF verschütten, anschütten
polítičen politisch
polítik Politiker *m*
polítika Politik *f*
polízati PF ablecken
Polják Pole *m*
Poljákinja Polin *f*
poljána Flachland *n*
pólje Feld *n*
poljedélec Landwirt *m*
poljedélstvo Landwirtschaft *f*, Ackerbau *m*
Póljska Polen *n*
poljúb Kuss *m*
poljúben beliebig
poljubíti PF, **poljúbljati** küssen
poljúden volkstümlich, populär
poljúdnost F Volkstümlich-

keit *f*
pólk Regiment *n*
polkôvnik Oberst *m*
pôlkróg Halbkreis *m*
pôlkróžen halbkreisförmig
pôlléten halbjährig
pollétje Halbjahr *n*, Semester *n*
pôlmésec Halbmond *m*
pôlmrák Halbdunkel *n*
pôln voll, gefüllt; **zvŕhano ~** gestrichen voll
polníti füllen; laden
pôlnoč F Mitternacht *f*
pôlnočnica Christmette *f*
polnokŕven vollblütig
polnoléten volljährig
polnolétnost F Volljährigkeit *f*
polnoštevílen vollzählig
pôlóbla Halbkugel *f*
polòm Zusammenbruch *m*, Ruin *m*; Krach *m*
polomíja Misserfolg *m*, Fiasko *n*
pólotok Halbinsel *f*
polovíca Hälfte *f*
polovíti PF einfangen
položáj Lage *f*, Stellung *f*; Situation *f*
polóžen sanft abfallend
položíti PF legen; **~ nazáj** zurücklegen
polóžnica Zahlkarte *f*; *österr* Erlagschein *m*
pôlsêstra Halbschwester *f*
pôlspánje Halbschlaf *m*
pôlt F Haut(farbe) *f*; **kúrja ~** Gänsehaut *f*
pôlúren halbstündig
polzéti gleiten, rutschen
pôlž Schnecke *f*
pomagálo Behelf *m*, Hilfsmittel *n*
pomágati (IM)PF helfen
pomáhati PF winken
pomákati tunken, eintauchen
pomakníti PF rücken
pománjkanje Mangel *m*, Entbehrung *f*
pomanjkljív mangelhaft
pomanjkljívost F Mangel *m*, Mangelhaftigkeit *f*
pománjšati PF, **pomanjševáti** verkleinern
pomaránča Apfelsine *f*, Orange *f*
pomázati PF beschmieren
pomečkáti PF zerdrücken, zerknittern
pomehkúžiti PF verweichlichen
pomémben bedeutend, wichtig
pomèn Bedeutung *f*, Sinn *m*; **brez poména** bedeutungslos
pomendráti PF zertreten
pomének Geplauder *n*
pomeníti bedeuten
pomenljív bedeutsam
pomériti PF anmessen, anpassen, Maß nehmen; zielen
pomêsti PF ausfegen, auskehren
pomešáti PF vermengen, vermischen
pométati kehren, fegen
pomežíkniti PF zwinkern
pomilostítev F Begnadigung *f*
pomilostíti PF begnadigen
pomilovánje Mitleid *n*, Be-

dauern *n*; **pomilovánja vréden** bedauernswert
pomilováti bemitleiden, bedauern
pomirjeválo Beruhigungsmittel *n*
pomiríti PF beruhigen, besänftigen, beschwichtigen; **~ se** sich beruhigen
pomirjajóč beruhigend, beschwichtigend
pomíslek Bedenken *n*, Skrupel *m*
pomísliti PF bedenken, nachdenken
pomišljáj Gedankenstrich *m*
pomíti PF, **pomívati** abwaschen
pomlád F Frühling *m*
pomladánski Frühlings-
pomladítev F Verjüngung *f*
pomladíti PF verjüngen
pómniti gedenken, sich erinnern
pomnožítev F Vermehrung *f*
pomnožíti PF vermehren; multiplizieren
pomóč F Hilfe *f*, Beistand *m*; **brez pomočí** hilflos
pomočíti PF benetzen; eintunken
pomočníca Helferin *f*; Gehilfin *f*
pomočník Helfer *m*; Gehilfe *m*
pomòl Erker *m*; Mole *f*
pomolíti PF beten; ausstrecken; **~ vèn** hinausstrecken
pomoríti PF niedermetzeln
pomorščák Seefahrer *m*
pomóta Irrtum *m*, Fehler *m*; **po pomóti** versehentlich, irrtümlich
pomóžen Hilfs-
pomréti PF (aus)sterben
pomudíti se PF verweilen
ponagájati PF necken
ponarédek Fälschung *f*
ponarediti PF, **ponaréjati** fälschen, nachmachen
ponarejèn falsch, unecht
ponarodéti PF volkstümlich werden
ponášati se sich brüsten, prahlen
ponatís Nachdruck *m*
ponatísniti PF nachdrucken
ponávljanje Wiederholung *f*, Repetition *f*
ponávljati wiederholen, repetieren
ponazoríti PF veranschaulichen
ponedéljek Montag *m*; **véliki ~** Ostermontag *m*
ponéhati PF aufhören, nachlassen; sich legen
ponekód hie und da
ponesréčenec Verunglückte(r) *m*
ponesréčenka Verunglückte *f*
ponesréčiti se PF verunglücken; missglücken
pônev F Pfanne *f*
poneverba Veruntreuung *f*, Unterschlagung *f*
poneveriti PF veruntreuen, unterschlagen
poníkniti PF versickern
polnílec (za baterije) *umg* Ladegerät *n*
polnílnik Ladegerät *n*
ponížanje Erniedrigung *f*, De-

mütigung *f*
ponížati PF erniedrigen, demütigen; ~ **se** sich erniedrigen
ponížen demütig
poniževálen erniedrigend, demütigend
ponížnost F Demut *f*
ponjáva Plane *f*
ponôči nachts, in der Nacht
ponočnják Nachtschwärmer *m*
ponòs Stolz *m*
ponôsen stolz
ponosíti PF abtragen
ponôven neuerlich, nochmalig; **ponôvno** *adv* wiederholt
ponovitev F Wiederholung *f*
ponovíti PF wiederholen
ponúdba Angebot *n*; **last-minute** ~ Last-Minute-Angebot *n*
ponudíti PF anbieten
ponúdnik IT Provider *m*
pônva → pônev
poobédek Nachtisch *m*, Dessert *n*
pooblačíti se PF sich bewölken
pooblastílo Vollmacht *f*
pooblastítelj Vollmachtgeber *m*
pooblastíti PF bevollmächtigen
pooblaščênec Bevollmächtigte(r) *m*
poosébljen personifiziert
poostríti PF verschärfen
popackáti PF bekleckern
popádki MPL Geburtswehen *pl*
popáriti PF abbrühen
popárjen *fig* niedergeschlagen, bedrückt
popásti PF packen, beißen
pópek Nabel *m*; Knospe *f*
popeljáti PF hinführen; ~ **se** hinfahren
pôper Pfeffer *m*
popévka Schlager *m*
popévkar Schlagersänger *m*
popíhati PF: ~ **jo** Reißaus nehmen
popísati PF vollschreiben; inventarisieren; ~ **zalógo** den Lagerbestand aufnehmen
popíti PF austrinken
popívati zechen
popkovína Nabelschnur *f*
popláčati PF belohnen, entgelten, abzahlen
popláva Überschwemmung *f*
popláviti PF, **poplávljati** überschwemmen
popókati PF bersten; Risse bekommen
popôldan Nachmittag *m*
popoldánski Nachmittags-
popôldne nachmittags
popôln vollkommen
popôlnoma vollständig, gänzlich
popôlnost F Vollkommenheit *f*
popóten Reise-
popótnica Reisende *f*
popótnik Reisende(r) *m*
popótovanje (Rund-)Reise *f*
pôprati pfeffern
popráva Verbesserung *f*, Korrektur *f*
popravílo Reparatur *f*
popráviti PF verbessern, ausbessern; reparieren; ~ **škódo** den Schaden beheben; ~ **se**

zu Kräften kommen
popravljálnica Reparaturwerkstätte *f*
popravljív reparabel
popréčen quer, schräg; durchschnittlich; → *a.* **povpréčen**
popréj vorher, früher
poprijéti PF: ~ **za délo** zupacken
populíti PF ausrupfen
popúst HANDEL Nachlass *m*; Ermäßigung *f*
popustíti PF nachlassen, nachgeben; lockern
popustljív nachgiebig
popúščati → popustíti
pór Lauch *m*, Porree *m*
póra Pore *f*
porába Verbrauch *m*; Konsum *m*
porabíti PF, **porábljati** verbrauchen, konsumieren
porábnik Verbraucher *m*, Konsument *m*
porájati se entstehen
porásel behaart; bewachsen
poravnáti PF ebnen; schlichten, beilegen; ~ **se** JUR sich vergleichen
poravnáva JUR Vergleich *m*; Ausgleich *m*
poràz Niederlage *f*
porazdelíti PF verteilen
porázen vernichtend
porazgubíti se PF sich zerstreuen, sich verlieren
poráziti PF besiegen
porcelán Porzellan *n*
porébrnica Rippenfell *n*
poréčje Flussgebiet *n*
poréden unfolgsam; schelmisch, neckisch
porédkoma ADV selten
porédnež Schelm *m*
porêklo Abstammung *f*
porézati PF abschneiden
poríniti PF stoßen, schieben
poróčanje Berichterstattung *f*
poróčati berichten, melden
poročèn verheiratet
poróčen Trau-, Vermählungs-
poročeválec Berichterstatter *m*
poročílo Bericht *m*
poročíti PF trauen; ~ **se** heiraten
poròd Geburt *f*, Entbindung *f*
porodíti PF gebären
poródnica Wöchnerin *f*
porodníčar Geburtshelfer *m*
porogljív höhnisch
pôrok Bürge *m*; ~ **bíti** bürgen
poróka Heirat *f*, Hochzeit *f*, Trauung *f*
poróštvo Bürgschaft *f*
poróta Schwurgericht *n*
porótnik Geschworene(r) *m*
portrét Porträt *n*, Bildnis *n*
porumenéti PF gelb werden, vergilben
Porúrje Ruhrgebiet *n*
porúšiti PF abreißen; ~ **se** zusammenstürzen
posadíti PF setzen, pflanzen
posádka Besatzung *f*, Mannschaft *f*
posámezen einzeln, vereinzelt
posámeznik Einzelne(r) *m*
Posávje Savegebiet *n*
posébej gesondert; eigens

posében eigentümlich, eigen; Sonder-
posébnež Sonderling *m*
posébno besonders, insbesondere
posébnost F Eigenheit *f*, Besonderheit *f*
poséči PF greifen nach; zugreifen; eingreifen
posédati müßig herumsitzen
posèg Eingriff *m*
poségati → poséči
posékati PF fällen, abholzen
pôsel Arbeit *f*, Geschäft *n*, Besorgung *f*
posést F Besitz *m*
poséstnica Besitzerin *f*
poséstnik Besitzer *m*
poséstvo Besitz *m*, Hof *m*
posévek Saat *f*
posijáti PF *Sonne*: zum Vorschein kommen
posíliti PF vergewaltigen; ~ **kóga s** (*I*) j-m et. aufdrängen
posíljen gezwungen; affektiert
posílstvo Vergewaltigung *f*
posinôviti PF *Sohn* adoptieren
posípati bestreuen; schottern
posivéti PF ergrauen
poskakováti hüpfen
poskočíti PF aufspringen; *Anzahl*: steigen
poskòk Sprung *m*
poskrbéti PF Sorge tragen
poskríti PF verstecken
poskús Versuch *m*, Probe *f*
poskúsiti PF, **poskúšati** versuchen, probieren
poskúšnja Probe *f*
poslábšanje Verschlechterung *f*
poslábšati PF verschlechtern
posládek Leckerbissen *m*; Nachtisch *m*
posladkáti PF süß machen; ~ **se** naschen
poslánec Abgeordnete(r) *m*
poslánica Sendbrief *m*
poslánik Gesandte(r) *m*
posláništvo Gesandtschaft *f*
poslanka Abgeordnete *f*
poslánstvo Sendung *f*, Auftrag *m*, Mission *f*
poslástica Leckerbissen *m*
posláti PF (zu)senden, (zu)schicken
poslávljati se sich verabschieden
poslédica Folge *f*, Konsequenz *f*
poslédnji letzte(r)
poslédnjič zum letzten Mal
posléj fortan, künftig
poslíkati PF bemalen
poslópje Gebäude *n*
posloválnica Geschäftsstelle *f*
poslovánje Geschäftsgang *m*
poslováti amtieren, tätig sein
poslôven geschäftlich
poslovíti se PF sich verabschieden
poslôvnik Geschäftsordnung *f*
poslovódja M Geschäftsführer *m*
poslúh Gehör *n*
poslušálec Zuhörer *m*
poslušálka Zuhörerin *f*
poslušálstvo Zuhörerschaft *f*
poslúšati zuhören; hören auf
poslúšen folgsam
poslužíti se PF, **posluževáti se** sich bedienen

posmèh Spott *m*, Gespött *n*
posmehljív spöttisch
posmehovánje Spott *m*
posmehováti se spotten
posnémanje Nachahmung *f*
posnémati nachahmen; *Milch* entrahmen
posnemoválec Nachahmer *m*
posnétek FOTO Aufnahme *f*; Zusammenfassung *f*
posnéti PF nachbilden; e-e Aufnahme machen; zusammenfassen; *Ton* aufzeichnen
posóda Gefäß *n*, Behälter *m*; Geschirr *n*
posodíti PF, **posójati** leihen, borgen
posojílo Darlehen *n*, Anleihe *f*
pospéšek Beschleunigung *f*
pospeševánje Beschleunigung *f*; Förderung *f*
pospeševáti beschleunigen; fördern
posploševáti, posplôšiti PF verallgemeinern
pospráviti PF, **posprávljati** *Zimmer* aufräumen; *Tisch* abdecken, abräumen; *Ernte* einbringen
posrebríti PF versilbern
posréčen gelungen
posréčiti se PF gelingen, glücken
posréden mittelbar, indirekt
posredoválec Vermittler *m*
posredovánje Vermittlung *f*
posredováti (IM)PF vermitteln
pòst Fastenzeit *f*
postája Station *f*; **kônčna ~** Endstation *f*; **vreménska ~** Wetterwarte *f*; **železníška ~** Bahnhof *m*; **e-polnílna ~** E-Ladestation *f*
postajalíšče Haltestelle *f*
postájati stehen bleiben, haltmachen; müßig dastehen; werden
postán abgestanden
postánek kurzer Aufenthalt *m*
postárati se PF altern
postáti PF werden, entstehen
postáti PF stehen bleiben
postáva Gestalt *f*, Figur *f*, Körperbau *m*; JUR Gesetz *n*
postáven stattlich; gesetzlich, gesetzmäßig
postavítev F Aufstellung *f*
postáviti PF (auf)stellen, hinstellen; errichten
postávka HANDEL Posten *m*
postávljati → postáviti; **~ se** sich brüsten
postávnost F Stattlichkeit *f*; Gesetzlichkeit *f*, Legalität *f*
póstelja Bett *n*
posteljnína Bettzeug *n*
postíljati das Bett machen
postíti se fasten
postláti PF → postíljati
postojánka MIL Posten *m*
postojím → postáti
postopáč Müßiggänger *m*, Tagedieb *m*
postópek Verfahren *n*, Prozess *m*
postópoma nach und nach, stufenweise, allmählich
postráni ADV schief, von der Seite
postránski nebensächlich
postréči PF bedienen, aufwarten

postreliti PF niederschießen; verschießen
postréžba Bedienung *f*; Service *n*
postrežljív dienstbereit
postréžnica *österr* Bedienerin *f*, Bedienung *f*, Zugehfrau *f*
postríči PF *Haare* schneiden; abscheren
postŕv F Forelle *f*; **potóčna ~** Bachforelle *f*
posušíti PF trocknen
posúti PF bestreuen; schottern
posvaríti PF warnen
posvečênje Weihe *f*; **mášniško ~** Priesterweihe *f*
posvèt Beratung *f*, Konferenz *f*; Konsultation *f*
posvéten weltlich, profan
posvetílo Widmung *f*
posvetíti PF weihen; widmen
posvétiti PF aufleuchten
posvetoválen beratend, Beratungs-
posvetoválnica Beratungsstelle *f*
posvetovánje Beratung *f*
posvetováti se sich beraten
posvojíti PF adoptieren
pošalíti se PF e-n Scherz machen
pošást F Ungeheuer *n*, Gespenst *n*
pošásten gespenstisch
pošéven schief, schräg
pošíljanje Versand *m*
pošiljátelj Absender *m*
pošíljati senden, schicken
pošíljka Sendung *f*, Zusendung *f*, Lieferung *f*; **eksprésna ~** Eilsendung *f*
poškódba Beschädigung *f*; Verletzung *f*
poškodován beschädigt; verletzt
poškodováti PF beschädigen; verletzen
poškropíti PF besprengen
pôšljem → posláti
póšta Post *f*, Postamt *n*
póšten Post-
poštèn ehrlich, redlich, rechtschaffen
poštênost F Ehrlichkeit *f*, Redlichkeit *f*
poštèv: **v ~ príti** in Betracht kommen
poštévanka Einmaleins *n*
poštnína Porto *n*; **brez poštníne** portofrei
pót[1] F Weg *m*, Reise *f*; **med ~jo** unterwegs
pót[2] Schweiß *m*
potapljáč Taucher *m*
potápljati se tauchen; SCHIFF: untergehen, sinken
potêči PF ablaufen, verlaufen
potegávščina Streich *m*
potegníti PF ziehen; reißen; **~ s** (*I*) j-s Partei ergreifen
potegováti → potegníti; **~ se za** (*A*) sich um et. bewerben
potèk Ablauf *m*, Verlauf *m*
potékati → potêči
potém dann, danach; **~ ko** nachdem
potemnéti PF dunkel werden
potemníti PF verdunkeln
potemtákem somit
pôten verschwitzt
póten Reise-; **pótni líst** Reisepass *m*

poténca Potenz *f*
potépati se sich herumtreiben
poteptáti PF zertreten
potepúh Landstreicher *m*, Vagabund *m*
potéza Zug *m*, Strich *m*, Linie *f*; **~ pisáve** Schriftzug *m*
potíca Kuchen *m*, Potitze *f*
potíhniti PF verstummen; sich legen
potíhoma ADV heimlich, verstohlen
potíkati se sich herumtreiben
potípati PF betasten
potískati, **potísniti** PF schieben, drücken
potíti se schwitzen
potláčiti PF niederdrücken; hineinstopfen; *Gefühle* unterdrücken
pôtlej dann, danach
pótnica Reisende *f*
pótnik Reisende(r) *m*
potočíti PF ausschenken; *Tränen* vergießen
pôtok Bach *m*
potolažíti PF trösten
potôlči PF niederschlagen, zerschlagen
potómec Nachkomme *m*
potómstvo Nachkommenschaft *f*
potoníti PF versinken
potòp Versenken *n*; **vesóljni ~** Sintflut *f*
potopìs Reisebeschreibung *f*
potopíti PF versenken; **~ se** versinken, untertauchen
potoválka Reisetasche *f*
potovánje Reise *f*
potováti reisen
potožíti PF klagen
potráta Verschwendung *f*
potráten kostspielig, verschwenderisch
potrátiti PF verschwenden, verprassen
potrátnež Verschwender *m*
potrdílen bekräftigend, bestätigend
potrdílo Bestätigung *f*
potrdítev F Bekräftigung *f*
potrdíti PF bestätigen
potréba Bedarf *m*; Notwendigkeit *f*, Bedürfnis *n*; **po potrébi** bei Bedarf
potrében nötig, notwendig; bedürftig
potrebováti benötigen, brauchen
potrébščina Bedarf(sgegenstand) *m*
potrès Erdbeben *n*
potrésati, **potrésti** PF streuen, bestreuen; schütteln
potŕgati PF abpflücken, abreißen
potŕkati PF anklopfen
potrojíti PF verdreifachen
potrosíti PF bestreuen; ausstreuen, verstreuen
potrošíti PF verbrauchen
potróšnik Verbraucher *m*, Konsument *m*
potróšnja Verbrauch *m*, Konsum *m*
potrpéti PF sich gedulden
potrpežljív geduldig
potrpljênje Geduld *f*
potŕt niedergedrückt, niedergeschlagen, betrübt
potŕtost F Niedergeschlagen-

heit *f*
potrudíti se PF sich bemühen
potúhniti se PF sich ducken; sich verstellen
potúhnjen hinterhältig, duckmäuserisch
potúhnjenec Duckmäuser *m*, Leisetreter *m*
potúhnjenost F Tücke *f*
poúčen lehrreich
poučèn informiert
poučevánje Unterrichten *n*
poučeváti unterrichten, lehren
poučíti PF belehren
poudárek Betonung *f*, Akzent *m*; Nachdruck *m*
poudáriti PF betonen, hervorheben, unterstreichen
poúk Unterricht *m*
použíti PF verzehren
povabílo Einladung *f*
povabíti PF einladen
povéčati PF vergrößern
povečáva Vergrößerung *f*
povečíni mehrheitlich
povédati PF mitteilen, sagen
povédek GRAM Satzaussage *f*, Prädikat *n*
povelíčati PF, **poveličeváti** rühmen, preisen
povêlje Befehl *m*, Kommando *n*
poveljeváti befehlen
povêljnik Befehlshaber *m*, Kommandant *m*
poverílnica Beglaubigungsschreiben *n*
povériti PF *Aufgaben* anvertrauen
povésiti PF sinken lassen, hängen lassen; ~ **poglèd** den Blick senken
povést F Erzählung *f*
povéšati → povésiti
povézanost F Verbundenheit *f*
povezáva IT Link *m*
povézati PF zusammenbinden
povezáva Verbindung *f*
povezováti → povézati
povíjati einwickeln, umwickeln
povíšanje Erhöhung *f*; *Beruf*: Beförderung *f*
povíšati PF erhöhen; befördern
povíti PF → povíjati
povléči PF ziehen
povòd Anlass *m*
povódenj F Überschwemmung *f*
povóhati PF beschnuppern
povòj (Mull-)Binde *f*; **mávčni ~** Gipsverband *m*; **bíti v povôjih** in den Kinderschuhen stecken
povozíti PF überfahren
povprášati PF anfragen, nachfragen
povpraševánje Nachfrage *f*
povpraševáti → povprášati
povpréčen durchschnittlich, mittelmäßig
povpréčje Durchschnitt *m*
povpréčno ADV durchschnittlich
povprék quer
povrátek Rückkehr *f*
povrátnik ASTRON Wendekreis *m*; Wiederholungstäter *m*
povŕh obendrein
povrníti PF rückerstatten; ver-

gelten
povŕšen oberflächlich; ungenau, flüchtig
površína Oberfläche *f*
povŕšnost F Oberflächlichkeit *f*
povrtnína Gartengemüse *n*
povsèm durchaus
povsód überall
povzdígati → povzdígniti
povzdígniti PF heben, erheben
povzdigovánje REL Wandlung *f*
povzétek Zusammenfassung *f*
povzéti PF zusammenfassen
povzétje (*Post*) Nachnahme *f*; **po povzétju** per Nachnahme
povzpéti se PF sich emporschwingen; ersteigen
povzročítelj Urheber *m*; MED Erreger *m*
povzročíti PF verursachen, erregen
póza Pose *f*, Haltung *f*
pozába Vergessenheit *f*
pozabíti PF vergessen
pozabljív vergesslich
pozabljívost F Vergesslichkeit *f*
pozdràv Gruß *m*, Begrüßung *f*
pozdráviti PF begrüßen; gesund machen, heilen; **lepó pozdrávi(te)** ... viele Grüße an ...; ~ **se** gesund werden
pozdrávljati grüßen
pozéba Frostschaden *m*
pôzen spät
pozídati PF bebauen, verbauen
pozími im Winter
pózitiven positiv
pozív Aufruf *m*, Appell *m*
pozívati aufrufen
pozlačèn vergoldet
pozlatíti PF vergolden
poznàn bekannt
poznánec Bekannte(r) *m*
poznánstvo Bekanntschaft *f*
poznáti kennen
poznavález Kenner *m*
poznêje später
pozòr Achtung *f*
pozóren aufmerksam
pozórnost F Aufmerksamkeit *f*; **zbújati** ~ Aufmerksamkeit erregen
pozváti PF → pozívati
pozvédeti PF → poizvédeti
pozvoníti PF (an)läuten
požár Brand *m*, Feuersbrunst *f*
poželênje Begierde *f*, Verlangen *n*
poželéti PF begehren
poželjív begehrlich, lüstern
poželjívost F Lüsternheit *f*
požênem → pognáti
požerúh Vielfraß *m*
požgáti PF niederbrennen
požig Brandstiftung *f*
požigálec Brandstifter *m*
požirálnik Speiseröhre *f*
požíranje Schlucken *n*
požírati schlucken, verschlingen
požírek Schluck *m*; **po požírkih** schluckweise
poživíti PF beleben, erfrischen
požréšen gefräßig
požréšnež → požerúh
požréti PF → požírati
požrtvoválen aufopfernd

požrtvoválnost F Aufopferung *f*
požvížgati PF pfeifen
prábábica Urgroßmutter *f*
práča Schleuder *f*
práčlôvek Urmensch *m*
prádéd Urgroßvater *m*, Urahn *m*
prádomovína Urheimat *f*
pràg Schwelle *f*
prágòzd Urwald *m*
práh Staub *m*; Pulver *n*
práksa Praxis *f*
práktičen praktisch
práktičnost F Handlichkeit *f*
prálen Wasch-
prálnica Waschküche *f*; **avto** ~ Autowaschanlage *f*
prámen Strähne *f*; **~i** (*Frisur*) Strähnchen *pl*
pránje Waschen *n*; Wäsche *f*
prápor Banner *n*, Fahne *f*
práprot F Farn *m*
práska Schramme *f*, Kratzer *m*
práskati kratzen
prasketáti knistern
prásniti PF kratzen; ritzen; **~ v sméh** in Lachen ausbrechen
prášek Pulver *n*; **pecílni ~** Backpulver *n*; **prálni ~** Waschpulver *n*
prášen staubig
prášič Schwein *n*
prašíček Ferkel *n*
prašičerêja Schweinezucht *f*
prašíti se stauben
prášnik BOT Staubgefäß *n*
práštevílo Primzahl *f*
práti waschen
pràv recht, richtig; eben, gerade; ganz; **~ mù jè** das geschieht ihm recht
právda Rechtsstreit *m*, Prozess *m*
práven rechtlich, juristisch
právi recht, richtig, echt
pravíca Recht *n*, Anrecht *n*
pravíčen gerecht
pravíčnost F Gerechtigkeit *f*
pravílen richtig, korrekt; regelmäßig
pravílnik Statut *n*
pravílo Regel *f*, Norm *f*
pravíloma in der Regel
práviti sagen, erzählen; **tó se právi** das heißt
pràvkar soeben, gerade
právljica Märchen *n*
právljičen märchenhaft
právnik Jurist *m*
pravnomôčen rechtskräftig
právnúk Urenkel *m*
právo Recht *n*, Rechtswissenschaft *f*, Jura *pl*; **civílno ~** Zivilrecht *n*; **dédno ~** Erbrecht *n*
pravočásen rechtzeitig
pravokóten rechtwink(e)lig, rechteckig
pravokótnik Rechteck *n*
pravopís Rechtschreibung *f*
pravosláven orthodox
pravoslávje Orthodoxie *f*
pravovéren rechtgläubig
pràvzapràv eigentlich, genau genommen
prázen leer; nichtssagend
prázgodovína Urgeschichte *f*
prázgodovínski urgeschichtlich
prázničen festlich
práznik Feiertag *m*; Fest *n*; **držávni ~** Staatsfeiertag *m*

praznína Leere *f*
prazníti (ent)leeren
praznovánje Feier *f*
praznováti feiern
praznovéren abergläubisch
prážiti rösten, schmoren
prebárvati PF umfärben
prebáva Verdauung *f*
prebavílo Verdauungsorgan *n*
prebáviti PF, **prebávljati** verdauen
prebavljív verdaulich
prebelíti PF übertünchen
prebêrem → prebráti
prebíjati durchschlagen; ~ **se skózi življênje** sich durch das Leben schlagen
prebírati lesen; sortieren
prebítek Überschuss *m*
prebíti PF durchschlagen; verbringen, überstehen
prebiválec Einwohner *m*
prebivalíšče Wohnort *m*
prebiválstvo Einwohnerschaft *f*
prebívati wohnen
prebledéti PF erblassen
preblízu zu nahe
prebòj Durchbruch *m* (*a. fig*)
preboléti PF e-e Krankheit überstehen; verschmerzen, überwinden
prebôsti PF durchstechen
prebráti PF durchlesen; *Obst* auslesen, sortieren
prebrêsti PF durchwaten
prebrísan durchtrieben, gewitzt, schlau
prebrísanost F Schlauheit *f*
prebŕskati PF durchstöbern, durchsuchen
prebudíti PF aufwecken; ~ **se** aufwachen
precedíti PF durchseihen, filtrieren
precêj ziemlich; viel
precêjšen, **precêjšnji** ziemlich, beträchtlich, beachtlich, erheblich
precéniti PF abschätzen; überschätzen
precenjeváti überschätzen
precèp Spalt *m*; Klemme *f*
precepíti PF spalten
préča Scheitel *m*
préčen quer, schräg
préčka Querbalken *m*
préčkati überqueren
prečŕtati PF durchstreichen
prečúti durchwachen
pred (*A, I*) vor(*D, A*)
predája Übergabe *f*
predájati übergeben
predál Lade *f*, Fach *n*, Schublade *f*; **elektrónski póštni** ~ *im Internet* Mailbox *f*; **póštni** ~ Postfach *n*
predálеč zu weit
predáti PF übergeben; ~ **se** sich ergeben; sich hingeben
predaválnica Hörsaal *m*
predávanje Vortrag *m*, Vorlesung *f*
predavátelj Vortragende(r) *m*
predávati vortragen, e-n Vortrag halten
predčásen vorzeitig
prèddvòr MED Vorkammer *f*
predél Bereich *m*; Gebiet *n*, Region *f*
predélati PF umarbeiten, verarbeiten; durchnehmen

predeláva Umarbeitung *f*, Verarbeitung *f*
predélek Fach *n*, Abteilung *f*
predelíti PF abteilen, unterteilen
predelováti → predélati
prêdem → prêsti
préden ehe, bevor
predévati *etw* umstellen
predgórje Vorgebirge *n*
predgôvor Vorwort *n*, Prolog *m*
predhóden vorhergehend
predhódnica Vorgängerin *f*
predhódnik Vorgänger *m*, Vorläufer *m*
predígra Vorspiel *n*
predírati durchdringen
predíren, **predirljív** durchdringend
predlagátelj JUR Antragsteller *m*
predlágati vorschlagen; beantragen
predlánskim vor zwei Jahren
predlánski vor zwei Jahren
prêdlog Vorschlag *m*; Antrag *m*; GRAM Präposition *f*
predlóga Vorlage *f*
predložíti PF vorlegen; unterbreiten, vorschlagen; beantragen; vorweisen
predmésten Vorstadt-
predméstje Vorstadt *f*
prêdmet M Gegenstand *m*; **izbírni ~** Wahlfach *n*; GRAM Objekt *n*
prédnik Vorfahre *m*
prednjáčiti sich auszeichnen
prédnji vordere(r)
prédnost F Vorteil *m*; Vortritt *m*; Vorrang *m*, Vorzug *m*; **dajáti ~** *(D)* j-n/et. bevorzugen
predóčiti si sich vergegenwärtigen, sich vor Augen halten
predòr Tunnel *m*; Durchbruch *m*
predóren durchdringend, scharfsinnig
predpásnik Schürze *f*
predpís Vorschrift *f*; **po ~ih** vorschriftsmäßig; **próti ~om** vorschriftswidrig
predpísati PF vorschreiben
predplačníški Prepaid-
predpóna GRAM Vorsilbe *f*
predpostávka Annahme *f*
prèdpotópen vorsintflutlich
predprážnik Fußabstreifer *m*
prèdprodája Vorverkauf *m*
predrág zu teuer
predramíti PF aufwecken; **~ se** aufwachen, munter werden
predréti PF durchstechen
predrugáčiti PF ändern
predŕzen frech, vorlaut; vermessen
predŕznost F Frechheit *f*
predsédnica Vorsitzende *f*, Präsidentin *f*
predsédnik Vorsitzende(r) *m*, Präsident *m*
predsédništvo, **predsédstvo** Vorsitz *m*
predsedováti den Vorsitz führen
prèdsôba Vorzimmer *n*
predsódek Vorurteil *n*
predstáva Vorstellung *f*; Darbietung *f*; **gledalíška ~** Theateraufführung *f*

predstáviti PF vorstellen, darstellen
predstávljati si sich vorstellen
predstávnik Vertreter *m*
predstávništvo Vertretung *f*
predstójnik Vorsteher *m*; Vorstand *m*
predstójništvo Vorstand *m*
predújem Vorschuss *m*
predvajálnik Player *m*; **CD ~** CD-Player *m*; **MP3 ~®** MP3--Player® *m*
predvájati vorführen
predvčérajšnjim vorgestern
predvídeti PF, **predvidévati** voraussehen
predvídoma ADV voraussichtlich
predvôjen Vorkriegs-
predvsèm vor allem, besonders
predzádnji vorletzte(r)
prèdznák Vorzeichen *n*
preganjálec Verfolger *m*
pregánjanje Verfolgung *f*
pregánjati verfolgen
pregíb Beuge *f*; Falte *f*
pregíbanje Beugen *n*; GRAM Konjugation *f*
pregíbati bewegen; GRAM konjugieren
preglàs Umlaut *m*
preglásen zu laut
preglasíti PF übertönen
preglasováti PF überstimmen
preglávica: **délati kómu preglávice** j-m Kopfzerbrechen bereiten
preglèd Überblick *m*, Übersicht *f*; MED Untersuchung *f*
preglédati PF durchsehen; übersehen; MED untersuchen
pregléden übersichtlich
preglédnica Übersichtstabelle *f*; **časóvna ~** Zeittafel *f*
preglédnost F Übersichtlichkeit *f*
pregledováti → preglédati
preglódati PF durchnagen
pregnán vertrieben, verbannt
pregnánstvo Verbannung *f*
pregnáti PF vertreiben, verscheuchen, verjagen
pregnêsti PF durchkneten
pregòn Verfolgung *f*
pregoréti PF durchbrennen
pregovárjati zu überreden versuchen
pregôvor Sprichwort *n*
pregovoríti PF überreden, umstimmen
pregráda Schranke *f*, Barriere *f*
pregradíti PF abteilen; absperren
pregréha Fehltritt *m*, Vergehen *n*
pregréšek Verstoß *m*
pregrešíti se PF sich versündigen
pregréti PF erwärmen, aufwärmen, erhitzen; überhitzen
pregrinjálo Überwurf *m*, Bettdecke *f*, Tagesdecke *f*
pregrísti PF durchbeißen
prehájati übergehen
prehitéti PF zuvorkommen; überholen
prehitévanje Überholversuch *m*, Überholen *n*
prehitévati überholen

prehítro zu schnell
prehlàd Erkältung *f*
prehladíti se PF sich erkälten
prehòd Übergang *m*; Durchgang *m*; **mêjni ~** Grenzübergang *m*
prehóden Übergangs-; GRAM transitiv
prehodíti PF durchwandern
prehrána Ernährung *f*
prehranjeváti ernähren
preimenováti PF umbenennen
preiskáti PF durchsuchen; untersuchen
preiskáva Durchsuchung *f*; Untersuchung *f*
preíti PF gehen über; übergehen; zu Ende gehen, aufhören
preizkús Probe *f*, Versuch *m*, Experiment *n*
preizkúsiti PF, **preizkúšati** prüfen, erproben, ausprobieren
preizkúšnja Prüfung *f*, Probe *f*
prêj früher, eher; **slêj ko ~** nach wie vor; **~ ali slêj** früher oder später
prêja Garn *n*
prejèm Empfang *m*
prejémati empfangen, erhalten
prejémnik Empfänger *m*
prejéti PF → prejémati
prêjšnji frühere(r), vorige(r)
prék über, quer
prekadíti PF räuchern; *österr* selchen
prekajèn geräuchert; *österr* geselcht
prekánjen durchtrieben, verschlagen
prekášati übertreffen, überbieten
prekát TECH, MED Kammer *f*
prekinítev F Unterbrechung *f*
prekíniti PF unterbrechen
prekipéti PF, **prekipévati** übergehen, überkochen, überströmen
prékla Stange *f*, Latte *f*
prekládati umladen
préklast stangenförmig
prekláti PF spalten
prekléti PF verwünschen, verfluchen
preklétstvo Fluch *m*, Verdammung *f*
preklíc Widerruf *m*
preklícati widerrufen
preklínjanje Fluchen *n*
preklínjati fluchen
preklopíti PF umschalten
prekmálu allzu früh
preknjížiti PF umbuchen
prekóljem → prekláti
prekôlnem → prekléti
prekòp Kanal *m*
prekopáti PF, **prekopávati** umgraben, umstechen
prekoračítev F Überschreitung *f*
prekoráčiti PF überschreiten
prekosíti PF übertreffen, überbieten
prekrásen wunderschön
prekrátek zu kurz
prekríti PF, **prekrívati** zudecken, verdecken
prekrížati PF durchkreuzen; *Beine* übereinander schlagen; *Arme* verschränken

prekŕšek Übertretung *f*, Verstoß *m*
prekŕšiti PF übertreten, verletzen; verstoßen gegen
prekúhati PF auskochen
prekupčeválec Zwischenhändler *m*, Wiederverkäufer *m*
prekupčeváti handeln, weiterverkaufen
prelágati umladen
prelát Prälat *m*
prelàz Übergang *m*; GEOG Pass *m*
prelép herrlich, prachtvoll
prelepíti PF überkleben
prelésten bezaubernd
prelevíti se PF sich häuten
prelisíčiti PF überlisten
prelístati PF umblättern, durchblättern
prelíti PF umschütten; *Blut* vergießen
prelív Meerenge *f*
prelívanje Vergießen *n*
prelívati se *Farben*: schillern
prelòm Bruch *m*; TYPO Umbruch *m*
prelomíti PF (durch)brechen
prelómnica Wendepunkt *m*
preložíti PF umladen; vertagen
prelúknjati PF durchlöchern
prém gerade, direkt
préma Achse *f*
premáganec Besiegte(r) *m*
premágati PF besiegen, überwinden
premagovánje Überwindung *f*; **~ sámega sêbe** Selbstüberwindung *f*
premagováti se sich zurückhalten, sich beherrschen
premájhen zu klein
premakljív verschiebbar
premakníti PF verschieben
premamíti PF betören
premàz Anstrich *m*
premázati PF anstreichen
prémec SCHIFF Bug *m*
preména Wechsel *m*; Wandel *m*
preménjati PF auswechseln, einwechseln
premér Durchmesser *m*
premestítev F Versetzung *f*
premestíti PF versetzen
preméšati PF umrühren, durchmischen
preméščati → premestíti
premetávati se sich wälzen
premetèn durchtrieben, schlau
premetênost F Durchtriebenheit *f*, Schlauheit *f*
prémica Gerade *f*
premíčen beweglich
premičnína bewegliches Gut *n*
premíčnost F Beweglichkeit *f*
premiêra Uraufführung *f*, Erstaufführung *f*
prémija Prämie *f*
premík Verschiebung *f*
premíkati verrücken, verschieben; **~ se** sich bewegen
preminíti PF vergehen
premírje Waffenstillstand *m*
premíslek Überlegung *f*
premísliti PF bedenken, überlegen; **~ se** sich überlegen
premíšljanje Nachdenken *n*, Überlegen *n*
premíšljati nachdenken,

nachsinnen, erwägen
premíšljen überlegt, besonnen, durchdacht
premíšljeno mit Bedacht
premíšljenost F Besonnenheit *f*
premóč F Übermacht *f*
premôči vermögen, im Stande sein
premočíti PF durchnässen
premočŕten geradlinig
prêmog Kohle *f*; **čŕni** ~ Steinkohle *f*
premogôvnik Kohlenbergwerk *n*
premòr Pause *f*
premòrem → premôči
premostítev F Überbrückung *f*
premostíti PF überbrücken
premóžen vermögend, wohlhabend
premožênje Vermögen *n*
premrážen durch(ge)froren
prenágel voreilig, übereilt, zu schnell
prenágliti se PF überstürzen
prenakázati PF HANDEL transferieren
prenapét überspannt
prenapéti PF überspannen
prenapétost F Überspanntheit *f*; ELEK Überspannung *f*
prenapolníti PF überfüllen
prenarediti PF umändern, umarbeiten; *Stimme* verstellen
prenaséljen überbevölkert
prenaséljenost F Überbevölkerung *f*
prenasíčen übersättigt
prenasítiti PF übersättigen
prenášanje Übertragung *f*
prenášati übertragen; ertragen
prenávljati erneuern, renovieren
prenéhati PF aufhören, aussetzen, innehalten
prenesèn übertragen, bildlich
prenêsti PF → prenášati
prenevédati se sich verstellen
prenočeváti übernachten
prenočíšče Herberge *f*, Quartier *n*
prenočítev F Übernachtung *f*
prenočíti PF → prenočeváti
prenòs Übertrag *m*, Übertragung *f*
prenôsen tragbar, transportabel, mobil; **prenôsni računálnik** Notebook *n*
prenosljív übertragbar
prenôsnik *umg* Notebook *n*
prenovítev F Erneuerung *f*
prenovíti PF erneuern, renovieren
preobčutljív zu empfindlich, wehleidig
preobílica, **preobílje** Überfluss *m*
preobjésti se PF sich überessen
preobláčiti, **preobléči** PF umkleiden, umziehen
preobléka Verkleidung *f*
preoblikovánje Umformung *f*
preoblikováti PF umformen, umgestalten
preobložíti PF überladen
preobráčati umwenden, umdrehen; verdrehen

preobràt Umschwung *m*, Wendepunkt *m*
preobrázba Verwandlung *f*
preobráziti PF verwandeln
preobremeníti PF überlasten
preobrníti PF → preobráčati
preobúti se PF die Schuhe wechseln
preokrèt Umschwung *m*
preosnováti PF umformen, reformieren
preostájati übrig bleiben
preostánek Überrest *m*, Überbleibsel *n*, Rückstand *m*
preostáti PF → preostájati
prepàd Abgrund *m*
prepáden bestürzt, betroffen; abgründig
prepádenost F Bestürzung *f*, Betroffenheit *f*
prepečênec Zwieback *m*
prepelíca Wachtel *f*
prepelјáti PF hinüberfahren, überstellen
preperèl morsch
prepévati singen
prepíh Durchzug *m*, Luftzug *m*
prepír Zank *m*, Streit *m*
prepíranje Streiterei *f*
prepírati se zanken, streiten
prepirljív streitsüchtig
prepirljívost F Streitsucht *f*
prepis Abschrift *f*
prepísati PF abschreiben; **~ na** (*A*) j-m überschreiben
preplàh Panik *f*
preplašíti PF erschrecken
prepláviti PF überschwemmen, überfluten
preplèt Geflecht *n*
preplézati PF klettern über
prepodíti PF verjagen, vertreiben
prepogníti PF umbiegen, umknicken
prepôln übervoll
prepóna Zwerchfell *n*
prepotèn verschwitzt, in Schweiß gebadet
prepotováti PF bereisen
prepôved F Verbot *n*
prepovédati PF verbieten, untersagen; **prepovédano kadíti!** Rauchen verboten!
prepoznáti PF wiedererkennen
prepôzno zu spät
preprečeváti, prepréčiti PF verhindern, vereiteln
prepríčan überzeugt
prepríčanje Überzeugung *f*
prepríčati überzeugen; **~ se** sich überzeugen, sich vergewissern
prepričljív überzeugend
prepróga Teppich *m*
preprosíti PF durch Bitten umstimmen
prepròst einfach, schlicht; simpel
preprôstost F Einfachheit *f*
prepúst Durchlass *m*
prepústen durchlässig
prepustíti PF überlassen; abtreten
prepúščati überlassen; durchlassen
preračún Berechnung *f*; **približen ~** HANDEL Überschlag *m*
preračúnati PF berechnen, veranschlagen

preračunljív berechenbar
prerékanje Wortwechsel *m*
prerékati se streiten
prerèz Schnitt *m*, Durchschnitt *m*; **préčni ~** Querschnitt *m*
prerézati PF durchschneiden
preríja Prärie *f*
preríniti se PF sich durchzwängen
prerísati PF abzeichnen
prerívanje Gedränge *n*
prerívati se sich drängen
preròd Wiedergeburt *f*
prerojèn wiedergeboren; **kákor ~** wie neugeboren
prêrok Prophet *m*
prerokovánje Prophezeiung *f*, Weissagung *f*, Orakel *n*
prerokováti prophezeien, weissagen
preróški prophetisch
presadítev F Verpflanzung *f*
presadíti PF verpflanzen, umpflanzen
preséči PF übertreffen; übersteigen
presečíšče Schnittpunkt *m*
presédati anwidern; umsetzen
presedláti PF umsatteln (*a. fig*)
preségati → preséči
presèk Schnitt *m*, Profil *n*
presékati PF durchhauen
preselítev F Umzug *m*; Übersied(e)lung *f*
preselíti se PF umziehen, umsiedeln, übersiedeln
preseljevánje Umsied(e)lung *f*; **~ národov** Völkerwanderung *f*
présen roh, ungekocht; **présna hrána** Rohkost *f*
presenéčati überraschen
presenéčen überrascht
presenéčenje Überraschung *f*
presenétiti PF → presenéčati
presenetljív überraschend
presésti se PF den Sitz wechseln; sich wegsetzen
preséžek Überschuss *m*
preséžnik GRAM Superlativ *m*
presíhati versiegen
presípati umschütten
preskakováti, preskočíti PF überspringen
preskŕba Versorgung *f*, Verpflegung *f*
preskrbéti PF versorgen
preskrbljèn versorgt
preskrbováti → preskrbéti
preskús *usw.* → preizkús *usw.*
preslédek Abstand *m*, Zwischenraum *m*; Intervall *n*
préslica BOT Schachtelhalm *m*, Zinnkraut *n*
preslíkati PF übermalen
preslíšati PF überhören
presnôva Stoffwechsel *m*
presnováti PF umgestalten
presodíti PF beurteilen
presója Beurteilung *f*
presójati → presodíti
presójen → prosójen
prespáti PF überschlafen, durchschlafen
presréčen überglücklich
présta Brezel *f*
prestáti[1] **(prestojím)** PF stehend verbringen
prestáti[2] **(prestánem)** PF ertragen, aushalten
prestáva TECH Übersetzung *f*; AUTO Gang *m*

prestáviti PF, **prestávljati** umstellen; TECH übersetzen, umschalten
prêsti spinnen
prêstol Thron *m*
prestólnica Residenz *f*, Hauptstadt *f*
prestolonaslédnik Thronfolger *m*
prestòp Übertritt *m*
prestópati übertreten; *Bus, Zug*: umsteigen; **~ se** von e-m Fuß auf den anderen treten
prestópek Übertretung *f*, Vergehen *n*
prestópen: **prestópno léto** Schaltjahr *n*
prestopíti PF → prestópati
prestrášen erschrocken
prestrášiti PF erschrecken; **~ se** erschrecken
prestréči PF abfangen; auffangen
prestrelíti PF durchschießen
presúniti PF *fig* erschüttern, ergreifen
presunljív durchdringend, (herz)ergreifend
presúti PF umschütten
presvetlíti PF durchleuchten; röntgen
preščípniti PF *Draht* durchzwicken
prešéren übermütig, ausgelassen
prešérnost F Übermut *m*, Ausgelassenheit *f*
prešíniti PF *Empfindung*: überkommen, ergreifen
preštéti PF, **preštévati** abzählen, durchzählen
preštudírati PF durchstudieren
prešúštnica Ehebrecherin *f*
prešúštnik Ehebrecher *m*
prešúštvo Ehebruch *m*
prešuštvováti die Ehe brechen
pretákati *Tränen* vergießen
pretakníti PF umstecken; durchstöbern, durchsuchen
pretèg Zerrung *f*
pretéga: **na vsè pretége** aus Leibeskräften
pretegníti PF ausstrecken, dehnen; **~ se** sich strecken
pretegováti se sich strecken
pretéhtati PF abwägen, überlegen
pretèk Ablauf *m*, Verlauf *m*; **na ~ iméti** in Hülle und Fülle haben
pretêkel vergangen
pretêklost F Vergangenheit *f*
pretentáti PF täuschen, prellen
pretèp Rauferei *f*
pretepáč Raufbold *m*
pretépati schlagen, prügeln; **~ se** raufen
pretêpsti PF verprügeln
pretéžen vorwiegend
pretín Scheidewand *f*; **nósni ~** Nasenscheidewand *f*
pretípati PF abtasten
pretípkati PF abtippen
pretíran übertrieben
pretirávati übertreiben
pretíti drohen
pretkán durchwoben, durchwirkt; *fig* gerissen, schlau
pretkáti PF durchweben,

durchwirken
pretláčiti PF GASTR passieren
prétnja Drohung *f*
pretočíti PF *Flüssigkeit* umfüllen
pretovóriti PF umladen
pretrès Erschütterung *f*; **~ možgánov** Gehirnerschütterung *f*
pretrésati erschüttern
pretresljív erschütternd
pretrésti PF → pretrésati
pretŕgati PF zerreißen; *Kontakte* abbrechen
pretrpéti PF erdulden, ertragen, erleiden
pretvárjati se sich verstellen
pretvéza Vorwand *m*
pretvóriti PF umwandeln
preudárek Überlegung *f*
preudáren überlegt, besonnen
preudáriti PF, **preudárjati** überlegen, nachdenken
preudárnost F Besonnenheit *f*, Umsicht *f*
preuredítev F Neuordnung *f*
preurediti PF neu gestalten, reorganisieren
preusmerítev F Umleitung *f*
preusmériti PF umleiten
preutrújenost F Übermüdung *f*
prevajálec Übersetzer *m*
prevájanje Übersetzen *n*
prevájati übersetzen; ELEK leiten
prevál Bergsattel *m*; SPORT Rolle *f*; *fig* Wendepunkt *m*
prevalíti PF umwälzen; *Pflicht* abwälzen
prevára Täuschung *f*
prevárati PF täuschen, betrügen
prevážati befördern, transportieren
prevèč zu viel, allzu
prevèčkrat zu oft
prevériti PF (über)prüfen
prevésiti se PF umkippen
prevêsti PF übersetzen
prevéza Binde *f*
prevíden vorsichtig, behutsam
prevídnost F Vorsicht *f*; **iz prevídnosti** vorsichtshalber
prevíti PF die Windeln/den Verband wechseln
prevládati PF die Oberhand gewinnen
prevladováti vorherrschen, überwiegen
prevladujóč vorherrschend
prevléči PF überziehen, bespannen
prevléka Überzug *m*
prevòd Übersetzung *f*
prevódnik ELEK Leiter *m*
prevòj GRAM Ablaut *m*
prevòz Beförderung *f*, Transport *m*
prevóznik Transportunternehmer *m*; *österr* Frächter *m*
prevózništvo Transportwesen *n*; Transportunternehmen *n*
prevpíti PF überschreien, übertönen
prevráčati umkippen, umstürzen
prevràt Umsturz *m*; Umbruch *m*
prevréti PF aufkochen (lassen)
prevrníti PF → prevráčati

prevŕtati PF durchbohren
prevzèm Übernahme *f*
prevzémati übernehmen, entgegennehmen
prevzét *emotional*: überwältigt
prevzéten anmaßend, überheblich
prevzéti PF → prevzémati
prevzétnost F Überheblichkeit *f*
prevzgojíti PF umerziehen
prevzvíšen erhaben
prezébati frieren
prezgódaj zu früh
prezídati PF umbauen
prezidáva Umbau *m*
prezímiti PF überwintern
prezír Verachtung *f*
prezírati verachten
prezirljív verächtlich
prezráčiti PF lüften
prezréti PF übersehen, nicht beachten
prežágati PF durchsägen
prežáti lauern
prežênem → pregnáti
prežét durchdrungen
prežéti PF durchdringen
preživéti PF verbringen; überleben
preživnína Unterhaltszahlung *f*
prežmèm → prežéti
prežvéčiti PF zerkauen
prežvekoválec Wiederkäuer *m*
prežvekováti wiederkäuen
prgíšče Handvoll *f*
pŕha Dusche *f*, Brause *f*
pŕhati schnauben; prusten; **~ se** sich duschen
prhljáj Kopfschuppen *pl*
pri (*L*) bei (*D*), neben (*D*)
pribežalíšče Zuflucht *f*, Zufluchtsort *m*
pribíjati annageln
pribít angenagelt
pribítek Aufschlag *m*
pribíti PF → pribíjati
priblížati se PF, **približeváti se** sich nähern
priblížno ADV ungefähr
pribóčnik Adjutant *m*
pribojeváti si PF sich erkämpfen
pribóljšek Leckerbissen *m*
pribòr Essbesteck *n*; Zubehör *n*
priboríti PF erkämpfen, erringen
príča Zeuge *m*, Zeugin *f*; **pri príči** sofort, auf der Stelle
pričakovánje Erwartung *f*
pričakováti erwarten
pričárati PF herbeizaubern
príčati bezeugen, aussagen
pričénjati beginnen
pričéska Frisur *f*
pričétek Beginn *m*, Anfang *m*
pričéti PF → pričénjati
pričevánje Zeugenaussage *f*
príčkati se zanken, streiten
pričujóč anwesend
príd Nutzen *m*; **mêni v ~** zu meinen Gunsten
prídanič Taugenichts *m*
pridélati PF erarbeiten; ernten
pridélek Ernte *f*
pridelovánje Anbau *m*
pridelováti anbauen
príden fleißig, brav, emsig
pridévek Zusatz *m*; Beiname *m*

pridévnik GRAM Eigenschaftswort *n*, Adjektiv *n*
prídiga Predigt *f*
prídigar Prediger *m*
prídigati predigen
prídnost F Fleiß *m*
pridobíten Erwerbs-
pridobítev F Erwerbung *f*, Errungenschaft *f*; Bereicherung *f*
pridobíti PF erwerben; gewinnen; erlangen
pridobívanje Erwerb *m*; Gewinnung *f*; ~ **solí** Salzgewinnung *f*
pridobívati → pridobíti
pridružíti se PF sich anschließen, sich zugesellen
pridržáti PF zurückbehalten; ~ **si** JUR sich vorbehalten
pridŕžek Vorbehalt *m*
prigánjati antreiben
priglasíti PF anmelden
prignúsiti PF verekeln
prigóda Abenteuer *n*, Vorfall *m*
prigodíti se PF sich zutragen, sich ereignen
prigoljufáti PF ergaunern
prigospodáriti PF erwirtschaften
prigovárjati zureden
prigrízek Imbiss *m*
prihájati kommen, ankommen; ~ **nad** (A) *fig* auf j-n zukommen
prihitéti PF herbeieilen
prihòd Ankunft *f*
prihódnji künftig; ~ **téden** kommende Woche *f*
prihódnjič nächstens, das nächste Mal
prihódnjik GRAM Futur *n*
prihódnost F Zukunft *f*
prihránek Ersparnis *f*
prihraníti PF ersparen, aufsparen
prihruméti PF herbeistürmen, heranbrausen
priímek Nachname *m*, Zuname *m*, Familienname *m*
prijátelj Freund *m*
prijáteljica Freundin *f*
prijáteljstvo Freundschaft *f*
príjati behagen, zusagen
prijáva Anmeldung *f*
prijáviti PF, **prijávljati** anmelden
prijázen freundlich
prijáznost F Freundlichkeit *f*
prijèm Griff *m*
prijémati anfassen, ergreifen
prijéten angenehm, gemütlich
prijéti PF ergreifen, erfassen, anfassen
prijétnost F Annehmlichkeit *f*
prijókati PF weinend ankommen
prikàz Darstellung *f*
prikázati PF darstellen; ~ **se** erscheinen
prikázen F Erscheinung *f*; Gespenst *n*
prikazovánje Darstellen *n*; Erscheinen *n*
prikazováti → prikázati
prikímati PF zunicken
prikláden passend, geeignet
priklánjati se sich verbeugen
prikleníti PF anketten
priklícati PF herbeirufen
prikljúček Anschluss *m*
prikljúčiti PF anschließen, bei-

fügen
priklòn Verneigung *f*, Verbeugung *f*
prikloníti se PF sich verneigen, sich verbeugen
priklópiti PF anschließen
priklópnik, prikólica Anhänger *m*; **počítniška prikólica** Wohnwagen *m*
prikorákati PF anmarschieren
prikováti PF anschmieden
prikrájšati PF benachteiligen; **prikrájšan bíti** zu kurz kommen
prikrásti se PF sich heranschleichen
prikrít heimlich, verstohlen
prikrívati, prikríti PF verbergen; verheimlichen; verschleiern, vertuschen
prikrojíti PF zuschneiden
prikúha Beilage *f*
prikúpen einnehmend, gefällig, liebenswert, gewinnend
prikupíti se PF sich beliebt machen
prikúpnost F einnehmendes Wesen *n*
prilágati beilegen, beifügen
prilagodítev F Anpassung *f*
prilagodíti PF anpassen
prilagodljív anpassungsfähig
prilástek GRAM Beifügung *f*, Attribut *n*
prilastíti si PF sich aneignen
priléči se PF, **prilégati se** passen, entsprechen; behagen
prilepíti PF ankleben
priléten betagt
priletéti PF zufliegen
prílične ansehnlich, ziemlich groß
prílika Gleichnis *n*, Parabel *f*; Gelegenheit *f*
prilikovánje Assimilation *f*; Angleichung *f*
prilíti PF, **prilívati** nachgießen
prilízniti se PF, **prilizováti se** sich einschmeicheln
priljúbljen beliebt
priljúbljenost F Beliebtheit *f*
prilóga Beilage *f*
priložíti PF beifügen
prilóžnost F Gelegenheit *f*
prilóžnosten gelegentlich
primakníti PF näher rücken; *Geld* beisteuern
primanjkljáj Fehlbetrag *m*, Defizit *n*
primanjkováti fehlen, abgehen
primér Beispiel *n*, Fall *m*; **na ~** zum Beispiel; **za vsák ~** für alle Fälle; **v najbóljšem ~u** bestenfalls
priméra Vergleich *m*, Parallele *f*
primérek Exemplar *n*, Stück *n*
priméren angemessen, passend; treffend; geeignet
primériti se PF widerfahren, zustoßen; vorkommen, geschehen
primerjálen vergleichend; **primerjálna knjižévnost** *f* vergleichende Literaturwissenschaft *f*
primérjati vergleichen
primerjáva Vergleich *m*
primérnik GRAM Komparativ *m*

primés F Zusatz *m*, Zutat *f*
priméšati PF beimischen, beimengen
primórati PF zwingen
primórje Küstengebiet *n*
primórski Küsten-
prinašálec Überbringer *m*
prinášati bringen, überbringen
prínc Prinz *m*
princésa Prinzessin *f*
prinêsti PF → prinášati
priokús Beigeschmack *m*
priostríti PF zuspitzen
pripádati angehören; gebühren; zugehören
pripádnik Angehörige(r) *m*; (*Person*) Anhänger *m*
pripádnost F Angehörigkeit *f*, Zugehörigkeit *f*
pripásati PF umgürten
pripásti PF anheimfallen, zufallen
pripéka Glut *f*, Hitze *f*
pripékati *Sonne*: glühen, brennen
pripeljáti PF herbeiführen; bringen; führen; ~ **s sebój** mitbringen
pripénjati, **pripéti** PF anschnallen, anknüpfen; heften
pripetíti se PF zustoßen, widerfahren
pripetljáj Ereignis *n*, Zwischenfall *m*, Begebenheit *f*
pripís Nachschrift *f*, Zusatz *m*
pripísati PF, **pripisováti** zuschreiben, beimessen
priplávati PF anschwimmen
priplazíti se PF sich heranschleichen
priplézati PF herbeiklettern; erklimmen
priplúti PF SCHIFF: einlaufen
pripogíbati, **pripogníti** PF beugen, biegen; ~ **se** sich beugen
pripómba Anmerkung *f*, Bemerkung *f*
pripomínjati, **pripómniti** PF (*sagen*) bemerken, anmerken
pripomóček Hilfsmittel *n*
pripomôči PF aushelfen, beitragen
pripóna GRAM Nachsilbe *f*
pripónka *E-Mail* Anlage *f*, Anhang *m*
priporóčati empfehlen
priporočèn empfohlen; *Brief*: eingeschrieben
priporočílo Empfehlung *f*
priporočíti PF → priporóčati
priporočljív empfehlenswert
pripôved F Erzählung *f*, Geschichte *f*
pripôveden erzählend
pripovédka Sage *f*, Erzählung *f*
pripovedoválec Erzähler *m*
pripovedováti erzählen
pripráva Vorbereitung *f*; Zubereitung *f*; Gerät *n*; Werkzeug *n*
pripráven geeignet, passend
prípráviti PF, **priprávljati** bereiten, zubereiten; vorbereiten; zurechtlegen, herrichten; **priprávlja se k nevíhti** ein Gewitter zieht auf
priprávljen bereit, fertig
priprávljenost F Bereitschaft *f*

pripravnost F Tauglichkeit *f*, Brauchbarkeit *f*
pripreti PF einklemmen; *Tür* anlehnen
priprôšnja Fürbitte *f*, Fürsprache *f*
priprošnjica Fürsprecherin *f*
priprošnjik Fürsprecher *m*
prirástek Zuwachs *m*
prireditelj Veranstalter *m*
priredítev F Veranstaltung *f*
prirediti PF veranstalten; bearbeiten; arrangieren
prirédje GRAM Satzreihe *f*, Satzverbindung *f*
prirêjati → prirediti
prirézati PF, **prirezováti** zuschneiden
prirôčen handlich
priróčnik Handbuch *n*
prirojèn angeboren
prisàd MED Brand *m*
prisében geistesgegenwärtig
prisébnost F Geistesgegenwart *f*
priséči PF schwören, e-n Eid leisten
priséga Eid *m*, Schwur *m*; **kríva** ~ Meineid *m*
priségati → priséči
priselíti se PF zuwandern, einwandern
priséljenec Zuwanderer *m*, Einwanderer *m*
prisések Saugnapf *m*
prisésti PF sich dazusetzen
prisíla Zwang *m*, Nötigung *f*
prisílen Zwangs-
prisíliti PF zwingen, nötigen
prisíljen gezwungen, notgedrungen; geziert, steif
prisklédnik Schmarotzer *m*
priskočíti PF herbeieilen
priskŕba Besorgung *f*
priskrbéti PF besorgen, anschaffen; verschaffen
priskúten ekelhaft, widerlich, unangenehm
priskútiti PF verleiden; ~ **se** zuwider werden, anekeln
prislíniti se PF sich einschmeicheln
prisloníti PF anlehnen
prislòv GRAM Umstandswort *n*, Adverb *n*
prislúhniti PF aufhorchen
prisluškoválec Horcher *m*, Lauscher *m*
prisluškováti horchen, (be)lauschen
prislužíti PF verdienen
prismejáti se PF lachend herankommen
prismóda Dummkopf *m*
prismodíti (se) PF anbrennen
prismojèn angebrannt
prismójen, **prismúknjen** verdreht, verrückt; blöd
prisodíti PF, **prisójati** zuerkennen, zusprechen; zutrauen
prisóje FPL Sonnenseite *f*
prisójen sonnenseitig
prisostvováti anwesend sein, beiwohnen
prisôten anwesend
prisôtnost F Anwesenheit *f*, Gegenwart *f*
prispéti PF ankommen, eintreffen
prispévati beitragen, beisteuern
prispévek Beitrag *m*

prispodóba Gleichnis *n*
prisŕčen herzlich, innig
prisŕčnost F Herzlichkeit *f*
pristajalíšče Landungsplatz *m*
pristájanje Landung *f*
pristájati landen; *Kleid*: passen, (gut) stehen
pristán Hafen *m*
pristánek Einwilligung *f*; Landung *f*; **zasílni ~** Notlandung *f*
pristaníšče Hafen *m*
pristáti[1] **(pristánem)** PF einwilligen; landen
pristáti[2] **(pristojím)** *Kleid*: passen, (gut) stehen
pristáva Molkerei *f*
pristávek Zusatz *m*, Anhang *m*
pristáviti PF hinzustellen; beifügen; *Wasser* aufstellen
prísten echt, unverfälscht, authentisch
prístnost F Echtheit *f*, Authentizität *f*
pristójbina Gebühr *f*, Taxe *f*; **brez pristójbine** gebührenfrei
pristójen zuständig, kompetent
pristójnost F Zuständigkeit *f*, Kompetenz *f*
pristòp Zutritt *m*; Beitritt *m*
pristopíti PF hinzutreten; beitreten
pristránost F Parteilichkeit *f*; JUR Befangenheit *f*
pristránski parteiisch; JUR befangen
pristúditi PF verleiden, verekeln
prisvájati si sich aneignen
prisvojítev F Aneignung *f*
prisvojíti si PF → prisvájati si
príšč Hautausschlag *m*
priščípniti PF abzwicken; einzwicken, einklemmen
prišepetáti PF, **prišepetávati** zuflüstern
prišíti PF annähen
príšlec Ankömmling *m*
príšlek Neuzugezogene(r) *m*, Zuwanderer *m*
prištéti PF, **prištévati** hinzuzählen, dazuzählen
prištéven zurechnungsfähig
prištúliti se PF sich aufdrängen
pritajíti PF verheimlichen
pritakníti PF anfügen
pritêči PF herbeilaufen
pritegníti PF zu sich ziehen; *Schraube* anziehen; *fig* fesseln
príti PF (an)kommen
pritiklíne FPL Nebenräume *mpl*; TECH Zubehör *n*
pritísk Druck *m*; **kŕvni ~** Blutdruck *m*; **zráčni ~** Luftdruck *m*
pritískati, **pritísniti** PF drücken, drängen
pritlíčen ebenerdig
pritlíčje Erdgeschoss *n*, Parterre *n*
pritlíkav zwergwüchsig
pritlíkavec *fig* Zwerg
pritòk Zufluss *m*, Zulauf *m*
pritôžba Beschwerde *f*, Klage *f*; JUR Berufung *f*
pritoževáti se sich beschweren, sich beklagen
pritožíti se PF → pritoževáti se; Berufung einlegen
pritrdílen bejahend, beistimmend
pritrdítev F Zustimmung *f*,

Bejahung *f*
pritrdíti PF befestigen, heften; zustimmen, bejahen
pritŕgati PF *Geld* abziehen, vorenthalten
pritrjeválen → pritrdílen
pritrjeváti → pritrdíti
priučíti PF anlernen
privabíti PF anlocken
priváditi PF angewöhnen
privések Anhang *m*
privêsti PF herbeiführen
privézati PF anbinden
privíd Vision *f*, Erscheinung *f*
privihráti PF herbeistürmen
privíjati, **privíti** PF *Schraube* anziehen; ~ **se** sich anschmiegen
privilégij Privileg *n*
privláčen anziehend, fesselnd
privláčiti anziehen, reizen
privláčnost F Anziehungskraft *f*
privléči PF anschleppen
privolítev F Zustimmung *f*, Einwilligung *f*
privolíti PF zustimmen, einwilligen
privoščíti (IM)PF gönnen, vergönnen; ~ **si** (*A*) sich et. leisten
privòz Zufahrt *f*
privréti PF hervorströmen, hervorsprudeln
privŕženec (*Person*) Anhänger *m*
privzdígniti PF anheben
privzgojíti PF anerziehen
prizadéti PF treffen, antun, zufügen
prizadét betroffen; behindert
prizadétost F Betroffenheit *f*; Behinderung *f*
prizadévanje Bestreben *n*, Bemühung *f*
prizadévati → prizadéti; ~ **si** sich bemühen
prizadéven strebsam, beflissen, eifrig
prizadévnost F Strebsamkeit *f*, Eifer *m*
prizanášanje Schonung *f*, Nachsicht *f*
prizanášati schonen, nachsichtig sein
prizanesljív nachsichtig
prizanêsti PF schonen, verschonen
prizidáva, **prizídek** Anbau *m*
prízma Prisma *n*
priznánje Geständnis *n*; Bekenntnis *n*; Anerkennung *f*
priznáti PF, **priznávati** anerkennen; bekennen, gestehen; zugestehen, zugeben; einräumen
prizòr Anblick *m*; THEAT Szene *f*
prizoríšče Schauplatz *m*, Bildfläche *f*
prizvòk Beiklang *m*
prižéti PF an sich drücken; ~ **se** sich anschmiegen
prižgáti PF, **prižígati** anzünden
prížnica Kanzel *f*
problém Problem *n*
problemátičen problematisch
procés Prozess *m*, Verhandlung *f*; Vorgang *m*
procésija Prozession *f*
pròč weg, fort

pročêlje Front *f*, Vorderseite *f*, Fassade *f*
pród Kies *m*, Geröll *n*, Schotter *m*
prodája Verkauf *m*, Vertrieb *m*
prodajálec Verkäufer *m*
prodajálka Verkäuferin *f*
prodajálna Laden *m*, Geschäft *n*
prodájati verkaufen; ~ **zijála** Maulaffen feilhalten
prodáti PF verkaufen
prodírati vordringen
pródnat Schotter-, Kies-, steinig
prodréti PF vordringen; eindringen
producírati (IM)PF erzeugen, herstellen, produzieren
prodúkcija Produktion *f*
prodúkt Produkt *n*, Erzeugnis *n*, Ergebnis *n*
produktíven produktiv
profesionálec Profi *m*
profesionálen professionell
profésor Professor *m*
profíl Profil *n*, Seitenansicht *f*
próga Streifen *m*; Linie *f*; Strecke *f*
prógast gestreift
proglasíti PF erklären, bekannt machen, veröffentlichen
prognóza Prognose *f*, Vorhersage *f*
prográm Programm *n*
proizvajálec Erzeuger *m*, Hersteller *m*
proizvájati erzeugen, herstellen
proizvòd Erzeugnis *n*, Produkt *n*
projékcija Projektion *f*
projékt Projekt *n*
proletárec Proletarier *m*
promenáda Promenade *f*
promèt Verkehr *m*; HANDEL Umsatz *m*
prométen Verkehrs-; Umsatz-
promócija Promotion *f*
promovírati (IM)PF promovieren
pronícati, **proníkniti** PF durchsickern
propàd Verfall *m*
propádati verfallen, zugrunde gehen
propagánda Propaganda *f*, Werbung *f*
propagírati (IM)PF propagieren, werben
propásti PF → propádati
proporcionálen proportional
proračún (Staats-)Haushalt *m*, Kostenvoranschlag *m*
prosílec Bittsteller *m*, Bewerber *m*
prosíti bitten, flehen; ersuchen
prosjáčiti betteln
prosláva Feier *f*
proslavíti PF, **proslávljati** feiern
prosó Hirse *f*
prosójen durchscheinend, transparent
prosójnost F Transparenz *f*
pròst frei, ledig; **s prôstim očésom** mit bloßem Auge
prostáški ordinär
prostitúcija Prostitution *f*
prostitútka Prostituierte *f*
prostodúšen freimütig
prôstor Raum *m*; Platz *m*;

Räumlichkeit *f*
prostóren geräumig
prostornína Volumen *n*
prostovóljec Freiwillige(r) *m*
prostovóljen freiwillig
prostrán weitläufig, geräumig
prosvéta Aufklärung *f*, Bildung *f*
prosvetlíti PF aufklären
prôšnja Bitte *f*; Gesuch *n*; Bewerbung *f*
protést Protest *m*
protestantízem Protestantismus *m*
protestántski protestantisch
protéza Prothese *f*
próti (*D*) gegen (*A*), wider (*A*); nach (*D*)
protín Gicht *f*
prótinapàd Gegenangriff *m*
prótipráven rechtswidrig
prótireformácija Gegenreformation *f*
protislôven widersprüchlich
protislôvje Widerspruch *m*
prótistrúp Gegengift *n*
prótiustáven verfassungswidrig
prótiutéž F Gegengewicht *n*
prótivláden regierungsfeindlich
prótivrédnost F Gegenwert *m*
protokól Protokoll *n*
proučeváti, proučíti PF (er)forschen; (durch)studieren
provínca Provinz *f*
próza Prosa *f*
prozóren durchsichtig
prožen elastisch, geschmeidig, biegsam
prožnost F Elastizität *f*, Geschmeidigkeit *f*
prsàt vollbusig
prsi FPL Brust *f*; Busen *m*
prsnica Brustbein *n*
pŕst F Erde *f*
pŕst Finger *m*; *Fuß*: Zehe *f*
pŕstan Ring *m*; **poróčni ~** Ehering *m*, Trauring *m*
pŕstanec Ringfinger *m*
pršéti nieseln
pršíca Milbe *f*
pŕt Tuch *n*; **namízni ~** Tischdecke *f*
prtljága Gepäck *n*
prtljážnik Gepäckträger *m*, Kofferraum *m*
Prús Preuße *m*
Prúsija Preußen *n*
prvák SPORT Meister *m*; **svetóvni ~** Weltmeister *m*
prvénstvo SPORT Meisterschaft *f*
pŕvi erste(r); **pŕvega** am Ersten
pŕvič erstens
pŕvikrat das erste Mal
prvína Grundstoff *m*, Element *n*
prvobíten ursprünglich
pŕvorojênec Erstgeborene(r) *m*
prvôten ursprünglich, urtümlich
pŕvovŕsten erstklassig
psevdoním Pseudonym *n*
psíca Hündin *f*
psíček Hündchen *n*
psihiáter Psychiater *m*
psíhoanalíza Psychoanalyse *f*
psihológ Psychologe *m*
psihológinja Psychologin *f*

psihologíja Psychologie *f*
psiholóški psychologisch
psováti beschimpfen
psôvka Schimpfwort *n*
pšeníca Weizen *n*
ptíca Vogel *m*; **~ selívka** Zugvogel *m*
ptìč Vogel *m*
ptíčnica Käfig *m*, Bauer *n*
publicírati (IM)PF publizieren
públika Publikum *n*
publikácija Publikation *f*
púder Puder *n*
púdrnica Puderdose *f*
púh Flaum *m*; Windstoß *m*
púhati schnauben, blasen
púhel leer; schal
púhlica *fig* Phrase *f*, nichtssagende Worte *npl*
púhlost F Leere *f*, Schalheit *f*
pújsek Ferkel *n*
puíti reißen, rupfen, zupfen
pulôver Pullover *m*
púnca Mädchen *n*
púnčica Pupille *f*
púnčka Puppe *f*
púra Pute *f*, Truthenne *f*
purán Puter *m*, Truthahn *m*
púst Fasching *m*, Karneval *m*
púst wüst, öde, trostlos; *Mensch*: langweilig; *Fleisch*: mager
pustínja Einöde *f*
pustíti PF lassen; **~ pri míru** in Ruhe lassen
pustolôvec Abenteurer *m*
pustolôvski abenteuerlich
pustolôvščina Abenteuer *n*
pustóšiti verwüsten, verheeren
púščati (immer wieder) lassen
puščáva Wüste *f*
puščávnik Einsiedler *m*
puščávski Wüsten-
puščíca Pfeil *m*
puščôben öde
púšica Büchse *f*, Dose *f*
púška Büchse *f*, Gewehr *n*, Flinte *f*
púškin Gewehr-, Büchsen-
púšpan Buchs *m*, Buchsbaum *m*

R

rába Gebrauch *m*; **ne bíti za nobêno rábo** zu nichts taugen
rabát Rabatt *m*
rábelj Henker *m*
rabíti benutzen, gebrauchen, anwenden
ráca Ente *f*
racionálen rational
rácman Enterich *m*
račún Rechnung *f*; Konto *n*
računálnik Computer *m*
račúnanje Rechnen *n*; **~ na pámet** Kopfrechnen *n*
račúnati rechnen
račúnstvo Rechnen *n*
ràd gern(e)
rádij Radius *m*; CHEM Radium *n*
radikálen radikal, gründlich
rádio Radio *n*, Rundfunk *m*
rádioaktíven radioaktiv
rádioaktívnost F Radioaktivität *f*

radírka Radiergummi *m*
radodáren freigebig
rádost F Freude *f*
rádosten freudig
radostíti erfreuen; ~ **se** sich freuen
radovéden neugierig
radovédnež Neugierige(r) *m*
radovédnost F Neugier(de) *f*
radovóljen bereitwillig
radožív lebenslustig
radožívost F Lebenslust *f*
rafiníran raffiniert
ragú M Ragout *n*
ráhel sanft, weich, sachte, locker
rahljáti lockern
rahločúten zartfühlend, feinfühlig
rahločútnost F Zartgefühl *n*, Feinfühligkeit *f*
ràj Paradies *n*
ráje → rájši
rájni verstorben
rájski paradiesisch
rájši lieber; ~ **iméti** vorziehen
ràk Krebs *m*; ~ **na želódcu** Magenkrebs *m*
rakéta Rakete *f*
rákov Krebs-
rákovica Krabbe *f*
ráma Schulter *f*
rána Wunde *f*; **strélna** ~ Schusswunde *f*; **ugrízna** ~ Bisswunde *f*; **urézna** ~ Schnittwunde *f*
raníti PF verwunden
ránjen verwundet
ránjenec Verwundete(r) *m*
ránjenka Verwundete *f*
ranljív verwundbar, verletzbar
ranljívost F Verletzbarkeit *f*, Verwundbarkeit *f*
rása Rasse *f*
ráskav rau, uneben
rást F Wuchs *m*, Körperbau *m*; Wachstum *n*
rásti wachsen; gedeihen
rastlína Pflanze *f*, Gewächs *n*
rastlinják Treibhaus *n*, Gewächshaus *n*
rastlínstvo Pflanzenreich *n*, Pflanzenwelt *f*
rastóč wachsend; **dívje** ~ wild wachsend
raván F Ebene *f*, Flachland *n*; **visôka** ~ Hochebene *f*
ráven[1] F Niveau *n*
ráven[2] eben, flach, gerade
ravnánje Handlungsweise *f*, Verhalten *n*
ravnátelj Direktor *m*
ravnáteljstvo Direktion *f*
ravnáti ebnen, einebnen; verfahren, vorgehen, handeln; ~ **se po** (*L*) sich nach j-m richten; ~ **s** (*I*) mit j-m/et. umgehen
ravnílo Lineal *n*
ravnína Ebene *f*
rávno ADV eben, gerade
ravnodúšen gelassen, gleichmütig
ravnodúšnost F Gelassenheit *f*, Gleichmütigkeit *f*
rávnokar soeben, gerade
ravnotéžje Gleichgewicht *n*
razbesnéti PF wütend werden
razbesníti PF wütend machen
razbežáti PF auseinanderlaufen
razbíjati poltern, lärmen
razbíti PF zerbrechen, zerschla-

gen; zertrümmern
razbitína Wrack *n*
razbójnik Räuber *m*
razbráti PF ersehen, begreifen
razbremenítev F Entlastung *f*
razbremeníti PF entlasten
razbŕzdan zügellos
razbrzdánost F Zügellosigkeit *f*
razbúriti PF, **razbúrjati** aufregen, erregen; ~ **se** sich aufregen
razbúrjen aufgeregt
razbúrjenje Aufregung *f*, Erregung *f*
razbúrkan bewegt; *Meer*: stürmisch
razbúrkati PF aufwühlen
razburljív erregbar; aufregend
razcapán zerlumpt
razcefráti PF zerfransen; zerfetzen
razcèp Spaltung *f*; Spalte *f*
razcepíti PF spalten
razcépljen gespalten
razcépljenost F Spaltung *f*, Zersplitterung *f*
razcvèt Aufblühen *n*; Blüte *f*, Aufschwung *m*
razcvetéti se PF aufblühen
razčesáti PF durchkämmen
razčístiti PF klären, bereinigen
razčlenítev F gliederung *f*
razčléniti PF gliedern, aufgliedern
razčlénjen gegliedert
razdájati verteilen, verschenken
razdálja Entfernung *f*; Abstand *m*, Distanz *f*
razdáti PF → razdájati
razdedíniti PF enterben
razdejánje Zerstörung *f*
razdejáti PF zerstören
razdelítev F Teilung *f*, Unterteilung *f*, Verteilung *f*
razdelíti PF teilen, austeilen, unterteilen, verteilen
razdelívec TECH Verteiler *m*
razdíranje Zerstören *n*
razdirálen zerstörend, destruktiv
razdírati zerstören, niederreißen
razdòr Zerwürfnis *n*, Spaltung *f*
razdrážen gereizt
razdráženost F Gereiztheit *f*
razdražíti PF reizen
razdražljív reizbar
razdréti PF → razdírati; ~ **pogódbo** e-n Vertrag auflösen
razdrobíti PF zerbröckeln
razdružíti PF trennen
razdvájati entzweien
razdvojèn gespalten; *Mensch*: zerrissen
razdvojênost F Zwiespalt *m*; Zerrissenheit *f*
razdvojíti PF entzweien; in zwei Teile spalten
rázen (*G*) außer (*D*)
razgáliti PF entblößen
razgánjati auseinanderjagen; sprengen
razgíban bewegt
razgíbati PF bewegen
razglábljati nachdenken
razglàs Bekanntmachung *f*, Verlautbarung *f*
razglasíti PF, **razglášati** be-

kannt machen, verlautbaren
razglèd Aussicht *f*, Ausblick *m*
razglédati se PF sich umsehen, sich orientieren
razglédnica Ansichtskarte *f*
razgledováti se sich umsehen
razgnáti PF → razgánjati
razgôvor Gespräch *n*, Unterredung *f*
razgrájanje Lärmen *n*
razgrájati lärmen, randalieren
razgréti se PF sich erwärmen, sich erhitzen
razgrínjati ausbreiten
razgrísti PF zerbeißen
razgrníti PF → razgrínjati
razgubíti se PF sich verlieren, sich zerstreuen, sich verlaufen
razhájati se auseinandergehen, sich zerstreuen
razhòd Auseinandergehen *n*; Trennung *f*, Abschied *m*
razigrán verspielt
raziskáti PF, **raziskováti** erforschen
raziskáva Untersuchung *f*; Studie *f*
raziskoválec Forscher *m*
raziskovánje Forschung *f*
razíti se PF → razhájati se
razjáriti PF erzürnen, in Wut versetzen
razjárjenost F Wut *f*
razjasníti PF klären, klarstellen; ~ **se** *Wetter:* sich aufheitern
razjédati zerfressen, ätzen
razjezíti PF erzürnen, ärgern; ~ **se** sich ärgern, zornig werden
razjókati se PF in Tränen ausbrechen
razkáčen wütend
razkáčiti PF erzürnen, wütend machen
razkadíti se PF sich verflüchtigen, verrauchen
razkázati PF zeigen
razkazováti zeigen; zur Schau stellen
razkládanje Ausladen *n*, Abladen *n*
razkládati ausladen, abladen; erklären
razkladíšče Abladeplatz *m*
razklán gespalten, zerklüftet
razklánost F Zwiespalt *m*
razkláti PF spalten
razkleníti PF, **razklépati** auseinanderbiegen; öffnen; lösen
razkòl Spaltung *f*; REL Schisma *n*
razkopáti PF, **razkopávati** aufgraben; zerwühlen
razkoráčen breitbeinig
razkósati PF zerstückeln, zerlegen
razkóšen üppig, prunkvoll, luxuriös
razkóšje Prunk *m*, Luxus *m*
razkóšnost F Üppigkeit *f*
razkrájati zersetzen, auflösen
razkréčiti PF spreizen
razkrínkati PF entlarven
razkríti PF, **razkrívati** aufdecken, enthüllen
razkròj Zersetzung *f*, Auflösung *f*; Verfall *m*
razkrojeváti, **razkrojíti** PF zersetzen, auflösen
razkropíti PF versprengen; ~ **se**

sich zerstreuen, sich verlaufen
razkúhati PF zerkochen
razkúštrati PF zerzausen
razkuževáti, **razkúžiti** PF desinfizieren
razkužílo Desinfektionsmittel *n*
razkužítev F Desinfektion *f*
razlága Erklärung *f*, Erläuterung *f*; ~ **sánj** Traumdeutung *f*
razlágati erklären, erläutern; deuten, auslegen
razlastíti PF enteignen
razlégati se schallen, hallen
razletéti se PF auseinanderfliegen; zerspringen
razlíčen verschieden, unterschiedlich
razlíčica Variante *f*, Abart *f*, Version *f*
razlíka Unterschied *m*, Differenz *f*
razlikováti unterscheiden; ~ **se** sich unterscheiden, abweichen
razlíti PF ausschütten, umschütten; ~ **se** sich ergießen
razlóček Unterschied *m*, Differenz *f*, Abweichung *f*
razlóčen deutlich, klar, vernehmlich
razločevánje Unterscheidung *f*
razločeváti, **razločíti** PF unterscheiden
razlóčnost F Deutlichkeit *f*
rázlog Grund *m*, Motiv *n*
razlomíti PF auseinanderbrechen
razložíti PF → razlágati
razložljív erklärlich
razmàh Aufschwung *m*; Erweiterung *f*; *fig* Blüte *f*, Blütezeit *f*
razmahníti se PF einen Aufschwung erleben, sich erweitern
razmajáti PF lockern, zerrütten
razmakníti PF auseinanderrücken
razmázati PF verstreichen, verschmieren
razmehčáti PF aufweichen, erweichen
razmejítev F Abgrenzung *f*
razmejíti PF abgrenzen
razmére FPL Verhältnisse *npl*, Umstände *mpl*
razmérje Verhältnis *n*, Beziehung *f*; **slúžbeno** ~ Dienstverhältnis *n*
razméroma ADV verhältnismäßig
razmesáriti PF zerfleischen
razmetáti PF verstreuen, durcheinanderwerfen
razmík Abstand *m*, Zwischenraum *m*; **časóvni** ~ Zeitspanne *f*
razmíšljanje Nachdenken *n*, Überlegen *n*
razmíšljati nachdenken, überlegen, grübeln
razmíšljen zerstreut
razmnoževánje Vervielfältigung *f*
razmnoževáti, **razmnožíti** PF vermehren, vervielfältigen
razmótati PF entwirren
razmŕšen zerzaust
razmŕšiti PF zerzausen
raznašálec Austräger *m*

raznášati austragen; verbreiten; zerstreuen
raznêsti PF austragen, zerstreuen; zersprengen
rázno Verschiedene(s) *n*
raznobárven verschiedenfarbig
raznolíčen, **raznovŕsten** verschiedenartig, vielfältig
raznožênje SPORT Spagat *m*
razobésiti PF aushängen
razočáranje Enttäuschung *f*
razočárati PF enttäuschen
razodéti PF enthüllen; offenbaren; ~ **se** (*D*) sich j-m mitteilen
razodétje Offenbarung *f*
razodévati → razodéti
razorožítev F Entwaffnung *f*
razorožíti PF entwaffnen
razpàd Zerfall *m*
razpádati zerfallen, verfallen
razpárati PF auftrennen
razpásti (**razpádem**) PF → razpádati
razpásti (**razpásem**) **se** PF sich verbreiten, sich vermehren
razpečáti PF *Falschgeld, Drogen* anbringen, absetzen
razpélo Kruzifix *n*
razpénjati dehnen, strecken, spannen; aufknöpfen
razpéti PF → razpénjati; *Zelt* aufschlagen
razpíhati PF wegblasen, verwehen
razpìs Ausschreibung *f*; **nagrádni** ~ Preisausschreiben *n*
razpísati PF ausschreiben; ~ **nagrádo** e-n Preis aussetzen
razplamtéti PF entflammen
razplêsti PF entflechten, entwirren
razplèt Auflösung *f*; Entwicklung *f*
razpóčiti PF bersten, zerspringen
razpóka Sprung *m*, Spalte *f*, Riss *m*
razpókan rissig, zerklüftet
razpolága: **bíti na razpolágo** zur Verfügung stehen
razpolágati: ~ **s** (*I*) über et. verfügen
razpolovíti PF halbieren
razpoložèn gelaunt, gestimmt
razpoložênje Stimmung *f*, Laune *f*
razpoložljív verfügbar
razpòn Spannweite *f*
razporèd Anordnung *f*, Einteilung *f*
razporedíti PF, **razporéjati** anordnen, einteilen
razpórek Schlitz *m*
razposajèn ausgelassen, übermütig
razposajênost F Ausgelassenheit *f*, Übermut *m*
razposláti PF versenden, verschicken
razpostáviti PF, **razpostávljati** auseinanderstellen; aufstellen
razpošíljanje Versand *m*, Versenden *n*
razpošíljati → razposláti
razpótje Scheideweg *m*, Kreuzung *f*, Weggabelung *f*
razpoznáti PF, **razpoznávati** erkennen, unterscheiden

razpráskati PF zerkratzen
razpráva Abhandlung *f*; Debatte *f*, Diskussion *f*
razprávljati erörtern, diskutieren, debattieren; abhandeln
razpredelíti PF, **razpredeljeváti** aufteilen, einteilen
razpredélnica Tabelle *f*
razpréti PF spreizen
razprodája Ausverkauf *m*
razprodájati ausverkaufen
razprodán ausverkauft, vergriffen
razprodáti PF → razprodájati
razprostírati ausbreiten; ~ **se** sich erstrecken
razprostréti PF ausbreiten
razpršílec Zerstäuber *m*
razprtíja Zwietracht *f*, Zwist *m*, Zwistigkeit *f*
razpustíti PF zerlassen; auflösen; *Geschäft* schließen
razpúst, **razpustítev** F Auflösung *f*; *Geschäft*: Schließung *f*
razrahljáti PF lockern
razrahlján lose
razrásti se PF sich ausbreiten; *fig* anwachsen
rázred Klasse *f*, Kategorie *f*
razréden Klassen-
razrédničarka Klassenlehrerin *f*
razrédnik Klassenlehrer *m*
razrešítev F Auflösung *f*
razrešíti PF auflösen, lösen
razrézati PF zerschneiden
razríti PF zerwühlen
razrúšiti PF *Gebäude* zerstören
razsájati toben, rasen, wüten
razsedláti PF absatteln
razsejáti PF aussäen; *fig* verbreiten
razsékati PF zerhacken
razséžen ausgedehnt, weitläufig
razséžnost F Ausdehnung *f*, Dimension *f*
razsípati PF, **razsipávati** verstreuen; verschwenden, vergeuden
razsípen verschwenderisch
razsípnik Verschwender *m*
razsípnost F Verschwendungssucht *f*
razsődba Urteil *n*, Urteilsspruch *m*
razsóden besonnen
razsodíšče Schiedsgericht *n*
razsodíti PF JUR entscheiden; ein Urteil fällen
razsodník Schiedsrichter *m*
razsrdíti PF erzürnen; ~ **se** zornig werden
razstáva Ausstellung *f*
razstavíšče Ausstellungsplatz *m*, Ausstellungsgelände *n*
razstáviti PF, **razstávljati** ausstellen; zerlegen
razstavljávec Aussteller *m*
razstavljávka Ausstellerin *f*
razstrelítev F Sprengung *f*
razstrelíti PF sprengen
razstrelívo Sprengstoff *m*
razsúti PF verschütten
razsvetlítev F, **razsvetljáva** Beleuchtung *f*
razsvetljèn beleuchtet; aufgeklärt
razsvetljênje Erleuchtung *f*, Aufklärung *f*
razširítev F Erweiterung *f*
razšíriti PF, **razširjeváti** er-

weitern, ausdehnen; ~ **se** sich ausbreiten
razšírjen verbreitet
razšírjenost F Verbreitung *f*
razškropíti PF versprühen
raztájati se PF *Schnee*: schmelzen
raztápljati (*in Flüssigkeit*) auflösen
raztegljív dehnbar
raztegníti PF (aus)dehnen, ausstrecken
raztépati GASTR quirlen
raztêpsti PF GASTR verquirlen
raztézanje Ausdehnen *n*, Strecken *n*
raztézati dehnen, strecken; ~ **se** sich erstrecken
raztéznost F Dehnbarkeit *f*
raztopína CHEM Lösung *f*
raztopíti PF CHEM auflösen
raztovóriti PF entladen; SCHIFF ausladen
raztrésen zerstreut
raztrésenost F Zerstreutheit *f*
raztrésti PF verstreuen; *j-n* ablenken
raztŕgan zerrissen
raztŕgati PF zerreißen
raztrosíti PF zerstreuen, verstreuen
razúm Verstand *m*
razúmen verständig, besonnen
razuméti (IM)PF verstehen, begreifen; **naróbe** ~ missverstehen
razumevajóč verständnisvoll
razumévanje Verständnis *n*; **brez razumévanja** verständnislos
razumljív verständlich, begreiflich
razumljívost F Verständlichkeit *f*
razúmnik Intellektuelle(r) *m*
razuzdán zügellos, ausschweifend
razuzdánec Wüstling *m*
razuzdánost F Zügellosigkeit *f*, Ausschweifung *f*
razváda schlechte Angewohnheit *f*, Unart *f*
razváditi PF, **razvájati** verwöhnen, verhätscheln
razvájen verwöhnt, verhätschelt
razvalína Ruine *f*
razváljati PF *Teig* ausrollen, *österr* auswalken
razvédeti se PF bekannt werden
razvedrílo Ablenkung *f*, Zerstreuung *f*
razvedríti PF aufheitern, ablenken; ~ **se** sich zerstreuen, sich erholen
razveljavítev F JUR Aufhebung *f*
razveljáviti PF aufheben, außer Kraft setzen
razveselíti PF, **razveseljeváti** erfreuen, Freude bereiten
razveseljív erfreulich
razvéza JUR Auflösung *f*; Scheidung *f*
razvézati PF JUR auflösen; ~ **se** *Knoten*: aufgehen
razvíden ersichtlich
razvídeti PF ersehen, begreifen
razvíjati ausrollen; FOTO ent-

wickeln; ~ **se** sich entwickeln, sich entfalten
razvít entwickelt
razvíti PF → razvíjati
razvléči PF auseinanderziehen; ausdehnen
razvnémati, razvnéti PF entflammen; erregen
razvnét erregt
razvódje Wasserscheide *f*
razvòj Entwicklung *f*
razvozláti PF aufknüpfen, aufknoten; *fig Zunge* lösen
razvpít verrufen
razvràt Zügellosigkeit *f*
razvráten zügellos, sittenlos
razvrednôtenje Abwertung *f*, Entwertung *f*
razvrednôtiti PF abwerten, entwerten
razvrstítev F Anordnung *f*
razvrstíti PF, **razvŕščati** anordnen, gruppieren, aufstellen
razžágati PF zersägen
razžalítev F Beleidigung *f*
razžalíti PF beleidigen, kränken
razžalostíti PF traurig stimmen; ~ **se** traurig werden
razživéti se PF lebhaft werden
ráženj (Brat-)Spieß *m*
rdèč rot
rdečelás rothaarig
rdečíca Röte *f*
rdečílo rote Farbe *f*, rote Tinte *f*; Lippenstift *m*
rdéčkast rötlich
reákcija Reaktion *f*
reakcionár Reaktionär *m*
reaktivírati (IM)PF reaktivieren
reálen real
realíst Realist *m*
realístičen realistisch
realízem Realismus *m*
reálnost F Realität *f*, Wirklichkeit *f*
rêbrast gerippt
rêbrce Rippchen *n*
rêbro Rippe *f*
recépt Rezept *n*
réč F Ding *n*, Sache *f*
rečeníca Phrase *f*, Redewendung *f*
rêči sagen; **recímo** angenommen; **odkríto rečêno** offen gestanden
réd Ordnung *f*; Orden *m*; **vôzni** ~ Fahrplan *m*; **besédni** ~ Wortfolge *f*; **vŕstni** ~ Reihenfolge *f*
rédčiti verdünnen; ~ **se** schütter werden; sich lichten
rédek selten, rar; spärlich, schütter; **rédko** *adv* selten
réden ordentlich; regelmäßig
redíti *Tiere* züchten; mästen
rêdkev F Rettich *m*
redkobeséden wortkarg
rédkokdàj ADV selten
rêdkvica Radieschen *n*
rédno ADV regelmäßig
redoljúben ordnungsliebend
redôvnica Ordensschwester *f*
redôvnik Ordensbruder *m*
referènt Referent *m*
refléks Reflex *m*
refleksíven reflexiv, rückbezüglich
refórma Reform *f*
reformírati (IM)PF reformieren
regljáti quaken
régrat BOT Löwenzahn *m*

reguláren regulär
regulírati (IM)PF regulieren
rêja Zucht *f*; Pflege *f*
rejèn wohlgenährt
rejênec Pflegekind *n*
rék Spruch *m*, Aphorismus *m*
réka Fluss *m*
reklamírati (IM)PF reklamieren
rekláma Reklame *f*, Werbung *f*
rêklo Redensart *f*
rekórd Rekord *m*
rélativen relativ
reliéf Relief *n*
relígija Religion *f*, Glaube *m*
relíkvija Reliquie *f*
remí M *Schach*: unentschieden
renčánje Knurren *n*
renčáti knurren
renesánsa Renaissance *f*
rénta Rente *f*
rentabílen rentabel, einträglich
réntgen Röntgenapparat *m*
rentgenizírati (IM)PF röntgen
reorganizácija Reorganisation *f*, Neuordnung *f*
rèp Schwanz *m*, Schweif *m*; **ne iméti ne ~a ne gláve** weder Hand noch Fuß haben
répa Rübe *f*
repatíca Komet *m*
repénčiti se sich aufspielen
repertoár Repertoire *n*
reportáža Reportage *f*
reprezentánca Repräsentanz *f*, Vertretung *f*; **drž́avna ~** Nationalmannschaft *f*
repríza Reprise *f*, Wiederholung *f*
reproducírati (IM)PF reproduzieren
reprodúkcija Reproduktion *f*
repúblika Republik *f*
rés ADV wahr, wirklich
résast fransig
résen ernst
resignácija Resignation *f*
résje Heidekraut *n*
resníca Wahrheit *f*
resnicoljúben wahrheitsliebend
resníčen wahr, wahrhaftig
resníčno ADV wahrlich
resníčnost F Wirklichkeit *f*
resnôba Ernst *m*
resnôben ernsthaft
résnost F Ernsthaftigkeit *f*, Ernst *m*
resolúcija Resolution *f*
resonánca Resonanz *f*
restavrácija Restaurant *n*; Restauration *f*
rešêtka Gitter *n*
rešêto Sieb *n*
reševálec Retter *m*
reševálen Rettungs-
reševáti retten; *Rätsel* lösen
rešílen rettend; Rettungs-
rešítev F Rettung *f*; Lösung *f*
rešíti PF retten; erlösen
retórika Rhetorik *f*
réva elender Mensch *m*
revanšírati se (IM)PF sich revanchieren
réven arm, ärmlich, elend; bedürftig, notleidend, mittellos
révež Arme(r) *m*
revíja Revue *f*
revír Revier *n*
revmátičen rheumatisch
revmatízem Rheumatismus *m*
revolúcija Revolution *f*

revólver Revolver *m*
révščina Armut *f*, Not *f*, Elend *n*
réz Schnitt *m*; **cárski ~** Kaiserschnitt *m*
rézanci MPL Nudeln *fpl*
rézati schneiden
rezbaríja Schnitzarbeit *f*
rézek scharf, schrill
rezêrva Reserve *f*, Vorrat *m*
rezervácija Buchung *f*, Reservierung *f*
rezervíran reserviert; kühl, zurückhaltend
rezervírati (IM)PF buchen, reservieren
rezgetáti wiehern
rezílo Schneide *f*, Klinge *f*
rezína Schnitte *f*
rezljáti schnitzen
rezultát Resultat *n*, Ergebnis *n*
réža Spalt *m*, Schlitz *m*, Ritze *f*
režáti klaffen; **~ se** grinsen
režem → rézati
režíja Regie *f*
režím Regime *n*
režisêr Regisseur *m*
ríba Fisch *m*
ribáriti fischen
ríbati reiben, scheuern, schrubben
ríbez Johannisbeere *f*; *österr* Ribisel *f*
ríbež Reibeisen *n*
ríbica kleiner Fisch *m*; **človéška ~** Grottenolm *m*
ríbič Fischer *m*
ríbištvo Fischerei *f*
ríbji Fisch-
ríbnik Teich *m*
ribolòv Fischfang *m*
rígati rülpsen; *Esel:* schreien
rílec Rüssel *m*
Rím Rom *n*
ríma Reim *m*; **v ~h** gereimt
rímati reimen
rímski römisch; **Rímska césta** Milchstraße *f*
ríniti schieben, drängen
rís Luchs *m*
rísanje Zeichnen *n*
rísanka Zeichenheft *f*; Zeichen(trick)film *m*
rísar Zeichner *m*
rísati zeichnen
rísba Zeichnung *f*
riskánten riskant
rít F *vulg* Arsch *m*
rítem Rhythmus *m*
rítensko rückwärts
ríti wühlen
rítka *umg* Popo *m*
rítmičen rhythmisch
ríziko Risiko *n*
ríž Reis *m*
ŕja Rost *m*
ŕjast rostig
rjàv braun
rjavéti braun werden; rosten
rjávkast bräunlich
rjovênje Gebrüll *n*
rjovéti brüllen
rjúha Laken *n*
rmán BOT Schafgarbe *f*
rób Rand *m*; Saum *m*; Kante *f*; Borte *f*; **po ~u se postáviti** die Stirn bieten
robántiti fluchen
robàt kantig; *fig* ungehobelt, derb
robátost F Derbheit *f*
róbec Taschentuch *n*

robída Brombeerstrauch *m*
robídnica Brombeere *f*
robíti säumen
ròč Griff *m*, Henkel *m*, Bügel *m*
ročáj Griff *m*, Stiel *m*
rôčen Hand-; manuell
ročíca Händchen *n*; Griff *m*; Kurbel *f*
rôčka Kanne *f*, Krug *m*
ród, **rodbína** Geschlecht *n*, Sippe *f*
róden fruchtbar
rodílnik GRAM Genitiv *m*
roditi (IM)PF gebären, entbinden; ~ **se** geboren werden
ródnost F Fruchtbarkeit *f*; Geburtenziffer *f*, Natalität *f*
rodoljúben patriotisch
rodovíten fruchtbar
rodovítnost F Fruchtbarkeit *f*
rodôvnik Stammbaum *m*
róg Horn *n*
róganje Hohn *m*
rógati se höhnen
rogljič Hörnchen *n*, *österr* Kipferl *n*; **francóski ~(ek)** Croissant *n*
rogôvje Geweih *n*
rohnéti schreien, brüllen, toben
ròj *Insekten*: Schwarm *m*
roják Landsmann *m*
rôjen geboren
rôjsten Geburts-; **rôjstni dán** Geburtstag *m*; **vsè najbóljše za rôjstni dán!** alles Gute zum Geburtstag!
rôjstvo Geburt *f*
rók Frist *f*, Termin *m*; **~ trájanja** Haltbarkeitsdatum *n*
rôka Hand *f*; Arm *m*; **v róke** zu Händen
rokáv Ärmel *m*
rokavíca Handschuh *m*
rokobórba Ringkampf *m*
rokobórec Ringkämpfer *m*
rokodélec Handwerker *m*
rokodélstvo Handwerk *n*
rokomèt Handball *m*
rokopís Handschrift *f*
rokováti se *j-m* die Hand schütteln
rólerji MPL Inlineskates *pl*
román Roman *m*
rómanje Wallfahrt *f*
románski romanisch
romántičen romantisch
romántika Romantik *f*
rómar Pilger *m*, Wallfahrer *m*
rómarski Wallfahrts-
rómati (IM)PF pilgern
Romún Rumäne *f*
Romúnija Rumänien *n*
romúnski rumänisch
róp Raub *m*, Plünderung *f*
rópanje Rauben *n*, Plündern *n*
rópar Räuber *m*
róparica: **ptíca ~** Raubvogel *m*
rópati rauben, plündern
ropòt Gepolter *n*, Lärm *m*
ropotánje Gepolter *n*
ropotárnica Rumpelkammer *f*
ropotáti poltern, lärmen
ropotíja Gerümpel *n*
ropotúlja Rassel *f*
rôsa Tau *m*
rôsen taufeucht, feucht
rotácija Rotation *f*
rotítev F Beschwörung *f*
rotíti beschwören
ròv Schacht *m*, Stollen *m*; Graben *m*

rováriti wühlen
rozína Rosine *f*
róža Blume *f*; Rose *f*
róžast geblümt
roženíca Hornhaut *f*
roževína Horn *n*
rôžič Johannisbrot *n*
rožljánje Geklirre *n*, Gerassel *n*
rožljáti klirren, rasseln
róžmarin Rosmarin *m*
róžnat rosig
ŕt, rtìč Kap *n*, Landspitze *f*
rubíti pfänden
rubríka Rubrik *f*, Spalte *f*
rúda Erz *n*
rudár Bergmann *m*, Knappe *m*
rudárstvo Bergbau *m*
rúdnik Bergwerk *n*
rudnína Mineral *n*
rúdniški Bergwerks-
rúm Rum *m*
rumèn gelb
rumeníca FOTO Gelbfilter *n*
rumenják Eidotter *m*, *n*, Eigelb *n*
ruménkast gelblich
rúnda SPORT Runde *f*
rúno Vlies *n*
Rús Russe *m*
Rúsija Russland *n*
Rúsinja Russin *f*
rúski russisch
rusálka Elfe *f*
rúša Rasen *m*
rúščina Russisch(e) *n*
rúševec Birkhuhn *n*
ruševína Ruine *f*, Trümmer *pl*
rušílec SCHIFF Zerstörer *m*
rušíti zerstören, niederreißen; ~ **se** *Gebäude*: verfallen
rúta Tuch *n*; **naglávna** ~ Kopftuch *n*
rúvati ausreißen; ~ **se** raufen
ŕž Roggen *m*

S

s (*I*) mit (*D*); mittels (*G*); von (*D*)
sáblja Säbel *m*
sabotáža Sabotage *f*
sád Frucht *f*
sáden Obst-, Frucht-
sádež Frucht *f*
sadíka BOT Setzling *m*
sadíti setzen, pflanzen
sadjárstvo Obstbau *m*
sádje Obst *n*; **súho** ~ Dörrobst *n*
sádjevec Apfelwein *m*, Most *m*; *österr* Obstler *m*
sadovnják Obstgarten *m*
sàj ja, doch, wohl
sájast, sájav rußig
sáje FPL Ruß *m*
sajênje Pflanzen *n*
saksofón Saxophon *n*
saláma Salami *f*
sám selbst, selber; allein, einsam; ~ **od sêbe** von selbst
sámec Junggeselle *m*; ZOOL Männchen *n*
samévati einsam sein, einsam leben
samíca ZOOL Weibchen; *Gefängnis*: Einzelhaft *f*
samó nur, bloß
samobíten eigenständig
samodêjen selbsttätig, auto-

matisch
samoglásnik GRAM Selbstlaut *m*, Vokal *m*
samogôvor Selbstgespräch *n*, Monolog *m*
samohôten spontan, freiwillig
samohvála Selbstlob *n*
samokólnica Schubkarren *m*
samokrés Pistole *f*, Revolver *m*
samokrítičen selbstkritisch
samomòr Selbstmord *m*
samomorílec Selbstmörder *m*
samomorílski selbstmörderisch
sámoobrámba Selbstverteidigung *f*
sámoobtôžba Selbstanklage *f*
sámoodlóčanje Selbstbestimmung *f*
sámopomóč F Selbsthilfe *f*
samorásel natürlich, urwüchsig
samoróg Einhorn *n*
samospèv Lied *n*
sámosprožílec FOTO Selbstauslöser *m*
samostálnik GRAM Hauptwort *n*, Substantiv *n*
samostán Kloster *n*, Stift *n*
samostójen selbstständig
samostójnost F Selbstständigkeit *f*
samosvój eigensinnig; eigentümlich
samôta Einsamkeit *f*
samotár Einzelgänger *m*, Eigenbrötler *m*
samôten einsam, zurückgezogen
samoúk Autodidakt *m*
sámouméven selbstverständlich
sámouprava Selbstverwaltung *f*
samovólja Eigenwille *m*, Willkür *f*
samovóljen eigenwillig, willkürlich
samovšéčen selbstgefällig
sámozadovóljen selbstzufrieden
samozalóžba Selbstverlag *m*
sámozaničevánje Selbstverachtung *f*
sámozatajevánje Selbstverleugnung *f*
samozavést F Selbstbewusstsein *n*
sámozavésten selbstbewusst
sámski ledig, unverheiratet
sanatórij Sanatorium *n*
sandála Sandale *f*
saní FPL Schlitten *m*
sanjáč Träumer *m*
sanjáriti *fig* träumen
sanjárjenje Träumerei *f*
sánjati träumen; **sanjálo se mi jè** ich träumte
sanjàv träumerisch
sanje FPL Traum *m*
sankalíšče Rodelbahn *f*
sánkati se Schlitten fahren, rodeln
sánke FPL Schlitten *m*; *österr* Rodel *f*
sápa Atem *m*; Wind *m*
sápica Lüftchen *n*, Brise *f*, Lufthauch *m*
sápnik Luftröhre *f*
sardéla Sardelle *f*
sardína Sardine *f*

sát (Honig-)Wabe *f*
sátan Satan *m*
sátanski satanisch, teuflisch
satelít Satellit *m*
satíra Satire *f*
satíričen satirisch
satírik Satiriker *m*
sávna Sauna *f*
scefráti PF zerfransen, zerfetzen
scéna Szene *f*
sčásoma im Laufe der Zeit, allmählich
sêbe (se), sêbi (si) sich
sebíčen egoistisch, selbstsüchtig
sebíčnost F Egoismus *m*, Selbstsucht *f*
séč Harn *m*, Urin *m*
sečevòd Harnleiter *m*
séči PF greifen, zugreifen; ~ **v besédo** ins Wort fallen
sečíšče Schnittpunkt *m*
sedàj jetzt, nun; **rávno** ~ soeben
sedálo Sitz *m*; Gesäß *n*
sedánji gegenwärtig, jetzt
sedánjik Gegenwart *f*, GRAM Präsens *n*
sedánjost F Gegenwart *f*
sédem sieben
sédem → sésti
sédemdeset siebzig
sédemdnéven siebentägig
sédemnajst siebzehn
sédemsto siebenhundert
sedênje Sitzen *n*
sedéti sitzen
sédež Sitz *m*, Sitzplatz *m*; **otróški** ~ AUTO Kindersitz *m*
sedláti satteln
sêdlo Sattel *m*
sêdmi siebente(r)
sedmíca Sieben *f*
sedmína Siebentel *n*
ségati greifen, zugreifen; reichen, sich erstrecken
segníti PF verfaulen
segrévati, segréti PF erwärmen, erhitzen
sêja Sitzung *f*
sejánje Säen *n*
sejáti säen; sieben
sêjem Markt *m*; Messe *f*
sejmíšče Marktplatz *m*
sekálec Schneidezahn *m*
sékati hacken, hauen; *Bäume* fällen
sekíra Axt *f*, Beil *n*
sekljáti *Kräuter* hacken
sekretár Sekretär *m*
sekretárka Sekretärin *f*
seksuálen sexuell
sékta Sekte *f*
séktor Sektor *m*
sekúnda Sekunde *f*
sèl Bote *m*
selítev F Umzug *m*, Übersied(e)lung *f*
selíti übersiedeln
sem → bíti
sèm her, herbei; ~ **ter tjá** hin und her, hin und wieder
séme Same(n) *m*
semenárna Samenhandlung *f*
semeníšče Priesterseminar *n*
semènj Markt *m*
seméster Semester *n*, Halbjahr *n*
seminár Seminar *n*
sèmkaj hierher
sèn Schlaf *m*; *fig* Traum *m*

sénca Schatten *m*
sencè Schläfe *f*
sénčen schattig
sénčiti schattieren
sénčnik Lampenschirm *m*
séndvič Sandwich *n*
seník Heuboden *m*
senó Heu *n*
sentimentálen sentimental
senzácija Sensation *f*
senzacionálen sensationell
sépsa Sepsis *f*, Blutvergiftung *f*
septêmber September *m*
sêrija Serie *f*, Reihe *f*, Folge *f*
servírati (IM)PF servieren
servís Tafelgeschirr *n*, Service *n*
sêrvis (*Dienstleistung*) Service *m*, *n*; SPORT Aufschlag *m*
sesálec Säugetier *n*; Staubsauger *m*
sesálka Saugpumpe *f*
sesálnik Staubsauger *m*
sesáti saugen
sesékati PF zerhacken
sesésti se PF zusammensinken, zusammensacken
sesíriti se PF *Milch*: stocken, gerinnen
sestájati bestehen; ~ **se** sich treffen
sestánek Zusammenkunft *f*; Stelldichein *n*
sestáti se PF sich treffen
sestàv, sestáva Zusammensetzung *f*
sestávek Aufsatz *m*, Artikel *m*
sestavína Bestandteil *m*
sestáviti PF zusammensetzen, zusammenstellen; verfassen
sestávljanka Puzzle *n*
sestávljati → sestáviti
sestávljenka GRAM Zusammensetzung *f*
sésti PF sich setzen, sich niedersetzen
sestòj *Wald*: Bestand *m*
sestòp *Berg*: Abstieg *m*
sêstra Schwester *f*
sestrádan ausgehungert
sestrična Cousine *f*
sêstrski schwesterlich
sesúti se PF zusammenfallen, zusammenbrechen
sešíti PF zusammennähen
seštéti PF zusammenrechnen, zusammenzählen, addieren
seštévanje Addition *f*
seštévati → seštéti
seštévek Summe *f*
sétev F Saat *f*
sévanje Strahlung *f*
sévati strahlen
sevéda freilich, natürlich
séver Norden *m*; **proti ~u** nordwärts
séveren nördlich
sévernica Nordstern *m*, Polarstern *m*
séverovzhòd Nordosten *m*
séverovzhóden nordöstlich
séverozahòd Nordwesten *m*
séverozahóden nordwestlich
sezídati PF aufbauen, erbauen
seznàm Verzeichnis *n*, Liste *f*
seznaníti PF bekannt machen; ~ **se** bekannt werden
sezóna Saison *f*
sezónski Saison-
sezúti PF Schuhe ausziehen
séžem → séči
sežgáti PF, **sežígati** verbren-

nen
sfêra Sphäre *f*
shájati se zusammenkommen
shladíti PF abkühlen
shlapéti PF verdunsten
shòd Versammlung *f*
shrámba Vorratskammer *f*
shraníti PF, **shranjeváti** aufbewahren
shújšati PF abnehmen, abmagern
sicèr zwar, sonst; übrigens
síčnik Zischlaut *m*
sídro Anker *m*; **vzdígniti** *pf* ~ den Anker lichten
sífilis Syphilis *f*
signál Signal *n*, Zeichen *n*; **ne iméti ~a** *Handy* kein Netz haben
sìj Glanz *m*, Schein *m*; **séverni** ~ Nordlicht *n*
sijáj Glanz *m*, Pracht *f*, Prunk *m*
sijájen glänzend, prächtig
sijáti scheinen
síkati zischen
síla Gewalt *f*; Kraft *f*; Zwang *m*; Notfall *m*
sílen gewaltig, ungestüm; stark
silhuéta Silhouette *f*, Umriss *m*
síliti zwingen, nötigen; drängen
síljenje Nötigung *f*
síloma ADV gewaltsam
silovít gewaltig, ungestüm, heftig
simból Symbol *n*
simbóličen symbolisch
simétričen symmetrisch
simetríja Symmetrie *f*
simfoníja Symphonie *f*, Sinfonie *f*
simpatíja Sympathie *f*
simpátičen sympathisch
simptóm Symptom *n*
sín Sohn *m*
sindikát Gewerkschaft *f*
siníca Meise *f*
sínji (himmel)blau
sinóči gestern Abend
sinoním Synonym *n*
sintétičen synthetisch
sintéza Synthese *f*
sípa Tintenfisch *m*
sípati streuen
sipína Sandbank *f*, Düne *f*
sìr Käse *m*; **mêhki** ~ Streichkäse *m*
sirárna Käserei *f*
siromák Arme(r) *m*
siromášen ärmlich, armselig
siróta Waise *f*
sirotíšnica Waisenhaus *n*
sírotka Molke *f*
sistém System *n*
sistemátičen systematisch
sìt satt; überdrüssig
síten lästig, zudringlich
sitnáriti lästig sein, quengeln
sitnôba lästiger Mensch *m*; *umg* Quälgeist *m*
sítnost F Schwierigkeit *f*, Unannehmlichkeit *f*
síto Sieb *n*
sív grau
sivéti grau werden
sívkast gräulich
sivolás grauhaarig
skakáč *Schach*: Springer *m*
skakálec SPORT Springer *m*
skakálnica Sprungschanze *f*
skakánje Springen *n*
skákati springen, hüpfen

skakljáti hoppeln
skála Felsen *m*
skalíti PF trüben
skálnat felsig
skalóvje Felsen *mpl*
skazíti PF *umg* verpfuschen, verpatzen
skažèn missgebildet
skedènj Tenne *f*, Scheune *f*
skelèč brennend, schmerzhaft
skeléti brennen, schmerzen
skesán reumütig, reuevoll, zerknirscht
skesánost F Reuegefühl *n*
skesáti se PF bereuen
skíca Skizze *f*, Entwurf *m*
skísati se PF sauer werden
sklàd Lage *f*, *österr* Schichte *f*; Stoß *m*; Einklang *m*; Fonds *m*
skládanica Stoß *m*, Stapel *m*
skladátelj Komponist *m*
skládati zusammenlegen, stapeln; komponieren; **~ se** übereinstimmen
skládba MUS Komposition *f*
skláden übereinstimmend
skladíšče Lager *n*, Lagerplatz *m*
skládnja GRAM Syntax *f*, Satzlehre *f*
skládnost F Übereinstimmung *f*, Einklang *m*
sklanjátev F GRAM Deklination *f*
sklánjati GRAM deklinieren
skléda Schüssel *f*
sklédica Schüsselchen *n*, Schale *f*
sklenína Email *n*, Schmelz *m*; **zóbna ~** Zahnschmelz *m*
sklenítev F Abschluss *m*
skleníti PF schließen, beschließen; sich vornehmen; *Hände* falten
sklèp Schluss *m*, Beschluss *m*; Folgerung *f*; Vorsatz *m*; ANAT Gelenk *n*
sklépati → skleníti; folgern
sklépčen beschlussfähig
sklícati PF zusammenrufen, einberufen
sklijceváti se: **~ na** (*A*) sich auf et. berufen
skljúčiti se PF sich krümmen
sklòn GRAM Fall *m*, Kasus *m*
skloníti se PF sich beugen
sklòp Gefüge *n*
sklopíti PF zusammenfügen; kuppeln
sklópka Kupplung *f*
skôbec ZOOL Sperber *m*
skóbeljnik Hobelmaschine *f*
skóbljati hobeln
skočíti PF springen
skodélica Tasse *f*, Schale *f*
skódla (Dach-)Schindel *f*
skódrati PF locken, kräuseln
skòk Sprung *m*, Satz *m*; **~ v daljávo** Weitsprung *m*; **~ v višíno** Hochsprung *m*; **~ s pálico** Stabhochsprung *m*
skokovít sprunghaft
skomígniti PF die Achseln zucken
skomíne FPL Gelüste *pl*; **~ délati** reizen
skóp geizig, knauserig
skopáriti geizen, knausern
skópati PF baden
skopáti PF ausgraben
skópiti PF kastrieren
skopnéti *Schnee*: schmelzen

skopóst F Geiz *m*
skopúh Geizhals *m*
skopúški geizig
skôraj beinahe, fast, nahezu
skórja Rinde *f*
skotalíti se PF wegrollen
skotíti PF Junge werfen
skovánka GRAM Neubildung *f*
skováti PF schmieden
skózi (*A*) durch (*A*); hindurch
skrájnji äußerste(r), extrem
skrájnost F Extrem *n*, Äußerste(s) *n*
skrájšati PF, **skrajševáti** kürzen, verkürzen, abkürzen
skrátka kurz und gut, kurzum, mit e-m Wort
skŕb F Sorge *f*, Kummer *m*; Pflege *f*; **v skrbéh** besorgt
skŕben sorgfältig; achtsam; fürsorglich
skrbéti sorgen, Sorge tragen; **~ za** (*A*) j-n umsorgen
skrbníca Pflegerin *f*, Fürsorgerin *f*
skrbník Pfleger *m*; Vormund *m*, Kurator *m*
skrbníštvo Fürsorge *f*, Vormundschaft *f*
skŕbnost F Sorgfalt *f*, Sorgfältigkeit *f*
skŕčiti PF zusammenziehen; kürzen, einschränken; **~ se** zusammenschrumpfen, eingehen
skrémžiti se PF das Gesicht verziehen
skŕhan *Messer*: stumpf
skrílavec Schiefer *m*
skrínja Truhe *f*, Schrein *m*; **zamrzoválna ~** Tiefkühltruhe *f*
skrínjica Kästchen *n*; Schatulle *f*
skrít verborgen, versteckt
skríti PF verstecken, verbergen
skrítost F Verborgenheit *f*
skrivàj heimlich, im Stillen, verstohlen
skrivalíšče Versteck *n*
skrívati verstecken, verbergen, verheimlichen
skríven geheim, verborgen, versteckt
skrivíti PF verbiegen
skrívljen verkrümmt, verbogen
skrivnóst F Geheimnis *n*; **izdáti** *pf* **~** ein Geheimnis preisgeben
skrivnósten geheimnisvoll, mysteriös, rätselhaft
skrômen bescheiden, genügsam, anspruchslos
skrtáčiti PF ausbürsten
skrúniti schänden
skrúšen zerknirscht
skrúšenost F Zerknirschung *f*
skúbsti rupfen
skúhati PF (fertig) kochen
skulptúra Skulptur *f*
skúpaj zusammen, beisammen; miteinander
skúpen gemeinsam; gesamt
skupína Gruppe *f*
skúpnost F Gemeinschaft *f*
skúpščina Versammlung *f*; **zvézna ~** Bundestag *m*
skúsiti PF erfahren, mitmachen, erleben
skúša Makrele *f*
skúšati versuchen
skúšen erfahren, bewandert
skušnjáva Versuchung *f*

skúštrati PF zerzausen
skúta Quark *m; österr* Topfen *m*
skváriti PF verderben
slà Lust *f*, Begierde *f*
slàb schwach; schlaff, matt; *fig* schlecht, böse; **slabó mi je** mir ist übel
slabíti schwächen
slabokŕven blutarm, anämisch
slabokŕvnost F Blutarmut *f*, Anämie *f*
slabóst F Schwäche *f*, Schwachheit *f*
slabôten schwächlich, gebrechlich
slaboúmen schwachsinnig
slaboúmnost F Schwachsinn *m*
slábšati verschlechtern
sláčenje Ausziehen *n*, Entkleiden *n*
sláčiti ausziehen, entkleiden
slád Malz *n*
sladák, **sládek** süß
sladíca Süßspeise *f*, Mehlspeise *f*
sladkaríja Süßigkeit *f*
sladkáti süßen, zuckern; **~ se** naschen
sladkôba Süße *f*
sladkôben süßlich
sládkor Zucker *m*; **~ v kóckah** Würfelzucker *m*; **~ v práhu** Staubzucker *m*
sladkórček Bonbon *n*
sladkórna *umg* Zuckerkrankheit *f*
sladkórnica Zuckerdose *f*
sladkosnéd Naschkatze *f*
sladkóst F *fig* Süße *f*
sladkovôden Süßwasser-
sladokúsec Feinschmecker *m*, Gourmet *m*
sladoléd (Speise-)Eis *n*
sladolédar Eisverkäufer *m*
sladoledárna Eisdiele *f*
slájšati *fig* versüßen
slálom Slalom *m, n*
sláma Stroh *n*
slámica Strohhalm *m*
slámnik Strohhut *m*
slán salzig, gesalzen
slána Reif *m*
slaník Hering *m*
slanína Speck *m*
sláp Wasserfall *m*
slást F Wonne *f*, Lustgefühl *n*
slásten schmackhaft, köstlich
slaščíca Süßigkeit *f*, Konfekt *n*
slaščičár Konditor *m*
slaščičárna Konditorei *f*
slátina Mineralwasser *n*, Selterswasser *n*, Sprudel *m*
sláva Ruhm *m*
slávček Nachtigall *f*
sláven berühmt
slavíti rühmen, preisen; feiern
slávje, **slávnost** F Feier *f*, Feierlichkeit *f*
slávnosten feierlich, festlich
slavolók Triumphbogen *m*
sléči PF entkleiden, ausziehen
sléd F Spur *f*, Fährte *f*; **brez sledú** spurlos
sledíti folgen, verfolgen; nachfolgen
slédnji jeder; letzte(r)
slédnjič endlich, zuletzt
sléherni jeglicher
slehernik Jedermann *m*
slêj: **prêj ali ~** früher oder spä-

ter
slême (Dach-)First *m*; Bergrücken *m*
slép blind; **slépo** *adv* blindlings; **na ~o sréčo** aufs Geratewohl; **~o črevó** Blinddarm *m*
slepár Betrüger *m*, Gauner *m*
slepáriti schwindeln, betrügen
slépec Blinde(r) *m*; ZOOL Blindschleiche *f*
slepíti blenden; *fig* täuschen
slepôta Blindheit *f*
slíka Bild *n*, Bildnis *n*, Gemälde *n*
slíkanica Bilderbuch *n*
slikár Maler *m*
slikárka Malerin *f*
slikárstvo Malerei *f*
slíkati malen
slikovít malerisch
slína Speichel *m*
slínavka Speicheldrüse *f*
slínček Latz *m*
slíniti se *fig* sich anbiedern
slíšati hören
slíšen hörbar, vernehmlich
slíva Pflaume *f*, Zwetsch(g)e *f*; Pflaumenbaum *m*, Zwetsch(g)enbaum *m*
slívovka Pflaumenschnaps *m*, Sliwowitz *m*
slóg Stil *m*; Schreibweise *f*
slóga Eintracht *f*
slogôven stilistisch, Stil-
slòj Schicht *f*, Lage *f*
slók schlank
slòn Elefant *m*
slonéti lehnen
slonovína Elfenbein *n*
Slován Slawe *m*
slovánski slawisch
slovár Wörterbuch *n*; **~ tújk** Fremdwörterbuch *n*
slovárček Taschenwörterbuch *n*
Slovénec Slowene *m*
Slovénija Slowenien *n*
Slovénka Slowenin *f*
slovénski slowenisch
slovénščina Slowenisch(e) *n*
slôves guter Ruf *m*, Leumund *m*
slovésen feierlich
slovésnost F Feier *f*, Feierlichkeit *f*
slovéti berühmt sein
slôvnica Grammatik *f*
slôvničen, **slóvniški** grammatikalisch
slovó Abschied *m*
slôvstven literarisch
slóvstvo Literatur *f*
slóžen einträchtig, einig
slučáj Zufall *m*
slučájen zufällig
slúga M Diener *m*
slúh Gehör *n*
sluhovòd Gehörgang *m*
slušálka Kopfhörer *m*
slušátelj (*Person*) Hörer *m*
slušáteljstvo Zuhörerschaft *f*
slutèč ahnend
slutíti ahnen
slútnja Ahnung *f*
slúz Schleim *m*
slúzast schleimig
slúznica Schleimhaut *f*
služábnik Diener *m*
slúžba Dienst *m*; Posten *m*; **dežúrna ~** Bereitschaftsdienst *m*
slúžben dienstlich

služíti dienen; verdienen
slúžkinja Dienstmädchen *n*
sméh Gelächter *n*, Lachen *n*
smehljáj Lächeln *n*
smehljáti se lächeln
smejáti se lachen
smél kühn, verwegen
smér F Richtung *f*, Kurs *m*
smérnica Richtlinie *f*, Richtschnur *f*
sméšen lächerlich; drollig
sméšiti lächerlich machen
sméšnost F Lächerlichkeit *f*
smétana Sahne *f*; **stepêna ~** Schlagsahne *f*
smetí FPL Müll *m*, Abfall *m*
sméti dürfen
smetíšnica Kehrichtschaufel *f*
smetnják Mülltonne *f*
smíliti se leidtun; **smíli se mi** er/sie tut mir leid
smísel Sinn *m*, Bedeutung *f*
smíseln sinngemäß
smodíti sengen; **~ se** anbrennen
smodník Schießpulver *n*
smókva Feige *f*; Feigenbaum *m*
smôla Pech *n*
smóter Zweck *m*, Ziel *n*
smótrn zweckmäßig
smrád Gestank *m*
smrčánje Schnarchen *n*
smrčáti schnarchen
smŕček Schnauze *f*; BOT Morchel *f*
smrdéti stinken
smrdljív stinkend
smréčje Fichtenwald *m*
smréka Fichte *f*
smrékov Fichten-
smŕkavec *vulg* Rotzbube *m*, Rotzjunge *m*
smŕt F Tod *m*; **na ~ bolán** todkrank
smŕten tödlich; **smŕtno neváren** lebensgefährlich
smŕtnost F Sterblichkeit *f*
SMS M ABK SMS *f*; **posláti** *pf* **kómu ~/(SMS-)sporočílo** j-m e-e SMS schicken
smúč Zander *m*
smúčanje Skifahren *n*, Skilaufen *n*
smúčar Skifahrer *m*, Skiläufer *m*
smúčati (se) Ski fahren, Ski laufen
smúčka Ski *m*
smúk SPORT Abfahrt *f*
smúkati, smúkniti PF huschen, schlüpfen; abstreifen
snága Reinheit *f*, Sauberkeit *f*
snáha Schwiegertochter *f*
snámem → snéti
snážen rein, reinlich, sauber
snáženje Reinigen *n*
snažílka Putzfrau *f*
snážiti reinigen, putzen, säubern
snážnost F Reinlichkeit *f*
snég Schnee *m*
Snegúljčica Schneewittchen *n*
snémati herabnehmen, herunternehmen; filmen
snésti PF aufessen, verzehren
snéti PF herabnehmen; *etw* abnehmen; **~ z interneta** aus dem Internet herunterladen
snéžen Schnee-; **snéžne razmére** Schneeverhältnisse *pl*
snežínka Schneeflocke *f*

snežíti schneien
snídenje Zusammenkunft *f*, Zusammentreffen *n*
snóči → sinóči
snòp Garbe *f*
snôv F Stoff *m*; Materie *f*
snováti entwerfen; im Schilde führen, planen
snôven stofflich, materiell
snúbec Freier *m*
snubíti freien, werben
sôba Zimmer *n*; Raum *m*; **dnévna ~** Wohnzimmer *n*
sôbarica Stubenmädchen *n*
sobesedílo Kontext *m*
sòbojévnik Mitkämpfer *m*
sobóta Samstag *m*; **ob ~h** samstags; **vélika ~** Karsamstag *m*
sociálen sozial
socialíst Sozialist *m*
socialízem Sozialismus *m*
sočásen gleichzeitig
sočásnost F Gleichzeitigkeit *f*
sóčen saftig
sòčlôvek Mitmensch *m*; **sòljudjé** *pl* Mitmenschen *pl*
sòčustvováti mitfühlen
sočúten mitfühlend, mitleidsvoll
sočútje Mitgefühl *n*, Anteilnahme *f*, Mitleid *n*
sód Fass *n*
sód *Zahl*: gerade
sóda Soda *f*, *n*
sódavica Sodawasser *n*
sôdba Urteil *n*, Rechtsspruch *m*, Schiedsspruch *m*; **oprostílna ~** Freispruch *m*
sodélavec Mitarbeiter *m*
sodelovánje Zusammenarbeit *f*, Mitarbeit *f*
sodelováti zusammenarbeiten, mitarbeiten
sóden Gerichts-, Justiz-; **sódni dán** der Jüngste Tag *m*
sodíšče Gericht *n*, Gerichtshof *m*; **okrájno ~** Bezirksgericht *n*; **okróžno ~** Kreisgericht *n*
sodíti richten, urteilen; passen; **tó ne sódi sèm** das passt nicht hierher
sodníca Richterin *f*
sodník Richter *m*; **preiskoválni ~** Untersuchungsrichter *m*
sodôben zeitgenössisch
sodôbnik Zeitgenosse *m*
sódrga Gesindel *n*, Pöbel *m*
sòdržavlján Mitbürger *m*
sódstvo Gerichtsbarkeit *f*
soglásen übereinstimmend, einmütig; **soglásno** einstimmig
soglásje Übereinstimmung *f*, Einklang *m*; Einverständnis *n*
soglásnik GRAM Konsonant *m*, Mitlaut *m*
soglášati übereinstimmen, einverstanden sein
sòj Glanz *m*, Schein *m*
sók Saft *m*
sôkol Falke *m*
sòkrív mitschuldig
sòkrívda Mitschuld *f*
sòkrívec Mitschuldige(r) *m*
sôl F Salz *n*; **kúhinjska ~** Kochsalz *n*
solárij Sonnenstudio *n*
sòlastník Miteigentümer *m*
sòlastnína Miteigentum *n*
soláta Salat *m*; **glávnata ~**

Kopfsalat *m*
solidárnost F Solidarität *f*
solíden solide
solíti salzen
solníca Salzfass *n*
sôlza Träne *f*
solzívec Tränengas *n*
sòm ZOOL Wels *m*
somrák Dämmerung *f*
sonáta Sonate *f*
sónce Sonne *f*
sónčarica Sonnenstich *m*
sónčen sonnig
sónčenje Sonnenbad *n*
sónčiti se sich sonnen
sónčnica Sonnenblume *f*
sónčnik Sonnenschirm *m*
soóčenje Gegenüberstellung *f*
soóčiti gegenüberstellen
sòodgovóren mitverantwortlich
sòodlóčanje Mitbestimmung *f*
sòodlóčati mitbestimmen
sopára Dunst *m*, Dampf *m*
sopáren schwül
sopárnost F Schwüle *f*
sopíhati schnaufen, keuchen
sopótnik Reisegefährte *m*, Mitreisende(r) *m*
soprán Sopran *m*
sopróg Gatte *m*
sopróga Gattin *f*
sôpsti schnaufen, keuchen
sorazméren verhältnismäßig, proportional
sorazmérje Proportion *f*
soróden verwandt
soródnica Verwandte *f*
soródnik Verwandte(r) *m*
soródstvo Verwandtschaft *f*
sórta Sorte *f*
sôsed Nachbar *m*
soséda Nachbarin *f*
soséden benachbart
soséščina Nachbarschaft *f*
sòstanoválec Mitbewohner *m*
sòstorílec JUR Mittäter *m*
sošólec Mitschüler *m*
sošólka Mitschülerin *f*
sotéska Schlucht *f*
sòtrpín Leidensgenosse *m*, Leidensgefährte *m*
sòudeležèn mitbeteiligt
sòuporába Mitbenutzung *f*
sòuporábljati mitbenutzen
sòustanovítelj Mitbegründer *m*
sôva Eule *f*
sovráštvo Hass *m*; Feindschaft *f*
sovrážen feindselig, feindlich
sovražíti hassen
sovrážnik Feind *m*
sovrážnost F Feindseligkeit *f*
sožálje Beileid *n*
sožítje Zusammenleben *n*
spáček Missgeburt *f*
spáčen unförmig, verzerrt
spáčiti PF entstellen, verunstalten; verzerren
spádati gehören, zugehören
spájati zusammenfügen, verbinden
spájkati löten
spàk Kobold *m*
spáka Fratze *f*
spakováti se Grimassen schneiden
spálnica Schlafzimmer *n*
spametováti PF zur Vernunft bringen; ~ se zur Vernunft

kommen
spánec Schlaf *m*
spánje Schlaf *m*; ~ **po kosílu** Mittagsschlaf *m*; **zímsko ~** Winterschlaf *m*
spáti schlafen
speciálen speziell
specialíst Spezialist *m*; **zdravník ~** Facharzt *m*
specialitéta Spezialität *f*
spêči PF backen, braten
spekulácija Spekulation *f*
spéniti PF zu Schaum schlagen
spenjáč (Schnell-)Hefter *m*
spénjati zusammenheften; zusammenknüpfen; koppeln, kuppeln
spêrem → spáti
spésniti PF erdichten
spét wieder, wiederum
spéti PF → spénjati
spèv Gesang *m*
spíhati PF verwehen, wegblasen
spím → spáti
spirála Spirale *f*
spírati abspülen
spís Aufsatz *m*; Akte *f*
spisáti PF verfassen, niederschreiben
spísek Verzeichnis *n*, Liste *f*
splačati se PF sich lohnen, sich auszahlen; *fig* sich rentieren
splahnéti PF schwinden
splakníti PF, **splakováti** abspülen
splašíti PF aufschrecken, aufscheuchen
splàv Floß *n*; MED Abtreibung *f*; **spontáni ~** Fehlgeburt *f*
splavíti PF, **splávljati** wegschwemmen; flößen; MED abtreiben
splazíti se PF kriechen; sich schleichen
splesnéti PF verschimmeln
splêsti PF, **splétati** stricken; flechten
splèt Geflecht *n*; Internet *n*, Web *n*
spléten Internet-, Web-; **splétna kavárna** Internetcafé *n*; **splétna strán** Webseite *f*; **splétni naslòv** Internetadresse *f*; **splétno bánčništvo** Onlinebanking *n*
splétka Intrige *f*
spletkár Intrigant *m*
spletkáriti intrigieren
splézati PF erklettern, erklimmen
splòh überhaupt
sploščèn platt, breit gedrückt
splôščiti PF breit drücken
splôšen allgemein; **na splôšno** im Allgemeinen
spnèm → spéti
spočétje Empfängnis *f*
spočétka anfangs
spočíti se PF sich ausruhen
spôdaj unten
spodbádati anspornen
spodbíti PF widerlegen, entkräften
spodbôsti PF → spodbádati
spodbúda Anregung *f*, Ansporn *m*
spodbúden anregend, aufmunternd
spodbudíti PF, **spodbújati** anregen, ermuntern
spodbujeválnik: **sŕčni ~**

Herzschrittmacher *m*
spodíti PF verjagen
spodkopáti PF, **spodkopávati** untergraben
spodletéti PF misslingen, missglücken
spodnêsti PF *Pläne* vereiteln
spódnji untere(r)
spódnjice FPL Unterhose *f*
spodóben anständig, manierlich
spodóbiti se sich schicken, sich geziemen
spodóbnost F Anstand *m*
spodríniti PF verdrängen
spodrsljáj Ausrutscher *m*, Entgleisung *f*
spodŕsniti PF ausrutschen, ausgleiten
spoglédati se PF e-n Blick wechseln
spogledljív kokett
spogledováti se Blicke wechseln; liebäugeln
spòj CHEM Verbindung *f*
spojíti PF verbinden; verschmelzen
spokójen still, geruhsam
spokójnost F Friede *m*, Stille *f*
spokóren bußfertig
spokoríti se PF Buße tun
spòl Geschlecht *n*
spôlen geschlechtlich
spôlnost F Sexualität *f*
spolovílo Geschlechtsorgan *n*
spôlzek rutschig, schlüpfrig; *fig* obszön
spomeník Denkmal *n*
spomín Andenken *n*; Gedächtnis *n*; Erinnerung *f*
spomínček Andenken *n*, Souvenir *n*
spomínčica Vergissmeinnicht *n*
spomínjati erinnern; ~ **se** sich erinnern, gedenken
spomládi im Frühling
spómniti se PF → spomínjati se
spóna Fessel *f*
spónka Klammer *f*, Spange *f*
spopàd Zusammenstoß *m*, Kampf *m*, Auseinandersetzung *f*
spopásti se PF, **spoprijéti se** PF aneinandergeraten, sich in die Haare geraten
spòr Streit *m*, Konflikt *m*
sporazúm Übereinkommen *n*, Einverständnis *n*
sporazúmen einverständlich
sporazuméti se PF sich verständigen; übereinkommen
sporazumévanje Verständigung *f*
sporêči se PF sich zerstreiten
sporèd Programm *n*
spóren strittig
sporóčati melden, mitteilen, benachrichtigen
sporočílo Nachricht *f*, Mitteilung *f*; **pustíti** *pf* **kómu** ~ j-m e-e Nachricht hinterlassen
sporočíti PF → sporóčati
sposóben fähig, tauglich, geeignet
sposóbnost F Fähigkeit *f*
sposodíti si PF sich ausleihen, sich ausborgen
spoštljív achtungsvoll, ehrfurchtsvoll, respektvoll
spoštljívost F Ehrerbietig-

keit *f*
spoštován geachtet, geschätzt, verehrt
spoštovánje Ansehen *n*; Achtung *f*, Ehrfurcht *f*, Respekt *m*; Verehrung *f*
spoštováti schätzen, achten, ehren, respektieren
spotakljív anstößig, anzüglich
spotakníti se PF stolpern, straucheln
spotíka Anstoß *m*, Ärgernis *n*
spotíkati se → spotakníti se
spotíti se PF schwitzen, ausschwitzen
spótoma unterwegs
spôved F Beichte *f*
spovédati se PF beichten
spovedníca Beichtstuhl *m*
spovedník Beichtvater *m*
spozabíti se PF sich vergessen
spoznánje Erkenntnis *f*
spoznáti PF erkennen, einsehen; wiedererkennen
spoznáti se sich auskennen
spoznáven erkennbar
spráskati PF wegkratzen, zerkratzen
spráti PF auswaschen
správa Aussöhnung *f*, Versöhnung *f*
správiti PF aufbewahren
spravljív versöhnlich
sprazníti PF ausleeren
sprédaj vorne, voran
sprédnji vordere(r)
spregátev F GRAM Konjugation *f*
sprégati GRAM konjugieren
spreglèd Nachsicht *f*; **príti na ~** zum Vorschein kommen
spreglédati PF die Augen öffnen; *etw* übersehen; (*A*) j-n/et. durchschauen
spregovoríti PF zu reden anfangen
sprehájati se spazieren
sprehòd Spaziergang *m*; **íti na ~** spazieren gehen
sprejèm Empfang *m*, Aufnahme *f*
sprejémati entgegennehmen; empfangen
sprejemljív annehmbar; empfänglich
sprejémnica Empfangszimmer *n*; Aufnahmeschein *m*
sprejémnik Empfänger *m*
sprejéti PF → sprejémati
spreletéti PF überlaufen, durchrieseln
spremémba Änderung *f*, Veränderung *f*; Abwechslung *f*
spremeníti PF (ver)ändern, umwandeln; **~ bárvo** sich verfärben
spremenljív veränderlich
spremínjati → spremeníti; **~ bárvo** schillern
spremíti PF, **sprémljati** begleiten
spremljáva Begleitung *f*
spremljevàlec Begleiter *m*
sprémstvo Begleitung *f*, Geleit *n*, Gefolge *n*
spreobráčati bekehren
spreobrnítev F Bekehrung *f*
spreobrníti PF → spreobráčati
spréten geschickt, gewandt
spréti se PF sich zerstreiten
sprétnost F Geschicklichkeit *f*,

Gewandtheit *f*
sprevòd Umzug *m*, Prozession *f*
sprevódnik Schaffner *m*
sprevráčati verändern, verwandeln
spričeválo Zeugnis *n*
spríditi se PF verderben
sprijázniti se PF sich abfinden
sprostítev F Entspannung *f*
sprostíti PF befreien, lösen; **~ se** sich entspannen
sproščèn frei, ungezwungen, gelöst, unbeschwert
sproščênost F Ungezwungenheit *f*, Gelöstheit *f*
sprožílec TECH Auslöser *m*
sprožíti PF auslösen; *Gewehr* abdrücken, abfeuern; *Frage* aufwerfen
spŕt zerstritten
spŕva anfangs, zuerst
spustíti PF, **spúščati** niederlassen, herablassen, fallen lassen; **~ se** *Vorhang*: niedergehen
srájca Hemd *n*
sráka Elster *f*
srám Scham *f*
sramežljív schüchtern, verschämt
sramežljívost F Verschämtheit *f*
srámnica Schambein *n*
sramôta Schande *f*, Schmach *f*
sramôten schändlich, skandalös
sramotíti PF beschimpfen, schmähen
sramováti se sich schämen
Sŕb Serbe *m*
srbênje Juckreiz *m*
srbéti jucken
Sŕbija Serbien *n*
Sŕbkinja Serbin *f*
srbohrváščina HIST Serbokroatisch(e) *n*
srbohrváški HIST serbokroatisch
sŕbski serbisch
srcé Herz *n*
sŕčen Herz-, Herzens-; tapfer, mutig
sŕčkan herzig, niedlich
sŕd Zorn *m*, Grimm *m*
srdít zornig, grimmig
srébati schlürfen, schlabbern
srebŕn aus Silber; Silber-
srebró Silber *n*; **čísto ~** Feinsilber *n*; **živo ~** Quecksilber *n*
sréča Glück *n*; **na sréčo** zum Glück
sréčanje Begegnung *f*
sréčati PF begegnen
sréčen glücklich
sréčka Los *n*; **prázna ~** Niete *f*
sréčnež Glückskind *n*, Glückspilz *m*
sréčno lebe wohl!
sréda Mittwoch *m*; **ob ~h** mittwochs; **pepelníčna ~** Aschermittwoch *m*
srédi (G) inmitten (G)
sredína Mitte *f*, Zentrum *n*
sredínec Mittelfinger *m*
sredíšče Mittelpunkt *m*, Zentrum *n*
srédnjeevrópski mitteleuropäisch
srednješólec Mittelschüler *m*
srednjevéški mittelalterlich
srédnji mittlere(r); **srédnjega**

spôla sächlich
sredobéžen zentrifugal
sredogórje Mittelgebirge *n*
sredotéžen zentripetal
sredozémski mediterran
srédstvo Mittel *n*
srép *Blick*: starr
sŕh Schauer *m*
sŕkati schlürfen; nippen
sŕna Reh *n*
srnjád F Rotwild *n*
sŕp (*Werkzeug*) Sichel *f*
sršèn Hornisse *f*
stabílen stabil
stacionáren TEL Festnetz-; **stacionárno omréžje** Festnetz *n*; **stacionárni priključek** Festnetzanschluss *m*
stájati PF zerschmelzen
stakníti PF zusammenfügen; finden, entdecken
stálen ständig, beständig, konstant
stálež Stand *m*; Status *m*; Krankenstand *m*
stalíšče Standpunkt *m*
stálnica MATH Konstante *f*; ASTRON Fixstern *m*
stálnost F Beständigkeit *f*
stanarína Miete *f*
stánje Stand *m*; Zustand *m*; Verfassung *f*
stanodajálec Vermieter *m*
stanoválec Bewohner *m*
stanovánje Wohnung *f*
stanovánjski Wohnungs-
stanováti wohnen, bewohnen
stanovíten beständig, standhaft, beharrlich
stanovítnost F Beharrlichkeit *f*, Standhaftigkeit *f*
stàr alt; betagt
stáranje Altwerden *n*
stárati se altern
stárček, **stárec** Greis *m*
starešína (*Oberhaupt*) Älteste(r) *m*
starína Antiquität *f*
starínar Trödler *m*, Altwarenhändler *m*, Antiquitätenhändler *m*
starinárna Antiquitätengeschäft *n*
starínski altertümlich
stárka Greisin *f*
starodáven altertümlich
staromóden altmodisch
stárost F Alter *n*
stárši MPL Eltern *pl*
stárt Start *m*
stás Wuchs *m*, Statur *f*
státi[1] (**stánem**) kosten; **kóliko stáne tó?** wie viel kostet das?
státi[2] (**stojím**) stehen
statístičen statistisch
statístika Statistik *f*
státve FPL Webstuhl *m*
stáva Wette *f*
stávba Bau *m*; Gebäude *n*
stavbárstvo Baukunst *f*, Architektur *f*
stávbenik Bauunternehmer *m*
stávek GRAM Satz *m*; TYPO Schriftsatz *m*
stáviti setzen, wetten
stávka Streik *m*
stávkati streiken
stebèr Pfeiler *m*, Säule *f*
stêblo Stiel *m*, Stängel *m*
stebríšče Säulengang *m*
stečáj Konkurs *m*

stêči PF zu laufen beginnen
stegneníca Oberschenkelknochen *m*
stegníti PF (aus)strecken
stêgno Oberschenkel *m*; Keule *f*
stéhtati PF abwägen
stékati se zusammenströmen, zusammenlaufen
stékel tollwütig
steklár Glaser *m*
steklárna Glashütte *f*
steklén gläsern, Glas-
stekleníca Flasche *f*
steklína Tollwut *f*
stêklo Glas *n*; **povečeválno ~** Lupe *f*, Vergrößerungsglas *n*
stemníti se PF dunkel werden
sténa Wand *f*
steníca Wanze *f* (*a. fig*)
sténj Docht *m*
stenografíja Stenografie *f*
stenografírati (IM)PF stenografieren
sténski Wand-
stépa Steppe *f*
stépati *Sahne* steif schlagen; *Teppich* ausklopfen
stêpsti PF → stépati; **~ se** sich in die Haare geraten
steptáti PF zertreten, zerstampfen
sterílen steril
stezà Pfad *m*, Weg *m*
stéznik Mieder *n*
stéžka schwer, mit Mühe
stíh Vers *m*
stík Berührung *f*, Kontakt *m*; **krátki ~** ELEK Kurzschluss *m*
stikálo ELEK Schalter *m*
stíkati zusammenfügen, verbinden; stöbern, kramen
stíl Stil *m*
stísk Druck *m*; **~ rôke** Händedruck *m*
stíska Bedrängnis *f*; Not *f*; *fig* Klemme *f*
stiskálnica Presse *f*; Kelter *f*
stískati drücken, pressen; zusammenpressen; bedrücken; *fig* geizen
stísniti PF drücken, pressen; zusammenpressen; **~ rèp med nóge** den Schwanz einziehen; **~ pestí** die Fäuste ballen
stláčiti PF zusammendrücken, zusammendrängen; zwängen; hineinzwängen
stó hundert
stóik Stoiker *m*
stója Stand *m*, Pose *f*; **~ na glávi** Kopfstand *m*
stojálo Gestell *n*, Ständer *m*
stojím → státi
stojíšče Stehplatz *m*
stójnica (Markt-)Stand *m*
stókanje Gestöhne *n*, Geächze *n*, Stöhnen *n*
stókati stöhnen, ächzen
stókrat hundertmal
stòl Stuhl *m*; **vrtljívi ~** Drehstuhl *m*
stôlči PF zerstoßen, zerstampfen
stoléten hundertjährig
stolétje Jahrhundert *n*
stólétnica Hundertjahrfeier *f*
stólnica Dom *m*
stòlp Turm *m*
stôlpec TYPO Spalte *f*
stôlpnica Hochhaus *n*
stonóga Tausendfüß(l)er *m*

stopálnica MED Vorfußknochen *m*
stopálo Fuß *m*; Fußsohle *f*
stópati schreiten
stópica Versfuß *m*
stopícati trippeln
stopínja Fuß(s)tapfe *f*; Grad *m*
stopíti PF schmelzen; treten, e-n Schritt machen
stopníca (Treppen-)Stufe *f*; **stopníce** *pl* Treppe *f*, *österr* Stiege *f*; **tekóče ~** Rolltreppe *f*
stopníčast stufig
stopníšče Treppenhaus *n*, *österr* Stiegenhaus *n*
stôpnja Stufe *f*, Grad *m*
stopnjevánje Steigerung *f*
stopnjeváti steigern
storílnost F Leistungsfähigkeit *f*; Arbeitsleistung *f*
storílec Täter *m*
storítev F Leistung *f*
storíti PF tun, leisten, verrichten, machen; **~ kómu** (*A*) j-m et. antun
stòrž Zapfen *m*; **korúzni ~** Maiskolben *m*
stoták Hunderter *m*
stotína Hundert *n*; **na stotíne** in Hunderten
stotínka Hundertstel *n*
stótnik Hauptmann *m*
stôžčast kegelförmig
stôžec Kegel *m*
strádati hungern
stráh Furcht *f*, Angst *f*; Spuk *m*
strahopétec Feigling *m*, Angsthase *m*
strahopéten feige, ängstlich
strahôta Grauen *n*, Entsetzen *n*
strahôten grauenhaft, entsetzlich
strahovít schrecklich, entsetzlich, furchtbar
strán weg, fort
strán F Seite *f*
straníšče Toilette *f*, WC *n*; **kjé je ~?** wo ist die Toilette?
stránka Partei *f*; Kunde *m*
stránkar Parteigänger *m*
stránski Seiten-, Neben-
strást F Leidenschaft *f*
strásten leidenschaftlich
strástnost F Leidenschaftlichkeit *f*
strašánski, **strašen** furchtbar, schrecklich
strašílo Gespenst *n*; **ptíčje ~** Vogelscheuche *f*
strašíti schrecken; abschrecken; spuken, geistern
strašljív furchtsam, scheu, ängstlich
stráža Wache *f*; **gôrska ~** Bergwacht *f*
stražár Wächter *m*
stražárnica Wachstube *f*
stráženje Bewachung *f*
strážiti Wache stehen, bewachen
strážnik Wachmann *m*
stŕd F Honig *m*
stŕdek Gerinnsel *n*; **kŕvni ~** Blutgerinnsel *n*
strdíti PF verhärten; **~ se** sich verfestigen; sich verhärten, sich erhärten; gerinnen
stréči bedienen; pflegen, betreuen; **~ po življênju** nach dem Leben trachten
stréha Dach *n*

strél Schuss *m*
stréla Blitz *m*
strélec Schütze *m*
strélica Pfeil *m*
strelíšče Schießstätte *f*
strelívo Munition *f*
stréljanje Schießen *n*; **(dívje)** ~ Schießerei *f*
stréljati schießen
strélnica Schießscharte *f*
strelovòd Blitzableiter *m*
strême Steigbügel *m*
streméti streben
strésati rütteln, schütteln
strésti PF erschüttern; aufrütteln; ~ **se** erzittern
strésen Dach-
strézniti se PF nüchtern werden
strézba Bedienung *f*; **bolníška** ~ Krankenpflege *f*
stréžnica Pflegerin *f*, Wärterin *f*
stréžnik Pfleger *m*, Wärter *m*; IT Server *m*
stŕgati kratzen, schaben, raspeln; zerreißen
stríc Onkel *m*
stríči scheren, schneiden; ~ **z ušési** die Ohren spitzen
strínjati se übereinstimmen, zustimmen, einverstanden sein
stŕjen erstarrt, geronnen
strm steil
strméti staunen; starr ansehen
strmína Steile *f*
strmogláviti PF kopfüber stürzen
strníti PF vereinen
stŕnjen *Reihe*: geschlossen
stróg streng
strogóst F Strenge *f*
strohnéti PF verwesen, vermodern
stròj Maschine *f*; **pisálni** ~ Schreibmaschine *f*; **prálni** ~ Waschmaschine *f*
strôjen Maschinen-
strojênje Gerben *n*
strojepísje Maschinenschreiben *n*
strojevódja M Lokomotivführer *m*, Maschinenführer *m*
strojíti gerben
strôjnik Maschinist *m*
stròk Hülse *f*, Schote *f*
stróka Fach *n*; Zweig *m*, Gebiet *n*
strokôven fachlich
strokovnják Fachmann *m*
strokovnjáški fachmännisch
stròp Decke *f*
stróški MPL Kosten *pl*, Spesen *pl*
stŕpen duldsam, tolerant
strpéti PF ausharren, aushalten
stŕpnost F Duldsamkeit *f*, Toleranz *f*
stŕt zerbrochen
strúga Wasserbett *n*
strúja Strömung *f*
strúmen stramm, straff
strúna Saite *f*
strúp Gift *n*; **káčji** ~ Schlangengift *n*; ~ **za podgáne** Rattengift *n*
strupén giftig
stŕžek ZOOL Zaunkönig *m*
stržén Mark *n*; Kern *m*
stúd Ekel *m*, Abscheu *m, f*
studênčnica Quellwasser *n*
studênec Quelle *f*; Brunnen *m*

stúditi se anekeln
stvár F Ding *n*, Sache *f*; **~ okúsa** Geschmacksache *f*
stváren sachlich
stvaríteli Schöpfer *m*
stvaríteljski schöpferisch
stvarítev F, **stvarjênje** Schöpfung *f*
Stvárnik REL Schöpfer *m*
stvárstvo Schöpfung *f*, Welt *f*
stvòr Kreatur *f*
substánca Substanz *f*
subtílen subtil, fein, zart
subvéncija Subvention *f*
subvencionírati (IM)PF subventionieren
sugerírati (IM)PF suggerieren
súh trocken; dürr, mager; **~ ko trlica** spindeldürr
suhljád F Reisig *n*
suhopáren langweilig, fade, trocken
suhôta Trockenheit *f*; Dürre *f*
súkanec Zwirn *m*
súkati drehen
súknja (Herren-)Mantel *m*
súknjič Rock *m*, Jackett *n*
súkno Tuch *n*, Stoff *m*
súlica Lanze *f*, Spieß *m*
súm Verdacht *m*, Argwohn *m*
súmiti verdächtigen
sumljív verdächtig
súnek Stoß *m*, Ruck *m*
súniti PF stoßen; **~ od sêbe** von sich wegstoßen
sunkovíto ADV ruckartig
suròv roh, ungekocht; *fig* grob, derb
surovína Rohstoff *m*; Grobian *m*
surôvost F Rohheit *f*, Grobheit *f*
súša Dürre *f*, Trockenheit *f*
sušílnik: **~ za lasé** Haarföhn *m*; **~ za perílo** Wäschetrockner *m*
sušílo Wäscheständer *m*
sušíti trocknen; dörren; **~ se** trocknen; welken
súvati stoßen
súženj Sklave *m*
súženjski Sklaven-
súženjstvo Sklaverei *n*
súžnja Sklavin *f*
svák Schwager *m*
svákinja Schwägerin *f*
sváljek Klößchen *n*
svarílo Warnung *f*, Mahnung *f*
svaríti warnen, ermahnen
svát Hochzeitsgast *m*
svátba Hochzeitsfeier *f*
svéča Kerze *f*; **ledéna ~** Eiszapfen *m*
svečán feierlich, festlich
svečánost F Feier *f*, Feierlichkeit *f*
svéčka kleine Kerze *f*; MED Zäpfchen *n*; **vžigálna ~** Zündkerze *f*
svéčnica Mariä Lichtmess
svéčnik Leuchter *m*
svéder Bohrer *m*
svèt Rat *m*, Ratschlag *m*; **nadzórni ~** Aufsichtsrat *m*
svét[1] Welt *f*; Grund *m*, Boden *m*
svét[2] heilig; **vsì svêti** Allerheiligen *n*
svêtel hell, licht
svéten REL weltlich, profan
svetílka Lampe *f*
svetílnik Leuchtturm *m*

svetílnost F Leuchtkraft *f*
svetílo Leuchte *f*, Licht *n*
svetínja Medaille *f*
svetíšče Tempel *m*, Heiligtum *n*
svetíti leuchten; **~ se** glänzen, leuchten, strahlen
svetlíkati se schimmern
svetlôba Licht *n*; Helle *f*
svetlôben Licht-
svetníca Heilige *f*
svetník Heilige(r) *m*
svétnik (*Person*) Rat *m*
svetníški Heiligen-; **~ síj** Heiligenschein *m*
svetohlínski scheinheilig
svetopísemski biblisch
svetoskrúnstvo REL Sakrileg *n*
svetóst F Heiligkeit *f*
svetoválec Ratgeber *m*
svetoválen beratend
svetovánje Beratung *f*
svetováti raten, beraten
svetôven Welt-; **svetôvna vôjna** Weltkrieg *m*
svetovljàn Kosmopolit *m*, Weltbürger *m*
svéž frisch
svéženj Bündel *n*
svežína Frische *f*
svídenje Wiedersehen *n*; **na ~** auf Wiedersehen
svíla Seide *f*; **~ za šívanje** Nähseide *f*
svilén Seiden-
svílnat seidig
sviloprêjka Seidenraupe *f*
svinčén bleiern, Blei-
svinčénka Bleikugel *f*
svínčnik Bleistift *m*; **kémični ~** Kugelschreiber *m*
svínec Blei *n*
svínja Schwein *n*; Sau *f*
svinják Schweinestall *m*
svinjaríja Schweinerei *f*
svinjerêja Schweinezucht *f*
svínjski schweinisch, Schweine-
svíšč BOT Enzian *m*; (*Geräusch*) Schwirren *n*; Flugsand *m*
svít Tagesanbruch *m*; **o přvem ~u** bei Tagesanbruch
svítati se (*in der Frühe*) dämmern
svízec Murmeltier *n*
svobôda Freiheit *f*; **~ mišljênja** Gedankenfreiheit *f*; **~ veroizpóvedi** Glaubensfreiheit *f*
svobôden frei, unabhängig
svobodnják Liberale(r) *m*, Freiberufler *m*
svobodnjáški liberal
svobodoljúben freiheitsliebend
svobodomíslec Freigeist *m*
svobóščina Vorrecht *n*, Sonderrecht *n*; JUR Privileg *n*
svòd Gewölbe *n*; **rebrásti ~** Kreuzrippengewölbe *n*
svój sein
svójci MPL Angehörigen *pl*
svójčas seinerzeit
svojeglàv eigensinnig, stur
svojevŕsten eigenartig, eigentümlich
svojevŕstnost F Eigenartigkeit *f*, Eigentümlichkeit *f*
svojílen GRAM possessiv, besitzanzeigend
svojína Eigentum *n*

Š

šáh Schach *n*; Schah *m*
šahírati Schach spielen
šahíst Schachspieler *m*
šahôvnica Schachbrett *n*
šáhovski Schach-
šakál Schakal *m*
šál Schal *m*
šála Scherz *m*, Spaß *m*; Witz *m*
šalíti se spaßen, scherzen
šaljív spaßig, ulkig, drollig
šaljívec Spaßvogel *m*, Witzbold *m*
šalótka Schalotte *f*
šampánjec Champagner *m*
šampón Shampoo *n*
šápa Tatze *f*, Pranke *f*
šára Trödel *m*, Plunder *m*, Kram *m*
šárenica ANAT Regenbogenhaut *f*, Iris *f*
šárkelj Napfkuchen *m*, *österr* Gugelhupf *m*
šávsniti PF schnappen
ščebèt Gezwitscher *n*
ščebetáti zwitschern
ščegetáti kitzeln
ščenè *abw* Köter *m*
ščepèc Prise *f*
ščetína Borste *f*
ščetínast borstig
ščétka Bürste *f*; **~ za lasé** Haarbürste *f*; **zóbna ~** Zahnbürste *f*
ščétkati bürsten
ščínkavec Fink *m*
ščíp Vollmond *m*
ščípati zwicken, kneifen
ščít Schild *n*
ščítiti (be)schützen
ščítnica Schilddrüse *f*
ščúka Hecht *m*
ščúrek Küchenschabe *f*
ščúvati hetzen, aufwiegeln
še noch
šéf Chef *m*
šéga Brauch *m*, Sitte *f*
šelè erst
šelèst Knistern *n*, Rascheln *n*
šelestéti knistern, rascheln
šéma kostümierte Person *f*
šémast albern
šépati hinken
šépav hinkend
šepèt Geflüster *n*
šepetáti, **šépniti** PF flüstern
šést sechs
šéstdeset sechzig
šéstdnéven sechstägig
šesterokóten sechseckig
šesterokótnik Sechseck *n*
šestíca Sechs *f*
šestílo Zirkel *m*
šestínka Sechstel *n*
šéstnajst sechzehn
šéststo sechshundert
šíba Rute *f*, Gerte *f*
šíbek schwächlich, schmächtig, zart
šíbica Zündholz *n*
šibíti se sich biegen
šíbkost F Schwäche *f*
šíbrovka Schrotflinte *f*
šífra Chiffre *f*
šifrírati (IM)PF chiffrieren
šílast spitz(ig)
šíliti spitzen

šílo Ahle *f*, Pfriem *m*
šípa (Glas-)Scheibe *f*
šípek Hagebutte *f*
šíren weit, geräumig, ausgedehnt
širína Breite *f*, Weite *f*
šíriti verbreiten, erweitern; **~ se** um sich greifen, sich ausbreiten
širjáva Breite *f*
šírjenje Verbreitung *f*
širòk breit, weit
širokoústiti se prahlen, aufschneiden
šív Naht *f*, Stich *m*
šívanje Nähen *n*; Näharbeit *f*
šivánka Nähnadel *f*
šívati nähen; schneidern
šivílja Schneiderin *f*
škandál Skandal *m*
škárje FPL Schere *f*
škátla Schachtel *f*
škíliti schielen
šklepetáti klappern
škóda Schaden *m*; Nachteil *m*
škóditi (IM)PF schaden
škodljív schädlich; **~ okólju** umweltschädlich
škodljívec Schädling *m*
škodováti (IM)PF → škóditi
škodožêljen schadenfroh
škodožêljnost F Schadenfreude *f*
škòf Bischof *m*; **pomóžni ~** Weihbischof *m*
škofíja Bistum *n*, Diözese *f*
škóljka Muschel *f*
škôrec ZOOL Star *m*
škórenj Stiefel *m*
škorpijón Skorpion *m*
Škót Schotte *m*
Škótska Schottland *n*
škràt Wicht *m*, Zwerg *m*, Kobold *m*
škrbína Zahnlücke *f*
škŕga Kieme *f*
škripánje Knirschen *n*
škrípati knirschen
škrípec Flaschenzug *m*; TECH Rolle *f*; **bíti v škrípcih** in der Klemme sitzen
škrjánec Lerche *f*
škrlát Purpur *m*
škrlatínka Scharlach *m*
škrób Stärke *f*, Stärkemehl *n*
škropílnica Gießkanne *f*
škropíti spritzen, besprengen
škŕtati knirschen, knarren
škržát Zikade *f*
šlém Helm *m*
šmárnica Maiglöckchen *n*
šóbiti se die Lippen schürzen; schmollen
šofêr Chauffeur *m*, Fahrer *m*
šója Eichelhäher *m*
šóla Schule *f*
šólanje Schulung *f*
šólar Schüler *m*
šólati schulen
šólski Schul-
šólstvo Schulwesen *n*
šòp Büschel *n*, Schopf *m*
šôpek (Blumen-)Strauß *m*
šopíriti se prahlen
šôta Torf *m*
šôtor Zelt *n*
šotoríšče Zeltlager *n*
šotoríti zelten
Špánec Spanier *m*
Špánija Spanien *n*
Špánka Spanierin *f*
špánski spanisch

špekulácija Spekulation *f*
špekulírati spekulieren
špináča Spinat *m*
špírit Spiritus *m*
špórt Sport *m*
špórten sportlich, Sport-
špórtnik Sportler *m*
špránja Spalt *m*, Ritze *f*
štáb MIL Stab *m*; **generálni ~** Generalstab *m*
Štájerec Steirer *m*
Štájerka Steierin *f*
Štájerska Steiermark *f*
štampíljka Stempel *m*
štedílnik (Koch-)Herd *m*
štéti zählen
štétje Zählung *f*; **~ lét** Zeitrechnung *f*
štévec Zähler *m*
štéven zählbar
števílčno zahlenmäßig
števílčnica Zifferblatt *n*
števílen zahlreich
števílka Ziffer *f*, Nummer *f*; **osébna ~** Geheimnummer *f*, PIN *f*
števílo Zahl *f*; **~ obrátov** TECH Drehzahl *f*
štévnik GRAM Zahlwort *n*, Numerale *n*
štipéndija Stipendium *n*
štíri vier
štiríca Vier *f*
štiridélen vierteilig
štírideset vierzig
štíridnéven viertägig
štírikóten viereckig
štírinajst vierzehn
štíristo vierhundert
štór (Baum-)Stumpf *m*, Strunk *m*
štórklja Storch *m*
štrbúnkniti PF plumpsen
štŕcelj Stumpf *m*
štrléti hervorragen, emporragen
študènt Student *m*
študêntka Studentin *f*
štúdij Studium *n*
štúdija Studie *f*
študírati studieren
šúm Geräusch *n*
šúmen geräuschvoll
šumênje Rauschen *n*; **~ v ušésih** Ohrensausen *n*
šuméti rauschen
šúnka Schinken *m*
šušmár Pfuscher *m*, Stümper *m*
šušljáti munkeln, tuscheln; säuseln; raunen
Švéd Schwede *m*
Švédinja Schwedin *f*
švédski schwedisch
Švédska Schweden *n*
Švíca Schweiz *f*
Švícar Schweizer *m*
Švícarka Schweizerin *f*
švícarski schweizerisch
švígati hin und her flitzen; lodern
švígniti PF flitzen
švŕkniti PF e-n (Peitschen-)Hieb versetzen

T

tá dieser, der; diese, die
tabéla Tabelle *f*
tábla Tafel *f*
tábor Lager *n*; Versammlung *f*
taboríšče Lagerplatz *m*
taboríti lagern, kampieren
tábornik Pfadfinder *m*
táca Pfote *f*
tájati schmelzen
tájen heimlich, geheim
tajíti leugnen
tájnica Sekretärin *f*
tájnik Sekretär *m*
ták so beschaffen, solcher
takó so, derart
takój sofort
takóle folgendermaßen
takràt damals
táksa Taxe *f*
táksi Taxi *n*
tákšen → ták
tálec Geisel *f*
tálen Grund-, Boden-
talíšče Schmelzpunkt *m*
tàm dort
tančíca Schleier *m*
tának dünn; fein; schlank
tánk Tank *m*
tankočúten feinsinnig, feinfühlig
tankovésten gewissenhaft
tapéta Tapete *f*
tapétnik Tapezierer *m*
tárča Zielscheibe *f*
tárem → tréti
tarífa Tarif *m*
tárnanje Gejammer *n*
tárnati jammern, lamentieren
tarók Tarock *n*
tást Schwiegervater *m*
tášča Schwiegermutter *f*
táščica Rotkehlchen *n*
tát Dieb *m*
tatíca Diebin *f*
tatvína Diebstahl *m*
távati umherirren
teatráličen theatralisch
tečáj Türangel *f*; Kurs *m*; GEOG Pol *m*
téčen nahrhaft; schmackhaft; lästig
têči laufen, rennen; fließen, rinnen
tedàj damals, dann
tedánji damalig
téden Woche *f*; **medéni tédni** Flitterwochen *fpl*; **véliki ~** Karwoche *f*
tédenski wöchentlich; Wochen-
tédnik Wochenblatt *n*
tegôba Schwierigkeit *f*, Last *f*, Sorge *f*
tegôben bedrückend
téhničen technisch
téhnik Techniker *m*
tehnologíja Technologie *f*
tehnolóški technologisch
téhtati wägen, wiegen
téhten gewichtig, schwerwiegend, triftig
téhtnica Waage *f*
ték Lauf *m*; Gang *m*, Verlauf *m*; Appetit *m*; **pospéšeni ~** Zeitraffer *m*; **počásni ~** Zeitlupe *f*
tekáč Läufer *m*

tekalíšče SPORT Laufbahn *f*, Aschenbahn *f*
tékanje Rennen *n*
tékati laufen, rennen
tékma Wettstreit *m*, Wettkampf *m*
tékmec Nebenbuhler *m*, Rivale *m*, Konkurrent *m*
tekmoválec Wettkämpfer *m*
tekmovánje Wettbewerb *m*, Wettkampf *m*
tékniti (IM)PF schmecken
tekóč fließend, flüssig
tekočína Flüssigkeit *f*
tékst Text *m*, Wortlaut *m*
têle Kalb *n*
teléčji Kalbs-
telefón Telefon *n*
telefonírati telefonieren
telefonístka Telefonistin *f*
telefónski telefonisch
telepatíja Telepathie *f*
telésce: **kŕvno ~** Blutkörperchen *n*
telésen körperlich, leiblich, Körper-
teleskóp Teleskop *n*
telésnost F Körperlichkeit *f*
telétina Kalbfleisch *n*
televizíja Fernsehen *n*
televízor Fernsehgerät *n*
teló Körper *m*, Leib *m*
têloh Nieswurz *f*
telovádba Turnen *n*
telovádec Turner *m*
telováditi turnen
telovádnica Turnsaal *m*
telôvnik Weste *f*; **reševálni ~** Schwimmweste *f*
tém desto; **~ bòlj** umso mehr
téma Thema *n*
temà Dunkel *n*, Dunkelheit *f*
temán dunkel, finster
tême Scheitel *m*
têmelj Grundlage *f*; Fundament *n*
têmeljen grundlegend
temeljít gründlich
temeljíti beruhen, begründet sein, basieren
temeljítost F Gründlichkeit *f*
tèmen dunkel, finster
temína Dunkelheit *f*, Finsternis *f*
temnéti dunkel werden
temníca FOTO Dunkelkammer *f*
temnolás dunkelhaarig
têmpelj Tempel *m*
temperamènt Temperament *n*
temperamênten temperamentvoll
temperatúra Temperatur *f*
témpo Tempo *n*, Geschwindigkeit *f*
tèmveč sondern, vielmehr
tenák → tánek
tendénca Tendenz *f*
ténis Tennis *n*; **namízni ~** Tischtennis *n*
tenór Tenor *m*
teológ Theologe *m*
teologíja Theologie *f*
teorétičen theoretisch
teoríja Theorie *f*
têpec Dummkopf *m*
têpen, **tepèn** geschlagen
tépež Prügelei *f*, Schlägerei *f*
têpsti schlagen, prügeln
teptáti stampfen, mit den Füßen treten

ter und; KONJ sowie
terapíja Therapie *f*
terása Terrasse *f*
terén Terrain *n*, Gelände *n*
teritórij Territorium *n*
terjátev F Forderung *f*
térjati fordern
têrmin Terminus *m*, Fachausdruck *m*
termín Termin *m*
termométer Thermometer *n*
têrmovka Thermosflasche® *f*
terór Terror *m*
tesár Zimmermann *m*
tesárstvo Zimmerhandwerk *n*
têsen eng, schmal, knapp
tesnílo TECH Dichtung *f*
tesnôba Beklemmung *f*
tesnôben beklemmend
tesnôbnost F Beklommenheit *f*
testamènt Testament *n*
testeníne FPL Teigwaren *fpl*, Nudeln *fpl*
testó Teig *m*
tèšč nüchtern; **na ~e** auf nüchternen Magen
têta Tante *f*
tetíva Sehne *f*
tetovírati (IM)PF tätowieren
téza These *f*
téža Gewicht *n*; Schwere *f*
têžek schwer, schwierig
težáva Schwierigkeit *f*; **s težávo** mühsam; **brez težáve** mühelos
težáven schwer, schwierig, mühsam
težíšče Schwerpunkt *m*
težíti belasten, bedrücken; **~ za** (*I*) nach et. streben
téžnja Tendenz *f*
téžnost F Schwerkraft *f*, Gravitation *f*
tí du
tičáti stecken
tíger Tiger *m*
tíh still, leise; ruhig
tihôta Stille *f*
tihotápec Schmuggler *m*
tihotápiti schmuggeln
tihotápstvo Schmuggel *m*
tihožítje MAL Stillleben *n*
tík ADV U. PRÄP (*G*) bei (*D*), neben (*D*); **~ ob** knapp an
tíkanje Duzen *n*
tíkati duzen; **~ se** betreffen, angehen
tiktákanje Ticken *n*
tílnik Nacken *m*, Genick *n*
típ Tastsinn *m*; Typ(us) *m*
tipálka Fühler *m*
típati tasten, befühlen
típičen typisch
típka Taste *f*
típkati tippen
tipkôvnica Tastatur *f*
tír Bahn *f*; Geleis *n*
tirálica Steckbrief *m*
tirán Tyrann *m*
tírnica Schiene *f*
tísa BOT Eibe *f*
tísk TYPO Druck *m*
tiskálnik Drucker *m*; **láserski ~** Laserdrucker *m*
tiskár (*Person*) Drucker *m*
tiskárna Druckerei *f*
tísoč tausend
tisočák Tausender *m*
tisočlétje Jahrtausend *n*
tísti jener, derjenige
tiščáti drücken, drängen; *Tür*

zuhalten
tišína Stille *f*
tjà hin, dorthin
tjavdán in den Tag hinein
tjúlenj Seehund *m*, Robbe *f*
tkanína Gewebe *n*, Tuch *n*
tkáti weben
tkèm → tkáti
tkívo ANAT Gewebe *n*
tlà NPL Boden *m*; Fußboden *m*
tláčiti drücken, pressen, zwängen
tlák Pflaster *n*; TECH Druck *m*
tláka Frondienst *m*
tlakomér Druckmesser *m*
tlakováti pflastern
tlákovec Pflasterstein *m*
tlèskniti PF schnalzen
tléti schwelen, glimmen
tlím → tléti
tlorís Grundriss *m*
toaléta Toilette *f*
tobáčen Tabak-
tobák Tabak *m*
tóča Hagel *m*
tóčen genau, pünktlich
točílnica Ausschank *m*; Bar *f*
točíti (aus)schenken
tóčka Punkt *m*
tód da, hier
tóda aber, jedoch
tóg steif, starr
tógost F Steifheit *f*
togôten wütend
tók Fluss *m*, Lauf *m*, Strom *m*; Strömung *f*; ELEK Strom *m*; **ekolóški ~** Ökostrom *m*
tolážba Trost *m*
tolažíti trösten
tôlči schlagen, klopfen
toleránca Toleranz *f*
tóliko so viel; **~ bòlj** umso mehr; **~ da** gerade noch
tolkálo Schlaginstrument *n*
tolmáč Dolmetscher *m*
tolmáčiti dolmetschen
tolmún Tümpel *m*
tôlpa Meute *f*, Bande *f*
tôlšča Fett *n*
tón Ton *m*
tóna Tonne *f*
toníti versinken, untergehen
tòp stumpf, abgestumpft
tòp Kanone *f*, Geschütz *n*
tôpel warm
topíti schmelzen, zerlassen; **~ se** schmelzen, zergehen, zerfließen
toplíce FPL Thermalbad *n*
toplína *fig* Wärme *f*
topljív löslich
toplomér Thermometer *n*
toplôta Wärme *f*
topníštvo Artillerie *f*
tôpol Pappel *f*
topòt Getrampel *n*
topotáti stampfen, trampeln
topoúmen stumpfsinnig
topoúmnost F Stumpfsinnigkeit *f*
tórba Tasche *f*
tórej also, darum
tôrek Dienstag *m*
tórta Torte *f*
tórzo M Torso *n*
tóstran diesseits
továriš Kamerad *m*; Genosse *m*
tovaríšica Kameradin *f*; Genossin *f*
továrna Fabrik *f*
továrniški Fabrik-
tôvor Last *f*; Ladung *f*, Fracht *f*

tovóriti laden
tovornják Lastkraftwagen *m*
tôžba Klage *f*
tožílec Kläger *m*; **jávni ~** Staatsanwalt *m*
tožílnik GRAM Akkusativ *m*
tožíti klagen, sich beklagen
tožník Kläger *m*, Ankläger *m*
tráčnica Bahnschiene *f*
tradícija Tradition *f*
tradicionálen traditionell
trafíka Tabakladen *m*, *österr* Trafik *f*
tragédija Tragödie *f*
trágičen tragisch
trájanje Dauer *f*
trájati dauern, anhalten, währen
trájen dauerhaft, permanent
trák Band *n*, Streifen *m*
tráktor Traktor *m*
trakúlja Bandwurm *m*
trám Balken *m*
tramôvje Gebälk *n*
trámvaj Straßenbahn *f*
transformátor Transformator *m*
transfuzíja Transfusion *f*
transpórt Transport *m*, Beförderung *f*
tranzít Transit *m*
trátiti vergeuden, verschwenden
tráva Gras *n*
trávma Trauma *n*
trávnik Wiese *f*
tŕčenje Zusammenstoß *m*
tŕčiti PF zusammenstoßen, zusammenprallen
tŕd hart, steif, fest
tŕden fest, standhaft
trdílen bejahend
trdítev F Behauptung *f*
trdíti behaupten
trdnjáva Festung *f*
tŕdnost F Festigkeit *f*
trdosŕčen hartherzig
trdovráten hartnäckig
tréba: **~ je** es ist nötig/notwendig
trebíti *Gemüse* reinigen, putzen
trébuh Bauch *m*
tréking M Trekking *n*; **~ koló** Trekkingrad *n*; **~ čévelj** Wanderschuh *m*, Trekkingschuh *m*
tréma Lampenfieber *n*
trenêr Trainer *m*
trenírka Trainingsanzug *m*
treníti PF zucken; **kàkor bi trénil** im Nu; **ne da bì trénil** ohne mit der Wimper zu zucken
trênje Reibung *f*
trenútek Augenblick *m*
trenúten augenblicklich, momentan
trepálnica Wimper *f*
trepèt Zittern *n*
trepetáti zittern
trepljáti tätscheln
trèsk Knall *m*; Donnerschlag *m*
tréskati krachen, donnern
tresljáj Schwingung *f*
trésti schütteln, rütteln; **~ se** beben, zittern
tréščiti PF *Blitz*: einschlagen; *Tür*: zuschlagen
tréti zerdrücken; *Nüsse* knacken; **~ se** sich drängen
trétji dritte(r)
trétjič drittens
tretjína Drittel *n*

trézen nüchtern
tréznost F Nüchternheit *f*
tŕg Markt *m*, Marktplatz *m*
trgátev F Weinlese *f*
tŕgati (zer)reißen; pflücken; *Weintrauben* lesen
trgovánje Handel *m*
trgováti handeln
trgôvec Händler *m*
trgovína Handel *m*; Geschäft *n*
trgôvski kaufmännisch; Handels-
tŕhel morsch
trí drei; **ob tréh** um drei Uhr
tribúna Tribüne *f*
trídélen dreiteilig
trídeset dreißig
trídnéven dreitägig
trikó M Trikot *n*
trikóten dreieckig
trikótnik Dreieck *n*
trímésečje Trimester *n*
trínajst dreizehn
trísto dreihundert
triviálen trivial
tŕkati klopfen, pochen
tŕma Eigensinn *m*
tŕmast eigensinnig
tŕn Dorn *m*; **bíti ~ v pêti** ein Dorn im Auge sein
tŕnek Angelhaken *m*
tŕnje Dornengestrüpp *n*
Trnúljčica Dornröschen *n*
trobénta Trompete *f*
trobéntati trompeten
trobéntica Primel *f*
trobílo Blasinstrument *n*; Sprachrohr *n*
trobíti blasen, trompeten; hupen
tróblja (Auto-)Hupe *f*
trohnênje Verwesung *f*
trohnéti verwesen, faulen
trójček Drilling *m*
trójka Drei *f*
tróla *pop* (Stadt-)Linienbus *m*
trombón Posaune *f*
trómésečje → trímésečje
tròp Schar *f*; Rudel *n*, Meute *f*
trópski tropisch, Tropen-
trosíti ausstreuen, verstreuen
trošíti ausgeben, verschwenden
trót Drohne *f*; *fig* Schmarotzer *m*
tŕpati stopfen, füllen
tŕpek herb, bitter
trpéti leiden
trpéžen beständig
trpínčenje Quälerei *f*
trpínčiti quälen, peinigen
tŕpkost F Herbheit *f*
trpljênje Leiden *n*, Qual *f*
tŕpnik GRAM Passiv *n*
trpôtec Wegerich *m*
tŕs Rebstock *m*
tŕsje Schilf *n*
tŕst Schilfrohr *n*
Tŕst Triest *n*
tŕta Rebe *f*
tŕtica Steißbein *n*
trúd Mühe *f*, Anstrengung *f*
trudíti se sich bemühen
trúma Schar *f*
trúmoma scharenweise
trúp Rumpf *m*
trúplo Leichnam *m*
trúšč Lärm *m*
tŕzanje Zucken *n*
tŕzniti PF zucken
tržíšče HANDEL Markt *m*

tŕžnica Markthalle *f*
tù hier, da; ~ **pa tàm** hier und da
tuberkulóza Tuberkulose *f*
túdi auch, ebenfalls
túj fremd; **čísto** ~ wildfremd
tújec Fremde(r) *m*
tújek Fremdkörper *m*
tujína Fremde *f*, Ausland *n*
tújka (*Person*) Fremde *f*; Fremdwort *n*
túkaj hier, da
túkajšnji hiesig
túlec Köcher *m*
túlipan Tulpe *f*
tulíti heulen, jaulen
tuljáva Spule *f*, Rolle *f*
túljenje Geheul *n*
túmor Tumor *m*
tún Thunfisch *m*
túr MED Furunkel *n*
túra Tour *f*
turbína Turbine *f*
Túrčija Türkei *f*
Túrek Türke *f*
turíst Tourist *m*
turízem Tourismus *m*
Túrkinja Türkin *f*
turnír Turnier *n*
turôben schwermütig
túrški türkisch
túš Tusche *f*
tvarína Stoff *m*, Materie *f*
tvégan riskant, gewagt
tvégati (IM)PF riskieren, wagen
tvésti *fig* Unsinn reden
tvój dein
tvórba Bildung *f*; **nôva** ~ Neubildung *f*
tvórnost F Schöpferkraft *f*

U

ubádati se sich abmühen, sich abquälen
ubêrem → ubráti
ubežáti PF entfliehen
ubíjati, **ubíti** PF töten, totschlagen
ublažítev F Milderung *f*, Linderung *f*
ublažíti PF mildern, lindern; dämpfen
ubóg arm, armselig
ubógati (IM)PF folgen, gehorchen
ubogljív folgsam, gehorsam
ubogljívost F Folgsamkeit *f*, Gehorsam *m*
ubòj Totschlag *m*
ubóštvo Armut *f*
ubrán harmonisch
ubraníti se PF abwehren
ubránost F Harmonie *f*, Gleichklang *m*; Zusammenklang *m*
ubráti PF *Weg* einschlagen
účbenik Lehrbuch *n*
účen Lehr-
učèn gelehrt
učênec Schüler *m*
učenják Gelehrte(r) *m*
učênje Lernen *n*; Lehren *n*
učênka Schülerin *f*
učenóst F Gelehrsamkeit *f*
učílnica Lehrsaal *m*, Klassenzimmer *n*
učínek Wirkung *f*, Effekt *m*
učinkovánje Wirkung *f*; **med-**

sebójno ~ Wechselwirkung *f*
učinkováti wirken, einwirken
učinkovít wirksam
učítelj Lehrer *m*
učíteljica Lehrerin *f*
učíteljski Lehrer-
učíteljstvo Lehrerschaft *f*
učíti lehren, unterrichten; ~ **se** lernen
úd Glied *n*; **údje** *pl* Gliedmaßen *pl*
udárec Schlag *m*, Stoß *m*; Streich *m*
udáriti PF, **udárjati** schlagen, e-n Schlag versetzen
udejstvováti se sich betätigen
udeléžba Beteiligung *f*, Teilnahme *f*
udeležíti se PF sich beteiligen, teilnehmen
udírati se einsinken
udóben bequem, behaglich, gemütlich
udóbnost F Bequemlichkeit *f*, Behaglichkeit *f*, Gemütlichkeit *f*
udomáčen zahm
udomáčiti PF zähmen; ~ **se** heimisch werden
udòr Einsturz *m*
udréti se PF einstürzen, einsinken
udríhati schlagen; einschlagen (**po** auf)
ugájati gefallen, zusagen
uganíti PF erraten
ugánjati treiben
ugánka Rätsel *n*
ugásel erloschen
ugasíti PF V/T löschen
ugásniti PF V/I verlöschen, erlöschen
ugíbati rätseln
uglájen geschliffen, glatt; *fig* gewandt
uglájenost F Schliff *m*
uglasbítev F Vertonung *f*
uglasíti PF, **uglaševáti** *Klavier* stimmen
uglèd Ansehen *n*
uglédati PF erblicken
ugléden angesehen
ugnézditi se PF sich einnisten
ugóden günstig
ugódje Lust *f*, Wohlbehagen *n*
ugódnost F Vergünstigung *f*, Vorteil *m*
ugonábljati, **ugonobíti** PF vernichten, zugrunde richten
ugotávljanje Ermittlung *f*
ugotávljati feststellen, ermitteln
ugotovítev F Feststellung *f*
ugotovíti PF → ugotávljati
ugovárjati einwenden, widersprechen; protestieren
ugôvor Einspruch *m*, Einwand *m*
ugrabítelj Entführer *m*
ugrabítev F Entführung *f*
ugrabíti PF entführen
ugrézati se, **ugrézniti se** PF einsinken, versinken
ugríz Biss *m*
ugrízniti PF beißen, zubeißen, hineinbeißen
uhájati entweichen
uhàn Ohrring *m*
úhelj Ohrmuschel *f*
uhó (PL **ušésa**) Ohr *n*; **na ušésa vléči** horchen

uíti PF entkommen, entfliehen
ujámem → ujéti
ujéda Raubvogel *m*
ujémati se übereinstimmen, zusammenpassen
ujéti PF fangen, gefangen nehmen
ujétnik Gefangene(r) *m*
ujétništvo Gefangenschaft *f*
ujezíti PF erzürnen, verärgern
ukána Finte *f*, List *f*
ukániti PF täuschen, überlisten
ukàz Befehl *m*
ukázati PF, **ukazováti** befehlen
ukazoválen befehlend, gebieterisch
uklòn Beugung *f*
ukloníti se PF sich beugen, sich unterwerfen
ukòr Verweis *m*, Rüge *f*
ukoreníniti se PF Wurzeln schlagen
ukrásti PF stehlen, entwenden
ukreníti PF verfügen, beschließen; unternehmen
ukrèp Maßnahme *f*, Verfügung *f*
ukrépati → ukreníti
ukročèn gezähmt
ukrotíti PF zähmen, bändigen
ukvárjati se sich befassen
uléči se PF sich niederlegen
úlica Straße *f*, Gasse *f*; **slépa ~** Sackgasse *f*
ulíti PF, **ulívati** gießen
ulómek MATH Bruch *m*
ulòv Fang *m*
ulovíti PF (ein)fangen
últravijóličen ultraviolett
úm Vernunft *f*, Verstand *m*
umakníti PF zurückziehen; **~ se** zurückweichen
umázan schmutzig
umazaníja Schmutz *m*
umázati beschmutzen
umételen kunstfertig
uméten künstlich
uméti verstehen, begreifen
umétnica Künstlerin *f*
umétnik Künstler *m*
umetnína Kunstwerk *n*
umétnost F Kunst *f*
umík Rückzug *m*
umíkati se sich zurückziehen
umírati sterben, im Sterben liegen
umiríti PF beruhigen; **~ se** ruhig werden
umíti PF waschen
umiválnica Waschraum *m*
umiválnik Waschbecken *n*
umívanje Waschen *n*
umívati → umíti
umobólen psychisch krank
umôlkniti PF verstummen
umòr Mord *m*
umoríti PF ermorden
umorjênec Ermordete(r) *m*
umréti PF sterben
umrljív sterblich
umrljívost F Sterblichkeit *f*
uníčiti PF vernichten, zunichtemachen
univêrza Universität *f*
univerzálen universal
upádati sinken, fallen, abnehmen, zurückgehen
upádel eingefallen
úpanje Hoffnung *f*; **brez úpanja** hoffnungslos
upásti PF → upádati

úpati hoffen; ~ **si** sich trauen
upéhan müde, erschöpft
upéhati PF erschöpfen
upepelíti PF einäschern
upíhniti PF ausblasen
upíranje Weigerung *f*, Widerstand *m*
upírati *Blick* heften; ~ **se** sich stemmen; *fig* sich sträuben, sich weigern
upleníti PF erbeuten
uplinjáč TECH Vergaser *m*
úpnik Gläubiger *m*
upočásniti PF verlangsamen
upodábljati, **upodobíti** PF darstellen
upogíbati biegen
upogljív biegsam
upogníti PF → upogíbati
upokojênec Pensionär *m*, Rentner *m*
upokojítev F Pensionierung *f*
upokojíti PF pensionieren
upòr Aufstand *m*, Aufruhr *m*
uporába Verwendung *f*, Gebrauch *m*
uporáben verwendbar, brauchbar
uporabíti PF, **uporábljati** gebrauchen, anwenden, verwenden
upóren widerspenstig, rebellisch
upórnik Aufrührer *m*, Rebell *m*
upoštévati berücksichtigen
upráva Verwaltung *f*
upráven Verwaltungs-
upravíčen befugt, berechtigt
upravíčenec Berechtigte(r) *m*
upravíčenost F Berechtigung *f*, Befugnis *f*
upravítelj Verwalter *m*
upravíteljstvo Verwaltung *f*
uprávljati verwalten, leiten
upréti PF → upírati
uprizorítev F Aufführung *f*, Inszenierung *f*
uprizoríti PF aufführen, inszenieren
úra Uhr *f*; Stunde *f*
urad Amt *n*
uráden amtlich, Amts-; **urádni líst** Amtsblatt *n*
urádnik Beamte(r) *m*
urádnica Beamtin *f*
urár Uhrmacher *m*
uravnáti PF regeln, einstellen, ordnen
uravnovésiti PF ins Gleichgewicht bringen
uravnovéšenost F Gleichgewicht *n*
urédba Anordnung *f*, Verordnung *f*
uredítev F Einrichtung *f*
uredíti PF ordnen; regeln, einrichten; ~ **si** sich einrichten
urednìk Redakteur *m*
uredníštvo Redaktion *f*
uréjati → uredíti
urejèn geordnet
úren flink, hurtig; Uhr-
uresničeváti verwirklichen, realisieren
uresníčiti PF → uresničeváti; ~ **se** wahr werden, in Erfüllung gehen
urézati se PF sich schneiden
úrnik Stundenplan *m*
uročíti PF verhexen
usáhel welk, verwelkt
usahníti PF vertrocknen; ver-

siegen
USB-ključ IT USB-Stick *m*
usedlína Bodensatz *m*
usékniti se PF, **usekováti se** sich schnäuzen
usésti se PF sich setzen
uskladíti PF, **usklájati** koordinieren
uslíšati PF erhören
uslúga Gefälligkeit *f*, Dienst *m*
uslúžbenec Bedienstete(r) *m*
uslúžbenka Bedienstete *f*
uslúžen diensteifrig, zuvorkommend
usmériti PF, **usmérjati** richten
usmérjenost F Ausrichtung *f*; Gesinnung *f*
usmíliti se PF sich erbarmen
usmíljen barmherzig
usmíljenje Erbarmen *n*, Mitleid *n*
usmíljenost F Barmherzigkeit *f*
usmrtítev F Hinrichtung *f*
usmrtíti PF hinrichten
úsnje Leder *n*
usnjén ledern
usóda Schicksal *n*, Geschick *n*
usóden verhängnisvoll, folgenschwer
uspaválen einschläfernd
uspavál̇o Schlafmittel *n*
uspávanka Schlaflied *n*
uspèh Erfolg *m*
uspèl gelungen
uspéšen erfolgreich
uspéti PF gelingen, glücken
uspévati gedeihen, vorankommen
usposábljati, **usposóbiti** PF qualifizieren
usposóbljenost F Qualifikation *f*
ústa NPL Mund *m*
ustalíti PF festlegen
ustanávljati (be)gründen, stiften, errichten
ustanôva Stiftung *f*; Institut *n*
ustanovítelj Gründer *m*, Stifter *m*
ustanovítev F Gründung *f*, Errichtung *f*
ustanovíti PF → ustanávljati
ustáva Verfassung *f*
ustáven verfassungsmäßig
ustáviti PF anhalten, zum Stehen bringen; einstellen; ~ **se** stehen bleiben
ustavodájen verfassungsgebend
ústen mündlich; Mund-
ústje Mündung *f*
ústnica Lippe *f*
ústnik Mundstück *n*
ustrášiti (se) PF erschrecken
ustréči PF willfahren, e-n Gefallen erweisen
ustrelíti PF e-n Schuss abgeben, abfeuern; erschießen
ustrézati entsprechen, passen
ustrézen entsprechend
ustrežljív gefällig, zuvorkommend
ustrežljívost F Gefälligkeit *f*, Zuvorkommenheit *f*
ustròj Aufbau *m*
ustváriti PF, **ustvárjati** (er)schaffen, gestalten
ustvarjálen schöpferisch
ustvarjálnost F Kreativität *f*
usúti se PF sich ergießen

usvojíti si PF sich aneignen
úš F Laus *f*
uščípniti PF zwicken, kneifen
ušésce Öse *f*, Öhr *n*
ušív verlaust
uštéti se PF sich verzählen, sich verrechnen
úta Hütte *f*
utaboríti se PF das Lager aufschlagen
utája Verheimlichung *f*; **dávčna** ~ Steuerhinterziehung *f*
utêči PF entlaufen, entfliehen, entrinnen
utegníti: **ne** ~ keine Zeit haben
utéha Trost *m*
utelésati verkörpern
utemeljítev F Begründung *f*
utemeljíti PF begründen
utesnjèn beengt
utesnjevánje Beengung *f*
utesnjeváti PF einengen, beengen
utéž F *Waage*: Gewicht *n*
utolažíti PF trösten, beschwichtigen
utoníti PF ertrinken
utópičen utopisch
utopíja Utopie *f*
utopíti PF ertränken; ~ **se** ertrinken
utŕdba Festung *f*
utrdíti PF befestigen, festmachen
utréti si PF sich bahnen
utŕgati PF abreißen, pflücken
utrínek Sternschnuppe *f*
utríp Puls *m*; ~ **žíle** Pulsschlag *m*
utrípati pulsieren
utŕjen befestigt; *fig* abgehärtet
utrjeváti → utrdíti
utrpéti PF entbehren, missen
utrudíti PF ermüden; ~ **se** müde werden
utrudljív ermüdend
utrújen ermüdet, abgespannt
utrújenost F Ermüdung *f*, Müdigkeit *f*
uvájati einführen
uvážati einführen, importieren
uvédba Einführung *f*
uvél welk, verwelkt
uveljáviti PF, **uveljávljati** geltend machen; ~ **se** sich durchsetzen, sich behaupten
uvéniti PF verwelken
uvêsti PF einführen
uvídeti PF einsehen
uvidéven einsichtig
uvidévnost F Einsicht *f*
uvòd Einführung *f*, Einleitung *f*
uvóden einleitend
uvódnik Leitartikel *m*
uvòz Einfuhr *f*, Import *m*
uvozíti PF → uvážati
uvóznik Importeur *m*
uvrstíti PF, **uvŕščati** einreihen, platzieren
UV-žárki MPL UV-Strahlen *pl*
uzakóniti PF gesetzlich festlegen
úzda Zaum *m*, Halfter *m*, *n*
uzréti PF erblicken
užalíti PF beleidigen
užáljen beleidigt
užáljenost F Gekränktheit *f*
užalostíti PF traurig machen
užênem → ugnáti

užítek Genuss *m*
užíten essbar, genießbar
uživáč Genießer *m*
užívanje → užitek
užívati genießen

V

v (*A, L*) in(*D, A*); auf(*D, A*); nach (*D*); binnen (*D*)
vába Köder *m*
vabílo Einladung *f*
vabíti locken; einladen
vabljív verlockend, einladend
vabljívost F Reiz *m*, Verlockung *f*
vádnica Übungsbuch *n*
vagón Waggon *m*
vája Übung *f*
vájen gewohnt
vájenec Lehrling *m*
vájet F Zügel *m*
vájin DL euer
vál Welle *f*, Woge *f*
válček Walzer *m*
valílnica Brutkasten *m*
valíti rollen, wälzen
válj Walze *f*; MATH Zylinder *m*
váljar Walze *f*
váljast zylindrisch
váljati walzen, walken
valovánje Wellengang *m*
valováti wogen, Wellen schlagen
valovít wellig
valúta Valuta *f*, Währung *f*
vanílja Vanille *f*
várati betrügen, täuschen
varčeválec Sparer *m*
várčen sparsam
varčeváti sparen
várčnost F Sparsamkeit *f*
váren sicher, gefahrlos; **na várnem** in Sicherheit
variánta Variante *f*
varíti schweißen
varljív trügerisch, täuschend
várnost F Sicherheit *f*
varoválka ELEK Sicherung *f*
varovánec Schützling *m*
varováti (be)hüten, (be)schützen; **~ se** sich in Acht nehmen
várstvo Schutz *m*, Gewahrsam *m*; **~ okólja** Umweltschutz *m*
várščina JUR Kaution *f*
váruh Beschützer *m*
vás F Dorf *n*
vàš euer
vaščàn Dorfbewohner *m*
váški Dorf-
váta Watte *f*
váza Vase *f*
vážen wichtig
vážnost F Wichtigkeit *f*
vbòd Einstich *m*
vbôsti PF hineinstechen
vbrízgati PF, **vbrízgniti** PF einspritzen
vcepíti PF einimpfen; beibringen
včásih zuweilen, manchmal
včéraj gestern
včérajšnji gestrig
včŕtati PF einzeichnen
vdahníti PF einhauchen
vdájati se sich ergeben, sich fügen
vdán ergeben, zugetan

vdánost F Ergebenheit *f*
vdélati PF einbauen; einfassen
vdihávati, **vdíhniti** PF einatmen
vdírati eindringen
vdolbína Nische *f*, Vertiefung *f*
vdòr Einbruch *m*
vdôva Witwe *f*
vdôvec Witwer *m*
vdréti PF einbrechen, eindringen
vèč mehr; mehrere
véčati mehren, vergrößern
večdélen mehrteilig
véčen ewig
večér Abend *m*
večéren abendlich, Abend-; **večérna obléka** Abendkleid *n*
večeríti se Abend werden
večérja Abendessen *n*
večérjati zu Abend essen
večérnik Abendblatt *n*, Abendzeitung *f*
vèčglásen mehrstimmig
véčidel zumeist, größtenteils
večína Mehrheit *f*
večínoma meistens
večínski mehrheitlich
vèčkrat mehrmals, öfters
vèčléten mehrjährig
véčnost F Ewigkeit *f*
vèčstránski mehrseitig
vèčúren mehrstündig
vèčzlóžen mehrsilbig
véda Wissenschaft *f*
vêdem se → vêsti se
vedênje Benehmen *n*, Betragen *n*, Verhalten *n*
véder heiter, klar
védeti wissen
vedeževálec Wahrsager *m*
vedeževánje Wahrsagerei *f*
vedeževáti wahrsagen
védno immer, fortwährend, stets
védnost F Wissen *n*, Kenntnis *f*
vedožêljen wissbegierig
vedožêljnost F Wissensdurst *m*
vedrína Heiterkeit *f*, Klarheit *f*
vedríti se *Wetter*: sich aufheitern
vêdro Eimer *m*
vegán Veganer *m*
vegánka Veganerin *f*
vegánska vegan
végast uneben
vegetarijánec Vegetarier *m*
vegetarijánka Vegetarierin *f*
vegetarijánski vegetarisch
vêja Ast *m*, Zweig *m*
vêjast verzweigt
vejévje Geäst *n*
vêjica Ästchen *n*; GRAM Beistrich *m*, Komma *n*
vék Zeitalter *n*, Ära *f*; **nôvi ~** Neuzeit *f*; **srédnji ~** Mittelalter *n*
véka Lid *n*
vékomaj ewig
vèleblagôvnica Kaufhaus *n*
vèleindustríja Großindustrie *f*
vèleizdája Hochverrat *m*
velélnik GRAM Befehlsform *f*, Imperativ *m*
vèlemésto Großstadt *f*
vèleposéstnik Großgrundbesitzer *m*
vèleposlánik Botschafter *m*
velesíla Großmacht *f*
veléti PF gebieten, befehlen

vèletók Strom *m*
vèletrgôvec Großhändler *m*
vèletrgovína Großhandel *m*
velévati → veléti
veličásten erhaben, majestätisch
veličína *fig* Größe *f*
vêlik groß
velikán Riese *m*
velikánski riesig
velikáš Magnat *m*
velíko viel
velikodúšen großmütig, großherzig
velikodúšnost F Großmut *f*, Großherzigkeit *f*
velíkokrat oft, häufig
velikonôčen österlich, Oster-
velikopotézen großzügig
velikóst F Größe *f*; Format *n*
veljáti gelten; **začéti ~** in Kraft treten
veljáva Geltung *f*, Wert *m*; Bedeutung *f*
veljáven gültig, geltend; **právno ~** rechtsgültig
veljávnost F Geltung *f*, Gültigkeit *f*
vèn hinaus; heraus
véna Vene *f*
vênčati bekränzen, krönen
vênček Kränzchen *n*
vèndar, vèndarle doch, dennoch, trotzdem
vênec Kranz *m*
venéti welken
vénomer immerfort, in einem fort
ventíl Ventil *n*
ventilácija Ventilation *f*, Lüftung *f*
véra Glaube(n) *m*; Religion *f*
véren gläubig, religiös
veríga Kette *f*
verížen Ketten-
verížica Kettchen *n*
verjéten glaubhaft; **verjétno** *adv* wahrscheinlich
verjéti (IM)PF glauben
verjétnost F Wahrscheinlichkeit *f*
vérnica Gläubige *f*
vérnik Gläubige(r) *m*
vérnost F Gläubigkeit *f*
verodostójen glaubwürdig
verodostójnost F Glaubwürdigkeit *f*
veroizpóved F Glaubensbekenntnis *n*
veroúk Religionsunterricht *m*
verováti REL glauben
vêrz Vers *m*
vêrzija Version *f*
vès ganz, sämtlich
vesél froh, fröhlich, lustig
veselíca Volksfest *n*
veselíti se sich freuen
vesêlje Freude *f*, Lust *f*
veseloígra Lustspiel *n*
veslánje Rudern *n*
vesláti rudern
vêslo Ruder *n*
vesóljstvo Weltall *n*
vést F Gewissen *n*; Nachricht *f*
vésten gewissenhaft, pflichtbewusst
vêsti se sich benehmen
vésti sticken
véstnost F Gewissenhaftigkeit *f*
véšč kundig
véšča Nachtfalter *m*
véter Wind *m*

véti wehen
vétrnica Windfahne *f*
vetrobrán Windschutzscheibe *f*
vetrôven windig
vétrovka Windjacke *f*
véverica Eichhörnchen *n*
véz F Band *n* (*a. fig*); ANAT Fessel *f*
vezáj Bindestrich *m*
vezálka Schnürsenkel *m*
vézati (ver)binden
vezáva Binden *n*; Einband *m*
vézem → vésti
vézenje Stickerei *f*
vezívo Bindemittel *n*; ANAT Bindegewebe *n*
véznica ANAT Bindehaut *f*
véznik Bindewort *n*
vêža Vorraum *m*; Halle *f*
vhòd Eingang *m*
ví ihr, Sie
více FPL Fegefeuer *n*
víd Sehkraft *f*, Augenlicht *n*
víden sichtbar
vídeti sehen
vídez Anschein *m*; Aussehen *n*, Äußere *n*; **poznáti po ~u** vom Sehen her kennen
vidík Gesichtspunkt *m*, Standpunkt *m*
vídoma zusehends
vihár Sturm *m*
viháren stürmisch
víhati aufstülpen; *Nase* rümpfen
vihráti hudeln; flattern
vihràv flatterhaft
vihtéti schwingen
viják Schraube *f*
vijákast schraubenförmig
vijólica Veilchen *n*
vijóličast violett
vijúga Kurve *f*, Serpentine *f*
vijúgast gewunden
vijúgati se sich schlängeln
víkati siezen, mit Sie anreden
víkend *umg* Wochenende *n*; (*Haus*) Ferienhaus *n*, Wochenendhaus *n*; **lép ~!** schönes Wochenende!
víla Villa *f*; Fee *f*
víle FPL (Heu-, Mist-)Gabel *f*
vílice FPL Gabel *f*
víličast gabelförmig
víme Euter *n*
víničar Winzer *m*
vínjen beschwipst, angeheitert
vinjéta *Autobahnmaut:* Vignette *f*
víno Wein *m*; **kúhano ~** Glühwein *m*
vinógrad Weingarten *m*, Weinberg *m*
vinográdništvo Weinbau *m*
vínski Wein-
violína Violine *f*
violiníst Violinist *m*
violončélo Violoncello *n*
vír Quelle *f*
vírus Virus *n od m*
viséti hängen, schweben
víslice FPL Galgen *m*
visòk hoch
visôkost Höhe *f*
visokóst F Hoheit *f*
visokósten hoheitsvoll
visokošólec Hochschüler *m*
visokošólski Hochschul-
víšati erhöhen
višáva Höhe *f*
višávje Hochland *n*
víšek Höhepunkt *m*
višína Höhe *f*, Anhöhe *f*

višinomér Höhenmesser *m*
víšnja Weichsel *f*, Sauerkirsche *f*
vitamín Vitamin *n*
vítek schlank, schmal
víteški ritterlich, Ritter-
víteštvo Rittertum *n*
vítez Ritter *m*
víti winden, wickeln, schlingen; *Hände* ringen
viza Visum *n*, Sichtvermerk *m*
vizíja Vision *f*
vizír Visier *n*
vizíta Visite *f*
vizítka Visitenkarte *f*
vklesáti PF einmeißeln
vkljúčiti PF einschließen; einschalten; **vkljúčno** einschließlich
vknjížiti PF HANDEL buchen
vkopáti PF eingraben
vkŕcati PF einschiffen
vkúhati PF einkochen
vkùp zusammen
vlačílec SCHIFF Schlepper *m*; **sêdlasti** ~ Sattelschlepper *m*
vlačíti ziehen, schleppen
vlačúga Straßendirne *f*
vláda Regierung *f*; Herrschaft *f*; **dežêlna** ~ Landesregierung *f*
vladár Herrscher *m*
vládati herrschen, regieren; walten
vlága Feuchtigkeit *f*
vlágati einlegen; *Antrag* einreichen
vlák BAHN Zug *m*
vláknat faserig
vlakníne FPL BIOL Balaststoffe *pl*
vlákno Faser *f*, Fiber *f*
vlakovódja M Zugführer *m*
vlážen feucht
vléči ziehen, schleppen; ~ **na uhó** horchen
vléčka Schleppe *f*
vlíti PF hineingießen, einflößen
vljúden höflich
vljúdnost F Höflichkeit *f*
vlóga TECH, FIN Einlage *f*; THEAT Rolle *f*
vlòm Einbruch *m*
vlomílec Einbrecher *m*
vlomíti PF einbrechen
vlóžek Einlage *f*, Einsatz *m*; **dnévni** ~ Slipeinlage *f*; (**higiénski**) ~ Damenbinde *f*
vložíti PF → vlágati
vmés dazwischen, darunter
vméšati PF, **vmešávati** einmischen, untermengen
vnánji äußere(r)
vnapréj im Voraus
vnášati hineintragen, eintragen
vnebohòd Himmelfahrt *f*
vnéma Eifer *m*
vnêsti PF → vnášati
vnét eifrig; MED entzündet
vnéti se PF Feuer fangen; MED sich entzünden
vnétje Entzündung *f*
vnetljív entzündbar
vnétost F Eifer *m*, Begeisterung *f*
vnôvič abermals, aufs Neue
vnúk Enkel *m*
vòd TECH Leitung *f*
vôda Wasser *n*
vôden Wasser-
vodén wäss(e)rig
vodìč Reiseführer *m* (*a. Buch*)

vodík CHEM Wasserstoff *m*
vodílen leitend, Leit-
vodílo Richtlinie *f*, Richtschnur *f*; Leitspruch *m*
vodítelj Leiter *m*
vodíti leiten, führen
vódja M Leiter *m*, Führer *m*, Anführer *m*
vodnár Wassermann *m*
vodník → vodič
vodnják Brunnen *m*
vodomèt Springbrunnen *m*
vodoráven waag(e)recht, horizontal
vodôvje Gewässer *n*
vodovòd Wasserleitung *f*
vódstvo Leitung *f*, Führung *f*
vogál, **vógel** Ecke *f*
vóh Geruchssinn *m*
vóhati riechen, wittern
vohún Spion *m*, Spitzel *m*
vohúniti spionieren
voják Soldat *m*
vojáščina Militär *n*
vojášnica Kaserne *f*
vôjna Krieg *m*
vôjska Armee *f*, Heer *n*
vojskováti se Krieg führen
vojskovódja M Feldherr *m*
vójvoda M Herzog *m*
vójvodina Herzogtum *n*
vójvodinja Herzogin *f*
vòl Ochse *m*
volán Lenkrad *n*
volílen Wahl-
volíšče Wahllokal *n*
volítev F Wahl *f*
volíti (IM)PF wählen
volívec Wähler *m*
volívka Wählerin *f*
vólja Wille *m*; Laune *f*; **ráde vólje** bereitwillig
volján willig, bereitwillig; weich
vôlk Wolf *m*
volkúlja Wölfin *f*
vôlna Wolle *f*
volnén aus Wolle
vónj Geruch *m*
vonjáva Wohlgeruch *m*
vósek Wachs *n*
voščén wächsern
voščílo Glückwunsch *m*
voščíti (IM)PF wünschen, gratulieren
vótel hohl
votlína Höhle *f*
votlíti aushöhlen
vóz Wagen *m*
vozáč Pendler *m*
vôzel Knoten *m*
vozíček Handwagen *m*; **bolníški ~** Rollstuhl *m*
vozílo Fahrzeug *n*; **eléktrično ~** Elektroauto *n*
vozíšče Fahrbahn *f*
vozíti fahren
vozlíšče Knotenpunkt *m*
vozník Fahrer *m*
vozôvnica Fahrkarte *f*; **povrátna ~** Rückfahrkarte *f*
vôžnja Fahrt *f*; **brezpláčna ~** Freifahrt *f*
vpàd MIL Einfall *m*
vpádati, **vpásti** PF MIL einfallen
vpeljáti (IM)PF einführen
vpís Einschreibung *f*, Eintragung *f*
vpísati PF einschreiben, eintragen
vpisnína Einschreib(e)gebühr *f*

vpisováti → vpísati
vpíti schreien
vpítje Geschrei *n*
vpláčati PF, **vplačeváti** einzahlen
vplačílo Einzahlung *f*
vplêsti PF, **vplétati** einflechten
vplív Einfluss *m*
vplívati beeinflussen; einwirken
vplíven einflussreich
vpoglèd Einblick *m*, Einsicht *f*
vpoklícati PF einberufen
vprašáj Fragezeichen *n*
vprašálnica Fragewort *n*
vprašálnik Fragebogen *m*
vprašánje Frage *f*
vprášati PF, **vpraševáti** fragen, befragen
vpraševálec Fragesteller *m*
vpréči PF einspannen
vpréga Gespann *n*
vprék quer; **vsè ~** alles durcheinander
vpríčo (*G*) in Gegenwart von/des; angesichts
vrábec Spatz *m*, Sperling *m*
vráčati zurückgeben; vergelten; **~ se** zurückkehren
vračúnati PF einrechnen
vrág Teufel *m*
vrán Rabe *m*
vrána Krähe *f*
vránec Rappe *m*
vránica Milz *f*
vrát Hals *m*
vráta NPL Tür *f*; Tor *n*; **vrtljíva ~** Drehtür *f*
vratár Pförtner *m*; SPORT Torwart *m*
vrátnica Türflügel *m*
vratolómen halsbrecherisch
vráža Aberglaube *m*
vraževéren abergläubisch
vrážji teuflisch
vŕba BOT Weide *f*
vŕč Krug *m*
vréča Sack *m*
vréčar Beuteltier *n*
vréči PF werfen, schleudern
vrèd samt, zusammen mit
vréden wert, würdig; **mànj ~** minderwertig
vrédnost F Wert *m*
vrèl siedend, kochend
vrélec Quelle *f*
vrelíšče Siedepunkt *m*
vrême Wetter *n*
vremenoslôvec Meteorologe *m*
vreménski Wetter-
vrênje Gärung *f*
vreščáti kreischen
vreščàv kreischend, schrill
vretênce Spindel *f*; ANAT Wirbel *m*
vretênčar Wirbeltier *n*
vréti sieden, kochen; gären; sprudeln
vrèz Einschnitt *m*
vrézati PF einschneiden, gravieren
vŕh Gipfel *m*, Spitze *f*
vŕh (*G*) oberhalb (*G*)
vrhúnec Höhepunkt *m*
vríniti PF einschieben
vrískanje Jauchzen *n*
vrískati jauchzen
vríšč Lärm *m*, Geschrei *n*, Gekreische *n*
vrívati → vríniti

vrlína Tugend *f*
vrnítev F Rückkehr *f*
vrníti PF → vráčati
vròč heiß; erhitzt
vročekŕven hitzköpfig, hitzig; heißblütig
vročíca Fieber *n*; **iméti vročíno** Fieber haben
vročíčen fieberhaft
vročína Hitze *f*, Glut *f*; Fieber *n*
vročínski Hitze-, Fieber-
vročíti PF JUR zustellen
vŕsta Reihe *f*, Folge *f*; Linie *f*; Sorte *f*
vŕsten Reihen-
vrstíca Zeile *f*
vrstník Altersgenosse *m*
vršíti ausüben, vollziehen
vŕt Garten *m*
vrtálnik Bohrer *m*
vŕtati bohren
vŕtec: **otróški** ~ Kindergarten *m*
vrtéti drehen, winden; ~ **se** kreisen, rotieren
vrtilják Karussell *n*
vrtínec Wirbel *m*, Strudel *m*
vrtíšče TECH Drehpunkt *m*
vrtljáj Umdrehung *f*
vrtljív drehbar
vrtnár Gärtner *m*
vrtnaríca Gärtnerin *f*
vrtnaríja Gärtnerei *f*
vŕtnica Rose *f*
vrtoglávica Schwindel *m*, Schwindelgefühl *n*
vŕv F Seil *n*, Strick *m*, Leine *f*; Tau *n*
vŕvež Gewimmel *n*, Gewühl *n*, Treiben *n*
vŕvica Schnur *f*, Bindfaden *m*
vrzél F Lücke *f*
vŕžem → vréči
vsadíti PF einpflanzen, einsetzen
vsáj wenigstens, zumindest
vsák jeder
vsakdánji alltäglich; täglich
vsákdo jedermann
vsákokrat jedes Mal
vsakoléten alljährlich
vsè alles
vsebína Inhalt *m*
vsebínski inhaltlich
vsébnost F Gehalt *m*
vsebováti enthalten
vsèêno einerlei, egal; trotzdem
vsejáti PF säen
vsekákor jedenfalls
vsèlej immer, jederzeit
vselítev F Einzug *m*
vselíti se PF *Wohnung*: einziehen
vsemogóčen allmächtig
vsèpovsód überall
vsestránski allseitig
vsevéden allwissend
vsíliti PF, **vsiljeváti** aufdrängen
vsiljív aufdringlich, zudringlich
vsiljívost F Aufdringlichkeit *f*, Zudringlichkeit *f*
vskočíti PF einspringen
vsôta Summe *f*
vstája Aufstand *m*
vstájanje Aufstehen *n*
vstájati aufstehen
vstajênje Auferstehung *f*
vstáti PF aufstehen, sich erheben

vstáviti PF, **vstávljati** einsetzen, einfügen
vstòp Eintritt *m*
vstópnica Eintrittskarte *f*
vstopnína Eintrittsgeld *n*
vsúti PF einschütten
všéč: ~ **bíti** gefallen
vštéti PF einrechnen, einbeziehen
vštríc nebeneinander
vtakníti PF einstecken; ~ **se** sich einmischen
vtêpsti PF, **vtépati** einbläuen, einprägen
vtìč ELEK Stecker *m*
vtíčnica ELEK Steckdose *f*
vtihotápiti PF einschmuggeln
vtíkati → vtakníti
vtís Eindruck *m*
vtísniti PF eindrücken, einprägen
vtréti PF einreiben
vulgáren vulgär
vulkán Vulkan *m*
vulkanizírati (IM)PF vulkanisieren
vzajémen wechselseitig
vzámem → vzéti
vzcvetéti PF erblühen
vzdévek Spitzname *m*
vzdígniti PF erheben, emporheben; ~ **se** sich erheben
vzdíh, **vzdihljáj** Seufzer *m*
vzdíhniti PF, **vzdihováti** seufzen
vzdólž längs, entlang
vzdržáti PF aushalten, ausharren; ~ **se** sich enthalten
vzdŕžen enthaltsam; erträglich
vzdrževáti erhalten, instand halten
vzdŕžnost F Enthaltsamkeit *f*
vzéti PF nehmen
vzgájati erziehen
vzgója Erziehung *f*
vzgojèn erzogen
vzgojítelj Erzieher *m*
vzgojíteljica Erzieherin *f*
vzgojíti PF → vzgájati
vzgòn Auftrieb *m*
vzhájati aufgehen
vzhòd Osten *m*; **sónčni** ~ Sonnenaufgang *m*
vzhóden östlich, Ost-
vzhódnoevrópski osteuropäisch
vzíti PF → vzhájati
vzkipéti PF, **vzkipévati** aufwallen
vzklík Aufschrei *m*
vzklíkniti PF aufschreien
vzklíti PF aufkeimen
vzletéti PF auffliegen; FLUG abheben, starten
vzletíšče FLUG Rollbahn *f*
vzljubíti PF lieb gewinnen
vzmét F TECH Feder *f*
vznemíriti PF, **vznemírjati** beunruhigen
vznemírjenje Beunruhigung *f*
vznemirljív beunruhigend
vzòr Vorbild *n*, Ideal *n*
vzórčast gemustert
vzórec Muster *n*
vzóren vorbildlich, musterhaft
vzpenjáča Schwebebahn *f*
vzpetína Anhöhe *f*
vzpòn Steigung *f*; Aufstieg *m*
vzporéden parallel
vzporédnica Parallele *f*
vzporédnik GEOG Breitenkreis *m*, Breitengrad *m*

vzpostavítev F Wiederherstellung *f*
vzpostáviti PF, **vzpostávljati** wiederherstellen
vzravnáti se PF sich aufrichten
vzredíti PF aufziehen
vzróčnost F Kausalität *f*
vzrojíti PF aufbrausen
vzròk Ursache *f*, Grund *m*
vztrájati ausdauern, verharren; beharren
vztrájen ausdauernd, beharrlich, standhaft
vztrájnost F Ausdauer *f*, Beharrlichkeit *f*
vztrepetáti PF erzittern
vzvíšen erhaben
vzvòd Hebel *m*
vzvráten Rück-; rückwirkend
vžgáti PF anzünden
vžig Zündung *f*
vžigálica Zündholz *n*
vžigálnik Feuerzeug *n*
vžígati → **vžgáti**
vživéti se PF sich einleben

W

wêllness Wellness *f*; ~ **cénter** Wellnessbereich *m*

Z

z (*I*) mit (*D*), mittels (*G*); von (*D*)
za (*A*, *L*) für (*A*); um (*A*); hinter (*A*, *D*); nach (*D*)
zabáva Vergnügen *n*, Unterhaltung *f*
zabávati unterhalten; ~ **se** sich unterhalten, sich vergnügen
zabáven unterhaltend, unterhaltsam
zabavljív spöttisch
zabavljívec Spötter *m*
zabéla Schmalz *n*
zabelíti PF Fett zugeben
zabeléžiti PF vermerken, notieren
zabíčati PF einschärfen
zabíjati, **zabíti** PF *Nagel* einschlagen; einrammen
zableščáti se PF aufleuchten
zablísniti PF, **zablískati** PF aufblitzen
zablóda Verirrung *f*
zablodíti PF sich verirren
zabòj Kiste *f*, Verschlag *m*
zabójnik Behälter *m*; Container *m*
zaboléti PF e-n Schmerz verursachen, schmerzen
zabôsti PF hineinstechen; erdolchen, erstechen
zabrísan verschwommen
zabrísati PF verwischen
zabrusíti PF *Stein* schleudern
zabúbiti se PF sich verpuppen

zabúhel aufgedunsen
zacelíti se PF verheilen
začárati PF verzaubern, verhexen
začásen vorläufig, provisorisch
začénjati beginnen, anfangen
začétek Anfang *m*, Beginn *m*
začéten anfänglich, Anfangs-
začéti PF anfangen, beginnen
začétnica Anfängerin *f*; Anfangsbuchstabe *m*
začétnik Anfänger *m*
začímba Gewürz *n*
začíniti PF würzen
začúden erstaunt, verwundert, befremdet
začúdenje Erstaunen *n*, Verwunderung *f*; Befremden *n*
začudíti se PF erstaunen, sich wundern
začutíti PF verspüren, empfinden
zadàh übler Geruch *m*
zádaj hinten
zadáviti PF erdrosseln, erwürgen
zádek Hinterteil *n*
zadélati PF zumachen, verstopfen
zadétek Treffer *m*
zadéti PF treffen
zadéva Angelegenheit *f*, Sache *f*
zadévati anbelangen, betreffen, berühren
zadírčen gereizt, aufbrausend
zadišáti PF zu duften beginnen
zádnji letzte(r), hintere(r)
zádnjica Gesäß *n*
zádnjič zum letzten Mal; letztlich; voriges Mal
zadolžèn verschuldet
zadolžênost F Verschuldung *f*
zadolžíti se PF in Schulden geraten
zadonéti PF ertönen, erschallen
zadôsten genügend, ausreichend
zadôsti genug, zur Genüge
zadôstno ADV befriedigend
zadostíti PF genügen, befriedigen
zadostováti, **zadóščati** genügen, ausreichen
zadoščênje Genugtuung *f*
zadovóljen zufrieden
zadovoljíti PF zufriedenstellen, befriedigen; **~ se** sich zufriedengeben
zadovóljnost F, **zadovóljstvo** Zufriedenheit *f*
zadréga Verlegenheit *f*; **v zadrégi** verlegen
zadrémati PF einnicken
zadŕga Reißverschluss *m*, *österr* Zippverschluss *m*
zadŕgniti PF zusammenziehen, zusammenschnüren
zadrhtéti PF erbeben, erzittern
zádruga Genossenschaft *f*
zadržán zurückhaltend, verschlossen; verhindert
zadržánost F Zurückhaltung *f*; Verhinderung *f*
zadržáti PF aufhalten, zurückhalten
zadŕžek JUR Hindernis *n*
zadrževáti → zadržáti
zadušíti PF ersticken, erdros-

seln
zagábiti PF anekeln
zagánjati *Motor* antreiben
zagáta: **bíti v zagáti** in der Klemme sitzen
zaglédati PF erblicken; **~ se** sich verlieben
zagnáti PF schleudern; **~ se** Anlauf nehmen, losstürmen
zagnojíti PF düngen; **~ se** eitern
zagòn Elan *m*, Schwung *m*
zagôrel sonnenverbrannt, braun
zagoréti PF entbrennen; *Haut*: braun werden
zagotávljati zusichern
zagotovílo Zusicherung *f*
zagotovíti PF → zagotávljati
zagovárjanje Verteidigung *f*
zagovárjati verteidigen
zagovórnik JUR Verteidiger *m*
zagózda Keil *m*
zagrabíti PF ergreifen, packen
zagráda Schranke *f*, Barriere *f*
zagradíti PF einzäunen
zagrêbsti PF vergraben
zagreníti PF verbittern
zagrešíti PF verschulden
zagrinjálo Vorhang *m*
zagrínjati verhüllen
zagrísti se PF sich verbeißen
zagrízen verbissen
zagrízenost F Verbissenheit *f*
zagrozíti PF androhen
zahájati *Sonne*: untergehen; (oft) besuchen
zahòd Westen *m*; **sónčni ~** Sonnenuntergang *m*
zahotéti se PF wollen, Lust haben auf
zahŕbten hinterlistig
zahŕbtnost F Hinterlist *f*
zahrepenéti PF sich zu sehnen beginnen
zahreščáti PF knarren, knirschen
zahtéva Forderung *f*, Anspruch *m*
zahtévati fordern, verlangen, beanspruchen
zahtévek JUR Forderung *f*
zahtéven anspruchsvoll
zahvála Dank *m*
zahvalíti se PF, **zahvaljeváti se** sich bedanken
zaigráti PF aufspielen; vorspielen; verspielen
zaímek GRAM Fürwort *n*, Pronomen *n*
zaíti PF *Sonne*: untergehen; sich verirren
zajáhati PF ein Pferd besteigen
zájec Hase *m*
zajecljáti PF stottern
zaječáti PF aufschluchzen
zajedávec Parasit *m*, Schmarotzer *m*
zajedljív bissig
zajedljívost F Bissigkeit *f*
zajemálka Schöpflöffel *m*
zajémati schöpfen; umfassen
zajésti se PF → zajédati se
zajéten umfangreich; beleibt, korpulent
zajéti PF schöpfen; erfassen
zajezítev F Stauung *f*
zajezíti PF eindämmen, stauen
zajókati PF in Tränen ausbrechen
zájtrk Frühstück *n*
zajtrkováti frühstücken

zakadíti PF verqualmen, verrauchen
zakáj warum, wieso, weshalb
zakasníti se PF sich verspäten
zakášljati PF husten
zakínkati PF einnicken
zaklàd Schatz *m*
zakládnica Schatzkammer *f*
zakláti PF abschlachten
zakleníti PF verschließen, absperren; einsperren
zaklèp Verschluss *m*
zaklépati → zakleníti
zaklét verwunschen
zakléti PF e-n Fluch ausstoßen; **~ se** schwören
zaklícati PF ausrufen, zurufen
zaklínjati se schwören, beteuern
zakloníšče Luftschutzkeller *m*
zaklópka Ventil *n*; Klappe *f*
zákon Ehe *f*; Gesetz *n*
zakónca DL Eheleute *pl*
zakoník Gesetzbuch *n*
zakonít gesetzlich, rechtmäßig, legal
zakonítost F Legalität *f*
zakonodája Gesetzgebung *f*
zakonodajálec Gesetzgeber *m*
zakónski ehelich, Ehe-, legitim; gesetzlich, Gesetz-
zakopáti PF, **zakopávati** vergraben, eingraben, einscharren
zakoreníniti PF verwurzeln
zakóten abseitig
zakramènt Sakrament *n*
zakričáti PF aufschreien
zakristíja Sakristei *f*
zakríti PF, **zakrívati** verdecken, verbergen
zakrivíti PF verbiegen; verschulden
zakŕkniti PF gerinnen, stocken
zakŕknjen geronnen; verstockt
zakrohotáti se PF laut auflachen
zakŕpati PF stopfen, flicken
zakúp Pacht *f*; **v ~ vzéti** pachten
zakuríti PF einheizen
zalágati versorgen, versehen, beliefern; *Buch* verlegen
zaléči PF wirken, helfen
zaledenéti PF vereisen
zalepíti PF zukleben
zalèt Anlauf *m*, Schwung *m*
zaletàv voreilig
zaletávati se anrennen; anstoßen
zaletávost F Voreiligkeit *f*
zaletéti se PF prallen gegen, *fig* anlaufen gegen; sich verschlucken
zalezovánje Nachstellungen *fpl*
zalezováti nachstellen
zalít dick, beleibt
zalíti PF gießen, begießen
zalív Bucht *f*
zalívati → zalíti
zaljubíti se PF sich verlieben
zaljúbljenec Verliebte(r) *m*
zaljúbljenost F Verliebtheit *f*
zalóga Vorrat *m*, Lager *n*; **iméti na zalógi** vorrätig haben
zalopútniti PF *Tür* zuschlagen
zalotíti PF ertappen
zalóžba Verlag *m*
založíti PF verlegen

založník Verleger *m*
zalúčati PF werfen, schleudern
zamáhniti PF zum Schlag ausholen
zamajáti PF ins Schwanken bringen; ~ **se** schwanken
zamákati nass machen, anfeuchten
zamáknjen verzückt
zamáknjenost F Verzücktheit *f*
zamàn vergebens, umsonst
zamaščèn verfettet
zamášek Korken *m*, Stöpsel *m*
zamašênost F Verstopfung *f*
zamašíti PF verstopfen
zamázan verschmutzt, schmutzig
zamázati PF verschmieren, beschmutzen
záme für mich
zameglíti PF vernebeln
zaména Tausch *m*, Umtausch *m*, Eintausch *m*; Wechsel *m*, Ablösungssumme, *österr* Ablöse *f*
zaménjati PF tauschen, vertauschen, umtauschen; ablösen, abwechseln; verwechseln
zamenjáva Umtausch *m*, Tausch *m*; Verwechslung *f*
zaméra: **brez zamére** nichts für ungut
zamériti PF verübeln, übelnehmen; ~ **se** in Ungnade fallen
zamerljív nachtragend
zamesíti PF *Teig*: einrühren
zamêsti PF verwehen, zuschneien
zamèt Verwehung *f*
zametávati verwerfen, ablehnen, ausschlagen
zamísel F Gedanke *m*, Idee *f*; Entwurf *m*
zamísliti se PF nachdenklich werden
zamísliti si PF sich ausdenken, sich vorstellen; entwerfen
zamižáti PF die Augen schließen
zamolčáti PF verschweigen
zamôlkel dumpf, gedämpft
zamomljáti PF murmeln
zamótan verworren, verwickelt
zamotíti PF zerstreuen, ablenken, aufhalten
zamréžiti PF vergittern
zamŕzniti PF einfrieren, zufrieren
zamúda Verspätung *f*
zamúden zeitaufwendig
zamudíti PF versäumen, verpassen; sich verspäten
zamúdnik Nachzügler *m*
zamújati → zamudíti
zanalàšč aus Trotz
zanámci MPL Nachkommen *mpl*
zanášati PF verschlagen; AUTO: schleudern; ~ **se** sich verlassen
zanemáriti PF, **zanemárjati** vernachlässigen
zanemárjen vernachlässigt, verwahrlost
zanemárjenost F Verwahrlosung *f*
zanesljív verlässlich, zuverlässig
zanesljívost F Verlässlichkeit *f*

zanêsti PF hintragen, hinbringen; ~ **se** sich verlassen
zanétiti PF anzünden, entfachen
zanìč unbrauchbar
zaničevánje Verachtung *f*
zaničeváti verachten
zaničljív verächtlich
zaníkanje Verneinung *f*
zaníkati PF verneinen
zaníkrn nachlässig; liederlich
zanímanje Interesse *n*
zanímati interessieren
zanimív interessant
zanimívost F Sehenswürdigkeit *f*
zánj für ihn; **zánje** *pl* für sie
zánka Schlinge *f*, Masche *f*
zanòs Schwung *m*
zanosíti PF schwanger werden
zaobljúba Gelübde *n*
zaobljubíti se PF ein Gelübde ablegen, geloben
zaokrožíti PF abrunden
zaostájati zurückbleiben; *j-m* nachstehen
zaostàl zurückgeblieben, rückständig
zaostálost F Rückständigkeit *f*
zaostánek Rückstand *m*
zaostáti PF zurückbleiben
zaostríti PF verschärfen, zuspitzen
zaostrováti se sich zuspitzen
zapàh Riegel *m*
zapahníti PF verriegeln
zapásti PF *Schnee*: fallen; *fig* verfallen
zapazíti PF bemerken
zapečátiti PF versiegeln
zapéka MED Verstopfung *f*
zapeljáti PF hinführen; hinfahren; verführen
zapeljív verführerisch
zapeljívec Verführer *m*
zapeljívka Verführerin *f*
zapeljívost F Verführung *f*
zapénjati zuknöpfen
zapéstje Handgelenk *n*
zapéstnica Armband *n*
zapéstnik Manschette *f*
zapét zugeknöpft
zapéti PF (vor)singen
zapéti PF → zapénjati
zapíčiti PF einstechen, hineinstoßen
zapíhati PF *Wind*: zu wehen beginnen, aufkommen
zapíranje Schließen *n*, Verschließen *n*
zapírati schließen
zapís Niederschrift *f*; Aufzeichnung *f*
zapísati PF aufschreiben, niederschreiben; eintragen, vormerken
zapísek Vermerk *m*, Notiz *f*
zapísnik Protokoll *n*
zapísnikar Protokollführer *m*
zapít *umg* versoffen
zaplapoláti PF *Flamme*: auflodern
zaplémba Beschlagnahme *f*
zapleníti PF beschlagnahmen
zaplésati PF tanzen
zaplêsti PF verflechten, verwickeln, verstricken
zaplèt Verwicklung *f*
zapletèn verwickelt, kompliziert
zaplíniti PF vergasen
zaplodíti PF zeugen

zaplôskati PF klatschen
zapodíti PF fortjagen, vertreiben
zapogníti PF einbiegen, verbiegen
zapôjem → zapéti
zapómniti si PF sich merken
zapónka Schnalle *f*, Spange *f*
zapòr Haft *f*, Arrest *m*
zapóra Sperre *f*
zapóred nacheinander
zaporéden aufeinanderfolgend, fortlaufend
zaporédje Reihe *f*; Reihenfolge *f*; **časóvno** ~ GRAM Zeitenfolge *f*
zaporédoma → zapóred
zapráviti PF, **zaprávljati** vertun, vertrödeln, verschwenden
zapravljív verschwenderisch
zapravljívec Verschwender *m*
zapréči PF einspannen
zapréga Gespann *n*
zapréti PF verschließen; einsperren
zapretíti PF androhen
zapriséči PF beeiden
zapriséga Beeidigung *f*
zaprosíti PF ersuchen, ansuchen, anfragen
zapŕt verschlossen, geschlossen
zapŕtje Schließung *f*; MED Verstopfung *f*
zapustíti PF verlassen; hinterlassen
zapúščati verlassen
zapuščèn öde, wüst, verlassen
zapuščína Nachlass *m*
zaračúnati PF verrechnen; ~ **se** sich verrechnen
zarádi wegen; infolge; ~ **mêne** meinetwegen
zarásti PF verwachsen
zaráščen verwachsen
zardévati, zardéti PF rot werden, erröten
zarébrnica Kotelett *n*
zarêči se PF sich versprechen
zarenčáti PF knurren
zarés wirklich, wahrhaft
zaréza Einschnitt *m*, Kerbe *f*; Zäsur *f*
zarézati PF einschneiden, einkerben
zaríniti PF hineinstoßen
zarípel *Gesicht*: feuerrot
zárja: **jútranja** ~ Morgenrot *n*; **večérna** ~ Abendrot *n*
zarjavéti PF verrosten
zarjovéti PF, **zarjúti** PF aufbrüllen
zarobíti PF einsäumen, einfassen
zaróbljen eingesäumt; *fig* ungehobelt, rüpelhaft
zaročênec Verlobte(r) *m*
zaročênka Verlobte *f*
zaročíti se PF sich verloben
zárod Brut *f*
zaródek Embryo *m*
zaróka Verlobung *f*
zaropotáti PF poltern
zarotíti se PF sich verschwören
zarótnik Verschwörer *m*
zarubíti PF pfänden
zasáčiti PF ertappen
zasadíti PF anpflanzen
zasánjan verträumt
zasében privat
zasébnik Privatperson *f*

zaséči PF beschlagnahmen, konfiszieren
zaséda Hinterhalt *m*
zasédanje Sitzung *f*, Tagung *f*
zasédati besetzen, okkupieren; tagen
zasédba Besetzung *f*, Okkupation *f*
zaséden besetzt, okkupiert
zasejáti PF ansäen
zasélek Weiler *m*
zasénčiti PF überschatten; AUTO abblenden
zasésti PF besetzen, okkupieren
zasídrati PF verankern
zasijáti PF erstrahlen
zasíkati PF zischen
zasílen Not-; **zasílni izhòd** Notausgang *m*
zasípati zuschütten
zaskrbéti PF Besorgnis erregen
zaskrbljèn besorgt
zaslánjati verdecken, abschirmen
zasledoválec Verfolger *m*
zasledovánje Verfolgung *f*
zasledováti verfolgen
zaslepíti PF blenden
zaslepljênost F Verblendung *f*
zaslíšati PF vernehmen; verhören
zaslíševánje Verhör *n*
zasliševáti verhören
zaslónka FOTO Blende *f*
zaslovéti PF berühmt werden
zaslúga Verdienst *n*
zaslúžek Verdienst *m*
zaslúžen verdienstvoll; verdient
zaslužíti PF verdienen
zasmèh Spott *m*
zasmehljív spöttisch
zasmehováti auslachen, verspotten
zasmejáti se PF auflachen
zasmíliti se PF Mitleid erregen
zasmradíti PF verpesten
zasnežèn verschneit, schneebedeckt
zasnôva Entwurf *m*
zasnováti PF entwerfen
zasnubíti PF freien, werben
zasnútek → zasnóva
zasópel atemlos
zasôpsti PF tief Atem holen
zasovražíti PF zu hassen anfangen
zaspán verschlafen
zaspánost F Schläfrigkeit *f*
zaspáti PF einschlafen
zasramováti verspotten, beschimpfen
zastájati zurückbleiben; sich stauen; stocken
zastánek Rückstand *m*
zastáranje JUR Verjährung *f*
zastárati PF verjähren
zastáti PF → zastájati
zastáva Fahne *f*, Flagge *f*; JUR Pfand *n*
zastáven stämmig; Pfand-
zastáviti PF verpfänden, versetzen; *Frage* stellen
zastavljálnica JUR Pfandhaus *n*
zasteklíti PF verglasen
zastírati verhängen, verdecken
zastòj Stillstand *m*, Stockung *f*
zastókati PF aufschluchzen

zastónj umsonst, gratis
zastópati vertreten, repräsentieren
zastópnica Vertreterin *f*
zastópnik Vertreter *m*
zastópništvo, **zastópstvo** Vertretung *f*
zástor THEAT Vorhang *m*
zastrašíti PF einschüchtern, erschrecken
zastrážiti PF mit Wachen umstellen
zastŕt verdeckt, verhangen
zastrupítev F Vergiftung *f*
zastrupíti PF vergiften
zastúditi PF verekeln
zasúkati PF umdrehen, verdrehen
zasúmiti PF Verdacht schöpfen
zasúti PF zuschütten
zasúžnjiti PF versklaven
zasvetíti PF aufleuchten
zaščíta Schutz *m*
zašepetáti PF flüstern
zašíti PF zunähen, vernähen
zaškrípati PF knarren, knirschen
zašuméti PF rauschen, rascheln
zatajeváti leugnen
zatajítev F Verleugnung *f*
zatajíti PF verleugnen
zatêči PF anschwellen; **~ se** unterschlüpfen, Zuflucht nehmen
zategníti PF, **zategováti** *Schraube* anziehen, festziehen
zatékati → zatêči
zatékel verschwollen, angeschwollen
zatemnítev F Verdunk(e)lung *f*
zatemníti PF verdunkeln
zatesníti PF abdichten
zatìč Pfropf *m*, Stöpsel *m*
zatíkati hineinstecken; **~ se** stocken
zatílje Hinterkopf *m*; Nacken *m*
zatípkati se PF sich vertippen
zatíranje Unterdrückung *f*
zatírati unterdrücken; bekämpfen
zatísniti PF zudrücken; *Augen* schließen
zatíšje Windstille *f*
zató deshalb, deswegen, darum; **~ da** damit
zatočíšče Zufluchtsort *m*
zatóhel muffig
zatòn Untergang *m*
zatoníti PF untergehen
zatopljèn (in Gedanken) versunken
zatožíti PF verklagen; *Schule*: verpetzen
zatrdílo Versicherung *f*, Zusicherung *f*
zatrdlína MED Verhärtung *f*
zatrepetáti PF erzittern
zatréti PF ausrotten
zatrjeváti behaupten, beteuern, versichern
zatrobíti PF AUTO hupen
zaudárjati übel riechen
zaúpanje Vertrauen *n*; **~ v sámega sêbe** Selbstvertrauen *n*
zaúpati (IM)PF vertrauen
zaúpen vertraulich
zaupljív zutraulich, vertrauensvoll
zaupljívost F Zutraulichkeit *f*, Vertrauensseligkeit *f*

zaustáviti PF anhalten; ~ **se** stehen bleiben, innehalten
zaúšnica Ohrfeige *f*
zaužíti PF verzehren, konsumieren
zavalíti PF rollen
zavarоválen Versicherungs-; **zavarоválna políca** Versicherungsschein *m*
zavarоválnica Versicherungsanstalt *f*
zavarovalnína Versicherungsprämie *f*
zavarovánje Versicherung *f*; **zdrávstveno** ~ Krankenversicherung *f*
zavarováti PF sichern; versichern
zavédati se sich bewusst sein
zavédeti se PF zur Besinnung kommen
zavédnost F Bewusstsein *n*
zavésa Vorhang *m*
zavést F Besinnung *f*, Bewusstheit *f*, Bewusstsein *n*
zavésten bewusst
zavêsti PF verleiten, irreführen
zavetíšče Asyl *n*
zavétje Zuflucht *f*, Zufluchtsort *m*
zavétnik Schutzpatron *m*
zavéza Bund *m*, Bündnis *n*; **Stára** ~ Altes Testament *n*
zavézati PF zubinden, zuschnüren; *Tuch* umbinden; ~ **se** sich verpflichten
zavéznik Verbündete(r) *m*
zavídati beneiden
zavidljív beneidenswert
zavíh Aufschlag *m*, Stulpe *f*
zavíhati PF aufschlagen, umschlagen, umstülpen
zavihtéti PF schwingen
zavíjanje Verpacken *n*, Einwickeln *n*; *Wolf*: Heulen *n*
zavíjati einhüllen, verpacken; *Wolf*: heulen
zavíranje Bremsen *n*
zavírati bremsen, hemmen
zavíst F Neid *m*
zavítek Paket *n*; GASTR *österr.* Strudel *m*
zavíti PF einwickeln, verpacken; biegen; einbiegen
zavlačeváti verzögern, hinausziehen
zavléči PF → zavlačeváti; ~ **se** sich in die Länge ziehen
závod Anstalt *f*, Institut *n*
zavóhati PF wittern
zavòj Paket *n*, Packung *f*; Windung *f*
zavójček Päckchen *n*
zavóljo wegen
zavóra Bremse *f*
zavozláti PF verknoten
zavpíti PF schreien
zavráčati zurückweisen; ablehnen
zavréči PF verwerfen
zavreščáti PF kreischen
zavréti PF → zavírati; abbremsen
zavrnítev F Zurückweisung *f*
zavrníti PF → zavráčati
zavŕt verklemmt, gehemmt
zavŕtost F Verklemmtheit *f*
zavrtéti PF drehen
zavŕžen verworfen
zavsten neidisch
zavzémati, **zavzéti** PF *Platz* einnehmen; ~ **se za** (*A*) für et.

eintreten
zazdéti se PF erscheinen
zazéhati PF gähnen
zazíbati se PF ins Schwanken geraten
zazijáti PF klaffen; den Mund aufreißen
zaznamováti PF kennzeichnen
zaznáti PF wahrnehmen
zaznáva Wahrnehmung *f*
zažaréti PF erglühen, erstrahlen
zaželèn erwünscht
zažênem → zagnáti
zažgáti PF anzünden, in Brand setzen
zažvenketáti PF klirren
zažvížgati PF pfeifen
zbádati stechen; sticheln, spötteln
zbáti se PF erschrecken
zbégan verwirrt, verstört
zbégati PF verwirren, verstören
zbesnéti PF wütend werden
zbežáti PF entfliehen
zbiralíšče Versammlungsort *m*, Sammelplatz *m*
zbirálnik Sammelbehälter *m*
zbírati sammeln; ~ **se** sich versammeln
zbírka Sammlung *f*
zbíti PF zusammenschlagen
zblaznéti PF den Verstand verlieren
zblížanje Annäherung *f*
zblížati se PF einander nahekommen
zbógom lebe wohl!
zbojím se → zbáti se
zboléti PF erkranken
zbòr Versammlung *f*; Chor *m*; **dežêlni** ~ Landtag *m*
zbórnica Sitzungssaal *m*; Kammer *f*
zbórnik Sammelband *m*
zborovánje Tagung *f*
zborováti tagen
zbôsti PF stechen
zbráti PF sammeln, versammeln; ~ **se** zusammenkommen; sich konzentrieren
zbrísati PF (aus)löschen, tilgen
zbudíti PF wecken; ~ **se** aufwachen
zdàj jetzt, nun
zdávnaj längst
zdéhati, zdéhniti PF gähnen
zdélati PF ermüden, erschöpfen
zdéti se PF scheinen
zdihljáj Seufzer *m*
zdihováti seufzen
zdivjáti PF wild werden; ~ **se** sich austoben
zdôlaj unten, unterhalb
zdráha Streit *m*, Zwist *m*
zdramíti PF aufwecken; ~ **se** erwachen
zdràv gesund
zdravíca Trinkspruch *m*, Toast *m*
zdravílen heilend, Heil-
zdravilíšče Kurort *m*; Sanatorium *n*
zdravílo Arznei *f*, Medizin *f*
zdráviti heilen, behandeln
zdrávje Gesundheit *f*
zdrávljenje Heilung *f*; Kur *f*; Behandlung *f*
zdravníca Ärztin *f*

zdravník Arzt *m*; **glávni ~** Chefarzt *m*; **~ specialíst** Facharzt *m*
zdravníški ärztlich
zdrávstven Gesundheits-, Heil-; **zdrávstveni dóm** Gesundheitszentrum *n*, Poliklinik *f*; **zdrávstveno stánje** Gesundheitszustand *m*
zdražíti PF erregen, reizen
zdŕkniti PF ausgleiten; abgleiten
zdrób Grieß *m*
zdrobíti PF zerbröckeln
zdŕsniti PF entgleiten; ausgleiten
združeváti vereinigen
združítev F Vereinigung *f*
združíti PF → združeváti
združljív vereinbar
zdŕzniti se PF zusammenfahren, zusammenzucken
zdržáti PF ausharren
zébsti frieren; **zébe mè** ich friere
zedíniti PF vereinigen; **~ se** einig werden, übereinkommen
zedínjenje Einigung *f*
zéhati gähnen
zél F Pflanze *f*, Kraut *n*
zèl (**zlà, zlò**) böse, schlecht
zelèn grün
zélena Sellerie *m*
zelenéti grünen
zeleníca Grünfläche *f*
zelenjáva Gemüse *n*
zelênje Grün *n*
zelénkast grünlich
zelíšče Pflanze *f*, Kraut *n*
zélje Kohl *m*, Kraut *n*
zeló sehr, ungemein
zêmeljski irdisch; Erd-
zêmlja Erde *f*, Boden *m*
zemljàn Erdenbürger *m*
zemljepís Geografie *f*
zemljevíd Landkarte *f*
zemljíšče Grundstück *n*
zeníca Pupille *f*
zèt Schwiegersohn *m*
zévati gähnen, klaffen
zgága Sodbrennen *n*
zganíti PF bewegen; zusammenfalten
zgíniti PF verschwinden
zgláditi PF glätten
zglasíti se PF vorsprechen
zglávje Kopfende *n*
zglávnik Kopfkissen *n*
zglèd Vorbild *n*
zgléden vorbildlich, beispielhaft
zgledováti se sich an j-m ein Beispiel nehmen
zgníti PF verfaulen
zgódaj ADV früh, frühzeitig
zgódba Geschichte *f*, Erzählung *f*, Plot *m*
zgodíti se PF geschehen, sich ereignen
zgódnji früh, frühzeitig
zgodovína Geschichte *f*; **sodôbna ~** Zeitgeschichte *f*
zgodovínar Historiker *m*
zgodovínski geschichtlich, historisch
zgòlj allein, nur, bloß, lediglich
zgôraj oben; oberhalb
zgoréti PF verbrennen
zgorévanje Verbrennung *f*
zgórnji obere(r)
zgostíti PF verdichten; verdicken

zgoščèn komprimiert
zgoščênka CD *f*
zgovóren gesprächig, redselig; vielsagend
zgovórnost F Beredsamkeit *f*
zgrabíti PF ergreifen
zgrádba Bau *m*, Gebäude *n*
zgradíti PF aufbauen, erbauen, bauen
zgrážati se sich entrüsten, sich empören
zgrbánčen verrunzelt
zgrbánčiti PF runzeln
zgrešíti PF verfehlen
zgrísti PF zerbeißen
zgrozíti se PF erschaudern
zgrúditi se PF zusammensinken
zgubíti PF verlieren
zíbati wiegen, schaukeln
zíbelka Wiege *f*
zíd Mauer *f*
zídanica Weinkeller *m*
zidár Maurer *m*
zídati bauen
zidôvje Gemäuer *n*, Mauerwerk *n*
zijálo Gaffer *m*
zijáti gähnen, klaffen; gaffen
zíma Winter *m*
zímski winterlich
zímzelen Immergrün *n*
zíniti PF den Mund öffnen
zjútraj morgens
zlágati PF zusammenlegen, schlichten; komponieren
zlagáti se lügen
zláhka mühelos
zlásti besonders
zlát golden, goldig; Gold-
zlatár Goldschmied *m*
zlaténica Gelbsucht *f*
zlatíti vergolden
zlatník Goldmünze *f*
zlatnína Goldschmuck *m*
zlató Gold *n*
zlépa gütlich
zlepíti PF zusammenkleben
zlésti PF herabkriechen, hinaufkriechen
zletéti PF wegfliegen
zlézem → zlésti
zlíkati PF bügeln
zlíti PF ausschütten; ~ **skúpaj** zusammenschütten
zlítina Legierung *f*
zlívati gießen; ~ **se** ineinanderfließen
zlò Übel *n*, Leid *n*, Unheil *n*
zlôba Bosheit *f*, Bösartigkeit *f*
zlôben bösartig, boshaft, böse
zlôbnež Bösewicht *m*
zločín Verbrechen *n*
zločínec Verbrecher *n*
zlódej Böse *m*, Teufel *m*
zlòg Silbe *f*
zloglásen verrufen
zlòm Zusammenbruch *m*; Bruch *m*, Fraktur *f*
zlomíti PF brechen, zerbrechen
zlomljív zerbrechlich
zlorába Missbrauch *m*
zlorábiti PF missbrauchen
zlovóljen übel gelaunt, verdrießlich
zložênka Wortzusammensetzung *f*
zložíti PF zusammenlegen
zmága Sieg *m*
zmágati siegen
zmagosláven siegreich

zmagoválec Sieger *m*
zmáj Drache *m*
zmajáti PF, **zmajeváti** *Kopf* schütteln
zmakníti PF entwenden
zmánjkati PF, **zmanjkováti** verschwinden, ausgehen
zmánjšati PF verkleinern, reduzieren
zmečkanína MED Quetschung *f*
zmečkáti PF zerquetschen
zméda Verwirrung *f*; Durcheinander *n*
zméden verwirrt
zmehčáti PF erweichen
zmeníti se PF sich verabreden; **ne ~ za** (*A*) et. nicht beachten
zméraj immer, stets
zméren mäßig, maßvoll
zmériti PF abmessen, vermessen
zmérjati beschimpfen
zmérnost F Mäßigkeit *f*
zmérom → zméraj
zmés F Gemisch *n*
zmêsti PF verwirren
zmêšan wirr, irr
zmešáti PF vermengen, vermischen; verwirren
zmešnjáva Verwirrung *f*, Chaos *n*, Durcheinander *n*
zmléti PF zermahlen
zmnóžek MATH Produkt *n*
zmôči PF vermögen, können
zmočíti PF nass machen; **~ se** nass werden
zmogljív leistungsfähig
zmogljívost F Leistungsfähigkeit *f*
zmóta Irrtum *m*
zmotíti PF stören; **~ se** sich irren
zmóžen fähig
zmóžnost F Fähigkeit *f*
zmrdováti se Grimassen schneiden, die Nase rümpfen
zmrzál F Frost *m*
zmŕzniti PF erfrieren
zmrzováti frieren
značáj Charakter *m*
značájen charakterfest
značílen charakteristisch
značílnost F Charakteristikum *n*
znáčka Abzeichen *n*
znájti se PF sich zurechtfinden
znák Zeichen *n*
znamenít berühmt
znamenítost F Sehenswürdigkeit *f*
známenje Zeichen *n*, Merkmal *n*
známka (Brief-)Marke *f*
znàn bekannt
znánec Bekannte(r) *m*
znánje Wissen *n*
znánka Bekannte *f*
znánost F Wissenschaft *f*
znánstven wissenschaftlich
znánstvenik Wissenschaftler *m*
znášati zusammentragen; ausmachen, betragen
znáten beträchtlich, erheblich
znáti wissen, kennen, können
znebíti se PF sich entledigen
znések Betrag *m*, Summe *f*
znêsti PF → znášati; *Eier* legen
znížanje Ermäßigung *f*; Senkung *f*
znížati PF, **zniževáti** ermäßi-

gen, senken
znój Schweiß *m*
znôjen verschwitzt
znojíti se schwitzen
znoréti PF verrückt werden
znôsen erträglich
znótraj innen, drinnen
znôva von Neuem, aufs Neue
zób Zahn *m*
zobáti picken
zóbčast zackig
zobobòl Zahnweh *n*, Zahnschmerz *m*
zobotrébec Zahnstocher *m*
zobôvje Gebiss *n*
zobozdravníca Zahnärztin *f*
zobozdravník Zahnarzt *m*
zóna Schauder *m*
zoológ Zoologe *m*
zoologíja Zoologie *f*
zóper (*A*) gegen (*A*), wider (*A*)
zópet wieder, nochmals
zóprn widerlich, widerwärtig
zoréti reifen
zožítev F Verengung *f*, Verjüngung *f*
zóžiti PF verengen
zráčen luftig; Luft-
zráčiti lüften
zráčnica AUTO Schlauch *m*
zračúnati PF zusammenrechnen
zrahljáti PF lockern
zràk Luft *f*
zrásti PF aufwachsen
zráven (*G*) neben(*D*, *A*), bei (*D*)
zravnáti PF ausgleichen, ebnen; ~ **se** sich aufrichten
zrcáliti spiegeln
zrcálo Spiegel *m*
zredíti se PF zunehmen, fett werden
zrèl reif
zrélost F Reife *f*
zrésniti se PF ernst werden
zréti schauen, blicken
zrézek Schnitzel *n*; **dúnajski ~** Wiener Schnitzel *n*
zŕklo Augapfel *m*
zŕnat körnig
zŕnce Körnchen *n*
zŕnje Körner *pl*
zŕno Korn *n*, Kern *m*
zrúšiti PF niederreißen; **~ se** zusammenstürzen
zúnaj außen; außerhalb
zunánji äußere(r)
zunánjost F Äußere(s) *n*, Äußerlichkeit *f*
zvabíti PF verlocken, verleiten
zvaríti PF zusammenschweißen
zvečér abends, am Abend
zvečeríti se PF Abend werden
zvédeti PF erfahren
zvelíčati se PF selig werden
zvenèč klingend; stimmhaft
zvér F, **zverína** Raubtier *n*, Bestie *f*
zverínski bestialisch
zvést treu
zvestôba Treue *f*
zvéza Verbindung *f*, Bund *m*, Bündnis *n*
zvézati PF zusammenbinden
zvézda Stern *m*
zvézdnica, **zvézdnik** Star *m*
zvezdoslôvje Astronomie *f*
zvézek Heft *n*, Band *m*
zvijáča List *f*
zvijáčen listig
zvíjati winden, wickeln, drehen; **~ se** sich winden

zvín Verstauchung *f*
zvíniti PF verstauchen
zvíšanje Erhöhung *f*
zvíšati PF erhöhen, steigern
zvít schlau, listig
zvítek Rolle *f*
zvíti PF zusammenrollen
zvítost F Schlauheit *f*
zvóčen Ton-
zvóčnik Lautsprecher *m*
zvodník Zuhälter *m*
zvók Klang *m*
zvón Glocke *f*
zvónast glockenförmig
zvônček Schneeglöckchen *n*
zvônčnica Glockenblume *f*
zvônec Glocke *f*, Klingel *f*
zvónek *Ton*: hell
zvoník Kirchturm *m*
zvoníti läuten; schellen, klingeln
zvonjênje Geläute *n*
zvŕhan gehäuft voll
zvŕhati PF anhäufen
zvrníti PF umkippen
zvŕst F Gattung *f*, Abart *f*
zvrstíti se PF sich reihen
zvrtéti se PF schwind(e)lig werden

Ž

žába Frosch *m*
žábica kleiner Frosch *m*; Vorhängeschloss *n*
žafrán Safran *m*
žága Säge *f*
žáganje Sägespäne *pl*
žágati sägen
žájbelj Salbei *m*
žàl leider; **~ mi jè** es tut mir leid
žalítev F Beleidigung *f*
žalíti beleidigen, kränken
žaljív beleidigend, kränkend, verletzend
žaljívka Schimpfwort *n*
žaloígra Trauerspiel *n*, Tragödie *f*
žálost F Trauer *f*, Traurigkeit *f*, Kummer *m*
žálosten traurig, betrübt
žalostíti bekümmern, bedrücken
žalovánje Trauer(zeit) *f*
žalováti trauern
žaluzíje FPL Rollläden *pl*
žámet Samt *m*
žámeten aus Samt, Samt-
žánjem → žéti
žár Glut *f*
žára Urne *f*
žarèč glutrot, glühend; **~ od vesêlja** freudestrahlend
žárek Strahl *m*
žárek ranzig
žaréti glühen, strahlen
žaríšče Brennpunkt *m*; **~ bolézni** MED Krankheitsherd *m*
žárnica ELEK Glühbirne *f*
žaromèt Scheinwerfer *m*
ždéti kauern, hocken
ždím → ždéti
žè schon, bereits
žebèlj Nagel *m*
žégnanje Kirchweih *f*, Kirmes *f*
žêja Durst *m*

žêjati dürsten
želatína Gelatine *f*
želéti wünschen, begehren
železárstvo Eisenindustrie *f*
želézen aus Eisen
železnica Eisenbahn *f*
želézo Eisen *n*
želézov Eisen-; **~a rúda** Eisenerz *n*
žêlja Wunsch *m*
žêlo Stachel *m*
žêlod Eichel *f*
želódec Magen *m*
želódčen Magen-
žélva Schildkröte *f*
žémlja Semmel *f*
žêna Ehefrau *f*, Frau *f*
žênem → gnáti
ženíca Weiblein *n*
žénin Bräutigam *m*
ženítev F *Mann*: Heirat *f*
ženíti se *Mann*: heiraten
žénska Frau *f*
žénski weiblich, Frauen-
žèp (Hosen-)Tasche *f*
žêpar Taschendieb *m*
žerjàv Kranich *m*; TECH Kran *m*
žerjávica Glut *f*
žétev F Ernte *f*
žéti ernten, schneiden
žêzlo Zepter *n*
žgánci MPL GASTR Sterz *m*
žgánje Branntwein *m*, Schnaps *m*
žgáti brennen; *Sonne*: sengen; *Kaffee* rösten
žgečkáti kitzeln
žgèm → žgáti
žíca Draht *m*; **bodéča ~** Stacheldraht *m*
žíčen Draht-
žíčnica Drahtseilbahn *f*
Žíd Jude *m*
žíg Brandzeichen *n*; Stempel *m*
žigósati (ab)stempeln
žíla Ader *f*
žílav sehnig
žíma Rosshaar *n*
žiráfa Giraffe *f*
žítnica Kornspeicher *m*
žíto Getreide *n*
žív lebendig, lebend; **ostáti ~** am Leben bleiben
živáhen lebhaft, rege
živáhnost F Lebhaftigkeit *f*
žiivál F Tier *n*; **domáča ~** Haustier *n*
živálski tierisch, animalisch
žívčen nervös; Nerven-
žívčevje Nervensystem *n*
žívčnost F Nervosität *f*
žívec Nerv *m*
živéti leben
živež Nahrung *f*
živílo Nahrungsmittel *n*, Lebensmittel *n*
živína Vieh *n*
živinorêja Viehzucht *f*
živinozdravník Tierarzt *m*
žívio *Ausruf*: es lebe ...!; *Trinken*: pros(i)t!; *Gruß*: Hallo!
življênje Leben *n*
življenjepís Lebenslauf *m*; Biografie *f*
življênjski lebensnah; Lebens-
životáriti vegetieren
živžáv Gezwitscher *n*; Stimmengewirr *n*
žláhten edel
žléb Rinne *f*, Rille *f*; **strėšni ~** Dachrinne *f*
žléza Drüse *f*

žlíca Löffel *m*
žlíndra CHEM Schlacke *f*
žlobudránje Geplapper *n*
žlobudráti plappern
žóga Ball *m*
žógati se Ball spielen
žółč Galle *f*
žólna Specht *m*
žrébanje Verlosung *f*, Ziehung *f*
žrebè Fohlen *n*
žrébec Hengst *m*
žrêlo Schlund *m*, Rachen *m*
žréti fressen
žŕtev F Opfer *n*
žrtvováti (IM)PF opfern
žuboréti plätschern
žúgati drohen
žulíti *Schuh*: drücken, reiben
žúlj Schwiele *f*
župàn Bürgermeister *m*
župníja Pfarre *f*
žúpnik Pfarrer *m*
župníšče Pfarrhaus *n*
žužélka Insekt *n*
žvečílen: **žvečílni gúmi** M Kaugummi *m*
žvéčiti kauen
žvenketáti klirren
žveplén schwef(e)lig, Schwefel-
žvêplo Schwefel *m*
žvížg Pfiff *m*
žvížganje Pfeifen *n*
žvížgati pfeifen
žvrgoléti zwitschern
žvrkljáti quirlen

Anrede

In Slowenien ist die Anrede entweder mit **tí** (du) oder mit **ví** (Sie) üblich. Es duzen sich alle jungen Leute, oft aber auch andere Altersgruppen. Per Sie ist man bei unbekannten Erwachsenen und in formellen Situationen, auch bei der Arbeit. Man bekommt aber recht schnell das Du angeboten. In einem Laden oder auf der Straße wird unter Erwachsenen gesiezt. Weil im Slowenischen das Pronomen oft nicht ausgedrückt wird, erkennt man das Duzen / Siezen meist an der Endung des Verbs: Wohin gehst du? **Kám gréš?** Wohin gehen Sie? **Kám gréste?**

Apotheke

Medikamente (**zdravíla**) sind in Slowenien ausschließlich in Apotheken erhältlich. Eine Apotheke (**lekárna**) erkennen Sie an verschiedenen Symbolen in den verschiedenen Regionen (grünes Kreuz und / oder Arzneikelch mit Schlange). Sollte sie geschlossen haben, finden Sie die Adresse und Öffnungszeiten einer Notfallapotheke (**dežúrna lekárna**) an der Ladentür. In jeder größeren Stadt gibt es Bereitschaftsapotheken, die rund um die Uhr geöffnet sind. Die Kosten und die Verfügbarkeit von Medikamenten sind ähnlich wie in anderen mitteleuropäischen Ländern.

Architektur

Die außergewöhnliche landschaftliche Vielfalt Sloweniens – vom Pannonischen Becken über die Alpen bis zur Küstenregion – spiegelt sich in der sehr abwechslungsreichen ländlichen Architektur wider. Auch die meisten Städte zeichnen sich durch eine heterogene Architektur aus. Der Charakter der slowenischen Hauptstadt Ljubljana (Laibach) wird in

besonderem Maße von mehreren Meisterwerken des berühmten slowenischen Architekten **Jože Plečnik** (1872–1957) geprägt: Vor allem **Trómostovje** (Drei Brücken), **NUK** (Nationalbibliothek), **tŕžnica** (eine Aneinanderreihung von doppelstöckigen Markthallen) und die Totenkapellen auf dem Friedhof **Žale**. Auch die **Sankt-Michael-Kirche** im Laibacher Moor sollten Sie sich nicht entgehen lassen. Plečnik war auch in anderen slowenischen Städten und kleineren Orten sowie in Wien, Prag und Belgrad tätig.
Ein Wahrzeichen Sloweniens sind auch die zahlreichen Kirchen, Kapellen und Bildstöcke, die bei einer Fahrt durch die Landschaft auf Hügeln und Kreuzungen nicht zu übersehen sind. Slowenien gehört zu den Ländern mit den – gemessen an der Einwohnerzahl – meisten Sakralbauten in Europa.

Autobahn

Das Autobahnnetz (**ávtocéstno omréžje**) ist in Slowenien so gut wie vollständig ausgebaut und ermöglicht Ihnen, schnell und bequem quer durchs Land zu reisen. Für Motorräder sowie PKW und Wohnmobile besteht für die Fahrt auf allen Autobahnen (**ávtocéste**) und dem Autobahnring (**obvóznica**) von Ljubljana Vignettenpflicht. Seit Anfang 2022 hat Slowenien auf ein digitales Vignettensystem umgestellt, das die bisherige Klebevignette ersetzt. Die E-Vignette (**e-vinjéta**) ist mit dem KfZ-Kennzeichen verknüpft. Sie kann maximal 30 Tage vor dem ersten Gültigkeitstag online erworben werden. Es werden Jahres-, Halbjahres-, Monats- und Wochenvignetten angeboten. Die Geschwindigkeitsbeschränkung auf Autobahnen ist 130 km / h, wenn Sie mit Anhänger fahren 80 km / h.

Autovermietung

Ein Auto können Sie bei Mietwagenfirmen (**rent-a-car**) in Städten und am Flughafen für eine begrenzte oder unbegrenzte Kilometerzahl mieten. Personen, die einen Pkw mieten wollen (**najéti vozílo**), müssen mindestens 21 Jahre alt (für bestimmte Kategorien mindestens 25 Jahre) und mindestens zwei Jahre im Besitz eines Führerscheins (**vozníško dovoljênje**) sein. Einige Autovermietungen verlangen für junge Fahrer und Fahrerinnen zwischen 21 und 25 Jahren einen Zuschlag. Meistens sind die Mietwagen auch vollkaskoversichert (**kásko zavarován**), der Mietvertrag sollte aber in jedem Fall genau studiert werden.

Bank

Banken (**bánke**) sind in Slowenien in der Regel von 9.00 bis 17.00 Uhr geöffnet. In den Städten haben manche Banken wochentags auch länger und samstags vormittags geöffnet. Einige kleinere Banken schließen ihre Filialen um 12.00 Uhr für eine Stunde Mittagspause. Der bargeldlose Zahlungsverkehr ist in Slowenien weit verbreitet. Sowohl mit EC®- als auch mit Kreditkarten können Reisende z. B. in Restaurants, Hotels oder Supermärkten bezahlen. Bargeld bekommen Sie mit verschiedenen Karten an jedem **bankomát / bánčni avtomát**.

Begrüßung

Die Grußformeln wechseln mit den Tageszeiten. Bis ca. 9.00 Uhr sagt man **dôbro jútro**, danach **dóber dán**. Ab ca. 18.00 Uhr heißt es **dóber večér**. Beim Abschied sagt man am Tag: **na svídenje** oder **zbógom** und am Abend **láhko nóč**.

Bei informellen Treffen begrüßt und verabschiedet man sich mit **žívio** oder **zdrávo**, beim Abschied heißt es sehr häufig und allgemein auch **adíjo** oder **ciao**. Diese eher lockeren Grußformeln werden auch im Laden oder auf der Straße verwendet.

Beim ersten Treffen, oder wenn man sich lange nicht gesehen hat, schüttelt man sich in der Regel die Hand. Ansonsten ist es meist den mehr oder weniger formellen Situationen vorbehalten. Ein Küsschen (**poljúbček**) und / oder eine Umarmung gibt es nur im engen Freundeskreis. Männer untereinander umarmen oder küssen sich meistens nicht.

Berge und Bergsteigen

Den Großteil Sloweniens bedecken Hoch- und Mittelgebirge: Von Westen nach Osten erstrecken sich die Julischen Alpen (**Júliuske Álpe**), die Karawanken (**Karavánke**) und die Steiner Alpen (**Kámniško-Savínjske Alpe**). Slowenien hat über 7000 Kilometer Bergwanderwege, an denen 170 Berghütten und Biwake liegen. Der höchste Gipfel Sloweniens und der gesamten Julischen Alpen ist der **Tríglav** (2864 m über dem Meeresspiegel), der auch Mittelpunkt des Triglav-Nationalparks (**Tríglavski národni párk**, 880 km^2) – des größten slowenischen Naturschutzgebiets – ist. Der slowenische Alpinismus gehört nach mehreren Kriterien zur Weltspitze: Viele Bergsteiger und Bergsteigerinnen – aus der älteren und der jungen Generation – sind weltberühmt und haben, unter anderem im Himalaja, erstaunliche Rekorde aufgestellt.
Auch allgemein ist das Wandern und Bergsteigen eine der beliebtesten Freizeitbeschäftigungen in Slowenien. Der beeindruckende Blick aus Ljubljana direkt auf die Steiner Alpen lockt auch viele Leute aus der Stadt regelmäßig in die nur eine halbe Autostunde entfernte faszinierende Bergwelt.

Bus

Der öffentliche Verkehr ist in Slowenien nicht überall gleich gut ausgebaut. Alle größeren slowenischen Orte sind jedoch durch regelmäßige Buslinien miteinander verbunden. Von Ljubljana aus gibt es auch

Busverbindungen zu den Küstenstädten, ins Bergland und in die Skigebieten. Da es in Slowenien keine Straßenbahn, Schnellbahn und U-Bahn gibt, ist der Autobus auch das wichtigste öffentliche Verkehrsmittel in den größeren Städten und deren Umland. In den Städten gibt es Straßenbusse (**méstni ávtobus**), außerhalb fährt man mit außerstädtischen Bussen (**priméstni ávtobus, medkrajévni ávtobus**). Fahrkarten kann man meist in Kiosken oder an Busbahnhöfen, für außerstädtische Busse auch direkt beim Fahrpersonal kaufen.

Camping

In Slowenien gibt es mehr als 40 Camping- und Zeltplätze (**kámp**), die meisten davon an der Küste und im Alpen- bzw. Voralpenraum. Für Wohnmobile gibt es außerdem noch einige speziell angelegte Haltestellen (**parkiríšča za ávtodóme**) mit allen Anschlüssen und Sanitäranlagen, natürlich sind sie aber auch auf den übrigen Campingplätzen willkommen.

Einkaufen

Lebensmittel werden in Slowenien zunehmend in großen Supermärkten gekauft. In der Stadt kauft man zwar gerne auch auf dem Markt (**tŕžnica**) ein, Großeinkäufe erledigen aber viele in den großen **hípermarketi** außerhalb der Stadtzentren. Der Marktplatz bleibt allerdings der geselligere Ort: Dort gibt es frisches Obst (**sádje**), Gemüse (**zelenjáva**), Fleisch und Wurstwaren (**mesó in mesníne**), Fisch (**ríbe**), Milch und Milchprodukte (**mléko in mléčni izdélki**), Käse (**sír**), Wein (**víno**), Honig (**méd**), auf größeren Märkten auch Kleidung (**oblačíla**) und Schuhe (**čévlji**). Von den speziellen Läden sind Bäckereien (**pekárna**), Konditoreien (**slaščičárna**) und Obstläden (**sádje**) erhalten geblieben.
Die Preise in den Geschäften enthalten alle Abgaben und es sollte Ihnen immer eine Rechnung ausgestellt werden.

Essen und Essenszeiten

In Slowenien wird traditionell eher früh gegessen: Frühstück (**zájtrk**) zwischen 7.00 und 9.00 Uhr, Mittagessen (**kosílo**) um 12.00 oder 13.00 Uhr, Abendessen (**večérja**) nach 18.00 Uhr, aber nicht später als 20.00 Uhr. Die Restaurants bleiben den ganzen Tag über geöffnet, d. h. man kann auch nachmittags warme Speisen bestellen. Die meisten essen sehr gerne zu Hause. Deshalb ist es oft üblich, die Mittagspause so knapp wie möglich zu halten, um am Nachmittag zu kochen und mit der Familie zu essen. Somit kann das Mittagessen mit dem Abendessen zusammenfallen. Das Mittagessen ist in der Regel immer warm, mit Suppe (**júha**), Hauptspeise (**glávna jéd**), Salat (**solàta**) und Nachspeise (**sladíca**). Das Abendessen ist dann nicht so üppig. Beim Besuch von Kaffeehäusern und Restaurants ist zu beachten, dass in Slowenien in allen geschlossenen öffentlichen Räumen das Rauchen verboten ist.

Feiertage

Neben den katholischen Feiertagen (Weihnachten, Ostern, Mariä Himmelfahrt, Allerheiligen) wird in Slowenien auch ein protestantischer Feiertag, der Reformationstag (**Dan reformácije**) am 31. Oktober gefeiert. Der 25. Juni ist Staatsfeiertag (**Dan držávnosti**) und der 26. Dezember Tag der Unabhängigkeit und der Einheit (**Dan samostójnosti in enôtnosti**). Eine slowenische Besonderheit ist der offizielle, schul- und arbeitsfreie Tag der Kultur, **Prešernov dan**, am 8. Februar. Schulferien sind im Juli und August, über Weihnachten und jeweils eine Woche Anfang November, Anfang Mai und im Februar.

Flughafen

Außer den drei internationalen Flughäfen (Ljubljana, Maribor, Portorož) gibt es in Slowenien auch mehrere Sportflugplätze, die Panoramaflüge mit Sportflugzeugen anbieten. Die meisten internationalen Flüge landen auf dem Flughafen (**letalíšče**) Jože Pučnik Ljubljana. Als Fluggast (**pótnik**) sollte man die Schilder **prihôdi** (Ankunft) und **odhôdi** (Abflug), sowie **prijáva na lèt** (Check-in) beachten. Das Gate heißt im Slowenischen **izhôd** und das Gepäck **prtljága**. Wichtig sind außerdem die Pass- und Sicherheitskontrolle (**prevérjanje dokumêntov in várnostni preglèd**).

Geld und Geldautomaten

Slowenien ist Mitglied der EU, deshalb können Sie bequem mit dem Euro (**évro** gesprochen wie **eu** in **Museum**) bezahlen.
An den zahlreichen Geldautomaten (**bánčni avtomát, bankomát**) in ganz Slowenien kann man rund um die Uhr Bargeld mit allen Karten abheben. Viele ermöglichen außer Bargeldabhebungen auch andere Dienstleistungen und führen Sie in der gewählten Sprache durch den Vorgang. In der Regel entsprechen die Gebühren für Barabhebungen den Kosten, die auch bei uns anfallen würden. Günstiger ist es in jedem Fall, bargeldlos mit Kreditkarte zu bezahlen.

Geschwindigkeitsbeschränkungen

In Slowenien gilt innerhalb geschlossener Ortschaften eine Höchstgeschwindigkeit von 50 km / h, auf Landstraßen (**regionálne céste**) 90, auf Schnellstraßen (**hítra césta**) 110 und auf Autobahnen (**ávtocéste**) 130. Für Pkw mit Anhänger gilt 80 auf Landstraßen, Schnellstraßen und Autobahnen.

Gesundheit

Wenn Sie aus der EU oder der Schweiz kommen, können Sie mit der Europäischen Krankenversicherungskarte nach Slowenien reisen. Diese garantiert Ihnen die notwendige medizinische Versorgung während Ihres Aufenthalts. Die Karte deckt jedoch keine Leistungen von privat praktizierenden Ärzten oder Ärztinnen ab. Wenn Sie nicht zusätzlich privat versichert sind, müssen Sie also ein öffentliches Gesundheitszentrum (**zdrávstveni dóm**) oder Krankenhaus (**bolnı́šnica**) aufsuchen.

Jugendherberge

Die ca. 60 Jugendherbergen (**mladínski dóm, hôstel**) in Slowenien heißen alle Altersgruppen und auch Familien willkommen. Zahlreiche slowenische Hostels gehören zu der internationalen Gemeinschaft Hostelling International, die ihren Mitgliedern Preisnachlässe ermöglicht. In den Sommerferien werden auch einige Internate für den Tourismus eingerichtet.

Kaffee

In Slowenien ist das Kaffeetrinken sowohl im Lokal als auch zu Hause sehr beliebt. Ein gewöhnlicher Kaffee heißt **káva**, mit Milch **káva z mlékom**. Wer **krátko kávo** oder **espréso** bestellt, bekommt einen Espresso. Der Milchkaffee heißt **béla káva**, der Cappuccino **kapučíno**. Auch einen koffeinfreien Kaffee (**brezkofeı́nska káva**) kann man fast überall bekommen. Im Gegensatz zu Cafés (**bar**, **kavárna**), in denen der Kaffee in einer Maschine zubereitet wird, brüht man zu Hause den Mokka türkischer Art (**túrška káva**) in speziellen Kannen mit dünnem Hals (**džézva**). Deshalb ist der im Handel erhältliche Kaffee feiner gemahlen als bei uns.

Karst

Der Karst (**Kras**) im Hinterland der slowenischen Küste gehört zu den außergewöhnlichsten Regionen Sloweniens und ist Namensgeber für die geomorphologische Karstlandschaft. Die bekannteste und größte unterirdische Karstform, die Adelsberger Grotte (**Postójnska jáma**), ist nur eine von 8000 Tropfsteinhöhlen und Höhlengängen Sloweniens. Sehr bekannt sind auch die Karsthöhle **Vílenica** (die älteste Schauhöhle

Europas) und die beeindruckenden Höhlen von Škocjan (**Škocjánske jáme**), die auf der UNESCO-Liste des Weltkulturerbes stehen.
Eine weitere Sehenswürdigkeit der Region ist **Lípica**, das Stammgestüt der berühmten Lipizzaner, das auch heute noch ein wichtiges Zucht- und Reitzentrum ist. Die edle Pferderasse wird hier seit 1580 gezüchtet und **Lípica** war auch der Namensgeber für die weißen Lipizzaner-Pferde.
Lassen Sie sich während Ihres Aufenthaltes auch die vielen kulinarischen Spezialitäten der Region nicht entgehen. Allen voran der traditionell (im rauen Bora-Wind) luftgetrocknete Karstschinken (**kráški pršút**) mit geschützter geografischer Bezeichnung, begleitet von einem Glas des kräftigen Karster Rotweins **terán**.

Kleidergrößen

Die slowenischen Schuh- und Kleidergrößen entsprechen den deutschen Kleidergrößen. Auf die Frage: **Katéro števílko imáte?** (Welche Größe haben Sie?) antworten Sie z. B.: **ósemintrídeset** (38), **dváinštírideset** (42). Wenn das Kleidungsstück nicht passt, ist es entweder **prevêlik / prevelíka / prevelíko** (zu groß) oder **premájhen / premájhna / premájhno** (zu klein). Dann brauchen Sie eine andere Größe: **Potrebújem mánjšo / véčjo števílko.**

Museum

Perlen der slowenischen Kultur und Geschichte sind in den zahlreichen Museen (**muzêji**) und Galerien (**galeríje**) untergebracht. Das Angebot reicht von Dauerausstellungen paläolithischer Ausgrabungen über verschiedenste thematische Museen bis hin zum neu eröffneten Museum Moderner Kunst (**MSUM**) in Ljubljana. Aktuelle Informationen für Ihren Museumsbesuch erhalten Sie auf der Webseite des jeweiligen Museums. Erwachsene (**odrásli**) zahlen in der Regel den normalen

Eintrittspreis (**vstopnína**). Ermäßigungen (**popústi**) gibt es meist für Schüler und Schülerinnen (**učênci, dijáki**), Studierende (**študênti**), Rentner und Rentnerinnen (**upokójenci**), Gruppen (**skupíne**) und Familien (**družíne**). Viele slowenische Museen sind montags geschlossen.

Notfall / Notruf

Für Notfälle sollten Sie sich die Telefonnummer 112 merken. Das ist die Nummer der Notrufzentrale, die im Notfall einen Krankenwagen oder die Feuerwehr alarmiert oder Ihnen ärztliche Hilfe schickt. Bei Bedarf wird auch die Polizei verständigt. Die Polizei ist direkt unter der Telefonnummer 113 zu erreichen. Die Notaufnahme eines Krankenhauses heißt **nújna medicínska pomóč**, umgangssprachlich **urgénca.** Wenn es Probleme mit dem Auto gibt, rufen Sie die Pannenhilfe des slowenischen Automobilclubs (**AMZS**) unter der Nummer 1987 an. Vergessen Sie nicht, dass das Tragen einer Warnweste beim Verlassen des Fahrzeugs außerhalb geschlossener Ortschaften Pflicht ist.

Öffnungszeiten

Die Geschäfte (**trgovíne**) haben in der Regel bis 19.00 Uhr geöffnet. Größere Supermärkte, Kaufhäuser und Einkaufszentren in den Städten und am Stadtrand bleiben auch bis 20.00 oder 21.00 Uhr geöffnet. Eine Mittagspause gibt es allenfalls in kleinen, spezialisierten Läden und in Werkstätten. In den größeren Städten sind einige Lebensmittelgeschäfte rund um die Uhr geöffnet. Einige Grundnahrungsmittel sind auch an Tankstellen erhältlich.

Post

Postämter (**póšte**) sind ganztägig geöffnet, samstags nur vormittags. Kleinere Postämter schließen mittags für zwei Stunden.

Briefmarken erhalten Sie bei der Post, in Urlaubsorten auch im Tabakladen (**trafíka**). Die Gebühren für Briefe (**písma**) oder Postkarten (**razglédnica**) ändern sich laufend. Die Post wird innerhalb Sloweniens und auch ins Ausland in der Regel schnell und zuverlässig zugestellt.

Rechnung

Um im Restaurant oder im Café zu zahlen, sagt man: **Račún, prósim!** (Die Rechnung, bitte.) Es wird immer eine gemeinsame Rechnung ausgestellt, die sich die Gäste, wenn sie das wünschen, später untereinander aufteilen. Wenn Sie getrennt bezahlen möchten, müssen Sie die Bedienung also extra darauf hinweisen und sagen: **Lóčeno bi plačáli, prósim.**

Slowenisch und slowenische Dialekte

Es gibt weltweit ca. 2,5 Millionen Menschen, die Slowenisch sprechen, davon 1,8 Millionen in Slowenien. Slowenisch ist Amtssprache auf dem gesamten Staatsgebiet und anerkannte Minderheitensprache in einigen Gemeinden Südkärntens, Norditaliens und Westungarns. In Slowenien gibt es außergewöhnlich viele Dialekte (7 Dialektgruppen mit fast 50 Dialekten), die auch von der jungen Generation noch alltäglich gesprochen werden. Auch die allgemeinere sogenannte Standardumgangssprache (**splôšno pogôvorni jêzik**) unterscheidet sich (sowohl phonetisch als auch lexikalisch) relativ stark von der eigentlichen Standard- und Schriftsprache (**zbórni jêzik**). Neben den Dialekten (**naréčja**) sind in Slowenien zwei Sprachen als Minderheitensprachen anerkannt: Italienisch an der Küste und Ungarisch in Teilen der Region Prekmurje.

Souvenirs

Als Souvenirs sind vor allem handgefertigte Holzwaren (besonders aus Ribnica) sehr beliebt, die im Haushalt praktisch sind oder als Dekoration dienen können. Ein besonderes slowenisches Souvenir sind bunt bemalte Bienenstockbrettchen (**pánjske končníce**), auf denen Szenen aus dem bäuerlichen Leben, Märchen und scherzhafte Erzählungen abgebildet sind. Auf den Märkten werden auch andere Imkereiprodukte aus Wachs und Honig angeboten. Weitere beliebte Handwerkserzeugnisse sind vor allem Töpferwaren (Prekmurje) und Klöppelspitzen (Idrija, Cerkno, Žiri), Kunstschmiedearbeiten (Kropa), Kristallglas (Rogaška Slatina), Lebkuchenherzen (Dražgoše) und Salz (Sečovlje).

Tanken

Tankstellen (**bencínska črpálka**) an Schnellstraßen und auf Autobahnen sind durchgehend geöffnet. An allen Tankstellen gibt es bleifreies Benzin, Diesel und an einigen auch Autogas (LPG). Die meisten Tankstellen haben die Unternehmen Petrol und OMV Slovenija. Die Benzinsorten heißen in Slowenien **dizel** (Diesel), **(95-oktánski) bencin Super** (Super) und **(100-oktánski) bencin Super Plus** (SuperPlus). Die Preise sind im Durchschnitt etwas niedriger als bei uns. Bedient werden Sie an den Tankstellen kaum noch; oft gibt es die Möglichkeit, mit einer Kreditkarte am Automaten zu bezahlen. Wenn Sie Hilfe brauchen, steht Ihnen natürlich Personal zur Verfügung.
Im Zentrum des Landes, entlang der Hauptverkehrsachsen und rund um die größeren Städte ist das Netz der Ladestationen gut ausgebaut. Auf dem Land ist das Netz weniger dicht.

Taxis

Der Preis für eine Taxifahrt in Slowenien hängt vom Unternehmen, von der Strecke und manchmal auch von der Tageszeit ab. Es kostet weniger, wenn Sie das Taxi (**táksi**, auch **táxi**) telefonisch bestellen. Alle Taxis sind mit Taxameter (**taximéter**) ausgestattet. Bei einigen Unternehmen sind Zuschläge bei Nachtfahrten und Gepäckbeförderung fällig.

Telefon

In Slowenien meldet man sich am Telefon mit einem einfachen **Prósim**? (Ja, bitte?) oder **Ja?** und nennt seinen Namen nicht. Beim Abschied gibt es kein Auf Wiederhören! Man sagt einfach **Na svídenje!** (Auf Wiedersehen!) oder **Adíjo / Živijo!** (Tschüss!). Unter Freunden sagt man oft nur **Se slíšiva**, was wörtlich „Man hört sich." bedeutet. Handys (**mobílni telefón**, umg. **móbitel**) sind allgemein sehr verbreitet, immer weniger Menschen haben ein Festnetztelefon.

Die wenigen Telefonzellen (**telefónske govorílnice**) funktionieren ausschließlich mit Telefonkarten (**telefónska kártica**), die Sie auf dem Postamt oder im Kiosk bekommen. Um von Slowenien nach Deutschland zu telefonieren, wählen Sie 0049, nach Österreich 0043, die Vorwahl für Slowenien lautet 00386.

Toiletten

Wenn Sie im Restaurant die Toiletten (**straníšče, toaléta, WC**) suchen, sagen Sie: **Kjé je WC?** Toilettengebühren werden nur auf öffentlichen Toiletten (**jávno straníšče, jávni WC**) in großen Städten und in manchen Urlaubsorten verlangt. Das Damen-WC ist mit **Ž(enske)**, **D(ame)** oder **Gospe** gekennzeichnet, Männer folgen der Aufschrift **M(oški)** oder **Gospodje**.

Touristikinformation

Die besten Informationen über bestimmte Orte, Unterkünfte, Sehenswürdigkeiten, Ereignisse und lokale Reisebüros bekommen Sie in den über 90 Touristik-Informationszentren (**Turístični informacíjski cênter – TIC**) in ganz Slowenien. An diesen Informationspunkten (**infotóčka**) in allen größeren oder touristischen Ortschaften helfen Ihnen lokale Fachleute gerne weiter und stellen Ihnen auch Stadtpläne (**zemljevíd mésta**), Veranstaltungskalender (**seznám priredítev**), Hotelverzeichnisse (**seznám hotélov**), Fahrpläne (**vôzni rédi**) und Informationen über Ausflugsziele (**informácije o izlétih**) zur Verfügung. Fragen Sie einfach: **Kjé so (turístične) informácije?** (Wo ist die Touristikinformation?)

Trinkgeld

Ein Trinkgeld (**napitnína**) in der Gastronomie und beim Zimmerservice zu geben ist in Slowenien allgemein üblich, vor allem bei kleinen Beträgen. In einem Café ist es aber nicht unhöflich, nichts zu geben. Sie können den Betrag normal aufrunden und sagen: **V rédu je.** (Stimmt so.) Einen Teil des Restgeldes auf dem Tisch liegen zu lassen ist auch üblich.

Übernachten

In Städten und großen Urlaubsorten wählen Sie ein Hotel (**hotél**), eine Pension (**penzión**) oder ein Hostel (**hôstel**), das Ihren Ansprüchen entspricht. Wer die Abgeschiedenheit liebt und mit den Leuten vor Ort in Kontakt kommen möchte, sucht sich einen Ferienbauernhof (**turístična kmetíja**) aus. Dort können Sie meist hausgemachte Gerichte genießen und das ländliche Leben hautnah erleben. Privatzimmer (**sôbe**) sind während der Saison vor allem in touristischen Ortschaften leicht zu finden. Nach Bergwanderungen können Sie in einer der ca. 170 Berghütten (**planínska kóča**) haltmachen. Die Hütten sind sauber und gemütlich eingerichtet, aber die Ausstattung ist sehr unterschiedlich: In einigen gibt es z. B. kein Trinkwasser und keinen Strom. Im Hochgebirge sind die Hütten meist nicht ganzjährig geöffnet. Deshalb sollten Sie sich vor einer Bergtour genau über die Übernachtungsmöglichkeiten informieren.

Unfall

3ei einem Verkehrsunfall ist ein polizeiliches Protokoll zwar empfehlenswert, ist aber nicht unbedingt erforderlich. Für Reisende aus den EU-Staaten und der Schweiz ist das Mitführen der Grünen Karte, die als nternationale Versicherungskarte gilt, nicht verpflichtend, erleichtert ber die Abwicklung bei Verkehrsunfällen.

Urbána

n Ljubljana gibt es ein ungewöhnliches Fahrkartensystem, namens **rbána**. Nur mit dieser Plastikkarte, die in Tabakläden, auf Postämtern, n Touristikinformationen und an Busbahnhöfen erhältlich ist, kann man ahrten mit dem Stadtbus bezahlen. Mit Bargeld oder Kreditkarte önnen Sie die Karte an den Verkaufsstellen oder an den grünen **urbanomáti** an verschiedenen Standorten aufladen. Mit dieser einheitlihen „urbanen Zahlungskarte" können, je nach Karten-Typ, auch 'arkgebühren, Eintrittspreise und andere urbane Dienstleistungen beahlt werden.

/erkehr

m Straßenverkehr sind folgende wichtige Vorschriften zu beachten: uch tagsüber muss das Abblendlicht immer eingeschaltet sein. Das ragen von Warnwesten (**odsévni jópič**) ist für Fahrer und Fahrerinnen flicht, wenn sie ihr Fahrzeug außerhalb geschlossener Ortschaften erlassen und sich auf der Fahrbahn aufhalten. Es ist verboten, während er Fahrt mit dem Handy zu telefonieren.

eim Rückwärtsfahren muss das Warnblinklicht leuchten. Auch im usland zugelassene Fahrzeuge müssen zwischen dem 15. November nd dem 15. März (bei winterlichen Fahrverhältnissen auch darüber inaus) mit vier Winterreifen ausgestattet sein. Falls Sommerreifen nontiert sind, müssen Schneeketten mitgeführt werden. Ersatzglühlampen, Warndreieck, Verbandskasten und Warnwesten gehören zur Pflichtausstattung.

Wald

Wälder (**gozdôvi**) können als ein weiteres slowenisches Wahrzeichen angesehen werden. Sie bedecken ca. 57 % der Landoberfläche, somit gehört Slowenien zu den vier waldreichsten Ländern Europas. Wegen der stark wechselnden geologischen und klimatischen Verhältnisse sind die Wälder in Slowenien äußerst vielfältig und ermöglichen die Erhaltung zahlreicher Pflanzen- und Tierarten. Bestimmte Gebiete in der Region um Kočevje werden heute noch als Urwälder bezeichnet. Die urwüchsigen Wälder haben sicherlich dazu beigetragen, dass Slowenien zu den wenigen europäischen Ländern gehört, in denen alle drei großen europäischen Raubtiere noch in freier Wildbahn vorkommen: Der Braunbär (**rjávi mêdved**), der Wolf (**vôlk**) und der Luchs (**rís**). Die Braunbärenpopulation ist so groß (mehrere hundert Tiere), dass die Tiere regelmäßig auch ins Ausland umgesiedelt werden können.

Wasser

Mineralwasser heißt **minerálna voda,** umgangssprachlich oft auch **rádenska**, nach der gleichnamigen slowenischen Mineralwassermarke. Wenn Sie **gazírana vôda** bestellen, bekommen Sie Wasser mit Kohlensäure. Wenn Sie stilles Wasser wollen, fragen Sie nach **negazírana vôda**. Leitungswasser (**vôda iz pípe**) ist in den meisten Regionen von guter Qualität und wird durchaus getrunken. Um auch wirklich sicher zu gehen, ob Sie das Wasser trinken können, fragen Sie: **Áli je vôda pítna**

Wein

In Slowenien gibt es drei wichtige Weinbaugebiete (Primórska, Podrávje, Posávje), die weiter in 14 Weinregionen unterteilt sind. In jeder Regio

kann man die lokalen Weinkeller auch entlang der malerischen Weinstraßen kennenlernen und die erstklassigen Weine verkosten. In Slowenien wird viel Wein getrunken und die slowenische Weinrebe gilt als die älteste der Welt. Die wichtigsten Veranstaltungen sind Feste rund um die Weinlese (meist im September) und das Martinsfest (**martínovo**) am 11. November, wenn der Most zum Wein wird. Eine slowenische Besonderheit stellen die **Osmica**-Weinschenken im Karstgebiet dar: Während der „Osmica"-Zeit (von November bis Juni) bieten Winzer und Winzerinnen an ihren Höfen acht Tage lang Hauswein, verschiedene Käsesorten, Karstschinken usw. zu sehr günstigen Preisen an. Jede Weinschenke darf höchstens zwei „Osmica" pro Saison anbieten.
Die angeblich älteste Weinrebe der Welt wächst an einer Hauswand mitten in der Stadt Maribor. Sie ist über 400 Jahre alt und ein Symbol für die reiche Weinkultur Sloweniens.

Zug

Das Schienennetz der staatlichen Eisenbahngesellschaft **Slovenske železnice** ist relativ gut ausgebaut und ist das günstigste öffentliche Verkehrsmittel für längere Strecken. Aufgrund des Reliefs sind jedoch einige, auch größere Ortschaften nicht mit der Bahn erreichbar. Für Reisen zwischen den größeren slowenischen Städten, ist der **Intercity** (**ICS**) zu empfehlen, der nur wenige Zwischenstopps macht. Ermäßigungen (**popústi**) auf Bahntickets gibt es für Kinder, Gruppen und Familien, für Jugendliche sowie Senioren und Seniorinnen nur mit Vorteilscard. Es ist empfehlenswert immer nachzufragen, ob es für Ihr Reiseziel Sondertickets gibt.
Ein besonderes Erlebnis ist die Fahrt mit einer dampfbetriebenen Museumseisenbahn, die Sie auf der über 100 Jahre alten Strecke durch eine malerische Landschaft von Jesenice nach Kanal am Isonzo (Soča) führt.

Deutsch – Slowenisch

A

Aal M jegúlja
Aas N mrhovína
ab PRÄP od, od … napréj; **~ Freitag** od pétka napréj; ADV dòl, pròč, strán; **~ und zu** kdáj pa kdáj, včásih
abändern spremínjati ⟨spreméniti⟩
Abbau M (*Verringerung*) reducíranje, kŕčenje, *Preis*: zniževánje; BERGB odkòp, odkopávanje; TECH demontáža, razdíranje
abbauen kŕčiti, zmanjševáti; BERGB kopáti; *Gerüst* podírati
abbeißen odgrízniti *pf*
abberufen odpoklícati *pf*
abbestellen odpovédati *pf*; preklícati *pf*
abbiegen zavíjati ⟨zavíti⟩
abbilden upodábljati ⟨upodóbiti⟩
Abbildung F odslikávanje; slíka; *im Buch*: ilustrácija
abblenden *Licht* zasloníti *pf*; *Scheinwerfer* zasénčiti *pf*
Abblendlicht N zasénčena lúč *f*, *umg* krátka lúč
abbrechen odlomíti *pf* (*v/i* se); (*unterbrechen*) prekínjati ⟨prekíniti⟩
abbrennen požgáti *pf*, zažgáti *pf*; V/I pogoréti *pf*, zgoréti *pf*
abbringen: **j-n ~ von** odvrníti *pf* kóga od
abbröckeln odpádati, krúšiti se
Abbruch M (*Unterbrechung*) prekínitev *f*; (*Abriss*) rúšenje, podíranje; **~ tun** škodováti
abbuchen izknjížiti *pf*
ABC N abecéda
abdanken odslovíti *pf*; V/I odpovédati se (*D*)
abdecken pokrívati ⟨pokríti⟩, prekrívati ⟨prekríti⟩
abdichten ⟨za⟩tesníti
Abdruck M odtís
Abend M večér; **am ~** zvečér; **zu ~ essen** večérjati
Abendessen N večérja
Abendkleid N večérna obléka
Abendkurs M večérni tečáj
Abendland N zahódni svét, okcidènt
abends zvečér, ob večérih
Abenteuer N pustolóvščina, dogodívščina
abenteuerlich pustolóvski
aber tóda, ámpak
abergläubisch praznovéren
abfahren odpeljáti (se) *pf*
Abfahrt F odhòd
Abfahrtslauf M smúk
Abfall M odpádek

abfallen odpádati ⟨odpásti⟩; (*abtrünnig werden*) odvrníti se *pf* (**von** od)
abfangen prestrézati ⟨prestréči⟩
abfärben púščati bárvo; **~ auf** *fig* odrážati se v
abfassen sestáviti *pf*, napísati *pf*
abfertigen *Kunden* postréči *pf*, *Fluggäste* odpráviti *pf*, čekírati *pf*; *Zoll*: opráviti *pf* carínske formálnosti; *fig* odpráviti *pf*
abfinden odpráviti *pf*, izpláčati *pf*; (*entschädigen*) pláčati *pf* odškodníno; **sich ~ mit** sprijázniti se z, vdáti se v
Abfindung F odpravnína
abflauen popúščati ⟨popustíti⟩; VI poléči se *pf*, unêsti se *pf*; *Wind*: upádati
abfliegen odletéti *pf*
abfließen odtékati ⟨odtêči⟩
Abflug M odlèt
Abfluss M odtòk
Abflussrohr N odtóčna cév *f*
abführen odpeljáti, odvážati, odvêsti *pf*; MED odvájati
Abführmittel N MED odvajálo
abfüllen polníti
Abgabe F oddájanje, oddája, SPORT podája; (*Steuern*) dajátev *f*
abgabenfrei pròst dajátev
Abgang M odhòd; (*Verkauf*) prodája
Abgase NPL AUTO izpúšni plín
abgeben oddájati ⟨oddáti⟩; **sich ~ mit** ukvárjati se z
abgehen odhájati ⟨odíti⟩; *Fahrzeug*: odpeljáti (se) *pf*; *Knopf*: odpádati ⟨odpásti⟩; **~ von** *Schule*: zapustíti *pf*; *Meinung*: odstopíti od *pf*
abgelegen odróčen, oddáljen
abgemacht veljá!
abgemagert shújšan
abgeneigt nènaklónjen; **eine Sache ~ sein** odklánjati (*A*)
abgenützt obrábljen
Abgeordnete(r) M delegát poslánec
Abgesandte(r) M odposlánec
abgeschieden odmáknjen samôten
abgeschlossen *Studium*: zakljúčen; *Vertrag*: sklénjen; *Tür* zaklénjen
abgesehen: **~ von** ne gledé n tó
abgespannt utrújen, izmúčen
abgestanden postán
abgestumpft otopél
abgetragen ponóšen
abgewöhnen odvájati ⟨odváditi⟩
abgrenzen razmejeváti ⟨razmejíti⟩
Abgrund M brêzno, prepád
abhacken odsékati *pf*
abhalten zadrževáti ⟨zadržáti⟩, ovírati; **j-n ~ von** odvráčati ⟨odvrníti⟩ kóga od; *Veranstaltung* prirediti *pf*, iméti
abhandeln obravnávati
abhandenkommen zgubí se *pf*, izgíniti *pf*, zmánjkati *pf*; **j-m ist et. abhandengekommen** prišèl je ob (*A*)
Abhandlung F obravnáva razpráva
Abhang M pobóčje, brég

abhängen *Bild* snéti *pf*; **j-n ~** pustíti *pf* (*A*) za sebój, uíti *pf* (*D*), otrésti se *pf* (*G*); **~ von** odviséti od, biti odvísen
abhängig odvísen; MED zasvojên
Abhängigkeit F odvísnost *f*; MED zasvojênost *f*
abhärten utrjeváti ⟨utrdíti⟩
abhauen odsékati *pf*; izgíniti *pf*, pobégniti *pf*; **hau ab!** *umg* pobêri se!
abheben dvígniti *pf*; *Karten* privzdígniti *pf*; V/I *Flugzeug*: vzleteti *pf*, dvígati ⟨dvígniti⟩ se; **sich ~ von** izstópati od
abheilen ⟨za⟩celíti se
abhelfen pomágati (*im*)*pf*, odpráviti *pf*
abhetzen: **sich ~** hitéti
Abhilfe F pomóč *f*; **~ schaffen** pomágati (*im*)*pf*
abholen íti (*im*)*pf* po (*A*), íti (*im*)*pf* iskát (*A*); **~ lassen** posláti *pf* po (*A*)
abholzen *Wald* posékati *pf*
abhören *Vokabeln* izpraševáti ⟨izprášati⟩; (*überwachen*) prisluškováti
Abitur N matúra
abkaufen odkupíti *pf*; *fig* verjéti
abklingen izzvenévati ⟨izzvenéti⟩; *Schmerz*: pojémati, prenéhati (*im*)*pf*
abklopfen otépati ⟨otêpsti⟩; MED otrkávati; *fig* prevérjati ⟨prevériti⟩
abkochen prekuhávati ⟨prekúhati⟩
Abkommen N dogóvor, sporazúm; **ein ~ treffen** sporazuméti se *pf*
abkommen: **~ von** oddaljíti se *pf* od; **vom Weg ~** zapustíti *pf* pót, zaíti (*im*)*pf*; **vom Brauch ~** opustíti *pf* šégo
abkoppeln odpénjati ⟨odpéti⟩
abkühlen hladíti, ohlajeváti ⟨ohladíti⟩; **sich ~** shladíti se *pf*
abkürzen ⟨s⟩krájšati
Abkürzung F skrájšanje, okrajšáva; (*Wort*) kratíca; (*Weg*) blížnjica
abladen razkládati, raztovárjati ⟨raztovóriti⟩
Ablage F odlagálna površína, políca
ablagern odlágati; usédati se
Ablagerung F odláganje; *Fluss*: naplavína; *See*: usedlína
ablassen izpúščati ⟨izpustíti⟩; **~ von** opustíti *pf*, odpovédati se *pf*; *Sünden* dáti *pf* odpústek
Ablauf M (*Verlauf*) potèk; (*Frist*) pretèk
ablaufen *Flüssigkeit*: odtékati ⟨odtêči⟩; *Frist*: potêči *pf*; *Uhr*: iztêči se *pf*; *Schuhe* shodíti *pf*, pošvedráti *pf*; **~ lassen** *Wasser* izpustíti *pf*, iztočíti *pf*
ablecken oblízati ⟨oblízniti⟩, polízati ⟨polízniti⟩
ablegen odlágati ⟨odložíti⟩; *Gelübde* zaobljubíti se *pf*; *Eid* zapriséči se *pf*; *Prüfung* opráviti *pf* izpit
ablehnen odklánjati ⟨odkloníti⟩; *Vorschlag* zavráčati ⟨zavrníti⟩
Ablehnung F odklánjanje, odklonítev *f*

ableiten *Wasser* odvájati; *Fluss* preusmériti *pf*; *(herleiten)* izpeljávati ⟨izpeljáti⟩
ablenken odvráčati ⟨odvrníti⟩; *(zerstreuen)* zamotíti *pf*
Ablenkung F odklòn; odvrnítev *f*; *(Zerstreuung)* razvedrílo
ablesen odbírati ⟨odbráti⟩; *(abpflücken)* obírati ⟨obráti⟩
abliefern oddájati ⟨oddáti⟩; *an e-e Adresse* dostáviti *pf*
Ablöse F odkupnína
ablösen odluščíti *pf*, odstraníti *pf*; **sich ~** odstópati ⟨odstopíti⟩, odpádati ⟨odpásti⟩, luščíti se; **j-n ~** zaménjati *(A)*
abmachen *(vereinbaren)* dogovoríti se *pf*
Abmachung F dogóvor, sporazúm
abmagern shújšati *pf*
abmelden odjáviti *pf* (**sich** se)
Abmeldung F odjáva
abmessen odmériti *pf*, izmériti *pf*
abmontieren odmontírati *pf*, demontírati *pf*
abmühen: **sich ~ mit** múčiti se z, trudíti se z
abnagen oglódati *pf*
Abnahme F zmánjšanje, upádanje; HANDEL odkúp
abnehmen snémati ⟨snéti⟩; odvzéti *pf*; HANDEL odkupováti ⟨odkupíti⟩; *(abmagern)* ⟨s⟩hújšati
Abnehmer M odjemálec
Abneigung F odpòr, nènaklónjenost *f*
abnutzen obrabíti *pf* (**sich** se)
Abonnement N abonmá *m*
abonnieren abonírati se *(im)pf*, naročíti *pf*
abordnen posláti *pf*, delegírati *(im)pf*
Abordnung F odposlánstvo, delegácija
abraten odsvetováti *pf*
abräumen pospráviti *pf*
abrechnen odračúnati *pf*, odštéti *pf*
Abrechnung F obračún
abreiben odŕgniti *pf*
Abreise F odhòd, odpotovánje
abreisen odpotováti *pf*
abreißen odtŕgati *pf*; *Haus* porúšiti *pf*
abriegeln zapahníti *pf*
Abriss M očŕt, preglèd
abrollen odvíjati ⟨odvíti⟩
abrunden zaokrožíti *pf*
Abrüstung F razoroževánje, razorožítev *f*
abrutschen zdŕsniti *pf*; **er rutschte ab** spodŕsnilo mu je
Absage F odpóved *f*
absagen odpovédati *pf*
absägen odžágati *pf*
Absatz M *(Text)* odstávek; *(Schuh)* pêta; HANDEL prodája; **~ finden** prodájati se
abschaffen odpráviti *pf*, ukíniti *pf*
abschalten odklopíti *pf*, izklopíti *pf*
abschätzen oceníti *pf*
abschätzig podcenjeválen, zaničljív; slabšálen
abscheulich gnúsen, ostúden
abschicken odpošíljati ⟨odposláti⟩
abschieben odrívati ⟨odrí-

niti⟩; *Schuld* ⟨pre⟩valíti; *Ausländer* izgnáti *pf*, odgnáti *pf*
Abschied M slovó; **zum ~** v/za slovó; **~ nehmen** poslovíti se *pf*
abschießen *Geschoss* izstrelíti *pf*; FLUG sestrelíti *pf*
abschirmen ⟨za⟩varováti (**vor** pred)
Abschlag M *Preis*: odbítek, popúst; SPORT udárec
abschlagen odbíti *pf*; *Ast* ⟨od⟩sékati
Abschleppdienst M vléčna slúžba
abschleppen odvléči *pf*
Abschleppseil M vléčna vŕv *f*
abschließen zakleníti *pf*; (*beenden*) skleníti *pf*, končáti *pf*; *Geschäfte* sklépati, skleníti *pf*; *Vertrag* skleníti *pf*
Abschluss M kônec; sklèp
abschneiden odrézati *pf*; **bei et. gut/schlecht ~** dôbro/slabó se odrézati
Abschnitt M dél; odrézek; (*Text*) odstávek
abschrecken prestrašíti *pf*, zastrašíti *pf*
abschreckend strašílen, svarílen
abschreiben prepisováti ⟨prepísati⟩; HANDEL odpísati *pf*
Abschrift F prepís
Abschürfung F odrgnína
Abschuss M *Rakete*: izstrelítev *f*; *Jagd*: odstrél
abschüssig stŕm
abschütteln otrésati ⟨otrésti⟩
abschwächen omíliti *pf*
abschweifen oddaljíti se *pf*
absehbar predvidljív; *Zeit*: dogléden
absehen *Folgen* predvidévati, vídeti; **~ von** opustíti *pf*
abseits ob stráni
absenden odpošíljati ⟨odposláti⟩
Absender M odpošiljátelj
absetzen odstáviti *pf*, odložíti *pf*; **sich ~** *fig* umakníti se *pf*
Absicht F namèn, naméra
absichtlich naméren; ADV naménoma, namérno
absondern izlóčati ⟨izločíti⟩
abspalten odcepíti *pf*
absperren zakleníti *pf*; *Straße* zapréti *pf*; blokírati (*im*)*pf*
Absperrung F zapóra, pregráda
abspielen: **sich ~** odigrávati ⟨odigráti⟩ se, dogájati ⟨dogodíti⟩ se
Absprache F dogóvor
abspringen odskočíti *pf*
abspülen splakníti *pf*
abstammen izvírati, izhájati
Abstammung F izvír; ród, porêklo
Abstand M razdálja; preslédek; **~ nehmen von** opustíti (*A*), distancírati se (*im*)*pf* od (*G*)
abstauben obrísati *pf* práh
Abstecher M krátek izlèt
abstehen štrléti
absteigen stopíti *pf* dôl; spúščati se; *Hotel*: prenočíti *pf*, nastániti se
abstellen odložíti *pf*, odstáviti *pf*; *Radio* izkljúčiti *pf*; *Maschine* ustáviti *pf*; AUTO parkírati (*im*)*pf*
abstempeln ⟨o⟩žigósati

absterben odmírati ⟨odmreti⟩
Abstieg M *in den Bergen*: sestòp; *fig* propàd; SPORT izločítev *f*, izpàd
abstimmen glasováti; *Farben* usklajeváti ⟨uskladíti⟩
abstoßen odrívati ⟨odríniti⟩; MED zavráčati, odklánjati; *(Ekel erregen)* odbíjati ⟨odbíti⟩
abstreiten zanikati *pf*, tajíti
Absturz M pádec; FLUG strmoglávljenje
abstürzen strmogláviti *pf*; pádati ⟨pásti⟩
Abszess M ognójek
Abt M opát
abtasten otipávati ⟨otípati⟩
Abtei F opatíja
Abteil N oddélek; *Zug*: kupé *m*
abteilen razdelíti *pf*; oddelíti *pf*
Abteilung F delítev; oddélek, odsèk
abtreiben MED odpráviti *pf*, spláviti *pf*
Abtreibung F splàv
abtrennen odpárati *pf*, ločíti *pf*
abtreten *Absätze* obrabíti *pf*, shodíti *pf*; *(überlassen)* prepustíti, odstopíti *pf*
abtrocknen posušíti *pf*
abwägen ⟨od⟩téhtati; *fig* pretéhtati *pf*
abwälzen odvalíti *pf*
abwandeln spremínjati ⟨spreméniti⟩; modificírati *(im)pf*
abwarten ⟨po⟩čákati
abwärts navzdòl
abwaschen zmíti *pf*, spráti *pf*; *Geschirr* pomívati ⟨pomíti⟩
Abwasser N odpláka
abwechseln: **sich ~ mit** menjávati se z
abwechselnd izménično, iz ménoma
Abwechslung F spremémba **zur ~** za spremémbo; **~ bringen in** popestríti *pf (A)*
Abwehr F obrámba
abwehren ⟨u⟩braníti; *Angrif* odbíjati ⟨odbíti⟩
abweichen oddaljíti se *pf* **voneinander ~** razlikováti se
Abweichung F odmìk, odklòn; razlíka, odstópanje
abweisen zavráčati ⟨zavrníti⟩ odbíti *pf*
abwenden odvráčati ⟨odvrníti⟩; **sich ~ von** obrníti (D hŕbet
abwerfen odvréči
Abwertung F razvrednôtenje devalvácija
abwesend odsôten
Abwesenheit F odsôtnost *f*
abwickeln odvíjati ⟨odvíti⟩ *(erledigen)* uréjati ⟨uredíti⟩
abwiegen odtéhtati *pf*
abzahlen odpláčati *pf*
abzählen preštévati ⟨preštéti⟩
Abzeichen N znák; *Verein* značka; *Uniform*: oznáka
abzeichnen prerisováti ⟨prerisati⟩; **sich ~** izstópati
abziehen *Geld* odtegníti *pf*, odbíti *pf*; MIL umakníti *pf*; V odíti, odkorákati; **den Schlüssel ~** potegníti *pf* ključ iz ključávnice
Abzug M odhòd, umìk; *(Spesen* odbítek; *Waffen*: petêlin, sprožílo

abzweigen odcepíti *pf*
Abzweigung F odcèp
Accessoire N (módni) dodátek
ach INT o!; ~ **so!** a takó!
Achse F ós *f*
Achsel F ráma; **die ~n zucken** skomígniti *pf* (z raméni)
Achselhöhle F pázduha
acht ósem; **um ~** ob ôsmih; **in ~ Tagen** v ôsmih dnéh
Acht: **außer ~ lassen** ne upoštévati (*G*); **sich in ~ nehmen** páziti se, varováti se (**vor** *G*)
achte(r) ôsmi; **zum achten Mal** ósmič
Achtel N osmínka
achten ceníti, spoštováti; **~ auf** páziti na
ächten izóbčiti *pf*, izgnáti *pf*
Achter M osmíca
achtgeben: **~ auf** páziti na, páziti se (*G*)
achtlos nèpazljív
Achtung F spoštovánje; pozòr
achtzehn ósemnajst
ächzen stókati
achtzig ósemdeset
Acker M njíva
Ackerbau M poljedélstvo
Ackerland N ôrna zêmlja, obdeloválna zêmlja
addieren seštévati, dodájati ⟨dodáti⟩
Adel M plémstvo, aristokracíja
adelig plémiški, aristokrátski
Ader F žíla
Adjektiv N pridévnik
Adler M ôrel
Administration F administrácija, upráva
adoptieren adoptírati (*im*)*pf*, posvojíti *pf*
Adoptivkind N posvojênec, posvojênka
Adressbuch N adresár, imeník
Adresse F naslòv
adressieren nasloviti *pf*
Adria F Jádran
Adverb N prislòv
Affäre F afêra, zadéva; (*Verhältnis*) razmérje; **sich aus der ~ ziehen** izmázati se *pf*
Affe M ópica
affektiert afektíran
Afrika N Áfrika
afrikanisch áfriški
After M zádnjik
Agent M agènt, zastópnik
Agentur F agentúra, zastópstvo
Aggression F agresíja
Agram N Zágreb
Ägypten N Egípt
ägyptisch egíptovski
Ahne M, F prédnik, prédnica
ähneln bíti podóben
ahnen ⟨za⟩slutíti
ähnlich podóben
Ähnlichkeit F podóbnost *f*
Ahnung F slútnja; **ich habe keine ~** nímam pójma
ahnungslos nič húdega slutéč
Ahorn M jávor
Ähre F klás
Akademie F akademíja
Airbag M (avtomobílska) zráčna blazína, *umg* airbag
Akademiker(in) M(F) akadémik
akademisch akadémski
Akku M akumulátor; AUTO akumulátorska baterija

Akkusativ M ákuzativ, tožílnik
Akt M ákt; THEAT dejánje
Akte F spís, ákt, lístina
Aktentasche F áktovka
Aktie F délnica, ákcija
Aktiengesellschaft F délniška drúžba
Aktion F ákcija
Aktionär M délničar
aktiv aktíven, dejáven
aktuell aktuálen
akut akúten; *Problem*: perèč
Akzent M akcènt, naglàs, poudárek
akzeptieren sprejémati ⟨sprejéti⟩
Alarm M alárm, preplàh
alarmierend alarmánten, vznemirljív
Albanien N Albánija
albern neúmen, áboten
Albtraum M môra; **er hat Albträume** tláči ga môra
Album N álbum
Alge F álga
Alkohol M alkohól
Alkoholiker M alkohólik
Alkoholikerin F alkohóličarka
alkoholisch alkohóličen
All N vesóljstvo
all: SG vès, vsè, vsà; PL vsì, vsè, vsì; **vor ~em** predvsèm; **~e 3 Stunden** vsáke tri úre; **~e beide** obá
Allee F drevoréd, aléja
allein sám; **von ~** sám od sêbe; **~ stehend** *Haus*: samôten, na sámem
Alleinerziehende M, F sámohranílec, sámohranílka
alleinstehend (*unverheiratet*) nèporočen
allerdings (*freilich*) vsèkakor, sevéda; (*zwar*) kájpada, sicèr
Allergie F alergíja
Allergiker M alêrgik
Allergikerin F alêrgikinja
allerhand najrazličnejši, vsì mogóči; **das ist ja ~!** tó je pa žé od síle!
Allerheiligen N vsì svéti; **zu ~** za vsè svéte
Allerseelentag M dán vérnih dúš
allerseits vsì skúpaj; **Gute Nacht ~!** láhko nóč vsèm skúpaj!; **~ bekannt** vsèpovsód znàn
alles vsè
allgemein splôšen, óbči; ADV splôšno
Allgemeinbildung F splôšna izobrázba
alljährlich vsakoléten; ADV vsáko léto
allmächtig vsemogóčen
allmählich polágoma, počási
allmonatlich mésečen; ADV vsák mésec
Alltag M vsakdánjik
alltäglich vsakdánji; ADV vsák dán
allzu: **~ viel** prevèč
Alm F planína
Almosen N míloščina
Alpen FPL Álpe *fpl*
Alphabet N abecéda
als *zeitlich*: ko, kàdar; *nach Komparativ*: kot, kàkor; **~ ob** kàkor da
also tórej; **na ~!** no, vídiš!
alt stàr

Altar M oltár
Alte F stárka
Alte(r) M stárec
Alter N stárost *f*
älter staréjši
altern ⟨po⟩stárati se
alternativ alternatíven
Altersheim N dóm za ostaréle
Altertum N stári vék, antíka
altmodisch staromóden
Altpapier N odpádni papír
Altstadt F stáro mésto, stári dél mésta
Ameise F mrávlja
Ameisenhaufen M mravljíšče
Amerika N Amêrika
amerikanisch amêriški
Amnestie F amnestíja, pomilostítev *f*
Ampel F semafór
Ampulle F ampúla
amputieren amputírati *(im)pf*
Amsel F kós
Amt N uràd; *(Dienst)* slúžba, dolžnóst *f*; položáj, fúnkcija; **ein öffentliches ~ bekleiden** oprávljati jávno fúnkcijo
amtlich uráden; ADV urádno
Amtsblatt N urádni líst
Amtsstunden FPL urádne úre *fpl*
amüsant zabáven
amüsieren zabávati (**sich** se)
an na *(A; L)*; nad *(A, I)*; ob *(A, L)*; pri *(L)*; **wer ist ~ der Reihe** kdó je na vŕsti; **am Leben bleiben** ostáti žív; **am Montag** v ponedéljek; ADV **~ und für sich** pràvzapràv; **von nun ~** odsléj
analog analógen, podóben
Analphabet(in) M(F) analfabét, nèpísmen člôvek
Analyse F analíza, razčlenítev *f*
Anbau M pridelovánje, gojítev *f*; ARCH prizídek
anbauen pridelováti, sadíti; ARCH prizídati *pf*
anbehalten obdržáti *pf* na sêbi, ne odložíti *pf*
anbei priloženo, v prilógi
anbeten častíti; *(vergöttern)* oboževáti
Anbetracht: **in ~** spríčo
anbieten ponudíti *pf*
anbinden privézati *pf*
Anblick M pogléd (na)
anblicken ⟨po⟩glédati
anbrechen nalomíti *pf*, načéti *pf*; *Tag*: začéti se *pf*, napočíti *pf*
anbrennen prižgáti *pf*, zažgáti *pf*; *Speisen* prismodíti *pf*
anbringen pritrdíti *pf*, namestíti *pf*
Anbruch M začétek; **bei ~ der Nacht/des Tages** ko se znočí/zdaní
anbrüllen nahrulíti *pf* (A), kričáti
Andacht F pobóžnost *f*
andauern trájati
andauernd nenéhen, trájen
Andenken N spomín; **zum ~** za/v spomín
andere(r) drúgi; drugáčen
andererseits po drúgi stráni
ändern spremínjati ⟨spremeníti⟩; *Kleidungsstücke* predélati *pf*
andernfalls sicèr
anders drugáče
andersartig drugáčen
anderswo drugjé

anderswohin drugàm
anderthalb poldrúgi; **~ Stunden** poldrúgo úro
Änderung F sprémémba; *von Kleidern*: predelovánje, predeláva
anderweitig drugjé
andeuten nakázati *pf*, namigováti ⟨namígniti⟩
Andeutung F namìg, nakazovánje
Andrang M navál
androhen: **j-m et. ~** ⟨za⟩groziti (*D*) z
aneignen: **sich ~** *Wissen* osvojíti *pf*, pridobíti *pf*; JUR prisvojíti si *pf*
aneinander drúg na drúgega; drúg na drúgem; drúgo k drúgemu
anerkennen priznávati ⟨priznáti⟩
Anerkennung F priznánje
anfahren pognáti *pf*, zagnáti *pf*; vozíti, dovážati; *j-n/et.* zadéti ob, zaletéti se v; **j-n ~** *fig* nahrulíti (*A*)
Anfall M napàd
anfallen VT napádati ⟨napásti⟩; VI *Müll*: nastájati ⟨nastáti⟩; nabírati ⟨nabráti⟩ se
anfällig dovzéten, občutljív; nèodpóren
Anfang M začétek
anfangen začénjati ⟨začéti⟩ se
Anfänger M začétnik
Anfängerin F začétnica
anfangs spočétka
Anfangsbuchstabe M začétnica
anfassen prijémati ⟨prijéti⟩; **mit ~** poprijéti *pf*, pomágat (*im*)*pf*
anfechten izpodbíjati ⟨izpod bíti⟩
anfertigen izdelováti ⟨izdé lati⟩
anfeuchten omočíti *pf*, ovlá žiti *pf*
anfeuern podžígati, vzpodbú jati
anflehen rotíti, mílo prosíti
anfliegen priletéti *pf*; FLUG blížati se
Anflug M FLUG prihòd, pribli ževánje, dolèt; *eines Lächelns* sléd *f*
anfordern zahtévati; naročít *pf*
Anforderung F zahtéva; naro čílo
Anfrage F vprašánje
anfragen vprášati *pf*
anfreunden: **sich ~** spoprija teljíti se *pf*; (*sich gewöhnen*) sprijázniti se *pf*
anfühlen: **sich hart/weich ~** bíti na otìp trd/mêhek
anführen vodíti; *Gründe* navá jati ⟨navêsti⟩
Anführer M vódja *m*
Anführungszeichen N nare kováj
anfüllen napolnjévati ⟨napol níti⟩
Angabe F navájanje, navédba podátek; **nähere ~n** podróbno sti *fpl*
angeben navájati ⟨navêsti⟩ *Namen* imenováti; *Richtung* na kázati *pf*; (*prahlen*) baháti se
angeblich ADV bajè, kot práv

jo
angeboren prirojèn
Angebot N ponúdba
angebracht priméren; ADV primérno, na méstu
angebunden privézan; **kurz ~** redkobeséden
angeheitert v róžicah, okajèn
angehen začéti *pf*, lotíti se *pf*; **das geht dich nichts an** tó te nič ne briga
angehend bodóči
angehören pripádati
Angehörige(r) M svójec; pripádnik, člán
Angeklagte(r) M obtoženec
Angel F ríbiška pálica; (*Türangel*) tečáj
Angelegenheit F zadéva
Angelhaken M trnek
angeln lovíti ríbe (s trnkom), ribáriti
Angelrute F ríbiška pálica
Angelschein M ríbiška dovolílnica
angemessen priméren
angenehm prijéten
angesehen ugléden
angesichts spríčo
angespannt napét
Angestellte(r) M uslúžbenec, naméščenec
angewiesen: **~ auf** navézan na, odvísen od
angewöhnen navájati ⟨naváditi⟩
Angewohnheit F naváda
Angina F angína
angleichen: **~ an** prilagájati ⟨prilagodíti⟩ (*D*)
Angler M (špórtni) ríbič
angreifen napádati ⟨napásti⟩; (*bedrohen*) ogróžati; (*anfassen*) prijémati ⟨prijéti⟩
Angreifer M napadálec, agrésor
Angriff M napàd, **et. in ~ nehmen** lotíti se (*G*)
angriffslustig napadálen, agresíven
Angst F stráh (**vor** pred); **vor ~** od strahú; **aus ~** iz strahú; **~ haben vor** báti se (*G*); **~ bekommen** zbáti se *pf*, ustrášiti se *pf*
ängstigen plašíti, strašíti, navdajati s strahom, **sich ~** báti se (**vor** *G*, **um** za)
ängstlich pláh, bojèč
angurten privézati *pf*
anhaben iméti na sêbi; iméti obléčeno; **man kann ihm nichts ~** ne móre se mu do živega, nič mu ne móreš očítati
anhalten ustávljati ⟨ustáviti⟩; zaustáviti *pf* (*v/i se*); V/I (*andauern*) trájati; **den Atem ~** zadrževáti díh
anhaltend trajajóč; nenéhen
Anhalter M avtostópar
Anhaltspunkt M opóra; **als ~** za orientácijo
anhand s pomočjó
Anhang M dodátek
anhängen obésiti *pf*; *Waggon* priklopíti *pf*, pripénjati; *fig* podtakníti *pf*
Anhänger M privřženec, pripádnik; (*Schmuck*) obések; (*Etikett*) obések, etikéta; (*Fahrzeug*) prikólica
anhänglich vdán, zvést; navé-

zan (na)
anhäufen ⟨na⟩kopíčiti
anhören poslúšati
Ankauf M nakúp
Anker M sídro; **den ~ werfen/lichten** spustíti *pf*/dvígniti *pf* sídro
Anklage F obtôžba
anklagen obtožíti *pf*
Ankläger M tožník
Anklang: **~ finden** iméti uspèh, bíti uspéšen; ugájati
ankleben prilépiti *pf*
anklopfen potŕkati *pf*
anknüpfen privézati *pf*, pritrdíti *pf*; navézati *pf*; *Gespräch* začéti *pf*
ankommen príti *pf*, prispéti *pf*; **darauf kommt es nicht an** tó ni bístveno; **es auf et. ~ lassen** tvégati (*A*)
ankündigen naznánjati ⟨naznániti⟩; napovedováti ⟨napovédati⟩
Ankündigung F napóved *f*, oznanílo
Ankunft F prihòd
ankurbeln zagánjati ⟨zagnáti⟩, pogánjati ⟨pognáti⟩; *fig* pospéšiti *pf*
Anlage F naprava; ARCH zgrádba, konstrúkcija, kompléks; (*Park*) nasàd; BIOL zasnóva; (*Geld*) nalóžba; vláganje; investícija
Anlass M povòd; prílika, prilóžnost *f*
anlässlich ob príliki
Anlauf M zalèt, zagòn; poskús
anlaufen *Motor, Produktion*: stêči; *Hafen* pristáti *pf* v; *Brille*: orosíti se *pf*
anlegen *Geld* nalágati ⟨naložíti⟩, investírati (*im*)*pf*; *Sparbuch* odpréti *pf*; *Straße* načrtováti, zasnováti; *Verzeichnis* sestávljati ⟨sestáviti⟩
anlehnen naslánjati ⟨nasloníti⟩; *Tür* prisloníti *pf*; **sich ~ an** opírati ⟨opréti⟩ se na
Anleitung F navodílo
Anliegen N prôšnja
anlügen nalagáti *pf*
anmaßen: **sich ~** lastíti si
anmaßend oblásten, prevzéten, arogánten
Anmeldeformular N prijávnica
anmelden jáviti *pf*, najáviti *pf*, prijáviti *pf*
Anmeldung F prijáva
anmerken *j-m et.* opazíti *pf*; (*bemerken*) pripómniti; **sich et. ~ lassen** ⟨po⟩kázati
Anmerkung F pripómba, opázka; (*Text*) opómba
anmutig ljúbek, míl, graciózen
annähen prišíti *pf*, našíti *pf*
annähernd priblížen; ADV približno
Annahme F prejèm, prevzèm; (*Vermutung*) domnéva
annehmbar sprejemljív
annehmen sprejéti *pf*; prevzéti *pf*; *Form* dobíti *pf*; *Namen* privzéti *pf*; *Kind* posvojíti *pf*; (*vermuten*) domnévati; **sich** (*G*) **~** zavzémati ⟨zavzéti⟩ se za
anonym anonímen
anordnen razporéjati ⟨razporedíti⟩, razvrstíti *pf*; (*verordnen*) zaukázati *pf*, odredíti *pf*

Anordnung F razporedítev *f*, razvrstítev *f*; JUR odrédba, MED navodílo, recépt
anpacken V/I prijéti *pf*, zagrábiti; V/I *Problem* lotíti se *pf*
anpassen prilagájati ‹prilagodíti› (**sich** se); uskladíti *pf*; *Kleid* pomériti *pf*
anpflanzen ‹po›sadíti
anpreisen priporóčati, hvalíti
anprobieren pomérjati ‹poméríti›
anrechnen vračúnati *pf*, prištéti *pf*; **hoch ~** štéti v dôbro
Anrede F nagóvor, ogóvor
anreden nagovoríti *pf*, ogovoríti *pf*
anregen spodbújati ‹spodbudíti›
Anregung F pobúda; požívljanje, stimulíranje
Anreiz M dráž, mík; spodbúda
anrichten priprávljati ‹pripráviti›; *Schaden* povzróčati ‹povzročíti›
Anruf M klíc, pozív
Anrufbeantworter M avtomátski odzívnik
anrufen ‹po›klícati
anrühren dotakníti se *pf*; *Soße* uméšati *pf*
Ansage F napóved *f*
ansagen napovedováti ‹napovédati›
Ansager M napovedoválec
ansammeln nabírati ‹nabráti› (**sich** se)
anschaffen nabáviti *pf*, naročíti *pf*
Anschaffung F nakúp
anschauen ‹po›glédati; ogledováti
anschaulich nazóren
Anschauung F názor, glédanje
Anschein M videz, vtís; **den ~ haben** zdéti se
anscheinend navídez; ADV navídezno
anschicken: **sich ~ zu** priprávljati se na, správljati se k
Anschlag M napàd, atentát; (*Plakat*) lepák, razglàs
Anschlagbrett N oglásna deskà
anschlagen udáriti *pf* ob (*A*); pribíti *pf*, pritrdíti *pf*; *Hund*: zalájati *pf*
anschleichen: **sich ~** priplazíti se *pf*
anschließen prikljúčiti *pf*; **sich ~** pridružíti se *pf*, sledíti
anschließend takój nató
Anschluss M zvéza, prikljúček
anschmiegen: **sich ~** privíti se *pf* h (*D*), oprijémati ‹oprijéti› se (*G*)
anschnallen pripénjati ‹pripéti›
Anschnallgurt M várnostni pás
anschnauzen nadréti *pf*
anschneiden zarézati *pf*, načéti *pf*
anschrauben privíti *pf*, pritrdíti *pf*
anschreiben *j-n* písati (*D*)
Anschrift F naslòv
anschwellen otékati ‹otêči›, nabrékati ‹nabrékniti›
anschwemmen naplávljati ‹napláviti›

ansehen poglédati *pf*, ogledováti; **man sieht es ihm an** pozná se mu; **~ als** iméti za
Ansehen N uglèd, dôbro imé
ansehnlich *Mensch*: postáven; *Gebäude*: mogóčen, vêlik
ansetzen nastáviti *pf*; CHEM pripráviti *pf*; **e-e Besprechung ~** določíti čàs/dátum za konferénco
Ansicht F poglèd (na); (*Meinung*) mnênje; **zur ~** na oglèd; **meiner ~ nach** po môjem mnênju
Ansichtskarte F razglédnica
ansiedeln naseljeváti ⟨naselíti⟩
anspannen *Pferde* vpréči *pf*, zapréči *pf*; *Muskeln* napénjati ⟨napéti⟩
Anspannung F napétost *f*
Anspielung F namigovánje
Ansprache F nagóvor, góvor; **e-e ~ halten** iméti góvor
ansprechen nagovárjati ⟨nagovoríti⟩; ogovárjati ⟨ogovoríti⟩
Anspruch M (*Recht*) pravíca; (*Forderung*) zahtéva; **~ haben auf** iméti právico do; **~ erheben auf** térjati (*A*), zahtévati, lastíti si
anspruchslos skrômen, nèzahtéven
anspruchsvoll zahtéven, težáven
Anstalt F ustanóva, závod; dóm; **~en machen** pripravljati se k/na/da bi
Anstand M spodóbnost *f*
anständig spodóben; ADV spodóbno
anstarren zijáti, búljiti v (*A*)
anstatt namésto
anstecken natakníti *pf*; MED okúžiti *pf*
ansteckend nalezljív
Ansteckung F okúžba, infékcija; **die ~ erfolgt durch** do okúžbe pride z
anstehen státi v vŕsti
ansteigen *Weg*: vzpénjati se; naráščati
anstellen: **sich ~** postáviti se v vŕsto
Anstieg M naráščanje, zviševánje
anstiften napeljeváti ⟨napeljáti⟩
anstimmen intonírati (*im*)*pf*, ubráti *pf*; *Lied* zapéti *pf*
Anstoß M (*Anregung*) vzpodbúda, impúlz; (*Ärgernis*) spotíka, zgrážanje; **~ nehmen an** zgrážati se nad
anstoßen zadéti *pf* (ob), tŕčiti *pf* (ob); (*schubsen*) poríniti *pf*; **~ auf** nazdráviti (*D*)
anstrahlen razsvetljeváti, usmeríti *pf* lúč na; *fig j-n* žaréče glédati (*A*)
anstreben *etw* streméti k/po/za
anstreichen pobárvati *pf*, ⟨po⟩pléskati
anstrengen: **sich ~** ⟨po⟩trudíti se
anstrengend utrudljív, napóren
Anstrengung F trúd, napòr
Ansturm M naskòk, navál
Anteil M délež; **~ nehmen an** zanímati se za; (*mitfühlen*) sočú-

stvováti
Anteilnahme F sočustvovánje; zanímanje
Antenne F anténa
Antibabypille F kontracépcijska tabléta
Antibiotikum N antibiótik
antik antíčen, starovéški; starínski
Antike F antíka, stári vék
Antiquariat N antikvariát
Antiquität F antikvitéta, starína
Antisemitismus M ántisemitízem
Antrag M prôšnja; (*Formular*) formulár za prôšnjo; **e-n ~ stellen auf** prosíti za; zahtévati; predlágati (*A*)
Antragsteller M prosílec
antreffen nájti *pf*, dobíti *pf*, naletéti na *pf*
antreiben pognáti *pf*; prigánjati
antreten nastopíti *pf*; **den Beweis ~** predložíti *pf* dokàz; dokazováti
Antrieb M TECH pogòn; spodbúda; **aus eigenem ~** sam od sêbe, na lástno pobúdo
Antwort F odgóvor
antworten odgovárjati ⟨odgovoríti⟩
anvertrauen zaúpati (*im*)*pf* (**sich** se)
Anwalt M odvétnik
Anwältin F odvétnica
anwärmen pogréti *pf*, segrévati ⟨segréti⟩
Anwärter M priprávnik, kandidát
anweisen dajáti ⟨dáti⟩ navodíla; *Geld* nakazováti ⟨nakázati⟩; (*zuweisen*) dodelíti *pf*, odredíti *pf*
Anweisung F navodílo, naročílo; *Geld*: nakazílo
anwenden uporábljati ⟨uporabíti⟩
Anwendung F uporába; rába
anwesend prisôten, navzóč
Anwesenheit F prisôtnost *f*, navzóčnost *f*
Anzahl F množíca
anzahlen dáti *pf* naplačílo; pláčati *pf* na račún
Anzahlung F naplačílo
Anzeichen N známenje, znák; MED simptóm
Anzeige F (*Inserat*) oglàs, objáva; (*Mitteilung*) obvestílo, sporočílo; JUR ovádba
anzeigen *Uhrzeit* kázati; (*ankündigen*) naznanjeváti ⟨naznániti⟩, obvestíti *pf*; JUR ovádíti *pf*
anziehen *Kleider* obláčiti ⟨obléči⟩; *Schuhe* obúvati ⟨obúti⟩; *Schrauben* privíti *pf*; zategníti *pf*; *Bremse* pritegníti *pf*; *fig* pritegováti ⟨pritegníti⟩, privlačeváti ⟨privláčiti⟩
anziehend privláčen
Anziehung F privláčnost *f*
Anzug M (môška) obléka
anzüglich dvoúmen
anzünden prižígati ⟨prižgáti⟩, zažígati ⟨zažgáti⟩
apart posében, nèobičájen; privláčen, mikáven
Apfel M jábolko
Apfelbaum M jáblana
Apfelsaft M jábolčni sók
Apfelsine F pomaránča

Apfelstrudel M jábolčni zavítek
Apotheke F lekárna
Apotheker M lekárnar
Apothekerin F lekárnarica
App F aplikácija
Apparat M aparát, napráva
Appartement N apartmá *m*
appellieren apelírati (*im*)*pf* (**an** na)
Appetit M ték (**auf** do); **guten ~!** dóber ték!
appetitlich okúsen
Applaus M plôskanje, aplávz
Aprikose F marélica
April M apríl
Aquarell N akvarél
Aquarium N akvárij
Äquator M ekvátor, ravník, polútnik
Araber M Arábec
Araberin F Arábka
arabisch arábski
Arbeit F délo, opravílo; *Schule*: nalóga; (*Erzeugnis*) izdélek
arbeiten délati; *Maschinen*: delováti
Arbeiter M délavec
Arbeiterin F délavka
Arbeitgeber M delodajálec
Arbeitnehmer M delojemálec
Arbeitsamt N závod za zaposlovánje
arbeitslos brezpôseln
Arbeitslose(r) M brezpôselni, nèzaposlêni
Arbeitslosenunterstützung F podpóra za brezpôselne
Arbeitslosigkeit F brezpôselnost *f*
Arbeitsplatz M délovno mésto
Arbeitstag M délavnik
arbeitsunfähig nèzmóžen za délo
Arbeitszeit F délovni čàs
Arbeitszimmer N délovna sôba
Archäologe M arheológ
Archäologie F arheologíja
Archäologin F arheológinja
Architekt M arhitékt
Architektin F arhitéktka
Architektur F arhitektúra
Archiv N arhív
arg húd, sláb; **zu ~** prehudó
Ärger M jéza, slába vólja; (*Unannehmlichkeit*) težáve *fpl*
ärgerlich jézen, zlovóljen; *Vorfall*: nèprijéten
ärgern jezíti, správljati v slábo vóljo; (*necken*) dražíti; **sich ~** jezíti se, hudováti se
Ärgernis N nèprijétnost *f*; *Anstoß erregend*: pohújšanje; **~ erregen** povzróčati zgražánje
arglos nič húdega slutèč; nedólžen
Argument N argumènt
Arie F árija, napèv
arm ubóg, réven
Arm M rôka; (*Flussarm*) rokáv; **im ~ halten** držáti v naróčju; **in den ~ nehmen** objéti *pf*
Armband N zapéstnica
Armbanduhr F zapéstna úra
Ärmel M rokáv
ärmlich réven, bóren, klávrn
armselig béden, bóren
Armut F révščina, béda, ubóštvo

Aroma N vónj, dúh, aróma
Arrest M zapòr, arèst
arretieren aretírati *(im)pf*, zapréti *pf*
arrogant objésten, predŕzen, ošáben, arogánten
Arsch M *vulg* rìt
Art F vŕsta, način
Arterie F artêrija
artig vljúden, príden
Artikel M *(Zeitung)* člának; HANDEL blagó, prêdmet; GRAM člén
Artillerie F artilerija, topníštvo
Arznei F zdravílo
Arzt M zdravnik
Ärztin F zdravníca
ärztlich zdravníški
Asbest M azbést
Asche F pepél
Äsche F ZOOL lípan
Aschenbecher M pepélnik
Aschermittwoch M pepelníca, pepelnična sréda
asiatisch aziátski
Asien N Ázija
Asphalt M asfált
asphaltieren asfaltírati *(im)pf*
Aspirin® N aspirín®
Assistent M asistènt
Assistentin F asistêntka
Ast M véja
Asthma N ástma, nadúha
Asyl N zavetíšče, azíl
Asylant(in) M(F) *oft neg!* azilánt(ka)
Atelier N ateljé *m*
Atem M díh, sápa; **~ holen** zajéti *pf* sápo; **außer ~ sein** bíti zadíhan; **nach ~ ringen** lovíti sápo
Atembeschwerden FPL težáve pri díhanju
atemlos zadíhan
Atemzug M díh, vdíh
Atheismus M ateízem
Athlet M atlét
Atlas M átlas
atmen díhati; **schwer ~** sopíhati
Atmosphäre F atmosfêra
Atmung F díhanje
Atom N atóm
atomar atómski
Atombombe F atómska bómba
Atomenergie F jêdrska energija
Atomkraftwerk N jêdrska elektrárna
Atommüll M rádioaktívni/jêdrski odpádki *mpl*
Attentat N atentát
Attentäter M atentátor, napadálec
Attest N atést
Attraktion F atrákcija
attraktiv atraktíven
Attribut N atribút; GRAM prilástek
ätzend jédek; pekóč
Aubergine F jájčevec, melancána
auch túdi; **~ wenn** četúdi, čepràv
Audienz F avdiénca
auf na *(A, L)*; v *(A, L)*; po *(A, L)*; **~ einmal** naênkrat; **~ und ab** gôr in dôl, sèm ter tjá; **~ geht's!** grémo!
aufatmen oddahníti si *pf*
Aufbau M zgrádba, struktúra; kompozícija

aufbauen zgradíti *pf*, postáviti *pf*
aufbehalten obdržáti *pf* na sêbi
aufbereiten *Wasser* priprávljati ⟨pripráviti⟩; **~ zu** predelováti ⟨predélati⟩
aufbessern izbóljšati *pf*; *Gehalt* zvíšati *pf*
aufbewahren hraníti, shraníti *pf*
aufblasen napihováti ⟨napíhniti⟩ (**sich** se)
aufbleiben ostáti pokônci, bedéti; *Tür*: ostáti *pf* odpŕt
aufblenden vklopíti *pf* dólgo lúč
aufblicken ⟨po⟩glédati navzgòr
aufblühen vzcvetéti *pf*, razcvetéti se *pf*
aufbrauchen porabíti *pf*
aufbrausen vzkipéti *pf*
aufbrechen odpréti *pf* (s sílo); (*fortgehen*) odíti *pf*, odpráviti se *pf*
aufbringen (*öffnen*) odpréti *pf*; **Mut ~** iméti pogúm
Aufbruch M odhòd
aufbürden: **j-m et. ~** napŕtiti *pf* kómu káj
aufdecken odkrívati ⟨odkríti⟩; *Geheimnis* razkríti *pf*
aufdrängen vsiljeváti ⟨vsíliti⟩ (**sich** se)
aufdrehen *Wasserhahn* odpréti *pf*; *Radio* navíti *pf*
aufdringlich vsiljív
Aufdruck M natís, napís
aufeinander drúg na drúgem; drúg za drúgim
aufeinanderfolgend zaporéden, zapovŕsten
Aufenthalt M bívanje
Aufenthaltserlaubnis F dovoljênje za bívanje
Aufenthaltsort M kràj bívanja, bivalíšče
Auferstehung F vstajênje
aufessen pojésti *pf*
auffahren zapeljáti *pf* na; *fig* vzkipéti *pf*
Auffahrt F privòz, dovòz
auffallen zbújati pozórnost
auffällig opázen; nènaváden; izrazít
auffangen ujéti *pf*; *Stöße* blažíti
auffassen pojmováti; razuméti; (*erfassen, aufnehmen*) dojémati ⟨dojéti⟩
Auffassung F pojmovánje, umévanje; (*Erfassen*) dojémanje
Auffassungsvermögen N dojemljívost *f*; dovzétnost *f*
auffordern pozívati ⟨pozváti⟩
Aufforderung F pozív
auffrischen osvežíti *pf*, poživíti *pf*; *Impfung* obnovíti *pf*
aufführen uprizárjati ⟨uprizoríti⟩; **sich ~** obnášati se, vêsti se
Aufführung F predstáva, uprizorítev *f*
Aufgabe F nalóga; (*Unterlassung*) opustítev *f*; (*Verzicht*) odpóved *f*
Aufgang M stopníce *fpl*, stopníšče; pót *f* navzgòr; ASTRON vzhájanje
aufgeben oddájati ⟨oddáti⟩; *Anzeige* dajáti ⟨dáti⟩; *Rätsel* zastávljati ⟨zastáviti⟩; *Rauchen*

opustíti *pf*
aufgebracht jézen, razkáčen, razjárjen
aufgehen odpírati ⟨odpréti⟩ se; *Naht*: párati se; *Saat*: vzníkniti *pf*, ⟨s⟩kalíti; ASTRON vzhájati ⟨vzíti⟩; *Vorhang*: dvígniti se *pf*; *Rechnung*: izíti se *pf*
aufgelegt razpoložèn; **~ zu** bíti pri vólji za; **gut/schlecht ~** dôbre/slábe vólje
aufgeregt razbúrjen
aufgeschlossen dostópen, odpŕt
aufgeweckt živáhen, bíster
aufgreifen *Vorschlag* sprejéti *pf*
aufgrund na podlági, zarádi
aufhalten zadrževáti ⟨zadržati⟩; *(stoppen)* ustávljati ⟨ustáviti⟩; **sich ~** mudíti se
aufhängen obéšati ⟨obésiti⟩
aufheben pobírati ⟨pobráti⟩; ukíniti *pf*; *(aufbewahren)* ⟨s⟩hraníti; *(abschaffen)* odpráviti *pf*
aufheitern razvedríti *pf*, zvedríti *pf*
aufhetzen: **~ gegen** ⟨na⟩ščúvati na *(A)*
aufholen dohitévati ⟨dohitéti⟩
aufhorchen prislúhniti *pf*
aufhören prenéhati *pf*
aufkaufen pokupíti *pf*
aufklären informírati *(im)pf* **(über** o); razsvetljeváti; poučíti *pf*; *Irrtum* razčístiti *pf*; **sich ~** *Wetter*: zjasníti se *pf*, razvedríti se *pf*
Aufklärung F *(Epoche)* razsvetljênstvo; *von Straftaten*: pojasnjevánje, raziskovánje
aufkleben nalépiti *pf* (na)
Aufkleber M nalépka
aufknöpfen odpénjati ⟨odpéti⟩
aufkochen: **~ lassen** prevréti *pf*, prekúhati *pf*
aufkommen *(entstehen)* nastájati ⟨nastáti⟩; *Gewitter*: napovedováti se; **~ für** plačeváti ⟨pláčati⟩ *(A)*; poravnáti *pf (A)*
aufladen nalágati ⟨naložíti⟩ **(sich** si), nakládati; *Batterie* ⟨na⟩polníti
Auflage F *Buch*: natís, izdája; *Zeitung*: nakláda
auflassen púščati ⟨pustíti⟩ odpŕto; *(stilllegen)* opustíti *pf*; *Hut* ne se odkríti *pf*
Auflauf M gnéča, grúča; *(Speise)* narástek
aufleben oživéti *pf*
auflegen polágati ⟨položíti⟩, *Hörer* odložíti *pf*
auflehnen: **sich gegen j-n ~** upírati ⟨upréti⟩ se *(D)*
auflesen pobráti *pf*
aufleuchten posvetíti (se), zažaréti
auflösen CHEM ⟨raz⟩topíti; *Knoten* razvézati *pf*, razvozláti *pf*; *Verein* razpustíti *pf*; *Konto* ukíniti *pf*; *Rätsel* razvozláti *pf*; *Vertrag* razdréti *pf*; **sich ~** razíti se *pf*, razpršíti se *pf*; **sich in nichts ~** razblíniti se *pf*
Auflösung F razvéza, razkròj; razpúst; rešítev *f*
aufmachen odpírati ⟨odpréti⟩; **sich ~** odpráviti se *pf*
Aufmachung F opráva, ob-

léka; **in großer ~** v velíki toaléti

aufmerksam pozóren, pazljív; **~ machen auf** opozárjati ⟨opozoríti⟩ na; **~ werden auf** postáti pozóren na

Aufmerksamkeit F pazljívost *f*, pozórnost *f*

aufmuntern spodbújati, bodríti (**zu** k)

Aufnahme F sprejèm; FOTO posnétek, slíka, fotografíja; *Film*: snémanje, slíkanje

Aufnahmegebühr F vpisnína

Aufnahmeprüfung F sprejémni izpít

aufnehmen sprejémati ⟨sprejéti⟩; *Reize* zaznávati; *(fassen)* držáti; *Kredit* najéti *pf*; FOTO fotografírati *(im)pf*, slíkati; *Film, Ton* snémati, posnéti *pf*; *Arbeit* začéti *pf*; lotíti se *pf*

aufpassen pazíti (**auf** na); **pass auf!** pázi!

Aufprall M udárec, pádec (**auf** na/ob)

aufpumpen napihováti ⟨napíhniti⟩

aufräumen pospràvljati ⟨pospráviti⟩

aufrecht pokônčen; ADV pokônci

aufrechterhalten vzdrževáti; *Ordnung* ohránjati ⟨ohraníti⟩

aufregen razbúrjati ⟨razbúriti⟩

aufregend razburljív

Aufregung F razbúrjenje

aufreiben *Haut* odŕgniti *pf*

aufreißen pretŕgati *pf*, raztŕgati *pf*, odpréti *pf* s sílo

aufreizend izziválen

aufrichten zravnávati ⟨zravnáti⟩ (**sich** se)

aufrichtig iskrén, odkrít, poštèn

aufrollen navíjati ⟨navíti⟩; odvíjati ⟨odvíti⟩

Aufruf M apél, pozív

aufrufen pozváti *pf*

Aufruhr F upòr; **in ~ sein** bíti razbúrkan

aufrunden zaokrožíti *pf*

Aufrüstung F oboroževánje

aufrütteln strésti *pf*, pretrésti *pf*

aufsässig upóren, nèubogljív

Aufsatz M nastávek; *(Text)* sestávek, spís

aufsaugen vsrkávati ⟨vsŕkati⟩, absorbírati *(im)pf*

aufschieben odlágati ⟨odložíti⟩, preložíti *pf*

Aufschlag M *Rock, Hose*: zavíhek; *Ärmel*: manšéta, zapéstnik; *Preis*: pribítek, dodátek

aufschlagen udáriti *pf* (ob), tréščiti *pf* (na)

aufschließen odklépati ⟨odkleníti⟩, odpírati ⟨odpréti⟩

aufschneiden prerézati *pf*; *Wurst* narézati *pf*; *fig* širokoústiti se, báhati se

Aufschnitt M GASTR narézek

aufschreiben napísati *pf*

Aufschrift F napís

Aufschub M odlòg, odgodítev *f*

Aufschwung M razmàh, naprédek

Aufsehen N pozórnost *f*, senzácija; **~ erregen** vzbújati ⟨vzbudíti⟩ pozórnost

aufsetzen *Brille* natakníti *pf* (si);

Hut posadíti *pf* (na glávo)

Aufsicht F nadzórstvo; **~ haben** nadzorováti

Aufsichtsrat M nadzórni odbòr

aufspannen napéti *pf*; *Schirm* razpéti *pf*

aufsparen prihraníti *pf*

aufsperren odkleníti *pf*

aufspielen ⟨za⟩igráti; **sich ~** délati se vážnega

aufspießen nabôsti *pf*, natakníti *pf*

aufspringen poskočíti *pf*; *Tür*: odpréti se *pf*; *Haut*: póčiti *pf*, razpókati *pf*

Aufstand M upòr, vstája

aufstapeln ⟨na⟩kopíčiti

aufstehen vstájati ⟨vstáti⟩

aufstellen postávljati ⟨postáviti⟩

Aufstieg M vzpòn, pót *f* navzgòr

aufsuchen obiskáti *pf*, íti *pf* k (*D*)

Auftakt M začétek, uvòd

auftauchen pojáviti se *pf*, pokázati se *pf*; *Taucher*: priplávati *pf* na površje

auftauen odtájati (*v/i* se)

aufteilen razdelíti *pf*

Auftrag M naročílo; **im ~** po naročílu, po pooblastílu; **in ~ geben** naročíti *pf*

auftragen *Farbe* nanášati ⟨nanêsti⟩; *Speisen* nosíti ⟨prinêsti⟩ na mízo

Auftraggeber M naróčnik

auftreten stópati ⟨stopíti⟩; *fig* nastópati ⟨nastopíti⟩

Auftreten N nastòp; pojávljanje

Auftrieb M polèt, zagòn; PHYS vzgòn

Auftritt M nastòp; THEAT prizòr

aufwachen zbudíti se *pf*, prebudíti se *pf*

aufwachsen doráščati ⟨dorásti⟩

Aufwand M porába, potróšek; (*Kosten*) stróški *mpl*, izdátki *mpl*; (*Bemühung*) vložéni trúd

aufwärmen pogrévati ⟨pogréti⟩; ogrévati (**sich** se)

aufwärts navzgòr

aufwecken zbujati ⟨zbudíti⟩; prebudíti *pf*

aufweichen namákati ⟨namočíti⟩

aufweisen ⟨po⟩kázati

aufwenden porabíti *pf*, potróšiti *pf*

aufwerten dvígniti/povéčati *pf* vrédnost (*D*)

Aufwertung F revalvácija, zvíšanje nominálne vrédnosti

aufwiegeln ⟨na⟩húјskati, ščúvati

aufwirbeln dvígati ⟨dvígniti⟩; **viel Staub ~** dvígniti dôsti prahú

aufwischen pobrísati *pf*

aufwühlen razríti *pf*; *Gefühle* razbúrkati *pf*

aufzählen naštévati ⟨naštéti⟩

aufzeichnen narísati *pf*; (*notieren*) zapísati *pf*

Aufzeichnung F zapísek

aufziehen dvígati ⟨dvígniti⟩; *Uhr* navíti *pf*; *Tiere* vzredíti *pf*; *Kind* vzgojíti *pf*; (*necken*) dražíti;

VI Gewitter: blížati se
Aufzug M dvigálo; THEAT deјánje
aufzwingen vsiljeváti ‹vsíliti›
Augapfel M zŕklo
Auge N okó; **ein ~ haben auf** pazíti na, zanímati se za; **unter vier ~n** med štírimi očmí
Augenarzt M očésni zdravník, okulíst
Augenärztin F očésni zdravníca, okulístka
Augenblick M trenútek, híp; **im ~** trenútno
Augenbraue F obŕv *f*
Augenlid N véka
Augenlicht N víd
Augenzeuge M očivídec
August M avgúst
Auktion F ávkcija, drážba
Aula F ávla, dvorána
aus iz; **~ Versehen** po pomóti; **~ dem Fenster** skózi ôkno; ADV pri kôncu, končán; **von hier ~** od tù; **von sich ~** sám od sêbe; **von mir ~** kàr se mêne tíče, zavóljo mêne
ausarbeiten izdelováti ‹izdélati›
ausatmen izdihávati ‹izdíhniti›
ausbauen (*erweitern*) ‹raz›šíriti, izgrajeváti
ausbessern zbóljšati *pf*, poprávljati ‹popráviti›
ausbeuten izkoríščati ‹izkorístiti›
Ausbeutung F izkoríščanje
ausbilden izobraževáti ‹izobráziti›
Ausbildung F izobrázba; izobraževánje, šólanje
ausbleiben izostájati ‹izostáti›, mánjkati
Ausblick M razglèd, poglèd na
ausbrechen izbrúhniti *pf*; (*entfliehen*) pobégniti *pf*
ausbreiten ‹raz›šíriti; razprostírati ‹razprostréti› (**sich** se)
Ausbruch M izbrúh; (*Flucht*) pobèg
ausbrüten ‹iz›valíti (*a. fig*)
Ausdauer F vzdržljívost *f*; vztrájnost *f*
ausdauernd vzdržljív
ausdehnen raztegováti ‹raztegníti›, razšírjati ‹razšíriti›
Ausdehnung F obsèg, razséžnost *f*
ausdenken: **sich ~** izmísliti si *pf*; (*vorstellen*) predstávljati si, mísliti si
Ausdruck M izràz; TECH iztís
ausdrücken izražáti ‹izráziti› (**sich** se); (*auspressen*) iztiskávati ‹iztísniti›
ausdrücklich ADV izrécno
ausdruckslos brezizrázen
ausdrucksvoll izrazít; *Gesicht*: živáhen, zgovóren
Ausdrucksweise F izrážanje, náčin izrážanja
auseinander nárazen
auseinanderbringen ločíti *pf*
auseinandergehen íti (*im*)*pf* nárazen, razíti se *pf*; *Meinungen*: razhájati se
auseinandernehmen razstáviti *pf*, vzéti *pf* nárazen
auseinandersetzen razlágati ‹razložíti›; **sich mit et. ~** spoprijéti *pf* se z, ukvárjati se z

Auseinandersetzung F razlága, prikàz; (*Streit*) spoprijèm, spòr
Ausfahrt F izvòz; odhòd; (*Spazierfahrt*) izlèt; ~ **frei halten!** Ne parkíraj, izvòz!
Ausfall M izpád, izpádanje; HANDEL izgúba, primanjkljáj
ausfallen izpádati ⟨izpásti⟩; odpásti *pf*; **gut/schlecht** ~ *Resultat*: bíti dóber/slàb
ausfallend, **ausfällig** napadálen, žaljív; nesrámen
Ausfertigung F izdája; izvòd; **in zwei ~en** v dvéh izvódih
ausfindig: ~ **machen** nájti *pf*, stakníti *pf*
ausfließen iztékati ⟨iztêči⟩
Ausflucht F izgóvor, pretvéza
Ausflug M izlèt
Ausfluss M izlív, odtòk; MED izcédek
ausfolgen *österr* izročíti *pf*
ausforschen poizvedováti ⟨poizvédeti⟩
ausfragen izpraševáti ⟨izprášati⟩
Ausfuhr F izvòz
ausführen izvážati ⟨izvozíti⟩; *Auftrag* izvájati, izvršíti *pf*; (*darlegen*) razlágati ⟨razložíti⟩
Ausfuhrgenehmigung F izvózno dovoljênje
ausführlich izčŕpen, obšíren, natánčen; ADV izčŕpno, obšírno
Ausführung F izvédba, izvršítev *f*, razlága
ausfüllen izpolnjeváti ⟨izpolníti⟩
Ausgabe F *Geld*: izdátek; *Buch*: izdája; IT izpís
Ausgang M izhòd; *fig* izíd, kônec
Ausgangspunkt M izhodíšče
ausgeben izdájati ⟨izdáti⟩; ~ **als** izdájati za
ausgebucht zaséden
ausgedehnt obšíren, šíren, obséžen
ausgefallen nènavåden
ausgeglichen uravnovéšen
ausgehen íti (*im*)*pf* vèn; *Feuer*: pojémati; *Vorräte*: poháјati, zmanjkováti ⟨zmánjkati⟩; *Haar*: izpádati; (*enden*) končáti se *pf*, izíti se *pf*; izhájati od; **leer** ~ odíti *pf* práznih rók
ausgelassen razposajèn, prešéren
ausgenommen rázen, izvzémši
ausgeprägt izrazít
ausgerechnet rávno, práv
ausgeschlossen izključèn; ~! nèmogóče!
ausgesprochen izrazít, izrécen; ADV posébno
ausgesucht izbrán
ausgewogen uravnotéžen
ausgezeichnet odlíčen
ausgießen izlívati ⟨izlíti⟩
Ausgleich M izravnáva, kompenzácija
ausgleichen izravnávati ⟨izravnáti⟩; kompenzírati (*im*)*pf*
ausgleiten spodŕsniti *pf*
ausgraben izkopáti *pf*
Ausgrabung F izkòp, izkopávanje; izkopanína
ausgrenzen izključíti *pf*
Ausguss M izlív, odtòk
aushalten zdržáti *pf*; prenášati

⟨prenêsti⟩; vzdrževáti ⟨vzdržáti⟩
aushändigen izročíti *pf*; oddáti *pf*
Aushang M obvestílo, razglàs
aushängen izobésiti *pf*, razobésiti *pf*; *Fenster* snéti *pf*
ausharren vztrájati
aushelfen pomágati (*im*)*pf*
Aushilfe F pomóč *f*
ausholen zamáhniti *pf*
aushorchen (natánko) spraševáti, vléči iz (*G*)
auskennen: **sich ~** spoznáti se (**in** na), dôbro poznáti (*A*)
ausklopfen iztepávati ⟨iztêpsti⟩
auskochen prekúhati *pf*
auskommen izhájati ⟨izíti⟩, shájati
auskundschaften poizvedováti ⟨poizvédeti⟩, ugotovíti *pf*
Auskunft F informácija; **~ geben über** informírati (*im*)*pf* o
auslachen smejáti se (*D*)
ausladen iztovárjati ⟨iztovóriti⟩, raztovárjati ⟨raztovóriti⟩
Auslage F izlóžba; (*Ausgabe*) stróšek, izdátek
Ausland N inozémstvo; tujína
Ausländer M inozémec, tújec
Ausländerin F inozémka, tújka
ausländerfeindlich sovrážno razpoložèn do inozémcev/tújcev
ausländisch inozémski
Auslandsgespräch N pogóvor s tujíno
auslassen izpúščati ⟨izpustíti⟩; *Fett* scvréti *pf*, razpúščati ⟨razpustíti⟩; **s-e Wut ~ an** znášati ⟨znêsti⟩ se nad (*I*); **sich ~ über** (na dólgo in širôko) razkládati o
auslaufen iztékati ⟨iztêči⟩; SCHIFF: odplúti *pf*
ausleeren izprazníti *pf*
auslegen (*interpretieren*) interpretírati (*im*)*pf*, razlágati ⟨razložíti⟩; *Fallen* nastávljati ⟨nastáviti⟩; *Waren* razstávljati ⟨razstáviti⟩; *Geld* založíti *pf*; **~ mit** oblágati ⟨oblóžiti⟩ z
ausleihen izposójati ⟨izposodíti⟩ (**sich** si)
Auslese F izbòr, selékcija
auslesen izbírati ⟨izbráti⟩; *Buch* prebráti *pf*
ausliefern dostávljati; izročíti *pf*; **ausgeliefert sein** *fig* bíti izpostávljen
Auslieferung F dostáva; JUR izročítev *f*
auslöschen *Spuren, Schrift* odstraníti *pf*, izbrísati *pf*, zabrísati *pf*; *Licht* ugasíti *pf*, pogasíti *pf*
auslosen ⟨iz⟩žrébati
auslösen izzívati ⟨izzváti⟩; *Schuss* sprožíti *pf*; (*verursachen*) povzróčati ⟨povzročíti⟩; *Pfand* odkupíti *pf*
Auslöser M sprožílec; TECH sprožílo, spróžnik
ausmachen (*ausschalten*) ugasíti *pf*, odklopíti *pf*; (*vereinbaren*) dogovoríti se *pf*, določíti *pf*; **macht es Ihnen et. aus, (wenn...)** ali bi Vas motílo, (če...); **wenn es Ihnen nichts ausmacht** če nímate nič próti
Ausmaß N dimenzíja, méra, obsèg
ausmessen ⟨z⟩mériti

Ausnahme F izjéma
Ausnahmezustand M izrédno stánje; izjémno stánje
ausnahmslos brez izjéme
ausnahmsweise izjémoma
ausnehmen *Huhn* iztrébiti *pf*, odstraníti *pf* drobovíno; *j-n* izvzémati ⟨izvzéti⟩
ausnutzen izrábljati ⟨izrábiti⟩; izkoríščati ⟨izkorístiti⟩
auspacken vzéti *pf* iz, odvíti *pf*; *fig* vsè povédati *pf*, izdáti *pf*
auspressen iztískati ⟨iztísniti⟩
ausprobieren preizkúšati ⟨preizkúsiti⟩
Auspuff M izpúšna cév *f*
Auspufftopf M izpúšni lônec, glušník
ausradieren zradírati *pf*, zbrísati *pf*
ausrangieren izločeváti ⟨izločíti⟩
ausrauben izrópati *pf*
ausräumen izprazníti *pf*
ausrechnen izračúnati *pf*, preračúnati *pf*
Ausrede F izgóvor
ausreden do kônca povédati *pf*; **sich ~** olájšati si srcé (**bei** pri); **j-m et. ~** odvráčati (*A*) od; prepričeváti, naj ne; **lass mich ~** ne prekínjaj me, pústi me povédati
ausreichen zadóščati
Ausreise F prehòd mêje, izstòp (iz držáve)
ausreisen zapustíti *pf* držávo, odpotováti (iz držáve)
Ausreisevisum N izstópna víza
ausreißen *Haare* ⟨iz⟩púliti; *Zähne, Unkraut* ⟨iz⟩ruváti; (*flüchten*) pobégniti *pf*, dezertírati (*im*)*pf*
ausrenken *Glied* izpahníti si; **sich den Hals ~** iztegováti vrát
ausrichten (*erreichen*) opráviti *pf*, doséči *pf*; *Nachricht* sporočíti *pf*
ausrotten iztrébljati ⟨iztrebíti⟩
Ausruf M vzklík
ausrufen vzklíkniti *pf*, kríkniti *pf*; *Namen* ⟨po⟩klícati
Ausrufezeichen N klicáj
ausruhen počívati, odpočíti si *pf* (*a.* **sich ~**)
ausrüsten oprémljati ⟨opremiti⟩
Ausrüstung F opréma
Aussage F izjáva; JUR izpóved *f*, pričevánje; *künstlerisch*: sporočílo
aussagen izjávljati ⟨izjáviti⟩, izpovédati *pf*
ausschalten izklópiti *pf*; izključíti *pf*
ausscheiden izločeváti ⟨izločíti⟩, **~ aus** *Firma*: zapustíti *pf*; (*austreten*) izstopíti *pf*
Ausscheidung F izlóčanje; izlóček, izcédek; SPORT prèdtekmovánje
ausschlafen naspáti se (*a.* **sich ~**)
Ausschlag M MED izpuščáj; PHYS odklòn; odmík; **den ~ geben** bíti odločílen
ausschlagen *Zahn* izbíjati ⟨izbíti⟩; *Zeiger*: odkloníti se *pf*, premakníti se *pf*; *Pferd*: brcati ⟨brcniti⟩; BOT ⟨z⟩brstéti
ausschließen izključeváti ⟨iz-

ključiti⟩; SPORT izločíti *pf*
ausschließlich izključen; ADV izključno
Ausschluss M izključítev *f*; SPORT izločítev *f*, diskvalifikácija
ausschmücken ⟨o⟩krasíti
ausschneiden izrezováti ⟨izrézati⟩
Ausschnitt M izrèz, izrézek
ausschreiben izpisováti ⟨izpísati⟩; *Stelle* razpísati *pf*
Ausschreibung F razpís
Ausschreitung F izgrèd
Ausschuss M odbòr, komisíja; (*fehlerhafte Ware*) izvŕžek
ausschütten izsípati ⟨izsúti⟩, iztrésati ⟨iztrésti⟩; *Flüssigkeit* izlívati ⟨izlíti⟩; (*auszahlen*) izplačeváti ⟨izplačati⟩; **sein Herz ~** olájšati *pf* si srcé
ausschweifend nèzmèren, pretíran
aussehen izglédati
Aussehen N vídez, podóba
außen zúnaj; **von ~** od zúnaj; **nach ~** navzvèn
aussenden razpošíljati ⟨razposláti⟩
Außendienst M délo na terénu, terénsko délo
Außenhandel M zunánja trgovína
Außenminister M zunánji miníster
Außenministerin F zunánja minístrica
Außenpolitik F zunánja polítika
Außenseite F zunánja strán *f*
Außenseiter M posébnež, izóbčenec
Außenstelle F podrúžnica, izpostáva
außer rázen; póleg; iz, zúnaj, ízven; **~ Betrieb sein** ne obratováti; **~ Kraft setzen** razveljáviti *pf*; **~ wenn** rázen če
außerdem rázen, póleg téga; sicèr pa
Äußere N zunánjost *f*, vídez, podóba
äußere(r) zunánji
außergewöhnlich nènaváden, izréden
außerhalb ízven, zúnaj
außerirdisch zúnajzêmeljski
äußerlich zunánji
äußern izrážati ⟨izráziti⟩ (**sich** se); izjávljati ⟨izjáviti⟩
außerordentlich izréden; JUR posében; ADV izrédno
äußerst skrájni; ADV skrájno
Äußerste: **bis zum ~n** do kônca
Äußerung F izjáva
aussetzen izpostávljati ⟨izpostáviti⟩; (*aufhören*) prenéhati *pf*; **et. auszusetzen haben an** očítati (*D*) káj
Aussicht F razglèd; **gute ~en** dôbre móžnosti, dôbri izglédi; **in ~ stellen** obljúbljati ⟨obljubíti⟩
aussichtslos brezizgléden; brezúpen
Aussichtspunkt M izglédna tóčka
aussichtsreich obetáven
aussöhnen správiti *pf*, pomiríti *pf*; **sich ~** pobótati se *pf*; *fig* sprijázniti se *pf* (**mit** z)

aussortieren izločeváti ⟨izločíti⟩
ausspannen razpéti *pf*; *Pferd* izpréči; PF (*entspannen*) sprostíti se *pf*
aussperren zapréti *pf* vèn
ausspielen *Karte* izigráti *pf* (*a. fig*), dáti vèn
Aussprache F izgovorjáva; pogóvor
aussprechen izgovárjati ⟨izgovoríti⟩; *Bitte* izrêči *pf*; **sich ~** zaúpati se (*D*); *klärend*: pogovoríti se *pf* z
Ausspruch M izrèk
ausspucken izpljúniti *pf*
ausspülen izpírati ⟨izpráti⟩; izplakováti ⟨izplakníti⟩
ausstatten oprémljati ⟨opremiti⟩
Ausstattung F opréma; THEAT dekorácija
ausstehen ⟨pre⟩trpéti, prestájati ⟨prestáti⟩; **nicht ~ können** ne prenášati (*G*)
aussteigen izstópati ⟨izstopíti⟩; *fig* umakníti se *pf*
ausstellen razstávljati ⟨razstáviti⟩; *Urkunde* izdáti *pf*, izstáviti *pf*
Ausstellung F razstáva; *e-s Dokumentes*: izdája
aussterben izumírati ⟨izumréti⟩
Aussteuer F bála
ausstopfen napolníti *pf*, natláčiti *pf*
ausstoßen *Gase* emitírati (*im*)*pf*, oddájati, izpúščati; **e-n Schrei ~** kríkniti *pf*; **Drohungen ~** groziti
ausstrahlen izžarévati; oddájati; emitírati (*im*)*pf*
Ausstrahlung F izžarévanje, oddájanje
ausstrecken iztegníti *pf* (**sich** se)
ausströmen oddájati; *Gas*: uhájati
aussuchen izbírati ⟨izbráti⟩
Austausch M izmenjáva; zamenjáva
austauschen izménjati *pf*; zamenjávati ⟨zaménjati⟩
austeilen ⟨raz⟩delíti
Auster F ostríga
austragen *Briefe* raznášati ⟨raznêsti⟩; *Spiel* igráti
Australien N Avstrálija
Australier M Avstrálec
Australierin F Avstrálka
austreiben izgánjati ⟨izgnáti⟩
austreten *Partei*: izstopíti *pf*; *Weg* shodíti *pf*
austrinken izpíti *pf*
Austritt M izstòp
austrocknen izsušíti *pf*; VI usahníti *pf*
ausüben izvrševáti ⟨izvršíti⟩; oprávljati; **Druck ~** izvájati pritísk
Ausverkauf M razprodája
ausverkauft razprodán
Auswahl F izbíra
Auswanderer M izséljenec
auswandern izseljeváti ⟨izselíti⟩ se
Auswanderung F izseljevánje; izselítev *f*; migrácija
auswärtig zunánji
auswärts zúnaj; **~ essen** jésti v lokálu

auswechseln zaménjati *pf*, izménjati *pf*
Ausweg M izhòd
ausweichen izogíbati ⟨izogníti⟩ se; umíkati ⟨umakníti⟩ se
ausweichend izmikajóč
Ausweis M izkáznica
ausweisen izgnáti *pf*; **sich ~** izkázati se *pf*, legitimírati se (*im*)*pf*
Ausweispapiere NPL dokuménti *mpl*
Ausweisung F izgòn
ausweiten ⟨raz⟩šíriti
auswendig na pámet; **~ lernen** ⟨na⟩učíti se na pámet
auswerten *Daten* obdélati *pf*, interpretírati; (*nützen*) izkoríščati, uporábljati ⟨uporabíti⟩
auswickeln odvíti *pf*, razvíti *pf*
auswirken: **sich ~ auf** učinkováti na, vplívati na
auswischen obrísati *pf*; **j-m eins ~** zagósti *pf* jo (*D*)
auswringen ožémati ⟨ožéti⟩
auswuchten uravnotéžiti *pf*; *Räder* centrírati (*im*)*pf*
auszahlen izplačeváti ⟨izplačati⟩
Auszahlung F izplačílo
auszeichnen *Ware* označeváti ⟨označiti⟩; *mit Orden* odlikováti *pf*; *Preis*: nagrajeváti ⟨nagradíti⟩
Auszeichnung F oznáka, oznáčba, etikéta; (*Anerkennung*) priznánje, odlikovánje
ausziehen izselíti se *pf*, preselíti se *pf*; *Schuhe* sezúti (se) *pf*; **sich ~** sláčiti ⟨sléči⟩ se
Auszubildende F vájenka
Auszubildende(r) M vájenec
Auszug M izselítev *f*; (*Inhalt*) izvléček, ekstrákt; *Konto*: izpísek
Auto N ávto(mobíl) *m*; **~ fahren** vozíti ávto, vozíti se z ávtom
Autobahn F ávtocésta
Autobahngebühr F cestnína
Autobahnraststätte F motél, počivalíšče
Autobahnzubringer M vpádnica
Autobatterie F akumulátor
Autobiografie F ávtobiografíja
Autobus M ávtobus
Autofähre F trajékt
Autofahrer M vozník
Autofahrerin F vóznica
Autogramm N avtográm
Autokarte F ávtokárta
Automat M avtomát
Automatik F avtomátika
automatisch avtomátičen
Automechaniker M ávtomehánik
Autor M ávtor, písec
Autoreifen M pnevmátika, avtomobílska gúma
Autoreisezug M ávtovlák
Autorin F ávtorka
autoritär avtoritáren
Autorität F avtoritéta
Autovermietung F rent-a--car, izposojeválnica ávtomobílov
Autowaschanlage F ávtoprálnica
Autowerkstatt F ávtosêrvis, sêrvisna delávnica
Axt F sekíra

B

Baby N dojênček
Bach M pôtok
Bachforelle F potóčna postŕv *f*
Backe F líce
backen ‹s›pêči; *in Fett*: ‹o›cvréti
Backenzahn M kóčnik
Bäcker M pék
Bäckerei F pekárna
Bäckerin F pekovka
Backform F pekáč, modél
Backhähnchen N póhana píška
Backofen M péč *f*, pečíca
Backpulver N pecílni prášek
Backstein M opéka, opéčni zidák
Bad N kopél (*a.* TECH); (*Raum*) kopálnica
Badeanstalt F kopalíšče
Badeanzug M kopálna obléka, kopálke *fpl*
Badehose F kopálke *fpl*
Badekappe F kopálna kápa, plaválna kápa
Bademantel M kopálni plášč
Bademeister M kopalíščni mójster
baden kópati; V/I kópati se; **in Schweiß gebadet** vès prepotèn
Badeort M kopalíšče; (*Thermalbad*) toplíce *fpl*
Badeschuhe FPL kopálni copáti *mpl*; natikáči *mpl*
Badestrand M pláža
Badewanne F bánja, kàd *f*
Badezimmer N kopálnica
Bagger M báger, grábež
baggern bágrati
Bahn F tír, tírnica, pót *f*; (*Zug*) železníca
Bahnbeamte(r) M želézniški uslúžbenec
Bahndamm M želézniški nasíp
bahnen: **e-n Weg ~** utírati ‹utréti› pót
Bahnhof M želézniška postája, kolodvór; **zum ~** na postájo
Bahnlinie F želézniška próga, želézniška línija
Bahnsteig M perón
Bahnübergang M prehòd čez prógo
Bahre F nosíla *npl*; mrtváški óder
Bakterie F baktêrija
bald kmálu; **möglichst ~** čimpréj
Balken M brúno, trám
Balkon M balkón
Ball M krógla, žóga; (*Tanz*) plés; **~ spielen** žógati se
Ballaststoffe MPL balástne snoví *fpl*
ballen *Faust* stískati ‹stísniti›
Ballen M bála; ANAT dlàn *f*
Ballett N balét
Ballon M balón
banal banálen
Banane F banána; (*Pflanze*) banánovec
Band[1] N trák; ANAT véz *f*, opórek
Band[2] M zvézek, knjíga
bandagieren povézati *pf*
Bande F tôlpa

bändigen ⟨u⟩krotíti
Bandit M bandít
Bandnudeln FPL rézanci *mpl*
Bandscheibe F medvreténčna plôščica
bang(e) tesnôben
bangen: ~ **um** trepetáti za, báti se za
Bank F klóp *f*; HANDEL bánka
Bankangestellte F bánčna uslúžbenka
Bankangestellte(r) M bánčni uslúžbenec
Bankkonto N bánčni račún
Bankleitzahl F bánčna števílka
Banknote F bánkovec
Bankrott M bankrót
bankrottgehen bankrotírati (*im*)*pf*
Bann M izóbčenje; pregnánstvo; (*Zauber*) čár, mík; uròk
bar gòl; číst; očíten; **in** ~ v gotovíni
Bar F bár; točílnica
Bär M mêdved
Baracke F baráka
barfuß bosonóg
Bargeld N gotovína
Barmixer M bárman
barock baróčen
Barometer N barométer
Barren M (*Gold*) pálica; SPORT brádlja
Barriere F pregrája; bariêra
barrierefrei dostôpen za invalíde
Barrikade F barikáda
barsch osóren
Barsch M ostríž
Bart M bráda
bärtig bradàt
Barzahlung F plačílo v gotovíni
Basar M bazár
Basis F osnóva; ARCH báza, podnóžje
Bass M bás
basteln izdelováti stvarí iz blagá, lesá, papírja *usw.*
Batterie F bateríja; AUTO: akumulátor
Bau M grádnja; zgrádba; (*Höhle*) brlòg
Bauarbeiten FPL grádbena déla *npl*
Bauarbeiter M gradbínec
Bauch M trébuh
Bauchschmerzen MPL bolečíne *fpl* v trebúhu
bauen ⟨z⟩gradíti, zídati; *Nest* délati, narediti *pf*; **auf et.** ~ zanášati se na
Bauer M kmèt
Bauer N, M klétka
Bäuerin F kmetíca
bäuerlich kméčki
Bauernhaus N kméčka híša, domačíja
Bauernhof M kmetíja
baufällig stàr, podirajóč se
Baugerüst N grádbeni óder
Bauherr M investítor
Baujahr N ARCH léto grádnje; TECH léto izdeláve
Baum M drevó
baumeln viséti, bingljáti; *Beine*: zvoníti
Baumstamm M dêblo
Baumwolle F bombáž
Bauplatz M gradbíšče
Baustein M zidák; *fig* grádbeni

kámen
Baustelle F gradbíšče
Baustil M arhitektónski slóg
Bauunternehmen N grádbeno podjétje
Bauwerk N zgrádba, stávba
Bayer M Bavárec
Bayerin F Bavárka
bay(e)risch bavárski
Bayern N Bavárska
Bazillus M bacíl
beabsichtigen nameráva̋ti
beachten upoštévati
beachtenswert upoštévanja vréden
Beachtung F upoštévanje
Beamte(r) M urádnik
Beamtin F urádnica
beängstigend vznemirljív
beanspruchen zahtévati, térjati; *Rechte* lastíti si
beanstanden ugotávljati napáke; reklamírati
beantragen ⟨za⟩prosíti za; *Parlament*: predlágati ⟨predložíti⟩
beantworten odgovárjati ⟨odgovoríti⟩
bearbeiten obdelováti ⟨obdélati⟩
Bearbeitung F obdeláva
beaufsichtigen nadzorováti ⟨nadzírati⟩
beauftragen naročíti *pf*, ukázati *pf*
bebauen AGR obdelováti ⟨obdélati⟩; ARCH zazídati *pf*
beben trepetáti, drgetáti; *Erde*: trésti se
Becher M kozárec; kúpa
Becken N bazén; ANAT medeníca; GEOG kotlína; MUS čínele *fpl*
bedächtig umírjen
bedanken: **sich bei j-m ~** zahvaljeváti ⟨zahvalíti⟩ se kómu
Bedarf M potréba; **nach ~** po potrébi; **bei ~** če jè potrébno
bedauerlich obžalovánja vréden
bedauerlicherweise žàl
bedauern obžalováti; *j-n* pomilováti
bedauernswert pomilovánja vréden
bedecken pokrívati ⟨pokríti⟩
bedeckt pokrit; *Himmel*: oblačen
bedenken premišljeváti ⟨premísliti⟩, preudárjati ⟨preudáriti⟩
Bedenken NPL pomíslek; **~ äußern** izrážati ⟨izráziti⟩ pomísleke
bedenklich zaskrbljujóč; (*zweifelhaft*) vprašljív, dvomljív; **~ stimmen** zbújati ⟨zbudíti⟩ pomísleke
bedeuten poméniti
bedeutend pomémben
Bedeutung F pomèn; (*Wichtigkeit*) pomémbnost *f*
bedeutungslos nepomémben, brez poména
bedeutungsvoll pomémben; pomenljív
bedienen ⟨po⟩stréči; TECH uprávljati; *Karten* pokázati bárvo; **sich ~** posluževáti ⟨poslužíti⟩ se
Bedienung F postréžba; (*Person*) natákar, natákarica; TECH uprávljanje, krmíljenje

bedingt pogójen
Bedingung F pogòj; **unter der ~, dass** s/pod pogójem, da
bedingungslos brezpogójen
bedrängen správljati v stísko
bedrohen groziti (*D*), ogróžati
bedrohlich grozèč
Bedrohung F nevárnost *f*
bedrücken težíti
Bedürfnis N potréba
bedürftig potrében, ubóg
beeidigt zapriséžen
beeilen: **sich ~** pohitéti *pf*
beeindrucken naredíti *pf* vtís na, prevzéti *pf*
beeinflussen vplívati na
beeinträchtigen ⟨o⟩kŕniti; *Laune* ⟨s⟩kalíti
beend(ig)en končáti *pf*, dodélati *pf*
beerben podedováti *pf* po
beerdigen pokopáti *pf*
Beerdigung F pogrèb
Beerdigungsinstitut N pogrébni zavod
Beere F jágoda
Beet N grêda
befahrbar prevózen
befahren vozíti se po; SCHIFF plúti po
befangen v zadrégi; pristránski (*a.* JUR)
befassen: **sich ~ mit** ukvárjati se z
Befehl M ukàz, povêlje
befehlen ukazováti ⟨ukázati⟩; poveljeváti
befestigen pritrdíti *pf* (**an** na); utrjeváti ⟨utrdíti⟩
befeuchten ovlážiti *pf*
befinden: **sich ~** bíti, nahájati se
Befinden N počútje
befolgen ravnáti se po; *Rat* upoštévati
befördern prevážati, transportírati (*im*)*pf*; **befördert werden zu** napredováti *pf* v
Beförderung F prevòz; napredovánje
Beförderungsmittel N prevózno srédstvo
befragen spraševáti
befreien osvobájati ⟨osvobodíti⟩
Befreiung F osvobodítev *f*
befreunden: **sich ~** sprijateljíti se *pf*
befreundet prijáteljski; **~ sein** bíti prijátelj
befriedigen zadovoljeváti ⟨zadovoljíti⟩
befriedigend zadôsten, zadovoljív
Befriedigung F zadovóljstvo; zadoščênje
befristet za dolóčen čàs, omejèn
befruchten oplojeváti ⟨oplodíti⟩
befugt: **~ sein** iméti pravíco, bíti upravíčen
Befund M izvíd
befürchten báti se
Befürchtung skŕb *f*, bojázen *f*
befürworten zagovárjati, podpírati
begabt nadárjen
Begabung F nadárjenost *f*
begegnen srečeváti ⟨sréčati⟩ (*A*)
Begegnung F sréčanje

begehen *Fest* praznováti; *Fehler* storíti *pf*; *Tat* zagrešíti *pf*

begehren ⟨po⟩želéti

begehrt zaželèn, iskán

begeistern navduševáti ⟨navdúšiti⟩

Begeisterung F navdúšenje

Begierde F poželênje

begießen zalívati ⟨zalíti⟩

Beginn M začétek

beginnen začénjati ⟨začéti⟩

beglaubigen potrdíti *pf*, overíti *pf*

Beglaubigung F potrdítev *f*, overítev *f*

begleichen poravnáti *pf*

begleiten sprémljati ⟨spremíti⟩

Begleiter M spremljevàlec

Begleiterin F spremljeválka

Begleitung F sprémstvo

beglückwünschen čestítati (*D*)

begnadigen pomilostíti *pf*

begnügen: **sich ~ mit** zadovoljeváti ⟨zadovoljíti⟩ se s/z

begraben pokopáti *pf*

Begräbnis N pogrèb

begreifen razuméti *pf*

begrenzen omejeváti ⟨omejíti⟩

Begrenzung F omejítev *f*

Begriff M pójem; **im ~ sein** nameràvati

begründen utemeljeváti ⟨utemeljíti⟩

Begründung F utemeljítev *f*

begrüßen pozdrávljati ⟨pozdráviti⟩

Begrüßung F pozdràv

begünstigen podpírati, speševáti

Begünstigung F ugódnost *f*, olajšáva

behaart dlákav

behalten obdržáti *pf* (**für sich** záse)

Behälter M posóda

behandeln obravnávati; TECH obdelováti; MED zdráviti

Behandlung F obravnáva; (*Umgang*) ravnánje; TECH obdeláva; MED zdrávljenje

beharren vztrájati

behaupten trdíti; **sich ~** uveljávljati ⟨uveljáviti⟩ se

Behauptung F trdítev *f*

beheben *Fehler* odprávljati ⟨odpráviti⟩

beherbergen dajáti ⟨dáti⟩ prenočíšče (*D*)

beherrschen obvládati *pf*

Beherrschung F obvládanje; **die ~ verlieren** ne obvládati se vèč

behilflich: **~ sein** pomágati (*im*)*pf*

behindern ovírati

Behörde F uràd, uprávni orgán, oblást *f*

behüten ⟨ob⟩varováti

behutsam pazljív, previden

bei pri (*L*), ob (*L*)

beibehalten ohránjati ⟨ohraníti⟩, obdržáti *pf*

beibringen *j-m et.* naučíti (kóga kàj), dopovédati (kómu kàj); (*mitteilen*) povédati *pf*

Beichte F spóved *f*

beichten spovédati se *pf*

beide obá *m*, obé *f*, *n*; **alle ~** obádva *m*, obédve *f*, *n*

Beifahrer M sopótnik

Beifall M plôskanje, aplávz; *fig* odobrávanje; **~ klatschen** plôskati

beifügen dodájati 〈dodáti〉; priložiti *pf*

Beigeschmack M priokús

Beihilfe F podpóra, dodátek, štipéndija; JUR pomóč *f*

Beil N sekíra

Beilage F prilóga; GASTR prikúha

beiläufig mimogredé

beilegen prilágati 〈priložíti〉; *Streit* poravnáti *pf*

Beileid N sožálje

beiliegend priložèn; ADV v prilógi

beimessen pripisováti 〈pripísati〉

Bein N nôga

beinah(e) skôraj

Beiname M priímek

beisammen skúpaj

Beischlaf M spôlno občevánje

Beisein N navzóčnost *f*, prisótnost *f*; **im ~** vpríčo

beiseite na strán, na stráni, ob stráni

Beispiel N primér; zglèd; **zum ~** na primér; **mit gutem ~ vorangehen** dajáti 〈dáti〉 dóber zglèd

beispielhaft zgléden

beispiellos brez primére, nèzaslíšan

beißen grísti 〈ugrízniti〉; **sich ~** *Farben*: têpsti se

beißend pekóč, óster, jédek

beistehen pomágati (*im*)*pf*

beisteuern prispévati (*im*)*pf*

Beitrag M prispévek

beitragen prispévati (*im*)*pf*

Beitritt M pristòp

Beize F sólna raztopína; kváša; TECH lužílo

bejahen pritrjeváti 〈pritrdíti〉, odobrávati

bejahrt priléten

bekämpfen bojeváti se zóper; *Schädlinge* zatírati

bekannt znán; **~ geben** razglasíti *pf*, sporočíti *pf*; **~ machen** seznaníti (*im*)*pf*

Bekannte F znánka

Bekannte(r) M znánec

bekanntlich kot je znáno

Bekanntmachung F razglàs, naznaníIo, sporočílo

Bekanntschaft F poznánstvo

bekennen priznávati 〈priznáti〉, izpovedováti 〈izpovédati〉

Bekenntnis F priznánje, izpóved *f*

beklagen objokováti; **sich ~** pritoževáti 〈pritožíti〉 se

Bekleidung F oblačílo

beklommen tesnôben

bekommen dobívati 〈dobíti〉, prejémati 〈prejéti〉; *Angst* zbáti se *pf*

bekräftigen potrjeváti 〈potrdíti〉

beladen nalágati 〈naložíti〉

Belag M oblóga, plást *f*

belagern oblégati

Belagerung F obléganje

belanglos brez poména

belasten obremenjeváti 〈obremeníti〉; *Problem*: težíti; *Konto* bremeníti

belästigen nadlegováti
Belastung F obremenítev *f*
belaufen: **sich ~ auf** znášati
beleben požívljati ‹poživíti›
belebt živáhen
Beleg M (*Beweis*) dokazílo; (*Rechnung*) račún
belegen obložíti *pf*; (*beweisen*) dokázati *pf*; *Platz* zasésti *pf*; *Kurs* vpísati se *pf* v
Belegschaft F uslúžbenci *mpl*, osébje
belegt obložèn; *Platz*: zaséden; *Stimme*: zamólkel
belehren poučíti *pf*
beleidigen ‹raz›žalíti
beleidigend žaljív
Beleidigung F žalítev *f*
beleuchten razsvetljeváti ‹razsvetlíti›, osvetljeváti ‹osvetlíti›
Beleuchtung F razsvetljáva, osvetlítev *f*
Belgien N Bélgija
Belgier M Bélgijec
Belgierin F Bélgijka
belichten osvetljeváti ‹osvetlíti›
Belichtung F osvetlítev *f*
Belieben N: **nach ~** po míli vólji
beliebig poljúben
beliebt priljúbljen
Beliebtheit F priljúbljenost *f*
beliefern *j-n* dobávljati ‹dobáviti› (*D*); oskrbováti (z blágom)
bellen lájati
belohnen nagrajeváti ‹nagradíti›, popláčati *pf*
Belohnung F nagráda, plačílo
belügen: **j-n ~** nalagáti *pf* kóga, lagáti kómu
bemalen poslíkati *pf*
bemängeln kritizírati nad/zarádi; pritoževáti se
bemerkbar opázen; **sich ~ machen** pojávljati se, pokázati se *pf*; zbújati ‹zbudíti› pozórnost
bemerken opazíti *pf*; (*sagen*) pripómniti *pf*
bemerkenswert omémbe vréden, izréden
Bemerkung F opázka, pripómba
bemitleiden pomilováti
bemühen: **sich ~** ‹po›trudíti se, prizadévati si
Bemühung F trúd, prizadévanje
benachbart soséden
benachrichtigen obvéščati ‹obvestíti›
Benachrichtigung F obvestílo, sporočílo
benachteiligen zapostávljati, prikrájšati *pf*
Benachteiligung F zapostávljanje, prikrájšanost *f*
benehmen: **sich ~** obnášati se, vêsti se
Benehmen N vedênje, obnášanje
beneiden zavídati
beneidenswert zavidljív
benennen poimenováti *pf*
benommen omóťičen
benötigen potrebováti
benutzen uporábljati, rabíti
Benutzung F uporába
Benzin N bencín
beobachten opazováti

Beobachter M opazoválec
Beobachtung F opazovánje
bepflanzen posadíti *pf*, zasadíti *pf*
bequem udóben
Bequemlichkeit F udóbnost *f*
beraten svetováti *(D)*; **sich ~** posvetováti se
Berater M svetoválec
Beraterin F svetoválka
Beratung F posvèt, posvetovánje; svetovánje; MED konzultácija; *(Besprechung)* zasédanje
Beratungsstelle F posvetoválnica
berauben orópati *pf*
berauschend omámen
berechnen izračúnati *pf*
berechnend preračunljív
Berechnung F preračún, kalkulácija; *fig* preračunljívost *f*
berechtigen upravičeváti ⟨upravíčiti⟩, dajáti ⟨dáti⟩ pravíco do
berechtigt upravíčen
Berechtigung F upravíčenost *f*, pravíca
Bereich M obmóčje, podróčje
bereichern: **sich ~** bogatíti se, okoríščati se
bereinigen razčístiti *pf*
bereisen prepotováti *pf*
bereit pripràvljen
bereiten pripràvljati ⟨pripráviti⟩; *Schmerzen, Freude* povzróčati ⟨povzročíti⟩, naredíti *pf*, délati
bereithalten iméti pripràvljeno; **sich ~** bíti pripràvljen
bereits žé
Bereitschaft F pripràvljenost *f* (**zu** za)
bereitstellen pripràvljati ⟨pripráviti⟩, dajáti ⟨dáti⟩ na razpoláago
bereitwillig volján, ráde vólje
bereuen obžalováti, bíti žàl; kesáti se
Berg M gôra, hríb; **über den ~ sein** bíti iz najhújšega
bergab navzdòl
bergauf navkréber, navzgòr
Bergbahn F gôrska železnica, žíčnica
Bergbau M rudárstvo
bergen *(retten)* reševáti ⟨rešíti⟩; *(enthalten)* vsebováti, skríváti
Bergführer M gôrski vodník
bergig goràt
Bergkette F gôrska veríga
Bergrutsch M pláz
Bergschuh M gójzar, gôrski čévelj
Bergsteiger M planínec
Bergsteigerin F planínka
Bergung F reševánje
Bergwacht F gôrska reševálna slúžba
Bergwerk N rúdnik
Bericht M poročílo
berichten poróčati
Berichterstatter M poročeválec
berichtigen poprávljati ⟨pripráviti⟩
Bernstein M jántar
bersten pókati ⟨póčiti⟩
berüchtigt razvpít, zloglásen
berücksichtigen upoštévati
Beruf M poklíc; **von ~** po poklícu

berufen *j-n* imenováti (**zu** za); **sich ~ auf** skliceváti se na; ADJ **~ sein zu** bíti poklícan za
beruflich poklícen
Berufsausbildung F šólanje za poklíc
Berufsberatung F poklícno svetovánje
Berufsschule F poklícna šóla
berufstätig zaposlèn
Berufsverkehr M vôžnje na délo in z déla
Berufung F pozív; poklícanost *f*; (*Ernennung*) imenovánje; **~ einlegen** vložíti *pf* pritôžbo/prizív
beruhen: **~ auf** temeljíti na; **et. auf sich ~ lassen** ne poségati v kàj
beruhigen ⟨po⟩miríti
beruhigend pomirjeválen
Beruhigung F pomirítev *f*
Beruhigungsmittel N pomirílo, sedatív
berühmt sláven
berühren dotíkati ⟨dotakníti⟩ se (*G*); *fig* oménjati ⟨omeníti⟩
Berührung F dotík
Besatzung F posádka
beschädigen poškodováti *pf*
Beschädigung F poškódba
beschaffen priskrbéti *pf*
Beschaffenheit F kakóvost *f*, sestáva, struktúra
beschäftigen zaposlováti ⟨zaposlíti⟩; **sich ~** ukvárjati se
Beschäftigung F zaposlítev *f*, zaposlênost *f*; ukvárjanje
beschämend sramôten
beschämt: **~ sein** sramováti se
Bescheid M odgóvor, sporočílo; odlóčba; **~ geben** sporočíti *pf* odločítev
bescheiden skrômen
Bescheidenheit F skrômnost *f*
bescheinigen potrjeváti ⟨potrdíti⟩
Bescheinigung F potrdílo
beschenken obdarováti ⟨obdaríti⟩
Beschichtung F oblóga, prevléka
beschießen obstreljeváti
beschimpfen zmérjati ⟨ozmérjati⟩
Beschlag M okòv, okóvje; **in ~ nehmen** prilastíti si *pf*; zasédati
beschlagen okováti *pf*; *Pferd* podkováti *pf*; *Fenster*: orosíti se *pf*; ADJ *fig* podkován
beschlagnahmen zaséči *pf*
beschleunigen pospeševáti ⟨pospéšiti⟩
Beschleunigung F pospéšek, pospeševánje
beschließen sklépati ⟨skleníti⟩; (*beenden*) skleníti *pf*, zaključiti *pf*
Beschluss M sklèp; odlóčba
beschmieren popackáti *pf*; namázati *pf*
beschmutzen pomázati *pf*, umázati *pf*
beschneiden obrezováti ⟨obrézati⟩; *Rechte* kŕniti ⟨okŕniti⟩, krátiti
beschönigen olepševáti ⟨olépšati⟩
beschränken omejeváti ⟨omejíti⟩
Beschränkung F omejítev *f*
beschreiben opisováti ⟨opí-

sati⟩; *Papier* popísati *pf*
Beschreibung F opís
beschriften napísati *pf* napís na
Beschriftung F označítev *f*, napís
beschuldigen obtoževáti ⟨obtožíti⟩, ⟨ob⟩dolžíti
Beschuldigung F obdolžítev *f*, obtôžba
beschützen varováti, braníti
Beschwerde F pritôžba; **~n** *pl* MED težáve
beschweren obtežíti *pf*; **sich ~** pritoževáti ⟨pritožíti⟩ se (**über** nad)
beschwerlich težáven, napóren
beschwichtigen miríti, pomirjeváti
beschwingt zanôsen
beschwipst okajèn, v róžicah
beschwören (*bitten*) rotíti; *Geister* zaklínjati
beseitigen odstranjeváti ⟨odstraníti⟩, odprávljati ⟨odpráviti⟩
Besen M mêtla
besessen obséden
besetzen zasédati ⟨zasésti⟩; MIL okupírati (*im*)*pf*
besetzt zaséden
Besetztzeichen N znák za zasédeno línijo
Besetzung F zasédba; MIL okupácija
besichtigen ogledováti ⟨oglédati⟩ si; (*prüfen*) preglédati *pf*
Besichtigung F oglèd
besiedeln naseljeváti ⟨naselíti⟩; poseljeváti
besiedelt poséljen
Besiedlung F poselítev *f*, naséljenost *f*
besiegen premágati *pf*
Besinnung F zavést *f*; **die ~ verlieren** onesvéstiti se *pf*; **zur ~ kommen** zavédeti se *pf*; spametováti se
besinnungslos nèzavésten
Besitz M posést *f*, poséstvo; (*Eigentum*) lást *f*
besitzen iméti
Besitzer M poséstnik; lastník
Besitzerin F poséstnica; lastníca
besohlen podplátiti *pf*
Besoldung F pláča
besondere(r) posében
Besonderheit F posébnost *f*
besonders posébno, zlásti
besonnen ADJ preudáren, trézen
besorgen priskrbéti *pf*; (*erledigen*) oprávljati ⟨oprávíti⟩
besorgt zaskrbljèn
Besorgung F: **~en machen** íti po nakúpih
besprechen pretrésati; **sich ~** pogovárjati ⟨pogovoríti⟩ se
Besprechung F razgóvor, posvèt; konferénca
besser bóljši; ADV bólje
bessern izboljševáti ⟨izbóljšati⟩; **sich ~** pobóljšati se *pf*
Besserung F pobóljšanje; MED okrévanje
Bestand M obstòj; (*Vorrat*) zalóga
beständig stálen, trájen; *Wetter*: stanovíten; (*widerstandsfähig*) obstójen, odpóren
Bestandteil M dél, sestavína

bestätigen potrjeváti ⟨potrdíti⟩
Bestätigung F potrdílo; potrdítev *f*
bestatten pokopáti *pf*
Bestattung F pogrèb
beste(r) najbóljši; **am besten** najbólje
bestechen podkupováti ⟨podkupíti⟩
bestechlich podkupljív
Bestechung F podkupovánje
Besteck N pribòr
bestehen obstájati; *Prüfung* naredíti *pf*, opráviti *pf*; **~ aus** bíti (sestávljen) iz, **~ auf** vztrájati pri/na
bestehlen okrásti *pf*
besteigen povzpéti se *pf*; *Pferd* zajáhati *pf*; *Thron* zasésti *pf*
bestellen naročíti *pf*; *Grüße* sporočíti *pf*; *Feld* obdelováti ⟨obdélati⟩
Bestellschein M naročílnica
Bestellung F naročílo; **auf ~** po naročílu
besteuern obdávčiti *pf*
Bestie F zvér *f*; *fig* zverína
bestimmen določeváti ⟨določíti⟩; **~ über** odlóčati o
bestimmt določen; **~ für** naménjen (*D*); ADV odlóčno; gotóvo; **ganz ~** pràv gotóvo
Bestimmtheit F določnost *f*; gotóvost *f*
Bestimmung F dolóčanje; (*Vorschrift*) predpís; (*Aufgabe*) poslánstvo, namèn; (*Schicksal*) usóda
bestrafen kaznováti
Bestrafung F kaznovánje
bestrahlen obsévati
Bestrahlung F obsévanje
Bestreben N prizadévanje
bestreichen namázati *pf*
bestreiten zaníkati *pf*, tajíti; JUR izpodbíjati; *Kosten* plačeváti ⟨pláčati⟩
bestürzt osúpel, prepádel
Besuch M obísk
besuchen obiskováti ⟨obiskáti⟩
Besucher M obiskoválec
Besucherin F obiskoválka
Besuchszeit F čàs za obíske
betätigen TECH pogánjati ⟨pognáti⟩; *Taste* pritískati ⟨pritísniti⟩ *pf* na; **sich ~** udejstvováti se
betäuben omámiti *pf*; MED anestezírati (*im*)*pf*, narkotizírati (*im*)*pf*; *fig* udušiti *pf*
Betäubung F omámljenost *f*; MED anestezíja, narkóza
beteiligen HANDEL dáti *pf* délež (*D*); **sich ~** udeleževáti ⟨udeležíti⟩ se
beten molíti
beteuern zatrjeváti
Beton M betón
betonen poudárjati ⟨poudáriti⟩
Betonung F poudárek; naglàs
Betracht M: **in ~ kommen** príti *pf* v poštèv; **in ~ ziehen** razmíšljati o, upoštévati
betrachten glédati, opazováti; **~ als** iméti za
beträchtlich znáten, precéjšnji
Betrag M znések, vsôta; **~ erhalten** potrjújem prejèm
betragen znášati; **sich ~** vêsti

se, obnášati se
betreffen zadévati, tíkati se (*G*)
betreffend zadévni; ADV v zvézi z
betreten stopíti v/na; ADJ popárjen, zméden
Betrieb M podjétje, obràt; TECH obratovánje; **in ~ sein** obratováti, delováti
Betriebsleitung F vódstvo obráta
Betriebsurlaub M kolektívni dopúst
Betriebswirtschaft F poslóvna ekonómika
betrinken: **sich ~** opíti se *pf*
betroffen prizadét, zméden
betrübt žálosten, otóžen
Betrug M goljufíja, prevára
betrügen ⟨o⟩goljufáti; *Partner* ⟨pre⟩várati
Betrüger M goljúf, slepár
Betrügerin F goljúfivka, slepárka
betrunken pijàn
Bett N póstelja; **zu ~ gehen** íti spát; **das ~ machen** postíljati ⟨postláti⟩
Bettdecke F odéja
betteln beráčiti
bettlägerig: **~ sein** bolán ležáti v pósteli, bíti priklénjen na pósteljo
Bettlaken N rjúha
Bettler M beráč
Bettlerin F beračíca
Bettruhe F ležánje
Bettwäsche F pósteljno perílo, posteljnína
beugen upogíbati ⟨upogníti⟩; *Substantiv* sklánjati; *Verb* sprégati; **sich ~** *fig* ukloníti se *pf*
Beule F búla, búška; MED tvór; AUTO: udrtína
beunruhigen vznemírjati ⟨vznemíriti⟩
beurlauben dáti *pf* dopúst
beurteilen presójati ⟨presodíti⟩
Beurteilung F océna, ocenjevánje; presója
Beuschel N *österr* GASTR pljúčka *npl*
Beute F plén
Beutel M môšnja; ZOOL vréča
bevölkern oblјúditi *pf*; naseljeváti ⟨naselíti⟩
Bevölkerung F prebiválstvo
bevollmächtigen pooblastíti *pf*
Bevollmächtigte(r) M pooblaščênec
Bevollmächtigung F pooblastílo
bevor préden
bevorstehen blížati se; **das steht dir noch bevor** tó te šè čáka
bevorzugen iméti ráјši; dajáti prédnost (*D*)
bewachen stražíti, nadzírati
Bewachung F nadzòr, nadzíranje; stráža
bewaffnen oboroževáti ⟨oborožíti⟩
Bewaffnung F oborožítev *f*
bewahren ⟨ob⟩varováti; ohránjati ⟨ohraníti⟩
bewähren: **sich ~** obnêsti se *pf*; izkázati se *pf*
bewährt zanesljív
bewältigen bíti kós (*D*), zmôči

pf; *Aufgaben* uspéšno oprávljati ⟨opráviti⟩; *Probleme* razrešíti *pf*
bewandert podkován
bewässern namákati
Bewässerung F namákanje
bewegen premíkati ⟨premakníti⟩; **sich ~** gíbati se; **j-n ~ zu** pripráviti *pf* kóga do (*G*)
beweglich premíčen; gíbčen
Beweglichkeit F premíčnost *f*; gíbčnost *f*
bewegt *Leben*: razgíban; *Meer*: razbúrkan; *fig* gánjen
Bewegung F gíbanje; *fig* gánjenost *f*
bewegungslos nèpremíčen
Beweis M dokàz
beweisen dokazováti ⟨dokázati⟩
Beweisstück N dokazílo
bewerben: **sich ~ um** potegováti se za (*A*)
Bewerber M prosílec; POL kandidát
Bewerberin F prosílka; POL kandidátka
bewerten ocenjeváti ⟨océniti⟩, vrednôtiti
Bewertung F vrednôtenje, océna; SPORT rezultát, tóčke *fpl*
bewilligen dovoljeváti ⟨dovolíti⟩
Bewilligung F dovoljênje
bewirken povzróčati ⟨povzročíti⟩
bewirten pogostíti *pf*, postréči *pf* (*D*)
bewirtschaften gospodáriti, uprávljati
Bewirtung F pogostítev *f*, postréžba
bewohnen stanováti v, živéti v
Bewohner M prebiválec, stanóvalec
Bewohnerin F prebiválka, stanóvalka
bewölken: **sich ~** pooblačíti se *pf*
bewölkt obláčen
Bewölkung F obláčnost *f*
Bewunderer M občudoválec
bewundern občudováti
bewundernswert občudovánja vréden
Bewunderung F občudovánje
bewusst zavésten; ADV zavéstno; **sich ~ sein** zavédati se (*G*); **sich ~ werden** zavédeti se *pf* (*G*)
bewusstlos nèzavésten; **~ werden** onesvéstiti se *pf*
Bewusstlosigkeit F nèzavést *f*
Bewusstsein N zavést *f*
bezahlen plačeváti ⟨pláčati⟩
Bezahlung F pláča, plačílo
bezaubernd očarljív
bezeichnen: **~ als** označíti *pf* kot
bezeichnend značílen
Bezeichnung F oznáka, označítev *f*
beziehen *Bett* preobléči *pf*; *Haus* vselíti se *pf* v; *Gehalt* prejémati ⟨prejéti⟩; **sich auf et. ~** nanášati se na káj
Beziehung F razmérje, odnòs, zvéza
beziehungsweise ozíroma
Bezirk M okràj
Bezug M prevléka; (*Erhalt*) prejémanje; (*Zusammenhang*) zvéza, povezáva; odnòs; **~ neh-**

men **auf** skliceváti se na; **in ~ auf** gledé na
bezüglich z ozírom na, kar se tíče
bezwecken nameráváti
bezweifeln dvómiti o
Bibel F Svéto písmo, bíblija
Biber M bóber
Bibliothek F knjížnica
Bibliothekar M knjížničar
Bibliothekarin F knjížničarka
bieder vŕl, poštèn; filístrski
biegen upogíbati ⟨upogníti⟩, kríviti
biegsam prόžen, gíbčen; upogljív
Biegung F ovínek; TECH upogíbanje
Biene F čebéla
Bienenzucht F čebelárstvo
Bier N pívo
Bierkrug M vŕček za pívo
Biest N mrcína, zverína
bieten ponújati ⟨ponudíti⟩
Bilanz F bilánca; **~ ziehen** *fig* naredíti *pf* bilánco
Bild N slíka; podóba
bilden tvóriti; sestávljati, oblikováti; **sich ~** tvóriti se, nastájati ⟨nastáti⟩; *fig* izobraževáti ⟨izobráziti⟩ se
Bilderbuch N slíkanica
Bildhauer M kipár
bildlich *fig* figuratíven
Bildschirm M zaslòn, ekrán
Bildung F izobrázba; nastájanje, nastánek, tvórba
Bildungsweg M šólanje, izobraževánje; **zweiter ~** izobraževánje ob délu
Billard N biljárd
billig pocéni
billigen odobráváti ⟨odobríti⟩
Billigflug M nizkocenôvni lèt
Binde povòj; (*Damenbinde*) higiénski vlóžek
Bindegewebe N MED vézno tkívo
Bindeglied N vézni člén
Bindehaut F véznica
Bindehautentzündung F konjunktivítis, vnétje očésne véznice
Bindemittel N vezívo
binden vézati, povezováti ⟨povézati⟩; (*verpflichten*) obvezováti ⟨obvézati⟩; GASTR zgostíti *pf*
bindend obvezujóč
Bindestrich M vezáj
Bindewort N véznik
Bindung F véz *f*; *emotional*: navézanost *f*
binnen v; **~ Kurzem** v krátkem; **~ einer Woche** v ênem tédnu
Binnenmarkt M *der EU*: skúpni tŕg
Biografie F biografíja, življenjepís
Biologie F biologíja
biologisch biolóški
Birke F bréza
Birkhuhn N rúševec
Birne F hrúška; ELEK žárnica
bis PRÄP do; **von … ~** od … do; **~ auf** rázen; KONJ doklèr ne; **~ jetzt** doslèj; **~ er kommt** doklèr ne príde
Bischof M škòf
bisher doslèj; do sedàj
Biss M ugríz, gríz
bisschen: **ein ~** málo; **kein ~**

níti málo
Bissen M grižljáj
bissig popadljív; *fig* zajedljív, zbadljív; **Vorsicht, ~er Hund!** Pozòr, húd pès!
bitte prósim
Bitte F prôšnja
bitten prosíti (**um** za)
bitter grênek; brídek
Blähungen FPL napénjanje
Blamage F blamáža
blamieren osramotíti *pf* (**sich** se), blamírati (*im*)*pf*
blank svétel; gòl
Blase F mehúr; ANAT séčnik
blasen píhati; *Horn* trobíti
Blasinstrument N piháló
Blasmusik F góđba na pihála
blass bléd (**vor** od); **~ werden** prebledéti *pf*
Blässe F bledíca
Blatt N lîst; časopís; *Ruder*: lopáta; (*Karte*) kárta
blättern lístati (**in** po)
Blätterteig M lístnato testó
blau móder; (*betrunken*) pijàn; **~er Fleck** modríca
bläulich modríkast
Blech N pločevína
Blechdose F pločevínka
Blechschaden M poškodována karoseríja
Blei N svínec
bleiben ostájati ⟨ostáti⟩; **~ bei** (*beharren*) vztrájati pri; **am Leben ~** ostáti žív
bleibend trájen
bleich bléd (**vor** od)
bleichen belíti
bleiern svinčén (*a. fig*)
bleifrei nèosvínčen
Bleistift M svínčnik
Bleistiftspitzer M šílček
Blende F zaslòn; FOTO zaslónka
blenden ⟨za⟩slepíti
blendend sijájen
Blick M poglèd; **j-n keines ~es würdigen** ne privoščíti kómu pogléda; **j-m einen flüchtigen ~ zuwerfen** ošíniti kóga s poglédom
blicken ⟨po⟩glédati; **sich ~ lassen** prikázati se *pf*
blind slèp (*a. fig*); **~ werden** oslepéti *pf*
Blinddarm M slepìč, slepo črevó
Blinddarmentzündung F vnétje slépiča
Blinde F slépa, slepíca
Blinde(r) M slépi, slépec
Blindenschrift F Braillova pisáva
Blindheit F slepôta, slepóst *f*; **mit ~ geschlagen** *fig* slép za vsè
Blindschleiche F slépec
blindlings na slépo; nepremíšljeno
blinken lesketáti se, bleščáti se; *Fahrzeug*: dajáti ⟨dáti⟩ znák s smérnikom
Blinker M AUTO smérnik
blinzeln mežíkati ⟨pomežíkniti⟩
Blitz M blísk; (*Blitzschlag*) stréla; FOTO blískovna lúč *f*
Blitzableiter M strelovòd
blitzen blískati se; **es blitzt** blíska se
Blitzlicht N blískovka, blískovna lúč *f*

Blitzschlag M stréla, udár stréle
blitzschnell bliskovít
Block M blók; kláda, hlód
Blockade F blokáda
Blockflöte F kljúnasta flávta
Blockhaus N brúnarica
blockieren blokírati *(im)pf*
Blockschrift F tískane čŕke *fpl*
blöd(e) neúmen, bêdast, trápast
blödeln govoríti neúmnosti
Blödsinn M neúmnost *f*, nèsmísel
blödsinnig bédast
blöken bléjati
blond plàv
Blondine F blondínka, plavoláska
bloß gól, nág; ADV samó, lè; **mit ~em Auge** s prôstim očésom
bloßstellen osramotíti *pf*, blamírati *(im)pf*
blühen cvetéti
Blume F cvetlíca; *Wein*: bukét; *Bier*: péna
Blumengeschäft N cvetličárna
Blumenkohl M cvetáča, karfijóla
Blumenstrauß M šôpek
Blumentopf M cvetlíčni lônček
Bluse F blúza
Blut N krí *f*
blutarm slabokŕven, anémičen
Blutbad N pokòl
Blutdruck M kŕvni tlák
Blüte F cvét; *(Geldschein)* ponarejèn bánkovec; *fig* razcvèt
Blutegel M pijávka
bluten krvavéti
Blütenblatt N cvétni líst, vénčni líst
blutend krvavéč
Bluter M hemofílik
Bluterguss M izlív krví; podplútba, hematóm
Blutgruppe F kŕvna skupína
blutig krváv
Blutkreislauf M kŕvni obtòk
Blutprobe F analíza krví, kŕvni tést; **eine ~ machen** odvzéti krí
Blutspender M krvodajálec
blutstillend ki zaustávlja krí
Blutsverwandte(r) M kŕvni soródnik
Bluttransfusion F transfuzíja krví
Blutung F krvavítev *f*, krvavênje
Blutvergießen N prelívanje krví
Blutvergiftung F zastrupítev *f* krví, sépsa
Blutverlust M izgúba krví
Blutwurst F krvavíca
Bö(e) F súnek vétra
Bock M kôzel; SPORT kôza
Bockbier N môčno pívo
bockig rítast, tŕmast
Boden M tlà *npl*; AGR zêmlja; *Gefäß*: dnò; *(Dachboden)* podstréšje
bodenlos brezdánji
Bogen M lók (*a.* ARCH *u.* MATH); *(Papier)* pôla
Bogenschießen N lokostrélstvo
Bogenschütze M lokostrélec
Bohle F deskà, plòh
Böhmen N Čéško

Bohne F fižòl
bohnern ⟨z⟩lóščiti
bohren ⟨iz⟩vŕtati
Bohrer M svéder
Bohrinsel F vrtálna ploščàd *f*
Bohrmaschine F vrtálnik, vrtálni stròj
Bohrturm M vrtálni stòlp
Boje F bója, plôvec
Bolzen M sórnik, zatič
bombardieren bombardírati *(im)pf*
Bombe F bómba
Bombenangriff M bómbni napàd, bombardíranje
Bombenanschlag M bómbni atentát
Bon M bón
Boot N čóln
Bord N polícа
Bord M MAR, FLUG kròv; **an ~ gehen** vkŕcati se *pf*; **von ~ gehen** izkŕcati se *pf*
Bordkarte F vstópni kupón
Bordstein M robník
borgen posójati ⟨posodíti⟩
Borke F skórja, lúbje
Börse F bórza
Börsenbericht M bórzno poročílo
Börsenkurs M tečáj
Börsenmakler M bórzni posrédnik, senzál
Borste F ščetína
Borte F trák, obšív
bösartig zlôben; MED zločést, malígen
Böschung F pobóčje
böse zlôben, húd
boshaft zlôben
Bosheit F zlôba, hudobíja
Bosnien N Bósna
Bosnier M Bosánec
Bosnierin F Bosánka
Botanik F botánika
Botaniker M botánik
botanisch botáničen
Bote M sèl, kurír
Botschaft F sporočílo, vést *f*; *(Amt)* vèleposlaníštvo
Botschafter M vèleposlánik
Botschafterin F vèleposlánica
Bowle F bóvla
boxen bôksati
Boxen N bòks
Boxer M bôksar
Boxkampf M boksarski dvoboj
boykottieren bojkotírati *(im)pf*
Branche F pánoga
Branchenverzeichnis N bránžni seznàm, pánožni seznàm
Brand M požár; MED prisàd, gangréna; **in ~ stecken** zažgáti *pf*; **in ~ stehen** goréti
Brandstifter M požigálec
Brandstiftung F požíg
Brandung F bútanje valóv ob obálo
Brandwunde F opeklína
Branntwein M žgánje
braten pêči; pêči se
Braten M pečénka
Bratfisch M pečêna ríba, ríba za pečênje
Bratkartoffel F pečèn krompír
Bratpfanne F pônev *f*
Bratrost M žár, gríl
Bratwurst F pečeníca
Brauch M običáj, naváda
brauchbar uporáben
brauchen potrebováti

brauen *Bier* varíti
Brauerei F pivovárna
braun rjàv; zagôrel; **~ werden** porjavéti *pf*
bräunen porjavíti *pf*; **sich ~** porjavéti *pf*, sónčiti se
Brause F pŕha; limonáda, oranžáda
brausen šuméti; AUTO: drvéti
Braut F nevésta
Bräutigam N žénin
Brautjungfer F družíca
Brautkleid N poróčna obléka
Brautpaar N žénin in nevésta
brav príden, poštèn
brechen lomíti (se); MED brúhati
Brechreiz M dráženje na brúhanje
Brei M kaša
breiig kášast, kášnat
breit širòk; **~ werden** razšíriti se *pf*
Breite F širína
Breitengrad M širínska stopínja
breitspurig širokotíren; *fig* baháški
Breitwand F širôko plátno
Bremsbelag M zavórna oblóga
Bremse F zavóra; ZOOL bréncelj, obád
bremsen zavírati ⟨zavréti⟩
Bremsflüssigkeit F zavórna tekočína
Bremslicht N zavórna lúč *f*
Bremspedal N zavórni pedál
Bremsscheibe F zavórni kolút
Bremsspur F zavórna sléd *f*
Bremsweg M zavórna razdálja, zavórna pót *f*
brennbar gorljív, vnetljív
brennen goréti; *Sonne*: pripékati; *Wunde*: pêči, skeléti; *Schnaps* kúhati
Brenner M gorílnik
Brennholz N dŕva *npl*
Brennnessel F kopríva
Brennpunkt M goríšče, žaríšče, fókus
Brennstoff M gorívo
Brett N deskà
Brezel F présta
Brief M písmo
Briefbogen M písemska pôla
Briefgeheimnis N písemska tájnost *f*
Briefkasten M póštni nabirálnik
brieflich písmeno
Briefmarke F písemska známka
Briefpapier N písemski papír
Brieftasche F denárnica, lístnica
Briefträger M pismonóša *m*, póštar
Briefträgerin F póštarka
Briefumschlag M písemski ovítek
Briefwechsel M dopisovánje, korespondénca
Brillant M briljánt
Brille F očála *npl*
bringen prinášati ⟨prinêsti⟩; **zum Ausdruck ~** izrážati ⟨izrázíti⟩; **in Erfahrung ~** zvédeti *pf*, ugotovíti *pf*; **in Ordnung ~** urediti *pf*; **es zu et. ~** uspéti, príti do
Brise F sápica

Brite M Británec
Britin F Británka
britisch británski
bröckeln drobíti se; *Fels*: krušíti se
Brocken M kós, dróbec
brodeln vréti
Brombeere F robídnica
Bronchitis F bronhítis
Bronze F brón
Brosche F bróška, zapónka
Broschüre F brošúra
Brot N krùh
Brotaufstrich M namàz
Brötchen N krúhek, žémljica; **belegtes ~** oblóžen krúhek, séndvič
Bruch M zlòm, prelòm, razdòr; MED kíla; MATH ulómek; *fig* prekinítev *f*, razkòl
brüchig lomljív, kŕhek
Bruchlandung F zasílni pristánek
Bruchrechnung F računánje z ulómki
Bruchstück N dróbec, dél, fragmènt
Bruchteil M délček
Brücke F móst; (*Teppich*) mála prepróga
Brückenpfeiler M móstni stebèr
Bruder M bràt
brüderlich brátski
Brüderlichkeit F brátstvo
Brühe F júha; *umg* brózga
brüllen rjovéti, kričáti, tulíti
brummen brúndati, godrnjáti; *Insekt, Motor*: brenčáti
Brunch M (dopoldánska) málica, brunch
brünett rjavolás
Brunft F pójanje, párjenje
Brunnen M vodnják, studênec
brüsk osóren, odrezàv
Brust F pŕsi *fpl*; (*weibliche Brust*) dójka
brüsten: **sich ~** pŕsiti se
Brustkorb M pŕsni kòš
Brustschwimmen N pŕsno plávanje
Brüstung F zídec, parapét, ográja
Brustwarze F pŕsna bradavíca
Brut F zaléga, zárod
brutal brutálen
Brutalität F brutálnost *f*
brüten valíti; **~ über** snováti (*A*)
brutto brúto
Bruttoeinkommen N kosmáti dohódek, brúto dohódek
Bube M déček, fànt (*a. Karte*)
Buch N knjíga; **~ führen** vodíti evidénco, vodíti knjíge
Buche F búkev *f*
buchen HANDEL knjížiti; *Reise* rezervírati (*im*)*pf*
Bücherei F knjížnica
Bücherregal N knjížna políca
Bücherschrank M knjížna omára
Buchfink M ščínkavec
Buchhalter M računovódja *m*
Buchhaltung F knjigovódstvo
Buchhändler(in) M(F) knjigárnar
Buchhandlung F knjigárna
Büchse F škátla; (*Dose*) konzêrva, pločevínka; (*Gewehr*) púška
Büchsenöffner M odpiráč za konzêrve

Buchstabe M čŕka
buchstabieren čŕkováti
buchstäblich dobeséden; ADV dobesédno
Bucht F zalív
Buchung F vknjížba; knjížênje; *Reise*: rezervácija
Buchweizen N ájda
Buckel M gŕba
bücken: **sich ~** pripogíbati ‹pripogníti› se
bucklig gŕbast
Bude F lópa, baráka, šúpa; *verä.* kámra, špelúnka
Büfett N bifé; točílni púlt; míza z okrepčíli za gôste
Büffel M bívol
büffeln *umg* gúliti se, píflati se
Bug M kljún, kŕn; SCHIFF prém(ec); FLUG nós, prédnji dél
Bügelbrett N likálna deskà
Bügeleisen N likálnik
Bügelfalte F zalíkana gúba
bügelfrei ki ga ni tréba líkati
bügeln líkati
Bühne F óder
Bühnenbild N scéna, scenografíja
Bulgare M Bolgár
Bulgarien N Bolgárija
Bullauge N (ládijska) lína
Bulle M bik; *umg fig* kífeljc
Bummel M pohajkovánje, potèp; **einen ~ machen** íti na potèp
bummeln pohajkováti
bumsen *umg* kávsati (*a. vulg*)
Bund[1] M zvéza; svéženj; (*Hosenbund*) pás
Bund[2] N šòp, svéženj; *Stroh*: otèp, snòp
Bündel N cúla
Bundes... zvézni
Bundesgenosse M tovàriš, zavéznik
Bundeskanzler M zvézni káncler
Bundeskanzlerin F zvézna kánclerka
Bundesland N zvézna dežêla
Bundesliga F zvézna líga
Bundesrepublik F Zvézna repúblika
Bundesstaat M zvézna držáva
Bundestag M zvézni parlamènt
Bundesverfassung F zvézna ustáva
Bündnis N zvéza
Bunker M búnker
bunt písan, barvít
Buntstift M bárvnik
Burg F grád
Bürge M pôrok
bürgen jámčiti, bíti pôrok za
Bürger M meščàn, občàn
Bürgerin F meščánka
Bürgerkrieg M držávljánska vôjna
bürgerlich meščánski, občánski; *Gesetzbuch*: civílen
Bürgermeister M župàn
Bürgermeisterin F župánja
Bürgerrecht N držávljánsko právo
Bürgersteig M plóčnik
Büro N pisárna
Büroangestellte F pisárniška uslúžbenka
Büroangestellte(r) M pisárniški uslúžbenec
Büroklammer F spónka

Bürokratie F birokracíja
Bursche M fànt
Bürste F ščétka, krtáča
bürsten ⟨s⟩krtáčiti
Bus M ávtobus
Busch M gŕm
Büschel N šòp
buschig košàt
Busen M pŕsi *fpl*
Bushaltestelle F ávtobusno postajalíšče, ávtobusna postája
Bussard M kánja
Buße F pokóra; **~ tun** pokoríti se
büßen pokoríti se; **mit dem Leben ~** plačati *pf* z življênjem
Bußgeld N glóba
Büste F opŕsje
Büstenhalter M módrček
Butter F máslo
Butterblume F zlatíca, máslenica
Butterbrot N krúh z máslom
Buttermilch F pínjenec

C

Café N kavárna
Camping N kampíranje; kámping
Campingplatz M kámp
Cappuccino M kapučíno *m*
CD F kompáktna plôšča, CD-plôšča zgoščénka
Cello N čélo
Celsius: 5 Grad ~ pét stopínj Célzija
Cent M(*Eurocent*) cènt
Champagner M šampánjec
Champignon M šampinjón, kúkmak
Chance F prilóžnost *f*, móžnost *f*, prílika
Chaos N káos
chaotisch kaótičen
Charakter M značáj
charakterisieren karakterizírati *(im)pf*
charakteristisch karakterístičen, značílen
charakterlos nèznačájen
Charakterzug M značájska potéza
charmant šarmánten
Charme M šárm, privláčnost *f*, očarljívost *f*
Charterflug M čárterski lèt
Chauffeur M šofêr, vozník
Chef M šéf
Chefarzt M, **Chefärztin** F primárij
Chefin F šefinja
Chefredakteur M glávni urednìk
Chefredakteurin F glávna urednica
Chemie F kemíja
Chemikalien FPL kemikálije *fpl*
Chemiker M kémik
Chemikerin F kémičarka
chemisch kémičen; kemíjski
Chemotherapie F kémoterapíja
Chiffre F šífra
China N Kitájska
Chinese M Kitájec
Chinesin F Kitájka
chinesisch kitájski
Chinin N kinín

Chirurg M kirúrg
Chirurgie F kirurgíja
Chirurgin F kirurginja
chirurgisch kirúrški
Chlor N klór
Cholera F kólera
Cholesterin N holesterín, holesteról
Chor M zbòr
Christ M kristján
Christbaum M božíčno drevésce
Christentum N krščánstvo
Christin F kristjánka
Christkind N Jézuščєk
christlich krščánski
Christmette F pólnočnica
Chrom N króm
Chronik F krónika
chronisch krónićen
chronologisch kronolóški
circa približno, okróg
Clique F klíka, drúščina
codieren kodírati *(im)pf*
Computer M računálnik
Container M zabójnik
Cornflakes PL korúzni kosmíči *mpl*, *umg* cornflakes
Corona N *Virus* koróna
Coronakrise F koronakríza
Coronapandemie F koronapandemíja
Coronavirus N *o* M **koronavírus; sich vor dem ~ schützen** zaščititi se pred koronavírus
Coupon M odrézek, kupón
Cousin M brátranec
Cousine F sestrična
Creme F kréma, smétana (*a. fig*)
Croissant N (francóski) rogljíček

D

da tú, túkaj; *zeitlich*: tedàj, potém; KONJ ker; **~ sein** bíti tù; obstájati túkaj
dabei póleg, zráven; pri tém; **~ bleiben** (*beharren auf*) vztrájati pri; **~ sein** bíti zráven
dabeibleiben ostáti *pf* pri, ostáti *pf* zráven
dableiben ostáti (tú)
Dach N stréha
Dachboden M podstréšje
Dachdecker M krôvec
Dachgepäckträger M stréšni prtljážnik
Dachrinne F stréšni žléb
Dachs M jázbec
Dachstuhl M ostréšje
Dachziegel M stréšnik
Dackel M jázbečar
dadurch s tém, takó, zarádi téga
dafür za tó, zató
dagegen próti, naspróti
daheim domá
daher od tód, od tám; KONJ zató, tórej
dahin tjà; **bis ~** do tedàj
dahinten zádaj, tám zádaj
dahinter za (tém), zádaj
dahinterkommen ugotovíti *pf*, spreglédati *pf*
dahinterstecken bíti zádaj; *fig* tičáti za
dalassen pustíti *pf* (túkaj)
Dalmatien N Dalmácija

Dalmatiner M Dalmatínec; (*Hunderasse*) dalmatínec
Dalmatinerin F Dalmatínka
damalig tedánji, takráten
damals tedàj, takràt
Dame F gospá, dáma (*a. Karte*)
Damenbinde F higiénski vlóžek
damit s tém; KONJ da bi
Damm M jéz, nasíp
dämmerig mráčen
dämmern mračíti se; *morgens*: svítati se
Dämmerung F mrák, somrák; *morgens*: svít(anje)
Dampf M pára, hlàp
dampfen páriti se, kadíti (se)
dämpfen ⟨u⟩dušíti; *Töne* utíšati, uglušíti *pf*; (*mildern*) omíliti *pf*, blažíti; *Speisen* kúhati v sopári; *Stoff* páriti
Dampfer M párnik
Dampfkochtopf M párni kúhinjski lônec, lônec na pritísk
danach potèm, nató
Däne M Dánec
daneben zráven, póleg; (*gleichzeitig*) obênem
Dänemark N Dánska
Dänin F Dánka
dänisch dánski
Dank M zahvála; **vielen ~!** Hvála lépa!; **Gott sei ~!** hvála bogú!
dank zarádi, po zaslúgi (*G*), s, z
dankbar hvaléžen
Dankbarkeit F hvaléžnost *f*
danke hvála; **~ schön** hvála lépa
danken zahvaljeváti ⟨zahvalíti⟩ se
dann potém, nató; **~ und wann** kdàj pa kdàj
daran na tém, pri tém
darauf na tó; *zeitlich*: nató, potém; **am Tag ~** naslédnji dán
daraufhin na tó, zató
daraus iz téga
darin v tém
Darlehen N posojílo
Darm M črevó
darstellen prikazováti ⟨prikázati⟩; opisováti ⟨opísati⟩; predstávljati; izráziti *pf* z
Darsteller M igrálec
Darstellerin F igrálka
Darstellung F prikàz, predstavitev *f*; (*Beschreibung*) ópis
darüber o tém; (*wo?*) zgôraj, nàd tém; (*wohin?*) nàd tó; **~ hinaus** vŕh téga; préko téga
darum za tó, zató, zarádi téga
darunter (*wo?*) pod tém; (*wohin?*) pod tó; (*dazwischen*) med tém
das tó; REL PRON: ki
Dasein N bívanje, žívljênje
dass da; **ohne ~** nè da bi; **so ~** takó da
Datei F datotéka; IT níz podátkov
Daten NPL podátki *mpl*
Datenbank F bánka podátkov
Datenschutz M várstvo podátkov
Datenträger M nosílec podátkov
Datenverarbeitung F obdeláva podátkov
datieren datírati (*im*)*pf*
Dativ M GRAM dátiv, dajálnik
Dattel F dátelj
Datum N dátum

Dauer F trájanje, trájnost *f*; **auf (die) ~** stálno; **von ~ sein** bíti trájen
Dauerauftrag M trájno pooblastílo, trájni nálog
dauerhaft trájen, vzdržljív; ADV trájno
Dauerkarte F stálna vstópnica
Dauerlauf M vztrájnostni ték
dauern trájati
dauernd trájen, stálen; ADV nenéhno
Dauerwelle F trájna
Daumen M pálec; **j-m die ~ drücken** držáti pestí za kóga
Daunen FPL púh
Daunendecke F pérnica
davon o tém; od téga; ADV strán, pròč
davonfliegen odletéti *pf*
davonlaufen pobégniti *pf*
davontragen odnášati ⟨odnêsti⟩
davor (*wo?*) pred tém; (*wohin?*) prédenj, prédnjo
dazu k tému; *kausal*: zató, za tó; (*außerdem*) zráven pa, vŕh vsèga
dazukommen pridružíti se *pf*
dazwischen vmés, medtém; *zeitlich*: vmés, medtém
dazwischenkommen príti *pf* vmés
dazwischenreden vmešávati se; vtíkati se v pogóvor
Debatte F debáta
Deck N kròv
Decke F odéja; *Zimmer*: stròp
Deckel M pokròv; *Topf*: pokróvka
decken pokrívati ⟨pokríti⟩; *j-n* kríti; *Tisch* pogrínjati ⟨pogrníti⟩; **sich ~** ujémati se, skládati se
Deckung F krítje; *Tor*: obrámba
defekt defékten, poškodován
Defekt M defékt, pomanjklјívost *f*, okvára
Defibrillator M MED defibrilátor
definieren določíti *pf*, definírati (*im*)*pf*
Definition F definícija
Defizit N deficít, primanjkljáj
Degen M mèč
dehnbar raztegljív; próžen, elástičen; *Begriff*: širòk
dehnen raztézati ⟨raztegníti⟩; nategováti ⟨nategníti⟩; **sich ~** raztézati se, šíriti se
Deich M jéz, násip
Deichsel F ojé, ójnica
dein tvój
deinetwegen zavóljo têbe, zarádi têbe
Dekan M dekàn
Deklination F GRAM sklanjátev *f*, deklinácija
deklinieren sklánjati, deklinirati
Dekoration F dekorácija
dekorieren ⟨o⟩krasíti, dekorírati (*im*)*pf*
Delfin M delfín
delikat kočljív; občutljív
Delikatesse F delikatésa, posládek
dementieren dementírati (*im*)*pf*, zaníkati *pf*
dementsprechend (tému) priméno
demnach zatórej, potemtákem

demnächst kmálu, v krátkem
Demokrat M demokrát
Demokratie F demokracíja
demokratisch demokrátičen; demokrátski
demolieren demolírati *(im)pf*, razbíti *pf*
Demonstration F demonstrácija; *(Veranschaulichung)* prikàz
demonstrieren demonstrírati *(im)pf*; *Härte* ⟨po⟩kázati; *(veranschaulichen)* ponazoríti *pf*
demontieren demontírati *(im)pf*
demütig ponížen
demütigen ponıževatı ⟨ponižati⟩
Demütigung F ponížanje
denkbar predstavljív; **das ist nicht ~** téga si ni mogóče predstávljati
denken ⟨po⟩mísliti (**an, über** na, o)
Denkmal N spomeník
Denkzettel M *fig* lékcija
denn kájti; **es sei ~** rázen če; **mehr ~ je** bòlj kot splòh kdàj
dennoch vèndarle, kljúb tému
denunzieren ováditi, denuncírati *(im)pf*
Deodorant N deodorànt
Deponie F deponíja, odlagalíšče
deponieren deponírati *(im)pf*; *Müll* odlágati
Depression F depresíja
depressiv depresíven
deprimiert deprimíran, potŕt
der, die, das tá, tá, tó; REL PRON: ki
derart takó
derartig tákšen, tovŕsten
derb robàt, suròv
dergleichen ták, tákšen; **nichts ~** nìč tákega; **und ~** in podóbno
der-, die-, dasjenige tísti, tísta, tísto; **diejenigen** *pl* tísti
der-, die-, dasselbe ísti, ísta, ísto
desertieren dezertírati *(im)pf*
deshalb zató, zarádi téga
Designermode F dizájnerska móda
Desinfektionsmittel N razkužílo
desinfizieren razkúžiti *pf*
Dessert N desêrt, posládek
destillieren destilírati *(im)pf*, prekápati
desto tém; **~ besser** tém bólje
deswegen zató
Detail N detájl
Detektiv M detektív
deuten razlágati ⟨razložíti⟩; **~ auf** ⟨po⟩kázati na
deutlich razlóčen, jásen
deutsch némški; **auf Deutsch** po némško
Deutsche F Némka
Deutsche(r) M Némec
Deutschland N Némčija
Devise F devíza; *(Motto)* gêslo
Dezember M decémber
dezent decénten, nevsiljív
Dezimalzahl F decimálno števílo
Diabetes M diabétes, sladkórna bolézen *f*
Diagnose F diagnóza
diagonal diagonálen
Dialekt M dialékt, naréčje

Dialog M dialóg
Diamant M diamánt
Diät F diéta
dich têbe, tè
dicht *Nebel*: góst; *Behälter*: nèprepústen; **~ an** tík ob
Dichte F gostôta
dichten pesnikováti
Dichter M pésnik
Dichterin F pésnica
Dichtung F pesnítev *f*; TECH tesnílo
dick dêbel
Dickdarm M debélo črevó
Dickicht N goščáva
Dickschädel M trmoglávec
Dieb M tát
Diebin F tatíca
Diebstahl M tatvína
Diele F deskà, plòh; (*Flur*) prèdsôba, vêža
dienen služíti
Diener M služábnik
Dienerin F služábnica
Dienst M slúžba; uslúga, storítev *f*
Dienstag M tôrek
Dienstgrad M čín
Dienstleistung F storítev *f*
dienstlich slúžben; ADV slúžbeno
Dienstreise F slúžbeno potovánje
Dienstvorschrift F pravílnik
diesbezüglich gledé na tó
dieser tá
diesmal tókrat
Dietrich M kljúkec, odpiráč
Differenz F razlíka, diferénca
Digitalanzeige F digitálni prikàz
Digitalkamera F FOTO digitálni fótoaparát; *Film* digitálna kámera
Diktat N diktát, narèk
Diktatur F diktatúra
diktieren narekováti, diktírati (*im*)*pf*
Ding N réč *f*; **vor allen ~en** predvsèm
Diözese F *katholisch*: škofíja; *evangelisch*: podróčje superintendénta
Diphtherie F dávica
Diplom N diplóma
Diplomat M diplomát
Diplomatie F diplomacíja
diplomatisch diplomátski; diplomátičen
dir têbi, ti
direkt dirékten, nèposréden; ADV narávnost
Direktor M ravnátelj, diréktor
Direktorin F ravnáteljica, diréktorica
Direktübertragung F nèposrédni prenòs
Dirigent M dirigènt
dirigieren vodíti, usmérjati ⟨usmériti⟩; MUS dirigírati (*im*)*pf*
Diskontgeschäft N eskóntni pôsel, diskóntni pôsel
Diskothek F diskotéka
diskret diskréten
diskriminieren diskriminírati (*im*)*pf*
Diskussion F razpráva, diskusíja
Diskuswerfen N SPORT mèt díska
diskutieren diskutírati (*im*)*pf*,

razprávljati (**über** o)
disqualifizieren diskvalificírati (*im*)*pf*
Distanz F distánca, razdálja
distanzieren: **sich ~ von** distancírati (*im*)*pf* se od
Distel F osát
Disziplin F disciplína
diszipliniert discipliníran
dividieren delíti, dividírati (*im*)*pf* (**durch** z, s)
Division F divizíja; MATH deljênje
doch vèndar, pàč; KONJ ámpak, tóda, pa; **also ~** tórej lè
Docht M sténj
Dock N dók
Dogge F dóga
dogmatisch dogmátičen, dogmátski
Dohle F kávka
Doktor M dóktor; (*Arzt a.*) zdravník
Doktorin F dóktorica; (*Ärztin a.*) zdravníca
Dokument N dokumènt
Dolch M bodálo
dolmetschen tolmáčiti
Dolmetscher M tolmáč
Dolmetscherin F tolmáčica
Dom M stólnica
Dompteur M krotílec
Donau F Dónava
Donner M gròm
donnern grméti
Donnerstag M četŕtek
Doppel N (*Zweitschrift*) dvójnik; SPORT pár, dvojíca
Doppeldecker M FLUG dvókrilnik; (*Bus*) dvónadstrópni ávtobus
Doppelgänger M dvójnik
Doppelpunkt M dvópičje
Doppelsteckdose F dvójna vtíčnica
doppelt dvójen; dvákrat; **~ so viel** dvákrat tóliko
Dorf N vás *f*
Dorfbewohner M vaščàn
Dorn M tŕn; *Schnalle*: jezíček; **ein ~ im Auge** tŕn v pêti
dornig tŕnov
Dorsch M ZOOL tŕska
dort tàm
dorther od tàm, od tód
dorthin tjà
Dose F dóza; pločevínka
Dosenöffner M odpiráč za konzêrve
Dosis F MED dóza
Dotter M, N rumenják
Dozent M docènt
Dozentin F docêntka
Drache M zmáj
Drachenfliegen N letênje z zmájem
Draht M žíca
drahtlos brezžíčen
Drahtseilbahn F žíčnica
Drama N dráma
Dramatiker M dramátik
dramatisch dramátski; dramátičen
dran: *umg* **ich bin ~** jàz sèm na vŕsti
drankommen príti *pf* na vŕsto
Drang M žêlja, potréba
drängeln: **sich ~** prerívati se, drénjati se
drängen pritískati, ríniti, potískati; (*antreiben*) prigánjati, sílíti; V/I mudíti se; **sich ~** prerívati se,

gnêsti se
draußen zúnaj
Dreck M umazaníja; (*Schlamm*) bláto
dreckig umázan
Drehbank F strúžnica
drehbar vrtljív
Drehbuch N snemálna knjíga
drehen vrtéti, súkati (**sich** se); *Film* snémati ⟨posnéti⟩
Drehstuhl M vrtljívi stòl
Drehtür F vrtljíva vráta *npl*
Drehung F obràt; TECH rotácija, króženje
Drehzahl F števílo vrtljájev
Drehzahlmesser M merílnik vrtljájev
drei tríje *m*; trí *f, n*
Dreieck N trikótnik
dreieckig trikóten
dreifach trójen
dreimal tríkrat
Dreirad N tricíkel
dreist dŕzen
dreißig trídeset
dreißigste(r) trídeseti
dreizehn trínajst
dreizehnte(r) trínajsti
dreschen mlatíti
dressieren dresírati
Drilling M trójček
dringen prodírati ⟨prodréti⟩; **in j-n ~** síliti v kóga
dringend nújen; *Verdacht*: húd
drinnen nótri; znótraj
dritte(r) trétji; **zum dritten Mal** trétjič
Drittel N tretjína
drittens trétjič
Droge F dróga
drogenabhängig: **~ sein** bíti narkomán
Drogerie F drogeríja
drohen grozíti, pretíti
drohend grozèč, pretèč
Drohne F trót
dröhnen bobnéti; *Schritte*: donéti
Drohnenangriff M MIL napád z brezpilótnim letálnikom
Drohung F grôžnja
drollig smešen
Drossel F drózg
drosseln TECH ⟨u⟩dušíti
drüben ónkraj, na drúgi stráni
Druck M pritísk, tlák; TYPO tísk
Druckbuchstabe M tískana čŕka
drucken tískati ⟨natísniti⟩
drücken *Schalter* pritískati ⟨pritísniti⟩; *Hand* stísniti *pf*; *Schuhe*: tiščáti; **sich ~** izogíbati ⟨izogníti⟩ se, izmíkati ⟨izmakníti⟩ se
drückend *Hitze*: sopáren
Drucker M tiskár; IT tiskálnik
Druckerei F tiskárna
Druckknopf M gúmb, típka; *Kleid*: pritiskáč, stiskáč
Drucksache F tiskovína
Druckschrift F tískane čŕke *fpl*; **in ~** v tískanih čŕkah
Drüse F žléza
Dschungel M džúngla
du tí
Dübel M mozník
ducken: **sich ~** potúhniti se *pf*
Duell N dvóbòj
Duett N duét
Duft M dúh, vónj, vonjáva
duften dišáti; **~ nach** dišáti po
duftend dišèč
dulden trpéti, prenášati; do-

púščati
duldsam stŕpen, toleránten
dumm neúmen, bêdast
Dummheit F neúmnost *f*
Dummkopf M têpec
dumpf *Laut*: zamólkel; *Luft*: zatóhel; *Stimme*: zagróben; *Ahnung*: nèdolóčen
Düne F sipína
Dung M gnój
düngen gnojíti
Dünger M gnojílo
dunkel temèn
Dunkelheit F temà, mrák
dünn tánek; *Mensch*: súh; *Kaffee*: rédek
Dunst M pára, sopára
dünsten dušíti
durch skózi (*A*); zarádi (*G*); po (*L*); GASTR gotòv; MATH s, z
durchaus vsèkakor, povsèm; **~ nicht** nikákor ne
durchblättern prelístati *pf*
Durchblick M *fig* preglèd
durchblicken poglédati *pf* skózi; **~ lassen** namigováti ‹namígniti›
durchbohren predréti *pf*; *Blick*: prebádati
durchbrennen *Sicherung*: pregoréti *pf*; *fig umg* pobegníti *pf*
Durchbruch M predòr
durchdacht premíšljen
durchdrehen V/T zmléti *pf*; V/I *Rad*: vrtéti se na méstu; *umg* ponoréti *pf*
durchdringen prodírati ‹prodréti›; *Gefühl*: prešíniti *pf*
durcheinander vsèvprék; **~ sein** bíti zméden
durcheinanderbringen zmēšati *pf*, pomēšati *pf*
Durchfahrt F prehòd
Durchfall M dríska
durchfallen pásti *pf* skózi; *Prüfung*: pásti *pf*; THEAT dožívéti *pf* neuspèh, bíti nèuspéšen
durchführbar izvedljív
durchführen izvájati ‹izvêsti›; *Test* oprávljati ‹opráviti›
Durchgang M prehòd
durchgeben *Nachricht* sporóčati ‹sporočíti›
durchgehen íti *pf* skózi; *Pferd*: pobezljáti *pf*; *Nerven*: popustíti *pf*
durchgehend nèprekínjen; *Zug*: dirékten; **~ geöffnet** nón stòp, nèprekínjeno
durchgreifen ukrépati, poséči *pf* enêrgično vmés
durchhalten (v)zdržáti *pf*
durchkommen príti *pf* skózi; *Sonne*: prodírati ‹prodréti›
durchkreuzen prekrížati *pf*
durchlassen púščati ‹pustíti› skózi; TECH prepúščati, prevájati
durchlässig prepústen
durchlaufen têči skózi; *Schuhe* raztŕgati *pf*
Durchlauferhitzer M pretóčni grélnik
durchlesen prebráti *pf*
durchleuchten presvetljeváti ‹presvetlíti›
durchlöchern prelúknjati *pf*, perforírati (*im*)*pf*
durchmachen prestájati ‹prestáti›, pretrpéti *pf*
Durchmesser M premér
durchnässt premóčen

Durchreise F potovánje skózi; **auf der ~ sein** potováti skózi
durchreisen potováti skózi; prepotováti *pf*
durchreißen pretŕgati *pf*; V/I pretŕgati se *pf*
Durchsage F sporočílo
durchschauen preglédati *pf*; *fig* spreglédati *pf*
durchscheinend prosójen, prozóren, transparênten
durchschlagen prebíjati ⟨prebíti⟩; **sich ~** prebíjati se, prežívljati se
durchschneiden prerézati *pf*
Durchschnitt M prerèz; povpréčje
durchschnittlich povpréčen; ADV povpréčno
durchsehen pregledováti ⟨preglédati⟩
durchsetzen uveljávljati ⟨uveljáviti⟩ (**sich** se)
durchsichtig prozóren
durchsickern pronícati; *fig* razvédeti se *pf*
durchsieben presejáti *pf*
durchsprechen prediskutírati *pf*
durchstehen prestájati ⟨prestáti⟩
durchstreichen prečŕtati *pf*
durchsuchen preiskováti ⟨preiskáti⟩
Durchsuchung F preiskáva
Durchwahl F dirékten klíc
durchwühlen premetávati ⟨premetáti⟩, pretakníti *pf*
Durchzug M prepíh
dürfen sméti; **darf ich?** ali smém?
dürftig bóren
dürr súh
Dürre F súša
Durst M žéja; **den ~ löschen** odžéjati se *pf*
durstig žéjen
Dusche F pŕha
duschen ⟨o⟩pŕhati se
Düse F šóba
Düsenflugzeug N reaktívno letálo
Düsenjäger M reaktívni lôvec
düster mráčen
Dutzend N dúcat
duzen tíkati (**sich** se)
DVD-Brenner M DVD zapisoválnik, *umg* DVD pekáč
Dynamik F dinámika
dynamisch dinámičen
Dynamo M dinámo
D-Zug M bŕzovlák, *umg* bŕzec

E

E-Auto N e-vozílo
Ebbe F oséka
eben ADJ ráven; ADV pràvkar, rávnokar; **so ist es ~** tó je pač takó
Ebene F ravnína
ebenfalls túdi, pràv takó
ebenso pràv takó; **~ viel** pràv tóliko; **~ wenig** pràv takó ne, túdi ne
Eber M merjásec
E-Bike N e-koló
ebnen ⟨z⟩ravnáti; *fig* utírati

Echo N odmèv
echt právi, prísten; (*wahr*) resníčen
Ecke F kót, vogál, ógel
eckig oglàt
Eckzahn M podóčnik
edel plemenít, žláhten
Edelmetall N žláhtna kovína
Edelstein M drág kámen, dragúlj
EDV F elektrónska obdeláva podátkov
Efeu M bršlján
Egge F brána
eggen bránati
Egoist M egoíst
egoistisch egoístičen
ehe préden, préj ko
Ehe F zákon
Ehebruch M prešúštvo
Ehefrau F žêna
ehelich zakónski
ehemalig nekdánji, bívši
ehemals nékdaj
Ehemann M zakónski móž
Ehepaar N zakónca *m/dl*
eher prèj; (*lieber*) ráiši
Ehering M poróčni pŕstan
Ehre F čàst *f*
ehren ⟨po⟩častíti, spoštováti
Ehren- častni
Ehrenamt N častna fúnkcija, nèplačana fúnkcija
Ehrenmitglied N častni člán
Ehrenwort N častna beséda
Ehrfurcht F spoštovánje
Ehrgeiz M ambícija
ehrgeizig ambiciózen
ehrlich poštèn
Ehrlichkeit F poštênost *f*
Ehrung F počastítev *f*
ehrwürdig častitljív
Ei N jájce
Eiche F hrást
Eichel F žêlod; ANAT glávica, žêlod
eichen TECH umérjati ⟨umériti⟩, kalibrírati (*im*)*pf*
Eichhörnchen N véverica
Eid M priséga; **e-n ~ leisten** zaprisèči *pf*
Eidechse F kúščar
eidesstattlich pod zapriségo
Eidotter M, N rumenják
Eierbecher M jájčnik
Eierkuchen M palačínka
Eierschale F jájčna lupína
Eierstock M ANAT jájčnik
Eieruhr F úra za kúhanje jájc
Eifer M vnéma
Eifersucht F ljubosúmnost *f*
eifersüchtig ljubosúmen
eifrig vnét
eigen lásten; (*sonderbar*) čúden, čudáški
Eigenart F posébnost *f*
eigenartig posében, svojevŕsten
eigenhändig lastnoróčen
eigenmächtig samovóljen
Eigenname M lástno imé
eigennützig sebíčen
eigens nalàšč, posébej
Eigenschaft F lastnóst *f*
Eigenschaftswort N GRAM pridévnik
eigensinnig tŕmast
eigentlich právi; ADV pràvzapràv
Eigentum N lást *f*, lastnína
Eigentümer M lastník
eigentümlich čúden

Eigentumswohnung F etážno stanovánje, lastnínsko stanovánje
eigenwillig samovóljen
eignen: **sich ~ für** bíti priméren za, bíti kvalificíran za
Eignung F primérnost *f*
Eilbrief M nújno písmo, eksprésno písmo
Eile F náglica; **in ~ sein** mudíti se *(D)*; **in aller ~** v náglici, na hítro
eilen hitéti
eilig híter, nágel; *Sache*: nújen; **ich habe es ~** mudí se mi
Eilzug M pospéšeni vlák
Eimer M vêdro
ein êden, èn, néki
einander drúg drúgemu, drúg drúgega
einarbeiten uvájati ⟨uvêsti⟩ v, vpeljeváti ⟨vpeljáti⟩ v; **sich ~** vdélati se *pf*
einäschern upepelíti *pf*
einatmen vdihávati ⟨vdíhniti⟩
Einbahnstraße F enosmérna césta
Einband M vezáva, platníce *fpl*
Einbau M vgrádnja
einbauen vgradíti *pf*, montírati *(im)pf*
Einbauküche F vgrajêna kúhinja
einberufen sklícati *pf*
einbiegen zavíti *pf*
einbilden: **sich ~** domíšljati si; **sich et. ~ auf** bíti domišljàv zarádi
Einbildung F domišljíja
einbinden *Buch* vézati; *fig* vkljúčiti *pf*
einbrechen *Wohnung*: vlomíti *pf*; *Eis*: vdréti se *pf*
Einbrecher M vlomílec
einbringen prinášati; *Ernte* správljati ⟨správiti⟩; *Antrag* predlágati ⟨predložíti⟩, vlágati ⟨vložíti⟩
Einbruch M vlòm; vdòr; **bei ~ der Dunkelheit** ko se zmračí
einbürgern podelíti *pf* državljánstvo *(D)*, naturalizírati *(im)pf*; *fig* udomáčiti *pf*; **sich ~** udomáčiti se *pf*, postáti *pf* običájen
einbüßen izgubíti *pf*
eindeutig enoúmen, jásen
eindringen vdírati ⟨vdréti⟩; prodírati ⟨prodréti⟩
eindringlich rotèč, predirljív
Eindringling M vsiljívec
Eindruck M vtis
eindrücken vtísniti *pf*
eindrucksvoll izrazít, mogóčnega vtísa
eineiig *Zwillinge*: enojájčni
eineinhalb poldrúgi
einengen utesnjeváti ⟨utesníti⟩
einerlei ADV vseêno
Einerlei N enolíčnost *f*, monotonía
einerseits po êni stráni
einfach ADJ prepròst, enostáven; *Fahrkarte*: v êno smér; ADV enostávno
Einfachheit F preprôstost *f*
einfädeln vdéti *pf*; *fig* naklépati; **sich ~** vključeváti ⟨vključíti⟩ se
einfahren pripeljáti se *pf*; AUTO uvozíti *pf*
Einfahrt F uvòz

Einfall M domíslica, domíslek; MIL vpàd
einfallen príti *pf* na mísel, domísliti se *pf*, spómniti se; V/I MIL vpádati ⟨vpásti⟩
einfältig prepròst, naíven
Einfamilienhaus N ênodružínska híša
einfarbig ênobárven
einfassen obrobíti *pf*; *Edelstein* vdélati *pf*
einfetten namastíti *pf*
Einfluss M vplív
einflussreich vplíven
einförmig enolíčen
einfrieren zamrzováti ⟨zamŕzniti⟩
Einfuhr F uvòz, uvážanje
einführen uvážati ⟨uvozíti⟩; *Vorschriften* uvájati ⟨uvêsti⟩, vpeljáti *pf*
Einführung F uvòd; uvájanje; vpeljáva
Eingabe F JUR vlóga, prôšnja; IT vnòs, vnášanje, vláganje
Eingang M vhòd; *Waren*: dotók; *Brief*: prejèm; *Geld*: dohódek
eingeben IT vnášati ⟨vnêsti⟩, vlágati ⟨vložíti⟩; MED dajáti ⟨dáti⟩
eingebildet domišljàv
Eingeborene F domačínka
Eingeborene(r) M domačín
eingefallen upádel
eingehen prihájati ⟨príti⟩; *Tier*: pogíniti *pf*; *Pflanze*: posušíti se *pf*; *Stoff*: skŕčiti se *pf*; *Ehe* skleníti *pf*; *Risiko* spúščati se v; privolíti *pf* v, pristáti *pf* na; **~ auf** *Details* obravnávati; *j-n* ukvárjati se z
eingehend temeljíto
Eingemachte(s) N (*Obst*) vlóženo sádje, (*Gemüse*) vložêna zelenjáva
eingenommen zavzét; **von sich ~** zaverován váse
eingeschrieben vpísan; *Brief*: priporočèn
Eingeweide PL drób, čréva *npl*
eingewöhnen: **sich ~** vživéti se *pf*
eingießen vlívati ⟨vlíti⟩, nalívati ⟨nalíti⟩
eingleisig ênotíren
eingliedern vključíti *pf* (**sich** se)
eingreifen poségati ⟨poséči⟩ (in v)
Eingriff M posèg
einhalten *Termin* držáti se (G); *Vorschriften* upoštévati, ravnáti se po
einhängen *Hörer* obésiti *pf* slušálko
einheimisch domàč
Einheimische F domačínka
Einheimische(r) M domačín
Einheit F enôta
einheitlich enôten
einholen dohitéti *pf*; *Informationen* priskrbéti si *pf*; *Segel* spustíti *pf*
einig enôten, soglásen; **sich ~ sein** strínjati se; **sich ~ werden** sporazuméti se *pf*
einige nekatéri, nékaj
einigen zedíniti *pf*, združeváti ⟨združíti⟩ (**sich** se); **sich ~** doséči *pf* sporazúm
einigermaßen kólikor tóliko,

do dolóčene mére
einiges màrsikàj
Einigkeit F enôtnost *f*
Einigung F soglásnost *f*; sporazúm; strínjanje
einkalkulieren vkalkulírati *pf*, račúnati z
Einkauf M nakúp
einkaufen nakupováti ⟨nakupíti⟩
Einkaufsbummel M kupovánje; **e-n ~ machen** nakupováti
Einkaufspassage F nakupoválna pasáža
Einkaufspreis M nabávna céna
Einkaufswagen M nakupoválni vozíček
Einkaufszentrum N nakupoválno sredíšče
einkehren zavíti *pf* v/k; ustáviti se *pf*
einklammern dáti *pf* v oklepáj
Einklang M soglásje; **in ~ bringen** uskladíti *pf*
einklemmen *Finger* priščípniti *pf* (**sich** si); *Hand* pripréti *pf* (**sich** si)
Einkommen N dohódek
Einkommenssteuer F dohodnína, dávek na dohódek
einkreisen obkrožíti *pf*, obkolíti *pf*
einladen *j-n* ⟨po⟩vabíti; *Güter* natovárjati ⟨natovóriti⟩
einladend vabljív
Einladung F vabílo
Einlage F vložêk; (*Geld*) vlóga; HANDEL délež
einlassen: **sich ~ auf** spúščati ⟨spustíti⟩ se v; pristájati ⟨pristáti⟩ na; **sich ~ mit** ukvárjati se z; drúžiti se z
einlaufen *Zug*: pripeljáti *pf* na postájo; SCHIFF: priplúti *pf*; *Ziel*: pritêči *pf* na cílj; *Stoff*: uskočíti se *pf*; **sich ~** ogrévati se
einleben: **sich ~** vživéti se *pf*
einlegen vlágati ⟨vložíti⟩; *Haare* navíjati ⟨navíti⟩; **den ersten Gang ~** prestáviti *pf* v pŕvo prestávo; **e-e Pause ~** narедíti *pf* odmòr
einleiten uvájati ⟨uvêsti⟩; začénjati ⟨začéti⟩; TECH dovájati, uvájati
Einleitung F uvòd
einleuchtend prepričljív
einliefern pripeljáti *pf* v
einlösen *Scheck* vnóvčiti *pf*; *Versprechen* izpolníti *pf*
einmachen vlágati ⟨vložíti⟩; konzervírati (*im*)*pf*
einmal ênkrat; **auf ~** naênkrat; (*einst*) nekóč; **nicht ~ …** níti …; **erst ~** nàjprej
Einmaleins N poštévanka
einmalig ênkraten
einmischen: **sich ~** vmešávati ⟨vméšati⟩ se
Einmischung F vmešávanje
Einnahme F prejémek, dohódek; MIL zavzétje
einnehmen prejémati ⟨prejéti⟩; MIL zavzémati ⟨zavzéti⟩; MED jemáti ⟨vzéti⟩; **für sich ~** pridobíti *pf* záse
einnehmend prikúpen
Einöde F pustôta
einordnen uvŕščati ⟨uvrstíti⟩ (**sich** se)
einpacken zavíjati ⟨zavíti⟩, za-

pakírati *pf*
einparken zapeljáti *pf* vozílo na parkírno mésto
einpflanzen posadíti *pf*; MED vsadíti *pf*, implantírati (*im*)*pf*
einplanen upoštévati pri načrtovánju
einprägen vtísniti *pf* (**sich** se); *fig* zabíčati *pf*; **sich ins Gedächtnis ~** vtísniti *pf* se v spomín
einrahmen uokvíriti *pf*
einreiben natréti *pf*, vtírati ⟨vtréti⟩
einreichen vložíti *pf*; *Antrag* oddáti *pf*
Einreise F vstòp
Einreisevisum N vstópna víza
einrenken naravnáti *pf*, uravnáti *pf*; **sich ~** *fig* uredíti se *pf*
einrichten oprémljati ⟨opremiti⟩; (*gestalten*) uréjati ⟨uredíti⟩; (*gründen*) ustanávljati ⟨ustanovíti⟩; **sich ~ auf** pripráviti se *pf* na
Einrichtung F opréma; TECH naprávа, priprávа; (*Institution*) ustanóva, závod, institúcija
eins êden, êna, êno
Eins F êna, eníca; (*Bewertung*) odlíčno
einsam osámljen; samôten
Einsamkeit F osámljenost *f*; samôta
einsammeln pobírati ⟨pobráti⟩
Einsatz M vstávek, vlóžek; (*Verwendung*) uporába; *Polizei*: ákcija, intervéncija; *Spiel*: stáva, vlóžek; (*Eifer*) angažíranje
einschalten vklopíti *pf* (**sich** se); *Licht* prižgáti *pf*; *j-n* pritegníti *pf*; **sich ~** poséči *pf* vmés, intervenírati (*im*)*pf*
einschätzen ocenjeváti ⟨océniti⟩
einschenken natákati ⟨natočíti⟩
einschicken odposláti *pf*
einschieben vríniti *pf*
einschlafen zaspáti *pf*; *fig* zamréti *pf*
einschläfern uspávati *pf*; *Tier* usmrtíti *pf* (z injékcijo)
einschlagen udáriti *pf*; *Nägel* zabíjati ⟨zabíti⟩; *Scheiben* razbíti *pf*, *Tür* vdréti *pf*, *Blitz*: tréščiti *pf*; *Weg* ubráti *pf*; *fig* iméti vêlik uspèh
einschließen zakleníti *pf* (**sich** se); (*umgeben*) obdájati
einschließlich vključno
einschneidend *fig* radikálen; odločílen, pomémben
Einschnitt M vrèz; *fig* zaréza
einschränken omejeváti ⟨omejíti⟩ (**sich** se)
Einschränkung F omejítev *f*
einschreiben vpisováti ⟨vpísati⟩ (**sich** se)
Einschreiben N priporočêna pošíljka
einschreiten intervenírati (*im*)*pf*, poséči *pf* vmés; ukrépati
einschüchtern zastrašíti *pf*
einsehen uvídeti *pf*
einseitig enostránski
einsenden odposláti *pf*
einsetzen vstávljati ⟨vstáviti⟩; *Pflanzen* posadíti *pf*; *Maschinen* uporábljati ⟨uporabíti⟩; **sich ~** angažírati se (*im*)*pf*; **sich ~ für**

zavzémati ⟨zavzéti⟩ se za
Einsicht F vpoglèd; uvidévnost *f*; **~ gewähren** dáti *pf* vpoglèd; **zur ~ kommen** spametováti se *pf*
einsichtig uvidéven
einsilbig ênozlóžen; *fig* redkobeséden
einsinken pogrézati ⟨pogrézniti⟩ se; udírati ⟨udréti⟩ se
einsparen prihraníti *pf*
einsperren zapírati ⟨zapréti⟩
einspringen vskočíti *pf* (**für** za)
Einspritzpumpe F vbrizgálna črpálka, injéktor
Einspruch M ugóvor; **~ erheben** ugovárjati
einspurig ênotíren
einst nekóč
einstecken vtakníti *pf*; TECH vstáviti *pf*
einsteigen vstópati ⟨vstopíti⟩
einstellen *j-n* nastáviti *pf*, vzéti *pf* v slúžbo; (*aufgeben*) ukíniti *pf*, prenéhati *pf*, opustíti *pf*; FOTO naravnáti *pf*; TECH nastáviti *pf*, naravnáti *pf*; uravnáti *pf*; **sich ~** pojávljati se; príti *pf*; **sich ~ auf** prilagodíti se *pf* (*D*); pripráviti se *pf* na
Einstellung F nastavítev *f*; JUR mirovánje; *Film*: káder; *fig* odnòs do
einstig nekdánji
einstimmig ênoglásen; POL soglásen
einstöckig ênonadstrópen
einstudieren naštudírati *pf*
Einstufung F uvrstítev *f*; océna
einstündig ênoúren
Einsturz M vdòr; *Haus*: zrušítev *f*
einstürzen *Dach*: podírati ⟨podréti⟩ se
Einsturzgefahr F nevárnost *f* porúšenja
einstweilen medtém, začásno
eintauschen zaménjati *pf*
einteilen razdelíti *pf*; *Zeit* razporedíti *pf*, razvrstíti *pf*
einteilig ênodélen
Einteilung F razdelítev *f*; razporedítev *f*
eintönig enolíčen, monotón
Eintopf M enolônčnica
Eintracht F slóga
Eintrag M JUR vknjížba
eintragen vpisováti ⟨vpísati⟩; registrírati (*im*)*pf*
einträglich donôsen
Eintragung F vpís; registrácija
eintreffen prispéti *pf*, príti *pf*; *Voraussagen*: uresníčiti se *pf*
eintreten vstópati ⟨vstopíti⟩; (*geschehen*) dogájati ⟨dogodíti⟩ se; **~ für** zavzémati ⟨zavzéti⟩ se za
Eintritt M vstòp; (*Gebühr*) vstopnína
Eintrittskarte F vstópnica
einverstanden: **~ sein mit** strínjati se z; **~!** strínjam se!
Einverständnis N strínjanje; sporazúm
Einwand M ugóvor
Einwanderer M priséljenec
Einwanderin F priséljenka
einwandern priseljeváti ⟨priselíti⟩ se
Einwanderung F priseljevánje, imigrácija

einwandfrei nèoporéčen
Einweghandschuh M rokavíca za ênkratno uporábo
einweichen namákati ⟨namočíti⟩
einweihen posvetíti *pf*; **j-n in et. ~** zaúpati *pf* kómu kàj
einweisen uvájati ⟨uvêsti⟩; **~ in** napotíti *pf* v, posláti *pf* v
einwenden ugovárjati
einwerfen vréči *pf* v; *Brief* oddáti *pf*; *fig* pripómniti *pf*
einwickeln zavíjati ⟨zavíti⟩
einwilligen privolíti *pf*
Einwilligung F privolítev *f*
einwirken delováti (**auf** na), učinkováti; **auf j-n ~** vplívati na kóga
Einwohner M prebiválec
Einwohnerin F prebiválka
Einwohnermeldeamt N prijávni urad
Einwurf M (*Schlitz*) réža, odprtína; SPORT mèt iz outa; *fig* ugóvor
Einzahl F ednína
einzahlen vpláčati *pf*
Einzahlung F vplačílo
einzäunen ogradíti *pf*
Einzel N SPORT ígra posámeznikov
Einzelgänger M samotár
Einzelhandel M trgovína na drôbno
Einzelheit F podróbnost *f*, nadróbnost *f*
einzeln posámezen; ADV posébej; posámezno
Einzelne(r) M posámeznik, posámezni; **im Einzelnen** v podróbnosti
Einzelzimmer N ênopósteljna sôba
einziehen *Faden* vdévati ⟨vdéti⟩; *Netz* dvígniti *pf*; MIL vpoklícati *pf*; **Erkundigungen ~** zbírati ⟨zbráti⟩ informácije, poizvedováti; *Geld* vzéti *pf* iz obtóka; *in e-e Wohnung*: vselíti se *pf*
einzig edíni; **ein ~es Mal** ênkrat sámkrat
einzigartig edínstven
Einzug M prihòd, vkorákanje; *Wohnung*: vselítev *f*
Eis N léd; (*Speise*) sladoléd
Eisbahn F drsalíšče
Eisbär M séverni médved
Eisbecher M ledéna kúpa
Eisberg M ledéna gôra
Eisdiele F sladoledárna
Eisen N želézo
Eisenbahn F želéznica
Eisenerz N želézova rúda
Eisenwaren FPL železnína
eisern želézen
eisgekühlt ohlajèn, ledén
Eishockey N hókej (na lédu)
eisig ledén (*a. fig*); (*eisglatt*) poledenél
eiskalt ledén
Eiskunstlauf M umétnostno dŕsanje
eislaufen dŕsati (se)
Eiswürfel M kócka ledú
Eiszapfen M ledéna svéča
eitel nečímrn, domišljàv, praznoglàv
Eitelkeit F nečímrnost *f*
Eiter M gnôj
eitern gnojíti se
eitrig gnójen
Eiweiß N belják; BIOL beljako-

vína
Ekel M gnús, stúd
ekelerregend, **ekelhaft** ostúden, gnúsen, odvráten
ekeln: **sich** ~ gnúsiti se (*D*); **mir ekelt vor et.** gnúsi se mi kàj
Ekzem N ekcém, izpuščáj
E-Ladestation F e-polnílna postája
elastisch elástičen
Elch M lós
Elefant M slòn
elegant elegánten
Elektriker M eléktrikar
elektrisch eléktričen
Elektrizität F eléktrika
Elektrizitätswerk N elektrárna
Elektroauto N eléktrično vozílo
Elektrogerät N eléktrična napráva
elektronisch elektrónski
Elektrotechnik F eléktrotéhnika
Elektrotechniker M eléktrotéhnik
Element N elemènt, prvína
Elend N béda, ubóštvo
elf enájst
Elfenbein N slônova kóst *f*
Elfmeter M enájstmétrovka
elfte(r) enájsti
Ellbogen M komólec
Elster F sráka
Eltern PL stárši *mpl*
Elternteil M rodítelj
Email N lóšč, emájl
E-Mail F elektrónska póšta, e-póšta, *umg* e-mail *m*; **per** ~ préko elektrónske póšte, *umg* po e-mailu; **j-m e-e** ~ **schicken** posláti *pf* kómu e-mail
Emanzipation F emancipácija
emanzipiert emancipíran
Empfang M sprejèm; *Hotel*: recépcija
empfangen prejémati ⟨prejéti⟩; RADIO sprejémati ⟨sprejéti⟩; *Kind* zanosíti *pf*
Empfänger M prejémnik; TECH sprejémnik
empfänglich dovzéten; dostópen (**für** za)
Empfängnisverhütung F preprečevánje zanosítve, kontracépcija
Empfangsbestätigung F potrdílo o prejému
Empfangschef M recéptor
Empfangsdame F recéptorka
empfehlen priporóčati ⟨priporočíti⟩
empfehlenswert priporočljív
Empfehlung F priporočílo
empfinden ⟨ob⟩čutíti
empfindlich občutljív (**für** za)
Empfindung F občútek
empor kvíšku, navzgòr
empört ogórčen
Empörung F ogórčenje
emsig marljív
Ende N kônec; ~ **des Jahres** kônec léta; **letzten** ~**s** kônec kôncev; **zu** ~ na kôncu, končán; **zu** ~ **gehen** íti h kôncu, končeváti se; **ein** ~ **nehmen** končáti se *pf*
enden končáti se *pf*
Endergebnis N kônčni rezultát
endgültig dokônčen
Endivie F endívija

Endlagerung F dokônčno odláganje
endlich kônčno
endlos brezkônčen
Endspiel N finále *m*
Endstation F kônčna postája; *fig* zádnja postája
Endung F GRAM obrazílo
Energie F energíja
Energieversorgung F oskŕba z energíjo
energisch enêrgičen
eng *Kleid*: ózek; *Freundschaft*: têsen
Engel M ángel
England N Ánglija
Engländer M Angléž
Engländerin F Angléžinja
englisch angléški; **auf Englisch** po angléško
Engpass M sotéska; ožína
Enkel M vnúk
Enkelin F vnúkinja
enorm velikánski, enórmen
Ensemble N ansámbel
entbehren pogréšati; bíti brèz (*G*)
entbehrlich pogrešljív; (*überflüssig*) nèpotrében
Entbehrung F pománjkanje
entbinden odvézati (**von** od); *Frau*: rodíti *pf*; **entbunden werden von** rodíti *pf* (*A*)
Entbindung F poròd
entdecken odkrívati ⟨odkríti⟩, nájti *pf*
Entdeckung F odkrítje
Ente F ráca
entehren onečástiti *pf*
enteignen razlastíti *pf*
enterben razdedíniti *pf*
entfallen (*ausfallen*) odpásti *pf*; *j-m* uíti *pf* iz spomína
entfalten razvíjati ⟨razvíti⟩ (**sich** se); *Blüte*: razcvetéti se *pf*
entfernen odstraníti *pf*, izločíti *pf*; **sich ~** oddaljíti se *pf*, odíti *pf*
entfernt oddáljen
Entfernung F oddáljenost *f*; razdálja; odstranítev *f*
entfliehen pobégniti *pf*; bežáti; *fig* ubežáti *pf*
entfremden odtujíti *pf* (**sich** se)
entfrosten odtájati *pf*
entführen ugrabíti *pf*; odpeljáti *pf*
Entführer M ugrabítelj
Entführung F ugrabítev *f*
entgegen próti; v nasprótju z
entgegengehen íti naprótí
entgegengesetzt naspróten
entgegenkommen príti *pf* naprótí; *fig* délno sprejéti *pf*, délno izpolníti *pf*
entgegenkommend ustrežljív
entgegennehmen sprejémati ⟨sprejéti⟩
entgegensehen pričakováti; *Zukunft*: íti naprótí
entgegenstrecken pomolíti *pf*
entgegnen odvrníti *pf*, odgovoríti *pf*
entgehen uíti *pf*; **sich e-e Gelegenheit ~ lassen** zamudíti *pf* príliko
entgiften razstrúpljati ⟨razstrupíti⟩
entgleisen iztíriti (se) *pf*
enthalten vsebováti, obségati;

sich ~ vzdržáti se *pf*
enthaltsam vzdŕžen, abstinénten
Enthaltsamkeit F vzdŕžnost *f*, abstinénca
enthüllen razkríti *pf*; *Denkmal* odkríti *pf*
enthusiastisch entuziástičen
entkleiden: **sich ~** sléči se *pf*
entkommen uíti *pf*, pobegníti *pf*
entlang vzdólž (*G*); **den Fluss ~** vzdólž réke
entlassen (*kündigen*) odpustíti *pf*; *Häftling* izpustíti *pf*
Entlassung F (*Kündigung*) odpúst; *Häftling*: izpúst
entlasten razbremenjeváti ⟨razbremeníti⟩ (*a.* JUR)
entlaufen pobégniti *pf*, uíti *pf*
entlegen oddáljen
entlohnen pláčati *pf*
entmutigen jemáti ⟨vzéti⟩ pogúm
entnehmen jemáti ⟨vzéti⟩; **~ aus** *fig* razbráti *pf* iz
entreißen iztŕgati *pf*
entrüsten: **sich ~** razbúrjati se
entrüstet ogórčen
Entrüstung F ogórčenje
entschädigen odškodováti *pf*, dáti *pf* odškodníno (*D*)
Entschädigung F odškodnína
entscheiden odlóčati ⟨odločíti⟩ (**sich** se)
entscheidend odločílen
Entscheidung F odločítev *f*
entschließen: **sich ~** odločíti se *pf*
entschlossen odlóčen; ADV odlóčno
Entschluss M odločítev *f*; **e-n ~ fassen** odločíti se *pf*
entschlüsseln dešifrírati (*im*)*pf*, dekodírati (*im*)*pf*
entschuldigen opravičeváti ⟨opravíčiti⟩ (**sich** se), oprostíti *pf* (**sich** se); **~ Sie!** oprostíte!; **sich ~ lassen** opravíčiti se *pf*
Entschuldigung F opravičílo; **j-n um ~ bitten** opravíčiti se *pf* kómu
Entsetzen N grôza
entsetzlich grôzen, strášen
Entsorgung F odstranjevánje (odpádkov), odláganje (odpádkov)
entspannen (*nachlassen*) popúščati ⟨popustíti⟩; **sich ~** sprostíti se *pf*
Entspannung F sprostítev *f*, popúščanje napétosti
entsprechen ustrézati; *Wunsch*: ustréčí *pf*
entsprechend ustrézen, priméren
entspringen *Fluss*: izvírati
entstehen nastájti ⟨nastáti⟩; **~ aus** izvírati iz
Entstehung F nastánek
entstellen ⟨s⟩kazíti, ⟨po⟩páčiti, izmalíčiti *pf*
entstellt izmalíčen, skážen
enttäuschen razočárati *pf*
Enttäuschung F razočáranje
entweder: **~ … oder** áli …áli
entweichen uhájati
entwerfen naredíti *pf* načŕt; naredíti *pf* osnútek
entwerten razvrednôtiti *pf*; *Fahrschein* žigósati (*im*)*pf*
Entwertung F razvrednôtenje

entwickeln razvíjati ⟨razvíti⟩ (**sich** se)
Entwicklung F razvòj
Entwicklungshelfer M razvôjni svetoválec
Entwicklungsland N dežêla v razvôju
entwirren razmótati *pf*, razvozláti *pf*
entwischen izmakníti se *pf*, uíti *pf*
Entwurf M osnútek, načŕt; design
entziehen odvzémati ⟨odvzéti⟩; **sich ~** izmíkati se, izogíbati se
Entziehungskur F zdrávljenje zasvojênosti
entziffern razbírati ⟨razbráti⟩; dešifrírati *(im)pf*
entzücken očárati *pf*
entzückt očáran
entzünden vžgáti *pf*; **sich ~** vnéti se *pf* (*a.* MED)
Entzündung F vnétje
entzwei na dvóje
Epidemie F epidemíja
Epoche F epóha, dôba
er òn
Erbanlage F BIOL dédna zasnôva
erbarmen: **sich ~** usmíliti se *pf*
Erbarmen N usmíljenje
erbärmlich usmíljenja vréden, réven; klávrn
erbarmungslos nèusmíljeno
erbauen sezídati *pf*, postáviti *pf*
Erbe[1] M dédič
Erbe[2] N dédiščina
erben podedováti *pf*
Erbin F dédinja
erbittert ogórčen; zagrízen
erblich déden
erblicken zaglédati *pf*
erblinden oslepéti *pf*
erbrechen: **sich ~** MED brúhati
Erbschaft F dédiščina
Erbse F gràh
Erdapfel M *österr* krompír
Erdbeben N potrès
Erdbeere F jágoda
Erdboden M zêmlja, tlà *npl*
Erde F zêmlja; (*Bodenart*) pŕst *f*
erden ELEK ozemljíti *pf*
Erdgas N zêmeljski plín
Erdgeschoss N pritlíčje
Erdkugel F zêmeljska óbla
Erdkunde F zemljepís
Erdnuss F zêmeljski oréšek, arašíd
Erdöl N náfta
erdrosseln zadáviti *pf*
erdrücken zadušíti *pf*, udušíti *pf*
Erdrutsch M zêmeljski pláz
Erdteil M celína, kontinènt
erdulden prenášati, ⟨pre⟩trpéti
ereignen: **sich ~** zgodíti se *pf*, pripetíti se *pf*
Ereignis N dogódek
ereignisreich razgíban
Erektion F erékcija
erfahren zvédeti *pf*; (*erleben*) doživéti *pf*, skúsiti *pf*; ADJ izkúšen
Erfahrung F izkúšnja, práksa
erfassen (*begreifen*) dojémati ⟨dojéti⟩; *amtlich*: registrírati *(im)pf*
erfinden izúmiti *pf*, iznájti *pf*

Erfinder M izumítelj, iznajdítelj
erfinderisch iznajdljív
Erfindung F izúm, iznájdba
Erfolg M uspèh; *(Ergebnis)* rezultát; ~ **haben** bíti uspéšen; ~ **versprechend** obetáven
erfolglos brezuspéšen, nèuspéšen
erfolgreich uspéšen
erforderlich potrében
erfordern zahtévati
erforschen raziskováti ⟨raziskáti⟩
erfreuen razveseljeváti ⟨razveselíti⟩; **sich ~ an** veselíti se *(G)*; **erfreut sein** veselíti se
erfreulich razveseljív
erfrieren zmŕzniti *pf*
Erfrierung F omrzlína
erfrischen osvežíti *pf* (**sich** se)
Erfrischung F osvežítev *f*
erfüllen izpolnjeváti ⟨izpolníti⟩; *Ansprüche* zadóščati ⟨zadostíti⟩; ~ **mit** navdájati s/z; **sich ~** izpolníti se *pf*
ergänzen dopolnjeváti ⟨dopolníti⟩ (**sich** se)
ergeben: **sich ~** vdáti se *pf*; **sich ~ aus** sledíti iz; **sich ~ in** vdáti se v; ADJ vdán, predán
Ergebnis N rezultát, izíd
ergebnislos brezuspéšen
ergehen: **über sich ~ lassen** prenášati
ergiebig izdáten
ergreifen prijéti *pf*, zagrabíti *pf*; *Beruf* izbráti si *pf*; *Maßnahmen* ukrépati; *fig* prevzéti *pf*, ganíti *pf*, pretrésti *pf*; **die Flucht ~** spustíti se *pf* v bég, pobegníti *pf*; **Besitz ~ von** polastíti se *pf* *(G)*
ergriffen gánjen, prevzét
erhalten prejémati ⟨prejéti⟩, dobívati ⟨dobíti⟩; *(bewahren)* ohránjati ⟨ohraníti⟩; *(ernähren)* preživljati; **sich ~** ohraníti se *pf*
erhältlich dobí se
erhängen: **sich ~** obésiti se *pf*
erheben povzdígniti *pf*; **sich ~** vzdígniti se *pf*; **sich ~ gegen** upírati ⟨upréti⟩ se *(D)*; **Einspruch ~** ugovárjati
erheblich znáten, precéjšen
Erhebung F *(Aufstand)* vstája; GEOG vzpetína
erholen: **sich ~** odpočíti se *pf*, oddahníti si *pf*; okrévati
Erholung F počítek, oddíh
erinnern spómniti *pf*; **sich ~** spómniti se *pf* (**an** na)
Erinnerung F spomín
erkälten: **sich ~** prehladíti se *pf*
Erkältung F prehlàd
erkennen spoznávati ⟨spoznáti⟩; prepoznáti *pf*
Erkenntnis F spoznánje
erklären razlágati ⟨razložíti⟩; *Krieg* napovédati *pf*; *(aussagen)* izjáviti *pf*
Erklärung F razlága; JUR izjáva
erkranken zbolétí *pf* (**an** za)
Erkrankung F obolênje, bolézen
erkundigen: **sich ~** poizvedováti ⟨poizvédeti⟩; povpraševáti ⟨povprášati⟩
Erkundigung F poizvedovánje
Erlass M odrédba; odlòk

erlassen objáviti *pf*, izdáti *pf*; *Schuld* odpustíti *pf*
erlauben dovoljeváti ⟨dovolíti⟩ (**sich** si)
Erlaubnis F dovoljênje
erläutern razlágati ⟨razložíti⟩, pojasnjeváti ⟨pojásniti⟩
erleben doživljati ⟨doživéti⟩
Erlebnis N doživétje, doživljáj
erledigen opráviti *pf*; uréjati ⟨uredíti⟩; *umg j-n* uníčiti *pf*
erleichtern olájšati *pf*
erleichtert olájšan
Erleichterung F olájšanje, olajšáva
erleiden pretrpeti *pf*
erlernen naučíti se *pf*
erlesen ADJ izbrán
Erlös M izkupíček
erloschen ADJ ugásel
erlösen odrešíti *pf*
Erlöser M odrešeník
Erlösung F odrešênje
ermächtigen pooblåščati ⟨pooblastíti⟩
ermahnen opomínjati ⟨opómniti⟩
Ermahnung F opomín
ermäßigen znížati *pf*
Ermäßigung F znížanje; popúst
ermitteln ugotávljati ⟨ugotovíti⟩; dognáti *pf*; določíti *pf*; *Polizei*: poizvedováti; preiskováti
Ermittlung F *polizeilich*: preiskáva; poizvedovánje
ermöglichen omogóčiti *pf*
ermorden umoríti *pf*
Ermordung F umòr
ermüden utrújati ⟨utrudíti⟩
ermüdend utrudljív
ermutigen vzpodbújati
Ermutigung F vzpodbújanje, vzpodbúda
ernähren hraníti, preživljati
Ernährung F prehrána
ernennen imenováti *pf*
Ernennung F imenovánje
erneuern obnávljati ⟨obnovíti⟩
Erneuerung F obnóva
erneut ADV ponóvno, znóva
erniedrigen ponížati *pf*
Erniedrigung F ponížanje
Ernst M résnost *f*, resnôba; **im** ~ résno, zarés
ernst(haft) résen; ADV résno
Ernte F žétev *f*, létina
ernten *Obst* obírati ⟨obráti⟩; *Getreide* ⟨po⟩žéti
Eroberer M osvajálec
erobern osvojíti *pf*, zavzéti *pf*
Eroberung F osvojítev *f*
eröffnen odpréti *pf*; otvóriti *pf*; *Verfahren* uvêsti *pf*
Eröffnung F otvorítev *f*
erörtern obravnávati, razprávljati, diskutírati
erpressen izsiljeváti ⟨izsíliti⟩
Erpresser M izsiljevâlec
Erpressung F izsiljevánje
erraten uganíti *pf*
erregen *Aufmerksamkeit* zbújati ⟨zbudíti⟩; (*verursachen*) povzróčati ⟨povzročíti⟩; (*aufregen*) razbúrjati ⟨razbúriti⟩
Erreger M povzročítelj
erregt razbúrjen
Erregung F razbúrjenje
erreichbar dosegljív
erreichen doséči *pf*; *Zug* ujéti

pf; *Ort* príti *pf* do

errichten postáviti *pf*, ⟨z⟩gradíti

erröten zardéti *pf*

Errungenschaft F pridobítev *f*, doséžek

Ersatz M nadomestílo; nadoméstek

Ersatzrad M rezêrvno koló

Ersatzspieler M rezêrvni igrálec, rezêrva

erschaffen ustváriti *pf*

erscheinen pojáviti se *pf*; (*scheinen*) zdéti se *pf*; *Buch*: izíti *pf*

Erscheinen N prihòd; *Buch*: izìd

Erscheinung F pojàv; (*Geist*) prikázen *f*; **in ~ treten** pojávljati ⟨pojáviti⟩ se

erschießen ustrelíti *pf*

erschlagen ubíti *pf*

erschließen odpírati ⟨odpréti⟩ (**sich** se); *Grundstück* naredíti *pf* dostópno; *Märkte* odpréti si *pf*, osvájati

erschöpft izčŕpan

Erschöpfung F izčŕpanost *f*

erschrecken prestrášiti *pf*

erschüttern pretrésti *pf*; *fig* ganíti *pf*

erschütternd pretresljív

Erschütterung F pretrès; *fig* gánjenost *f*

erschweren oteževáti ⟨otežíti⟩

erschwinglich dosegljív; *Preis*: dostópen

ersetzbar nadomestljív

ersetzen nadoméščati ⟨nadomestíti⟩ (**durch** z); *Schaden* povrníti *pf*

ersparen prihraníti *pf* (**sich** si)

Ersparnis F prihránek

erst šelè; (*zuerst*) nájprej; **~ einmal** nájprej

erstarren strjeváti ⟨strdíti⟩ se; *fig* otŕpniti *pf*, okamenéti *pf*

erstatten povrníti *pf*; *Schaden* nadomestíti *pf*; **Bericht ~** poróčati; **Anzeige ~** ovádití *pf*, naznaníti *pf*

Erstaunen N začúdenje

erstaunlich presenetljív

erstbeste M, N kdórkóli, kàrkóli

erste(r) pŕvi; **das erste Mal** pŕvič; **als Erstes** nájprej; **fürs Erste** zaênkrat

erstechen zabôsti *pf*

erstens pŕvič

ersticken zadušíti (*v/i* se) *pf*

erstklassig pŕvorazréden

erstrecken: **sich ~** raztézati se, razprostírati se; **sich ~ auf** zajémati, zaobségati

ertappen zalotíti *pf*, zasáčiti *pf*

erteilen podelíti *pf*; dajáti ⟨dáti⟩

Ertrag M donòs; izkupíček

ertragen prenášati, ⟨pre⟩trpéti

erträglich znôsen

ertränken utápljati ⟨utopíti⟩ (*a. fig*)

ertrinken utoníti *pf*, potápljati se

erwachen prebújati ⟨prebudíti⟩ se

erwachsen ADJ odrásel

Erwachsene(r) M odrásel člôvek; **Erwachsene** *pl* odrásli *mpl*

erwähnen oménjati ⟨omeníti⟩

erwärmen ogrévati ⟨ogréti⟩; **sich ~ für** ogrévati se za
erwarten pričakováti
Erwartung F pričakovánje
erweisen *Gefallen* izkázati *pf*, naredíti *pf*, storíti *pf*; **sich ~ als** izkázati se kòt
erweitern razšíriti *pf*
erwerben pridobíti *pf*; kupíti *pf*, nabáviti *pf*
Erwerbung F pridobítev *f*; nabáva, nakùp
erwidern odvrníti *pf*, odgovoríti *pf*; *Gruß* vrníti *pf*
erwischen zalotíti *pf*; zasáčiti *pf*
erwünscht zaželèn
erwürgen zadáviti *pf*
Erz N rúda
erzählen pripovedováti
Erzähler M pripóvednik
Erzählung F pripóved *f*, povést *f*
Erzbischof M nàdškòf
Erzengel M nàdángel
erzeugen proizvájati, izdelováti
Erzeuger M proizvajálec
Erzeugnis N izdélek, proizvòd
erziehen vzgájati ⟨vzgojíti⟩
Erzieher M vzgojítelj
Erzieherin F vzgojíteljica
Erziehung F vzgója
erzielen doséči *pf*
es ôno
Esche F jêsen
Esel M ôsel (*a. fig*)
Eselsohr N *fig* oslóvsko uhó
essbar užíten
essen jésti; **zu Mittag ~** obedováti; **zu Abend ~** večérjati
Essen N hrána, jéd *f*
Essig M kís
Essiggurke F kísla kúmarica
Esslöffel M žlíca
Esstisch M jedílna míza
Esszimmer N jedílnica
Etage F etáža
Etat M etát, proračún
Etikett N etikéta
Etui N etuí *m*
etwa (*zirka*) priblížno; *in Fragen*: mordà, mogóče, màr; **in ~** priblížno
etwas nékaj, kaj; málo
euch (*A*) vàs, (*D*) vàm; *reflexiv*: sêbe, si
euer, eure vájin, vájino *dl*, vájina; vàš, vašé, váša *pl*
Eule F sôva
Euro M *Währung*: évro *m*
Europa N Evrópa
Europäer M Evropéjec
Europäerin F Evropéjka
europäisch evrópski
Euter N víme
evangelisch evangelíčánski
Evangelium N evangélij
ewig véčen; **auf ~** za véčno
Ewigkeit F véčnost *f*
exakt eksákten
Examen N izpít, eksámen
Exemplar N izvòd, eksemplár
Exil N izgnánstvo, eksíl
Existenz F obstòj, eksisténca
existieren obstájati, eksistírati
Expedition F odpráva, ekspedícija
Experiment N eksperimènt, poskús
experimentieren eksperimentírati

explodieren eksplodírati (*im*)*pf*
Explosion F eksplozíja
explosiv eksplozíven
Export M izvòz
exportieren izvážati
extra ékstra; posében, dodáten; *umg* (*absichtlich*) nalàšč
extrem skrájen, ekstrémen
E-Zigarette F e-cigaréta

F

Fabel F básen *f*
Fabrik F továrna
Fabrikat N fabrikát, izdélek, proizvòd
fabrizieren fabricírati, proizvájati
Fach N predál; (*Gebiet*) podróčje; (*Wissensgebiet*) stróka; *Schule*: prêdmet
Facharbeiter M kvalificírani délavec
Facharzt M specialíst
Fachärztin F specialístka
Fächer M pahljáča
Fachgeschäft N specializírana trgovína
Fachkenntnis F strokóvno znánje
fachlich strokóvno
Fachmann M strokovnják
Fachwerk N predálčje, páličje
Fackel F bákla
fad(e) plêhek, omléden; (*langweilig*) dolgočásen
Faden M nìt *f*
fähig sposóben; zmóžen
Fähigkeit F sposóbnost *f*; zmóžnost *f*
fahnden poizvedováti (**nach** po), iskáti, izsledováti
Fahndung F iskánje, izsledovánje
Fahne F zastáva; *umg, fig* zadàh
Fahrbahn F vozíšče, cestíšče
Fähre F bród; trajékt
fahren V/I peljáti se, vozíti se; V/T peljáti, vozíti
Fahrer M vozník
Fahrerflucht F pobèg vozníka po prométni nesréči; **~ begehen** pobegníti *pf* (po prométni nesréči)
Fahrerin F vozníca
Fahrgast M pótnik
Fahrgeld N voznína
Fahrgestell N podvózje, šasíja
Fahrkarte F vozóvnica
Fahrkartenautomat M avtomát za vozóvnice
Fahrkartenschalter M ôkence za vozóvnice
fahrlässig malomáren, nèpazljív
Fahrlehrer M inštrúktor (v ávtošóli)
Fahrplan M vózni réd
fahrplanmäßig po vóznem rédu
Fahrpreis M voznína
Fahrrad N koló
Fahrschein M vozóvnica
Fahrscheinentwerter M avtomát za razvrednôtenje vozóvnic
Fahrschule F ávtošóla
Fahrstuhl M dvigálo

Fahrt F vôžnja; SCHIFF: plóvba; pót *f*; **freie ~** prôsta pót *f*
Fährte F sléd *f*
Fahrzeug N vozílo
Fakultät F fakultéta
Falke M sôkol
Fall M pádec; *a.* JUR primér, zadéva; GRAM sklòn; **auf keinen ~** nikákor ne; **auf jeden ~** na vsák način
Falle F pást *f*, zánka
fallen pádati ⟨pásti⟩; **~ lassen** spustíti *pf*; **j-n ~ lassen** *fig* odvrníti se od kóga; **~ unter** spádati v
fällen podírati ⟨podréti⟩, posékati *pf*; **ein Urteil ~** izrêči *pf* sódbo
fällig zapádel; *Rechnung*: dospèl; **es ist ~** *fig* čàs je za
falls če
Fallschirm M padálo
falsch napáčen; (*unecht*) nèprísten; (*gefälscht*) ponarejèn; *Aussage*: lážen, kriv
fälschen ponaréjati ⟨ponaredíti⟩
Falschgeld N ponarejèn denár
Fälschung ponarédba, falzifikát
Falte F gúba
falten ⟨na⟩gúbati; *Papier* zložíti *pf*, zganíti *pf*; **die Hände ~** skleníti *pf* rôke
Falter M metúlj, véšča
faltig gúbast, nagúban
familiär familiáren; ADV po domáče
Familie F družína
Familienname M priímek
Familienstand M družínski stán
fanatisch fanátičen
Fang M lòv
fangen ⟨u⟩lovíti, ujéti *pf*; **sich ~** ujéti *pf* ravnotéžje
Fantasie F fantazíja
fantasieren fantazírati
Farbe F bárva
farbecht bárvno obstójen
färben bárvati; (*abfärben*) púščati bárvo; **sich ~** obárvati se *pf*
farbenblind slép za bárve
farbig bárvast; *fig* barvít
farblos brezbárven
Farbstift M bárvica
Farbton M bárvni odtènek
Farn M práprot *f*
Fasan M fazán
Fasching M púst
Faschismus M fašízem
Faser F vlákno
fas(e)rig vláknat
fasern razpádati v vlákna
Fass N sód
Fassade F pročélje, fasáda
Fassbier N tóčeno pívo
fassen prijéti *pf*, zagrabíti *pf*; (*enthalten*) držáti; *Edelstein* vdélati *pf*; (*begreifen*) razuméti *pf*; *Verbrecher* ujéti *pf*; **sich ~** umiríti se *pf*; **in Worte ~** izráziti *pf* z besédami, povédati *pf*; **e-n Entschluss ~** odločíti se *pf*; **nicht zu ~** nèverjétno
Fassung F okvír; ELEK okòv; (*Version*) vêrzija, variánta; **mit ~** mírno, obvládano; **aus der ~ bringen** správiti *pf* iz ravnotéžja
fassungslos zbégan; **~ sein** bíti vès iz sêbe, bíti iz tíra

fast skôraj
fasten postíti se
Fastenzeit F pôstni čàs, pòst
Fastnacht F púst, pústni tôrek
fatal fatálen; nèprijéten
fauchen píhati; *fig* síkati ⟨síkniti⟩
faul gníl; (*träge*) lén; *Ausrede*: tŕhel; ~ **sein** *fig* smrdéti
faulen gníti
faulenzen lenáriti
Faulenzer M lenúh, lenôba
Faulheit F lenôba
Fäulnis F gnilôba
Faultier N ZOOL lenívec
Faust F pést *f*
Fäustling M pálčnik
Faustschlag M udárec s pestjó
Favorit M favorít
Februar M fébruar
fechten boríti se, mečeváti se
Feder F peró; TECH vzmèt *f*
Federballspiel N bádminton, perjánica
Federbett N pérnica
Fee F víla
fegen pométati ⟨pomêsti⟩
fehlen mánjkati; primanjkováti (**an** *G*)
Fehler M napáka; (*Irrtum*) zmóta
fehlerfrei brez napáke
fehlerhaft pomanklјív, z napáko
Fehlgeburt F splàv
Fehlgriff M napáka
Fehlschlag M nèuspèh
fehlschlagen izjaloviti se *pf*, spodletéti *pf*
Feier F praznovánje, slávnost *f*, proslávа
Feierabend M kônec déla; ~ **machen** néhati *pf* délati; **nach** ~ po kôncu déla
feierlich svečán, slávnosten, slovésen
feiern slavíti, proslávljati
Feiertag M práznik
feig(e) strahopéten
Feige F fíga, smókva
Feigheit F strahopétnost *f*
Feigling M strahopétec
Feile F píla
feilen píliti (**an** *D*)
feilschen barantáti (**um** za)
fein fín; (*klein*) drôben; *Gehör*: tánek
Feind M sovrážnik
feindlich sovrážen
Feindschaft F sovráštvo
feinfühlig tankočúten
Feinheit F drôbnost *f*; fínost *f*
Feinkostgeschäft N delikatésna trgovína
Feinmechaniker M finomehánik
Feinschmecker M sladokúsec
Feld N pólje, njíva
Feldflasche F čútara
Feldwebel M narédnik
Feldzug M vôjni pohòd; *fig* kampánja
Felge F platíšče
Fell N kóža; (*Pelz*) kŕzno
Fels(en) M skála
felsig skálnat, skalovít
feminin féminin
Feminismus M feminízem
Feministin F feminístka
feministisch feminístičen
Fenster N ôkno
Fensterbrett N ôkenska po-

líca
Fensterladen M naôknica
Fensterplatz M mésto pri ôknu
Fensterputzer M čistílec ôken
Fensterrahmen M ôkenski okvír
Fensterscheibe F šípa
Ferien PL počítnice *pl*
Ferkel N pújsek, prašíček; *fig* pújs
fern dáleč, oddáljen
Fernbedienung F daljínsko uprávljanje
Ferne F daljáva
ferner(hin) nadálje
Fernfahrer M vozník tovornjáka
Ferngespräch N mèdkrajévni pogóvor
ferngesteuert daljínsko krmíljen
Fernglas N daljnoglèd
Fernheizung F daljínsko ogrévanje
Fernlicht N dólga lúč *f*
Fernrohr N daljnoglèd; teleskóp
fernsehen glédati televízijo
Fernsehen N televízija (**im** na)
Fernseher M televízor
Fernsehsendung F televizíjska oddája
Ferse F pêta
fertig gotòv; (*bereit*) priprávljen; **~ machen** ⟨do⟩končáti; **~ werden mit** skončáti (*A*), bíti gotòv z; *fig* bíti kós (*D*)
Fertighaus N montážna híša
Fertigkeit F sprétnost *f*, izúrjenost *f*
Fertigstellung F dokončánje
fesch bŕhek, prikúpen
Fessel F spóna, véz *f*; ANAT gléženj; **~n** *pl fig* okóvi *mpl*
fesseln zvézati *pf*; vkleníti *pf*; **~ an** prikleníti *pf* na
fesselnd napét, privláčen
fest tŕden, tŕd, čvŕst; (*befestigt*) utŕjen, pritŕjen
Fest N slávnost *f*, práznik
festbinden privézati *pf*
festhalten držáti, prijéti *pf*; *schriftlich*: zapísati *pf*, zabeléžiti *pf*; **sich ~ an** oprijémati ⟨oprijéti⟩ se (*G*)
Festland N kópno, (*Kontinent*) celína
festlegen dolóčati ⟨določíti⟩; **sich ~** dokónčno se odločíti *pf*
festlich slovésen, prázničen
festmachen pritrdíti *pf*, privézati *pf*
Festnahme F prijétje, aretácija
festnehmen prijéti *pf*, aretírati (*im*)*pf*
Festnetz N TEL stacionárno omréžje
Festnetzanschluss M TEL stacionárni prikljúček
Festplatte F IT tŕdi dísk
festsetzen dolóčati ⟨določíti⟩
Festspiele NPL festivál
feststehen tŕdno státi; bíti dolóčen
feststellen ugotávljati ⟨ugotovíti⟩
Festung F trdnjáva
Festzug M slávnostni sprevòd
fett másten; (*dick*) dêbel; TYPO krêpek
Fett N mást *f*, maščôba

Fettfleck M mástni mádež
fettig másten
Fetzen M cúnja, kŕpa
feucht vlážen, móker
Feuchtigkeit F vlága, vlážnost *f*
Feuer N ôgenj; (*Brand*) požár; ~ **machen** zakúriti *pf*; ~ **fangen** vnéti se *pf* (*a. fig*)
Feueralarm M požárni alárm
Feuerbestattung F upepelítev *f*
feuerfest odpóren próti ôgnju, v ôgnju obstójen
feuergefährlich vnetljív, gorljív
Feuerleiter F požárna léstev *f*
Feuerlöscher M gasílni aparát
Feuermelder M javljálnik požára
feuern (*schießen*) stréljati; *fig* vréči *pf* iz slúžbe
Feuerwehr F gasílci *mpl*
Feuerwehrmann M gasílec
Feuerwerk N ognjemèt
Feuerwerkskörper M rakéta
Feuerzeug N vžigálnik
feurig ognjén; *fig* ognjevít, ísker
Fichte F smréka
Fichtennadel F smrékova íglica
ficken *vulg* fúkati
Fieber N vročína; ~ **haben** iméti vročíno
fieberhaft *fig et. suchen*: vročíčno
fiebern iméti vročíno, bíti vročíčen
Fieberthermometer N termométer za mérjenje telésne temperatúre
fiebrig vročíčen
Figur F lík, postáva, podóba; *Schach*: figúra
Filiale F podrúžnica
Film M fílm
Filmaufnahme F fílmski posnétek
filmen snémati
Filmkamera F fílmska kámera
Filmschauspieler M fílmski igrálec
Filmschauspielerin F fílmska igrálka
Filter M fílter
Filterkaffee M filtrírana káva
filtern filtrírati (*im*)*pf*; *Flüssigkeit a.* precéjati ⟨precedíti⟩
Filz M klobučevína
filzen *umg* preiskáti *pf*
Filzstift M flómáster
Finale N finále
Finanzamt N finánčna upráva
Finanzen FPL fínánce *fpl*
finanziell finánčen
finanzieren financírati (*im*)*pf*
finden nájti *pf*; (*meinen*) zdéti se, meníti
Finderlohn M najdenína
Finger M pŕst
Fingerabdruck M pŕstni odtís
Fingerhut M napŕstnik; BOT napŕstec
Fingernagel M nóht (na rôki)
Fingerspitze F koníca pŕsta
Fink M ščínkavec
finster tèmen; (*düster*) mráčen
Finsternis F temà
Firma F fírma, podjétje
Firmung F bírma
First M ARCH slême

Fisch M ríba
fischen ribáriti, lovíti ríbe
Fischer M ríbič
Fischfang M ribolòv
Fischgräte F sŕt *f*, ríbja kóst *f*
Fischteich M ríbnik
fit v dôbri kondíciji
Fitnesscenter N fítnes cénter
fix fíksen
FKK F naturízem
flach ploščàt; (*eben*) ráven
Fläche F plôskev *f*, površína
Flächenmaß N ploščínska méra
Flachland N ravnína
Flachs M lán
flackern plapoláti
Flagge F zastáva
Flamme F plámen; *fig* ljubézen *f*
Flanke F bòk, straníca
Flasche F stekleníca
Flaschenbier N pívo v steklenícah
Flaschenöffner M odpiráč za steklenice
Flaschenpfand M kávcija za stekleníco
Flaschenzug M škrípčevje
Flatrate F TEL, IT nèomejèn dostòp, nèomejèn prenôs (podátkov)
flatterhaft nèstálen
flattern prhútati, frfotáti; *Fahne*: plapoláti; *Hände, Herz*: trepetáti
Flaum M púh
Flechte F BOT, MED lišáj
flechten plêsti
Fleck M (*Stelle*) mésto; (*Schmutz*) mádež
Fleckentferner M čistílo za mádeže
fleckig pégast, lísast; (*schmutzig*) mádežast
Fledermaus F netopír
Flegel M *fig* cépec, nèotesánec
flehen rotíti, prosíti (**um** za)
Fleisch N mesó
Fleischbrühe F bouillon, krêpka júha
Fleischer M mesár
Fleischerei F mesníca
fleischig mesnàt
Fleiß M prídnost *f*, marljívost *f*
fleißig príden, marljív
fletschen: **die Zähne ~** pokázati *pf* zobé
Flicken M kŕpa, záplata
flicken kŕpati
Flieder M lípovka, (špánski) bezèg
Fliege F múha; (*Krawatte*) metúljček
fliegen létati <letéti>; *fig* pásti *pf*
Fliegenpilz M múšnica
Flieger M letálec, pilót; *umg* (*Flugzeug*) letálo
fliehen bežáti, pobégniti *pf* (**vor** prèd)
Fliese F plôščica
fliesen oblágati <obložíti> s plôščicami
Fließband N tekóči trák
fließen têči
fließend tekóč; ADV gládko; *sprechen*: tekóče
flimmern migljáti, migotáti
flink úren, híter
Flinte F púška
Flirt M flírt

flirten flírtati
Flitterwochen FPL medéni tédni *mpl*
flitzen ⟨z⟩drvéti
Flocke F kosmìč; (*Schneeflocke*) snežínka
flockig kosmíčast; (*leicht*) ráhel
Floh M bólha
Flohmarkt M bólšji tŕg
Floß N splàv
Flosse F plavút *f*
Flöte F flávta
flott živáhen; *Kleid*: móden
Flotte F ladjévje
flottmachen správiti *pf* v vôdo; *Fahrzeug* popráviti *pf*
Fluch M preklétstvo; (*Wort*) klétvica
fluchen kléti, preklínjati
Flucht F bég; **auf der ~** na bégu *pf*
flüchten bežáti ⟨pobégniti⟩
flüchtig ubéžen; (*kurz*) béžen; (*oberflächlich*) povŕšen
Flüchtling M begúnec
Flüchtlingslager N begúnsko taboríšče
Flug M lèt, polèt
Flugbegleiter M stévard
Flugbegleiterin F stevardésa
Flugblatt N leták
Flügel M perút *f*, perutníca; MUS klavír; *fig* kríla
Fluggast M letálski pótnik
flügge góden (za letênje)
Fluggesellschaft F letálska drúžba
Flughafen M letalíšče
Fluglinie F (*Strecke*) letálska próga, (*Gesellschaft*) letálska drúžba, letálski prevóznik
Fluglotse M kontrolór letênja
Flugplan M réd letênja
Flugsicherung F zaščíta zráčnega prométa
Flugverkehr M zráčni promèt
Flugzeit F čàs letênja
Flugzeug N letálo
Flugzeugentführung F ugrabítev *f* letála
Flugzeugträger M letalonosílka
Flunder F ZOOL ivér (*a. f*)
Fluor N flúor
Flur M vêža, hodník
Fluss M réka; (*Fließen*) ték, tók
flussabwärts po réki navzdòl
flussaufwärts po réki navzgòr
Flussbett N rèčno koríto, strúga
flüssig tekóč
Flüssigkeit F tekočína
flüstern šepetáti
Flut F plíma; *fig* popláva
Flutwelle F plímski vál
Fohlen N žrebè
Föhn M *Wetter*: júžni véter, fén; *Haartrockner*: sušílnik za lasé, fén
föhnen sušíti, fénati
Folge F poslédica; (*Reihe*) vŕsta, sérija, zaporédje; (*Serie*) nadaljevánje
folgen sledíti; (*gehorchen*) ubógati
folgende(r) naslédnji
folgern sklépati (**aus** iz)
Folgerung F sklèp
folglich tórej, zató, potemtákem
Folie F fólija
Folter F múčenje; *fig* múka

foltern múčiti
Fonds M sklàd
Fontäne F fontána
Förderband N transpórtni trák
fordern zahtévati, térjati
fördern podpírati ⟨podpréti⟩, štipendírati *(im)pf*; BERGB pridobívati; *Erdöl* čŕpati
Forderung F zahtéva; *Geld*: terjátev *f*
Förderung F podpóra, štipéndija; BERGB izkòp, kopánje; *Erdöl*: čŕpanje
Forelle F postŕv *f*
Form F oblíka; SPORT kondícija
formal formálen
Formalität F formálnost *f*
Format N formát
Formel F fórmula, obrázec
formell oblikóven; *Besuch*: formálen
formen ⟨iz⟩oblikováti (**sich** se)
förmlich formálen
formlos brezoblíčen; *fig* nèformálen
Formular N formulár, obrázec
formulieren formulírati *(im)pf*, sestávljati ⟨sestáviti⟩
forsch dŕzen
forschen raziskováti; ~ **nach** iskáti *(A)*
Forscher M raziskoválec
Forschung F raziskovánje
Förster M gozdár
Forstwirtschaft F gozdárstvo, gózdno gospodárstvo
fort pròč, strán; **weit** ~ dáleč pròč
fortbewegen premíkati (**sich** se)
Fortbildung F (dodátno) izobraževánje
fortfahren odpeljáti se *pf*; *(fortsetzen)* nadaljeváti
fortgehen odhájati ⟨odíti⟩
fortgeschritten na víšji stôpnji, naprédnejši; *Zeit*: pôzen; *Alter*: visòk
fortlaufend nèprekínjen, kontinuíran; tekóč
fortpflanzen: **sich** ~ razplojeváti se, razmnoževáti se
Fortpflanzung F razmnoževánje, razplodítev *f*
fortschreiten napredováti
Fortschritt M naprédek
fortschrittlich napréden
fortsetzen nadaljeváti
Fortsetzung F nadaljevánje; ~ **folgt** se nadaljúje
Foto N fotografíja
Fotoapparat M fótoaparát
Fotograf M fotográf
Fotografie F fotografíja
fotografieren fotografírati *(im)pf*
Fotografin F fotográfinja
Fotomodell N fótomodél
Fracht F tôvor; *(Gebühr)* voznína
Frächter M *österr* prevóznik
Frack M frák
Frage F vprašánje
Fragebogen M vprašálnik
fragen vprášati *pf*, spraševáti (**nach** po)
Fragezeichen N GRAM vprašáj
fraglich vprašljív
fragwürdig dvomljív
frankieren frankírati *(im)pf*

Frankreich N Fráncija
Franse F résa
Franzose M Francóz
Französin F Francózinja
französisch francóski
Frau F žénska; (*Ehefrau*) žêna; *Anrede*: gospá
Frauenarzt M ginekológ
Frauenärztin F ginekológinja
Frauenbewegung F žénsko gíbanje
Fräulein N gospodíčna
frech dŕzen, predŕzen
Frechheit F predŕznost *f*
frei pròst, svobôden; **~ von** pròst (*G*), brez (*G*); **im Freien** na prôstem; **sich ~ machen** sléči se *pf*
Freibad N kopalíšče na prôstem
freibekommen dobíti *pf* prôsto
freiberuflich v svobôdnem poklícu, samostójen
freigeben *j-m* dáti *pf* prôsto, dáti *pf* dopúst; *j-n* dáti *pf* svobôdo
freigebig radodáren
Freihandelszone F prôsta carínska cóna
Freiheit F svobôda, prostóst *f*
Freiheitsstrafe F zapórna kázen
Freikarte F brezpláčna vstópnica
freilassen izpustíti *pf*, dáti *pf* prostóst
Freilassung F izpúst; *Haft*: odpúst
freilich sevéda
Freilichtbühne F gledalíšče na prôstem
freimachen *Post* frankírati (*im*)*pf*
freisprechen oprostíti *pf* (**von** *G*)
Freispruch M oprostítev *f*
freistehen: **es steht dir frei** imáš na izbíro
freistellen oprostíti *pf*; **j-m et. ~** prepustíti *pf* kómu izbíro
Freistoß M SPORT prôsti strél
Freitag M pétek
freiwillig prostovóljen
Freiwillige(r) M prostovóljec
Freizeit F prôsti čàs
fremd túj
Fremde F tújka; (*Person*) tujína
Fremde(r) M túјec
Fremdenführer M turístični vodíč, vodník
Fremdenverkehr M turízem
Fremdenverkehrsbüro N turístični urad
fremdgehen bíti nezvést
Fremdsprache F túj jêzik
Fremdwort N túјka
Frequenz F frekvénca
fressen ⟨po⟩žréti
Freude F vesêlje, rádost *f*; **vor ~** od vesêlja
freudestrahlend žarèč od vesêlja
freudig vesél, sréčen
freuen: **sich ~** veselíti se (**auf, über** *G*)
Freund M prijátelj
Freundin F prijáteljica
freundlich prijázen
Freundschaft F prijáteljstvo
freundschaftlich prijáteljski
Friede(n) M mír

Friedhof M pokopalíšče
friedlich míren
frieren zébsti, zmrzováti; **ich friere** zébe me
frisch svéž; *Hemd*: oprán
Frische F svéžost *f*, svežína
Friseur M frizêr
Friseurin F frizêrka
frisieren frizírati
Frist F ròk
fristlos *kündigen*: takòj, na méstu
Frisur F pričéska, frizúra
froh vesél (**über** G)
fröhlich vesél
fromm pobožen
Fronleichnam M svéto réšnje teló; *umg* télovo
Front F frónta; ARCH pročêlje
frontal frontálen
Frosch M žába
Frost M mràz
frösteln drgetáti od mráza
frostig ledén (*a. fig*)
Frostschutzmittel N antifríz, srédstvo próti zmrzovánju
Frostschaden M pozéba
Frottee M, N froté, frotír
frottieren otírati ⟨otréti⟩
Frucht F sád, sádež; BIOL plód
fruchtbar plóden; *Erde*: rodovíten
Fruchtbarkeit F plódnost *f*; *Erde*: rodovítnost *f*
früh zgódnji; ADV zgódaj; **heute** ~ dánes zjútraj; **von** ~ **bis spät** od jútra do večéra
früher préjšnji; ADV préj; ~ **oder später** préj ali sléj
frühestens ne préj kòt
Frühgeburt F prezgódnji poròd; (*Kind*) nèdonóšenček
Frühling M pomlád *f*; **im** ~ spomládi
frühreif prezgódaj dozôrel
Frühstück N zájtrk; **zum** ~ za zájtrk
frühstücken zajtrkováti
Frust M frustrácija
frustriert frustríran
Fuchs M lisják
Füchsin F lisíca
Fuge F réža, špránja; MUS fúga
fügen: **sich** ~ ukloníti se *pf*, podréjati ⟨podredíti⟩ se; **sich** ~ **in** vdáti se *pf* v
fühlbar občuten, otipljiv
fühlen ⟨ob⟩čutíti; **sich** ~ počutíti se
Fühler M tipálka, anténa
führen vodíti (**durch** po); vozíti, peljáti; *Waren* iméti na zalógi
führend vodílen
Führer M vodíč, vodník; POL vodítelj
Führerschein M vozníško dovoljênje
Führung F vódstvo; (*Benehmen*) obnášanje, vedênje
Fülle F obílje
füllen napolnjeváti ⟨napolníti⟩; GASTR nadévati ⟨nadéti⟩
Füller M nalívno peró, nalívnik
Füllung F polnítev *f*; GASTR nadèv, *Zahn*: zalívka, plómba
Fund M nájdba, nájdena stvár; odkrítje
Fundament M têmelj
Fundbüro N urád za nájdene predméte
Fundgegenstand M nájdba
fünf pét

Fünfeck N peterokótnik
Fünfer M petíca; (*Note*) nèzadôstno
fünfte(r) pêti
Fünftel N petína
fünfzehn pétnajst
fünfzig pétdeset
Funk M rádio
Funke M ískra, ískrica
funkeln svetlíkati se, lesketáti se
funken sporóčati ⟨sporočíti⟩ po rádijski zvézi
Funker M rádiotelegrafíst
Funkgerät N rádijska naprava
Funkspruch M rádijsko sporočílo
Funkstreife F patrúljno vozílo
Funktion F fúnkcija
Funktionär M funkcionár
funktionieren funkcionírati, delováti
für za (*A*)
Furche F brázda
Furcht F stráh
furchtbar strášen, strahôten, grôzen
fürchten báti se (**um** za); **sich ~ vor** báti se (*G*)
furchtlos nèustrášen
fürchterlich strášen, grôzen
füreinander drúg za drúgega
Fürsorge F skŕb *f*, várstvo
Fürsprache F priprôšnja
Fürst M knéz
Fürstentum N kneževína
Fürstin F knéginja
Furt F bród
Furunkel M, N túr
Fürwort N GRAM zaímek
Fuß M nôga; *Berg*: vznóžje; (*Maß*) čévelj; **zu ~** péš
Fußabstreifer M predpražnik
Fußball M (*Spiel*) nogomèt; (*Ball*) nogométna žóga
Fußballplatz M nogométno igríšče
Fußballspieler M nogometáš
Fußboden M tlà *npl*, pòd
Fußbremse F nôžna zavóra
Fußgänger M péšec
Fußgängerin F péška
Fußgängerüberweg M prehòd za péšce
Fußgängerzone F cóna za péšce
Fußnote F opómba
Fußsohle F podplàt
Fußtritt M bŕca
Futter N kŕma; *Kleid*: podlóga; TECH oblóga
füttern kŕmiti; *Kleid*: podložíti *pf*; TECH obložíti *pf*
Fütterung F kŕmljenje
Futur N GRAM prihódnjik, futúr

G

Gabe F dár, darílo; (*Talent*) nadárjenost *f*
Gabel F vílice *fpl*
gabeln: **sich ~** cepíti se, delíti se
gackern kokodákati
gaffen zijáti, prodájati zijála
Gage F plačílo, honorár
gähnen zéhati; *fig* zijáti
Galerie F galeríja

Galgen M víslice *fpl*
Galle F žółč
Gallenblase F žółčni mehúr
Gallenstein M žółčni kámen
Galopp M galòp
galoppieren galopírati
Gammler M postopáč
Gämse F gáms
Gang M hója; *Pferd*: hòd; (*Korridor*) hodník; AUTO: prestáva; GASTR jéd *f*; **in ~ bringen** správiti *pf* v ték; **in vollem ~e** v pólnem razmáhu
gängig običájen
Gans F gós *f*
Gänseblümchen N marjética
Gänsebraten M gósja pečénka
Gänsehaut F *fig* kúrja pólt *f*
Gänserich M gosák
ganz cél, vès; ADV povsèm, čísto; **~ und gar** popólnoma; **~ und gar nicht** nikákor ne
gänzlich čísto, popólnoma, povsèm
Ganztagsbeschäftigung F celodnévna zaposlítev *f*
gar *Speisen*: gotòv, skúhan; ADV celó, pràv; *verneint*: splòh; **~ nichts** čisto nič
Garage F garáža
Garantie F garancíja
garantieren garantírati (*im*)*pf*
Garde F gárda
Garderobe F garderóba; (*Kleider*) obléke *fpl*
Gardine F zavésa
gären vréti, kísati se
Garn N préja
Garnele F (práva) kozíca
garnieren garnírati (*im*)*pf*, okrasíti *pf*
Garnitur F garnitúra
Garten M vŕt
Gärtner M vrtnár
Gärtnerei F vrtnaríja
Gärtnerin F vrtnaríca
Gärung F vrênje
Gas N plín; **~ geben** pospéšiti *pf*
gasförmig plínast
Gasheizung F plínska kurjáva
Gasherd M plínski štedílnik
Gasleitung F plínska napeljáva
Gaspedal N pedál za plín
Gasse F úlica
Gast M gòst
Gästezimmer N sôba za gôste
gastfreundlich gostoljúben
Gastfreundschaft F gostoljúbnost *f*
Gastgeber M gostítelj
Gastgeberin F gostíteljica
Gasthaus N gostílna
Gasthof M gostílna
Gastspiel N gostovánje
Gaststätte F gostíšče, restavrácija
Gaststube F sôba za gôste
Gastwirt M gostílničar
Gastwirtin F gostílničarka
Gastwirtschaft F gostílna
Gaswerk N plinárna
Gaszähler M plínski števec
Gatte M móž, sopróg
Gattin F žêna, sopróga
Gattung F vŕsta; BIOL ród; *Literatur*: zvŕst *f*
GAU M najhújša mógna nesréča (v jédrski elektrárni)
Gaumen M nebó

Gauner M lópov, slepár
Gazelle F gazéla
Gebäck N pecívo
Gebälk N tramóvje
Gebärde F krétnja
gebären rodíti
Gebärmutter F máternica
Gebäude N stávba, poslópje
geben dajáti ⟨dáti⟩; *Karten* delíti; **sich ~** vêsti se; **es gibt** jè, sò, obstája; **das gibt es nicht!** tó ni mogóče; **gib's ihm!** dàj ga!
Gebet N molítev *f*
Gebiet N ozémlje, obmóčje; podróčje, stróka
Gebilde N tvórba
gebildet izobrážen, omíkan
Gebirge N goróvje, goré *fpl*
gebirgig goràt
Gebirgskette F gôrska veríga
Gebiss N zobóvje
geboren rôjen
geborgen váren
Gebot N REL zapóved *f*; (*Befehl*) ukàz
Gebrauch M rába, uporába
gebrauchen uporábljati, rabíti
gebräuchlich običájen, v navádi
Gebrauchsanweisung F navodílo za uporábo
gebraucht rábljen
Gebrauchtwagen M rábljen avtomobíl
gebrechlich slabôten, boléhen, kŕhkega zdrávja
Gebrüder PL brátje *mpl*
Gebrüll N rjovênje, kričánje
Gebühr F pristójbina, táksa
gebührend priméren, ustrézen, spodóben
gebührenfrei oproščèn plačíla pristójbin
gebührenpflichtig zavézan plačílu pristójbin
Geburt F rôjstvo; MED poròd
gebürtig rôjen v (*L*), po ródu iz (*G*)
Geburtsdatum N dátum rôjstva
Geburtsjahr N léto rôjstva
Geburtsort M kràj rôjstva, rôjstni kràj
Geburtstag M rôjstni dán; **alles Gute zum ~!** vsè najbóljše za rôjstni dán!
Geburtsurkunde F rôjstni líst
Gebüsch N grmóvje
Gedächtnis N spomín
Gedanke M mísel *f*; idéja
gedankenlos raztrésen
Gedankenstrich M pomišljáj
Gedeck N pogrínjek
gedeihen uspévati
Gedenkstätte F spomínsko mésto
Gedicht N pésem *f*
Gedränge N gnéča
gedrungen čokàt
Geduld F potrpljênje; potrpežljívost *f*
gedulden: **sich ~** potrpéti *pf*, bíti potrpežljív
geduldig potrpežljív
geehrt spoštováni
geeignet priméren, ustrézen
Gefahr F nevárnost *f*; **auf eigene ~** na lástno odgovórnost
gefährden ogróžati
gefährlich nevâren
Gefährte M továriš
Gefälle N pádec; stŕmec; (*Un-*

terschied) razlíka, razpòn
gefallen ugájati, bíti všéč; **sich ~ lassen** dopúščati
Gefallen[1] M uslúga, prijáznost *f*; **e-n ~ tun** narediti *pf* uslúgo, izkázati prijáznost
Gefallen[2] N: **~ finden an** iméti vesêlje z
gefällig ustrežljív
Gefälligkeit F prijáznost *f*; (*Gefallen*) uslúga
gefangen ujét; **~ nehmen** ujéti *pf*
Gefangene(r) M ujétnik; (*Häftling*) zapórnik, jétnik
Gefangenschaft F ujétništvo
Gefängnis N jéča, zapòr
Gefängnisstrafe F zapórna kázen *f*
Gefäß N posóda; ANAT žíla
gefasst míren, obvládan; **~ sein auf** bíti priprávljen na
Gefecht N bítka, bòj, bórba
Gefieder N pérje
Geflügel N perutnína
gefragt ADJ zažélen
gefräßig požréšen
gefrieren zmrzováti ⟨zmŕzniti⟩
Gefrierfach N zamrzoválni predál
Gefrierpunkt M zmrzíšče, ledíšče
Gefriertruhe F zamrzoválna skrínja
Gefüge N struktúra, zgrádba; sestàv
gefügig volján, vdán
Gefühl N občútek; (*Emotion*) čústvo
gefühllos otŕpel; (*herzlos*) brezsŕčen
gefühlvoll čústven
gegen próti (*D*), zóper (*A*); ob (*A*); (*verglichen mit*) v primerjávi z; **~ 7 Uhr** priblížno ob sêdmih
Gegend F pokrájina, kràj
gegeneinander drúg próti drúgemu
Gegengewicht N prótiutéž *f*, nasprótna utéž *f*
Gegengift N prótistrúp
Gegenleistung F vračílo, povračílo
Gegenmittel N prótisrédstvo
Gegensatz M nasprótje; **im ~ zu** v nasprótju z
gegensätzlich naspróten, nasprotujóč si
Gegenseite F nasprótna strán *f*; JUR nasprótna stránka
gegenseitig vzajémen, medsebójen; obojestránski
Gegenstand M prêdmet
Gegenstück N nasprótek, pendánt
Gegenteil N nasprótje; **im ~** nasprótno
gegenüber nasprótì; (*im Vergleich zu*) v primerjávi z
gegenüberstehen státi nasprótì
gegenüberstellen postáviti *pf* nasprótì; (*vergleichen*) primérjati; JUR soóčati ⟨soóčiti⟩
Gegenverkehr M promèt iz nasprótne stráni
Gegenwart F sedánjost *f*; (*Anwesenheit*) navzóčnost *f*, prisôtnost *f*; GRAM sedánjik
gegenwärtig sedánji, zdájšnji
Gegenwert M prótivrédnost *f*
Gegner M nasprótnik

Gehalt[1] M vsebína; vsébnost *f*, koncentrácija
Gehalt[2] N pláča
Gehaltserhöhung F zvíšanje pláče
gehässig zlôben
Gehäuse N ohíšje; TECH okròv
geheim skríven, tájen; **streng ~** strógo zaúpno
Geheimdienst M tájna slúžba, tájna policíja
Geheimnis N skrivnóst *f*; tájnost *f*
geheimnisvoll skrivnósten
Geheimnummer, Geheimzahl F *Handy:* pin-kóda, *umg* pin; *Konto:* osébna števílka, *umg* pin
gehemmt zavŕt
gehen hodíti ⟨íti⟩; **wie geht es Ihnen?** kakó stè kaj?, kakó Vam gré?; **sich ~ lassen** zanemáriti se *pf*; ne obvládati se *pf*
Gehilfe M pomočník
Gehirn N možgáni *mpl*
Gehirnerschütterung F pretrès možgánov
Gehör N slúh, poslúh
gehorchen ubógati *(A)*
gehören bíti lást *(G)*, pripádati; **~ zu** spádati k; **sich ~** spodóbiti se
gehörig pripadajóč; ADV *fig* poštêno
gehorsam poslúšen, pokóren
Gehorsam M pokórščina, pokórnost *f*, poslúšnost *f*
Gehweg M pót *f* za péšce
Geier M jástreb
Geige F violína
Geiger M violiníst
Geigerin F violinístka
geil pohôten
Geisel F tálec, tálka
Geißbock M kôzel
Geißel F bíč *(a. fig)*
Geist M dúh; *(Witz)* duhovítost *f*; *(Gespenst)* prikázen *f*
geistesabwesend raztrésen, odsôten
Geistesgegenwart F prisébnost *f*
geisteskrank *neg!* duševno bolán
Geisteswissenschaften FPL humanístične družbéne véde
geistig duhóven; duševen
geistlich duhóven
Geistliche(r) M duhóvnik
geistlos brez duhá, nèduhovít
geistreich duhovít
Geiz M skopóst *f*
Geizhals M skopúh
geizig skóp, skopúški
gekonnt ADV mójstrsko, sprétno
gekünstelt afektíran, izumetníčen
Gelächter N sméh
geladen povábljen, vábljen; ELEK naeléktren, nabít; *fig* bêsen
gelähmt ohromljèn, hròm, paralizíran
Gelände N terén, zemljíšče
Geländer N ográja
gelassen míren
Gelatine F želatína
geläufig običájen, znán
gelaunt razpoložèn
gelb rumèn
Gelbsucht F MED zlaténica
Geld N denár

Geldanlage F naložba denárja
Geldbeutel M mošnjíček
Geldbuße F glôba
Geldschein M bánkovec
Geldschrank M železna blagájna, séf, trezór
Geldstück N kovánec
Geldwechsel M menjáva denárja
Gelee N želé
gelegen: ~ **kommen** príti *pf* rávno pràv
Gelegenheit F prilóžnost *f*
Gelegenheitskauf M prilóžnostni nakúp
gelegentlich ADJ prilóžnosten, občásen; ADV včásih, kdàj, ob príliki
gelehrt učèn
Gelehrte(r) M učenják
Gelenk N ANAT sklèp; TECH člének
gelenkig gíbčen, okréten
gelernt kvalificíran
Geliebte F ljúbica
Geliebte(r) M ljúbček
gelingen uspéti *pf*, posréčiti se *pf*
gellend predirljív
geloben obljubíti *pf*; priséči *pf*; zaobljubíti se *pf*
gelten veljáti (**als** za); **et.** ~ **lassen** priznávati (*A*)
geltend veljáven; ~ **machen** uveljávljati ⟨uveljáviti⟩
Geltung F veljáva, veljávnost *f*; (*Wert*) vrédnost *f*; **zur** ~ **kommen** príti do izráza
Gelübde N zaobljúba
gelungen posréčen
gemächlich udóben
Gemälde N slíka
Gemäldegalerie F umétnostna galeríja
gemäß ADJ priméren, ustrézen; PRÄP po (*L*), v skládu z (*I*)
gemäßigt umírjen; *Klima*: zméren
Gemäuer N zidóvje
gemein BIOL naváden; *fig* pôdel, nizkôten, prostáški, gȓd
Gemeinde F óbčina
Gemeinderat M občínski svèt; (*Person*) občínski svétnik
Gemeinheit F prostáštvo, pôdlost *f*, nizkôtnost *f*
gemeinsam skúpen; ~ **tun** délati ⟨naredíti⟩ skúpaj
Gemeinschaft F skúpnost *f*; REL občéstvo
Gemisch N mẽšanica; CHEM zmés *f*
gemischt mẽšan
Gemurmel N mrmránje
Gemüse N zelenjáva
Gemüsesuppe F zelenjávna júha
gemütlich udóben; domáčen; prijéten; **mach es dir** ~ počúti se kot dóma
Gemütszustand M dušévno stánje
Gen N gén
genau *Mensch*: natánčen; *Messung*: tóčen; (*detailliert*) nadróben, podróben; ~ **genommen** pràvzapràv, strógo vzéto
Genauigkeit F natánčnost *f*; tóčnost *f*
genehmigen dovolíti *pf*; *amtlich*: odobríti *pf*; **sich** ~ privoščíti si *pf*

Genehmigung F dovoljênje, odobrítev *f*
geneigt nágnjen
General M generál
Generaldirektor M generálni diréktor
Generalkonsul M generálni kónzul
Generalprobe F generálka
Generalstab M generálni štáb
Generalstreik M splôšna stávka
Generalversammlung F generálna skúpščina; óbčni zbòr
Generalvertreter M generálni zastópnik
Generation F generácija
Generator M generátor
Genesung F ozdravljênje, okrévanje
genial geniálen
Genick N tílnik
Genie N génij
genieren: **sich ~** sramováti se
genießbar užíten
genießen užívati ⟨užíti⟩
Genießer M uživálec, uživáč
Genitiv M GRAM génitiv, rodílnik
genormt normíran
Genosse M továriš
Genossenschaft F zádruga
Gentechnik F génska téhnika
gentechnisch ADV: **~ verändert** génsko spremenjèn
genug zadôsti, dovòlj
genügen zadóščati ⟨zadostíti⟩
genügsam skrômen
Genugtuung F zadoščênje
Genus M GRAM spòl
Genuss M užitek; užívanje
Genussmittel N nasladílo, požívilo
Geografie F geografíja, zemljepís
Geologie F geologíja
Geometrie F geometríja
Gepäck N prtljága
Gepäckablage F políca za prtljágo, prtljážnik
Gepäckabfertigung F odpráva prtljáge
Gepäckannahme F sprejémanje prtljáge
Gepäckaufbewahrung F shrámba za prtljágo
Gepäckausgabe F izdája prtljáge
Gepäckkontrolle F kontróla prtljáge
Gepäckschein M prtljážnica
Gepäckträger M prtljážnik; (*Person*) nosáč prtljáge
Gepäckwagen M prtljážni vóz
gepflegt negován
Geplapper N čvekánje; *Kind*: čebljánje
Gepolter N ropòt
gerade ráven; *Haltung*: zravnán, pokônčen; *Zahl*: sód; (*aufrichtig*) odkrít; ADV rávno, rávnokar; **nicht ~** ne rávno
Gerade F MATH prémica
geradeaus narávnost (napréj)
geradeso prav takó
geradezu narávnost, že kàr
Gerät N naprava, aparát, priprava, instrumènt; SPORT oródje
geraten posréčiti se *pf*, uspéti *pf*; **~ in** zaíti v
Geratewohl N: **aufs ~** na slé-

po sréčo
geräumig prostóren
Geräusch N šúm, hrúp
geräuschlos brezšúmno
gerben strojíti
gerecht pravíčen; **e-r Sache ~ werden** ustrézati (*D*)
Gerechtigkeit F pravíčnost *f*, pravíca
gereizt razdražen
Gericht N sodíšče; (*Essen*) jéd *f*
gerichtlich sóden
Gerichtshof M sodíšče; **oberster ~** vrhóvno sodíšče
Gerichtskosten PL sódni stróški *mpl*
Gerichtssaal M sódna dvorána
Gerichtsverhandlung F sódna obravnáva
Gerichtsvollzieher M sódni izvrševálec
gering májhen, neznáten; (*unbedeutend*) nèpomémben
geringfügig neznáten, nèpomémben, malénkosten
geringschätzig podcenjeválen, zaničeválen; ADV zaničljívo, zvíška
gerinnen strdíti se *pf*; *Milch*: sesíriti se; TECH koagulírati (*im*)*pf*
Gerippe N okóstje; (*Skelett*) okostnják
gerissen *fig* pretkán, zvít
gern(e) ràd; **nicht gern** neràd; **gern geschehen!** malénkost!
Geröll N melíšče; pród
Gerste F jěčmen
Gerstenkorn N MED jěčmen
Geruch M vónj, dúh
geruchlos brez vónja, brez dúha
Gerücht N govoríca
gerührt gánjen
Gerümpel N ropotíja
Gerundium N GRAM gerúndij
Gerüst N ogródje, konstrúkcija
gesalzen slán, soljèn
gesamt vès, celôten
Gesamtausgabe F zbrána déla *npl*
Gesamtheit F skúpnost *f*; celôta
Gesandte(r) M poslánik
Gesandtschaft F poslánǐštvo
Gesang M pétje
Gesäß N zádnjica
Geschäft N (*Tätigkeit*) pôsel; (*Laden*) trgovína; HANDEL pôsli *mpl*, kupčíja
geschäftig aktíven, nèutrúden
geschäftlich poslóven, trgóvski; ADV poslóvno
Geschäftsbrief M poslóvno písmo
Geschäftsfrau F trgóvka
Geschäftsführer M poslovódja *m*
Geschäftsmann M trgóvec; poslóvnež
Geschäftsordnung F poslóvnik; *Verein*: pravílnik
Geschäftspartner M poslóvni pártner
Geschäftsreise F poslóvno potovánje
Geschäftszeit F čàs obratovánja, délovni čàs
geschehen zgodíti se *pf*, dogájati ⟨dogodíti⟩ se, pripetíti se *pf*; **~ lassen** dopúščati ⟨dopu-

stíti⟩; **es geschieht ihm recht** pràv mu jè
Geschehen N dogájanje
gescheit pámeten
Geschenk N darílo, dár
Geschenkpapier N okrásni papír
Geschichte F zgodovína; (*Erzählung*) pripóved *f*, povést *f*, zgódba
geschichtlich zgodovínski
Geschicklichkeit F sprétnost *f*
geschickt spréten
Geschirr N posóda; *Pferde*: opráva
Geschirrspüler M pomiválni stròj
Geschirrtuch N kŕpa za posódo
Geschlecht N spòl (*a.* GRAM); (*Abstammung*) ród
geschlechtlich spôlen
Geschlechtskrankheit F spôlna bolézen *f*
Geschlechtsteil M spolovílo
Geschlechtsverkehr M spôlno občevánje
geschliffen brúšen; *fig* izbrúšen
geschlossen zapŕt; *Reihe*: sklénjen
Geschmack M okús
geschmacklos brez okúsa; *fig* nèokúsen
Geschmackssache F stvár *f* okúsa
geschmackvoll okúsen (*a. fig*)
geschmeidig gíbčen, prόžen
Geschöpf N bítje; stvór
Geschoss N izstrélek, krógla; ARCH nadstrópje, etáža
Geschrei N vpítje, kričánje
Geschütz N tòp
Geschwader N eskádra, flóta, flotílja
Geschwätz N čvekánje; klepetánje
geschwätzig klepetáv
geschweige: ~ **denn** kaj šelè
Geschwindigkeit F hitróst *f*
Geschwindigkeitsbegrenzung F omejítev *f* hitrósti
Geschwindigkeitsüberschreitung F prekoračítev *f* hitrósti
Geschwister PL brátje in sestré
geschwollen otékel; *fig* patétičen
Geschworene(r) M porótnik
Geschwulst F búla, túmor
Geschwür N búla, tvór, čír
Geselchte(s) N *österr* prekajêno mesó
Geselle M pomočník; *umg* člôvek, fànt
gesellig družáben
Gesellschaft F drúžba; **j-m ~ leisten** bíti za drúžbo (*D*)
Gesellschafter M HANDEL družábnik, délničar
gesellschaftlich drúžben
Gesellschaftsspiel N družábna ígra
Gesetz N zákon; REL postáva
Gesetzbuch N zakoník; **bürgerliches ~** civílni zakoník
Gesetzgeber M zakonodajálec
Gesetzgebung F zakonodája
gesetzlich zakonít
gesetzt umírjen; **~ den Fall** v priméru da, denímo, če
gesetzwidrig nèzakonít, próti-

zakonít
Gesicht N obràz
Gesichtsausdruck M izràz obráza
Gesichtsfarbe F bárva obráza
Gesichtspunkt M vidík, stalíšče
Gesichtszug M potéza (obráza)
Gesinnung F prepríčanje (*a.* POL); mišljênje
gespannt napét (*a. fig*); **~ sein auf** napéto pričákovati; **~ sein, ob** bíti radovéden, če
Gespenst N dúh, prikázen *f*
gespenstisch pošásten, grozljív
Gespräch N razgóvor, pogóvor
gesprächig zgovóren
Gestalt F oblíka; (*Körper*) postáva
gestalten oblikováti, ustvárjati ⟨ustváriti⟩; **sich ~** izoblikováti se *pf*, bíti
Geständnis N priznánje
Gestank M smrád
gestatten dovoljeváti ⟨dovolíti⟩, dopúščati ⟨dopustíti⟩
Geste F krétnja, gésta (*a. fig*)
gestehen priznávati ⟨priznáti⟩
Gestein N kamnína; (*Fels*) skála
Gestell N ogródje, stojálo
gestern včéraj; **~ Abend** včéraj zvečér, sinóči
gestreift čŕtast, prógast
gestrig včérajšnji
Gestrüpp N goščáva
Gestüt N kobilárna
Gesuch N prôšnja
gesund zdràv; **~ werden** ozdravéti; **~er Menschenverstand** zdráva pámet *f*
Gesundheit F zdrávje; **~!** na zdrávje!
Gesundheitsamt N závod za zdrávstveno várstvo
gesundheitsschädlich škodljív za zdrávje
Gesundheitszustand M zdrávstveno stánje
Getränk N pijáča
Getreide N žíto
Getriebe N gonílo; kolésje
Gewächs N rastlína: MED tvór
Gewächshaus N rastlinják
gewachsen: **j-m ~ sein** bíti kós (*D*)
gewagt dŕzen, tvégan
Gewähr F: **~ übernehmen für** jámčiti za
gewähren dajáti ⟨dáti⟩; ponudíti *pf*
gewährleisten zagotávljati ⟨zagotovíti⟩, jámčiti
Gewahrsam M: **in ~ nehmen** JUR pripréti *pf*
Gewalt F síla, nasílje; (*Macht, Beherrschung*) oblást *f*; **mit ~** s sílo
gewaltig mogóčen, sílen; (*riesig*) vêlik, strašánski
gewaltlos nènasílen
gewaltsam nasílen
gewalttätig nasílen, napadálen
Gewässer N vôda; **~** *pl* vodotóki *mpl*
Gewebe N tkívo; (*Stoff*) tkanína, blagó
Gewehr N púška
Geweih N rogóvje
Gewerbe N obŕt *f*

gewerblich obŕten; gospodárski
Gewerkschaft F sindikát
Gewerkschaft(l)er M sindikalíst; člán sindikáta
gewerkschaftlich sindikálni
Gewicht N téža (*a. fig*); utéž *f*
Gewichtheben N dvíganje utéži
gewichtig pomémben, vplíven
gewillt: ~ **sein** bíti volján, kázati priprávljenost
Gewimmel N vrvéž
Gewinde N navòj
Gewinn M dobíček; (*Nutzen*) pridobítev *f*; (*Preis*) dobítek
gewinnbringend dobičkonôsen
gewinnen dobívati ⟨dobíti⟩; *Spiel* zmágati *pf*; *Lotto*: zadéti *pf*; TECH pridobívati ⟨pridobíti⟩; *fig* pridobíti *pf*
Gewinner M zmagoválec; *Lotto*: dobítnik
gewiss gotòv, dolóčen; ADV gotóvo, sevéda; **aber** ~! pràv gotóvo!; **ein** ~**er Herr X** néki gospód X
Gewissen N vést *f*
gewissenhaft vésten
gewissenlos brezvésten
Gewissensbisse PL očítki *mpl* vestí; **er hat** ~ vést ga pêče
gewissermaßen takó rekóč, v dolóčeni méri
Gewissheit F gotóvost *f*
Gewitter N nevíhta
gewöhnen navádíti *pf* (**sich** se) (*G*); privádíti *pf* (**an** *D*); **gewöhnt sein an** bíti navájen na
Gewohnheit F naváda; **schlechte** ~ razváda
gewöhnlich naváden; (*unfein*) vulgáren; **wie** ~ kot po navádi
gewohnt običájen; ~ **sein** bíti navájen (*G*)
Gewölbe N obòk, svòd
Gewürz N začímba
Gewürzgurke F kísla kúmarica
Gezeiten PL bíbavica, plimovánje
geziert afektíran
Gezwitscher N žvrgolênje
gezwungen prisíljen; *Lächeln*: nèprísten
Gicht F protín, pódagra, pútika
Giebel M (stréšno) čêlo, zatrèp
Gier F pohlèp
gierig pohlépen
gießen vlívati, zlívati; *Garten* zalívati; TECH ulívati ⟨ulíti⟩; **es gießt in Strömen** líje kot iz škáfa
Gießerei F livárna
Gießkanne F škropílnica
Gift N strúp
giftig strupén
Giftmüll M strupéni odpádki *mpl*
Giftschlange F strupenjáča, strupéna káča
Gipfel M vŕh, vrhúnec; *fig* víšek
Gipfelkonferenz F konferénca na vŕhu, vŕh
Gips M mávec (*a.* MED); (*Mineral*) sádra
Gipsabguss M mávčni odlítek
Gipsverband M mávčna obvéza
Giraffe F žiráfa
Girlande F girlánda
Girokonto N žiró račún

Gischt M péna, razpénjeni valóvi *mpl*
Gitarre F kitára
Gitter N rešêtka, mréža; (*Zaun*) ográja; **hinter ~n** za rešêtkami
Glanz M lèsk; *fig* sijáj
glänzen sijáti, bleščáti se, svetíti se
Glas N stêklo; (*Trinkglas*) kozárec
Glaser M steklár
glasieren glazírati (*im*)*pf*
glasig steklén
Glasscheibe F šípa
Glasur F glazúra
glatt gládek; **~ rasiert** poraziran, gladkó obrít
Glatteis N polédica, léd
glätten ⟨z⟩gláditi
Glatze F pléša; **e-e ~ haben** bíti pléšast
Glaube M véra (**an** v)
glauben verjéti; REL verováti; (*annehmen*) mísliti, meníti, domnévati
Glaubensbekenntnis N veroizpóved *f*, izpovedovánje vére; krédo (*a. fig*)
gläubig véren
Gläubige(r) M vérnik
glaubwürdig verjéten, verodostójen; ADV prepričljívo
gleich enák, ísti; ADV *zeitlich*: takój; **es ist mir ~** vseêno mi jè; **~ 5** kàr pét
gleichaltrig enáko stàr
gleichberechtigt enakopráven
Gleichberechtigung F enakoprávnost *f*
gleichen bíti podóben, bíti enák
gleichfalls enáko, pràv takó; **danke, ~!** hvála, enáko!
Gleichgewicht N ravnotéžje
gleichgültig ravnodúšen; **es ist mir ~** vseêno mi jè
Gleichheit F enákost *f*
gleichmäßig enakoméren
gleichnamig istoiménski
Gleichstrom M ELEK ênosmérni tók
Gleichung F MATH enáčba
gleichwertig enakovréden
gleichzeitig istočásen; ADV istočásno
Gleis N tír
gleiten drséti ⟨zdŕsniti⟩; ⟨s⟩polzéti
gleitend *Arbeitszeit*: drsèč
Gletscher M ledeník
Gletscherspalte F ledeníška razpóka
Glied N ANAT okončína; (*Penis*) úd; TECH člén
gliedern razčlenjeváti ⟨razčléniti⟩; razvŕščati ⟨razvrstíti⟩
Gliedmaßen PL údje *mpl*, okončíne *fpl*
glimmen tléti
glitschig spólzek
glitzern lesketáti se, bleščáti se
global globálen, celôten, splôšen
Glocke F zvón; (*Klingel*) zvônec
Glockenspiel N zvónčki *mpl*
Glockenturm M zvoník
glotzen bolščáti, búljiti
Glück N sréča; **zum ~** na sréčo, k sréči
Glucke F kóklja
glücklich sréčen; **~ machen**

osréčiti *pf*
glücklicherweise na sréčo
Glücksspiel N ígra na sréčo, hazárdna ígra
Glückwunsch M čestítka, voščílo; **herzlichen ~!** čestítam!
Glühbirne F žárnica
glühen žaréti
glühend žarèč; *fig* vnét, vròč; **~ heiß** razbéljen
Glühwein M kúhano víno
Glukose F glukóza
glukosefrei brez glukóze
Glut F žerjávica; (*Hitze*) vročína; *fig* vnéma, žár
Gluten M glutén
glutenfrei *Lebensmittel:* brez gluténa
GmbH F **Gesellschaft mit beschränkter Haftung** d.o.o. *f* (= drúžba z omejêno odgovórnostjo)
Gnade F mílost *f*
gnädig mílosten; **~e Frau** milostljíva
Gold N zlató
Goldbarren M zláta pálica, zlató v pálicah
golden zlát (*a. fig*)
Goldfisch M zláta ríbica
goldig *fig* zlát
Goldschmied M zlatár
Golf[1] M GEOG zalív
Golf[2] N gólf
Golfplatz M igríšče za gólf
Golfschläger M pálica za gólf
Golfspieler M igrálec gólfa
Gondel F góndola
gönnen privoščíti (*im*)*pf* (**sich** si)
Gorilla M goríla (*a. fig*)
Gosse F céstni járek
Gott M bóg, Bóg; **~ sei Dank!** hvála bogú!; **um ~es Willen!** za bôžjo vóljo!
Gottesdienst M bogoslúžje
Göttin F bogínja
göttlich božánski (*a. fig*); bôžji
Götze M malík
Grab N gròb
graben kopáti, grêbsti, ríti
Graben M járek
Grabhügel M gomíla
Grabinschrift F nagróbni napís
Grabstein M nagróbnik
Grad M stôpnja; *fig* méra; *Temperatur:* stopínja
Graf M gròf
Gräfin F grôfinja, grofíca
Grafik F gráfika
Grafiker M gráfik
grafisch gráfičen
Grafschaft F grofíja
Gramm N grám
Grammatik F gramátika, slóvnica
grammatikalisch slóvničen
Granate F granáta
Granit M granít
Gras N tráva
grasen pásti se
grässlich strášen, gŕd
Grat M grebén, rób
Gräte F sŕt *f*, ríbja kóst *f*
gratis zastónj, brezpláčen
gratulieren čestítati (*im*)*pf*, voščíti (*im*)*pf* (**zu** za)
grau sív
Grauen N grôza
grauenhaft grôzen, grozovít
Graupeln PL sódra, bábje pšêno
grausam krút

Grausamkeit F krútost *f*
grausen gábiti se
gravieren gravírati (*im*)*pf*, vrezováti ⟨vrézati⟩
graziös graciózen
greifbar dosegljív, pri rôki; *fig* oprijemljív
greifen prijémati ⟨prijéti⟩, zgrabíti *pf*; **~ nach** séči *pf* po; **~ in** séči *pf* v; **um sich ~** ⟨raz⟩šíriti se
Greis M stárec
grell *Schrei*: rézek, óster; *Licht*: járek; *Farbe*: kričèč; *Stimme*: vreščèč
Grenze F mêja
grenzen mejíti (**an** na)
grenzenlos brezmêjen
Grenzstein M mejník
Grenzübergang M méjni prehòd
Grieche M Gŕk
Griechenland N Gŕčija
Griechin F Gŕkinja
griechisch gŕški
griesgrämig zlovóljen, síten
Grieß M zdrób
Griff M prijèm; *Tür*: kljúka; *Messer*: ročáj; *Gefäß*: ròč
Grill M žár
Grille F múren
grillen pêči na žáru
Grimasse F zmŕda, spáka; **~n schneiden** spakováti se
grimmig srdít
grinsen režáti se
Grinsen N režánje
Grippe F grípa
grob gròb; *Fehler*: húd; *Mensch*: robàt, suròv; *Mehl*: óster; (*ungefähr*) priblížen
grölen rjovéti
grollen *Donner*: grméti
groß vêlik; *Hunger*: húd; (*erwachsen*) odrásel; **im Großen und Ganzen** na splòh, v glávnem
großartig čudovít, sijájen
Großbritannien N Vélika Británija
Größe F velikóst *f*; formát; MATH količína; *Kleid*: števílka; *fig* veličína
Großeltern PL déd in bábica, stári stárši *mpl*
Großhandel M trgovína na debélo
Großhändler M veletrgóvec
Großmacht F velesíla
Großmutter F bábica, stára máma
Großschreibung F pisáva z velíko začétnico
großspurig arogánten, domišljáv
Großstadt F vèlemésto
größtenteils večínoma
Großvater M stári ôče
großziehen vzgojíti *pf*, ⟨vz⟩redíti
großzügig velikopotézen; *Mensch*: velikodúšen
grotesk grotésken
Grotte F jáma, votlína
Grube F jáma; BERGB rúdnik
grübeln premíšljati
Gruft F gróbnica
grün zelèn (*a. fig u.* POL)
Grund M rázlog; (*Ursache*) vzròk; (*Boden*) tlà *npl*; *Meer*: dnò; **aus diesem ~(e)** zató, iz téga razlóga; **im ~e genommen** v bístvu

Grundbesitz M posést *f*, zemljíšče, zêmlja
Grundbesitzer M zemljíški poséstnik
gründen ustanovíti *pf*; utemeljíti *pf*
Gründer M ustanovítelj
Grundfläche F osnóvna plôskev *f*
Grundgebühr F osnóvna pristójbina; *Telefon*: telefónska naróčnína
Grundlage F osnóva, têmelj, podlága
grundlegend têmeljen, osnóven
gründlich temeljít
grundlos nèutemeljèn, brez razlóga
Gründonnerstag M véliki četŕtek
Grundriss M tlorís, tálni načŕt
Grundsatz M (osnóvno) načêlo, princíp
grundsätzlich načêlen; ADV načêlno
Grundschule F osnóvna šóla
Grundstein M têmeljni kámen
Grundstück N zemljíšče
Gründung F ustanovítev *f*
Grundwasser N tálna vôda
Grüne(r) M POL zelêni
grünen zelenéti
grunzen krulíti
Gruppe F skupína; grúča
gruppieren zbráti *pf* v skupíne; **sich ~** zbírati se
gruselig srhljív, grozljív
Gruß M pozdráv (**an** *D*); **mit freundlichen Grüßen** s prijáznimi pozdrávi; **viele Grüße an** ... lepó pozdrávi(te) ...
grüßen pozdrávljati ⟨pozdráviti⟩; **~ Sie ihn von mir** sporočíte mu môje pozdráve
Gulasch M, N gólaž
gültig veljáven
Gültigkeit F veljávnost *f*
Gummi M, N gúma; (*Kondom*) *umg* gúmica
Gummiband N elástika
Gummistiefel M gúmijast škórenj
günstig ugóden; **im ~sten Fall** v najbóljšem priméru
Gurgel F goltánec
gurgeln grgráti
Gurke F kúmara, kúmarica
Gurt M pás
Gürtel M pás
GUS F **Gemeinschaft unabhängiger Staaten** Skúpnost *f* nèodvísnih držáv
Guss M lítina; (*Regen*) nalív; GASTR prelív
gut dóber; **~e Reise!** sréčno pót!; **~ gehen** dôbro potékati; *j-m* dôbro se godíti; **es geht mir ~** dôbro mi gré, imám se dôbro; **~ gelaunt** dôbre vólje
Gut N (*Besitz*) posést *f*, poséstvo
Gutachten N izvédensko mnênje
Gutachter M izvédenec
gutartig dobrodúšen; MED nèneváren, benígen
Gute N dôbro; **nichts ~s** nìč dôbrega; **alles ~!** vsè najbóljše!
Güte F dobróta; HANDEL kvalitéta; **meine ~!** mój bóg!
Güter PL tôvor, blagó; dobríne *fpl*

Güterbahnhof M tovórna postája
Güterwagen M tovórni vagón
Güterzug M tovórni vlák
gutgläubig dobrovéren
Guthaben N dobroimétje
gutheißen odobrávati ‹odobríti›
gutmachen poravnáti *pf*, popráviti *pf*
gutmütig dobrosŕčen
Gutschein M kupón
Gutschrift F dobropís
Gutshof M poséstvo, kmetíja
guttun dôbro déti
Gymnasium N gimnazíja
Gymnastik F gimnástika
Gynäkologe M ginekológ
Gynäkologin F ginekológinja

H

Haar N lás, lasjé *mpl*; *am Körper*: dláka; **sich die ~e schneiden lassen** dáti si ostríči lasé
Haarbürste F krtáča za lasé
Haarfestiger M utrjevález za lasé
haarig lásast, dlákast, kosmàt
Haarschnitt M pričéska, frizúra
Haarspray M spréj za lasé
haarsträubend grozljív, nèmogòč
Haartrockner M sušílnik za lasé
Haarwaschmittel N šampón
Habe F imétje, premožênje
haben iméti; **welche Farbe hat ...?** kákšne bárve jè ...?
habgierig grabežljív, lákomen
Habicht M kragúlj
Hacke F motíka; (*Axt*) sekíra; (*Ferse*) pêta
hacken sékati; *Fleisch* sesekljáti *pf*, faširati (*im*)*pf*; *Vögel*: kljúvati
Hackfleisch N mléto mesó, sesekljáno mesó
Hafen M pristaníšče, lúka
Hafenstadt F pristaníško mésto
Hafer M ôves
Haferbrei M ovséna káša
Haferflocken FPL ovséni kosmíči *mpl*
Haft F zapòr, pripòr
haften: **~ an** držáti se (*G*), prijéti se (*G*); **~ für** odgovárjati za, bíti odgovóren za, dáti *pf* garancíjo za
Häftling M pripórnik
Haftpflichtversicherung F obvézno škódno zavarovánje
Haftung F odgovórnost *f*, jámstvo
Hagebutte F šípek
Hagebuttentee M šípkov čáj
Hagel M tóča
hageln: **es ~** tóča páda
hager súh, mŕšav
Hahn M petêlin; TECH pípa
Hähnchen N piščánec
Hai(fisch) M môrski pès
häkeln kváčkati
Haken M kávelj; (*Faustschlag*) udárec s pestjó
halb pól; **e-e ~e Stunde** pól úre; **~ elf** pôl enájst; **~ offen** napól

odpŕt
Halbfinale N pólfinále
halbieren razpolovíti *pf*
Halbinsel F pólotok
Halbkreis M pólkróg
Halbkugel F pólkrógla; GEOG polúta
halblaut pólglásno
Halbleiter F ELEK pólprevódnik
Halbmond M pólmésec
Halbpension F pólpenzión
Halbschuhe MPL nízki čévlji *mpl*
Halbtagsarbeit F póldnévno délo, polovíčna zaposlítev *f*
halbwegs za sílo, kólikor tóliko
Halbzeit F pólčas
Hälfte F polovíca; **zur ~** napól
Halfter M oglávnik, úzda
Halle F vêža; *Hotel*: ávla; *Markt*: tŕžnica
hallen donéti, razlégati se
Hallenbad N zímsko kopalíšče
Halm M bílka
hallo haló!
Hals M vrát; gŕlo; **~ über Kopf** (na) vrát na nós
Halsband N *Hund*: ovrátnica
Halsentzündung F vnétje gŕla
Halskette F ogŕlica
Hals-Nasen-Ohren-Arzt M otorinolaringológ
Hals-Nasen-Ohren-Ärztin F otorinolaringológinja
Halsschlagader F vrátna artêrija
Halsschmerzen MPL bolečíne *fpl* v gŕlu
Halstuch N ovrátna rúta
Halt M (*Stütze*) opóra; **~!** stój!
haltbar trpéžen, trájen, obstójen
Haltbarkeitsdatum N rók trájanja
halten držáti; *Rede* iméti; **nichts ~ von** iméti slábo mnênje o; **~ für** iméti za
Haltestelle F postajalíšče
Halteverbot N prepôved *f* ustávljanja
haltmachen ustáviti se *pf*
Haltung F dŕža; *fig* prisébnost *f*, obvládanost *f*
hämisch privoščljív, zlôben
Hammel M koštrún
Hammelfleisch N bravína
Hammer M kládivo
hämmern tólči, razbíjati (s kládivom); (*schmieden*) kováti
Hamster M hŕček
Hamsterkauf M *Einkauf großer Mengen von Waren* kopíčenje zalóge v velíkem obsègu
hamstern kopíčiti, délati zalóge
Hand F rôka; **sich die ~ geben** dáti si *pf* rôko, rokováti se; **mit der ~** z rôko, rôčno
Handarbeit F rôčno délo
Handball M rokomèt
Handbremse F rôčna zavóra
Handbuch N priróčnik
Händedruck M stísk rôke
Handel M trgovína, trgovánje; *abgeschlossen*: kupčíja; **im ~** na tržíšču
handeln ukrépati; HANDEL trgováti, kupčeváti; (*feilschen*) barantáti; **es handelt sich um** gré za

Handelskammer F trgovínska zbórnica
Handelsschule F trgóvska šóla
Handelsware F tŕžno blagó
Handfläche F dlán *f*
Handgelenk N zapéstje
Handgepäck N rôčna prtljága
Handgranate F rôčna granáta
handhaben ravnáti z, uporábljati
Händler M trgóvec
handlich prirôčen, práktičen
Handlung F dejánje; (*Geschehen*) dogájanje; (*Laden*) trgovína
Handlungsweise F ravnánje
Handschellen PL lisíce *fpl*
Handschrift F (*Text*) rokopís; (*Schrift*) pisáva
handschriftlich rokopísen
Handschuh M rokavíca
Handtasche F tórbica
Handtuch N brisáča
Handwerk N obŕt *f*; rokodélstvo
Handwerker M obrtník; rokodélec
Handy N mobílni telefón, *umg* móbitel
Handynummer F števílka mobílnega telefóna, *umg* števílka móbitela
Hanf M konôplja
Hang M pobóčje, strmína; *fig* nágnjenost *f*, nágnjenje
Hängebrücke F viséči móst
Hängematte F viséča mréža
hängen viséti (**an** na); **~ an** *fig* bíti navézan na; **~ bleiben** obviséti *pf*
hänseln dražíti
Happen M grižljáj, zalogáj
Hardware F IT strójna opréma
Harfe F hárfa
Harke F gráblje *fpl*
harmlos nèneváren, nèškodljív
Harmonie F harmoníja, ubránost *f*, skládnost *f*
harmonieren harmonírati, skládati se, ujémati se
harmonisch harmóničen, ubrán, skláden
Harn M urín, séč
Harnblase F séčnik, séčni mehúr
Harpune F harpúna
hart trd; *Leben*: hûd, têžek, (*streng*) stróg; **~ gekocht** (v) trdo kúhan
Härte F trdôta; *fig* strogóst *f*
hartnäckig trdovráten
Harz N smôla
Haschisch N hášiš
Hase M zájec
Haselnuss F léšnik
Hass M sovráštvo
hassen sovražíti
hässlich gŕd, zóprn
hastig nágel; ADV náglo, v náglici
Haube F kápa, čépica; *Tracht*: ávba; *Motor*: pokròv
Hauch M díh, sápica; *fig* nadìh
hauchen díhniti *pf*, dáhniti *pf*; (*flüsternd sagen*) šépniti *pf*
hauen udáriti *pf*, tólči, têpsti
Haufen M kúp, kopíca; (*Menge*) grúča, množíca
häufen kopíčiti (**sich** se)
häufig pogóst(en); ADV pogósto, čésto
Haupt N gláva

Hauptbahnhof M glávni kolodvór
Hauptdarsteller M glávni igrálec
Hauptdarstellerin F glávna igrálka
Hauptfigur F glávni lík
Hauptmann M glavár; MIL stótnik
Hauptrolle F glávna vlóga
Hauptsache F: **~ ist** ... nàjvažnéjše jè ..., glávno jè ...
hauptsächlich ADV predvsèm, zlásti
Hauptsatz M GRAM glávni stávek
Hauptstadt F glávno mésto
Hauptverkehrszeit F prométna koníca
Hauptwort N GRAM samostálnik
Haus N híša; **nach ~e** domóv; **zu ~e** domá
Hausapotheke F domáča lekárna
Hausarbeit F gospodínjsko délo
Hausarzt M híšni zdravník
Hausärztin F híšni zdravníca
Hausaufgabe F domáča nalóga
Hausbesitzer M híšni lastník
Hausflur M vêža
Hausfrau F gospodínja
Haushalt M gospodínjstvo; *Staat*: proračún
Haushälterin F gospodínja
Hausherr M (híšni) gospodár; gostítelj
Hausherrin F gospodaríca, gospodínja; gostíteljica
Hausierer M krošnjár
häuslich domàč; *Mensch*: solíden
Hausmeister M híšnik
Hausordnung F híšni réd
Hausschuh M copáta
Haustier N domáča žívál *f*
Haustür F híšna vráta *npl*
Haut F kóža
Hautarzt M dermatológ
Hautärztin F dermatológinja
Hautausschlag M izpuščáj
häuten: **sich ~** levíti se
Hautfarbe F bárva kóže
Hebamme F bábica
Hebebühne F TECH dvigálo
Hebel M vzvòd
heben dvígati ⟨dvígniti⟩, vzdigováti ⟨vzdígniti⟩
hebräisch hebréjski
Hecht M ščúka
Heck N SCHIFF kŕma; FLUG rèp; AUTO: zádek
Hecke F žíva mêja
Heer N vôjska; *fig* krdélo
Hefe F kvás, droží *fpl*
Heft N zvézek
heften spénjati ⟨spéti⟩; (*nähen*) naudárjati ⟨naudáriti⟩
Hefter M spenjáč; mápa
heftig močán, sílen; *Reaktion*: búren
Heftklammer F spónka
hegen gojíti, negováti
Hehler M JUR prikriválec
Heide M pogán
Heide F résa; (*Landschaft*) resáva
Heidekraut N résje
Heidelbeere F borovníca
heidnisch pogánski

heikel izbírčen; *Angelegenheit*: kočljív
heil zdràv, cél, nèpoškodován
heilbar ozdravljív
heilen ‹o›zdráviti
heilig svét
Heiligabend M svéti večér
Heilige(r) M svetník
Heiligtum N svetíšče; (*Gegenstand*) svetínja
Heilmittel N zdravílo
Heilpflanze F zdravílna rastlína
heim ADV domóv
Heim N dóm
Heimat F domovína
heimatlos brezdómski
Heimatort M domáči kràj
heimisch domàč; **sich ~ fühlen** počutíti se kot domá
heimkehren vrníti se *pf* (domóv)
heimlich skríven, tájen; ADV skrivàj
Heimreise F povrátek
Heimweg M povrátek, pót *f* domóv
Heimweh N domotóžje
Heirat F poróka; *Frau*: možítev *f*; *Mann*: ženítev *f*
heiraten poročíti se *pf*; *Frau*: omožíti se *pf*; *Mann*: oženíti se *pf*
Heiratsantrag M snubítev *f*
heiser hrípav
Heiserkeit F hrípavost *f*
heiß vròč
heißen imenováti se; (*bedeuten*) pomeníti; **wie heißt du?** kakó ti je imé?; **das heißt** to se právi
heiter jásen, véder
Heiterkeit F vedrína, vêdrost *f*
heizen kúriti
Heizer M kurjáč
Heizkissen N grélna blazína
Heizkörper M radiátor
Heizöl N kurílno ólje
Heizplatte F grélna plôšča
Heizung F kurjáva
hektisch héktičen
Held M junák
heldenhaft junáški
Heldin F junákinja
helfen pomágati (*im*)*pf*; **er weiß sich zu ~** òn si zna pomágati
Helfer M pomóčnik
hell svêtel; *Stimme*: zvónek; *fig* bíster; **~es Bier** svêtlo pívo
Hellseher M jasnovídec
Hellseherin F jasnovídka
Helm M čeláda, šlém
Hemd N srájca
hemmen zavírati, ovírati
Hemmung F zavíranje, zavítost *f*, ovíra, zavóra (*a. psychisch*)
hemmungslos nèobrzdan, brez zadŕžkov
Hengst M žrébec
Henkel M ročáj, ròč
Henker M rábelj, krvník
Henne F kokóš *f*
her sèm; *zeitlich*: že; **von weit ~** od dáleč
herab dôl, navzdòl; *fig* **von oben ~** zvíška
herablassend podcenjeválen; ADV zvíška
herabsehen: **~ auf** glédati zvíška na, podcenjeváti
herabsetzen zniževáti ‹znížati›; *fig* podcenjeváti

heran sèm
herankommen približeváti 〈približati〉 se
heranwachsen odráščati 〈odrásti〉
herauf gôr, navzgòr
heraufbeschwören izzívati 〈izzváti〉; *Erinnerungen* priklícati *pf*; (*verursachen*) povzročíti *pf*
heraufziehen potegníti *pf* gôr; *Gewitter*: blížati se
heraus vèn; **~ mit der Sprache!** na dán z besédo!
herausbekommen správiti *pf* vèn; *Geld* dobíti *pf* nazáj (drobíž); *fig* ugotovíti *pf*, izvabíti *pf*
herausfordern izzívati 〈izzváti〉, provocírati (*im*)*pf*
Herausforderung F izzív
herausgeben *Kleingeld* vráčati 〈vrníti〉; *Buch* izdájati 〈izdáti〉, založíti *pf*; (*ausliefern*) izročíti *pf*
Herausgeber M izdajátelj
herauskommen stopíti *pf* iz, príti *pf* vèn; **was kam dabei heraus?** kákšen jè bíl rezultát?
herausnehmen vzéti *pf* iz (*G*); **sich ~** *Rechte* lastíti si; *Freiheiten* dovolíti si *pf*
herausstellen: **sich ~** izkázati se *pf*
herausstrecken pomolíti *pf* vèn; *Zunge* pokázati *pf*
herausziehen potegníti *pf* vèn
herb trpek; (*bitter*) grenák
herbei sèm, sèmkaj
Herberge F prenočíšče
Herbst M jesén *f*
herbstlich jesénski
Herd M štedílnik
Herde F čréda
herein nóter; **~!** napréj!, vstopíte!
hereinfallen *fig* nasésti *pf* (*D*), nasmolíti se *pf*
hereinkommen vstopíti *pf*
hereinlassen spustíti *pf* (nóter)
hereinlegen *fig* nasmolíti *pf*, ogoljufáti *pf*
herfallen: **~ über** planíti *pf* na, napásti *pf* (*A*)
hergeben dáti *pf* (sèm); **alles ~** dáti vsè od sêbe
Hering M slaník
herkommen prihájati 〈príti〉 (sèm)
Herkunft F porêklo, izvòr
Herr M gospód; (*Besitzer*) gospodár; **meine ~en!** gospódje!
herrenlos brez gospodárja
herrichten priprávljati 〈pripráviti〉, oprémiti *pf*
herrisch gospodoválen
herrlich čudovít, veličásten, krásen
Herrschaft F oblást *f*; vladavína; **(meine) ~en!** gospé in gospódje!
herrschen vládati; (*existieren*) obstájati, bíti
Herrscher M vladár
herrühren: **~ von** izhájati iz, izvírati od
herstellen izdelováti 〈izdélati〉, proizvájati 〈proizvêsti〉; *Verhältnisse* vzpostávljati 〈vzpostáviti〉
Herstellung F izdelovánje, izdeláva, proizvódnja
herüber sèm

herum okóli, okróg
herumführen peljáti naokróg
herumkommen: **um et. nicht ~** ne môči se izogníti (*D*)
herumlungern postópati
herumreichen podájati si
herumtreiben: **sich ~** potíkati se, potépati se
herunter dôl, navzdòl
heruntergekommen onemógel; obubóžan
herunterkommen príti *pf* dôl; *fig* propásti *pf*, obubóžati *pf*
herunternehmen snéti *pf*
hervor vèn, na dán
hervorbringen potegníti *pf* na dán; proizvêsti *pf*; *Worte* izústiti *pf*, izdáviti *pf*
hervorgehen: **~ aus** razvíjati ⟨razvíti⟩ se iz
hervorheben poudárjati ⟨poudáriti⟩, podčŕtati *pf*
hervorragend *fig* odlíčen
hervorrufen povzróčati ⟨povzročíti⟩, zbújati ⟨zbudíti⟩
Herz N srcé
Herzanfall M sŕčni napàd
Herzenslust F: **nach ~** po míli vólji
Herzfehler M sŕčna napáka
Herzinfarkt M sŕčni infárkt
Herzklopfen N razbijánje srcá; **er hatte ~** razbíjalo mu je srcé
herzkrank bolán na sŕcu
herzlich prisŕčen; **~ wenig** pràv málo
Herzlichkeit F prisŕčnost *f*
herzlos brezsŕčen
Herzog M vójvoda *m*
Herzogin F vójvodinja
Herzogtum N vójvodina
Herzschlag M bítje srcá; MED sŕčna káp *f*
Herzschrittmacher M sŕčni spodbujeválnik
Herztransplantation F presadítev *f* srcá
Hetze F hújskanje, ščúvanje; (*Jagd*) gónja
hetzen goníti; pregánjati, pregánjati; (*aufhetzen*) ščúvati, hújskati; V/I hitéti
Heu N senó
Heuchelei F hinávščina
heucheln hlíniti
Heuchler M hinávec
heuchlerisch hinávski
heuer *österr* létos
heulen tulíti, zavíjati; (*weinen*) jokáti
Heuschnupfen M senéni nahod
Heuschrecke F kobílica
heute dánes; **~ früh** dávi, dánes zjútraj; **~ Abend** drévi, dánes zvečér; **~ Nacht** nocój; **von ~ an** od dánes napréj; **~ vor acht Tagen** pred ôsmimi dnévi
heutig danášnji
heutzutage dándánes, dandanášnji
Hexe F čaróvnica
Hexenschuss M MED lumbágo, ledvéni usèk
Hexerei F coprníja, čarovníja
hie: **~ und da** sèm ter tjà
Hieb M udárec
hier tù, túkaj
hierauf na tó; potém, nató
hieraus iz tegà
hierbei pri tém; **~ ist zu be-**

merken ob tém je tréba pripómniti
hierfür zató, v ta namèn
hierher sèm, sèmkaj; **bis ~** do tùkaj
hierin v tém
hiermit s tém
hiernach po tém; (*demzufolge*) potemtákem
hierüber *fig* o tém
hiervon o tém; od tegà
hierzu za tó, v ta namèn
hiesig túkajšnji
Hi-Fi-Anlage F hi-fi naprava
Hilfe F pomóč *f*; **~ !** na pomóč!; **Erste ~** pŕva pomóč *f*
Hilferuf M klíc na pomóč
hilflos nebogljèn; nèmôčen
Hilfsarbeiter M pomóžni délavec
hilfsbedürftig potrében pomóči
hilfsbereit priprávljen pomágati
Hilfsmittel N pripomóček
Hilfszeitwort N GRAM pomóžni glágol
Himbeere F malína
Himmel M nebó; REL nebésa *npl*; **unter freiem ~** pod mílim nébom, na prôstem
himmelblau nebésno móder
Himmelfahrt F vnebovzétje, vnebohòd
Himmelsrichtung F strán *f* néba
himmlisch nebéški
hin tjà; **~ und her** sèm ter tjà; **~ und wieder** tù in tàm; **~ und zurück** tjà in nazáj
hinab dól, navzdòl
hinauf kvíšku, navzgòr, gôr
hinaufgehen hodíti ‹íti› gôr
hinaufsteigen vzpénjati ‹vzpéti› se
hinaus vèn; **auf Jahre ~** za léta napréj; **darüber ~** vŕh tegà; **~ mit dir!** pobêri se!
hinausgehen íti *pf* vèn; **~ über** *fig* preségati
hinauslaufen stêči *pf* vèn; **~ auf** pomeníti
hinausschieben potísniti *pf* vèn; *fig* odlágati ‹odložíti›
hinauswerfen vréči *pf* vèn
hinauszögern zavlačeváti
Hinblick M: **im ~ auf** gledé na, z ozírom na
hinbringen prinêsti *pf* tjà; *fig* uspéti *pf*, uredíti *pf*
hinderlich: **~ sein** ovírati
hindern ovírati; **~ an** preprečeváti ‹preprečiti›
Hindernis N ovíra; SPORT zapréka
hindurch skózi; **die ganze Nacht ~** vsò nóč
hinein nóter; **bis in die Nacht ~** globôko v nóč
hineingehen íti *pf* nóter; **~ in** íti *pf* v
hinfahren pelјáti tjà; V/I pelјáti se tjà
Hinfahrt F: **auf der ~** tjà gredé
hinfallen pásti *pf*
hinführen vodíti tjà, peljáti tjà
Hingabe F vdánost *f*, predánost *f*; (*Eifer*) vnéma, zavzétost *f*
hingehen íti *pf* tjà
hingehören spádati tjà
hinhalten *fig j-n* pustíti čákati
hinken šépati

hinlegen položíti *pf*, odložíti *pf*; **sich ~** uléči se *pf*
hinnehmen (*ertragen*) prenášati ⟨prenêsti⟩
hinrichten usmrtíti *pf*
Hinrichtung F usmrtítev *f*
hinsetzen posadíti *pf*; **sich ~** usésti se *pf*
hinsichtlich gledé na, kar se tíče
hinten zádaj
hinter za, zádaj za (*A, I*); **~ ... her sein** iskáti, pregánjati
Hinterbliebene(r) M svójec umŕlega, žalujóči
hintere(r) tísti bòlj zádaj
hintereinander drúg za drúgim; ADV zapovrstjó, zaporédoma
Hintergedanke M skríta mísel *f*
hintergehen *j-n* ogoljufáti, prevárati
Hintergrund M ozádje
Hinterhalt M zaséda
hinterher za, zádaj za; *zeitlich*: potém, poznéje
Hinterkopf M zaglávje, zatílje
hinterlassen zapustíti *pf*
hinterlegen deponírati (*im*)*pf*
hinterlistig zvijáčen, zahŕbten
Hintern M *umg* zádnjica, rìt *f*
Hintertür F zádnja vráta *npl*; *fig* zádnja vrátca *npl*
hinüber tjà, čéz
hinunter dôl, navzdòl; **den Fluss ~** po réki navzdòl
hinunterschlucken pogóltniti *pf* (*a. fig*)
Hinweg M pót *f* tjà; **auf dem ~** tjà gredé
hinwegkommen: **~ über** preboléti *pf*
hinwegsetzen: **sich ~ über** íti *pf* préko, ne zmeníti se *pf* za
Hinweis M namíg; (*Warnung*) opozorílo
hinweisen ⟨po⟩kazáti (**auf** na); (*verweisen*) opozárjati ⟨opozoríti⟩ (**auf** na)
hinziehen: **sich ~** raztézati se, ségati (**bis** do); *zeitlich*: vléči se
hinzu k tému
hinzufügen dodájati ⟨dodáti⟩
hinzuziehen *Arzt* poklícati *pf*
Hirn N možgáni *mpl*; *fig* pámet *f*
Hirngespinst N fantazíjska tvórba
hirnlos neúmen
Hirsch M jêlen
Hirschkuh F košúta
Hirt(e) M pastír
hissen *Fahne* izobésiti *pf*
historisch zgodovínski, históričen
Hitze F vročína; ZOOL gónjenje
hitzebeständig obstójen próti vročíni
Hitzewelle F vročínski vál
hitzig razgrét, vnét; *Temperament*: vročekŕven
Hitzkopf M vročekŕvnež
Hitzschlag M vročínska káp *f*
HNO-Arzt M otorinolaringológ
HNO-Ärztin F otorinolaringológinja
Hobel M skóbelj, óblič
Hobelbank F skóbeljnik
hobeln skóbljati
hoch visòk; *Konzentration*: vêlik; **~ anrechnen** štéti v dôbro
Hoch N *Wetter*: obmóčje visô-

kega zráčnega pritíska
Hochachtung F spoštovánje
hochachtungsvoll s spoštovánjem
hochdeutsch visokonémški
Hochdruck M TECH visòk tlák; TYPO visôki tísk; *Grafik*: reliéfni tísk
Hochebene F visôka planôta
Hochgebirge N visokogórje
Hochhaus N stôlpnica, nebotíčnik
Hochkonjunktur F konjunktúrni víšek
hochmütig ošáben
Hochofen M plávž
Hochsaison F glávna sezóna
Hochschule F visôka šóla; univêrza
Hochspannung F ELEK visôka napétost *f*; *fig* skrájna napétost *f*
Hochsprung M SPORT skòk v višíno
höchst nàjvíšji, skrájni; ADV nadvsè, skrájno, zeló
Hochstapler M nastopáč
höchstens kvéčjemu; nàjveč; **~ drei** nàjveč trí
Höchstgeschwindigkeit F nàjvíšja hitróst *f*, maksimálna hitróst *f*
Höchstleistung F nàjvéčji doséžek, rekórd
höchstwahrscheinlich nàjbrž
Hochwasser N povódenj *f*
hochwertig kvalitéten, kakóvosten
Hochzahl F eksponènt
Hochzeit F poróka
Hochzeitskleid N poróčna obléka
Hochzeitsreise F poróčno potovánje
hocken čepéti
Höcker M gŕba
Hoden M módo
Hof M dvoríšče; AGR domačija, kmetíja; *hist.* dvórec, dvór
hoffen úpati (**auf** na)
hoffentlich úpajmo, da ...
Hoffnung F úpanje
hoffnungslos brezúpen
hoffnungsvoll póln úpanja
höflich vljúden
Höflichkeit F vljúdnost *f*
Höhe F višína; **in die ~** navzgòr, kvíšku; **das ist die ~!** tó jè víšek!
Hoheitsgebiet N držávno ozémlje
Höhenluft F višínski zràk
Höhenzug M gôrska veríga
Höhepunkt M víšek, vrhúnec
hohl vótel (*a. fig*)
Höhle F votlína, jáma; ZOOL brlòg; dúplo, duplína
Hohlmaß N vótla méra
Hohlraum M votlína
Hohn M posmèh, porôg
höhnisch poroglјív, posmehljív
holen íti *pf* po; prinêsti *pf*; **~ lassen** posláti *pf* po; **sich ~** *Krankheit* nakopáti si *pf*; **Atem ~** zajéti *pf* sápo
Holland N Holándska
Holländer M Holándec
Holländerin F Holándka
holländisch holándski
Hölle F pekèl
höllisch peklénski

holprig jámast
Holunder M bezèg
Holz N lés; (*Brennholz*) dŕva *npl*
hölzern lesén (*a. fig*)
Holzfäller M drvár
Holzkohle F óglje
Holzschnitt M lesoréz
Holzwolle F lésna vólna
Holzwurm M lésni čŕv
Homepage F domáča (splétna) strán
homosexuell homoseksuálen
Honig M méd, stŕd *f*
Honorar N honorár
Hopfen M hmélj
Hörapparat M slúšni aparát
hörbar slíšen
horchen *heimlich*: prisluškováti
Horde F krdélo, tôlpa
hören slíšati; (*zuhören*) poslúšati; **~ auf** poslúšati (*A*), ubógati; **von sich ~ lassen** oglasíti se *pf*, jáviti se *pf*; **schwer ~** slabó slíšati
Hörer M poslušálec; *Universität*: slušátelj
Horizont M obzórje
horizontal vodoráven, horizontálen
Horn N róg (*a.* MUS)
Hornhaut F tŕda kóža; MED roženíca
Hornisse F sršèn
Horoskop N horoskóp
Hörsaal M predaválnica
Hörspiel N rádijska ígra
Hörweite F: **in ~** v bližíni
Hose F hláče *fpl*
Hosenanzug M hláčni kostím
Hosenschlitz M (hláčni) razpórek
Hosentasche F hláčni žèp
Hosenträger M narámnica
Hospital N bolníšnica
Hostie F hóstija
Hotel N hotél
Hoteldirektor M diréktor hotéla
Hotelzimmer N hotélska sôba
Hotline F telefónske informácije, telefónska pomóč uporábnikom
Hubraum M gíbni volúmen
hübsch ljúbek, čéden
Hubschrauber M helikópter
Huf M kopíto
Hufeisen N pôdkev *f*
Hüfte F kólk
Hüftgelenk N kôlčni sklèp, kólk
Hügel M gríč, hríb
hügelig gričévnat, gricevít, hribovít
Huhn N kokóš *f*, kúra
Hühnerauge N kúrje okó
Hühnerstall M kúrnik
Hülle F ovòj; *Buch*: ovítek; *fig* lupína; **in ~ und Fülle** na pretèk
hüllen zavíjati ⟨zavíti⟩, zagrínjati ⟨zagrníti⟩
Hülse F stròk, luščína
Hülsenfrucht F stróčnica
human človéški
Hummel F čmŕlj
Hummer M jástog
Humor M humór
humorvoll póln humórja
humpeln šépati
Hund M pès
Hundehütte F pásja úta
hundert stó
Hundertjahrfeier F stolét-

nica
Hundertstel N stotínka
Hunger M lákota, glád; ~ **haben** bíti láčen
hungern strádati
hungrig láčen
Hupe F húpa
hupen trobíti, húpati
hüpfen skaklјáti
Hürde F SPORT ovíra, zapréka; *fig* prepréka
Hürdenlauf M ték z ovírami
Hure F *meist neg!* kúrba, vlačúga, cípa
huschen smúkati ⟨smúkniti⟩; *Lächeln*: zdŕsniti *pf*
husten ⟨za⟩kášljati
Husten M kášelj
Hustensaft M sírup próti kášlju
Hut M klobúk
hüten varováti, pazíti; *Vieh* pásti; **sich ~ vor** varováti se (*G*)
Hütte F kóča
hydraulisch hidrávličen
Hygiene F higiéna
hygienisch higiénski
Hymne F hímna
Hypothek F hipotéka
Hypothese F hipotéza
hysterisch histéričen

I

ich jàz
Ideal N ideál
Idee F idéja; mísel *f*, zamísel *f*
identifizieren identificírati (*im*)*pf* (**sich** se); **sich ~** poistovétiti se *pf*
identisch idéntičen, istovéten
Identität F identitéta, istovétnost *f*
Ideologie F ideologíja
Idiot M idiót
Idol N idól
Igel M jéž
ihm njêmu, mu
ihn njêga, ga
ihnen njìm, jìm
Ihnen Vàm
ihr njéj, jì; *Possessivpron.* njén, njíhov *pl*
Ihr Vàš
ihretwegen zarádi njé (njìh *pl*)
Ihretwegen zarádi Vàs
illegal nèlegálen, nèzakonít
Illustration F ilustrácija
illustrieren ilustrírati (*im*)*pf*
Illustrierte F revíja
Imbiss M prigrízek
Imbissstube F bifé
Imker M čebelár
immer védno; ~ **wieder** védno znóva; ~ **noch** šè védno; ~ **mit der Ruhe** lè mírno; **wer auch ~** kdórkóli žé; **wo auch ~** kjèrkóli žé; **wie auch ~** kàkorkóli žé
immerhin vèndar, vèndarle, kljúb vsèmu
immerzu kàr napréj
Immobilie F nèpremičnína
immun imún
Imperativ M ímperativ; GRAM velélnik
Imperfekt N GRAM ímperfekt
Imperialismus M imperialízem
impfen cepíti (*im*)*pf*

Impfpass M knjížica o cépljenju
Impfschein M potrdílo o cépljenju
Impfstoff M cepívo
Impfung F cépljenje
imponieren imponírati
Import M impórt, uvòz
importieren importírati (*im*)*pf*, uvážati
impotent impoténten
imprägnieren impregnírati (*im*)*pf*
improvisieren improvizírati (*im*)*pf*
impulsiv impulzíven
imstande: ~ **sein** môči; bíti sposóben, da ...
in(*D, A*) v (*A, L*); na (*A, L*); **bis spät ~ die Nacht** pôzno v nóč
inbegriffen vključčen, zaobséžen
indem s tém da; *zeitlich*: vtém ko, medtém ko
Inder M Índijec
Inderin F Índijka
Indianer M *neg!* Indijánec
Indianerin F *neg!* Indijánka
Indien N Índija
Indikativ M GRAM índikativ
indirekt indirékten, posréden
indisch índijski
individuell individuálen
Indiz N indíc
Industrie F industríja
Industriegebiet N industríjsko področje
ineinander drúg v drúgega
Infektion F inféktcija, okúžba
Infektionskrankheit F infekcíjska bolézen *f*
Infinitiv M GRAM ínfinitiv, nèdolóčnik
infizieren inficírati (*im*)*pf* (**sich** se), okúžiti *pf* (**sich** se)
Inflation F inflácija
infolge (*G*) zarádi (*G*)
infolgedessen zarádi téga, zató
Informatik F informátika
Information F infomácija
Informationsbroschüre F informatívna brošúra
Informationszentrum N informacíjski cénter
informieren informírati (*im*)*pf* (**über** *n*)
infrage: ~ **kommen** príti *pf* v poštèv
Ingenieur M inženír
Ingenieurin F inženírka
Ingwer M íngver
Inhaber M imétnik, lastník
Inhalt M vsebína; MATH, RAUMF: prostornína; *Fläche*: ploščína
Inhaltsverzeichnis N kazálo
Initiative F iniciatíva, pobúda
Injektion F injékcija
Inland N tuzémstvo
inländisch tuzémski, domàč
Inlineskates PL rólerji *mpl*
inmitten srédi (*G*)
innen nótri; znótraj; **nach ~** nótri; **von ~** od znótraj
Innenarchitekt M arhitékt za nótranjo oprémo
Innenminister M nótranji minístег, miníster za nótranje zadéve
Innenpolitik F nótranja polítika
Innenstadt F méstno sredíšče,

cénter
innere(r) nótranji; **innere Medizin** intêrna medicína
Innere(s) N nótranjost *f*
Innereien PL drobovína
innerhalb znótraj; *zeitlich:* v róku (*G*)
innerlich nótranji; ADV znótraj
inoffiziell nèoficiálen, nèuráden
Insasse M pótnik
insbesondere posébno, zlásti
Inschrift F napís
Insekt N žužélka, insékt
Insel F ôtok
Inselgruppe F otóčje
Inserat N oglàs, inserát
inserieren dáti *pf* oglàs, oglaševáti (v čásniku), inserírati (*im*)*pf*
insgesamt vsè skúpaj, skúpno
insofern v tóliko; do té mére, v tém ozíru
Installateur M inštalatêr
installieren inštalírati (*im*)*pf*
instand: ~ **halten** vzdrževáti
Instinkt M nagòn, instínkt
Institut N inštitút, závod
Institution F ustanóva, závod, institúcija
Instrument N instrumènt; MUS glasbílo; MED napráva
Insulin N inzulín
Inszenierung F uprizorítev *f*
Intellektuelle(r) M intelektuálec
intelligent inteligénten
Intelligenz F inteligénca
intensiv intenzíven
Intensivstation F oddélek za intenzívno négo
Intercity® M Intercity vlák
interessant zanimív, interesánten
Interesse N zanímanje (**an** za)
interessieren: **sich ~ für** zanímati se za
Internat N internát
international mednároden, internacionálen
Internet N ínternét, splèt; **Zugang zum ~ haben** iméti dostòp do ínternéta
Internetadresse F splétni/ínternétni naslòv
Internetanschluss M priključek za ínternét
Internetcafé N splétna/ínternétna kavárna
Internetprovider M ínternétni ponúdnik
Internetzugang M dostòp do ínternéta
intervenieren intervenírati (*im*)*pf*; posredováti (*im*)*pf*
Interview N intervjú
interviewen intervjúvati (*im*)*pf*
intim intímen
intolerant nètoleránten
intransitiv GRAM intranzitíven, nèprehóden
Invalide M invalíd
investieren investírati (*im*)*pf*; vlágati
Investition F investícija, vlaganje
inwiefern na kákšen način
inwieweit v kólikšni méri
inzwischen medtém
irdisch zêmeljski
Ire M Írec
irgendein katérikóli, néki
irgendeiner nékdo; kdórkóli

irgendetwas kàrkóli
irgendjemand kdórkóli, nekdó
irgendwann kàdarkóli; o prílíki
irgendwie nékako; kàkorkóli; **schon ~** že kakó
irgendwo nekjé; kjèrkóli
Irin F Írka
Iris F ANAT šarenica; BOT perúnika
irisch írski
Irland N Írska
Ironie F ironíja
ironisch iróničen
irre blázen, nòr; (*verwirrt*) zméden
irreführen zavájati ⟨zavêsti⟩ (v zmóto)
irren: **sich ~** zmotíti se *pf*; **sich ~ in** iméti napáčno mnênje o
irritieren iritírati (*im*)*pf*; (*reizen*) dražíti
Irrsinn M bláznost *f*
irrsinnig nòr, blázen (*a. fig*)
Irrtum M zmóta
irrtümlich ADV po pomóti
Ischias M íshias
Islam M íslam
Isolation F izolácija
Israeli M Izraélec
Israelin F Izraélka
israelisch izraélski
IT (**Informationstechnologie**) *f* IT (informacíjska tehnologíja)
Italien N Itálija
Italiener M Italiján
Italienerin F Italijánka
italienisch italijánski

J

ja dà
Jacht F jáhta
Jacke F jópič, jópa
Jackett N súknjič
Jagd F lòv; (*Verfolgung*) zasledovánje
Jagdhund M lôvski pès
Jagdschein M lôvno dovoljênje
jagen lovíti; (*verfolgen*) zasledováti; **~ aus** ⟨na⟩podíti, nagnáti *pf*
Jäger M lôvec (*a.* FLUG)
jäh nenáden; ADV nenádoma
Jahr N léto; **voriges ~** láni; **im ~e** léta; **einmal im ~** ênkrat létno
jahrelang léta in léta, dólga léta
Jahrestag M oblétnica
Jahreszahl F létnica
Jahreszeit F létni čàs
Jahrgang M létnik
Jahrhundert N stolétje
jährlich létni; ADV vsáko léto
Jahrmarkt M semènj
Jahrzehnt N desetlétje
jähzornig nágle jéze
Jalousie F žaluzíja
Jammer M stók, tárnanje; **es ist ein ~** škóda jè, žálostno jè
jämmerlich klávrn
jammern stókati, tárnati (**um** zarádi)
Jänner *österr*, **Januar** M jánuar

Japan N Japónska
Japaner M Japónec
Japanerin F Japónka
japanisch japónski
jäten pléti
Jauche F gnójnica
jauchzen vrískati
Jause F *österr* málica
Jeans PL kávbojke *fpl*
Jeansjacke F jákna iz džínsa
je (splòh) kdàj; **~ zwei** po dvá; **~ ... desto** čím ... tém; **~ nach** glede na; **~ nachdem** kot nanêse
jedenfalls vsèkakor, na vsák način
jeder vsák; **jedes Mal** vsákokrat, vsákič
jedermann vsákdo
jederzeit vsèlej, védno
jedoch vèndar
jemals kdàjkóli, splòh kdàj
jemand nékdo; kdó
jener, **jene**, **jenes** óni, óna, óno; tísti, tísta, tísto; **zu ~ Zeit** takràt
jenseits ónstran (*G*), ónkraj (*G*)
Jenseits N ónstránstvo, óni svét
jetzig sedánji; zdájšnji
jetzt sedàj, zdàj; **bis ~** dosléj, do sedàj; **~ eben** rávnokar
Jod N jód
joggen têči
Joghurt M, N jógurt
Johannisbeere F ríbez
Journalist M novínar
Journalistin F novínarka
jubeln vrískati
Jubiläum N jubiléj, oblétnica
jucken srbéti
Juckreiz M srbênje
Jude M žíd
Jüdin F žídinja
Jugend F mladóst *f*; mladína
Jugendamt N uràd za mladínsko skŕbstvo
jugendfrei priméren za mladíno
jugendlich mladósten
Jugendliche(r) M mladóstnik, mladolétnik
Jugendstil M secesíja, secesíjski slóg
Juli M július
jung mlád
Junge M déček, fànt
Junge(s) N mladič
jungenhaft déški
Jünger M REL učênec
Jungfrau F devíca
jungfräulich devíški; *fig* nèdotáknjen
Junggeselle M sámec
jüngste(r) M nàjmlájši; *Ereignis*: nàjnovéjši; **in jüngster Zeit** v zádnjem čásu
Juni M június
junior mlájši
Jura NPL: **~ studieren** študírati právo
Jurist M právnik
Juristin F právnica
juristisch právni
Jury F žiríja
Justiz F sódstvo
Justizminister M pravosódni minister
Justizministerium N pravosódno ministrstvo
Juwel N dragúlj
Juwelier M zlatár
Jux M šála, héc

K

Kabel N kábel
Kabelfernsehen N kábelska televizíja
Kabeljau M polénovka, tríska
Kabine F kabína; *Seilbahn*: góndola
Kachel F plôščica; *Ofen*: pečníca
kacheln obložíti *pf* s plôščicami
Kachelofen M lončéna péč *f*
Kadaver M trúplo; mrhovína
Käfer M hròšč
Kaffee M káva
Kaffeekanne F kávnik
Kaffeemaschine F kávni avtomát
Kaffeemühle F mlínček za kávo
Käfig M klétka
kahl gòl; *Kopf*: plěšast
Kahn M čóln
Kai M nabréžje
Kaiser M cêsar
Kaiserin F cesaríca
Kaiserreich N cesárstvo
Kaiserschnitt M MED cesárski réz
Kajüte F kabína, kajúta
Kakao M kakáv
Kalb N têle
Kalbfleisch N telétina
Kalbsbraten M teléčja pečénka
Kalender M koledár
Kalk M ápno
Kalkstein M apnénec
Kalorie F kaloríja
kalorienarm nizkokalóričen
kalt hláden, mŕzel; **mir ist ~** zébe me
kaltblütig hladnokŕven
Kälte F mràz
Kältewelle F hládni vál
Kamel N kaméla, velblód
Kamera F kámera
Kamerad M továriš, kamerád
Kameradschaft F továrištvo
Kamille F kamílica
Kamin M kamín; dímnik
Kamm M glavník; ZOOL, GEOG grebén
kämmen <po>čêsati
Kammer F sôbica; POL zbórnica
Kammermusik F kómorna glásba
Kampagne F kampánja
Kampf M bòj
kämpfen bojeváti se, boríti se
Kämpfer M bórec, bojévnik
Kampfrichter M sodník
kampfunfähig nèsposóben za bòj
Kanadier M Kanádčan
Kanadierin F Kanádčanka
Kanal M kanál; prekòp
Kanalisation F kanalizácija
Kanarienvogel M kanárček
Kandidat M kandidát
Kandidatin F kandidátka
kandidieren kandidírati (*im*)*pf*
Känguru N kengurú
Kaninchen N kúnec
Kanister M rôčka
Kanne F vŕček, rôčka; *Kaffee*: kávnik; *Tee*: čájnik
Kanone F tòp
Kante F rób

Kantine F kantína
Kanton M *in der Schweiz* kantón
Kanzel F prižnica
Kanzler M káncler
Kanzlerin F kánclerka
Kap N ŕt
Kapazität F kapacitéta (*a. fig*), zmogljívost *f*
Kapelle F kapéla; MUS gódba
Kapital N kapitál
Kapitalanlage F nalóžba (kapitála)
Kapitalverbrechen N húd zločín
Kapitän M kapitán
Kapitel N poglávje; REL kapítelj
Kappe F čépica, kápa; TECH pokròv
Kapsel F kápsula
kaputt pokvárjen; (*erschöpft*) uníčen; ~ **machen** uníčiti *pf*, razbíti *pf*
Kapuze F kapúca, oglávnica
Karaffe F karáfa
Karfiol M *österr* cvetáča, karfijóla
Karfreitag M véliki pétek
karg skóp, bóren, píčel
kariert karíran
Karies F káries, zóbna gnilôba
Karneval M karnevál
Karotte F korénček, korênje
Karpfen M kràp
Karren M samokólnica; cíza
Karriere F kariêra
Karte F kárta; **~n spielen** kártati; → Ansichts-, Fahr-, Landkarte
Kartei F kartotéka
Kartoffel F krompír
Kartoffelsalat M krompírjeva soláta
Karton M kartón
Karussell N vrtilják
Käse M sìr
Kaserne F vojášnica, kasárna
Kasse F blagájna
Kassette F kaséta
Kassierer M blagájnik
Kassiererin F blagájničarka
Kastanie F kôstanj
Kästchen N skrínjica, škátlica
Kasten M omára
Katarrh M MED katár
katastrophal katastrofálen
Katastrophe F katastrófa
Kategorie F kategoríja
kategorisch kategóričen
Kater M máček (*a. fig*)
Kathedrale F katedrála
Katholik M katolíčan
katholisch katóliški
Katze F máčka
kauen žvéčiti
kauern čepéti, ždéti
Kauf M nakúp, kupovánje
kaufen kupováti ⟨kupíti⟩
Käufer M, **Käuferin** F kúpec
käuflich kupljív, naprodáj; *fig* podkupljív
Kaufhaus N trgovína
Kaufmann M trgóvec
kaufmännisch trgóvski
Kaufvertrag M kúpna pogódba
Kaugummi M žvečílna gúma
kaum kómaj, s težávo
Kaution F várščina, kávcija
keck drzen, predrzen; kokéten
Kegel M stóžec; *Spiel*: kêgelj
kegeln kegljáti
Kehle F goltánec, grlo

Kehlkopf M grlo
Kehre F ovínek
kehren pométati ⟨pomêsti⟩
Kehrseite F drúga strán *f*, drúga plát *f*
Kehricht M smetí *fpl*
Keil M klìn; TECH zagózda
keilförmig klínast
Keim M kál *f*, klíca (*a.* MED)
keimen klíti, kalíti
keimfrei sterílen, aséptičen
kein nobèn; **ich habe ~** nímam (*G*)
keiner, **keine**, **keines** nihčè
keinesfalls na nobèn naćin
keineswegs nikákor ne
Kelch M kélih, čáša
Kelle F zidárska žlíca
Keller M klét *f*
Kellergeschoss N klét *f*; pritémlje
Kellner M natákar
Kellnerin F natákarica
Kelter F stiskálnica
keltern stiskáti (grózdje)
kennen poznáti
kennenlernen spoznáti *pf*
Kenner M poznavález
kenntlich spoznáven; zaznáven; **~ machen** označeváti ⟨označiti⟩
Kenntnis F znánje; védnost *f*
Kennwort N gêslo
Kennzeichen N značílnost *f*, znák; AUTO táblica, registrácija
kennzeichnen označeváti ⟨označiti⟩
kentern prevrníti se *pf*
Keramik F kerámika
Kerbe F zaréza
Kerl M možák, dédec; **armer ~** révež
Kern M jêdro; *Obst*: pečkà
kerngesund zdràv ko ríba
Kernkraftwerk N jêdrska elektrárna
Kernphysik F jêdrska fízika
Kernwaffen FPL jêdrsko orόžje
Kerze F svéča
Kessel M kôtel; GEOG kotlína
Kette F veríga
Kettenreaktion F verížna reákcija
Ketzer M krivovérec, herétik
keuchen sopíhati, sôpsti
Keuchhusten M oslóvski kášelj
Keule F kíj; GASTR stêgno
keusch číst, devíški
kichern hihitáti se
Kiefer[1] M čeljúst *f*
Kiefer[2] F BOT bòr
Kiel M *Feder*: túlec; SCHIFF grédelj, kobílica
Kieme F škŕga
Kies M pród
Kieselstein M pródnik
Kilo(gramm) N kilográm, *umg* kíla
Kilometer N kilométer
Kilowatt N kilovát
Kind N otròk, déte
Kinderarzt M otróški zdravník
Kinderärztin F otróška zdravníca
Kindergarten M otróški vŕtec
Kindergärtner M vzgojítelj, vrtnarka
Kindergärtnerin F vzgojíteljica, otróška vrtnaríca
Kinderlähmung F otróška paralíza, otróška ohromélost *f*

kinderlos brez otrók
Kindermädchen N váruška
Kindersitz M AUTO otróški sédež; *Fahrrad:* otróški (kolesárski) sédež
Kinderspielplatz M otróško igríšče
Kinderwagen M otróški vozíček
Kindheit F otróštvo
kindisch otróčji
kindlich otróški
Kinn N bráda
Kino N kíno *m*; **ins ~ gehen** íti/hodíti v kíno
Kinofilm M (kíno)fílm
Kiosk M kiósk
Kipferl N *österr* rogljíček
Kippe F SPORT premèt; cigarétni ogórek
kippen zvráčati ⟨zvrníti⟩; nagíbati ⟨nágniti⟩
Kirche F cérkev *f*
kirchlich cerkvén
Kirchturm M zvoník
Kirchweih F žégnanje
Kirsche F čéšnja
Kirschkuchen M čéšnjev koláč
Kissen N blazína
Kiste F zabòj
Kitsch M kíč
kitschig kíčast
Kitt M kít, zamázka
Kittel M hálja, srájca
kitten ⟨za⟩kítati
kitzeln žgečkáti
kitzlig žgečkljív
klaffen zijáti
Klage F tóžba (*a.* JUR); pritóžba
klagen tožíti (*a.* JUR); potožíti *pf* (**über** nad)
Kläger M tožník
kläglich klávrn; *Stimme:* tožéč
Klamm F sotéska
Klammer F spónka, skóba, spójka; GRAM oklepáj; (*Wäscheklammer*) klínček
klammern: **sich ~ an** oprijémati ⟨oprijéti⟩ se (*G*); *fig* oklépati se (*G*)
Klang M zvók
Klappbett N zložljíva póstelja
Klappe F lopúta, zaklópec; MED zaklópka; *vulg* (*Mund*) góbec
klappen *fig* bíti v rédu, íti; **es wird schon ~** bó že šlò
klappern ropotáti, rožljáti; *Zähne:* šklepetáti; *Absätze:* peketáti
Klappstuhl M zložljív stòl
klar číst; jásen; očíten; *Wasser:* bíster; **~!** jásno!
Kläranlage F čistílna naprava
klären ⟨o⟩čístiti; filtrírati (*im*)*pf*; *fig Fragen* razčístiti *pf*, razjasníti *pf*
Klarheit F jásnost *f*
klarmachen pojasníti *pf*, dopovédati *pf*
Klasse F rázred; kategoríja; SPORT skupína
klassisch klásičen
Klatsch M *fig* oprávljanje
klatschen plôskniti *pf*, čôfniti *pf*, udáriti *pf* (**gegen** ob); *fig* oprávljati; **Beifall ~** plôskati
Klaue F krémpelj, párkelj
klauen *umg* ⟨u⟩krásti
Klausel F klávzula
Klavier N klavír
kleben ⟨na⟩lepíti, prilepíti *pf*; V/I držáti se (**an** *G*)

klebrig lepljív
Klebstoff M lepílo
Klecks M pácka, mádež
Klee M dételja
Kleid N obléka
kleiden obláčiti ⟨obléči⟩ (**sich** se)
Kleiderbügel M obešálnik
Kleiderbürste F krtáča za obléko
Kleiderschrank M omára za obléko
Kleidung F obléka, oblačíla *npl*
klein májhen; *bestimmt*: máli
Kleingeld N drobíž
Kleinigkeit F malénkost *f*
Kleinkind N déte
kleinlaut ponížen
kleinlich malénkosten
Kleinstadt F málo mésto
kleinstädtisch malomésten
Klemme F: **in der ~ sein** bíti v škrípcih
klemmen V/I *Tür*: težkó se odpírati, zatíkati se; **sich hinter et. ~** správiti se *pf* nad
Klempner M klepár
Klerus M duhóvščina
Klette F BOT navádni repínec
klettern ⟨s⟩plézati
Klima N podnébje, klíma
Klimaanlage F klimátska napráva
klimatisch podnében, klimátski
Klinge F rezílo
Klingel F zvônec
klingeln ⟨po⟩zvoníti; *Münzen*: žvenkljáti
Klinik F klínika
Klinke F kljúka
Klippe F čér *f*
klirren žvenketáti
klirrend žvenketajóč
Klistier N MED klistír
klobig okóren; masíven
klopfen ⟨po⟩tŕkati; *Fleisch* ⟨po⟩tólči; *Teppich* iztépati ⟨iztêpsti⟩
Kloß M képa; GASTR cmòk
Kloster N samostán
Klotz M kláda (*a. fig*)
Klub M klúb
Kluft F razpóka; (*Abgrund*) prepàd; *fig* razkorák, prepàd
klug pámeten, móder
Klugheit F modrost *f*, pámet *f*
Klumpen M képa, grúda
knabbern grizljáti; *Maus*: glódati
Knabe M déček
knacken V/T ⟨s⟩tréti; V/I pókati ⟨póčiti⟩
Knall M pòk, detonácija
knallen pókati ⟨póčiti⟩; tréskati ⟨tréščiti⟩
knapp têsen; píčel, omejèn; *zeitlich*: **~ zwei Jahre** slábi dvé léti; **~ fünf Minuten** kómaj pét minút
knattern *Motor*: ropotáti
Knäuel N klôbčič
Knauf M glavìč
knebeln zamašíti *pf* ústa
Knecht M hlápec
kneifen uščípniti *pf*; *fig* pobrísati *pf* jo
Kneipe F kŕčma
kneten ⟨pre⟩gnêsti
Knick M pregíb, zgíb
knicken preganíti *pf*, prepogníti *pf*

Knie N koléno; TECH zgíb
knien klečáti
Kniestrümpfe MPL dokolénke *fpl*
Kniff M uščíp; *fig* trík
knifflig težáven; *Angelegenheit*: delikáten
Knirps M pritlíkavec; málček
knirschen škrípati, škŕtati
knistern pokljáti; *Feuer*: prasketáti; *Stoff*: šelestéti; *Papier*: šuméti
knittern ⟨z⟩mečkáti se
Knoblauch M čêsen
Knöchel M člének; *Fuß*: gléženj
Knochen M kóst *f*
Knochenbruch M zlòm kostí
knöchern koščén
Knödel M cmòk
Knolle F gomólj
Knopf M gúmb
Knopfloch N gúmbnica
Knorpel M hrustánec
Knospe F pópek; bŕst
Knoten M vôzel
Knotenpunkt M vozlíšče, križíšče
knüpfen vozláti; *Verbindungen* navezováti ⟨navézati⟩
Knüppel M krepêlo, gorjáča
knurren renčáti; *Magen*: krulíti; **mir knurrt der Magen** krúli mi po želódcu
knusprig hrustàv
Koch M kúhar
Kochbuch N kúharska knjíga
kochen kúhati; V/I vréti, kúhati se
Kocher M kuhálnik
Köchin F kúharica
Kochtopf M lônec
Köder M vába
Koffer M kóvček
Kofferraum M AUTO prtljážnik
Kognak M kónjak
Kohl M zélje, kápus
Kohle F prêmog; (*Holzkohle*) óglje
Kohlensäure F ogljíkova kislína
Kohlenstoff M ogljík
Kohlrabi M kolerábica
Kokospalme F kókosova pálma
Kolben M bàt (*a.* TECH); *Gewehr*: kopíto
Kolik F kólika
Kollege M koléga *m*
kollegial kolegiálen
Kollegin F kolégica
Kollektiv N kolektív
Kollision F kolizíja; tŕčenje
Kölnischwasser N kolónjska vôda
Kolonie F koloníja
Kolonne F kolóna
kolossal ogrômen; *fig* kolosálen, čudovít
kombinieren kombinírati *(im)pf*
Komitee N komité *m*
komisch kómičen
Komma N véjica; **sechs ~ vier** šést célih štíri
Kommando N povêlje; kománda; (*Sonderkommando*) odélek, odrèd
kommen prihájati ⟨príti⟩; **~ aus** bíti iz
Kommentar M komentár
Kommissar M komisár

Kommode F predálnik, komóda
kommunal komunálen
Kommuniqué N komuniké *m*
Kommunismus M komunízem
Kommunist M komuníst
kommunistisch komunístičen
Komödie F komédija
kompakt kompákten; stŕnjen
Kompanie F kompaníja; MIL čéta
Kompass M kómpas
kompetent kompeténten; (*zuständig*) pristójen
komplett popóln, kompléten
Komplize M sòkrívec, komplíc
Komplikation F komplikácija
Kompliment N komplimènt
kompliziert komplicíran, zapletèn
komponieren komponírati (*im*)*pf*, skládati ⟨zložíti⟩
Komponist M skladátelj
Kompott N kompót
Kompresse F obkládek
Kompromiss M kompromís
kondensiert kondenzíran, zgoščèn
Konditorei F slaščičárna
kondolieren izrêči *pf* sožálje
Konfekt N sladkaríja, bonbóni *mpl*
Konfektion F konfékcija
Konferenz F konferénca
Konfession F véra, veroizpóved *f*
Konfitüre F džém
Konflikt M konflíkt; spòr
Konföderation F konfederácija, zvéza držáv
konform skláden, soglásen
konfus konfúzen, zbégan, zméden
Kongress M kongrés
König M králj
Königin F kraljíca
königlich kraljévski
Königreich N kraljéstvo
Konjunktur F konjunktúra
konkret konkréten
Konkurrent M konkurènt, tékmec
Konkurrenz F konkurénca
konkurrenzfähig konkurénčen
konkurrieren konkurírati (*im*)*pf*
Konkurs M stečáj
können môči; znáti; ~ **Sie Deutsch?** govoríte némško?; **es kann sein** lahkó da je, móre bíti
konsequent konsekvénten, dosléden
Konsequenz F doslédnost *f*, konsekvénca
konservativ konservatíven
Konserve F konzêrva
konservieren konzervírati (*im*)*pf*
Konsonant M GRAM soglásnik
konstant konstánten, stálen
konstruieren konstruírati (*im*)*pf*
Konstruktion F konstrúkcija
Konsul M kónzul
Konsulat N konzulát
konsultieren posvetováti se (*im*)*pf*, konzultírati (*im*)*pf*
Konsum M konzúm; porába
Konsument M potróšnik

Konsumgüter NPL potróšne dobríne *fpl*
Kontakt M stík, kontákt; zvéza
Kontinent M celína, kontinént
kontinuierlich nèpretŕgan, nèprekínjen, stálen; ADV stálno, nenéhno
Konto N račún, kónto; **laufendes ~** tekóči račún
Kontoauszug M bánčni izpísek
Kontonummer F števílka račúna
Kontrast M kontrást; nasprótje
Kontrolle F kontróla, nadzórstvo
kontrollieren kontrolírati (*im*)*pf*, nadzorováti
Kontur F kontúra, obrís
konventionell konvencionálen
Konversation F konverzácija
Konzentrationslager N koncentracíjsko taboríšče
Konzept N koncépt, osnútek
Konzern M koncêrn
Konzert N koncêrt
Konzession F koncesíja
Kooperation F kooperácija, sodelovánje
koordinieren koordinírati (*im*)*pf*
Kopf M gláva
Kopfhörer M naglávna slušálka
Kopfkissen N vzglávnik, blazína
Kopfsalat M glávnata soláta
Kopfsprung M skòk na glávo
kopfstehen *fig* bíti naróbe
Kopftuch N rúta
kopfüber na glávo; z glávo navzdòl
Kopfweh N glavobòl
Kopie F kópija
Kopierapparat M kopírna naprávа, kopírnik
kopieren kopírati (*im*)*pf*; *j-n* kopírati (*im*)*pf*, posnémati
koppeln spéti *pf*; TECH sklópiti *pf*; **~ an** priklópiti *pf* na
Koppelung F vezáva
Koralle F korála
Korb M košára; SPORT kòš; **e-n ~ bekommen** *umg* dobíti *pf* košárico
Korbball košárka
Korbflasche F pletênka
Korken M zamášek
Korkenzieher M odčépnik
Korn N zŕno; (*Getreide*) žíto
Korn(branntwein) M žítno žgánje
körnig zŕnat, zŕnast
Körper M telό
Körperbau M postáva
körperbehindert invalíden, telésno pohábljen
körperlich telésen; *Arbeit*: fízičen
Körperpflege F néga telésa, osébna higiéna
Körperschaft F korporácija; organizácija, institúcija
korpulent obílen, zajéten
Korrektur F korektúra, poprávek
Korrespondent M dopísnik; *Firma*: korespondènt
korrespondieren dopisováti si
Korridor M hodník
korrigieren korigírati (*im*)*pf*,

poprávljati ⟨popráviti⟩
Korruption F korúpcija
Kosename M ljubkoválno imé
Kosmetik F kozmétika
kosmisch kózmičen
Kost F hrána, prehrána; **~ und Logis** hrána in stanovánje
kostbar dragocén
Kostbarkeit F dragocénost *f*
kosten *Speisen* pokúšati ⟨pokúsiti⟩; státi
Kosten PL stróški *mpl*; **auf ~ von** na račún (*G*)
kostenlos brezpláčen
Kostenvoranschlag M predračún stróškov
köstlich slásten; *fig* krásen
Kostprobe F degustácija, pokúšnja
kostspielig drág; potráten
Kostüm N kostím; kostúm
Kot M umazaníja, bláto; MED iztrébki *mpl*, bláto
Kotelett N kotlét
Kotflügel M blátnik
Krabbe F rákovica
Krach M hrúp, hrúšč, ropòt; *umg* (*Streit*) prepír, polòm
krachen pókati ⟨póčiti⟩
krächzen krákati; (*sprechen*) hrípavo govoríti
Kraft F síla; móč *f*; **in ~ treten** JUR začéti *pf* veljáti; **außer ~ setzen** razveljáviti *pf*
Kraftbrühe F krêpka mêsna júha, bouillon
Kraftfahrer M vozník motórnega vozíla
Kraftfahrzeug N motórno vozílo
kräftig močán, krêpek
kraftlos nèmôčen, šíbek
Kraftstoff M gorívo
Kraftwagen M motórno vozílo, avtomobíl
Kraftwerk N elektrárna
Kragen M ovrátnik
Krähe F vrána
krähen krákati, ⟨za⟩kikiríkati
Kralle F krémpelj
Krampf M kŕč
Krampfader F kŕčna žíla
krampfhaft krčevít
Kran M žerjàv
Kranich M žerjàv
krank bolán; **~ werden** zboléti *pf*
Kranke F bolníca
Kranke(r) M bolník
kränken ⟨raz⟩žalíti
Krankenhaus N bólnica, bolníšnica
Krankenkasse F závod za zdrávstveno zavarovánje
Krankenpflege F néga bolníka
Krankenpfleger M medicínska sêstra
Krankenschein M bolníški líst
Krankenschwester F medicínska sêstra
Krankenstand M (bolníški) stálež
Krankenversicherung F zdrávstveno zavarovánje; **private ~** zasébno zdrávstveno zavarovánje
Krankenwagen M rešílec
krankhaft bolézenski; bolésten, patolóški
Krankheit F bolézen *f*
kränklich bolêhen

krankmelden: **sich ~** jáviti se *pf* za bolníško
Kranz M vênec
krass drástičen; nèzaslíšan; grób
kratzen ⟨s⟩ práskati (**sich** se)
kraus skódran, kódrav
kräuseln kódrati (**sich** se)
Kraut N zelíšče, zél *f*; (*Kohl*) zélje
Krawall M trúšč, razgrájanje
Krawatte F kraváta
Krebs M ràk
Kredit M kredít
Kreditkarte F kredítna kártica
Kreide F kréda
Kreis M króg; (*Bezirk*) okróžje
kreischen vreščáti
kreisen krožíti; vrtéti se
Kreislauf M obtòk, króženje; MED kŕvni obtòk
Kreisverkehr M króžni promèt
Krempe F rób
krepieren *umg* pogíniti, cŕkniti, krepáti ⟨krêpniti⟩
kreuz: **~ und quer** krížem krážem
Kreuz N kríž
kreuzen krížati (*im*)*pf* (**sich** se) (*a.* BIOL); SCHIFF križáriti
Kreuzfahrt F SCHIFF križárjenje
kreuzigen krížati (*im*)*pf*
Kreuzschmerzen MPL bolečíne *fpl* v krížu
Kreuzung F križíšče
Kreuzworträtsel N krížanka
kriechen lésti, plazíti se
Krieg M vôjna; **~ führen** vojskováti se
Kriegsgefangene(r) M vôjni ujétnik
Kriegsschauplatz M prizoríšče vôjne
Kriegsschiff N vôjna ládja
Kriegsverbrecher M vôjni zločínec
Krimi M *umg* kriminálka
Kriminalpolizei F kriminálna policíja
kriminell kriminálen
Krippe F jásli *fpl*
Krise F kríza
Kristall[1] M kristál
Kristall[2] N kristál, kristálno stêklo
Kritiker M krítik
kritisch krítičen
kritisieren kritizírati (*im*)*pf*
kritzeln čečkáti
Krokodil N krokodíl
Kroate M Hrvàt
Kroatin F Hrvatíca
Kroatien N Hrváška
kroatisch hrváški
Krone F króna; *Baum*: krôšnja; *Zahn*: króna, prevléka
Kropf M MED gólša
Kröte F krastáča
Krücke F bérgla
Krug M vŕč
krumm krív
krümmen krivíti, zakrivíti *pf*, skrivíti *pf* (**sich** se); (*biegen*) upogníti *pf* (**sich** se)
Krüppel M *neg!* pohábljenec
Kruste F skórja; MED krásta
Kübel M čebèr; vêdro
Kubikmeter N kubíčni méter
Küche F kúhinja
Kuchen M koláč
Kuckuck M kúkavica
Kugel F krógla
kugelförmig króglast

Kugellager N krógliční ležáj
kugeln kotalíti (**sich** se)
Kugelschreiber M kémični svínčnik
Kugelstoßen N SPORT súvanje krógle
Kuh F kráva
kühl hláden
Kühle F hlád
kühlen ⟨o⟩hladíti
Kühler M AUTO hladílnik
Kühlschrank M hladílnik
Kühlung F hlajênje
kühn dŕzen, smél
Kühnheit F dŕznost *f*, smélost *f*
Küken N píšče
Kulisse F kulísa
Kult M kúlt
kultivieren kultivírati (*im*)*pf*
Kultur F kultúra
kulturell kultúren
Kulturerbe N kultúrna dédiščina
Kümmel M kúmina
Kummer M žálost *f*, skŕb *f*
kümmerlich béden, slàb, ubóg
kümmern: **sich ~ um** brígati se za, skrbéti za
Kumpel M koléga *m*, prijátelj
Kunde M stránka, kúpec
Kundendienst M sêrvisna slúžba
Kundgebung F manifestácija, zborovánje
kündigen odpovédati *pf* (**fristlos** s takójšnjo veljávnostjo)
Kündigung F odpóved *f*; **fristlose ~** takójšnja odpóved *f*
Kündigungsschutz M právno várstvo zóper odpóved
Kundin F stránka, kúpec
Kundschaft F stránke *fpl*, odjemálci *mpl*
künftig bodóč, prihódnji; ADV v prihódnje
Kunst F umétnost *f*
Kunstausstellung F umétniška razstáva
Kunstdünger M umétno gnojílo
Kunstfaser F umétno vlákno
Kunstgalerie F umétnostna galeríja
künstlerisch umétniški
künstlich uméten
Kunstseide F umétna svíla
Kunststoff M umétna snóv *f*; plástika
Kunstwerk N umetnína
Kupfer N báker
Kupferstich M bakroréz
Kuppel F kúpola
kuppeln AUTO sklápljati ⟨sklópiti⟩
Kupplung F AUTO sklópka
Kupplungspedal N pedál za sklópko
Kur F zdrávljenje; kúra
Kurbel F TECH ročíca
Kurbelwelle F TECH ročíčna gréd *f*
Kürbis M búča
Kurgast M zdravilíški gòst
kurieren ⟨o⟩zdráviti
Kurort M zdravilíšče
Kurs M tečáj; FLUG, MAR kúrz
Kürschner M krznár
kursieren bíti v obtóku; krožíti
Kursverlust M tečájna izgúba
Kurswagen M BAHN diréktni vagón
Kurtaxe F turístična táksa;

zdraviliška táksa
Kurve F ovínek
kurvenreich vijúgast
kurz krátek; ~ **und gut** skrátka; **vor Kurzem** pred krátkim
Kürze F krátkost *f*; **in** ~ kmálu; **in aller** ~ na krátko
kürzen ⟨s⟩krájšati
kürzlich pred krátkim, nèdávno
kurzfristig kratkoróčen
Kurzschluss M ELEK krátki stík
kurzsichtig kratkovíden
Kürzung F krájšanje; skrajšáva; redúkcija; (*Herabsetzung*) znížanje
Kuss M poljúb
küssen poljubováti ⟨poljubíti⟩
Küste F obála
Küster M cerkóvnik
Kutsche F kočíja
Kutscher M kočijáž
Kutte F kúta
Kuttelflecke MPL *österr* vámpi *mpl*
kyrillisch: **~e Schrift** cirílica

L

labil labílen, omahljív, nèstabílen
Labor N laboratórij
Lache F lúža
lächeln smehljáti se
Lächeln N smehljáj, nasmèh
lachen smejáti se (**über** *D*)
lächerlich sméšen; **sich** ~ **machen** osméšiti se *pf*
Lachs M lósos
Lack M lák
lackieren lakírati (*im*)*pf*
Ladegerät N polnílnik za bateríje, *umg* polnílec za bateríje
Ladekabel N polnílni kábel
laden nakládati; *Gewehr* nabíjati ⟨nabíti⟩; *Akku* ⟨na⟩polníti
Laden M trgovína
Ladendiebstahl M tatvína v trgovíni
Ladenschluss M kônec poslóvnega čása trgovín, zapirálni čàs
Ladung F (*Fracht*) tôvor; ELEK, MIL nabòj
Lage F léga, položáj; (*Schicht*) plást *f*; **in der** ~ **sein** môči
Lager N (*Warenlager*) skladíšče; TECH ležáj; MIL taboríšče; **auf** ~ na zalógi
Lagerfeuer N tábornì ôgenj
lagern ⟨u⟩skladíščiti, hraníti; taboríti
Lagune F lagúna
lahm hròm
lähmen ⟨o⟩hromíti; omrtvíti *pf*
Lähmung F ohromélost *f*
Laib M hléb
Laie M láik
Laken N rjúha
laktosefrei brez laktóze
Lamm N jágnje
Lammfleisch F jágnjetina
Lampe F svetílka
Lampenfieber N tréma
Land N zêmlja, dežêla; (*Festland*) kôpno; **auf dem** ~ na dežêli
landen pristájati ⟨pristáti⟩
Länderspiel N mednárodna tékma

Landes- dežêlni
Landesgrenze F dežêlna mêja
Landesregierung F dežêlna vláda
Landkarte F zemljevíd
ländlich podežêlski; kméčki
Landschaft F pokrájina
Landsmann M roják
Landstraße F podežêlska césta
Landtag M dežêlni zbòr
Landung F pristánek
Landungsbrücke F pristajálni móst
Landwirt M kmèt
Landwirtschaft F kmetíjstvo, poljedélstvo
landwirtschaftlich kmetíjski
lang dólg; **lange** dólgo; **auf ~ Sicht** dolgoróčno (glédano); **sein Leben lang** vsè življ̑ênje; **zwei Jahre lang** dvé léti
Länge F dolžína
Langeweile F dólgčas; **~ haben** dolgočásiti se
Langlauf M ték na smučéh, smúčarski ték
langsam počásen; ADV počási
längst že zdávnaj, že dólgo
langweilig dolgočásen
Lanze F súlica
Lappen M kŕpa, cúnja
Lärche F macêsen
Lärm M hrúp, ropòt
lärmen ropotáti, razgrájati
Larve F krínka; ZOOL ličínka
Laserdrucker M láserski tiskálnik
Lasershow F láserska predstáva, *umg* laser show
lassen púščati ⟨pustíti⟩; **warten ~** pustíti *pf* čákati; **lass uns gehen** pojdímo, pojdíva *dl*; **von sich hören ~** jáviti se *pf*
lässig nèprisíljen, ležêren
Last F brême, tôvor; obremenítev *f*; **zur ~ fallen** bíti v brême
lasten težíti, bremeníti; **das lastet auf mir** tó me teží
Laster N pregréha; razváda
lasterhaft pregréšen, spríjen
lästern obrekováti
lästig nadléžen, síten
Lastkraftwagen M tovornják
Last-Minute-Angebot N last-minute ponúdba
Latein N latínščina
lateinisch latínski
Laterne F svetílka
Latte F létva, létev *f*
lau mláčen
Laub N lístje
Laubbaum M lístavec
Laube F lópa, úta
Laubfrosch M réga
Lauch M pór
lauern prežáti (**auf** na)
Lauf M ték; (*Verlauf*) potèk; *Wasser*: tók; (*Gewehrlauf*) cév *f*
Laufbahn F kariêra
laufen têči; (*rennen*) dírjati; **auf dem Laufenden sein** bíti na tekóčem
Laufwerk N tekálo; IT diskétnik
Läufer M SPORT tekáč
Lauge F lúg; (*Seifenlauge*) mílnica
Laune F razpoložênje; **gute/schlechte ~** dôbra/slába vólja
launisch, **launenhaft** múhast

Laus F úš *f*
lauschen poslúšati ‹prislúhniti›; prisluškováti
laut glásen; ADV glasnó
laut po (*L*); **~ Gesetz** po zakónu
Laut M glás, zvók
lauten glasíti se
läuten ‹po›zvoníti
Lautsprecher M zvóčnik
Lautstärke F jákost *f* zvóka
lauwarm mláčen
Lava F láva
Lawine F pláz
Lawinengefahr F nevárnost *f* plazóv
Leasingvertrag M zakúp, *umg* lízing, leasing
leben živéti
Leben N življênje; **am ~ sein** bíti žív; **ums ~ kommen** izgubíti *pf* življênje
lebendig žív
Lebensgefahr F smŕtna nevárnost *f*
lebenslang vse življênje, dosmŕten
Lebenslauf M življenjepís
Lebensmittel N živílo
Lebensversicherung F življênjsko zavarovánje
Leber F jétra *npl*
Leberwurst F jétrna klobása
Lebewesen N žívo bítje
lebhaft živáhen
Lebkuchen M medenják
leblos brez življênja, mŕtev
Leck N razpóka, lúknja
lecken V/T ‹po›lízati, polízniti *pf*; V/I púščati
lecker slásten
Leckerbissen M poslástica
Leder N úsnje
Ledergürtel M usnjén pás
ledig sámski, nèporočèn
lediglich zgòlj, samó
leer prázen
Leere F praznína; **ins ~ starren** strméti v prázno
leeren ‹iz›prazníti
Leerlauf M AUTO prôsti ték; TECH prázni ték
legal legálen, zakonít
legen polágati ‹položíti›; *Eier* ‹z›nêsti; **sich ~** *Wind*: pomiríti se *pf*, ponéhati *pf*
Legende F legénda
Lehm M ílovica
Lehne F naslanjálo
lehnen slonéti
Lehrbuch N účbenik
Lehre F REL náuk; (*Ausbildung*) účna dôba
lehren poučeváti; (*Hochschule*) predávati
Lehrer M učítelj
Lehrerin F učíteljica
Lehrgang M tečáj
lehrreich poúčen
Lehrstuhl M stólica, kátedra
Leib M teló, živòt
Leiche F trúplo, mrlìč
Leichenhalle F mrtvášnica
leicht láhek
Leichtathletik F láhkoatlétika
leichtgläubig lahkovéren
Leichtsinn M lahkomíselnost *f*
leichtsinnig lahkomíseln
leiden trpéti; **~ an** boléhati za, iméti (*A*); **~ unter** trpéti zarádi (*G*); **nicht ~ können** ne márati
Leiden N trpljênje; MED bolézen *f*

Leidenschaft F strást *f*
leidenschaftlich strásten
leider žàl, na žálost
leidtun: **es tut mir leid** žàl mi jè; **er tut mir leid** smíli se mi
leihen posójati ⟨posodíti⟩; (*entleihen*) izposójati ⟨izposodíti⟩ (**sich** si)
Leihfrist F izposójni rók
Leihgebühr F izposojnína
Leihwagen M izposójeno vozílo
Leim M kléj
leimen klejíti, lépiti
Leine F vŕv *f*, konôpec
Leinen N plátno
Leintuch N rjúha
Leinwand F plátno
leise tíh; *Verdacht*: ráhel
Leiste F látva; ANAT dímlje *fpl*
leisten naredíti *pf*, oprávljati; **sich ~** privoščíti si (*im*)*pf*; **Hilfe ~** pomágati (*im*)*pf*; **Widerstand ~** upírati ⟨upréti⟩ se
Leistenbruch M dímeljska kíla
Leistung F doséžek; (*Ergebnis*) rezultát; (*Erfolg*) uspèh; (*Leistungskraft*) zmogljívost *f*; (*Dienstleistung*) storítev *f*; TECH móč *f*
leistungsfähig zmogljív
Leitartikel M uvódnik
leiten vodíti
Leiter[1] M vódja *m*, predstójnik
Leiter[2] F léstev *f*
Leitung F vódstvo; (*Wasserleitung*) vodovòd
Lektion F lékcija
Lektüre F bránje
Lende F lédja *npl*
lenken usmérjati, vodíti; *Fahrzeug* vozíti, peljáti
Lenker M (*Fahrer*) vozník
Lenkrad N krmílo, volán
Lerche F škrjánec
lernen ⟨na⟩učíti se
Lernen N učênje
lesen ⟨pre⟩bráti
leserlich berljív, čitljív
letzte(r) zádnji
letztens v zádnjem čásu; zádnjič
leuchten ⟨po⟩svetíti; V/I ⟨po-⟩svetíti se, žaréti
leuchtend svetlèč; **~e Augen** žaréče očí
Leuchter M svéčnik
Leuchtturm M svetílnik
leugnen tajíti
Leute PL ljudjé *mpl*
Lexikon N léksikon
liberal liberálen, svobodnjáški
Libelle F káčji pastír
Licht N lúč *f*, svetlôba
lichten ⟨raz⟩rédčiti (**sich** se); *Anker* dvígniti *pf* (sídro)
Lichthupe F svetlôbna húpa
Lichtmaschine F TECH dínamo *m*, generátor
Lichtschalter M stikálo za lúč
Lichtung F jása
Lid N véka
Lidschatten M senčílo za véke
lieb ljúb, drág
Liebe F ljubézen *f*
lieben ljubíti
liebenswürdig prijázen
lieber ADV ráji, ljúbše; **es wäre mir ~** ljúbše bi mi biló, ráji bi imél(a)
Liebesbrief M ljubézensko písmo

Liebeskummer M sŕčne težáve *fpl*, sŕčna bolečína
Liebespaar N zaljúbljenca *m/dl*
liebevoll ljuběč
Liebhaber M ljubímec
Liebling M ljúbček, ljúbica
Lieblings- nàjljúbši
lieblos hláden, ravnodúšen
Lied N pésem *f*
Liederbuch N pesmaríca
liederlich nèurejèn
Lieferant M dobavítelj
lieferbar dobavljív, na vóljo
liefern dobávljati ⟨dobáviti⟩; **frei Haus ~** dostáviti *pf* na dóm
Lieferschein M dobávnica
Lieferung F dobáva; (*Sendung*) pošíljka
liegen ležáti; bíti; **in der Luft ~** bíti v zráku; **das liegt mir nicht** tó mi ne gré
Liegestuhl M ležálnik
Liegewagen M ležálnik, ležálni vagón
Lift M dvigálo; (*Skilift*) vléčnica, (*Sessellift*) sédežnica
Likör M likêr
lila líla bárve, lílast
Lilie F lílija
Limonade F limonáda
Linde F lípa
Lindenblütentee M lípov čáj
lindern ⟨o⟩lájšati, ⟨u⟩blažíti, omíliti *pf*
Lineal N ravnílo
Linie F čŕta, línija
Linienflug M línijski lèt
Link M IT povezáva, *umg* link
linke(r) lévi (*a.* POL); **nach links** na lévo; **von links** z léve
Linse F léča
Lippe F ústnica, ústna
Lippenbalsam M bálzam za ústnice
Lippenstift M rdečílo
lispeln sesljáti, šešljáti
List F zvijáča, ukána
Liste F seznàm, spísek
listig zvít, zvijáčen
Liter M líter
literarisch literáren
Literatur F literatúra, knjižévnost *f*
Lizenz F licénca
Lob N pohvála
loben ⟨po⟩hvalíti
lobenswert hvalevréden
Loch N lúknja
lochen ⟨pre⟩lúknjati
Locher M luknjáč
löch(e)rig lúknjast, póln lúkenj
Locke F kóder
locken ⟨z⟩vabíti, privabíti *pf*; *Haar* kódrati
locker *Zahn*: majàv; *Erde*: ráhel; *Haltung*: sproščèn
lockern ⟨z⟩rahljáti; *Bestimmung* omíliti *pf*; *Muskeln* sprostíti *pf*
lockig kódrast
Löffel M žlíca
Loge F lóža
Logik F lógika
logisch lógičen
Lohn M pláča; *fig* plačílo
lohnen: **sich ~** izpláčati se *pf*
Lohnerhöhung F zvíšanje pláče
Lohnsteuer F dávek od pláče
Loipe F tekáška próga
Lokal N lokál

Lokomotive F lokomotíva
Lokomotivführer M strojevódja *m*
Lorbeer M lôvor; **~en ernten** bíti uspéšen
los odtŕgan, odvézan; **j-n/et. ~ sein** znebíti se *pf* (*G*); **hier ist viel ~** tù se velíko dogája; **~!** grémo!, dájmo!, zdàj!
Los N sréčka; (*Schicksal*) usóda
löschen ⟨po⟩gasíti; *Licht* ugasíti *pf*, ugásniti *pf*; *Tafel* zbrísati *pf*
lose *Kleidung*: ohlápen; *Knoten*, *Verbindung*: ráhel
Lösegeld N odkupnína
losen žrébati
lösen odvézati *pf*, razvézati *pf*, razrahljáti *pf*; *Vertrag* razdréti *pf*; *Rätsel*, *Problem* reševáti ⟨(raz)rešíti⟩; *Fahrkarte* kupíti *pf*; CHEM raztápljati ⟨raztopíti⟩
losfahren odpeljáti se *pf*
losgehen odpráviti se *pf*
loslassen izpustíti *pf*; **den Hund auf j-n ~** naščúvati *pf* psà na (*A*)
lossagen: **sich ~** odpovédati se *pf* (*D*)
Lösung F rešítev *f*; CHEM raztopína
Lot N svínčnica, grezílo
löten lótati, spájkati
Lotse M pilót
lotsen FLUG vodíti z zêmlje; SCHIFF pilotírati
Lotterie F loteríja
Lotto N lóto *m*
Löwe M lèv
Löwenzahn M régrat
Löwin F levínja
Luchs M rís
Lücke F vrzél *f*; (*Loch*) lúknja
lückenhaft pomanjkljív, népopóln
Luft F zràk; **~ holen** (globôko) vdíhniti *pf*
Luftangriff M zráčni napàd
Luftballon M balón
Luftdruck M zráčni tlák
lüften ⟨pre⟩zráčiti; *Hut* dvígniti *pf*; *Maske* snéti *pf*; *Geheimnis* razkríti *pf*
Luftfahrt F zráčna plóvba
Luftkurort M klimátsko zdravilíšče
Luftpost F letálska póšta
Luftröhre F sápnik
Lüftung F zráčenje
Luftverkehr M letálski promèt, zráčni promèt
Luftverschmutzung F onesnaževánje zráka
Lüge F láž *f*
lügen ⟨z⟩lagáti (se)
Lügner M lažnívec
Lügnerin F lažnívka
Lumpen M cúnja
Lunge F pljúča *npl*
Lungenentzündung F pljúčnica
Lupe F povečeválno stêklo, lúpa
Lust F (*Freude*) vesêlje, rádost *f*; (*Verlangen*) poželênje; **~ haben auf** želéti si; **~ haben zu** míkati; **ich habe keine ~** ne ljúbi se mi
lustig vesél, zabáven; **sich ~ machen über** norčeváti se iz (*G*)
Lustspiel N veseloígra
lutschen sesáti; *Bonbons* lízati
luxuriös razkóšen, luksuriózen
Luxus M razkóšje, lúksuz
Luxusartikel M lúksuzno bla-

gó, lúksuzni artíkel
Luxushotel N lúksuzni hotél
Lyrik F lírika

M

machen délati, naredíti *pf*; **größer ~** povéčati *pf*; **ich mache mir wenig aus** nìč mi ní do; **das macht nichts** nìč ne dé; **wie viel macht das aus?** kóliko znáša to?
Macht F móč *f*; síla; POL oblást *f*
Machthaber M oblastník
mächtig mogóčen; sílen
machtlos nèmôčen, brez mocí
Mädchen N deklè, déklica
mädchenhaft deklíški
Mädchenname M deklíški priímek; deklíško imé
Made F žêrka
Magd F dékla, slúžkinja
Magen M želódec
Magengeschwür N želódčna razjéda
Magenschmerzen MPL bolečíne *fpl* v želódcu
Magentropfen MPL kápljice *fpl* za želódec
mager súh, mŕšav
Magermilch F posnéto mléko
magersüchtig bulímičen; **~ sein** iméti bulimíjo
magisch mágičen
Magnet M magnét
magnetisch magnétičen, magnéten
Mähdrescher M žítni sámospravljálnik, kombájn
mähen ⟨po⟩kosíti
Mahl N obèd, obròk; pojédina
mahlen ⟨z⟩mléti
Mahlzeit F obèd, obròk; **~!** dóber ték!
Mähne F gríva
mahnen opomínjati ⟨opómniti⟩
Mahnung F opomín
Mai M máj
Maibaum M mláj
Maiglöckchen N šmárnica
Maikäfer M májski hròšč
Mailbox F IT (elektrónski) póštni predál; TEL (avtomátski) odzívnik, *umg* (telefónska) tájnica; **j-m auf die ~ sprechen** *Handy:* pustíti sporočílo na tájnici
Mais M korúza
Majestät F veličánstvo
Makel M mádež, híba
makellos brezhíben, brez napáke
Makler M posrédnik; *Börse:* senzál
mal kràt; **drei ~ vier** trí krat štíri
Mal N známenje; kràt; **das erste ~** pŕvič; **dieses ~** tókrat; **nächstes ~** prihódnjič; **voriges ~** zádnjič
malen ⟨na⟩slíkati
Maler M slikár
Malerei F slikárstvo
Malerin F slikárka
malerisch slikovít
Malzbier N sládno pívo
man: **~ sagt** govorí se, právijo; **~ sieht** vídi se, vídimo

manch nekatéri; màrsikatéri
manchmal včásih
Mandarine F mandarína
Mandant M mandánt, kliènt
Mandel F mándelj
Mandelentzündung F vnétje mándeljnov
Mangel M pománjkanje (**an** *G*); (*Fehler*) napáka, híba, pomanjkljívost *f*
mangelhaft pomanjkljív, z napákami
mangeln mánjkati, primanjkováti (**an** *G*)
Manieren FPL lépo vedênje
Maniküre F manikíra
Mann M môški; (*Ehemann*) móž
Männchen N možíček; ZOOL sámec
Männer- *in Zssgn* môški
männlich môški; *fig* možàt
Mannschaft F móštvo, ekípa; (*Besatzung*) posádka
Manöver N manéver
Manschette F manšéta
Mantel M plášč
Manuskript N rokopís
Mappe F mápa
Märchen N právljica
märchenhaft právljičen
Marder M kúna
Marille F *österr* marélica
Marionette F marionéta, lútka (*a. fig*)
Mark[1] F (*Münze*) márka
Mark[2] N mózeg
Marke F známka; (*Abzeichen*) znáčka
Markenartikel M blagó z známko
markieren markírati (*im*)*pf*, označeváti ⟨označíti⟩, zaznamováti (*im*)*pf*
Markt M tŕg, tržíšče
Markthalle F tŕžnica
Marktplatz M (méstni) tŕg
Markttag M tŕžni dán
Marmelade F marmeláda
Marmor M mármor
Marokko N Maróko
Marsch M pohòd; MUS koráčnica
Märtyrer M mučeník
März M márec
Masche F zánka; pêntlja; *Stricken*: pêtlja; *Netz*: okó; *fig* trík
Maschine F strój
maschinell strójen
Maschinenbau M strójništvo
Maschinengewehr N strójnica
Maschinenpistole F brzostrélka
Maschinist M strójnik
Masern PL óšpice *fpl*
Maske F máska, krínka; **medizinische ~** medicínska máska
Maskenball M maškaráda, plés v máskah
maskieren maskírati (*im*)*pf* (**sich** se); (*sich verkleiden*) namaškaráti se *pf*
Maß N méra; merílo; **nach ~** po méri
Massage F masáža
Massaker N masáker, pokòl
Masse F mása; gmôta; mnóžica
Maßeinheit F mérska enôta
massenhaft ADV velíko
Massenorganisation F mnóžična organizácija
Massenproduktion F mnó-

žična proizvódnja
Masseur M masêr
Masseurin F masêrka
maßgebend odločílen
maßhalten bíti zméren
massieren masírati
mäßig zméren; (*durchschnittlich*) povpréčen
mäßigen krotíti, bŕzdati; **sich ~** unêsti se *pf*; bíti zméren
massiv masíven; *Angriff*: gròb
maßlos nèzméren
Maßnahme F ukrèp
Maßstab M merílo
maßvoll zméren
Mast M dróg; stebèr
Mastdarm M dánka
mästen pítati
Material N materiál, gradívo
Materie F matêrija; snóv *f*
materiell materiálen
Mathematik F matemátika
Matratze F žímnica
Matrose M mornár
Matsch M bláto; *Schnee*: plúndra
matt môten; (*kraftlos*) mêdel, sláb; *Schach*: mát
Matte F blazína
Mauer F zíd; (*Wand*) sténa
mauern zídati, gradíti
Maul N góbec
Maulbeere F múrva
Maulkorb M nagóbčnik
Maulwurf M kŕt
Maurer M zidár
Maus F míš *f*
Mausefalle F míšnica
Mautstelle F cestnínska postája
Mautstraße F cestnínska césta
Mechanik F mehánika
Mechaniker M mehánik
mechanisch mehánski; mehaničen
Mechanismus M mehanízem
meckern meketáti; *umg* nergáti
Medaille F medálja
Medikament N zdravílo
Medizin F medicína; (*Arznei*) zdravílo
medizinisch medicínski
Meer N mórje
Meerbusen M (odpŕt) zalív
Meerenge F môrska ožína
Meeresspiegel M môrska gladína
Meerrettich M hrèn
Meerschweinchen N môrski prašíček
Mehl N móka
Mehlspeise F *österr* sladíca
mehr vèč; še; bòlj; **je ~** čím vèč; **nichts ~** nič vèč; **nur ~** samó še; **und anderes ~** in še drúgo; **umso ~** tèm bòlj; **~ oder weniger** bòlj ali mànj
mehrere vèč; **~ Male** vèčkrat
mehrfach večkráten; ADV vèčkrat
Mehrfahrtenkarte F kupónska vozôvnica, vozôvnica za več vôženj
Mehrheit F večína
mehrmals vèčkrat
Mehrwertsteuer F dávek na dodáno vrédnost
Mehrzahl F večína; GRAM množína
meiden izogíbati ⟨izogníti⟩ se (*D*)

Meile F mílja
mein mój
Meineid M kríva priséga
meinen meníti, mísliti
meinerseits kàr se mêne tíče
meinetwegen zavóljo mêne, zarádi mêne
Meinung F mnênje
Meise F siníca
Meißel M dléto
meist nàjveč; **die ~en** večína; **am ~en** nàjbolj
meistens večínoma
Meister M mójster
Meisterbrief M mójstrsko spričeválo, mójstrska diplóma
meisterhaft mójstrski
meistern obvladováti ⟨obvládati⟩; *etw* bíti kós (*D*)
Meisterschaft F SPORT prvénstvo
Meisterwerk N mojstrovína
Meldeamt N urád za evidénco občánov
melden jávljati ⟨jáviti⟩, sporóčati ⟨sporočíti⟩; **sich ~** oglasíti se *pf*
Meldung F sporočílo; (*Anmeldung*) prijáva; MIL rapórt
melken mólsti
Melodie F melodíja
Melone F melóna; lúbenica
Menge F količína; *Menschen*: mnóžica (*a.* MATH)
Mensa F ménza
Mensch M človek; **~en** *pl* ljudjé *mpl*
Menschenkenntnis F dôbro poznávanje ljudí
menschenleer zapuščèn
Menschenrechte NPL človékove pravíce *fpl*
Menschheit F človéštvo
menschlich človéški
Menschlichkeit F človéčnost *f*
Menstruation F menstruácija
Mentalität F mentalitéta, míselnost *f*
Menü N menú (*a.* IT)
merken opazíti *pf*; **sich ~** zapómniti si *pf*
merklich opázen, občúten
Merkmal N značílnost *f*
merkwürdig nènaváden, nèobičájen; čúden
Messe F REL máša; HANDEL sêjem
messen méritì (**an z**); **sich ~ mit** poméritì se *pf* z
Messer N nòž
Messing N méd *f*
Messung F mérjenje, merítev *f*
Metall N kovína
meteorologisch vremenoslóven, meteorolóški
Meter N méter
Methode F metóda
Metzger M mesár
Metzgerei F mesníca
Meute F tròp; *fig* tólpa
Meuterei F upòr, vstája
meutern upírati ⟨upréti⟩ se
Mexikaner M Mehikánec
Mexikanerin F Mehičánka
mexikanisch méhiški
Mexiko N Méhika
mich mêne, mè
Miene F obràz, izràz obráza
mies sláb
Miete F najèm; (*Geld*) najemnína
mieten najéti *pf*, vzéti *pf* v najèm

Mieter M najémnik
Mieterin F najémnica
Mietvertrag M najémna pogódba
Mietwagen M najémno vozílo
Migräne F migréna
Mikrofaser F míkrovlákno
Mikrofon N mikrofón
Mikroskop N mikroskóp
Milch F mléko
Milchglas N mléčno stêklo
Milchkaffee M béla káva
Milchkanne F kángla za mléko
Milchreis M mléčni ríž
Milchstraße F ASTRON Rímska césta
Milchzahn M mléčni zób, mléčnik
mild míl, blág; (*nachsichtig*) popustljív
Milde F milína, blágost *f*; popustljívost *f*
mildern ⟨u⟩blažíti, ⟨o⟩lájšati, omíliti *pf*; **~de Umstände** JUR olajševálne okóliščine *fpl*
Milieu N miljé, okólje
Militär N vôjska, armáda
militärisch vojáški
Milliarde F milijárda
Millimeter M, N miliméter
Million F milijón
Millionär M milijonár
Millionärin F milijonárka
Milz F vránica
Minarett N minarét
Minderheit F manjšína
minderjährig mladoléten
mindern ⟨z⟩mánjšati
minderwertig mànjvréden
mindest nàjmanj
mindestens vsáj, nàjmanj
Mindesthaltbarkeitsdatum N (minimálni) rók trájanja
Mine F mína; BERGB rúdnik
Mineral N rudnína, minerál
Mineralwasser N minerálna vôda, slátina
minimal minimálen
Minirock M míni krílo
Minister M miníster
Ministerin F minístrica
Ministerium N minístrstvo
minus mínus
Minute F minúta
mir mêni, mi
mischen méšati
Mischung F méšanica; CHEM zmés *f*
miserabel mizêren, klávrn
missachten ne upoštévati (*im*)*pf*, prezírati
Missbildung F deformácija; MED anomalíja
missbilligen ne odobrávati, obsójati
Missbrauch M zlorába
missbrauchen zlorábljati ⟨zlorábiti⟩
Misserfolg M nèuspèh
Missernte F slába létina
missfallen ne ugájati
Missgeburt F spáček; *fig* izródek, pokvéka
Missgeschick N nesréča; smôla
missglücken ponesréčiti se *pf*; izjalovíti se *pf*, spodletéti *pf*
misshandeln trpínčiti
Mission F misíja; poslánstvo; REL misijón
Missionar M misijonár
Misskredit M: **in ~ bringen**

správiti *pf* na slàb glás
misslich nevšéčen, težáven, nèugóden
misslingen ponesréčiti se *pf*, izjalovíti se *pf*, spodletéti *pf*
missmutig zlovóljen
Missstände MPL nèpravílnosti *fpl*
Misstrauen N nèzaúpanje
misstrauisch nèzaupljív
Missverständnis N nèsporazúm
missverstehen naróbe razuméti (*im*)*pf*
Mist M gnój
Mistel F oméla
mit s, z (*I*); **~ Absicht** namérno; **~ Erfolg** uspéšno
Mitarbeit F sodelovánje
Mitarbeiter M sodélavec
Mitarbeiterin F sodélavka
Mitbenutzung F sòuporába
mitbringen prinêsti *pf* s sebój
Mitbürger M sòdržavljàn; sòmeščàn
miteinander skúpaj, drúg z drúgim
mitfahren peljáti se zráven; *Rennen*: udeležíti se *pf*
Mitgefühl N sočútje
mitgehen íti (*im*)*pf* z, íti (*im*)*pf* zráven
Mitgift F dóta
Mitglied N člán
Mitleid N usmíljenje
mitleidig sočúten
mitmachen udeleževáti ⟨udeležíti⟩ se (*G*); (*ertragen*) prestáti *pf*, pretrpéti *pf*
mitnehmen vzéti *pf* s sebój
Mitschüler M sošólec
Mitspieler M sòigrálec
Mittag M póldan; **am ~** opóldne; **zu ~ essen** kósiti
Mittagessen N kosílo
mittags opóldne
Mittagspause F opoldánski odmòr
Mitte F sredína, sréda; **~ Juni** srédi júnija
mitteilen povédati *pf*, sporočíti *pf*; **sich ~** zaúpati se *pf*
Mitteilung F sporočílo, infor-mácija
Mittel N srédstvo
Mittelalter N srédnji vék
mittelbar posréden; ADV posrédno
mittellos brez denárja
mittelmäßig povpréčen
Mittelpunkt M sredíšče
mittels s, z (*I*); s pomočjó (*G*)
Mittelschule F srédnja šóla
Mittelstürmer M SPORT srédnji napadálec
mitten: **~ in** (*D*) srédi (*G*), v sredíšču (*G*)
Mitternacht F pólnoč *f*; **um ~** opólnoči
mittlere(r) srédnji
Mittwoch M sréda
mitunter od čása do čása
mitwirken sodelováti
Mitwirkung F sodelovánje
Möbel NPL pohíštvo
mobilisieren mobilizírati (*im*)*pf*
Mobilfunknetz N mobílno omréžje
Mobiltelefon N mobílni telefón
möblieren oprémiti *pf*

möbliert oprémljen
Mode F móda; **in ~** modêrno
Modefarbe F módna bárva
Modejournal N módni žurnál
Modell N modél; vzórec
modern[1] V/I trohnéti
modern[2] ADV modêren
modernisieren modernizírati *(im)pf*
Modeschau F módna revíja
Modeschmuck M módni nakít
modisch móden; po módi, v módi
mogeln goljufáti, várati
mögen iméti ràd, márati; **ich möchte** ràd(a) bi; **ich mag nicht** ne máram
möglich mogóč, mózen; ADV mogóče; **~ machen** omogóčiti *pf*
Möglichkeit F móžnost *f*
möglichst po móžnosti; **~ bald** čím préj
Mohn M màk
Mohnkuchen M mákov koláč
Möhre F korénček, korênje
Molkerei F mlekárna
mollig mêhek; *(rundlich)* okrógel, debelúšen
Moment M trenútek
Monat M mésec
monatlich méséčen; ADV mésečno
Monatsende N kônec méseca
Monatsgehalt N mésečna pláča
Monatskarte F mésečna kárta
Monatsrate F mésečni obròk
Monatsschrift F mésečnik
Mönch M meníh
Mond M lúna, mésec
Mondfinsternis F lúnin mrk
Mondschein M mesečína
Monstranz F monštránca
Monstrum N pošást *f*
Montag M ponedéljek
Montage F montáža; **auf ~ sein** bíti na terénu
Monteur M montêr
montieren montírati *(im)pf*
Monument N spomeník
Moor N bárje, močvírje
Moos N máh
Moral F moràla
moralisch morálen
Morast M močvírje
Mord M umòr
morden moríti
Mörder M morílec
morgen jútri; **~ früh** jútri zjútraj
Morgen M jútro; **am ~** zjútraj; **guten ~!** dóbro jútro!
Morgendämmerung F svít
Morgenrock M jútranja hálja
Morgenrot N jútranja zárja
morgens zjútraj
morgig jútrišnji
morsch tŕhel
Mörtel M málta
Mosaik N mozaík
Moschee F mošéja
Most M mòšt
Motiv N motív
motivieren motivírati *(im)pf*
Motorboot N motórni čóln
Motorhaube F pokròv motórja
Motoröl N motórno ólje
Motorrad N motórno koló
Motte F mòlj
Motto N gêslo

Möwe F galéb
MP3-Player® M MP3 predvajálnik, *umg* MP3 player
Mücke F mušíca, komár
Mückenstich M komárjev pík
müde trúden, utrújen
Müdigkeit F utrújenost *f*, trúdnost *f*
muffig zatóhel
Mühe F trúd, napòr
mühelos brez trúda, z lahkôto
Mühle F mlín
mühsam težáven
Mulde F kotánja
Müll M odpádki *mpl*; smetí *fpl*
Mullbinde F povòj (iz gáze)
Mülldeponie F odlagalíšče smetí
Mülleimer M smetnják
Müller M mlínar
multikulturell multikultúren
multiplizieren množíti, multiplicírati *(im)pf*
Mund M ústa *npl*
Mundart F naréčje
münden izlívati ⟨izlíti⟩ se, iztékati se (**in** v)
mündig polnoléten
mündlich ústen
Mündung F ústje; *Fluss*: izlív; *Waffe*: cév *f*
Mundwasser N ústna vôda
Munition F strelívo, munícija
munter búden; *(heiter)* živáhen, vesél
Münze F kovánec, nôvec
Münztank M avtomátska bencínska črpálka
mürbe kŕhek; mêhek
murmeln mrmráti
Murmeltier N svízec
murren godrnjáti
mürrisch zlovóljen, čeméren
Mus N káša
Muse F múza
Muschel F škóljka
Museum N muzéj
Musik F glásba
musikalisch muzikáličen
Musiker M glásbenik
Musikerin F glásbenica
Musikinstrument N glasbílo
musizieren muzicírati
Muskat M muškát
Muskel M míšica
Muskelkater M boléče míšice *fpl*
Muskelzerrung F natégnjena míšica
muskulös míšičast
Müsli N mísliji *mpl*, müsli
Muslim M muslimán
Muslima F muslimánka
müssen mórati; **man muss** tréba je
müßig nèdélaven; pròst; *Frage*: nèpotrében
Muster N vzórec
musterhaft zgléden, vzóren
mustern motríti, pozórno ⟨po⟩glédati, ogledováti ⟨oglédati⟩ si
Musterung F MIL nabòr
Mut M pogúm
mutig pogúmen
mutlos malodúšen; brez pogúma
mutmaßen domnévati
Mutter F máti; TECH mática
mütterlich máterin; materínski
Muttermal N máterino známenje

Mutterschaft F materínstvo
Muttersprache F materínščina
mutwillig naméren; ADV naménoma, namérno
Mütze F čépica, kápa
mysteriös misteriózen, skrivnósten
Mythologie F mitologíja

N

Nabel M pópek
Nabelschnur F popkóvnica, popkovína
nach na *(A)*; v *(A)*; po *(A, L)*; čez *(G)*; za *(I)*; **~ Hause** domóv; **~ sieben** po sêdmi; **~ Wien** na Dúnaj; **~ Deutschland** v Némčijo; **meiner Meinung ~** po môjem mnênju; **~ und ~** postópoma
nachahmen posnémati
Nachahmung F posnémanje, imitácija
Nachbar M sôsed
Nachbarin F sôseda
Nachbarschaft F sosédstvo; soséska
nachbestellen poznéje naročíti *pf*
nachbilden posnémati ⟨posnéti⟩
nachdem KONJ potém ko; **je ~** kákor se vzáme
nachdenken razmíšljati, premišljeváti **(über** o)
nachdenklich zamíšljen
nachdrücklich s poudárkom, izrécno
nacheifern posnémati *(A)*
nacheinander drúg za drúgim; zaporédoma
Nachfolge F naslédstvo
nachfolgen sledíti *(D)*
Nachfolger M naslédnik
nachforschen poizvedováti
Nachforschung F poizvedovánje
Nachfrage F povpraševánje
nachfragen povprášati *pf*
nachgeben popúščati ⟨popustíti⟩; *Boden*: udírati se
nachgehen hodíti ⟨íti⟩ za *(I)*; sledíti *(D)*; *e-r Sache* poblíže se ukvárjati z; *Beruf*: oprávljati; *Vergnügen*: predájati ⟨predáti⟩ se; V/I *Uhr*: zaostájati
nachgiebig prížen; *Mensch*: popustljív
nachhaltig trájen, dolgotrájen
nachhelfen pomágati *(im)pf*
nachher potém, zatém, poznéje
Nachhilfe F *(Unterricht)* inštrúkcije *fpl*
nachholen nadoknáditi *pf*, nadomestíti *pf*
Nachkomme M potómec
nachkommen príti *pf* poznéje; *(Schritt halten)* dohájati; *Aufgaben* izpolnjeváti ⟨izpolníti⟩; **nicht ~** zaostájati
Nachlass M *(Erbe)* zapuščína; HANDEL popúst
nachlassen popúščati ⟨popustíti⟩; HANDEL dáti *pf* popúst, znížati *pf*

nachlässig nemáren, zaníkrn
Nachlässigkeit F nemárnost *f*, malomárnost *f*
nachlaufen têči za
nachliefern naknádno dobáviti *pf*
nachmachen oponášati, posnémati; (*fälschen*) ponarediti *pf*
Nachmittag M popóldan; **am ~** popóldne
nachmittags popóldne
Nachnahme F povzétje; **per ~** po povzétju
nachprüfen prevérjati ⟨prevériti⟩, kontrolírati (*im*)*pf*
nachrechnen ponóvno preračúnati *pf*
Nachricht F sporočilo; (*Neuigkeit*) poročilo, novíca; **~en** *fpl* poročíla *npl*; **j-m e-e ~ hinterlassen** pustíti kómu sporočilo
Nachruf M nekrológ
Nachsaison F posezóna
nachschicken pošíljati ⟨posláti⟩ za
nachschlagen poiskáti *pf* (v knjígi)
Nachschlagewerk N enciklopedíja, priróčnik
Nachschub M preskŕba
nachsehen (*hinterhersehen*) ⟨po⟩glédati za; **j-m et. ~** spreglédati *pf* kómu kàj, odpustíti *pf*
nachsenden pošíljati ⟨posláti⟩ za
nachsichtig popustljív
Nachspeise F sladíca, desêrt
nachsprechen *j-m* ponávljati za
nächste naslédnji, prihódnji; ADV **am ~n** nájblíže
Nächste(r) M blížnji; **der Nächste!** naslédnji!
nachstellen *j-m* zasledováti (*A*); *Uhr* premakníti *pf* napréj
Nacht F nóč *f*; **gute ~!** láhko nóč!
Nachtdienst M nôčna slúžba
Nachteil M slába strán *f*; **im ~ sein** bíti na slábšem
nachteilig négativen, škodljív, nèugóden
nächtelang céle noči
Nachthemd N spálna srájca
Nachtigall F slávec, slávček
Nachtisch M poobédek, sladíca, desêrt
nächtlich nôčen
Nachtlokal N nôčni lokál, bár
Nachtrag M dodátek, dopolnílo
nachträglich naknádno, poznéje
nachtragend zamerljív
Nachtruhe F nôčni počítek
nachts ponôči
Nachtschicht F nôčna izména
Nachttisch M nôčna omárica
Nachttischlampe F nôčna lúčka
Nachweis M dokàz; potrdílo; dokazovánje; CHEM prikàz
nachweisen dokazováti ⟨dokázati⟩; izpríčati *pf*
Nachwelt F zanámci *mpl*
Nachwirkung F poslédice *fpl*
Nachwort N epilóg, sklépna beséda
Nachwuchs M naraščáj
nachzahlen dopláčati *pf*
nachzählen še ênkrat preštéti

pf
Nachzahlung F doplačílo
Nachzügler M zapoznélec; (*Kind*) zapoznélček
Nacken M tílnik, zatílje
nackt gòl (*a. fig*), nág
Nadel F ígla, šivánka
Nadelbaum M íglavec
Nadelwald M íglasti gòzd
Nagel M žebèlj; *Finger*: nóht
Nagelfeile F píla za nóhte
Nagellack M lák za nóhte
nagelneu čísto nòv
Nagelschere F škárjice *fpl* za nóhte
nagen glódati; *fig* žréti
Nagetier N glodávec
nahe blížnji; ADV blízu (**an** *G*); **~ kommen** približati se *pf*
Nähe F bližína; **in der ~** blízu, v bližíni
nahekommen *fig* približati se *pf*; **sich ~** zbližati se *pf*
naheliegend blížnji; verjéten
nähen šívati
näher blíže; ADV poblíže
nähern: **sich ~** blížati se, približeváti se
Nähgarn N súkanec
Nähmaschine F šiválni stròj
Nähnadel F šiválna ígla
nahrhaft hranílen
Nahrung F hrána (*a. fig*), žívež
Nahrungsmittel NPL živíla *npl*
Nährwert M hranílna vrédnost *f*
Naht F šív; TECH zvár
nahtlos brezšíven
naiv naíven
Name M imé; **dem ~n nach** po iménu
Namenstag M gód
namentlich ADV poiménsko; posébno
nämlich námreč
Napf M lônček, sklédica
Narbe F brazgotína
Narkose F narkóza
Narr M nôrec
naschen sladkáti se
Nase F nós
Nasenbluten N krvavênje iz nosú
Nasenloch N nosníca
Nashorn N nosoróg
nass móker; **~ werden** premočíti se *pf*
Nässe F mokrôta, vlága; **vor ~ schützen** hraníti v súhem prostóru
Nation F národ, nácija
national národen, nacionálen
Nationalfeiertag M držávni práznik
Nationalgericht N národna jéd *f*
nationalistisch nacionalístičen
Nationalität F národnost *f*
Nationalmannschaft F SPORT državna reprezentánca
Natter F góž
Natur F naráva, priróda; (*Charakter*) naráva, značáj
Naturkatastrophe F narávna nesréča, elementárna nesréča
natürlich naráven; ADV sevéda
Naturschutzgebiet N narávni rezervát
Naturwissenschaft F naravoslóvje
Navi N *umg* AUTO GPS, *umg*

Gármin®
Nebel M meglà
neben zráven (G), póleg (G)
nebenan póleg; pri sosédu; **nach ~** v sosédnji prôstor
nebenbei zráven, póleg; **~ gesagt** mimogredé povédano
Nebenbeschäftigung F dodátna zaposlítev *f*
nebeneinander drúg póleg drúgega, skúpaj
Nebenfluss M pritòk
Nebengeräusch N prizvòk
Nebensache F postránska stvár *f*
nebensächlich postránski, nèpomémben
Nebenzimmer N sosédnja sôba
neblig meglén
necken dražíti
Neffe M nečák
negativ négativen
Negativ N négativ
nehmen jemáti ⟨vzéti⟩; **Platz ~** vsésti se *pf*; **zu sich ~** použíti *pf*, pojésti *pf*
Neid M nevoščljívost *f*, zavíst *f*
neidisch nevoščljív
neigen nagíbati ⟨nagníti⟩ (**sich** se); **sich ~ über** sklánjati ⟨skloníti⟩ se nad
Neigung F naklòn, nágnjenost *f*; poševnína; *fig* nágnjenje
nein nè; **aber ~!** tó ni rés!
Nelke F nágelj
nennen imenováti (**sich** se); (*aufzählen*) naštévati ⟨naštéti⟩
Nenner M imenovàlec
Nerv M žívec; **auf die ~en gehen** íti (*im*)*pf* na žívce
Nervenarzt M nevrològ
Nervenzusammenbruch M žívčni zlòm
nervös žívčen, nervózen
Nervosität F žívčnost *f*, nervóznost *f*
Nerz M nórka, nêrc
Nessel F kopríva
Nest N gnézdo
nett prijázen, ljubeznív; prijéten
netto néto
Nettoverdienst M néto zaslúžek
Netz N mréža; **kein ~ haben** *Handy*: ne iméti signála
Netzhaut F ANAT mréžnica
Netzkarte F vozóvnica za vsè próge
neu nòv; **von Neuem** znóva
neuartig nòv
Neuauflage F nôva izdája
Neubau M novográdnja
Neubildung F preoblikovánje
neuerdings v zádnjem čásu
Neuerscheinung F (knjížna) novóst *f*, nôva publikácija
Neuerung F novóst *f*, inovácija
Neugeborene(s) N novorojênček
Neugier(de) F radovédnost *f*
neugierig radovéden
Neuheit F novóst *f*
Neuigkeit F novíca
Neujahr N nôvo léto; **Prosit ~!** Sréčno nôvo léto!
neulich zádnjič, pred krátkim
Neuling M novínec
Neumond M mláj
neun devét
neunte(r) devêti

Neuntel N devetína
neunzehn devétnajst
neunzig devétdeset
Neuschnee M nôvozapádli snég
neutral nevtrálen
Neutralität F nevtrálnost *f*
Neuzeit F nôvi vék
nicht ne; ~ **wahr?** kajnè?, kajnèda?
Nichte F nečákinja
nichtig níčen (*a.* JUR); (*ungültig*) nèveljáven
Nichtigkeit F níčnost *f* (*a.* JUR); nèveljávnost *f*
Nichtraucher M nèkadílec
nichts nìč; **mir** ~, **dir** ~ mêni nìč, têbi nìč; **das macht** ~ nìč ne dé
Nichtschwimmer M nèplaválec
nichtsdestoweniger vèndar, kljúb tému
nichtssagend nèpomémben; *Worte*: prázen
Nickel N níkelj
nicken ⟨po⟩kímati
nie nikóli, níkdar
nieder nízek; ADV dôl, navzdòl
niederbrennen V/T požgáti *pf*; V/I pogoréti *pf*
niederdrücken pritískati ⟨pritísniti⟩
Niedergang M propádanje, propád
niedergehen *Lawine*: sprožíti se *pf*
niedergeschlagen potŕt, popárjen
niederknien poklékniti *pf*
Niederlage F poràz
Niederlande PL Nizozémska
niederlassen: **sich** ~ naselíti se *pf*
Niederlassung F stálna nastanítev *f*, naselítev *f*; (*Filiale*) podrúžnica; (*Firmensitz*) sédež podjétja
niederlegen položíti *pf*, odložíti *pf*; **ein Amt** ~ odložíti *pf* fúnkcijo; **sich** ~ léči *pf*
niederreißen podírati ⟨podréti⟩, porúšiti *pf*
Niederschlag M padavína; (*Bodensatz*) usedlína
niederschlagen potólči *pf*; *Revolte* zatréti *pf*, zadušíti *pf*; **sich** ~ **in** *fig* príti *pf* do izráza v
Niederschrift F zapís, zapísek
niederträchtig nizkóten, pôdel
Niederung F nižína
niedlich sŕčkan, ljúbek
niedrig nízek; *fig* nizkóten
niemals nikóli; ~ **wieder** nikóli vèč
niemand nihčè
Niere F ledvíca
Nierenstein M ledvíčni kámen
nieseln pršéti; **es nieselt** prší
niesen kíhati ⟨kíhniti⟩
Niete F (*Los*) prázna sréčka; (*Mensch*) núla; TECH kóvica
Nilpferd N nílski kònj
nippen sŕkati ⟨sŕkniti⟩
nirgends nikjér
Nische F vdolbína, níša
nisten gnézditi
Niveau N ráven *f*, nivó *m*
niveaulos pod vsákim nivójem; *Mensch*: brez formáta
noch še; **weder** … ~ … níti …

níti ...; ~ **immer** še védno
nochmals še ênkrat
Nomade M nomád
Nonne F núna
Nord(en) M séver
nordeuropäisch sévernoevrópski
nördlich séveren
Nordlicht N séverni sij
nordöstlich séverovzhóden
Nordpol M séverni tečáj
Nordsee F Séverno mórje
Nordwind M séverni véter
nordwestlich séverozahóden
nörgeln nergáti
Norm F nórma; pravílo; stándard
normal normálen
normen normírati *(im)pf*
Norwegen N Norvéška
Norweger M Norvežán
Norwegerin F Norvežánka
norwegisch norvéški
Not F stíska; **mit knapper ~** kómaj; **~ leidend** v révščini, v stíski
Notar M notár
Notarztwagen M sanitétno vozílo
Notausgang M izhòd v síli
Notbremse F zasílna zavóra
notdürftig zasílen; ADV zasílno, za sílo
Note F MUS, POL nóta; *Schule*: océna
Notfall M síla, níja
notfalls v síli, v skrájnem priméru
notieren zapisováti ‹zapísati›; beléžiti
nötig potrében; **es ist ~** potrébno je
nötigen ‹pri›síliti
Notiz F notíca, zapísek, belêžka
Notizbuch N beléžnica
Notlandung F zasílni pristánek
Notlüge F láž *f* v stíski
Notruf M (telefónski) klíc v síli
Notrufnummer F telefónska števílka za klíc v síli
Notwehr F JUR silobrán
notwendig potrében, nújen
Notwendigkeit F potrébnost *f*, nújnost *f*
Novelle F novéla (*a.* JUR)
November M novêmber
Nu: **im ~** v trenútku, bliskovíto
nüchtern (*nicht betrunken*) trézen; (*sachlich*) stváren, trézen; **auf ~en Magen** na tèšče
Nudeln FPL rézanci *mpl*
Null F níčla; (*Mensch*) núla; **eins zu null** êna proti nìč
Nummer F števílka
nummerieren oštevílčiti *pf*
nun zdàj, sedàj; **~ erst** zdàj šelè; **von ~ an** odsléj
nur samó, lè; **wenn ~** samó da; **nicht ~ ..., sondern auch ...** ne lè ..., témveč túdi ...
Nuss F óreh
Nussknacker M kléšče *fpl* za oréhe
Nüstern FPL nozdŕvi *fpl*
nutzbar korísten, uporáben
nutzen, nützen V/I korístiti; V/T uporábljati, izkoríščati; *fig* pomágati
Nutzen M koríst *f*; **von ~ sein** bíti korísten
nützlich korísten; **sich ~ ma-**

chen pomágati
nutzlos nèkorísten, nesmíseln
Nylon N nájlon

O

Oase F oáza, zeleníca
ob áli; **als ~** kot da bi
obdachlos brez stanovánja
oben zgôraj; **nach ~** gôr, navzgòr; **von ~** od zgôraj; **von ~ herab** *fig* zvíška; **~ genannt** zgôraj imenován
Ober M natákar
obere(r) górnji, zgórnji, víšji
Oberfläche F površína
oberflächlich povŕšen
Obergeschoss N nadstrópje
oberhalb nad (*I*); **weiter ~** málo víšje
Oberhaupt N poglavár
Oberin F prédnica
oberirdisch površínski; nadzémski
Oberkellner M plačílni natákar
Oberkiefer M zgórnja čeljúst *f*
Oberkörper M zgórnji dél telésa
Oberlippe F zgórnja ústnica
Obers M *österr* smétana
Oberschenkel M stêgno
Oberst M polkóvnik
oberste(r) najvíšji, vrhóvni
Oberteil M, N górnji dél
obgleich četúdi
Obhut F várstvo; nadzòr
Objekt N objékt, prêdmet
objektiv objektíven; nèpristránski
obligatorisch obvézen, obligatóren
Oboe F óboa
Obrigkeit F oblást *f*
obskur obskúren, tèmen, mráčen
Obst N sádje
Obstbaum M sádno drevó
Obstgarten M sadovnják
Obstsaft M sádni sók
obszön obscén, opólzek, nèspodóben
Obus M trólejbus
obwohl čepràv, čeràvno
Ochse M vòl
öde púst, puščôben
oder ali
Ofen M péč *f*
offen odpŕt; *Karten*: odkrít; *Hemd*: odpét; *Haar*: razpuščèn
offenbar očíten; ADV očítno
offenbaren razodéti *pf*
Offenbarung F razodétje
Offenheit F odkrítost *f*
offenherzig odkritosŕčen
offenkundig jáven, očíten
offensichtlich očíten
öffentlich jáven
Öffentlichkeit F jávnost *f*
offiziell uráden, oficiálen
Offizier M oficír, částnik
öffnen odpírati ⟨odpréti⟩
Öffner M odpiráč
Öffnung F odprtína
oft pogósto
oftmals dôstikrat
OG (**Obergeschoss**) *n* nadstr. (nadstrópje)
ohne brez (*G*); **~ dass** ne da bi;

~ **zu** ne da bi
Ohnmacht F omedlévica, nèzavést *f*; **in ~ fallen** omedléti *pf*
ohnmächtig MED nèzavésten; *fig* nèmôčen
Ohr N uhó
Öhr N uhó, ušésce
Ohrenarzt M zdravník za ušésne bolézni
Ohrenentzündung F vnétje ušésa
Ohrfeige F klofúta, zaúšnica
ohrfeigen oklofutáti *pf*
Ohrring M uhàn
Ohrstecker M uhán
Okkupation F okupácija, zasédba
ökologisch ekolóški
ökonomisch ekonómski
Ökostrom M ekolóški tók
Oktober M október
Öl N ólje
Ölbaum M óljka
ölen naóljiti *pf*; REL mazíliti
Ölfarbe F óljnata bárva
Ölgemälde N óljna slíka
ölig óljnat
Olive F olíva
Ölleitung F naftovòd
Olympiade F olimpiáda
olympisch olímpijski
Omelett N omléta
Omnibus M ávtobus
Onkel M stríc
Open-Air-... ... na prôstem
Oper F ópera
Operation F operácija
Operette F operéta
operieren operírati *(im)pf*
Opernglas N gledalíško kukálo
Opernhaus N óperna híša, ópera
Opfer N žŕtev *f*; REL darítev *f*
opfern žrtvováti *(im)pf* (**sich** se); darováti *(im)pf*
Opposition F opozícija
Optik F óptika
Optiker M óptik
optimistisch optimístičen
Orange F oránža, pomaránča
Orangensaft M oranžáda
Orchester N orkéster
Orden M réd; *(Auszeichnung)* odlikovánje
ordentlich réden; *Zimmer*: urejèn; *fig* poštèn
ordinär vulgáren, prostáški; naváden
ordnen urejeváti ⟨uredíti⟩
Ordnung F réd
Ordnungszahl F vrstílni štévnik
Organ N orgán
Organisation F organizácija
organisatorisch organizacíjski
organisch orgánski
organisieren organizírati *(im)pf*
Organismus M organízem
Orgel F órgle *fpl*
Orient M oriènt, vzhòd
orientalisch orientálski
orientieren orientírati *(im)pf* (**sich** se); **sich ~ an** ravnáti se po
Orientierung F orientácija
Original N originál, izvírnik
originell izvíren, originálen
Orkan M orkán
Ort M kràj, mésto; **an ~ und Stelle** na méstu
orthodox ortodóksen, pravo-

sláven
Orthografie F ortografíja, pravopís
orthopädisch ortopédski
örtlich krajéven, lokálen (a. MED)
Orts- krajévni; lokálni
Ortschaft F naséIje, kràj
Ortsgespräch N lokálni pogóvor
ortskundig: ~ **sein** poznáti kràj
Ortsname M krajévno imé
Ortszeit F krajévni čàs
Öse F ušésce, uhó
Osten M vzhòd
Osterei N pírh
Ostern N velíka nóč f; **frohe ~!** veséło velíko nóč!
Österreich N Ávstrija
Österreicher M Avstríjec
Österreicherin F Avstríjka
österreichisch avstríjski
osteuropäisch vzhódnoevrópski
östlich vzhóden; ADV vzhódno
Ostsee F Báltik
Otter¹ M vídra
Otter² F gàd
Ouvertüre F uvertúra
oval oválen, jájčast
Overall M kombinezón
Oxid N oksíd
oxidieren oksidírati (*im*)*pf*
Ozean M oceán
Ozon M, N ozón
Ozonalarm M ozónski alárm

P

paar: **ein ~** nékaj
Paar N pár, dvojíca
paaren páriti, družíti
Pacht F zakúp; (*Geld*) zakupnína
pachten vzéti *pf* v zakúp
Pächter M zakúpnik
Päckchen N zavójček
packen zlágati ⟨zložíti⟩; (*greifen*) prijéti *pf*, zagrabíti *pf*
Packpapier N ovójni papír
Packung F zavítek; MED povítek
Paddel N vêslo
Paddelboot N čóln na prôsta vêsla
paddeln vesláti
Paket N zavòj, pakét
Paketannahme F prevzèm pakétov
Paketausgabe F izdája pakétov
Pakt M pákt
Palast M paláča
Palme F pálma
Palmsonntag M cvétna nedélja
Pandemie F pandemíja
panieren panírati (*im*)*pf*
Panik F pánika, preplàh
Panne F okvára, poškódba
Panther M pánter
Pantoffel M copáta
Panzer M oklèp; MIL oklópnik, tánk
Papagei M pápiga
Papier N papír

Papierhandlung F papírnica
Papierkorb M kòš za papír
Pappe F lepénka, kartón
Pappel F tôpol
Paprika M páprika
Papst M pápež
päpstlich pápeški
Parade F paráda
Paradies N ràj
parallel vzporéden, paralélen
Parasit M parazít, zajedávec
Pärchen N párček
Parfüm N parfúm, vonjáva
Park M párk
parken parkírati (*im*)*pf*
Parkett N parkét; THEAT partêr
Parkhaus N parkírna híša
Parkplatz M parkiríšče
Parkverbot N prepóved *f* parkíranja
Parlament N parlamènt
parlamentarisch parlamentáren
Parole F gêslo, paróla
Partei F stránka (*a.* JUR)
parteiisch pristránski
parteilos nevtrálen, nèopredeljèn; *Abgeordneter*: nèodvísen
Parteimitglied N člán stránke
Parterre N pritlíčje; THEAT partêr
Partie F (*Teil*) dél; partíja; (*Ausflug*) izlèt
Partner M pártner, družábnik
Partnerin F pártnerka, družábnica
Partnerschaft F pártnerstvo
Parzelle F parcéla
Pass M pótni líst; (*Gebirgspass*) prelàz
Passagier M pótnik
Passant M mímoidóči
Passantin F mímoidóča
Passbild N slíka za pótni líst; slíka v pótnem lístu
passen ujémati se (**zu** z), bíti priméren; *Anzug*: prilégati se
passend prikláden, priméren, ujemajóč se; prilegajóč se
passieren íti (*im*)*pf* mímo, íti (*im*)*pf* čéz; (*geschehen*) dogájati ⟨dogodíti⟩ se, pripetíti se *pf*
Passierschein M dovolílnica
passiv pasíven, nèdejáven
Passkontrolle F kontróla pótnih lístov
Passwort N gêslo
Pastete F paštéta
Pate M bóter
Patenkind N kŕščenec; bírmanec
Patenschaft F bótrstvo; *fig* pokrovíteljstvo
Patent N patènt
Patient M paciènt, bolník
Patientin F pacièntka
Patin F bótra
patriotisch patrióticen, rodoljúben
Patrone F patróna, nabòj
Pauke F MUS pávka
pauschal pavšálen
Pause F pávza, odmòr
pausenlos brez odmôra, nenéhno
Pech N smôla (*a. fig*)
Pechvogel M *fig* nesréčnež
Pedal N pedál
pedantisch pedántski
Pediküre F pedikúra
peilen dolóčati smér, namérjati
Pein F múka

peinigen múčiti, trpínčiti
peinlich múčen, nèprijéten
Peitsche F bíč
Pellkartoffeln FPL krompír v oblícah
Pelz M kôžuh, kŕzno
Pelzmantel M krznén plášč
Pelzmütze F kúčma
Pendel N nihálo
pendeln níhati; vozíti se na délo v drúg kràj
Pension F pôkoj; (*Geld*) pokojnína; (*Fremdenheim*) penzión
pensionieren upokojíti *pf*
per: ~ **Bahn** z žéléznico; ~ **Post** po póšti; ~ **Du sein** tíkati se; ~ **Sie sein** víkati se
perfekt popóln, dovršèn, perfékten
Periode F dôba, perióda
periodisch periódičen
Peripherie F periferíja, obróbje
Perle F bíser
perlen péniti se, kipéti
Perlmutt N biserovína
Perser M Pêrzijec; (*Teppich*) perzijánec
persisch pêrzijski
Person F oséba
Personal N osébje
Personalausweis M osébna izkáznica
Personalien PL osébni podátki *mpl*
Personenkraftwagen M osébni avtomobíl
Personenzug M pótniški vlák
persönlich osében
Persönlichkeit F osébnost *f*
Perücke F lasúlja
pessimistisch pesimístičen
Pest F kúga
Petersilie F peteršílj
Petroleum N petroléj
Pfad M stezà, pót *f*
Pfadfinder M skávt, tábornik
Pfahl M kòl
Pfand M zastavílo; kávcija
pfänden za⟨rubíti⟩
Pfändung F rúbež
Pfanne F pônev *f*
Pfannkuchen M palačínka
Pfarramt N župníjski urad
Pfarrer M žúpnik
Pfau M páv
Pfeffer M pôper
Pfefferminze F pôprova méta
Pfefferminztee M métin čáj
pfeffern pôprati
Pfeife F pípa; MUS piščál *f*, piščálka
pfeifen žvížgati, pískati
Pfeifentabak M tobák za pípo
Pfeil M puščíca
Pfeiler M stebèr
Pferd N kònj
Pferderennen N kónjska dírka
Pferdestärke F kónjska móč *f*
Pferdezucht F vzréja kónj
Pfiff M žvížg, písk
Pfifferling M lisíčka
pfiffig zvít, nabrít
Pfingsten N bínkošti *fpl*
Pfirsich M bréskev *f*
Pflanze F rastlína
pflanzen ⟨po⟩sadíti
Pflaster N MED oblíž; *Straße*: tlák
Pflasterstein M tlákovec
Pflaume F slíva
Pflaumenschnaps M slívovka

Pflege F négа, negovánje, oskŕba; *Denkmal*: vzdrževánje
pflegeleicht láhek za vzdrževánje
pflegen negováti, stréči, oskrbováti; *Kontakte* gojíti; ~ **zu** navádno, običájno
Pfleger M stréžnik; *Zoo*: čuváj
Pflicht F dolžnóst *f*
pflücken tŕgati; *Obst* obírati
Pflug M plúg
pflügen oráti
Pforte F vráta *npl*
Pförtner M vratár
Pfosten M stebèr, stójka; *Tür*: podbòj
Pfote F táca, šápa
Pfropfen M zamášek, čèp
pfui! fúj!, fèj!
Pfund N fúnt
pfuschen šušmáriti; skazíti *pf*
Pfütze F lúža
Phase F fáza; stôpnja
Philatelie F filatelíja
Philologie F filologíja
Philosoph M filozóf
Philosophie F filozofíja
philosophisch filozófski
phlegmatisch flegmátičen
phonetisch fonétičen; fonétski
Phrase F fráza
Physik F fízika
physikalisch fizikálen
physisch fízičen
Pickel M MED mozólj
Pickerl N *österr* (*Aufkleber*) nalépka
piepen čívkati ⟨čívkniti⟩
pikant pikánten
Pilgerfahrt F rómanje
Pille F pílula, tabléta
Pilot M pilót
Pilz M góba, gliva; MED glívica
PIN (**persönliche Identifikationsnummer**) *f zum Geldabheben*: PIN (kóda), osébna števílka
Pinsel M čópič
Pinzette F pincéta
Pionier M pionír
Pirat M pirát
Piste F písta; (*Skipiste*) smučíšče; FLUG stezà
Pistole F pištóla
Pizza F píca
Pizzeria F piceríja
Plage F nadlóga; múka
plagen múčiti (**sich** se)
Plakat N lepák, plakát
Plakette F plakéta
Plan M načŕt, plán
Plane F pláhta, ponjáva
planen načrtováti, iméti v načŕtu
Planet M planét
planmäßig načŕten; ADV po načŕtu
planschen čofotáti
Planung F načrtovánje
plappern klepetáti
Plastik[1] F plástika; kíp
Plastik[2] N plástika
Plastiktüte F plástična vréčka
plätschern *Wasser*: žuboréti
platt ploščàt
Platte F plôšča
Plattform F ploščád *f*
Plattfuß M plôska nôga
Platz M kràj, mésto; prôstor; **nehmen Sie ~!** sédite!
Platzanweiser M biljetêr
Plätzchen N (*Gebäck*) piškót
platzen póčiti *pf*; *fig* izjalovíti

se *pf*
Platzkarte F rezervácija sédeža
Platzregen M plôha
plaudern ⟨po⟩kramljáti
pleitegehen bankrotírati (*im*)*pf*
Plombe F plómba
plombieren plombírati (*im*)*pf*
plötzlich nenáden; ADV nenádoma, na lépem
plump neróden, nèokréten, štórast
plündern ⟨o⟩pleníti, ⟨iz⟩rópati; sprazníti *pf*
Plünderung F plénjenje, rópanje
Plus N plús; pribítek; presẹ́žek; *fig* prẹ́dnost *f*
Pöbel M sódrga, drhál *f*
pochen tŕkati, tólči
Pocken PL osépnice *fpl*, kôze *fpl*
Pockenschutzimpfung F cépljenje proti kôzam
poetisch pésniški, poétičen
Pokal M pokál
Pökelfleisch N prekajẹ̑no mesó
pökeln prekajeváti ⟨prekadíti⟩
Pol M tečáj, pól
Polarstern M sévernica
Pole M Polják
Polen N Póljska
Police F políca
polieren ⟨s⟩polírati
Poliklinik F poliklínika, zdrávstveni dóm
Polin F Poljákinja
Politik F polítika
Politiker M polítik
Politikerin F polítičarka
politisch polítičen
Politur F politúra
Polizei F policíja
Polizist M policíst, policáj
polnisch póljski
Polster N blazína
Polterabend M fántovščina, deklíščina
poltern ropotáti, rogovíliti
Pommes frites PL pomfrít
pompös pompózen
Pool M (*Schwimmmbad*) bazén
populär populáren
Pore F póra
porös porózen, lúknjičav
Portal N portál
Portier M portír, vratár
Portion F pórcija
Porto N poštnína
portofrei brez poštníne
Porträt N portrét, slíka
Portugal N Portugálska
Portugiese M Portugálec
Portugiesin F Portugálka
portugiesisch portugálski
Porzellan N porcelán
Posaune F pozávna
Position F pozícija; položáj; léga
positiv pózitiven
Post F póšta
Postamt N póšta, póštni urȁd
Postanweisung F póštna nakáznica
Postbeamte(r) M póštni urádnik
Postbote M pismonóša *m*, póštar
Posten M slúžba, mésto; MIL stráža; HANDEL postávka
Postfach N póštni predál
Postkarte F dopísnica

postlagernd póštno ležéče
Postleitzahl F póštna števílka
Postscheckkonto N póštni čekóvni račún
Postsparkasse F póštna hranílnica
postwendend z obrátno póšto
Pracht F sijáj, razkóšje
prächtig čudovít, krásen, sijájen
Prag N Prága
prägen vtísniti *pf*; *Münzen* ⟨s⟩kováti; *Charakter* oblikováti, zaznamováti *(im)pf*
prahlen báhati se
praktisch práktičen
Praline F pralíne *m*
prall napét, nabíto póln
Prämie F prémija, nagráda
präsentieren predstávljati ⟨predstáviti⟩, prezentírati *(im)pf*
Präsident M predsédnik
Präsidentin F predsédnica
Präsidium N prezídij, predsédstvo
prasseln prasketáti, pokljáti; *Regen*: bíti
Praxis F práksa; MED ordinácija
präzise precízen, natánčen
predigen prídigati *(a. fig)*
Prediger M prídigar
Predigt F prídiga
Preis M céna; *(Wert)* vrédnost *f*; *(Belohnung)* nagráda; **um keinen ~** za nobêno céno
Preisausschreiben N nagrádna ugánka
Preiselbeere F brúsnica
Preiserhöhung F zvíšanje cén, podražítev *f*
Preisermäßigung F znížanje cén, pocenítev *f*
preisgeben prepustíti *pf*; *Geheimnis* izdáti *pf*
preisgekrönt nagrajèn
Preisliste F ceník
Preisrichter M člán žiríje, sodník
preiswert pocéni
Prellung F MED kontúzija, udarnína
Premiere F premiêra
Prepaid-Karte F TEL predplačníška kártica
Presse F tísk, časopísi *mpl*; TECH stiskálnica
Pressefreiheit F svobôda tíska
pressen stískati ⟨stísniti⟩, ⟨s⟩tláčiti
Prestige N prestíž
Priester M duhóvnik
prima odlíčen
primär primáren, prvôten
Primel F jéglič, trobéntica
primitiv primitíven
Prinz M prínc
Prinzessin F princésa
Prinzip N princíp, načêlo
prinzipiell načêlen
Prise F ščépèc
Prisma N prízma
Pritsche F pógrad; *Gefängnis*: ležíšče
privat priváten, zasében
Privateigentum N zasébna lastnína
Privileg N privilégij
pro po, na; **~ Person** na osébo; **~ Stück** po kósu; **~ Tag** dnévno; **~ und kontra** za in próti
Probe F preizkús, tést; preiz-

kúšnja; THEAT vája, skúšnja
Probefahrt F poskúsna vôžnja
proben váditi
probeweise poskúsno
probieren poskúšati ⟨poskúsiti⟩; *Speisen* pokúšati ⟨pokúsiti⟩
Problem N problém
Produkt N izdélek, proizvòd; MATH zmnóžek
Produktion F prodúkcija, proizvódnja
produzieren proizvájati, producírati *(im)pf*; izdelováti
Professor M profésor
Professorin F profésorica
Profit M dobíček; koríst *f*
Prognose F prognóza, napóved *f*
Programm N prográm; THEAT sporèd
Projekt N projékt; načŕt
projizieren projicírati *(im)pf*
proklamieren proklamírati *(im)pf*, razglasíti *pf*
Prokurist M prokuríst
proletarisch proletárski
Promenade F promenáda
prominent pomémben
promovieren promovírati *(im)pf*
prompt takójšen
Propeller M FLUG propéler; SCHIFF viják
Prophet M prêrok
prophezeien prerokováti
proportional proporcionálen, sorazméren
prosit! na zdrávje!; **~ Neujahr!** sréčno nôvo léto!
Prostituierte F prostitútka
Protest M ugóvor, protést
Protestant M protestánt
protestieren protestírati *(im)pf*
Protokoll N zapísnik, protokól
protokollieren zapísati *pf*, vpísati *pf*
Proviant M proviánt, žívež
Provider M IT ponúdnik, dobavítelj
Provinz F provínca; podežêlje
Provision F provizíja
provisorisch provizóričen, začásen, zasílen
provozieren provocírati *(im)pf*, izzívati
Prozent N odstótek
Prozess M procés, postópek
prüde pretírano krepósten
prüfen preizkúšati ⟨preizkúsiti⟩, prevérjati ⟨prevériti⟩; kontrolírati *(im)pf*; *Vorschlag* obravnávati; *Schule*: izpraševáti ⟨izprášati⟩ (**in** iz)
Prüfung F izpít; **e-e ~ bestehen** opráviti *pf* izpít; **bei e-r ~ durchfallen** pásti *pf* pri izpítu
Prügel M gorjáča, krepêlo; **~** *pl* udárci *mpl*
Prügelei F pretèp
prügeln pretépati ⟨pretêpsti⟩ (**sich** se)
Prunk M sijáj, razkóšje, blíšč
Psalm M psálm
Psychiater M psihiáter
psychisch psíhičen, duševen
Psychologie F psihologíja
psychologisch psiholóški
Pubertät F pubertéta
Publikation F publikácija; objáva
Publikum N públika, občín-

stvo; jávnost *f*
publizieren publicírati (*im*)*pf*, objáviti *pf*
Pudel M kóder
Puder M púder
pudern púdrati
Puderdose F púdrnica
Puderzucker M sládkor v práhu
Puff M *umg* bordél, jávna híša
Pullover M pulóver
Puls M púlz, utríp
Pulsader F artêrija
Pulsschlag M utríp (žíle)
Pult N púlt
Pulver N práh; MED prášek
Pumpe F črpálka
pumpen čŕpati; *umg* (*borgen*) posoditi *pf*
Punkt M píka; tóčka; **~ zehn** tóčno ob desêtih
pünktlich tóčen
Pünktlichkeit F tóčnost *f*
Punsch M púnč
Pupille F zeníca, pupíla
Puppe F púnčka; lútka
Puppentheater N lútkovno gledalíšče
pur číst
Püree N piré, káša
Purpur M škrlát
Purzelbaum M kozólec; SPORT premèt
purzeln prekopiceváti ⟨prekopícniti⟩ se
Pustel F mozólj; gnôjni mehúrček
pusten píhati ⟨píhniti⟩; sopíhati
Putsch M púč, prevràt
Pute F púra
putzen ⟨o⟩čístiti; snážiti
Putzfrau F čistílka, snažílka
Putzmann M čistílka
Pyjama M pižáma
Pyramide F piramída (*a.* MATH)

Q

Quadrat N kvadrát
Quadratmeter N kvadrátni méter
quaken kvákati, regljáti
Qual F múka, trpljênje
quälen múčiti (**sich** se), trpínčiti; (*belasten*) težíti
Qualifikation F kvalifikácija
Qualität F kvalitéta, kakóvost *f*
Qualm M dìm
qualmen kadíti se
Quantität F kvantitéta, kolíčina
Quark M skúta
Quartal N četrtlétje
Quartett N kvartét
Quartier N stanovánje, prenočíšče
Quarz M krêmen
Quaste F čòp, čôpek
Quatsch M *umg* čvèk, neúmnost *f*
quatschen *umg* čvekáti
Quecksilber N živo srebró
Quelle F izvír, vrélec; vír
quellen izvírati, têči; *Erbsen*: nabrékati ⟨nabrékniti⟩
quer ADV poprék, počéz, préčno
Querbalken M TECH préčka;

ARCH preklàda
Querschnitt M (préčni) prerèz, (préčni) presèk
Querstraße F préčna césta
Querverbindung F préčna povezáva
quetschen ⟨z⟩mečkáti; stískati ⟨stísniti⟩
Quetschung F zmečkanína, udarnína, kontuzíja
quieken *Mäuse*: ⟨za⟩cvíliti
quietschen ⟨za⟩cvíliti; *Bett*: ⟨za⟩škrípati
Quirl M žvŕklja; mêtlica mešálnika
quirlen žvrkljáti, stépati
quitt: ~ **sein** bíti (si) bòt
Quitte F kútina
quittieren potrdíti *pf* (prejèm); *Dienst* odíti *pf*
Quittung F potrdílo (o plačílu), pobótnica; račún
Quiz N kvíz
Quote F kvóta, délež

R

Rabatt M popúst
Rabbiner M rabín
Rabe M vrán, krókar
Rache F maščevánje
Rachen M žrêlo
rächen maščeváti (*im*)*pf* (**sich** se)
Rad N koló (*a. Fahrrad*); ~ **fahren** kolesáriti
Radfahrer M kolesár
radieren radírati
Radiergummi M radírka
Radierung F radíranka
Radieschen N rêdkvica
radikal radikálen
Radio N rádio *m*
radioaktiv rádioaktíven
Radius M rádij, polmér
Radrennen N kolesárska dírka
Radsport M kolesárjenje
Radtour F izlèt s kolésom
raffiniert rafiníran; *fig* prefínjen
Ragout N ragú *m*
Rahm M *österr* smétana
Rahmen M okvír
Rakete F rakéta
rammen V/T zadéti *pf* ob, zaletéti se *pf* v, tréščiti *pf* v
Rampe F klančína; TECH rámpa
Rand M rób; krájec; obróba
randalieren razgrájati
Randbemerkung F obróbna pripómba, marginálija
Rang M vŕsta, réd; MIL čín; THEAT balkón
Rangliste F léstvica
Ranke F vítica
ranken: **sich** ~ popénjati se; **sich** ~ **um** *fig* splétati se okóli
ranzig žárek, žáltav
Rappe M vránec
rar rédek
rarmachen: **sich** ~ ne prihájati
rasch híter, úren
rascheln šuméti, šelestéti
rasen besnéti
Rasen M travíšče, rúša
rasend bêsen, dívji, besnèč
Rasierapparat M brívnik
rasieren ⟨o⟩bríti (**sich** se)
Rasierklinge F brítvica

Rasiermesser N brítev *f*
Rasierschaum M péna za britje
Rasierwasser N vôdica po brítju
Rasse F rása; *Haustier*: pásma
rassig polnokŕven, temperaménten
Rast F počítek, odmòr
rasten počívati
rastlos brez počítka; nèutrúden; (*unruhig*) nemíren
Raststätte F počivalíšče, obcéstno gostíšče
Rat M (*Ratschlag*) nasvèt; (*Gremium*) svèt; (*Person*) svétnik
Rate F obròk
raten svetováti (*im*)*pf* (**zu** *A*); *Rätsel* ugíbati ⟨uganíti⟩
Ratgeber M svetoválec
Rathaus N méstna híša, rótovž
rationalisieren racionalizírati (*im*)*pf*
rationell racionálen
ratlos zbégan
ratsam ADV priporočljívo, pámetno
Ratschlag M nasvèt
Rätsel N ugánka
rätselhaft zagonéten, skrivnósten
Ratte F podgána
rattern drdráti
rau hrápav, ráskav; *Stimme*: hrípav
Raub M róp
rauben ⟨o⟩rópati
Räuber M rópar, razbójnik
Raubmord M róparski umòr
Raubtier N zvér *f*
Raubüberfall M róparski napàd
Raubvogel M ujéda
Rauch M dìm
rauchen kadíti; V/I kadíti se; **Rauchen verboten!** kadíti prepovédano!
Raucher M kadílec
räuchern prekajeváti ⟨prekadíti⟩; REL ⟨po⟩kadíti
Räucherspeck M prekajêna slanína
Rauchmelder M javljálnik díma
Rauchverbot N prepóved *f* kajênja
raufen têpsti se, pretépati se; **sich die Haare ~** pulíti si lasé
Rauferei F pretèp
Raum M prôstor
räumen izpraznı́ti *pf*; pospráviti *pf*; *Schnee* kídati, odstranjeváti; HANDEL razprodájati ⟨razprodáti⟩
Raumflug M vesóljski polèt
Raumschiff N vesóljska ládja
Räumung F izpraznítev *f*; umík; číščenje
Raupe F gosénica
Raupenfahrzeug N goséničar
Raureif M ívje
Rausch M pijánost *f*
rauschen šuméti; *Brandung*: bučáti
Rauschgift N mamílo
räuspern: **sich ~** odkášljati se *pf*
Razzia F rácija
reagieren reagírati (*im*)*pf*
Reaktion F reákcija
reaktionär reakcionáren

real reálen, stváren
realisieren izpeljáti *pf*, uresničeváti ⟨uresníčiti⟩
realistisch realístičen
Realität F reálnost *f*, stvárnost *f*, resníčnost *f*
Rebe F trta
Rebell M upórnik
rebellieren upírati se
Rebhuhn N jerebíca
rechen grabíti
Rechen M gráblje *fpl*
Rechenaufgabe F račúnska nalóga
Rechenfehler M račúnska napáka
Rechenschaft F: **~ ablegen über** poróčati o; **zur ~ ziehen** klícati na odgovórnost; **j-m ~ schulden** bíti odgovóren (*D*)
rechnen račúnati
Rechner M računálnik
Rechnung F račún
recht právi, désni; ADV pràv; **erst ~** zanalàšč; **~ geben** pritrjeváti ⟨pritrdíti⟩
Recht N právo; **~e** *pl* pravíce *fpl*
Rechte F desníca; **zur ~n** na désni
Rechteck N pravokótnik
rechteckig pravokóten
rechtfertigen utemeljeváti, upravičeváti; **sich ~** opravičeváti ⟨opravíčiti⟩ se
Rechtfertigung F utemeljevánje, zagóvor
rechthaberisch zaverován v svój pràv
rechtlich práven
rechtlos brezpráven
rechtmäßig zakonít
rechts désno, na désni
Rechtsanwalt M odvétnik
Rechtsanwältin F odvétnica
rechtschaffen poštèn
Rechtschreibung F pravopís
rechtsgültig právno veljáven
rechtskräftig pravnomôčen
rechtswidrig nèzakonít, prótipráven
Rechtswissenschaft F právna znánost *f*
rechtwinklig pravokóten
rechtzeitig pravočásen
Reck N SPORT dróg
Redakteur M uredník
Redakteurin F uredníca
Redaktion F uredníštvo
Rede F góvor; **zur ~ stellen** poklícati *pf* na zagóvor
redegewandt okrétnega jezíka
reden govoríti
redlich poštèn
Redner M govórnik
redselig zgovóren
reduzieren reducírati (*im*)*pf*; zmánjšati *pf*, skŕčiti *pf*
reell stváren, reálen
Referent M referènt
referieren referírati (*im*)*pf*; poróčati
reflektieren odbíjati ⟨odbíti⟩; **~ über** razmíšljati o
Reform F refórma
Reformation F reformácija
reformieren reformírati (*im*)*pf*
Regal N políca, regál
rege živáhen; (*aktiv*) dejáven
Regel F pravílo; **in der ~** pravíloma
regelmäßig réden; MATH pra-

vílen; ADV rédno
regeln urejeváti ⟨uredíti⟩
Regelung F uredítev *f*; regulácija
regen: **sich ~** ganíti se *pf*
Regen M dèž
Regenbogen M mávrica
Regenmantel M dèžni plášč
Regenschirm M dežník
Regenwetter N dežévno vrême
Regenwurm M deževník
Regie F THEAT režíja; **~ führen** režírati (*im*)*pf*
regieren vládati
Regierung F vláda
Regime N režím
Region F pokrájina; podróčje
regional regionálen; pokrajínski
Regisseur M režisêr
Regisseurin F režisêrka
registrieren registrírati (*im*)*pf*
regnen deževáti; **es regnet** dežúje
regnerisch dežéven
regulär reguláren, réden
regulieren regulírati (*im*)*pf*, urejeváti, nastáviti *pf*
Regung F vzgíb
regungslos nègíben
Reh N sŕna
reiben dŕgniti
Reibung F TECH trênje
reich bogàt; obílen
Reich N kraljéstvo
reichen ségati, raztézati se; (*ausreichen*) zadóščati, bíti dovòlj
reichhaltig bogàt, obséžen; izdáten
reichlich zadôsten, izdáten, obílen; ADV obílno, dovòlj
Reichtum M bogástvo
Reichweite F dosèg; MIL domèt
reif zrèl; góden
Reif M slána; *an Bäumen*: ívje
Reife F zrélost *f*
reifen ⟨do⟩zoréti
Reifen M obróč; gúma; AUTO pnevmátika
Reifenpanne F: **e-e ~ haben** iméti prázno gúmo
Reifeprüfung F matúra, zrélostni izpít
Reihe F vŕsta; **der ~ nach** po vŕsti; **an der ~ sein** bíti na vŕsti
reihen nízati, razvrstíti *pf*; **sich ~** vrstíti se
Reihenfolge F zaporédje, vŕstni réd
Reim M ríma
reimen rímati (**sich** se)
rein číst; ADV čísto; **ins Reine bringen** razčístiti *pf*
Reingewinn M čísti dobíček
Reinheit F čistôča; *Metall*: čistôta
reinigen ⟨o⟩čístiti
Reinigung F čiščenje; *chemische*: čistílnica
reinlich číst, snážen
Reis M ríž
Reise F potovánje
Reisebüro N potoválna agéncija
Reiseführer M vodíč; (*Buch*) vodník
Reisegepäck N prtljága
reisen potováti
Reisende(r) M pótnik

Reisepass M pótni líst
Reisescheck M potoválni ček
Reiseverkehr M pótniški promèt
Reisewarnung F opozorílo o várnosti potovánja
Reisig N dráčje, suhljád *f*
reißen tŕgati; iztŕgati *pf*; pulíti; **an sich ~** polastíti se *pf* (*G*)
reißend *Fluss*: deróč
Reißverschluss M zadŕga
reiten jáhati, jézditi
Reiten N jáhanje, jéža
Reiter M jaháč, jézdec
Reitpferd N jahálni kònj
Reitschule F jahálna šóla
Reiz M dražljáj; (*Zauber*) mík
reizbar razdražljív
reizen ⟨raz⟩dražíti; BIOL vzdražíti *pf*, stimulírati (*im*)*pf*
reizend mikáven; krásen, lép
Reklame F rekláma
reklamieren reklamírati (*im*)*pf*
rekonstruieren rekonstruírati (*im*)*pf*
Rekordleistung F rekórd
Rekrut M rekrút, (vojáški) novínec
relativ relatíven; (*verhältnismäßig*) sorazméren
Religion F relígija, véra
Religionsunterricht M verouk
religiös religiózen; véren
Rennbahn F dirkalíšče
rennen têči, dírjati
Rennen N dírka; tékma, tekmovánje
Rennfahrer M dirkáč
Rennpferd N dirkálni kònj
Rennstrecke F dirkálna próga
Rennwagen M dirkálni avtomobíl
renovieren renovírati (*im*)*pf*, prenávljati ⟨prenovíti⟩
Renovierung F prenóva
rentabel donôsen, rentabílen
Rente F rénta; pokojnína
Rentier N séverni jélen
Rentner M upokojênec
Rentnerin F upokojênka
Reparatur F popravílo
Reparaturwerkstatt F popravljálnica, sêrvisna delávnica
reparieren poprávljati ⟨poprávití⟩
Reportage F reportáža
Reporter M repôrter, poročeválec
Reporterin F poročeválka
Repräsentant M predstávnik, reprezentànt
reproduzieren reproducírati (*im*)*pf*
Reptil N plazílec
Republik F repúblika
republikanisch republikánski; repúbliški
Reserve F rezêrva
Reserverad N rezêrvno koló
reserviert rezervíran (*a. fig*)
resignieren resignírati (*im*)*pf*
resolut odlóčen, resolúten
Resolution F resolúcija
Respekt M spoštovánje, respékt
respektieren spoštováti
Rest M ostánek
Restaurant N restavrácija
restaurieren restavrírati (*im*)*pf*
restlich preostáli
restlos do kônca, do krája, po-

pólnoma
Resultat N rezultát; izíd
retten rešíti *pf* (**sich** se)
Retter M rešítelj
Rettich M rêdkev *f*
Rettung F rešítev *f*
Rettungs- reševálni, rešílni
Rettungsboot N rešílni čóln
Rettungsdienst M reševálna slúžba
Rettungsring M rešílni pás
Reue F kès, kesánje
reumütig skesán
revanchieren: **sich ~** revanšírati se (*im*)*pf*
Revier N revír; *Polizei*: policíjska postája
Revision F preglèd; revizíja
Revolte F upòr, vstája, revólta
revoltieren upírati ⟨upréti⟩ se, revoltírati (*im*)*pf*
Revolution F revolúcija
revolutionär revolucionáren
rezensieren recenzírati (*im*)*pf*, océniti *pf*
Rezept N recépt
rezeptfrei brez recépta
rezitieren recitírati
Rhabarber M rabárbara
Rhein M Rén
Rheinland N Porénje
Rheuma N révma
Ribisel F *österr* ríbez, ríbezelj
richten usmérjari ⟨usmériti⟩, naravnáti *pf*; (*gerade machen*) zravnáti *pf*, poravnáti *pf*; (*reparieren*) popráviti *pf*; (*Urteil fällen*) ⟨ob⟩sodíti; **sich ~ nach** (*D*) ravnáti se po (*L*)
Richter M sodník
Richterin F sodníca
richtig právi, pravílen; ADV rés, zarés
richtigstellen popráviti *pf*, korigírati (*im*)*pf*
Richtlinie F smérnica
Richtung F smér *f*; usmerítev *f*
riechen V/I díšati (*a. fig*); *schlecht*: zaudárjati (**nach** po), smrdéti; V/T ⟨za⟩vóhati, dúhati
Riegel M zapàh
Riemen M jêrmen
Riese M velikán
rieseln *Flüssigkeit*: curljáti; *Sand*: vsípati se; *Schnee*: ráhlo naletávati
riesig velikánski, ogrômen
rigoros rigorózen, stróg
Rille F žlebíček; zaréza
Rind N govédo
Rinde F skórja
Rinderbraten M govéja pečénka
Rindfleisch N govédina
Ring M prstan; obróč, kolobár; SPORT ring
ringen boríti se; **nach Atem ~** lovíti sápo
Ringer M SPORT rokobórec; bórec
Ringfinger M prstanec
Ringkampf M rokobórba
Rinne F žléb
rinnen têči, curljáti
Rinnstein M céstni járek
Rippe F rêbro
Rippenfellentzündung F vnétje porébrnice
riskant riskánten, tvégan
riskieren tvégati (*im*)*pf*
Riss M razpóka, špránja, réža; ARCH rísba, načŕt

rissig razpókan
Ritt M jéža
Ritter M vítez
ritterlich víteški
rituell rituálen
Ritze F ráza, razpóka
ritzen ráziti *(im)pf*; oprásniti *pf*
Rivale M tékmec, rivál
Rizinusöl N rícinusovo ólje
Roaming N IT, TEL roaming *m*, gostovánje
Roaminggebühren PL IT, TEL céne *pl* storítev v tujíni
Robbe F tjúlenj
Roboter M robót
robust robústen
röcheln hrôpsti
Rock M krílo; *(Jacke)* súknja, súknjič
Rodelbahn F sankalíšče
rodeln sánkati se
roden ⟨iz⟩kŕčiti, trebíti
Rodung F kŕčenje
Roggen M ŕž *f*
roh suròv *(a. fig)*; *Entwurf*: gròb
Rohkost F présna hrána
Rohr N BOT tŕst; TECH cév *f*
Röhre F cév *f*, cévka; TECH elektrónka
Rohrleitung F cevovòd
Rohstoff M surovína
Rolle F válj; svítek; *Stoff*: bála; THEAT vlóga
rollen V/T kotalíti, valíti; *Papier* zvíjati ⟨zvíti⟩; V/I kotalíti se, valíti se; *Donner*: bobnéti
Rollkragen M visòk ovrátnik
Rollladen M roléta
Rollschuhe PL kotálke *fpl*
Rollstuhl M invalídski vozíček
Rollstuhlfahrer M invalíd na vozíčku
Rolltreppe F tekóče stopníce *fpl*
romantisch romántičen
römisch rímski
Röntgenaufnahme F réntgenski posnétek
rosa róžnat
Rose F vŕtnica; róža *(a. fig)*
Rosenkranz M róžni vênec
rosig róžnat
Rosine F rozína
Ross N kònj
Rosskastanie F dívji kôstanj
Rost M ŕja; *(Gitter)* rešêtka
rosten rjavéti
rösten prážiti
rostfrei nèrjáven, *umg* nèrjavèč
rostig zarjavèl, ŕjast
rot rdèč; ~ **werden** zardéti *pf*
rotieren rotírati *(im)pf*; vrtéti se; súkati se
Rotkohl M rdéče zélje
rötlich rdéčkast
Rotstift M rdéči svínčnik
Rotwein M rdéče víno
Route F pót *f*, smér *f*
Routenplaner M načrtoválec poti
Routine F rutína
Rowdy M huligán
Rübe F répa; **rote** ~ pésa
Rubrik F rubríka
Ruck M súnek
Rückblick M poglèd nazáj
rücken pomíkati ⟨pomakníti⟩ *(v/i* se), premíkati ⟨premakníti⟩ *(v/i* se); **näher** ~ približeváti ⟨priblížati⟩ se
Rücken M hŕbet
Rückenmark N hŕbtni mózeg

Rückenschwimmen N hŕbtno plávanje
Rückfahrkarte F povrátna vozóvnica
Rückfahrt F vôžnja nazáj, povrátek
Rückfall M MED, JUR recidíva
Rückgabe F vračílo, vrnítev *f*
Rückgang M upàd, nazadovánje
rückgängig: ~ **machen** *Vertrag* preklícati *pf*, razveljáviti *pf*
Rückgrat N hrbteníca; ~ **haben** *fig* bíti pokônčen
Rückhalt M opóra; *fig* podpóra
Rückkehr F vrnítev *f*, povrátek
Rücklicht N zádnja lúč *f*
Rückreise F povrátek, potovánje domóv
Rucksack M nahŕbtnik
Rückschlag M MED recidíva; *fig* nèuspèh
Rückschluss M sklèp
Rückschritt M *fig* nazadovánje
Rückseite F zádnja strán *f*, zádnji dél; *Stoff*: hŕbtna strán *f*
Rücksicht F obzírnost *f*; ozír; **ohne** ~ **auf** brez ozíra na
rücksichtslos brezobzíren
Rückspiegel M vzvrátno oglédalo
Rückspiel N SPORT povrátna ígra
Rücksprache F posvèt, razgóvor
Rückstand M ostánek, preostánek; HANDEL nèplačani dél, preostánek dolgá
rückständig zaostàl; nèpláčan
Rücktritt M odstòp
rückwärts nazáj
Rückwärtsgang M vzvrátna prestáva
Rückweg M povrátek, pót *f* nazáj
rückwirkend s povrátno veljávo
Rückzahlung F vrnítev *f*, vračílo; poplačílo
Rückzug M umík, umíkanje
Rudel N krdélo, tròp, čréda
Ruder N krmílo (*a. fig*)
Ruderboot N čóln na vêsla
rudern vesláti
Ruf M klíc; pozív; **guter/schlechter** ~ dóber/slàb glás
rufen ⟨po⟩klícati; *etw* zaklícati *pf*
Rufnummer F telefónska števílka
Rüge F grája
rügen grájati
Ruhe F mír; pôkoj; tišína
ruhelos nemíren, brez mirú
ruhen mirováti, počívati
Ruhepause F počítek, premòr
Ruhestand M pôkoj; upokojítev *f*
Ruhetag M prôsti dán; (**Montag**) ~ (ob ponedéljkih) zaprto
ruhig míren, tíh
Ruhm M sláva
rühmen slavíti, hvalíti; **sich** ~ hvalíti se
ruhmvoll sláven
Ruhr F MED gríža
Ruhrgebiet N Porúrje
Rührei N umešano jájce
rühren méšati; **sich** ~ zganíti se *pf*, premakníti se *pf*
rührend ganljív
Rührung F gínjenost *f*, gánje-

nost *f*
Ruine F razvalína
rülpsen rígniti *pf*
Rumäne M Romún
Rumänin F Romúnka
rumänisch romúnski
Rummel M direndáj, vrvež
Rummelplatz M zabavíšče
Rumpf M trúp
rund okrógel; ADV okóli, pribížno
Runde F króg; *Schach*: kólo; **e-e ~ spendieren** pláčati *pf* rúndo
Rundfahrt F króžna vôžnja; oglèd znamenítosti
Rundflug M panorámski polèt
Rundfunk M rádio
Rundgang M obhòd (**durch** *G*)
rundlich okrógel; *Mensch*: zalít
Rundreise F króžno potovánje
Rundschreiben N okróžnica
Runzel F gúba, gúbica
runzeln: **die Stirn ~** nagúbati *pf* čêlo
runzlig nagúban
Rüpel M nèotesánec
rüpelhaft nèotesán
rupfen púliti; skúbsti
Ruß M sáje *fpl*
Russe M Rús
Rüssel M rílec
Russin F Rúsinja
russisch rúski
Russland N Rúsija
rüsten oboroževáti (se); (*vorbereiten*) pripravljati (**sich** se)
rüstig čìl, tŕden
Rüstung F oboroževánje; oborožítev *f*; (*Ritterrüstung*) oklèp
Rute F šíba
Rutschbahn F drsálnica
rutschen drséti
rutschig spólzek
rütteln strésati ⟨strésti⟩

S

Saal M dvorána
Saat F sétev *f*; (*Saatgut*) posévek
Säbel M sáblja
Sabotage F sabotáža
Sachbearbeiter M referènt
sachdienlich korísten
Sache F stvár *f*; (*Angelegenheit*) zadéva; *fig* réč *f*
sachgemäß strokóven; ustrézen
Sachkenntnis F strokóvnost *f*
sachkundig strokóven
Sachlage F (dejánski) položáj
sachlich stváren
sächlich GRAM srédnjega spôla
Sachregister N stvárno kazálo
Sachschaden M materiálna škóda
Sachverhalt M dejánsko stánje
Sachverständige(r) M JUR izvédenec; strokovnják
Sack M vréča; (*Tasche*) žèp
Sackgasse F slépa úlica
säen sejáti
Saft M sók
saftig sóčen
Sage F pripovédka
Säge F žága
Sägemehl N žáganje

sagen rêči *pf*, práviti ⟨povédati⟩
sägen žágati
Sägewerk N (industríjska) žága
Sahne F smétana
Saison F sezóna
Saite F strúna
Sakko N sakó *m*, súknjič
Salat M soláta
Salbe F mazílo
Salbei M žájbelj
Salmiakgeist M sálmiak
Salon M salón
Salpetersäure F solítrova kislína
Salz N sól *f*
salzen solíti
Salzfass N solníca
Salzhering M slaník
salzig slán
Salzsäure F sólna kislína
Salzwasser N slána vôda, slaníca
Samen M séme
sammeln zbírati ⟨zbráti⟩
Sammler M zbirálec
Sammlung F zbírka
Samstag M sobóta
samt s (*I*), z (*I*)
Samt M žámet
sämtlich vès
Sand M pések
Sandale F sandála
sandig peščén
Sandstein M peščénec
Sanduhr F peščéna úra
sanft ráhel, blág; míl
Sänger M pévec
Sängerin F pévka
Sanitätsdienst M sanitétna slúžba
Saphir M safír
Sardelle F sardéla
Sardine F sardína
Sarg M krísta
Satellit M satelít
satirisch satíričen
satt sìt
Sattel M sêdlo (*a.* GEOGR)
satteln ⟨o⟩sedláti
satthaben: **et. ~** bíti sìt (*G*)
sättigen nasítiti *pf*
Sattler M sedlár
Satz M GRAM stávek; (*Bodensatz*) usedlína; (*Sprung*) skòk; (*Sammlung*) komplét
Satzung F pravíla *npl*, statút
Sau F svínja
sauber číst
Sauberkeit F čistôča
säubern ⟨o⟩čístiti
Säuberung F číščenje; POL čístka
sauer kísel; **~ werden** skísati se *pf*; *fig* postáti *pf* slábe vólje
Sauerkirsche F víšnja
Sauerkraut N kíslo zélje
Sauerstoff M kisík
Säufer M pijánec
saugen sesáti
Säugetier N sesálec
Säugling M dojênček
Säule F stebèr
Saum M rób, obšív
säumen robíti, obrobíti *pf*, zarobíti *pf*; *e-e Straße* státi ob
Sauna F sávna
Säure F kislína
säuseln gostoléti; *Wind*: šumljáti
sausen ⟨z⟩drvéti; *Peitsche*: švístniti *pf*

S-Bahn® F (pri)méstna želéznica
S-Bahn-Station F postája (pri)méstne želéznice
Schabe F ščúrek
schaben ⟨na⟩stŕgati
schäbig bóren, réven, ubóžen
Schablone F šablóna
Schach N šáh
Schachbrett N šahóvnica
Schachfigur F šáhovska figúra
schachmatt šáh mát
Schacht M jášek
Schachtel F škátla
schade škóda; **es ist ~** škóda je
Schädel M lobánja
schaden škóditi (im)pf
Schaden M poškódba, okvára; JUR škóda
Schadenersatz M JUR odškodnína
Schadenfreude F škodožêljnost f
schadenfroh škodožêljen
schadhaft poškodován, defékten
schädigen oškodováti pf; *Gesundheit*: okváriti pf
schädlich škodljív
Schädling M škodljívec
Schadstoff M škodljíva snóv f
Schaf N ôvca
Schäfer M (ôvčji) pastír
Schäferhund M ovčár
schaffen ustvárjati ⟨ustváriti⟩; narediti pf, délati; (*bewältigen*) ⟨z⟩môči
Schaffner M sprevódnik
Schaft M držáj; ročáj; *Stiefel*: goleníca
schal plêhek
Schal M šál
Schale F skodélica; skléda; *Obst*: lupína
schälen ⟨o⟩lupíti, ⟨o⟩luščíti, izluščíti pf
Schall M zvók
Schalldämpfer M dušílec zvóka, glúšnik
schallen donéti, odmévati
Schallgeschwindigkeit F zvóčna hitróst f
schalten preklápljati ⟨preklopíti⟩; AUTO prestáviti pf; ELEK stíkati
Schalter M stikálo; *Bank*: ôkence
Schalthebel M pretíčni vzvòd; prestávna ročíca
Schaltjahr N prestópno léto
Schaltung F vezáva; ELEK vézje
Scham F srám, sramežljívost f
schämen: **sich ~** sramováti se; **schäme dich!** srám te bódi!
schamhaft sramežljív
schamlos brez sramú; nesrámen
Schande F sramôta
schändlich sramôten
Schandtat F grdobíja
Schanze F SPORT skakálnica
Schar F trúma; *Vögel*: játa
scharen zbírati ⟨zbráti⟩ (**sich** se)
scharf óster
Scharfblick M bistrovídnost f
Schärfe F ostrína, ostróst f
schärfen ostríti, brusíti; *fig* izostríti pf
scharfsinnig bíster, bistroúmen
Scharlach M škrlatínka

Scharnier N tečáj, šarnír
Schärpe F šêrpa
scharren grêbsti, bŕskati
Schatten M sénca
schattig sénčen
Schatz M zakládʼ; *fig* ljúbica, ljúbček
schätzen céniti; ocenjeváti ⟨océniti⟩
Schätzung F cenítev *f*; vrednôtenje
Schau F razstáva; **zur ~ stellen** razkazováti, razstávljati
Schauder M zóna; grôza
schaudern zgroziti se *pf*, stréсти se *pf*
schauen glédati
Schauer M zóna; (*Regen*) plôha, nalív
schauerlich grozljív, grozôten, srhljív
Schaufel F lopáta
Schaufenster N izlóžba
Schaukel F gugálnica
schaukeln gúgati se; *Boot*: zíbati se
Schaum M péna
schäumen péniti se (*a. fig*)
Schaumgummi M pénasta gúma
Schaumwein M penéče víno
Schauplatz M prizoríšče
schaurig grozljív, grôzen, srhljív
Schauspiel N prizòr; ígra
Schauspieler M igrálec
Schauspielerin igrálka
Scheck M ček
Scheibe F plôšča; króg; (*Brot*) rezína, kós; (*Glas*) šípa; (*Schießscheibe*) tárča
Scheibenwischer M brisálec šíp(e)
Scheide F ANAT nóžnica
scheiden odíti *pf*, posloviti se *pf*; ločíti *pf* (**sich** se)
Scheidung F JUR razvéza, ločítev *f*
Schein M (*Licht*) sój, síj; (*Geld*) bánkovec; (*Anschein*) vídez
scheinbar navídezen
scheinen *Sonne*: sijáti; (*Anschein haben*) zdéti se
scheinheilig svetohlínski; hinávski
Scheinwerfer M žaromèt; *Fahrrad*: lúč *f*, refléktor
Scheitel M tême; (*Haarscheitel*) préča
scheitern spodletéti *pf*, izjalovíti se *pf*
Schelle F kragúljček
Schelm M pavlíha *m*, navíhanec
schelten oštévati
schematisch shemátski
Schemel M stólček
Schenke F točílnica
Schenkel M stêgno, bêdro
schenken podaríti *pf*
Scherbe F črepínja
Schere F škárje *fpl*; *Krebs*: kléšče *fpl*
scheren ⟨o⟩stríči
Scherereien FPL preglávice *fpl*
Scherz M šála
scherzen šalíti se
scherzhaft šaljív
scheu plášen; pláh
Scheu F bojázen *f*, stráh; pláhost *f*
scheuchen splašíti, spodíti

scheuen báti se (G); *Arbeit* izogíbati se (D)
scheuern ⟨z⟩dŕgniti; *Fußboden* ríbati
Scheune F skedènj
scheußlich ogáben, odúren, ostúden
Schi → Ski
Schicht F plást *f*, slój; *Arbeit*: izména
Schichtarbeit F délo v izménah
schichten zlágati ⟨zložíti⟩
schick elegánten
schicken pošíljati ⟨posláti⟩
Schicksal N usóda
schieben porívati, ⟨po⟩ríniti, potískati ⟨potísniti⟩
Schiebetür F dŕsna vráta *npl*
Schiedsrichter M razsodník; SPORT sodník
schief poševen; ADV postráni
Schiefer M skrílavec
schiefgehen spodletéti, izjalovíti se
schielen škíliti
Schienbein N goleníca
Schiene F tírnica, tráčnica; MED opórnica
schießen stréljati ⟨ustrelíti⟩
Schießplatz M strelíšče
Schießpulver N smodník
Schießscheibe F tárča
Schiff N ládja
schiffbar plôven
Schiffbau M ladjedélništvo
Schiffbruch M brodolòm
Schiffswerft F ladjedélnica
Schikane F šikána
schikanieren šikanírati
Schild[1] M ščít
Schild[2] N tábla, plôšča; izvések
Schilddrüse F ščítnica
schildern opisováti ⟨opísati⟩
Schilderung F prikàz; opís
Schildkröte F žélva
Schilf N tŕsje, lóčje
schillern lesketáti se, mávrično se prelívati
Schimmel M BOT plésen *f*; (*Pferd*) bélec
schimm(e)lig plesnív
schimmeln plesnéti
schimpfen zmérjati
Schimpfwort N psóvka
Schinken M šúnka; gnját *f*
Schirm zaslòn; (*Regenschirm*) dežník
Schirmherrschaft F pokrovíteljstvo
Schirmständer M stojálo za dežníke
Schlacht F bítka, bòj
schlachten ⟨za⟩kláti
Schlachtfeld N bojíšče
Schlachthof M klávnica
Schlacke F TECH žlíndra
Schlaf M spánje, spánec
Schlafanzug M pižáma
Schläfe F sencè
schlafen spáti; **sich ~ legen** íti *pf* spát
schlaff ohlápen, mláhav
schlaflos brez spánja; *Nacht*: nèprespán
Schlaflosigkeit F nespéčnost *f*
Schlafmittel N uspaválo
Schlafsack M spálna vréča
Schlafwagen M spálnik
Schlafzimmer N spálnica
Schlag M udárec; MED *umg* káp *f*; **mit e-m ~** na màh, v trenútku

Schlagader F utripálnica, artêrija
Schlaganfall M káp *f*
Schlagbaum M zapórnica
schlagen udárjati ⟨udáriti⟩, têpsti; MIL premágati *pf*; *Uhr*: bíti; **sich ~** bojeváti se
Schlager M popévka; *fig* uspèh
Schläger M SPORT lopár; (*Rowdy*) pretepáč
Schlägerei F pretèp
schlagfertig odrezàv
Schlagsahne F (tólčena) sládka smétana
Schlagstock M gúmijevka; MUS tolkáč
Schlagwort N gêslo
Schlagzeile F vêlik naslòv (v časopisu); **~n machen** *fig* zbújati pozórnost
Schlagzeug N tolkála *npl*
Schlamm M bláto; múlj
schlammig bláten; múljast
schlampig nemáren
Schlange F káča; **~ stehen** státi v vŕsti
schlängeln: **sich ~** víti se
schlank vítek
schlapp trúden
Schlappe F *umg* polòm, poràz
schlappmachen omágati *pf*, opéšati *pf*
schlau zvít
Schlauch M cév *f*; *Fahrrad*: zráčnica, gúma
Schlauchboot N gúmijast čóln
schlecht slàb; (*böse*) zlôben
schleichen plazíti se, lésti
Schleier M pajčolán, tančíca
Schleife F zánka; pêntlja; FLUG króg
schleifen vléči, vlačíti; *Messer* ⟨z⟩brusíti
Schleifstein M brús, brusílni kámen
Schleim M slúz
Schleimhaut F slúznica
schleimig slúzast
schlemmen razkóšno jésti
Schlemmer M gurmán, sladokúsec
schlendern sprehájati se; pohajkováti
Schleppe F vléčka
schleppen vléči, vlačíti
schleppend *Tempo*: počásen; *Gang*: têžek; *Verhandlung*: dolgotrájen
Schlepper M AUTO vlačílec
Schleppseil N vléčna vŕv *f*
Schlepptau N vlačílna vŕv *f*; **ins ~ nehmen** *fig* potegníti *pf* za sebój
Schleuder F fráča; TECH centrifúga
schleudern metáti ⟨vréči⟩, ⟨za⟩lúčati; *Wäsche* centrifugírati (*im*)*pf*; AUTO zanášati ⟨zanêsti⟩
schleunigst kar nàjhitréje
Schleuse F zapórnica
schlicht preprôst, enostáven
schlichten *Streit* ⟨po⟩ravnáti
schließen zapírati ⟨zapréti⟩; (*beenden*) zaključíti *pf*, končáti *pf*; *Vertrag, Ehe* skleníti *pf*; **in die Arme ~** objéti *pf*
Schließfach N predál za prtljágo; séf *m*
schließlich kônčno
Schliff M TECH brús; *fig* ugláje-

nost *f*
schlimm húd, slàb; *Kind*: poréden, nèubogljív
schlimmstenfalls v nàjslábšem priméru
Schlinge F zánka
schlingen *Knoten* zavézati *pf*, narediti *pf*; *Essen* požírati; **sich ~** ovíjati ‹ovíti› se (**um** okóli *G*)
Schlingpflanze F ovijálka
Schlips M kraváta
Schlitten M sánke *fpl*, saní *fpl*
Schlittschuh M drsálka; **~ laufen** dŕsati se
Schlittschuhläufer M drsálec
Schlitz M špránja; razpórek, réža
Schloss N grád; *Tür*: ključávnica
Schlosser M ključávničar
Schlot M dímnik
Schlucht F sotéska
schluchzen ihtéti
Schluck M požírek
Schluckauf M kólcanje
schlucken požírati ‹požréti›; góltati ‹góltniti›, pogóltniti *pf*; *Medikamente* jemáti
Schlummer M (ráhel) spánec, drémanje
schlummern drémati
Schlund M žrêlo (*a. fig*), gólt
schlüpfen smúkniti *pf*; *Küken*: izléči se *pf*
schlüpfrig spólzek; *Witz*: opólzek
Schlupfwinkel M skrivalíšče
schlürfen sŕkati ‹sŕkniti›; srébati ‹srébniti›
Schluss M kônec; sklèp
Schlüssel M ključ
Schlüsselbein N ključnica
Schlüsselloch N odprtína za ključ
Schlussfolgerung F sklèp, sklépanje
Schlusslicht N AUTO zádnja lúč *f*; *fig* zádnji
Schmach F sramôta
schmachten *fig* koprnéti
schmächtig suhljàt, šíbek
schmackhaft okúsen
schmählich sramôten
schmal ózek; *Gewinn*: pičel
schmälern zmanjševáti; *Rechte* ‹o›kŕniti
Schmalz N mást *f*
Schmarotzer M zajedávec, parazít
schmecken V/I tékniti; iméti okús (**nach** po); V/T okúšati, pokúšati ‹pokúsiti›
Schmeichelei F láskanje
schmeichelhaft láskav
schmeicheln láskati, dobríkati se, prilizováti se; (*passen*) dôbro pristájati
Schmeichler M láskavec
schmeißen vréči *pf*; *Job* opustíti *pf*
schmelzen V/I topíti se, tájati se; V/T TECH ‹raz›talíti
Schmerz M bolečína
schmerzen boléti (*a. fig*)
schmerzhaft bolèč
schmerzlos brez bolečín, nèbolèč
schmerzstillend ki blaží bolečíne
Schmetterling M metúlj
Schmied M kováč

Schmiede F kováčnica
schmieden kováti
schmiegen: **sich ~ an** stísniti se *pf* k, privíti se *pf* k
schmieren mázati
schmierig umázan
Schmieröl N strôjno ólje
Schminke F šmínka, ličílo; *Lippen*: rdečílo
schminken ⟨na⟩líčiti
Schmirgelpapier N smírkov papír
schmollen kújati se
Schmorbraten M dušêna pečénka
schmoren dušíti (*v/i* se); **j-n ~ lassen** *fig* pustíti kóga v nègotóvosti
Schmuck M nakít; (*Zierde*) okràs
schmucklos brez nakíta; prepròst
schmücken ⟨o⟩krasíti
Schmuggel M tihotápstvo
schmuggeln tihotápiti
Schmuggler M tihotápec
schmunzeln múzati se
Schmutz M umazaníja, nesnága
schmutzig umázan
Schnabel M kljún
Schnalle F zapónka
schnappen hlástniti *pf* (**nach** po); *Luft* zajéti *pf*
Schnappschuss M trenútni posnétek
Schnaps M žgánje
schnarchen smrčáti
schnattern gágati; *fig* regljáti
schnauben sôpsti, sopíhati, píhati; **vor Wut ~** píhati od jéze
Schnauze F smŕček, góbček; *umg* góbec
schnäuzen: **sich ~** useknìti se *pf*
Schnecke F pólž
Schneckenhaus N pólžja híšica
Schnee M snég
Schneeball M képa (snegá)
schneebedeckt zasnežèn
Schneeflocke F snežínka
schneefrei *Straße*: kôpen, očíščen; *Schule*: prôsto zarádi snegá
Schneegestöber N snéžni métež
Schneeglöckchen N zvônček
Schneeketten FPL snéžne veríge
Schneepflug M plúg za plúženje snegá
Schneesturm M snéžni vihár
Schneeverwehung F snéžni zamèt
schneeweiß snéžno bél
Schneide F rezílo; ostrína
schneiden *Haare* ⟨po⟩stríči; rézati; *Bäume* obrezováti; *fig Kurven* sékati
schneidend *Stimme*: rézek
Schneider M krojáč
Schneiderin F šivílja
schneidig odrezàv, dŕzen
schneien snežíti; **es schneit** sneží
schnell híter, nágel
Schnelligkeit F hitróst *f*, brzína
Schnellimbiss M bifé
Schnellzug M bŕzec
schnippisch izziválen; odre-

zàv, zajedljív
Schnitt M réz; MATH presèk; TECH prerèz; *Kleid*: kròj; *Film*: montáža; **im ~** v povpréčju
Schnitte F rezína
Schnittlauch M drobnják
Schnittpunkt M sečíšče
Schnittwunde F vreznína
Schnitzel N zrézek
schnitzen rezljáti, rezbáriti
Schnorchel M dihálka, dihálna cévka
schnöde umázan, gnúsen, odúren
Schnörkel M volúta, okrásna vijúga
schnüffeln vóhati; *fig* vohljáti
Schnuller M dúdka
Schnulze F limonáda
Schnupfen M náhod
schnuppern vohljáti, vóhati
Schnur F vŕvica, vŕv *f*
schnüren ⟨za⟩vézati; zategníti *pf*; *Bündel* povézati *pf*
Schnurrbart M bŕki *mpl*
schnurren *Katze*: prêsti
Schnürsenkel M vezálka
Schober M kôpa, stóg
Schock M šók
Schöffe M JUR porótnik
Schokolade F čokoláda
Scholle F grúda; ZOOL navádna plôšča; (*Eis*) plôšča
schon žé
schön lép; ADV lepó; **bitte ~!** izvóli(te)!; **~en Dank!** hvála lépa!
schonen varováti, pazíti na; *j-n* prizanášati (*D*); **sich ~** pazíti se, glédati náse
schonend obzíren
Schönheit F lepôta; (*Person*) lepotíca
Schonkost F diéta, diétna hrána
Schonung F prizanášanje
Schonzeit F lovopúst
schöpfen zajémati ⟨zajéti⟩; *fig* zajémati, čŕpati; **Hoffnung ~** (spét) začéti úpati; **Verdacht ~** zasúmiti *pf*
Schöpfer M zajemálka; (*Person*) ustvarjálec; REL stvárnik
schöpferisch ustvarjálen
Schöpfung F stvarítev *f*, kreácija; REL stvárstvo
Schorf M krásta
Schornstein M dímnik
Schornsteinfeger M dímnikar
Schoß M naróčje
Schote F strók
Schotte M Škót
Schotter M gramòz
Schottin F Škótinja
schottisch škótski
schräg poševen, préčen
Schramme F práska, odrgnína
Schrank M omára
Schranke F zapórnica; pregráda; zapóra
Schraube F viják
schrauben privíjati ⟨privíti⟩
Schraubenschlüssel M vijáčni ključ
Schraubenzieher M izvijáč
Schraubstock M prímež
Schreck M stráh
schrecken ⟨pre⟩strašíti
schrecklich strášen
Schrei M krík
schreiben písati
Schreiben N pisánje; (*Brief*)

písmo
Schreibfehler M napáka pri pisánju
Schreibtisch M pisálna míza
schreien kričáti
Schreiner M mizár
schreiten stópati, korákati
Schrift F pisáva
schriftlich písmen; ADV písmeno
Schriftstück N spís, ákt; lístina, dokumènt
Schriftsteller M pisátelj
Schriftstellerin F pisáteljica
Schriftverkehr M korespondénca, dopisovánje
schrill rézek; *Stimme*: vreščàv
Schritt M korák
schroff óster; (*steil*) stŕm, odsékan; *fig* osóren
Schrotflinte F šíbrovka
Schrott M stáro železo, odpádne kovíne *fpl*
schrubben dŕgniti, ríbati
schrumpfen ⟨s⟩kŕčiti se
Schublade F predál
schüchtern pláh, bojèč
Schüchternheit F pláhost *f*
Schuft M pôdlež, barába
schuften *umg* garáti
Schuh M čévelj
Schuhbürste F krtáča za čévlje
Schuhcreme F pásta za čévlje
Schuhgeschäft N trgovína s čévlji
Schuhgröße F števílka (čévljev)
Schuhputzer M čistílec čévljev
Schuhsohle F podplàt
Schulbank F šólska klóp *f*
Schulbuch N účbenik
Schuld F dólg; JUR krívda
schulden dolgováti
schuldig dólžen; krív
Schuldige(r) M krívec
schuldlos nedólžen, nèkrív
Schuldner M dolžník
Schule F šóla
schulen šólati
Schüler M šólar, učênec
Schülerin F šólarka, učênka
Schulferien PL šólske počítnice *fpl*
schulfrei (poúka) próst
Schuljahr N šólsko léto
Schulpflicht F šólska obvéznost *f*
Schulter F ráma
Schulterblatt N lopática
Schulung F šólanje, izobraževánje
Schulwesen N šólstvo
Schund M pláža; šára
Schuppe F lúska, luskína; *Haar*: prhljáj
Schuppen M lópa
schüren *Feuer* ⟨raz⟩grêbsti; nétiti, podpihováti; *fig* podžígati
Schurke M lópov, ničvrédnež
Schürze F predpásnik
Schuss M strél
Schüssel F skléda
Schusswaffe F strélno oróžje
Schuster M čevljár
Schutt M ruševína; (*Bauschutt*) grádbeni odpádni materiál
Schüttelfrost M mŕzlica
schütteln trésti; **den Kopf ~** ⟨z⟩majáti z glávo
schütten vsípati, nasípati; *Flüs-*

sigkeit vlívati
schütter rédek
Schutthaufen M ruševíne *fpl*
Schutz M várstvo, zaščíta
Schütze M strélec
schützen varováti, ščítiti (**sich** se; **vor** pred)
Schutzengel M ángel váruh
Schutzhütte F planínska postojánka
Schutzimpfung F zaščítno cépljenje
Schützling M varovánec
Schutzvorrichtung F zaščítna naprava, várnostna naprava
schwach slàb
Schwäche F slabóst *f*; *fig* šíbko mésto, šíbkost *f*
schwächen <o>slabíti
schwächlich šíbek, slabôten
schwachsinnig slaboúmen
Schwachstrom M šíbki tók
Schwager M svák
Schwägerin F svákinja
Schwalbe F lástovka
Schwamm M góba, glíva
Schwan M labód
schwanger noséča (**von** z)
Schwangerschaft F noséčnost *f*
Schwank M anekdóta; THEAT búrka
schwanken zíbati se; *Temperatur*: níhati; *fig* omahováti, kolébati
Schwanz M rèp
schwänzen *pop* špricati (*im*)*pf*
Schwarm M *Bienen*: ròj; *Vögel*: játa; *fig* ljubézen *f*
schwärmen rojíti; **~ für** *fig* vnemáti se za, navduševáti se za
schwärmerisch sanjáški
schwarz čŕn; **Schwarzes Brett** oglásna deskà
Schwarzbrot N čŕni krùh
schwarzfahren vozíti se na čŕno
Schwarzhandel M čŕna bórza
schwatzen klepetáti
Schwätzer M klepetúlja
Schwebe F: **in der ~ sein** lebdéti; *fig* bíti nègotòv
schweben lebdéti; (*hängen*) viséti; **in Gefahr ~** bíti v nevárnosti
Schwede M Švéd
Schweden N Švédska
Schwedin F Švédinja
schwedisch švédski
Schwefel M žvêplo
Schwefelsäure F žvêplova kislína
Schweif M rèp
schweifen: **~ lassen** *Blick* pogledováti
schweigen molčáti
Schweigen N mólk, molčánje
schweigsam molčèč
Schwein N svínja
Schweinefleisch N svinjína
Schweinerei F *pop* svinjaríja
Schweiß M pót, znój
schweißen TECH <z>varíti
Schweißer M TECH varílec
Schweiz F Švíca
Schweizer M Švícar
Schweizerin F Švícarka
schweizerisch švícarski
schwelen *Feuer*: tléti
schwelgen užívati; **~ in** *Erinnerungen*: predájati se (*D*)

Schwelle F pràg
schwellen nabrékati ⟨nabrékniti⟩; otékati ⟨otêči⟩
Schwellung F MED oteklína, nabreklína
schwenken obráčati ⟨obrníti⟩
Schwenkung F zasúk
schwer têžek
schwerbehindert invalíden
Schwere F téža
schwerfällig okóren, nèokréten
schwerhörig naglúšen
Schwerkraft F téžnost *f*
schwermütig otóžen
Schwerpunkt M težíšče; *Tagesordnung*: osrédnja tóčka
Schwert M mèč
schwerwiegend *Folgen*: občúten, usóden, daljnoséžen
Schwester F sêstra
schwesterlich sêstrski
Schwiegereltern PL tást in táśča
Schwiegermutter F táśča
Schwiegersohn M zèt
Schwiegertochter F snáha
Schwiegervater M tást
Schwiele F žúlj
schwierig težáven
Schwierigkeit F težáva, težávnost *f*
Schwimmbad N kopalíšče
Schwimmbecken N plaválni bazén
schwimmen plávati
Schwimmer M plaválec
Schwimmflosse F plavút *f*
Schwimmsport M plaválni špórt, plávanje
Schwimmweste F plaválni telóvnik
Schwindel M MED omótica; vrtoglávica; *(Betrug)* goljufíja, prevára
schwindeln goljufáti
schwinden izgínjati ⟨izginíti⟩
Schwindler M goljúf, slepár
schwindlig vrtogláv; **mir ist ~** vrtí se mi
schwingen ⟨za⟩vihtéti; V/I ⟨za⟩níhati, kolébati
Schwingung F níhanje, niháj
Schwips *umg* M: **e-n ~ haben** bíti v róžicah
schwitzen potíti se, znojíti se
schwören priségati ⟨priséči⟩; **sich et. ~** *fig* zakléti se *pf*
schwul *umg* homoseksuálen
schwül sopáren
Schwüle F sopárica
Schwung M zamàh, zalèt; *fig* zanòs, polèt
schwungvoll živáhen, razgíban
Schwur M priséga
Schwurgericht N porótno sodíšče
sechs šést
Sechser M šestíca
sechste(r) šêsti
Sechstel N šestína, šestínka
See[1] M jézero
See[2] F mórje; **auf hoher ~** na odpŕtem mórju
Seegang M valovánje
Seehund M tjúlenj
Seekrankheit F môrska bolézen *f*
Seele F dúša
seelisch duševen
Seemann M mornár

Seemeile F môrska mílja
Seenot F nesréča na mórju
Seepferdchen N môrski konjíček
Seestern M môrska zvézda
Seestreitkräfte PL pomôrske síle *fpl*
Seeweg M môrska pót *f*
Segel N jádro
Segelboot N jádrnica
Segelfliegen N jádranje
Segelflieger M jadrálec
Segelflugzeug N jadrálno letálo
segeln jádrati
Segelregatta F jadrálna regáta
Segelschiff N jádrnica
Segelsport M jádranje (na vôdi)
Segen M blagoslòv
segnen blagoslovíti *pf*
sehen vídeti
sehenswert vréden ogléda
Sehenswürdigkeit F znamenítost *f*
Sehne F ANAT kíta; *Bogen*: tetíva
sehnen: **sich ~ nach** hrepenéti po
sehnlich gorèč; ADV goréče
Sehnsucht F hrepenênje
sehr zeló
Sehtest M okulístični preglèd
seicht plítev; *fig* plítek
Seide F svíla
Seife F mílo
Seifenblase F mílni mehúrček
Seil N vŕv *f*
Seilbahn F žíčnica
sein[1] bíti; **ich bin** (jaz) sem; **kann ~** je že mogóče
sein[2] *Possessivpron.* njegóv; *reflexiv*: svój
Sein N bít *f*
seinerseits òn pa; od njêga (pa)
seinerzeit nekóč
seinetwegen zarádi njêga
seit PRÄP od (*G*); KONJ odkàr; **~ zwei Wochen** že dvá tédna
seitdem odkàr; ADV od takràt
Seite F strán *f*; plát *f*
seitens s stráni
Seitensprung M *fig* skòk čez plót
Seitenstechen N zbádanje (v podrébrju)
Seitenweg M stránska pót *f*
Seitenwind M bóčni véter
seither odtléj, od takràt
seitlich ob stráni
Sekretär M tájnik, sekretár
Sekretärin F tájnica, sekretárka
Sekt M penína, šampánjec
Sekte F ločína, sékta
Sekunde F sekúnda
selber sám
selbst sám; ADV celó
Selbstauslöser M FOTO sámosprožílec
Selbstbedienung F sámopostréžba
Selbstbestimmung F sámoodlóčba
selbstbewusst sámozavésten
Selbstbewusstsein N sámozavést *f*
Selbstkritik F sámokrítika
selbstlos nèsebíčen
Selbstmord M samomòr
Selbstmörder M samomorílec

selbstständig samostójen
selbsttätig avtomátičen
Selbstverpflegung F lástna hrána
selbstverständlich sámouméven; ADV sevéda, sámoumévno
Selbstvertrauen N sámozavést *f*, zaúpanje váse
Selbstverwaltung F sámoupráva
Selchfleisch N *österr* prekajêno mesó
selig blážen
Sellerie M,F zélena
selten rédek; ADV rédkokdàj
Seltenheit F rédkost *f*
seltsam čúden, nènaváden
Seminar N seminár
Semmel F žémlja
senden pošíljati ⟨posláti⟩, odpošíljati ⟨odposláti⟩; RADIO oddájati
Sender M TECH oddájnik; (*Station*) postája
Sendung F oddája; (*Warensendung*) pošíljka
Senf M gorčíca
Senior M staréjši
senken *Kopf* povésiti *pf*; (*herunterlassen*) spúščati ⟨spustíti⟩; *Fieber, Preise* znížati *pf*; **sich ~** spúščati se
senkrecht navpíčen
Senkung F zniževánje, znížanje; spúščanje
Sensation F senzácija
Sense F kôsa
sensibel senzibílen
September M septêmber
Serbe M Sŕb
Serbien N Sŕbija
Serbin F Sŕbkinja
serbisch sŕbski
serbokroatisch HIST srbohrváški
Serie F sêrija, vŕsta
seriös seriózen, résen
Server M IT stréžnik
Service[1] N sêrvis
Service[2] M postréžba
Servicewerkstatt F mehánična/sêrvisna delávnica
servieren servírati (*im*)*pf*
Serviette F prtíček, serviéta
Sessel M stòl
Sessellift M sédežnica
sesshaft stálno naséljen
setzen ⟨po⟩sadíti; TYPO ⟨po⟩stáviti; **sich ~** sésti *pf*, usésti se *pf*
Setzerei F stávnica
Seuche F epidemíja; kúga
seufzen vzdihováti ⟨vzdíhniti⟩
Seufzer M vzdíh, vzdihljáj
sexuell spôlen, seksuálen
Shorts PL krátke hláče *fpl*
sich sêbi, si (*D*); sêbe, se (*A*)
Sichel F sŕp
sicher váren, sigúren; (*gewiss*) gotòv; ADV gotóvo
Sicherheit F várnost *f*; gotóvost *f*
Sicherheits- várnostni
Sicherheitsnadel F várnostna zapónka
sicherlich (prav) gotóvo
sichern ⟨za⟩varováti; zagotávljati ⟨zagotovíti⟩ (**sich** si)
Sicherung F várstvo; ELEK varoválka; TECH pritrdítev *f*
Sicht F pogléd; **auf lange ~**

dolgoróčno
sichtbar víden, opázen
sichten opazíti *pf*, zapazíti *pf*, zaglédati *pf*
sichtlich ADV víden, očíten
Sichtvermerk M vízum
Sichtweite F vidljívost *f*; doglèd
sie ôna; *(A)* njó, jo
Sie Ví; *(A)* Vàs
Sieb N síto; rešêto
sieben[1] ⟨pre⟩sejáti, ⟨pre⟩rešetáti
sieben[2] sédem
Sieben F sedmíca
siebente(r) sêdmi
sieden vréti
Siedepunkt M vrelíšče
Siedler M naséljenec
Siedlung F naselje, naselbina
Sieg M zmága
Siegel N pečát
siegen zmágati *pf*
Sieger M zmagoválec
siegreich zmagovít
Signal N signál, znák
siehe! gléj!, primérjaj!
Silbe F zlòg
Silber N srebró
silbern srebŕn
Sims M vênec, zídec
simulieren simulírati *(im)pf*
Sinfonie F simfoníja
singen ⟨za⟩péti; prepévati
Singvogel M pévec, ptíca pévka
sinken pádati ⟨pásti⟩; SCHIFF: potoníti *pf*
Sinn M čút, čutílo; *(Bedeutung)* pomèn, smísel
Sinnbild N simból; prispodóba
sinngemäß analógen; ADV po smíslu, smíselno
sinnlich čúten
sinnlos nèsmíseln
sinnvoll smíseln
Sippe F ród
Sitte F šéga, običáj; naváda; **~n** *pl* nraví *fpl*
sittenlos nèmorálen, razbŕzdan
sittlich nráven, morálen
Situation F situácija
Sitz M sédež
sitzen sedéti; *Kleid*: prilégati se
Sitzplatz M sédež, prôstor
Sitzung F séja, zasédanje
Skala F léstvica, skála
Skandal M škandál; sramôta
skandalös škandalózen
Skelett N okóstje
skeptisch sképtičen
Ski M smúčka; **~ fahren** smúčati se
Skilauf M smúčanje
Skiläufer M smúčar
Skilift M smúčarska žíčnica
Skipiste F smučíšče
Skispringen N smúčarski skôki *mpl*
Skizze F skíca
skizzieren skicírati *(im)pf*
Sklave M súženj
Slawe M Slován
slawisch slovánski
Slip M spódnje hláčke *fpl*
Slipeinlage F dnévni vlóžek
Slowake M Slovák
Slowakei F Slováška
Slowakin F Slovákinja
slowakisch slováški
Slowene M Slovénec

Slowenien Slovénija
Slowenin F Slovénka
slowenisch slovénski
Smartphone N pámetni telefón, *umg* smartphone
SMS F SMS *m*; **j-m e-e ~ schicken** posláti *pf* SMS/(SMS-)sporočílo
Snack M prigrízek, málica
so takó; KONJ tórej; **~ wenig wie möglich** čimmànj
sobald bríž ko, kákor hítro
Socke F nogavíca
Sockel M podstávek; podnóžje; ARCH tálni zídec
sodass takó da
Sodawasser N sódavica
Sodbrennen N zgága
soeben pràvkar
Sofa N zófa
sofern kólikor
sofort takój
sogar celó
sogenannt takó imenováni
sogleich takój
Sohle F podplàt
Sohn M sín
solange doklèr
solcher ták, tákšen
Soldat M voják
solidarisch solidáren
solide solíden
Solist M solíst
Solistin F solístka
Soll N dólg, débet
sollen mórati; **nicht ~** ne sméti; **er soll kommen** òn naj príde; **er soll krank sein** bajè je bolán
Sommer M polétje; **im ~** poléti
sommerlich poléten
Sommerschlussverkauf M polétna razprodája
Sommersprosse F sónčna péga
Sonderangebot N posébna ponúdba
Sonderausgabe F posébna izdája
sonderbar nènaváden, čúden
Sonderling M čudák, posébnež
sondern KONJ tèmveč
Sonderzug M izrédni vlák
Sonnabend M sobóta
Sonne F sónce
sonnen: **sich ~** sónčiti se
Sonnenaufgang M sónčni vzhòd
Sonnenbad N sónčenje
Sonnenbrille F sónčna očála *npl*
Sonnenfinsternis F sónčni mŕk
Sonnenhut M slámnik
Sonnenlicht N sónčna svetlôba
Sonnenöl N ólje za sónčenje
Sonnenschirm M sónčnik
Sonnenstich M sónčarica
Sonnenstrahl M sónčni žárek
Sonnenstudio N solárij
Sonnenuntergang M sónčni zahòd
sonnig sónčen
Sonntag M nedélja
sonst sicèr, drugáče; **wer ~?** kdó pa/néki?; **~ wer** še kdó (drúg); **~ nichts** nìč drúgega
sooft kàdarkóli
Sorge F skŕb *f*
sorgen skrbéti; **sich ~ um** bíti zaskrbljèn za/zarádi, bíti v skr-

béh za/zarádi
Sorgfalt F skŕbnost *f*; pazljívost *f*
sorgfältig skŕben
sorglos brezskŕben
Sorte F zvŕst *f*, sórta
sortieren sortírati (*im*)*pf*, prebírati
sosehr kólikor
Soße F omáka
Souvenir N spomínek
souverän suverén
Souveränität F suverénost *f*
soviel kólikor
sowenig takó málo
sowie kot túdi, in pa, ter; *zeitlich*: bŕž ko
sowieso takó in takó
sowohl: ~ ..., **als auch** takó ... kot (túdi) ...
sozial sociálen
Sozialdemokratie F sociálna demokracíja
Sozialist M socialíst
sozialistisch socialístičen
Sozialversicherung F sociálno zavarovánje
Soziussitz M sédež za sopótnika
sozusagen takó rekóč
spähen oprézati (**nach** za)
Spalt M šprânja, réža
Spalte F TYPO kolóna, stôlpec
spalten ⟨raz⟩cepíti (**sich** se), ⟨raz⟩kláti
Spaltung F cepítev *f*, razcèp; *fig* razdòr
Spange F spónka, zapónka
Spanien N Špánija
Spanier M Špánec
Spanierin F Špánka
spanisch špánski
Spanne F péd *f*; HANDEL razpòn; *zeitlich*: razmík
spannen napénjati ⟨napéti⟩; V/I *Kleid*: bíti preózek, vézati
spannend napét
Spannung F napétost *f*
Sparbuch N hranílna knjížica
Sparbüchse F hranílnik
sparen varčeváti; hraníti
Sparer M varčeválec
Spargel M belúš
Sparkasse F hranílnica
spärlich píčel, bóren; *Haare*: rédek
Sparmaßnahme F varčeválni ukrèp
sparsam várčen
Spaß M šála, zabáva
spaßen šalíti se
spaßig zabáven, sméšen
Spaßvogel M šaljívec
spät pôzen; ADV pôzno; **wie ~ ist es?** kóliko je úra?
Spaten M lopáta
später poznéje, kasnéje
Spatz M vrábec
spazieren sprehájati se; **~ gehen** íti (*im*)*pf* na sprehòd
Spaziergang M sprehòd
Spaziergänger M sprehajálec
Specht M žólna
Speck M slanína
Spedition F špedícija
Speer M kópje
Speerwerfen N SPORT mèt kópja
Speiche F préčka; *Fahrrad, Schirm*: napérek, špíca
Speichel M slína
Speicher M skladíšče; *Getreide*:

sílos; (*Dachboden*) podstréšje; IT pomnílnik
speichern ⟨u⟩skladíščiti; TECH shranjeváti ⟨shraníti⟩
speien brúhati; pljúvati
Speise F jéd *f*, hrána
Speisekarte F jedílni líst
speisen jésti, hraníti se; TECH napájati
Speisesaal M jedílnica, obédnica
Speisewagen M jedílni vóz
Spekulation F špekulácija
Spende F dár, darílo
spenden darováti, podaríti *pf*
Sperling M vrábec
Sperre F zapóra; blokáda
sperren zapírati ⟨zapréti⟩; *Konto* blokírati (*im*)*pf*
Sperrsitz M THEAT rezervíran sédež
Sperrung F zapŕtje; blokíranje, blokáda
Sperrzone F zapŕto obmóčje
Spesen PL stróški *mpl*
speziell posében
Spiegel M ogledálo, zrcálo
Spiegelbild N zrcálna slíka
Spiegelei N jájce na okó
spiegeln zrcáliti (**sich** se)
Spiel N ígra
Spielbank F igrálnica
spielen igráti (*v*/*i* se)
spielend ADV igráje, z lahkôto
Spieler M igrálec; *Glücksspiel*: hazardêr
Spielkarte F igrálna kárta
Spielplan M sporèd, prográm
Spielplatz M igríšče
Spielraum M móžnosti *fpl* delovánja *fpl*
Spielregeln PL pravíla ígre *npl*
Spielzeug N igráča
Spieß M GASTR rážnj; (*Waffe*) súlica
Spinat M špináča
Spindel F TECH vretêno
Spinne F pájek
spinnen prêsti; *fig* blêsti se (*D*)
Spinnrad N kolóvrat
Spinnwebe F pajčevína
Spion M vohún; *Tür*: kukálo
Spionage F vohúnstvo
spionieren vohúniti
Spirituosen PL alkohólne pijáče *fpl*
Spiritus M špírit
Spirituskocher M špíritni gorílnik
Spital N bolníšnica
spitz óster; koníčast; *Antwort*: píker
Spitze F koníca; vŕh; (*Gewebe*) čípka; **an der ~** na čêlu, na vŕhu
spitzen ⟨o⟩šíliti; **die Ohren ~** napénjati ⟨napéti⟩ ušésa
spitzfindig iznajdljív, prebrísan
Spitzname M vzdévek
Splitter M dróbec; *Holz*: ivér *f*
spontan spontán
Sporn M ostróga
Sport M špórt
Sportler M špórtnik
Sportlerin F špórtnica
sportlich špórten
Sportplatz M špórtno igríšče
Sportunfall M poškódba pri špórtu
Sportveranstaltung F špórtni dogódek
Sportverein M špórtno drúštvo

Spott M zasmèh, posmèh
spotten norčeváti se (**über** iz), rógati se (*D*)
spöttisch posmehljív, poroglјív
Sprache F jêzik; *fig* góvor
Sprachführer M jezikóvni vodník
Sprachlehre F slóvnica
sprachlich jezikóven
sprachlos brez beséd
Sprachunterricht M poúk jezíka
sprechen govoríti
Sprecher M govórnik; (*Vertreter*) zastópnik, predstávnik; RADIO napovedoválec
Sprechstunde F úra za stránke; *Arzt*: ordinácija
Sprechzimmer N govorílnica
spreizen razpréti *pf*; *Beine* razkréčiti *pf*
sprengen razstreljeváti ⟨razstrelíti⟩; *Wasser* ⟨po⟩škropíti
Sprengstoff M razstrelívo
Sprichwort N pregóvor
sprießen pogánjati, brstéti
Springbrunnen M vodomèt, fontána
springen skákati ⟨skočíti⟩
Springer M skakálec; *Schach*: skakáč
Sprit M *umg* alkohól; *umg* AUTO bencín
Spritze F brizgálna; MED brizgávka
spritzen ⟨po⟩škropíti; MED injicírati (*im*)*pf*
spröde kŕhek; *fig* hláden
Sprössling M potómec
Spruch M izrèk, rèk; JUR sklèp
Sprudel M (*Getränk*) sódavica, sóda; slátina
sprudeln V/I vréti (**aus** iz); *fig* brbotáti; V/T žvrkljáti
Sprühdose F razpršílo
sprühen V/I pršéti; V/T razprševáti; *fig* prekipévati (**vor** od)
Sprung M skòk; (*Riss*) razpóka
Sprungschanze F SPORT smúčarska skakálnica
Sprungturm M SPORT skakálni stòlp
spucken pljúvati ⟨pljúniti⟩
Spule F túlec, navítek, mótek; ELEK tuljáva
spülen splakováti; izpírati; *Geschirr* pomívati; *an Land* naplávljati ⟨napláviti⟩
Spülung F izplakovánje, izpiránje (*a.* MED)
Spur F sléd *f*
spürbar občúten
spüren ⟨ob⟩čutíti
spurlos brez sledú
Squash N SPORT squásh, skvóš
Staat M držáva
staatlich držáven
Staatsangehörigkeit F državljánstvo
Staatsanwalt M jávni tožílec
Staatsbürger M državlján
Staatsgewalt F držávna oblást *f*
Staatsmann M držávnik
Staatsoberhaupt N držávni poglavár
Staatsstreich M držávni udár
Stab M pálica; MIL štáb
Stabhochsprung M SPORT skòk ob pálici
stabil stabílen; tŕden
Stachel M bodíca; ZOOL žêlo

Stachelbeere F kosmúlja
Stacheldraht M bodéča žíca
stachelig bodèč, bodíčast
Stadion N stádion
Stadt F mésto
Stadtbezirk M méstni okràj
städtisch méstni
Stadtplan M načŕt mésta
Stadtrand M obróbje mésta
Stadtrundfahrt F oglèd mésta (z ávtobusom)
Stadtteil M méstna četŕt *f*
Staffellauf M SPORT štaféta
Stahl M jêklo
Stahlwerk N jeklárna
Stall M hlév
Stamm M dêblo; ród, plême
Stammbaum M rodóvnik
stammeln jecljáti
stammen izvírati
Stammgast M stálni gòst
stämmig čokàt
stampfen teptáti; (*mit den Füßen*) topotáti
Stand M (*Zustand*) stánje; (*Niveau*) ráven *f*, nivó; *gesellschaftlich*: stán; *Jahrmarkt*: stójnica
Standbein N nosílna nôga; SPORT stójna nôga; *fig* opórna tóčka
Standesamt N mátični urȁd
standhaft stanovíten; ADV vztrájno
standhalten (*aushalten*) vzdržáti *pf*; (*sich widersetzen*) upírati se (*D*)
ständig stálen; nenéhen, nèpretŕgan
Standlicht N parkírna lúč *f*
Standort M mésto, lokácija; BOT rastíšče
Standpunkt M stalíšče
Stange F dróg, pálica
Stängel M stêblo; pêcelj
Stapel M skládovnica
Stapellauf M SCHIFF splovítev *f*, splávljanje
stapeln skládati, zlágati ⟨zložíti⟩
Star M ZOOL škôrec; MED mréna; THEAT zvézda
stark močán, krêpek
Stärke F móč *f*, síla; ELEK jákost *f*; CHEM škrób; *fig* prédnost *f*
stärken ⟨o⟩krepíti; *Wäsche* ⟨po⟩škróbiti; **sich** ~ ⟨o⟩krepčáti se
Starkstrom M jáki tók
Stärkung F krepítev *f*, okrepítev *f*; (*Essen*) okrepčílo
starr tóg; *Finger*: tŕd, odrevenèl; *Blick*: srép
starren strméti, bolščáti, srépo glédati
Starrsinn M tŕma, trmoglávost *f*
Start M stárt; FLUG vzlèt
starten stártati *pf*; *Motor* zagnáti *pf*; FLUG vzletéti *pf*
Startseite F IT domáča strán
Station F postája; MED oddélek
Statist M statíst
Statistik F statístika
Stativ N statív, stojálo
statt namésto (*G*)
Stätte F mésto, kràj; prizoríšče
stattfinden dogájati se, bíti
stattlich znáten, čéden, mogóčen; *Mensch*: postáven
Statue F kíp
Stau M zastòj
Staub M práh
stauben prašíti se

staubig prášen
Staubsauger M sesálnik (za práh)
Staubtuch N kŕpa za práh
Staudamm M pregráda, jéz
Staude F trájnica, trájna zelíka
stauen zajezíti *pf*; **sich ~** zastájati, nabírati se
staunen čudíti se (**über** *D*); strméti
Stausee M umétno jézero, zajezítveno jézero
stechen zbôsti (**sich** se) *pf*; zbádati; *Insekten*: píkati ⟨píčiti⟩; *Sonne*: žgáti
stechend *Schmerz*: zbadajóč; *Geruch*: óster; *Blick*: srép, prebadajóč
Steckdose F vtíčnica
stecken V/T vtíkati ⟨vtakníti⟩; *Pflanzen* potíkati ⟨potakníti⟩; V/I tičáti; **~ bleiben** obtičáti *pf*
Stecker M vtíč
Stecknadel F búcika
Steg M brv *f*; mostíček
stehen státi; *Kleid*: pristájati; **~ bleiben** obstáti *pf*; **~ lassen** pustíti *pf*
stehend stojèč
stehlen ⟨u⟩krásti
Stehplatz M stojíšče
steif tóg; tŕd
Steigbügel M strêmen; ANAT streménce
steigen *Temperatur*: vzpénjati se; *Preis, Flugzeug*: dvígati se; (*größer werden*) naráščati; (*auf einen Stuhl*) stopíti *pf* na
steigern stopnjeváti (**sich** se); povečeváti ⟨povéčati⟩
Steigerung F stopnjevánje; povéčanje
Steigung F vzpòn, strmína
steil stŕm
Steilhang M strmína
Stein M kámen
Steinbruch M kamnolòm
steinig kamnít
Steinkohle F čŕni prêmog
Steinpilz M júrček
Steinschlag M padajóče kámenje
Steinzeit F kaména dôba
Stelle F mésto
stellen postávljati ⟨postáviti⟩; *Fallen* nastávljati ⟨nastáviti⟩; *Aufgaben* zastávljati ⟨zastáviti⟩; *Uhr* nastáviti *pf*; **sich krank ~** délati se bólnega; **e-e Frage ~** vprášati *pf*
Stellung F položáj; slúžba; MIL nabòr
Stellungnahme F stalíšče; presója, izjáva
Stellvertreter M naméstnik
stemmen dvígniti *pf*; dólbsti; **sich ~** opréti se *pf*
Stempel M štampíljka, žíg; *fig* pečát
stempeln žigósati (*im*)*pf*
Steppdecke F prešíta odéja
Steppe F stépa
sterben umírati ⟨umréti⟩
Sterbeurkunde F mrlíški líst
sterblich umrljív; smŕten
Stern M zvézda
Sternschnuppe F (zvézdni) utrínek
Sternwarte F zvezdárna
stetig stálen
stets védno, vsèlej
Steuer[1] N krmílo, volán

Steuer[2] F dávek
Steuerbord N désni bók
Steuererklärung F dávčna napóved *f*
steuerfrei nèobdávčen, dávkov pròst
Steuermann M krmár
steuern uprávljati, vozíti; SCHIFF krmáriti; FLUG pilotírati (*im*)*pf*
steuerpflichtig zavézan plačílu dávka
Stich M vbòd; zbodljáj; *Insekt*: pík; *Kartenspiel*: vzétek; (*Grafik*) gravúra; **im ~ lassen** pustíti *pf* na cedílu
stichhaltig tŕden
Stichprobe F nakljúčni poskús
Stichtag M odločílni dán; termín
Stichwahl F izbíra (med dvéma kandidátoma)
Stichwort N gêslo
sticken vésti
Stickerei F vézenje
stickig zatóhel
Stickstoff M dušík
Stiefbruder M pólbràt
Stiefel M škórenj
Stiefeltern PL očim in máčeha
Stiefmutter F máčeha
Stiefschwester F pólsêstra
Stiefvater M óčim
Stiel M ročáj, držáj; BOT pêcelj; stêblo
Stier M bìk
Stift M zatič; čèp; žebljíček; (*Bleistift*) svínčnik; (*Farbstift*) bárvnik
stiften podaríti *pf*, dáti *pf*; *Unruhe* povzróčati ⟨povzročíti⟩
Stiftung F ustanóva; sklàd
Stil M slóg
still tíh, míren
Stille F tihôta
stillen *Kind* dojíti; *Hunger* ⟨po⟩tešíti; *Durst* pogasíti *pf*; *Blut* zaustáviti *pf*
stilllegen ukíniti *pf*; opustíti *pf*; *Betrieb* zapréti *pf*
stillschweigend molčé
Stillstand M mirovánje; **zum ~ bringen** ustáviti *pf*, zaustáviti *pf*
stillstehen (mírno, nèpremíčno) státi; *Herz*: obstáti *pf*
Stimmband N glasílka
Stimmbruch M mutíranje
Stimme F glás
stimmen MUS uglaševáti ⟨uglasíti⟩; (*wählen*) glasováti; **froh/traurig ~** razveselíti *pf*/ razžalostíti *pf*
Stimmenthaltung F vzdržánje glasú
Stimmung F razpoložênje
Stimmzettel M glasóvnica
stinken smrdéti
Stirn F čêlo
Stock M pálica; ARCH nadstrópje
stocken zastájati ⟨zastáti⟩; *Milch*: skísati se *pf*
Stockung F zastòj; zastájanje, stagnácija
Stockwerk N nadstrópje
Stoff M (*Gewebe*) blagó, materiál; *literarisch*: snóv *f*
stöhnen stókati
Stollen M BERGB ròv; GASTR koláč
stolpern spotíkati ⟨spotakníti⟩ se

stolz ponôsen
Stolz M ponòs
stopfen ⟨za⟩mašíti; *Pfeife* ⟨na⟩polníti; *Strümpfe* ⟨za⟩kŕpati
stoppen ustáviti *pf*, zaustáviti *pf*; *Zeit* štópati *(im)pf*
Stoppuhr F štóparica
Stöpsel M zamášek, čèp
Stör M jeséter
Storch M štórklja
stören motíti; *Frieden* kalíti
störrisch tŕmast
Störung F môtnja; okvára
Stoß M súnek; udárec; *(Stapel)* kùp, skladóvnica
Stoßdämpfer M blažílnik
stoßen súvati ⟨súniti⟩; porívati ⟨poríniti⟩; potískati ⟨potísniti⟩; **~ an** zadéti *pf* ob
Stoßstange F odbójnik, odbijáč
Stoßverkehr M prométna koníca
stottern jecljáti
Strafanstalt F kaznílnica, zapòr
Strafanzeige F prijáva, ovádba
strafbar kaznív
Strafe F kázen *f*
strafen kaznováti *(im)pf*
straff napét
Strafgesetzbuch N kázenski zakoník
straflos nèkaznován, brez kázni
Strafporto N dodátna poštnína
Strafpunkt M SPORT kázenska tóčka
Strafstoß M SPORT kázenski strél
Strafverfahren N kázenski postópek
Strahl M žárek; *Wasser:* cúrek
strahlen žaréti *(a. fig)*
strahlend žarèč
Strahlung F sévanje
stramm *Haltung:* strúmen
strampeln bŕcati
Strand M obála; *(Badestrand)* pláža
stranden SCHIFF nasésti *pf*
Strang M vŕv *f*, konôpec
Strapaze F napòr
strapazierfähig odpóren, tŕden, vzdržljív
Straße F césta
Straßenbahn F trámvaj
Straßenbeleuchtung F céstna razsvetljáva
Straßengraben M céstni járek
Straßenkarte F avtomobílska kárta
Straßenkreuzung F križíšče
Straßenverkehr M céstni promèt
sträuben: **sich ~** upírati se
Strauch M gŕm
straucheln spotakníti se *pf*
Strauß M šôpek; ZOOL nój
streben streméti (**nach** k)
strebsam prizadéven
Strecke F próga, pót *f*; *(Entfernung)* razdálja
strecken *Arm* iztegováti ⟨iztegníti⟩; TECH nategováti ⟨nategníti⟩; **sich ~** pretegováti se
Streich M norčíja, šála
streicheln ⟨po⟩bóžati
streichen ⟨po⟩gláditi; *Butter*

⟨na⟩mázati; *Farben*: bárvati; (*aus dem Gedächtnis*) izbrísati *pf*
Streichholz N vžigálica
Streichinstrument N godálo
Streife F opazoválna slúžba
streifen *Blick*: oplazíti *pf* (*A*); (*berühren*) dotakníti se *pf* (*G*)
Streifen M próga, trák
Streik M stávka
streiken stávkati
Streit M prepír, spòr
streiten prepírati se
streitig spóren; **j-m et. ~ machen** odrékati kómu kaj
Streitkräfte F oborožêne síle *fpl*
streitsüchtig prepirljív
streng stróg
Strenge F strogóst *f*
Streu F stélja
streuen posúti *pf*; ⟨po⟩trosíti; ⟨po⟩sípati
Strich M čŕta, čŕtica
Strick M vŕv *f*; konôpec
stricken plêsti
Stricknadel F pletílka
Striemen M próga, maróga; MED prógasta podplútba
strittig spóren
Stroh N sláma
Strohhalm M slámica
Strohhut M slámnik
Strom M tók; (*Fluss*) réka
stromabwärts po réki navzdòl
stromaufwärts po réki navzgòr
strömen têči; *Regen*: líti; *Gas*: uhájati; *Menschenmenge*: valíti se
Stromschnelle F brzíca
Strömung F tók; *fig* smér *f*
Strophe F kítica
strotzen: **~ vor** bíti póln (*G*)
Strudel M vrtínec; GASTR *österr* zavítek
Strumpf M nogavíca
Strumpfhose F hláčne nogavíce *fpl*
struppig *Fell*: sršèč; *Haar*: zmŕšen, skúštran
Stube F ízba, sôba
Stück N kós, dél; THEAT ígra; MUS skládba
Stückzahl F števílo kósov
Student M študènt
Studentin F študèntka
Studie F štúdija, raziskáva
studieren študírati
Studio N stúdio
Studium N štúdij
Stufe F stôpnja; (*Treppe*) stopníca
stufenweise postópen; ADV postópoma
Stuhl M stòl; MED bláto
Stuhllehne F naslonjálo stôla
stumm ném; MED mútast
Stummel M (*Zigarette*) ogórek
stumpf tóp, skŕhan; *Haar*: brez léska
Stumpf M štŕcelj, kŕcelj, štòr; MED kŕn
stumpfsinnig tòp, topoúmen, apátičen
Stunde F úra
stunden odložíti *pf* plačílo
stundenlang úre in úre
Stundenlohn M pláča na úro
Stundenplan M úrnik
stundenweise po úrah
stündlich vsáko úro
stur tŕmast, trdoglàv

Sturheit F trma, trdoglávost *f*
Sturm M vihár; SPORT, MIL napàd
stürmen napádati ⟨napásti⟩; (*rennen*) ⟨z⟩drvéti
Stürmer M SPORT napadálec
stürmisch viháren; *fig* silovít
Sturz M pádec
Sturzbach M hudoúrnik
stürzen V/I pásti *pf*, strmogláviti *pf*; planíti *pf*; V/T prevrníti *pf*, vréči *pf*; **sich ~ auf** planíti *pf* nad
Sturzhelm M (zaščítna) čeláda
Stute F kobíla
Stütze F opóra; podpóra
stutzen V/I začudíti se *pf*; V/T postríči *pf*
stützen podpírati ⟨podpréti⟩; **sich ~ auf** naslánjati se na, opírati se na
stutzig: **~ werden** zasúmiti *pf*, osúpniti *pf*
Stützpunkt M oporíšče; postojánka
Subjekt N GRAM osébek; *fig* oséba
subtrahieren odštévati ⟨odštéti⟩
Suche F iskánje
suchen iskáti
Sucher M FOTO iskálo
Suchmaschine F IT iskálnik
Sucht F MED odvísnost *f* (od); zasvojênost *f* (z)
süchtig zasvojèn, odvísen
Süden M júg
südlich júžen
südöstlich júgovzhóden
Südpol M júžni tečàj
südwestlich júgozahóden
süffig *Wein*: láhek
Sülze F žólca
Summe F vsôta; znések
summen *Fliege*: brenčáti; *Melodie* brúndati
summieren seštévati ⟨seštéti⟩; **sich ~** *fig* kopíčiti se
Sumpf M močvírje
sumpfig močvírnat, močvíren
Sünde F gréh
Sünder M gréšnik
sündigen grešíti (*im*)*pf*
Supermarkt M sámopostrézna trgovína, sámopostéžnica
Suppe F júha
surren brenčáti
süß sládek
süßen sladíti, sladkáti
Süßigkeiten PL sladkaríje *fpl*
Süßspeise F sladíca, posládek
süßlich sladkôben
symmetrisch simétričen
symbolisch simbóličen
synthetisch sintétičen
System N sistém
systematisch sistemátičen; sistemátski
Szene F scéna, prizòr

T

Tabak M tobák
Tabelle F tabéla, preglédnica; razpredélnica
Tablett N pládenj
Tablette F tabléta
Tacho(meter) M brzínomer

tadellos brezhíben
tadeln grájati
Tafel F tábla; *Schokolade*: táblica; (*Tisch*) míza
Tag M dán; **e-s ~es** nékega dné; **guten ~!** dóber dán!; **bei ~** podnévi; **~ für ~** dán za dném
Tagebuch N dnévnik
tagelang dnéve in dnéve
tagen sestájati se, zasédati; **es tagt** daní se
Tagesanbruch M svít
Tageslicht N dnévna svetlôba
Tagesordnung F dnévni réd
Tageszeitung F dnévnik
täglich vsakdánji; dnévni; ADV dnévno, vsák dán
tagsüber čez dán, podnévi
Tagung F zborovánje; zasédanje
Taille F pás
Takt M tákt; obzírnost *f*
taktlos brez tákta
taktvoll tákten
Tal N dolína
Talent N talènt, nadárjenost *f*
talentiert talentíran, nadárjen
Talg M lój
Talsperre F dolínska pregráda
Talstation F spódnja postája
Tank M tánk; zbirálnik
tanken ⟨na⟩tánkati
Tanker M tánker
Tankstelle F bencínska črpálka
Tanne F jélka
Tante F têta
Tanz M plés
tanzen plésati
Tänzer M plesálec
Tänzerin F plesálka
Tanzmusik F plésna glásba
Tapete F tapéta
tapezieren tapecírati (*im*)*pf*
Tapezierer M tapétnik
tapfer hráber, pogúmen
Tapferkeit F hrábrost *f*
tappen tapkáti
Tarif M tarífa
tariflich tarífni
tarnen prikrívati ⟨prikríti⟩; **sich ~** maskírati se *pf*
Tarnung F zakrívanje, prikrívanje; MIL maskíranje
Tasche F tórba, tórbica; (*Sack*) žèp
Taschenbuch N žêpna knjíga
Taschendieb M žêpar
Taschengeld N žepnína
Taschenlampe F žêpna svetílka
Taschenmesser N žêpni nòž
Taschentuch N róbec
Taschenuhr F žêpna úra
Tasse F skodélica
Taste F típka
tasten típati, otipávati
Tastsinn M típ
Tat F dejánje; **in der ~** zarés, dejánsko
Tatbestand M dejánsko stánje
Täter M storílec
tätig aktíven, dejáven
Tätigkeit F dejávnost *f*
Tatsache F déjstvo
tatsächlich dejánski
Tatze F táca, šápa
Tau[1] M rôsa
Tau[2] N vŕv *f*
taub glúh
Taube F golób, golobíca
taubstumm gluhoném

tauchen VT potápljati ⟨potopíti⟩; VI potápljati se; ~ **in** pomákati ⟨pomočíti⟩ v
Taucher M potapljáč
Tauchsport M potapljáštvo
tauen: **es taut** tája se
Taufe F kŕst
taufen krstíti *(im)pf*
Taufschein M kŕstni líst
taugen: **et.** ~ bíti za kaj; **nichts** ~ bíti za nìč
taumeln opotékati ⟨opotêči⟩ se
Tausch M menjáva, izmenjáva; zamenjáva
tauschen ⟨za⟩ménjati
täuschen ⟨pre⟩várati; **sich** ~ ⟨z⟩motíti se
täuschend varljív
Täuschung F prevára
tausend tísoč
Tausender M tisočák
Tausendstel N tisočínka
Tauwetter N odjúga
Taxe F táksa, pristójbina
Taxi N táksi *m*
Taxifahrer M taksíst
Taxistand M stojíšče za táksije
Technik F téhnika
Techniker M téhnik
technisch téhničen
Teekanne F čájnik
Teekessel M kotlíček za čáj
Teelöffel M čájna žlíčka
Teer M katrán
Teich M ríbnik
Teig M testó
Teigwaren PL testeníne *fpl*
Teil M dél; délež
teilbar deljív
Teilchen N délček; ELEK délec
teilen ⟨raz⟩delíti (**sich** se)
teilhaben bíti udeležèn (**an** pri)
Teilhaber M družábnik
Teilnahme F udeléžba
teilnahmslos otopèl, tòp, apátičen
teilnehmen: ~ **an** udeleževáti ⟨udeležíti⟩ se *(G)*
Teilnehmer M udeléženec; *Telefon*: naročník
teils délno, déloma
Teilung F delítev *f*
teilweise déloma
Teilzahlung F obròk
Teint M tén
Telefon N telefón
Telefonbuch N telefónski imeník
telefonieren telefonírati *(im)pf*
Telefonkarte F telefónska kártica, télekártica
Telefonnummer F telefónska števílka
Teller M króžnik
Tempel M svetíšče, têmpelj
Temperament N temperamènt
Temperatur F temperatúra; MED vročína
Tempo N témpo, hitróst *f*
Tendenz F tendénca; téžnja
tendenziös tendenciózen
Tennis N ténis
Tennisplatz M téniško igríšče
Tennisschläger M téniški lopár, rékét
Teppich M prepróga
Teppichboden M preprógasta tálna oblóga
Termin M rók, termín

Terrasse F terása
territorial teritoriálen
Terror M terór
terrorisieren terorizírati (*im*)*pf*
Testament N oporóka, testamènt
testen preizkúšati ⟨preizkúsiti⟩
teuer drág
Teufel M hudíč, vrág
teuflisch vrážji, hudíčev
Text M besedílo, tékst
Textbuch N libréto
Textilien PL tekstíl
Theater N gledalíšče; *fig* teáter, církus
Theaterstück N ígra
theatralisch teatráličen
Theke F točílna míza; púlt
Thema N téma
theologisch teolóški
theoretisch teorétičen; teorétski
Theorie F teoríja
Thermometer N termométer
Thron M prêstol
Thunfisch M tún, tunína
ticken tiktákati
tief globòk
Tief N podróčje nízkega zráčnega pritíska; depresíja
Tiefbau M nízke grádnje *fpl*
Tiefdruck M nízek zráčni pritísk; TYPO globôki tísk
Tiefe F globína; globočína
Tiefebene F nižína
Tier N žívál *f*
Tierarzt M živinozdravník, veterinár
tierisch živálski; *fig* živínski
Tierkreis M živálski króg, zódiak
Tierpark M živálski vŕt
Tierschutz M várstvo žíváli
Tierzucht F živinoréja
Tiger M tíger
tilgen izbrísati *pf*; *Schuld* poplačati *pf*, poravnáti *pf*
Tilgung F poplačílo; izbrís
Tinte F čŕnílo
Tintenfisch M sípa
Tipp M namíg
tippen dotíkati ⟨dotakníti⟩ se; (*wetten*) stáviti (*im*)*pf*; *Maschine*: típkati
Tisch M míza
Tischdecke F (namízni) pŕt
Tischler M mizár
Tischtennis N namízni ténis
Titel M naslòv; nazív
Toast M zdravíca; (*Brot*) toast, opečênec
toben divjáti, besnéti; *Kinder*: divjáti, noréti
Tochter F hčí *f*, hčérka
Tod M smŕt *f*
Todesanzeige F osmŕtnica
Todesstrafe F smŕtna kázen *f*
tödlich smŕten
Toilette F toaléta; (*WC*) straníšče; **wo ist die ~?** kjé je straníšče/WC ?
Toilettenpapier N toalétni papír
tolerant toléranten
toll blázen, nór, sijájen, „super"
tollkühn vratolómen
Tollwut F steklína
Tölpel M têslo
Tomate F paradížnik
Ton M glína; MUS zvók, glás
tonangebend vodílen

Tonart F tónovski način
Tonleiter F MUS tónska léstvica
Tonnage F SCHIFF tonáža
Tonne F tóna; (*Fass*) sód
Tönung F bárvanje; odtének; *Haar*: prelív
Topf M lônec
Töpfer M lončár
Töpferscheibe F lončárski kolôvrat
Tor[1] M bedák, nôrec
Tor[2] N vráta *npl*; SPORT gól
Torf M šôta
Torheit F neúmnost *f*
töricht nespámeten, neúmen
torkeln opotékati se
Torlauf M slálom
Torte F tórta
Torwart M vratár
tosen bučáti, hruméti
tot mŕtev
Tote(r) M mrlìč
töten ubíti *pf*; uníčiti *pf*; MED zamoríti *pf*; **sich ~** naredíti *pf* samomòr
Totenschein M mrlíški líst
Totschlag M ubòj
Tour F izlèt, túra; TECH obràt
Tourist M turíst
Touristik F turístika
Touristin F turístka
Tournee F turnéja
Trab M dŕnec
traben têči v dŕncu
Tracht F nóša
trachten: **~ nach** prizadévati si za, streméti po
Tradition F tradícija
traditionell tradicionálen
Trafik M *österr* trafíka
träge lenôben
Tragbahre F nosíla *npl*
tragbar prenôsen; znôsen; dopústen
tragen nosíti <nêsti>; **sich mit dem Gedanken ~** ukvárjati se z míslijo
Tragfläche F nosílna plôskev *f*
Träger M nosílec; nosáč; *Hose*: narámnica
Trägheit F lenôba
tragisch trágičen
Tragödie F tragédija
Tragweite F *fig* učinkovánje, poslédice *fpl*
Trainer M trenêr
Trainerin F trenêrka
trainieren trenírati
Training N tréning
trampeln topotáti (z nogámi)
Tran M ríbje ólje
Träne F sólza
Tränke F napajálnik
tränken napájati <napojíti>
Transport M transpórt, prevòz
transportieren transportírati (*im*)*pf*, prevážati
Traube F gròzd; **~n** *pl* grózdje
trauen zaúpati (*im*)*pf*; V/T (*vermählen*) poročíti; **sich ~** úpati si
Trauer F žálost *f*; žalovánje
Trauerfeier F žálno slávje
Trauermarsch M žálna koráčnica
trauern žalováti (**um** za)
Trauerspiel N žaloígra
träufeln curljáti, kapljáti; V/T kápati
Traum M sánje *fpl*
träumen sánjati; sanjáriti
traurig žálosten

Traurigkeit F žálost *f*
Trauring M poróčni pŕstan
Trauschein M poróčni líst
Trauung F poróka
Trauzeuge M porócna príča
treffen zadéti *pf*; (*begegnen*) sréčati *pf*; *fig j-n* prizadéti *pf*; **~ auf** naletéti *pf* na; **sich ~** sréčati se *pf*
treffend priméren
Treffer M zadétek
Treffpunkt M zbiralíšče; mésto sréčanja
treiben goníti ⟨gnáti⟩; TECH pogánjati; BOT klíti; (*tun*) délati, ugánjati
Treibriemen M gonílni jêrmen
Treibstoff M gorívo
Trekkingrad N tréking koló
Trend M téžnja, trénd; *Mode*: smérnice *fpl*
trennen ločeváti ⟨ločíti⟩; delíti; *Naht* ⟨raz⟩párati; **sich ~** ločíti se *pf*
Trennung F ločevánje; deljênje; *Menschen*: ločítev *f*
Treppe F stopníce *fpl*
Treppenhaus N stopníšče
Tresor M trezór
treten stópati ⟨stopíti⟩; (*mit den Füßen*) ⟨po⟩teptáti
treu zvést
Treue F zvestôba
treuherzig iskrén
treulos nezvést
Tribüne F tribúna
Trichter M liják
Trick M trík; zvijáča
Trickfilm M rísani fílm
Trieb M nagòn; BOT mladíka, pogánjek
Triebfeder F gonílna vzmét *f*; *fig* motív
Triebkraft F gonílna síla
Triebwagen M motórni želézniški vóz
Triebwerk N pogónska naprávа; FLUG motór
triefen kapljáti; têči; cedíti se
triftig téhten, prepričljív
trinkbar píten
trinken píti
Trinker M pijánec
trinkfest ki prenêse alkohól
Trinkgeld N napitnína
Trinkspruch M zdravíca
Trinkwasser N pítna vôda
Tritt M korák; (*Fußtritt*) bŕca
Trittbrett N stopníca
Trittleiter F (stopníčasta) léstev *f*
triumphieren triumfírati (*im*)*pf*; slavíti zmágo
trocken súh
Trockenheit F súša
trocknen ⟨po⟩sušíti (*v*/*i* se)
Trockner M sušílnik
Trödelmarkt M bólšji sêjem
Trog M koríto
Trommel F bóben
trommeln bóbnati
Trompete F trobénta
Tropen PL trópi *mpl*, trópske dežêle *fpl*
tropfen kápati ⟨kápniti⟩
Tropfen M káplja, kápljica
tropisch trópski
Trost M tolážba; utéha
trösten ⟨po⟩tolažíti
tröstlich tolažílen
trostlos brezúpen

Trottel M bedák, têpec
trotz kljúb *(D)*
Trotz M trma; kljuboválnost *f*
trotzdem kljúb tému, vèndar
trotzen kljubováti, upírati se
trotzig trmast; kljuboválen
trüb(e) môten, kálen; *Wetter:* obláčen
trüben ‹s›kalíti *(a. fig)*; *Blick* zamegliti *pf*; **sich ~** postáti *pf* môten
Trübsal F tegôba; pobítost; **~ blasen** bíti pobít
trübselig turôben
Trübsinn M pobítost *f*, turôbnost *f*
trübsinnig pobít, turôben
trügen várati
trügerisch varljív
Trugschluss M zmóta
Truhe F skrínja
Trümmer PL razvalíne *fpl*, ruševíne *fpl*
Trumpf M adút
Trunkenheit F vínjenost *f*
Trupp M čéta, skupína
Truppe F MIL enôta, čéta
Truthahn M purán
Tscheche M Čéh
Tschechien N Čéška
Tschechin F Čéhinja
tschechisch čéški
Tube F túba
Tuch N kŕpa, cúnja; *(Kopftuch)* rúta
tüchtig sposóben
tückisch zahŕbten
Tugend F krepóst *f*
Tulpe F túlipan
Tumor M túmor
Tumult M direndáj; *(Ausschreitung)* izgrèd
tun délati; naredíti *pf*; storíti *pf*
tünchen ‹po›belíti
Tunesien N Tunízija, Túnis
Tunke F omáka
Tunnel M predòr
Tür F vráta *npl*
Türangel F vrátni tečáj
Türke M Túrek
Türkei F Túrčija
Türkin F Túrkinja
türkisch túrški
Türklinke F kljúka
Turm M stòlp
turnen telováditi
Turner M telovádec
Turnhalle F telovádnica
Turnier N turnír
Turnschuh M telovádni copát, špórtni copát, supêrga *(meist pl)*
Turnverein M telovádno drúštvo
Tusche F túš
Tüte F vréčka
Typ M típ
Typhus M tífus
typisch típičen

U

U-Bahn F podzémska (železnica)
U-Bahn-Station F postája podzémne (železnice)
übel slàb; *(unangenehm)* zóprn, nèprijéten; *Trick:* nizkôten, pódel; **mir ist ~** slabó mi jè; **~ neh-**

men zaměriti *pf*
Übel N zlò
Übelkeit F slabóst *f*
Übeltäter M zločínec, delinkvènt
üben váditi
über ADV vèč kot, čéz; **den ganzen Tag ~** vès dán; PRÄP nad *(A, I)*, čez *(A)*
überall povsód
überallher od vsèpovsód
überallhin v vsè smerí, na vsè kráje
überanstrengen: **sich ~** preobremenjeváti ‹preobremeníti› se
Überbau M nàdgrádnja, nadzidáva
überbelichtet FOTO preosvetljèn
überbieten ponudíti *pf* vèč; *Leistung* prekášati ‹prekosíti›; *Norm* preségati ‹preséči›
Überblick M preglèd
überblicken glédati na; *fig* iméti preglèd nad
überbringen prinášati ‹prinêsti›
Überbringer M prinašálec
überdauern preživéti *pf*
überdies rázen téga, vŕhu téga
überdrüssig navelíčan, sìt *(G)*
übereilt prenágljen
übereinander drúg nad drúgim, drúg na drúgega
übereinkommen sporazuméti se *pf* (**über** o)
Übereinkunft F dogóvor
übereinstimmen ujémati se
Übereinstimmung F soglášanje
überfahren povozíti *pf*
Überfahrt F prevòz
Überfall M napàd
überfallen napásti *pf*
überfliegen preletéti *pf*
überfließen têči préko
Überfluss M izobílje
überflüssig odvěčen
überfluten poplávljati ‹poplávitì›
überführen vodíti préko *(G)*, peljáti préko *(G)*; JUR dokázati *pf* krívdo
Überführung F transpórt, prevòz; ARCH nadvòz; JUR dokàz krívde
überfüllt prenapólnjen
Übergabe F predája; *Brief*: vročítev *f*; MIL vdája
Übergang M prehòd
Übergangs- prehódni
übergeben izročíti *pf*, predáti *pf*; *Brief* vročíti *pf*; **sich ~** brúhati
übergehen prehájati ‹preíti›; *a.* JUR prezréti *pf*
Übergewicht N prekomérna téža
überhandnehmen naráščati, začéti prevladováti
überhäufen obsípati ‹obsúti›
überhaupt splòh; nasplòh
überheblich arogánten, ošáben
überholen prehitévati ‹prehitéti›; TECH naredíti *pf* remónt
überhören preslíšati *pf*
überladen ADJ preobložèn; pretíran
überlassen pustíti *pf*; prepúščati ‹prepustíti›

überlaufen VI têči čez rób; *Milch*: prekipéti *pf*; *Gefäß*: bíti prepóln; *Schauer*: oblívati; MIL dezertírati *(im)pf*, prebégniti *pf*; **~ sein** bíti nabíto póln
überleben preživéti *pf*
überlegen premíšljati, preudárjati; ADJ močnéjši; **~ sein** prekášati *(A)*
Überlegenheit F premóč *f*
Überlegung F preudárek; razmíšljanje
überliefern izročíti *pf*, posredováti *(im)pf*
Überlieferung F izročílo, tradícija
Übermacht F premóč *f*
Übermaß N preobílica; **ein ~ an** prevèč *(G)*
übermäßig čezméren; ADV čez méro, prevèč
übermitteln posredováti *(im)pf*
übermorgen pojútrišnjem
übermüdet preutrújen
übermütig objésten
übernachten prenočeváti ⟨prenočíti⟩
Übernachtung F prenočevánje; nočítev *f*
Übernahme F prevzèm
übernatürlich nàdnaráven
übernehmen prevzémati ⟨prevzéti⟩; **sich ~** prevèč si naložíti *pf*; *finanziell*: uštéti se *pf*
überordnen nadredíti *pf*
überprüfen preglédati *pf*; prevériti *pf*; prekontrolírati *pf*
überqueren préčkati *pf*
überragen dvígati se nad, preségati
überraschen presenéčati ⟨presenétiti⟩
Überraschung F presenéčenje
überreden pregovárjati ⟨pregovoríti⟩
überreichen izročíti *pf*
Überrest M (pre)ostánek
überrumpeln presenétiti *pf*
überschätzen precenjeváti ⟨precéniti⟩
überschlagen *Kosten* océniti *pf*; **sich ~** prevráčati ⟨prevrníti⟩ se; *Stimme*: prelomíti se *pf*, postáti *pf* vreščàv; *Ereignisse*: prehitévati drúg drúgega
überschneiden: **sich ~** prekrívati se; kolidírati *(im)pf*
überschreiben prepísati *pf*
überschreiten íti čez; *Schwelle* prestopíti *pf*; *Geschwindigkeit* prekoráčiti *pf*; *Kräfte* preségati ⟨preséči⟩
Überschrift F napís; *Text*: naslòv
Überschuss M preséžek, prebítek
überschüssig odvèčen, preséžen, prebíten
überschwemmen poplávljati ⟨popláviti⟩
Überschwemmung F popláva
übersehen spreglédati *pf*, prezréti *pf*
übersenden posláti *pf*
übersetzen prevájati ⟨prevêsti⟩
Übersetzer M prevajálec
Übersetzerin F prevajálka
Übersetzung F prevòd

Übersicht F preglèd; (*Tabelle*) preglédnica
übersichtlich pregléden
übersiedeln preselíti se *pf*
überspannt prenapét
überspringen preskočíti *pf*
überstehen prestáti *pf*; preživéti *pf*; *Krankheit* preboléti *pf*
übersteigen preségati ⟨preséči⟩
überstimmen preglasováti *pf*
überstürzen prenágljeno storíti, prenágliti se *pf*
überstürzt prenágljen
Übertrag M prenòs
übertragen prenášati ⟨prenêsti⟩
Übertragung F prenòs; prenášanje
übertreffen preségati ⟨preséči⟩, prekášati ⟨prekosíti⟩
übertreiben pretirávati
Übertreibung F pretirávanje
übertreten prestopíti *pf*; *Gesetze* ⟨pre⟩kŕšiti
Übertretung F prekŕšek, kršítev *f*
Übertritt M prestòp; *Grenze*: prehòd
übervorteilen opeháriti *pf*
überwachen nadzorováti
Überwachung F nadzíranje
überwältigen premágati *pf*; *fig* prevzéti *pf*
überweisen *Geld* nakazováti ⟨nakázati⟩; MED napotíti *pf*
Überweisung F nakazílo; (*Schein*) polóžnica; MED napótnica
überwiegend pretéžen
überwinden premágati *pf*
Überzahl F večína
überzeugen prepričeváti ⟨prepríčati⟩
Überzeugung F prepríčanje *f*
Überzug M prevléka
üblich običájen
U-Boot N podmórnica
übrig preostàli; **~ bleiben** preostáti *pf*; **~ lassen** pustíti *pf*; **alles Übrige** preostálo
übrigens sicèr, rázen téga
Übung F vája
Ufer N brég, obréžje
UG (**Untergeschoss**) *n* klétna etáža, klét
Uhr F úra; **um vier ~** ob štírih; **gegen drei ~** okrog tréh; **rund um die ~** 24 úr na dán
Uhrmacher M urár
Uhu M úharica
Ukraine F Ukrajína
Ukrainer M Ukrajínec
Ukrainerin F Ukrajínka
ukrainisch ukrajínski
ulkig smešen
um okóli (*G*); o, ob (*L*); za (*A*); **~ zu** da bi
umändern predelováti ⟨predélati⟩, spremínjati ⟨spremeníti⟩
umarbeiten predelováti ⟨predélati⟩
umarmen objémati ⟨objéti⟩
umbauen prezidávati ⟨prezídati⟩
umbiegen zapogníti *pf*
umbinden privézati *pf* (**sich** si)
umbringen ubíti *pf*, umoríti *pf*
umbuchen preknjížiti *pf*
umdrehen obráčati ⟨obrníti⟩ (**sich** se)

Umdrehung F obràt
umfahren izogníti se *pf* (*D*)
umfallen prevrníti se *pf*, pásti *pf*
Umfang M obsèg
umfangreich obséžen
umfassen zajémati ⟨zajéti⟩, obségati
umfassend obšíren, zajéten; *Antwort*: izčŕpen
umformen preoblikováti *pf*
Umfrage F ankéta
Umgang M drúženje, drúžba, občevánje; **~ haben mit** družíti se z
Umgangsformen PL olíka
Umgangssprache F pogóvorni jêzik
umgeben obdájati ⟨obdáti⟩
Umgebung F okólica
umgehen izogníti se *pf* (*D*); **~ mit** ravnáti z
umgekehrt obráten
umgestalten preoblikováti *pf*, predélati *pf*
Umhang M ogrinjálo
umhängen ogrníti *pf*; **sich ~** obésiti si *pf* čez rámo
umher okóli, naokróg
umhergehen hodíti naokróg
umhüllen zavíti *pf*, ogrníti *pf*
umkehren obrníti se *pf*, vrníti se *pf*; V/T obrníti *pf*
umkippen prevrníti *pf* (*v/i* se)
Umkleidekabine F preoblačílna kabína
umkleiden preobláčiti ⟨preobléči⟩ (**sich** se)
umkommen izgubíti *pf* življênje, umréti *pf*
Umkreis M okólica; **im ~ von zehn Kilometern** desét kilométrov naokróg
umkreisen obkróžati ⟨obkróžiti⟩
umladen pretovárjati ⟨pretovóriti⟩, prekládati ⟨preložíti⟩
Umlauf M obtòk
Umlaufbahn F obhódni tír
umleiten preusmérjati ⟨preusmériti⟩
Umleitung F preusmerítev *f*
umliegend okólen, okóliški
umrechnen preračunávati ⟨preračúnati⟩
Umrechnung F preračunávanje
umrennen prevrníti *pf*, podréti *pf*
umringen obkróžati ⟨obkróžiti⟩
Umriss M obrís
umrühren premešáti *pf*
Umsatz M promèt, prodája
Umsatzsteuer F prométni dávek
umschalten preklápljati ⟨preklopíti⟩
Umschlag M *Brief*: ovójnica, kuvêrta; *Buch*: ovítek; MED obkládek
umschlagen *Ärmel* zavíhati *pf*; *Waren* pretovárjati ⟨pretovóriti⟩; V/I spremeníti se *pf*; *Wetter*: sprevréči se *pf*
umschreiben opisováti ⟨opísati⟩
umschulen prešólati *pf*, prekvalificírati *pf*
Umschulung F prešólanje, prekvalificíranje
Umschweife PL: **ohne ~** brez

okolíšenja
Umschwung M preobràt, sprémémba
umsehen: **sich ~** ozírati ⟨ozréti⟩ se; razgledováti se
umsetzen BOT presájati ⟨presadíti⟩; HANDEL iméti promèt; **in die Tat ~** uresničeváti ⟨uresníčiti⟩
umsichtig preudáren, razsóden
umsiedeln preselíti *pf* (*v*/*i* se)
umsonst zastónj, zamàn
Umstand M okólíščina; **unter diesen Umständen** v téh okólíščinah; **unter Umständen** mordà, morebíti
umständlich dolgovézen; kompliciran
umsteigen prestópati ⟨prestopíti⟩
umstellen preuredíti *pf*, preusmériti *pf*; **sich ~ auf** navádíti se *pf* na
Umstellung F preusmerítev *f*
umstimmen pregovoríti *pf*
umstoßen prevráčati ⟨prevrníti⟩
umstritten spóren
Umsturz M prevràt
umstürzen prevrníti *pf*, podréti *pf* (*v*/*i* se)
Umtausch M zamenjáva
umtauschen zaménjati *pf*
umwandeln spremínjati ⟨spremeníti⟩
Umwandlung F spremínjanje, sprémémba
umwechseln ⟨za⟩ménjati
Umweg M ovínek
Umwelt F okólje
Umweltverschmutzung F onesnáženje okólja
umwenden obrníti *pf* (**sich** se); **sich ~ nach** ozírati ⟨ozréti⟩ se za
umwerfen prevráčati ⟨prevrníti⟩
umwickeln ovíjati ⟨ovíti⟩
umzäunen ogradíti *pf*
umziehen V/T preobléči *pf* (**sich** se); V/I *Wohnung*: ⟨pre⟩selíti se
umzingeln obkolíti *pf*
Umzug M (pre)selítev *f*; sprevòd
unabhängig nèodvísen
unabsehbar *Folgen*: nèpredvidljív
unabsichtlich nènaméren
unabwendbar nèizogíben
unachtsam nèpazljív
unangebracht nèpriméren; **~ sein** ne bíti na méstu
unangenehm nèprijéten, nèvšéčen
unansehnlich nèprivláčen, gŕd
unanständig nèspodóben; nèpoštèn
unappetitlich nèokúsen; ostúden, ogáben
unartig poréden
unauffällig nèopázen; brez posébnosti
unauffindbar ki ga ni mogóče nájti
unaufhaltsam nèzaustavljív
unaufhörlich nèprestán, nenéhen
unaufmerksam nèpazljív, nèpozóren

unaufrichtig nèodkrít, nèiskrén; nèpoštèn
unausstehlich neznôsen
unbarmherzig neusmíljen
unbeachtet nèopážen
unbeantwortet brez odgóvora
unbedacht nèpremíšljen
unbedenklich nèoporéčen
unbedeutend nèpomémben
unbedingt brezpogójen
unbefangen naráven, sproščèn
unbefugt nèpooblaščèn
unbegreiflich nèrazumljív
unbegrenzt nèomejèn
unbehaglich nèugóden, nèprijéten
unbeholfen nèbogljèn
unbekannt neznàn
unbekümmert brezskŕben
unbeliebt nèpriljúbljen
unbemerkt nèopážen
unbequem nèudóben; *fig* nèprijéten
unberechenbar nèpreračunljív
unberechtigt nèupravíčen
unbescheiden nèskrômen
unbescholten nèoporéčen; nèkaznován
unbeschränkt nèomejèn
unbeschreiblich nèpopísen
unbesiegbar nèpremagljív
unbesonnen nèpremíšljen
unbestimmt nèdoločen
unbestreitbar nèizpodbíten
unbetont nènaglašèn
unbeweglich nèpremíčen, negíben
unbewohnt nènaséljen
unbewusst nèzavéden
unbrauchbar nèuporáben
und in, ter, pa
undankbar nèhvaléžen
undeutlich nèjásen
undicht prepústen; ~ **sein** púščati
undurchdringlich nèprehóden; nèpredíren; *fig* nèpredirljív
undurchlässig nèprepústen
undurchsichtig nèprozóren; *fig* nèjásen
uneben nèráven
unecht nèprávi; nèprísten, ponarejèn
unehelich nèzakónski
unehrlich nèpoštèn
uneigennützig nèsebíčen
uneinig nèenôten
unempfindlich nèobčutljív
unendlich neskônčen
unentbehrlich nèpogrešljív
unentschieden nèodlóčen; SPORT nèodlóčeno
unentschlossen nèodlóčen
unentwegt nèomájen; nèprenéhen
unerfahren nèizkúšen
unerfreulich nèrazveseljív
unerhört nèuslíšan; *fig* nèzaslíšan
unerklärlich nèrazumljív, nèrazložljív
unermüdlich nèutrúden
unerreichbar nèdosegljív
unerschöpflich nèizčŕpen
unerschrocken nèustrášen
unerschütterlich nèomájen
unerschwinglich nèdosegljív; predrág

unersetzlich nènadomestljív
unerträglich neznôsen
unerwartet nèpričakován
unfähig nèsposóben; nèzmóžen
unfair nèfair
Unfall M nezgóda, nesréča
Unfallbericht M poročílo o nesréči
Unfallstation F nezgódni oddélek
unfehlbar nèzmotljív
unfolgsam nèubogljív
unförmig brezoblíčen
unfreiwillig nèprostovóljen
unfreundlich nèprijázen
unfruchtbar nèplóden, jálov; *Boden*: nèrodovíten
Unfug M neúmnost *f*
Ungar M Madžár
Ungarin F Madžárka
ungarisch madžárski
Ungarn N Madžárska
ungebildet nèizobražen; nèomíkan
ungebräuchlich nèobičájen
ungebunden nèvézan
Ungeduld F nestŕpnost *f*, neučákanost *f*
ungeduldig nestŕpen, neučákan
ungeeignet nèpriméren
ungefähr ADV priblížno
ungefährlich nènevaren
ungeheuer neznánski, sílen
Ungeheuer N pošást *f*
ungehorsam nèpokóren, nèposlúšen
Ungehorsam M nèpokórščina, nèposlúšnost *f*
ungelegen nèdobrodôšel; ADV ob nèprávem čásu
ungelernt nèizučèn; *Arbeiter*: nèkvalificíran
ungemein izréden
ungemütlich nèprijéten
ungenannt nèimenován
ungenau nètóčen, nènatánčen
ungenießbar nèužíten
ungenügend nèzadôsten
ungerade nèráven; MATH lìh
ungerecht nèpravíčen
ungern neràd
ungeschickt neróden
ungesetzlich nèzakonít
ungestört nèmóten
ungesund nèzdràv
ungewiss nègotòv
Ungewissheit F nègotóvost *f*
ungewöhnlich nènaváden
ungewohnt nèobičájen
Ungeziefer N mrčés
ungezogen poréden
ungezügelt nèbŕzdan
ungezwungen nèprisíljen
ungläubig nèvéren
unglaublich nèverjéten
ungleichmäßig nèenakoméren
Unglück N nesréča
unglücklich nesréčen
ungültig nèveljáven
ungünstig nèugóden; nènaklónjen
unhaltbar nèvzdŕžen
unhandlich nèpripráven, nèpraktičen
Unheil N zlò, nesréča
unheilbar nèozdravljív
unheimlich grozljív, srhljív
unhöflich nèvljúden
unhörbar nèslíšen

Uniform F unifórma
uninteressant nèzanimív, nèinteresánten
Union F uníja, združenje
universal univerzálen
Universität F univêrza
Universitäts- univerzitétni
Unkenntnis F nevédnost *f*; nèpoznávanje
unklar nèjásen
unklug nespámeten
Unkosten PL stróški *mpl*
Unkraut N plevél
unlängst pred krátkim, zádnjič
unleserlich nèčitljív
unliebsam nèljúb, nèprijéten
Unlust F nèrazpoložênje; odpòr
unmäßig nèzméren
Unmensch M *fig* zverína
unmenschlich nèčlovéški
unmerklich nèopázen
unmissverständlich jásen, nèdvoúmen
unmittelbar nèposréden; dirékten
unmöglich nèmogòč
unmündig mladoléten, nedoléten
Unmut M nejevólja
unnachgiebig nèpopustljív
unnatürlich nènaráven; (*gekünstelt*) izumetníčen
unnötig nèpotrében
unnütz nèkorísten; nèpotrében, odvêčen
unordentlich nèurejèn
Unordnung F neréd
unparteiisch nèpristránski
unpassend nèpriméren
unpraktisch nèpráktičen
unpünktlich nètóčen
unrasiert nèobrít
Unrat M nesnága
Unrecht N krivíca; **im ~ sein** ne iméti pràv; **zu ~** po krívem
unrechtmäßig nèzakonít, nèupravíčen
unregelmäßig nèpravílen; nèenakoméren
unreif nèzrèl
unrein nèčíst, umázan
Unruhe F nemír
unruhig nemíren
uns nàm (*D*); nàs (*A*); náma *dl* (*D*); náju *dl* (*A*)
unsauber nesnážen, umázan
unschädlich nèškodljív
unschätzbar nèprecenljív
unscheinbar nèopázen; nèpriváčen
unschlüssig nèodlóčen
Unschuld F nedólžnost *f*
unschuldig nedólžen
unser nàš; nájin *dl*
unsererseits kàr se nàs tíče
unseretwegen zarádi nàs
unsicher nègotòv; nèzanesljív
Unsicherheit F nègotóvost *f*
unsichtbar nèvíden
Unsinn M nèsmísel; neúmnost *f*
unsinnig nèsmíseln
unsittlich nènráven, nèmorálen
unsterblich nesmŕten
Unsterblichkeit F nesmŕtnost *f*
unstet nèstálen, nèstanovíten; (*unruhig*) nemíren
Unstimmigkeit F nèskládnost *f*; diskrepánca
unsympathisch nèsimpátičen

untätig nèdejáven
untauglich nèpriméren
unteilbar nèdeljív
unten spôdaj
unter pod *(A, I)*; med *(A, I)*
Unterarm M podláket
unterbelichtet premálo osvetljèn
Unterbewusstsein N pòdzavést *f*
unterbinden *fig* prepréčiti *pf*
unterbrechen prekíniti *pf*, pretŕgati *pf*
Unterbrechung F prekinítev *f*
unterbringen správiti *pf* (pod strého)
unterdrücken zatírati 〈zatréti〉; *Gefühle* potláčiti *pf*, zatajeváti
Unterdrückung F zatíranje
untere(r) spódnji
untereinander med sebój
Unterernährung F nèdohránjenost *f*, podhránjenost *f*
Unterführung F podvòz
Untergang M ASTRON zahòd, zatòn; *fig* propàd
Untergebene(r) M podrejêni
untergehen ASTRON zahájati 〈zaíti〉; SCHIFF 〈po〉toníti
untergeordnet podrejèn
Untergrund M podzémlje; POL ilegála
unterhalb ADV spôdaj; PRÄP pod *(I)*
Unterhalt M vzdrževánje; *(Zahlung)* preživnína
unterhalten vzdrževáti; *(zerstreuen)* zabávati (**sich** se); **sich ~ mit** pogovárjati se z
unterhaltend zabáven
Unterhaltung F vzdrževánje; *(Gespräch)* pogóvor; *(Zerstreuung)* zabáva, razvedrílo
Unterhemd N májica
Unterhose F spódnjice *fpl*
unterirdisch podzêmeljski
Unterkiefer M spódnja čeljúst *f*
Unterkunft F bivalíšče, stréha; prenočíšče
Unterlage F podlága; **~n** *pl* dokumênti *mpl*, dokumentácija
unterlassen opustíti *pf*, ne naredíti *pf (G)*
unterlegen podložíti *pf*, ADJ šibkéjši
Unterleib M trébuh
unterliegen dožíveti *pf* poràz, bíti podvŕžen
Untermieter M pòdnajémnik
unternehmen storíti *pf*, naredíti *pf*, délati; lotíti se *pf (G)*; *Reisen* íti *pf* na
Unternehmen N podjétje
Unternehmer M podjétnik
unternehmungslustig podjéten
Unteroffizier M pòdoficír, pòdčástnik
unterordnen podréjati 〈podredíti〉
Unterordnung F podréjanje, podredítev *f*
Unterricht M poúk
unterrichten poučeváti, učíti; *fig* informírati *(im)pf*, poučíti *pf*
Unterrock M spódnje krílo
unterschätzen podcenjeváti
unterscheiden razločeváti (**sich** se); ločeváti 〈ločíti〉
Unterschenkel M golén *f*

Unterschied M razlíka
unterschlagen *Brief* utajíti *pf*; *Geld* ponevériti *pf*
Unterschlagung F zatajítev *f*, prikrívanje; ponevérba
Unterschlupf M zavétje, pribežalíšče
unterschreiben podpisováti ⟨podpísati⟩
Unterschrift F podpís
Unterseeboot N podmórnica
untersetzt čokàt
unterste(r) spódnji
unterstehen bíti podrejèn; **sich ~** dŕzniti si *pf*
unterstellen postáviti *pf* pod strého; podréjati ⟨podredíti⟩; *j-m et.* podtíkati
unterstreichen podčŕtávati ⟨podčŕtati⟩
unterstützen podpírati ⟨podpréti⟩
Unterstützung F podpóra
untersuchen raziskováti ⟨raziskáti⟩; MED, JUR preiskováti ⟨preiskáti⟩
Untersuchung F raziskáva; MED preglèd; JUR preiskáva
Untersuchungshaft F preiskoválni zapòr
Untersuchungsrichter M preiskoválni sodník
Untertasse F króžniček
untertauchen potápljati ⟨potopíti⟩ se; *fig* izgíniti *pf*, skríti se *pf*
Unterwäsche F spódnje perílo
unterwegs spótoma, med pótjo; **~ sein** bíti na póti
unterweisen učíti, inštruírati (*im*)*pf*; dajáti ⟨dáti⟩ napótke
Unterwelt F podzémlje
unterwerfen podvréči *pf* (**sich** se); podjármiti *pf*
unterwürfig klečeplázen
unterziehen obléči *pf* spôdaj; **sich ~** *Untersuchungen*: podvréči se *pf*
Unterzucker M: *umg* **~ haben** iméti nízek kŕvni sládkor
untrennbar nèločljív
untreu nezvést
Untreue F nèzvestôba; JUR ponevérba
unüberlegt nèpremíšljen
unübersichtlich nèpregléden
unüberwindlich nèpremagljív; *Schwierigkeit*: nèpremostljív
unumstritten nèdvómen, nèspóren
unumwunden ADV odkríto, narávnost
ununterbrochen nèprekínjen, nèpretŕgan
unveränderlich nèspremenljív
unverändert nèspremenjèn
unverantwortlich nèodgovóren
unverbesserlich nèpoboljšljív
unverbindlich nèobvézen
unverdaulich nèprebavljív
unvereinbar nèzdružljív
unverfälscht nèpopáčen
unverfroren nesrámen, predŕzen
unvergänglich nèminljív
unvergesslich nèpozáben
unvergleichlich ênkraten
unverheiratet nèporočèn

unverhofft nèpričakován
unverkennbar očíten
unvermeidlich nèizogíben
Unvermögen N nèzmóžnost *f*, nèsposóbnost *f*
unvermutet nèpričakován
unvernünftig nespámeten
unverschämt nesrámen
unverschuldet nèzadolžèn; *Unfall*: brez lástne krívde
unverständlich nèrazumljív
unverwüstlich nèuničljív
unverzeihlich nèodpustljív
unverzichtbar nèobhódno potrében
unverzüglich ADV nemúdoma, takój
unvollkommen nèpopóln
unvollständig nèpopóln
unvorbereitet nèpriprávljen
unvoreingenommen brez predsódkov; nèpristránski, objektíven
unvorsichtig nèprevíden
unwahr nèresníčen
Unwahrheit F nèresníca; nèresníčnost *f*
unwahrscheinlich nèverjéten
unwegsam nèprehóden
unwesentlich nèbístven
Unwetter N neúrje
unwichtig nèpomémben
unwillkürlich ADV nèhoté, spontáno
unwirklich nèdejánski; nèreálen
unwirksam nèučinkovít; JUR nèveljáven
unwissend nevéden
Unwissenheit F nevédnost *f*
unwohl slabó, nèlagódno
unwürdig nèvréden
unzählig neštét
unzerbrechlich nèzlomljív
unzertrennlich nèrazdružljív
Unzucht F spôlna zlorába; JUR nečistovánje
unzufrieden nèzadovóljen
unzugänglich nèdostópen
unzulässig nèdopústen
unzusammenhängend nèpovézan
unzuverlässig nèzanesljív
unzweckmäßig nèpriméren
unzweifelhaft nèdvómen
üppig bohôten, bújen, obílen
uralt prástàr
Uraufführung F práizvédba
urbar: **~ machen** obdélati *pf*, izkŕčiti *pf*
Urgroßmutter F prábábica
Urgroßvater M prádéd
Urheber M ávtor; povzročítelj
Urin M séč, urín
Urkunde F lístina, dokumènt
Urlaub M dopúst
Urlauber M dopústnik
Urlauberin F dopústnica
Urlaubsreise F počítniško potovánje
Urne F žára
Ursache F vzròk; **keine ~!** ni za kàj!
Ursprung M izvòr; *fig* začétek
ursprünglich prvôten; prvobíten; ADV prvôtno
Urteil N sôdba; presója; **sich ein ~ bilden über** ustváriti si mnênje o
urteilen sodíti; JUR razsójati ⟨razsodíti⟩

Urteilsspruch M izrèk sôdbe
Urwald M prágòzd
USB-Stick M USB-ključ
Utensilien PL utenzilije *fpl*, potrébščine *fpl*
utopisch utópičen
UV-Strahlen PL UV-žárki *mpl*

V

Vanille F vanílja
Varieté N varieté *m*
Vase F váza
Vater M ôče
Vaterland N domovína
väterlich očétovski
Vaterschaft F očétovstvo
Vaterunser N očenàš
vegan vegánski; **~es Gericht** vegánska jéd
Veganer M vegán
Veganerin F vegánka
Vegetarier M vegetarijánec
Vegetarierin F vegetarijánka
vegetarisch vegetarijánski
Veilchen N vijólica
Vene F véna
Ventil N ventíl
verabreden dogovoríti se *pf*; **sich ~** zmeníti se *pf*
Verabredung F dogóvor; (*Treffen*) zmének
verabscheuen čutíti gnús; ne márati
verabschieden *Gesetz* sprejéti *pf*; **sich ~** poslávljati ⟨posloviti⟩ se
verachten zaničeváti
verächtlich zaničljív, prezirljív
Verachtung F zaničevánje
verallgemeinern posploševáti ⟨posplôšiti⟩
veraltet zastarèl, zastáran
veränderlich spremenljív
verändern spremínjati ⟨spreméniti⟩ (**sich** se); preoblikováti *pf*
Veränderung F sprememba
Veranlagung F predispozícija; nágnjenje; nadárjenost *f*
veranlassen poskrbéti *pf* za; sprožíti *pf*
Veranlassung F vzròk, povòd
veranschaulichen ponazárjati ⟨ponazoríti⟩
veranstalten prirejati ⟨priredíti⟩
Veranstaltung F priredítev *f*
verantworten zagovárjati (**sich** se)
verantwortlich odgovóren
Verantwortung F odgovórnost *f*; **zur ~ ziehen** klícati na odgovórnost
verarbeiten predelováti ⟨predélati⟩ (**zu** v)
Verb N glágol
Verband M zdrúženje; MED obvéza, prevéza
Verband(s)zeug M obvezíla *npl*
verbannen pregnáti *pf*, izgnáti *pf*
verbergen skrívati ⟨skríti⟩ (**sich** se)
verbessern izboljševáti ⟨izbóljšati⟩ (**sich** se)
Verbesserung F izbóljšanje;

poprávek
verbeugen: **sich** ~ prikloníti se *pf*
Verbeugung F priklòn
verbiegen ⟨u⟩kriviti (**sich** se)
verbieten prepovedováti ⟨prepovédati⟩
verbinden povezováti ⟨povézati⟩ (**sich** se); MED obvézati *pf*; *fig* združeváti ⟨združíti⟩
verbindlich obvezujóč
Verbindung F zvéza; povezáva; (*Kontakt*) stíki *mpl*; CHEM spojína
verblassen pobledéti *pf*, obledéti *pf*
verblüffen osúpniti *pf*; zmêsti *pf*
verblüfft osúpel, presenéčen
verblühen odcvetéti *pf*
verblüht odcvèl, odcvetèn
verbluten izkrvavéti *pf*
verborgen ADJ skrít, prikrít, zakrít
Verbot N prepóved *f*
verboten prepovédan
Verbrauch M porába, potróšnja
verbrauchen porabíti *pf*, trošíti
Verbraucher M potróšnik; porábnik
Verbrechen N zločín, hudodélstvo
Verbrecher M zločínec, hudodélec
verbrecherisch zločínski
verbreiten šíriti (**sich** se), razšírjati
Verbreitung F šírjenje, razšírjanje; razšírjenost *f*
verbrennen VI zgorévati ⟨zgoréti⟩; GASTR zasmodíti se *pf*; VT sežígati ⟨sežgáti⟩; **sich** ~ opêči se *pf*
Verbrennung F zgorévanje; sežíganje; MED opeklína
verbringen prežívljati ⟨prežíveti⟩
verbrühen popáriti *pf* (**sich** se)
Verbündete(r) M zavéznik
verbürgen zagotávljati ⟨zagotovíti⟩; **sich** ~ **für** dáti *pf* poróštvo
verbüßen prestájati
Verdacht M súm
verdächtig sumljív
verdächtigen súmiti
verdammen obsójati ⟨obsodíti⟩; REL prekléti *pf*
verdammt preklét
verdanken dolgováti zahválo za; *fig* dolgováti
verdauen prebávljati ⟨prebáviti⟩
Verdauung F prebáva
Verdeck N AUTO (zložljíva) stréha
verdecken zakrívati ⟨zakríti⟩
verderben ⟨po⟩kváriti (*v/i* se)
verderblich pokvarljív; *fig* pogúben, kváren
verdienen zaslužíti *pf*
Verdienst[1] M zaslúžek
Verdienst[2] N zaslúga
verdient zaslúžen
verdoppeln podvojíti *pf* (**sich** se)
verdrängen izpodrívati ⟨izpodríniti⟩
verdrehen obráčati ⟨obrníti⟩; *Augen* zavíjati

Verdruss M jéza; težáve *fpl*
verdunkeln zatemníti *pf*
verdünnen razrédčiti *pf*
verdunsten izhlapévati ⟨izhlapéti⟩
verdursten umréti *pf* od žéje
verdutzt zaprepáden, osúpel
verehren častíti; občudováti; oboževáti; **verehrter Herr** spoštováni gospód
Verehrung F čaščênje; REL češčênje
vereidigen zapriséči *pf*
Verein M drúštvo
vereinbaren dogovoríti se *pf*
Vereinbarung F dogóvor
vereinfachen poenostávljati ⟨poenostáviti⟩
vereinigen združeváti ⟨združíti⟩ (**sich** se)
Vereinigung F zdrúženje; združítev *f*
vereist zaledenèl, poledenèl
vereitert zagnojèn
verengen zoževáti ⟨zóžiti⟩ (**sich** se)
vererben zapustíti *pf*
vererblich podedljív; déden
Vererbung F dedovánje, dédnost *f*
verfahren ravnáti; postópati; **sich ~** zaíti *pf*
Verfahren N postópek
Verfall M propàd; razpádanje; JUR zapádlost *f*
verfallen propádati ⟨propásti⟩; *Karten*: zapásti *pf*
verfassen napísati *pf*
Verfasser M písec, ávtor
Verfassung F stánje; kondícija; POL ustáva
verfaulen ⟨z⟩gníti
verfehlen zgrešíti
verfeinden: **sich ~ mit** spréti *pf* se z
verfilmen posnéti *pf*, narediti *pf* film po
verfluchen preklínjati ⟨prekléti⟩
verfolgen zasledováti; pregánjati; *Geschehen* sledíti
Verfolger M zasledoválec; preganjálec
Verfolgte(r) M pregánjanec
Verfolgung F zasledovánje; pregánjanje
verfrüht prezgódnji
verfügen odredíti *pf*; **~ über** razpolágati z
Verfügung F razpolága; JUR odrédba, odlóčba
verführen zapeljeváti ⟨zapeljáti⟩
verführerisch zapeljív
Verführung F zapeljevánje
vergangen pretêkli
Vergangenheit F pretêklost *f*
Vergaser M uplinjáč
vergeben oddájati ⟨oddáti⟩; *Preis* podeljeváti ⟨podelíti⟩; (*verzeihen*) odpúščati ⟨odpustíti⟩
vergebens zamàn
vergehen minévati ⟨miníti⟩
Vergehen N JUR prestópek, delíkt
Vergeltung F povračílo, povrnítev *f*
vergessen pozábljati ⟨pozabíti⟩; **sich ~** spozabíti se *pf*
vergesslich pozabljív
vergeuden zaprávljati ⟨zapra-

viti⟩
vergewaltigen posiljeváti ⟨posíliti⟩
Vergewaltigung F posílstvo
vergewissern: **sich ~** prepríčati se *pf*
vergießen polívati ⟨políti⟩; *Tränen* prelívati ⟨prelíti⟩
vergiften zastrupíti *pf*
Vergiftung F zastrupítev *f*
vergilbt porumenèl
Vergissmeinnicht N spomínčica
verglasen zasteklíti *pf*
Vergleich M primerjáva; JUR poravnáva
vergleichen primérjati
vergnügen: **sich ~** zabávati se
Vergnügen N zabáva; vesêlje; **mit ~!** z vesêljem!
vergnügt dôbre vólje
Vergnügungspark M zabavíšče
vergolden ⟨po⟩zlatíti
vergraben zakopávati ⟨zakopáti⟩
vergriffen razprodán
vergrößern povečeváti ⟨povéčati⟩ (**sich** se)
Vergrößerung F povéčanje; FOTO povečáva
Vergünstigung F ugódnost *f*; popúst
vergüten povrníti *pf* (stróške)
Vergütung F nadomestílo, plačílo, povračílo (stróškov)
verhaften prijéti *pf*, aretírati (*im*)*pf*
Verhaftete(r) M aretíranec
Verhaftung F aretácija
verhalten: **sich ~** vêsti se, obnášati se; ADJ zadržán
Verhalten N vedênje, obnášanje
Verhältnis N razmérje; (*Beziehung*) odnòs; **ein ~ haben** iméti razmérje; **im ~ zu** v razmérju do
verhältnismäßig sòrazméren; ADV razméroma
verhandeln pogájati se (**über** o)
Verhandlung F pogájanje; JUR obravnáva, razpráva
Verhängnis N usóda, pogúba; **zum ~ werden** bíti usóden
verhängnisvoll usóden, pogúben
verharren vztrájati; ostáti *pf*
verhasst osovrážen
verheerend uničujóč; usóden; obúpen
verheimlichen prikrívati
verheiratet poróčen
verherrlichen poveličeváti ⟨povelíčati⟩
verhindern preprečeváti ⟨prepréčiti⟩
verhindert zadržán
verhöhnen zasmehováti, rógati se (*D*)
Verhör N zaslišēvánje
verhören zasliševáti ⟨zaslíšati⟩; **sich ~** napáčno slíšati
verhüllen zagrínjati ⟨zagrníti⟩; prikríti *pf*
verhungern umréti *pf* od lákote
verhüten preprečeváti ⟨prepréčiti⟩
Verhütungsmittel N MED kontracépcijsko srédstvo

verirren: **sich ~** zaíti *pf*
verjagen pregnáti *pf*
Verkauf M prodája
verkaufen prodájati ⟨prodáti⟩
Verkäufer M prodajálec
Verkäuferin F prodajálka
verkäuflich naprodaj
Verkehr M promèt; (*Geschlechtsverkehr*) občevánje
verkehren vozíti; *geschlechtlich*: občeváti; **~ mit** družíti se z
Verkehrsampel F semafór
Verkehrsbehinderung F ovíranje prométa; ovíran promèt
Verkehrsmittel N prométno srédstvo
Verkehrspolizei F prométna policíja
Verkehrsunfall M prométna nesréča
Verkehrszeichen N prométni znák
verkehrt obŕnjen; ADV narôbe
verkennen ne spoznáti *pf* (*G*), narôbe oceníti *pf*
verklagen tožíti (**auf** za); **~ bei** zatožíti *pf* (*D*)
verkleiden: **sich ~** preobléči se *pf*
verkleinern zmanjševáti ⟨zmánjšati⟩
verknüpfen povezováti ⟨povézati⟩
verkommen propádati ⟨propásti⟩; ADJ propádel
verkörpern utelešati
verkriechen: **sich ~** zalésti se *pf*
verkrüppelt pohábljen
verkümmern ⟨za⟩krnéti; *Pflanze*: hírati
verkünden razglášati ⟨razglasíti⟩, oznánjati ⟨oznaníti⟩
verkürzen skrajševáti ⟨skrájšati⟩
verladen natovárjati ⟨natovóriti⟩
Verlag M založba
verlangen zahtévati; térjati; **~ nach** želéti si (*G*); **~ nach j-m** zahtévati kóga
Verlangen N môčna žêlja; poželênje; (*Sehnsucht*) hrepenênje
verlängern podaljševáti ⟨podáljšati⟩
Verlängerung F podáljšek; podáljšanje
verlangsamen upočasnjeváti ⟨upočasníti⟩
verlassen zapúščati ⟨zapustíti⟩; **sich ~ auf** zanášati ⟨zanêsti⟩ se na; ADJ zapuščèn
verlässlich zanesljív
Verlauf M potèk
verlaufen potékati ⟨potêči⟩; **sich ~** zgubíti se *pf*
verlegen *Rohre* polágati ⟨položíti⟩; (*nicht finden*) založíti *pf*; *Termin* preložíti *pf*; ADJ v zadrégi
Verlegenheit F zadréga
Verleger M založník
Verleih M izposojeválnica
verleihen izposójati ⟨izposodíti⟩; *Orden* podeljeváti ⟨podelíti⟩
Verleihung F izposójanje, izposojevánje; podelítev *f*
verleiten zapeljeváti ⟨zapeljáti⟩; napeljeváti (na)
verlernen pozabíti *pf*

verletzen poškodováti *pf*, raníti *pf*; *seelisch*: prizadéti *pf*, ⟨u⟩žalíti
verletzend žaljív
Verletzte(r) M ránjenec
Verletzung F poškódba, rána; *von Gesetzen*: kršítev *f*
verleugnen ⟨za⟩tajíti
verleumden obrekováti
verlieben: **sich ~** zaljubíti se *pf*
verliebt zaljúbljen
verlieren izgúbljati ⟨izgubíti⟩
verloben: **sich ~** zaročíti se *pf* (**mit** z)
verlobt zaročèn
Verlobte F zaročênka
Verlobte(r) M zaročênec
Verlobung F zaróka
verlogen zlagán
verloren ADJ izgubljèn; **~ gehen** izgúbljati ⟨izgubíti⟩ se
verlöschen ugasíti *pf*; V/I ugásniti *pf*
verlosen ⟨iz⟩žrébati
Verlosung F žrébanje
Verlust M izgúba
vermachen zapustíti *pf*; JUR volíti *pf*
Vermächtnis N JUR volílo
vermehren povečeváti ⟨povéčati⟩ (**sich** se)
vermeiden izogíbati ⟨izogníti⟩ se (*D*); preprečeváti ⟨preprečiti⟩
Vermerk M pripómba
vermessen ⟨iz⟩mériti; ADJ dŕzen
vermieten dajáti ⟨dáti⟩ v najèm
Vermieter M najemodajálec
vermischen ⟨z⟩méšati
vermissen pogréšati
vermisst pogréšan
Vermisste(r) M pogréšanec
vermitteln posredováti (*im*)*pf*
Vermittler M posrédnik
Vermittlung F posredovánje
Vermögen N premožênje
vermögend premóžen
vermuten domnévati
vermutlich ADV verjétno
Vermutung F domnéva
vernachlässigen zanemárjati ⟨zanemáriti⟩
Vernachlässigung F zanemárjanje
vernehmen slíšati (*im*)*pf*; JUR zasliševáti
vernichten uničeváti ⟨uníčiti⟩
Vernichtung F uníčenje, uničevánje
Vernunft F pámet *f*
vernünftig pámeten, razúmen
veröffentlichen objávljati ⟨objáviti⟩, publicírati (*im*)*pf*
Veröffentlichung F objáva, publikácija
verordnen odredíti *pf*; MED zapisováti ⟨zapísati⟩
Verordnung F JUR odrédba, odlòk; MED predpís zdravíla
verpachten dajáti ⟨dáti⟩ v zakúp (**an** *D*)
verpacken zavíjati ⟨zavíti⟩; pakírati
Verpackung F zavòj; pakíranje
verpassen zamújati ⟨zamudíti⟩
verpfänden zastávljati ⟨zastáviti⟩
verpflanzen presájati ⟨presa-

díti⟩
verpflegen oskrbováti
Verpflegung F oskŕba; proviánt
verpflichten obvézati *pf* (**sich** se), zavézati *pf* (**sich** se)
Verpflichtung F dolžnóst *f*, obvéznost *f*
Verrat M izdája, izdájstvo
verraten izdájati ⟨izdáti⟩
Verräter M izdajálec
verräterisch izdajálski
verrechnen obračunávati ⟨obračúnati⟩; **sich** ~ zmotíti se *pf* (pri računanju)
verreisen íti (*im*)*pf* na potovánje
verrenken izpahníti *pf* (**sich** se)
verringern zmanjševáti ⟨zmánjšati⟩; znížati *pf*
verrosten ⟨za⟩rjavéti
verrückt nòr (**nach** na, **vor** zarádi)
verrufen ADJ razvpít; na slábem glásu
Vers M vêrz, vrstíca
versagen odpovédati *pf*
Versager M nèsposóbnež
versammeln zbírati ⟨zbráti⟩ (**sich** se)
Versammlung F zbòr, shòd, zborovánje, sestánek
Versand M odpréma, odpráva, ekspedít
Versandhaus N razpošiljálna trgóvska híša
versäumen zamújati ⟨zamudíti⟩
verschaffen priskrbéti *pf* (**sich** si); **sich** ~ *Respekt* dosêči *pf*
verschärfen zaostrováti ⟨zaostríti⟩
verschenken razdájati ⟨razdáti⟩
verscheuchen odpodíti *pf*
verschieben premíkati ⟨premakníti⟩ (**sich** se)
verschieden razlíčen
verschiedenartig raznovŕsten
Verschiedenheit F razlíčnost *f*
verschimmeln splesnéti *pf*
verschlafen zaspáti *pf*; prespáti *pf*; ADJ zaspán
Verschlag M ográda
verschlechtern poslabševáti ⟨poslábšati⟩ (**sich** se)
Verschlechterung F poslábšanje
verschleiern prekrívati ⟨prekríti⟩ (**sich** se); *fig* zamegljeváti, prikrívati
Verschleiß M obrába
verschleppen odpeljáti *pf*, odnêsti *pf*
verschließen zapírati ⟨zapréti⟩; zaklépati ⟨zakleníti⟩
verschlimmern poslabševáti ⟨poslábšati⟩ (**sich** se)
verschlingen zaplétati ⟨zaplêsti⟩; (*verschlucken*) požírati ⟨požréti⟩, pogóltniti *pf*
verschlossen zapŕt; *Mensch*: nèdostópen
verschlucken pogóltniti *pf*, požréti *pf*
Verschluss M zapirálo, zapírka, zapóra
verschmähen zavráčati ⟨zavrníti⟩
verschmelzen stopíti *pf*; VI

zlívati ‹zlíti› se; spojíti se *pf*
verschmutzt zamázan; *Luft*: onesnážen
verschnaufen oddahníti se *pf*
verschneit zasnežèn
verschnupft prehlajèn, nahóden
verschollen pogréšan
verschonen prizanášati ‹prizanêsti› (*D*)
verschönern olepševáti ‹olépšati›
verschreiben MED zapísati *pf*; **sich ~** zmotíti se *pf* (pri pisánju)
verschulden zakriviti *pf*
verschuldet zadolžèn
verschütten razlívati ‹razlíti›; zasúti *pf*
verschweigen zamolčáti *pf*
verschwenden zaprávljati ‹zapráviti›, trošíti
verschwenderisch razsípen, zapravljív
Verschwendung F zaprávljanje; JUR razsípnost *f*
verschwiegen molčéč
Verschwiegenheit F molčéčnost *f*
verschwinden izginévati ‹izginiti›
verschwommen nèjásen, zabrísan
verschwören: **sich ~** zarotíti se *pf*
Verschwörer M zarótnik
Verschwörung F zaróta
versehen *Dienst* oprávljati; *Haushalt* skrbéti; **~ mit** *adj* preskrbljèn z
Versehen N pomóta
versenden razpošíljati ‹razposláti›
versenken pogrézati ‹pogrézniti› (**sich** se); spúščati ‹spustíti›; V/I potoníti *pf*
versetzen prestávljati ‹prestáviti›; premestíti *pf*; *Pflanzen* presájati ‹presadíti›; *Schlag* udáriti *pf*; **sich ~ in** vžívljati ‹vživéti› se v
verseucht okúžen; zastrupljèn, onesnážen; kontaminíran
versichern zagotávljati ‹zagotovíti›; *Werte* zavarováti *pf*
Versicherung F zavarovánje
Versicherungsanstalt F zavaroválnica
Versicherungsfall M: **im ~** v priméru zavarovánja
Versicherungspolice F, **Versicherungsschein** M zavaroválna políca
versiegeln zapréti *pf*; zapečátiti *pf*; *Fußboden* lakírati (*im*)*pf*
versiegen usíhati ‹usahníti›
versiert izkúšen, izúrjen
versilbern posrebríti *pf*
versinken potoníti *pf*, pogrézati se
versöhnen: **sich ~** správiti se *pf*
versöhnlich spravljív
Versöhnung F správа, pomirítev *f*
versorgen oskrbováti ‹oskrbéti›; prežívljati
Versorgung F preskŕba, oskŕba; TECH oskrbovánje
verspäten: **sich ~** zamudíti *pf*
Verspätung F zamúda, zakasnítev *f*
versperren zapírati ‹zapréti›;

blokírati (*im*)*pf*
verspielen zaigráti *pf*
verspotten norčeváti se, zasmehováti
versprechen obljúbljati ⟨obljubíti⟩; **sich ~** (*erwarten*) obétati si
Versprechen N obljúba
verstaatlichen podržávljati ⟨podržáviti⟩
Verstaatlichung F podržávljenje
Verstand M razúm
verständig razúmen, pámeten
verständigen obvestíti *pf*, infomírati (*im*)*pf*; **sich ~** sporazumévati ⟨sporazuméti⟩ se
Verständigung F komunikácija, sporazumévanje
verständlich razumljív
Verständnis N razumévanje
verstärken okrepíti *pf*; ojačeváti ⟨ojáčiti⟩
Verstärker M ojačeválnik
Verstärkung F ojačevánje, ojačítev *f*; okrepítev *f*
verstauchen zvíniti *pf*
Verstauchung F zvín
verstauen správiti *pf*
Versteck N skrivalíšče
verstecken skrívati ⟨skríti⟩ (**sich** se)
verstehen razuméti (*im*)*pf*
Versteigerung F dražba, ávkcija
versteinert okamenèl
verstellen prestávljati ⟨prestáviti⟩; *Weg* zastáviti *pf*, zapírati ⟨zapréti⟩; **sich ~** pretvárjati se
versteuern plačeváti ⟨pláčati⟩ dávek
verstimmt zlovóljen, nèrazpoložèn; *Magen*: razdrážen; *Instrument*: razglašèn
verstohlen ADV na skrivàj
verstopfen ⟨za⟩mašíti
Verstopfung F MED zapŕtje, zapéka
verstorben rájni, pokójni
verstört zméden
Verstoß M kršítev *f*; prekŕšek
verstoßen izóbčiti *pf*, zavréči *pf*; **~ gegen** kŕšiti (*A*)
verstümmeln pohábiti *pf*, izmalíčiti *pf*
verstummen utíhniti *pf*
Versuch M poskús
versuchen poskúšati ⟨poskúsiti⟩
Versuchung F skušnjáva
vertagen odložíti *pf*
vertauschen zaménjati *pf*
verteidigen braníti (**sich** se); JUR zagovárjati (**sich** se)
Verteidiger M JUR zagovórnik; SPORT branílec
Verteidigung F obrámba; JUR zagóvor
verteilen delíti, razdeljeváti ⟨razdelíti⟩
vertiefen poglábljati ⟨poglobíti⟩ (**sich** se)
Vertiefung F poglábljanje, poglobítev *f*; vdolbína; kotánja; GEOG globél *f*
Vertrag M pogódba
vertragen prenášati ⟨prenêsti⟩; **sich ~ mit** razuméti se z; **sich wieder ~ mit** pobótati se *pf* z
vertraglich pogódben
verträglich *Speise*: láhek

vertrauen zaúpati *(im)pf* (**auf** v)
Vertrauen N zaúpanje
vertraulich zaúpen; ADV zaúpno
vertraut (dôbro) znàn, poznàn
vertreiben pregánjati ⟨pregnáti⟩; *(verkaufen)* prodájati
vertreten zastópati; *Standpunkt* zagovárjati
Vertreter M zastópnik; predstávnik
Vertretung F zastópstvo; predstávništvo
Vertrieb M prodája; distribúcija
vertrocknen posušíti se *pf*
verunglücken ponesréčiti se *pf*
verunreinigen onesnaževáti ⟨onesnážiti⟩
veruntreuen ponevérjati ⟨ponevériti⟩
verursachen povzróčati ⟨povzročiti⟩
verurteilen obsójati ⟨obsodíti⟩
Verurteilung F obsójanje; JUR obsôdba
vervielfältigen razmnoževáti ⟨razmnožíti⟩
vervollkommnen izpopolnjeváti ⟨izpopolníti⟩ (**sich** se)
vervollständigen dopolnjeváti ⟨dopolníti⟩
verwählen: **sich ~** klícati *pf* napáčno števílko
verwahrlost zanemárjen
verwaist osirotèl; *Haus*: prázen, zapuščèn
verwalten uprávljati
Verwalter M uprávnik, upravítelj
Verwaltung F uprava; uprávljanje
verwandeln spremínjati ⟨spremeníti⟩
Verwandlung F preobrázba, sprémémba
verwandt soróden; **~ mit** v soródu z
Verwandte(r) M soródnik
Verwandtschaft F soródstvo
verwandtschaftlich soródniški, soródstveni
Verwarnung F JUR, SPORT opomín
verwechseln zaménjati *pf*; *Namen* pomēšati *pf*
verwegen dŕzen
verweigern odklánjati ⟨odkloníti⟩; zavráčati ⟨zavrníti⟩; odréči *pf*
Verweis M grája; JUR ukòr
verweisen grájati; **~ auf** opozárjati ⟨opozoríti⟩ na
verwelken ⟨o⟩venéti
verwenden uporábljati ⟨uporabíti⟩
Verwendung F uporába
verwerflich nizkòten
verwerten uporábljati ⟨uporabíti⟩; *Abfälle* reciklírati *(im)pf*
Verwertung F uporába; reciklíranje
verwickeln zaplêsti *pf* (**sich** se)
verwirklichen udejánjati ⟨udejánjiti⟩ (**sich** se); *Wünsche* izpolníti *pf*, uresníčiti *pf* (**sich** se)
Verwirklichung F udejánjenje; izpolnítev *f*, uresničítev *f*

verwirren *fig* zmêsti *pf*
verwirrt zméden
Verwirrung F zméda, zmešnjáva
verwischen zabrísati *pf*
verwitwet ovdovèl
verwöhnt razvájen
verworren zméden; *Lage*: zapletèn
verwunden raníti *pf*
verwundert začúden
Verwunderung F začúdenje
verwundet ránjen
verwüsten opustóšiti *pf*
Verwüstung F opustóšenje
verzählen: **sich ~** uštéti se *pf*
verzehren použíti *pf*, pojésti *pf*
Verzeichnis N seznàm; *Buch*: kazálo
verzeihen odpúščati ⟨odpustíti⟩; **~ Sie!** oprostíte!
Verzeihung F odpuščánje; **~!** oprostíte!
Verzicht M odpóved *f*; odstòp
verzichten: **~ auf** odpovédati se *pf* (*D*)
verzieren ⟨o⟩krasíti
Verzierung F okrásek; okràs
Verzinsung F obrestovánje
verzögern zavléči ⟨zavlačeváti⟩
verzollen ⟨o⟩caríniti
verzweifeln obupávati ⟨obúpati⟩
verzweifelt obúpan
Verzweiflung F obúp
Vetter M brátranec
Vieh N živína
Viehzucht F živinoréja
viel velíko, mnógo
vielfach večkráten
vielleicht mordà, mogóče
vielmals mnógokrat
vielmehr màrveč
vielsagend zgovóren; pomenljív
vielseitig vsestránski
vier štíri
Vier F štiríca
Viereck N četverokótnik, štírikótnik
viereckig četverokóten
vierfach štírikraten
viermal štírikrat
Viertel N četrtína; četŕt *f*
Vierteljahr N četrtlétje
Viertelstunde F četŕt *f* úre
Vignette F *Autobahnmaut*: vinjéta
Villa F víla
violett vijóličast
Violine F violína
Virus N/M vírus
Visitenkarte F vizítka
Visum N vízum
Vitamin N vitamín
Vogel M ptíca, ptìč
Vogelscheuche F ptíčje strašílo
Vokabel F beséda
Volk N ljúdstvo, národ
Völkerkunde F etnologíja
Völkerrecht N mednárodno právo
Volksfest N ljúdska veselíca
Volkshochschule F ljúdska univêrza; délavska univêrza
Volksmusik F ljúdska glásba
Volksschule F *österr* osnóvna šóla
Volkstanz M národni plés
volkstümlich poljúden

Volkswirtschaft F národno gospodárstvo
voll póln; cél, vès
Vollbart M (pólna) bráda
vollbringen opráviti *pf*, naredíti *pf*
vollenden dokončáti *pf*, dovršíti *pf*; *Lebensjahr* dopolníti *pf*
vollends popólnoma, povsèm
Vollendung F popólnost *f*
völlig ADV popólnoma, čísto, docéla
volljährig polnoléten
Volljährigkeit F polnolétnost *f*
vollkommen ADJ popóln; ADV popólnoma, povsèm
Vollkornbrot N polnozŕnati krúh
Vollmacht F polnomóčje; JUR pooblastílo
Vollmond M pólna lúna, ščíp
Vollpension F pólni penzión
vollständig popóln, kompléten
vollstrecken izvrševáti ⟨izvršíti⟩
volltanken (do pólnega) natánkati
vollzählig polnoštevílen
vollziehen izvrševáti ⟨izvršíti⟩; storíti *pf*
Volumen N prostornína, volúmen
von od (*G*); s, z (*I, G*); o (*L*); **~ Beruf** po poklícu; **die Einwohner ~ München** prebiválci Münchna
vor pred (*A, I*); **~ Kurzem** pred krátkim; **~ allem** predvsèm
Vorabend M večér pred, večér préj; **am ~** préjšnji večér
Vorahnung F slútnja
voran sprédaj, napréj
Voranmeldung F najáva
voraus napréj; **im Voraus** vnapréj
voraussagen napovedováti ⟨napovédati⟩
voraussehen predvidévati ⟨predvídeti⟩; vídeti (*im*)*pf* vnapréj
voraussetzen domnévati; iméti za pogòj
Voraussetzung F predpostávka
voraussichtlich verjéten; ADV predvídoma
vorauszahlen pláčati *pf* vnapréj
Vorbehalt M pridŕžek
vorbei mímo; **aus und ~** za zméraj pròč
vorbeifahren peljáti se mímo
vorbeigehen íti (*im*)*pf* mímo (**an** *G*); *Schmerzen*: miníti *pf*
vorbeilassen pustíti *pf* mímo
vorbereiten priprávljati ⟨pripráviti⟩
Vorbereitung F priprava, priprávljanje
vorbestellen rezervírati (*im*)*pf*
Vorbestellung F rezervácija
vorbeugen *fig* preprečeváti ⟨preprečíti⟩
vorbeugend preventíven
Vorbild N zglèd; vzòr
vorbildlich zgléden, vzóren
Vorder- (s)prédnji
Vorderachse F sprédnja préma
Vordergrund M osprédje

Vorderrad N sprédnje koló
Vorderseite F sprédnja strán *f*
Vordruck M obrázec, formulár
voreilig prenágljen
voreinander drúg pred drúgim
voreingenommen pristránski; ~ **sein** iméti predsódke
vorenthalten krátiti; zamolčáti *pf*
vorfahren pripeljáti se *pf* pred
Vorfall M pripetljáj, dogódek
vorführen razkazováti, predvájati; *Modelle* predstáviti *pf*
Vorführung F predstavítev *f*, demonstrácija
Vorgang M dogájanje; postópek, procés
Vorgänger M predhódnik
vorgehen íti (*im*)*pf* naprej; (*wichtiger sein*) iméti prédnost; ~ **gegen** ukrépati próti
vorgerückt *Alter*: visòk; *Stunde*: pôzen
Vorgesetzte(r) M predstójnik, šéf
vorgestern predvčérajšnjim
vorhaben nameráváti, načrtováti
Vorhaben N načŕt, projékt
vorhanden obstojèč; ~ **sein** obstájati, bíti prisôten
Vorhang M zavésa, zástor
Vorhängeschloss N žábica
vorher préj, popréj
vorherrschen prevladováti
Vorhersage F napóved *f*, napovedovánje
vorhersagen napovedováti ⟨napovédati⟩
vorhersehbar predvidljív
vorhin pràvkar, pred krátkim
vorig préjšnji
Vorjahr N préjšnje léto
Vorkenntnisse FPL predznánje
vorkommen dogájati ⟨dogodíti⟩ se; (*vorhanden sein*) nahájati se, bíti; **bekannt** ~ zdéti se znàn
Vorkommen N BERGB nahajalíšče
Vorkriegs- predvôjni
Vorladung F JUR pozív, pozívnica
vorläufig začásen; ADV zaênkrat
vorlegen položíti *pf* pred; *Ausweis* predložíti *pf*
vorlesen bráti, prebráti *pf*
Vorlesung F predávanje
vorletzte(r) predzádnji
Vorliebe F posébna ljubézen *f* (**für** do)
vormerken notírati (*im*)*pf*, zapísati *pf* (si)
vormittag dopóldne
Vormittag M dopóldan; **am** ~ dopóldne
vormittags dopóldne; ob dopoldnévih
Vormund M váruh; JUR skrbník
vorn sprédaj; **nach** ~ napréj
Vorname M (kŕstno) imé
vornehm imeníten, odlíčen; elegánten
vornehmen: **sich** ~ nameníti se *pf*, skleníti *pf*
vornherein: **von** ~ vnapréj, od vséga začétka
Vorort M predméstje
Vorrat M zalóga
vorrätig na zalógi

Vorrecht N prédnostna pravíca
Vorreiter M začétnik, pionír
Vorrichtung F naprava, priprava
vorrücken pomakníti *pf* napréj (*v/i* se)
vorsätzlich naméren; JUR naklépen
Vorschein M: **zum ~ kommen** príti *pf* na dán
Vorschlag M prêdlog
vorschlagen predlágati
vorschreiben predpisováti ‹predpísati›
Vorschrift F predpís
vorschriftsmäßig po predpísih
vorschriftswidrig proti predpísom
Vorschuss M predújem, predjèm
vorschweben predstávljati si
vorsehen predvidévati ‹predvídeti›; **sich ~** pazíti se (**vor** *G*)
vorsetzen postáviti *pf* pred; *Speisen* servírati (*im*)*pf*
Vorsicht F prevídnost *f*
vorsichtig prevíden
Vorsilbe F predpóna, prefíks
Vorsitz M predsédstvo
Vorsitzende(r) M predsedujóči; predsédnik
Vorsorge F preventíva
Vorspeise F začétna jéd *f*
Vorspiel N prèdígra; SPORT pŕva tékma
vorspielen zaigráti *pf*
Vorsprung M *fig* prédnost *f*
Vorstadt F predméstje *f*
Vorstand M predstójnik
vorstellen predstáviti *pf* (**sich** se); **sich ~** predstávljati si
Vorstellung F predstáva; predstavítev *f*
Vorstrafe F prèdkaznovánost *f*
Vorteil M prédnost *f*; ugódnost *f*; koríst *f*
vorteilhaft ugóden; korísten
Vortrag M predávanje; MUS podájanje, izvájanje
vortragen predávati; recitírati (*im*)*pf*
Vortritt M prédnost *f*
vorüber mímo
vorübergehend začásen, prehóden
Vorurteil N predsódek
Vorverkauf M prèdprodája
Vorwand M pretvéza
vorwärts napréj
vorweisen pokázati *pf*; predložíti *pf*
vorwerfen očítati
vorwiegend ADV pretéžno
Vorwort N predgóvor
Vorwurf M očítek
vorwurfsvoll očitajóč
Vorzeichen N MATH prèdznák; *fig* známenje
vorzeigen ‹po›kázati
vorzeitig predčásen; ADV prezgódaj
vorziehen *Vorhang* zagrníti *pf*; *fig* dajáti prédnost (*D*)
Vorzimmer N prèdsôba
Vorzug M prédnost *f*
vorzüglich odlíčen
Vulkan M ognjeník, vulkán

W

Waage F téhtnica
waagrecht vodoráven
wach búden; ~ **werden** zbudíti se *pf*, prebudíti se *pf*
Wache F stráža
wachen *fig* bedéti
Wacholder M brìn
Wacholderschnaps M brínjevec
Wachposten M stražár
Wachs N vósek
wachsam búden, čujèč, pazljív
wachsen ⟨z⟩rásti
Wachstum N rást *f*
Wächter M čuváj
wackelig majàv
wackeln majáti (se)
Wade F méča *npl*
Waffe F oróžje
Waffenstillstand M premírje
Waffel F váfelj, skládanec
wagen tvégati (*im*)*pf*; úpati si
Wagen M ávto *m*; vóz
Wagenheber M dvigálka (za ávto)
Waggon M vagón
waghalsig vratolómen
Wahl F izbíra; izbòr; POL volítve *fpl*; **erste** ~ pŕva kvalitéta
wählen izbírati ⟨izbráti⟩; *Telefon*: zavrtéti *pf* števílko; POL ⟨iz⟩volíti
Wähler M volívec
Wählerin F volívka
wählerisch izbírčen
Wahlfach N izbírni prêdmet
Wahlkampf M predvolílni bòj
Wahlliste F volílni imeník
wahllos na slépo, brez izbíranja
Wahlrecht N POL volílna pravíca
Wahnsinn M bláznost *f*
wahnsinnig blázen, nòr; ~ **werden** zblaznéti *pf*, znoréti *pf*
wahr resníčen; právi; **nicht** ~? ali ne?, kajnè?; **es ist** ~ rés jè
während PRÄP med (*I*); KONJ medtém ko
Wahrheit F resníca
wahrnehmen zaznávati ⟨zaznáti⟩; *Chance* izrabíti *pf*
Wahrnehmung F zaznávanje, zaznáva
Wahrsagerin F vedeževálka
wahrscheinlich verjéten; ADV nájbrž
Wahrscheinlichkeit F verjétnost *f*
Währung F valúta, denár
Wahrzeichen N simból; znák
Waise F siróta
Waisenhaus N sirotíšnica
Wal M kít
Wald M gòzd
Wald- gôzdni
Waldsterben N odmíranje gozdóv
Wall M okòp, nasíp
Wallfahrt F rómanje, bôžja pót *f*
Walnuss F ôreh
Walze F válj
wälzen valíti; *von sich* odvalíti *pf*; **sich** ~ *schlaflos*: premetávati se
Walzer M válček

Wand F sténa
Wandel M spremínjanje, sprevmémba
wandeln VI sprehájati se; VT spremínjati ⟨spremeníti⟩ (**sich** se)
wandern pešáčiti
Wanderung F pešáčenje, izlèt
Wanderweg M pèšpót *f*
Wandlung F preobrázba; preména; REL povzdigovánje
Wandmalerei F sténsko slikárstvo
Wange F líce
wann kdáj, **dann und ~** kdàj pa kdàj; **seit ~?** od kdáj?
Wanne F kàd *f*, bánja
Wanze F stenica (*a. fig*)
Wappen N gŕb
Ware F blagó
Warenlager N zalóga (blagá)
Warenzeichen N blagóvna známka, poslóvna známka
warm tôpel; **~ machen** pogréti *pf*
Wärme F toplôta; *fig* toplína
wärmen gréti, ogrévati ⟨ogréti⟩
Wärmflasche F termofór
Warnblinkanlage F utripajóče lúči *fpl*
Warndreieck N várnostni trikótnik
warnen ⟨po⟩svaríti
Warnschild N opozorílna tábla
Warnung F svarílo
Warnweste F odsévni jópič
warten ⟨po⟩čákati; (*pflegen*) vzdrževáti, oskrbováti
Wärter M páznik
Wartezimmer N čakálnica
warum zakáj; **~ nicht** zakáj pa ne
Warze F bradavíca
was káj; **~ auch immer** kàrkóli
Waschbecken N umiválnik
Wäsche F perílo
waschen práti, opráti *pf*; *Gesicht* umívati ⟨umíti⟩ (**sich** se)
Wäscherei F prálnica
Wäscheklammer F ščipálka (za perílo)
Waschlappen M kŕpa za umívanje
Waschmaschine F prálni strój
Waschpulver N prálni prášek
Waschstraße F prálnica
Wasser N vôda
Wasserball M SPORT váterpólo *m*
wasserdicht nèpremočljív; TECH nèprepústen za vôdo
Wasserfall M sláp
Wasserglas N kozárec (za vôdo); CHEM vôdno stêklo
Wasserhahn M pípa za vôdo
Wasserkraftwerk N hidroelektrárna
Wasserleitung F vodovòd
Wasserspiegel M vôdna gladína
Wassersport M vôdni šport
Wasserstoff M vodík
Wasserzeichen N vôdni znák
wässrig vodén
waten brêsti
Watte F váta
Wattebausch M kôsem váte
Web N IT ínternét, splèt
weben ⟨s⟩tkáti

Website F splétna strán
Webstuhl M státve *fpl*
Wechsel M menjáva; HANDEL menica
Wechselgeld N drobíž
Wechselkurs M (menjálni) tečáj
wechseln ⟨za⟩ménjati
Wechselstrom M izménični tók
Wechselstube F menjálnica
wecken ⟨z⟩budíti
Wecker M budílka
weder: ~ ... **noch** ... níti ... níti ...
weg pròč, strán
Weg M pót *f*
wegbringen odnášati ⟨odnêsti⟩
wegen zarádi (*G*), zavóljo (*G*)
wegfahren odpeljáti se *pf*
wegfallen odpásti *pf*
wegführen odpeljáti *pf*; odvêsti *pf*
weggeben dáti *pf* pròč, oddáti *pf*
weggehen odíti *pf*; íti (*im*)*pf* strán
weglassen opúščati ⟨opustíti⟩; izpustíti *pf*
weglaufen pobégniti *pf*
weglegen odložíti *pf*
wegnehmen vzéti *pf*; odvzémati ⟨odvzéti⟩
wegreißen odtŕgati *pf*
wegschicken posláti *pf* strán; odposláti *pf*
wegschütten zlíti *pf* strán
wegstellen postáviti *pf* na strán
Wegweiser M kážipot
wegwerfen vréči *pf* strán
wegwischen pobrísati *pf*
wegziehen potegníti *pf* strán; (*umziehen*) odselíti se *pf*
wehen *Wind*: véti, píhati, pihljáti; *Fahne*: plapoláti
Wehen FPL popádki *mpl*
wehmütig otóžen
Wehrdienst M vojáški rók, vojáška slúžba
wehren: **sich** ~ braníti se (**gegen** pred)
wehrlos nèmôčen
Wehrpflicht F vojáška obvéznost *f*
wehtun boléti; *fig j-m* prizadéti *pf* (*A*); **sich** ~ udáriti se *pf*
Weib N ženska; *umg* bába
Weibchen N ZOOL samíca
weiblich žénski; *Mode*: féminílen; GRAM žénskega spôla
weich mêhek; ~ **gekocht** mêhko kúhan; ~ **werden** *fig* omehčáti se *pf*
Weiche F BAHN krétnica
Weide F pášnik; BOT vŕba
weiden pásti (*v/i* se)
weigern: **sich** ~ upréti se *pf*, ne hotéti
Weigerung F odklánjanje, odklonítev *f*
weihen posvéčati ⟨posvetíti⟩ (**zu** za)
Weiher M ríbnik
Weihnachten N bôžič
weihnachtlich božíčni
Weihnachtsabend M božíčni večér
Weihnachtsbaum M božíčno drevésce
Weihnachtsgeschenk N bo-

žíčno darílo
Weihnachtslied N božíčna pésem *f*
Weihnachtsmann M božíček
Weihrauch M kadílo
Weihwasser N blagoslovljêna vôda
weil ker
Weile F: **e-e ~** nékaj čása
Wein M víno
Weinbau M vinográdništvo
Weinberg M vinógrad
Weinbrand M vínsko žgánje, kónjak
weinen jókati (**um** za)
Weinfass N vínski sód
Weinflasche F vínska steklenı́ca
Weinglas N kozárec za víno
Weinkarte F vínska kárta
Weinkeller M vínska klét *f*
Weinlese F trgátev *f*
Weinrebe F vínska tŕta
Weintraube F gròzd; **~ n** *fpl* grózdje
weise móder
Weise F način; MUS napèv
Weisheit F modróst *f*
weiß bél
Weißbrot N bél krùh
Weißkraut N zélje
weißlich bélkast
Weißwein M bélo víno
weit ADJ *Gebiet*: prostrán; *Welt*: šíren; *Kleid*: širòk; *Weg*: dólg; ADV dáleč
weiter napréj, dálje; **und so ~** in takó napréj; **ohne Weiteres** brez težáv; **bis auf Weiteres** do preklíca, zaênkrat
weitergeben dajáti ⟨dáti⟩ napréj; posredováti (*im*)*pf*
weitergehen íti (*im*)*pf* napréj, nadaljeváti se
weitgehend ADV pretéžno, v glávnem
weitläufig obséžen, obšíren
weitsichtig daljnovíden (*a. fig*)
Weitsprung M SPORT skòk v daljávo
Weizen M pšeníca
Weizenbier N pívo iz pšenične slada
welch katéri; kdó; REL PRON: ki; **~er auch immer** katéri kóli že
welk ovenèl
welken ⟨o⟩venéti
Welle F vál
Wellenlänge F PHYS valóvna dolžína
wellig valovít; *Haar*: kódrast
Wellnessbereich M wêllness cénter
Wels M ZOOL sòm
Welt F svét
Weltall N vesólje
Weltanschauung F svetóvni názor
weltbekannt svetóvno znàn
Weltgeschichte F svetóvna zgodovína
Weltkrieg M svetóvna vôjna
weltlich posvéten
Weltmeister M SPORT svetóvni prvák
Weltrekord M svetóvni rekórd
weltweit po vsèm svétu
wem kómu
wen kóga
Wende F obràt
Wendekreis M GEOG povrátnik

Wendeltreppe F pólžaste stopníce *fpl*
wenden obráčati ⟨obrníti⟩; **sich ~ an** obrníti *pf* se na
Wendepunkt M *fig* prelómnica
Wendung F zasúk, obràt
wenig ADV málo; **so ~ wie möglich** čím mànj
weniger ADV mànj
wenigstens vsáj
wenn *zeitlich*: ko, kádar; *konditional*: če, ko; **~ auch** pa četúdi
wer kdó; **~ auch immer** kdórkóli
werben délati reklámo; *Mitglieder* pridobívati; **~ um** prizadévati si za
Werbung F rekláma
werden postájati ⟨postáti⟩, nastájati ⟨nastáti⟩
werfen metáti ⟨vréči⟩
Werft F ladjedélnica
Werk N délo; (*Fabrik*) továrna, obràt
Werkstatt F delávnica
Werktag M délavnik
Werkzeug N oródje
wert cénjen
Wert M vrédnost *f*; *fig* vrednôta; **er legt ~ auf** pomémben mu jè
Wertgegenstand M dragocénost *f*
wertlos brez vrédnosti
wertvoll dragocén
Wesen N bítje; (*Charakter*) naráva
wesentlich bístven
weshalb zakáj; REL PRON: zarádi česar
Wespe F ôsa
Weste F telóvnik
Westen M zahòd
westlich zahóden
Wettbewerb M tekmovánje; konkurénca
Wette F stáva
wetten stáviti (*im*)*pf* (**um** za)
Wetter N vrême
Wetterbericht M vreménsko poročílo
Wetterlage F vreménsko stánje, vrême
Wettervorhersage F vreménska napóved *f*
Wetterwarte F meteorolóška postája
Wettkampf M tekmovánje, tékma
Wettlauf M tékma, dírka
Wettrüsten N oboroževálna tékma
Wettstreit M tékma
wetzen brusíti
wichtig vážen, pomémben
Wichtigkeit F vážnost *f*, pomémbnost *f*
wickeln povíjati ⟨povíti⟩; ovíjati ⟨ovíti⟩
Widder M ôven
wider zóper (*A*), próti (*D*)
widerlegen ovréči *pf*; spodbíti *pf*
widerlich zóprn, odvráten
widerrechtlich JUR prótipráven
Widerruf M preklíc
widerrufen preklícati *pf*
widersetzen: **sich ~** upírati ⟨upréti⟩ se
widerspenstig upóren

widerspiegeln zrcáliti (**sich** se)
widersprechen ugovárjati; **sich selbst ~** oporékati sam sêbi
Widerspruch M ugóvor; protislóvje
Widerstand M odpòr
Widerstandsbewegung F odpórniško gíbanje
widerstehen upírati se
widerwärtig odvráten
widerwillig neràd, z upôrom
widmen posvéčati ⟨posvetíti⟩ (**sich** se)
Widmung F posvetílo
wie kakó; KONJ kot; **~ oft** kólikokrat; **~ groß** kólikšen; **~ viel** kóliko
wieder spét; **nie ~** níkdar vèč
Wiederaufbau M obnóva
Wiederbelebungsversuch M poskús oživljánja
wiedererkennen prepoznáti *pf*
wiederfinden nájti *pf*
Wiedergabe F reproducíranje, reprodúkcija; MUS predvájanje, izvédba
wiedergeben dáti *pf* nazáj; reproducírati *(im)pf*; *Inhalt* povédati *pf* s svôjimi besédami
wiedergutmachen popráviti *pf*, povrníti *pf*
wiederherstellen obnávljati ⟨obnovíti⟩
wiederholen ponávljati ⟨ponovíti⟩ (**sich** se)
Wiederholung F ponovítev *f*, ponávljanje
Wiederkäuer M prežvekoválec
Wiederkehr F vrnítev *f*, povrátek
wiedersehen spét vídeti *(im)pf*
Wiedersehen N ponóvno srečanje; **auf ~!** nasvídenje!
wiederverwenden ponóvno uporabíti *pf*
Wiege F zíbelka
wiegen[1] *Gewicht:* ⟨s⟩téhtati
wiegen[2] zíbati (*v/i* se)
wiehern rezgetáti
Wien N Dúnaj; **~er Schnitzel** dúnajski zrézek
Wiese F trávnik
Wiesel N podlásica
wieso kakó to
wild dívji; BOT samorásel; *fig* nèukróčen
Wild N divjád *f*
Wildbret N divjáčina
Wilderer M dívji lôvec
Wildleder N sémiš, jelenovína
Wildnis F divjína
Wildpark M rezervát za divjád
Wildschwein N dívji prášič
Wille M vólja; **bei bestem ~n nicht** pri najbóljši vólji ne
willen: **um … ~** zavóljo (*G*)
willenlos ADV brez vólje
willig volján, pripráVljen
willkommen dobrodôšel; **~ heißen** pozdráviti *pf*
willkürlich samovóljen; poljúben
wimmeln mrgoléti
wimmern ječáti
Wimper F trepálnica
Wind M véter
Windel F pleníca
winden víti (**sich** se); **sich ~**

Pflanze: ovíjati se
windig vétrn, vetróven
Windjacke F vétrovka
Windmühle F mlín na véter
Windpocken PL noríce *fpl*
Windschutzscheibe F vetrobrán
Windstille F brezvétrje
Windstoß M súnek vétra
Wink M namíg
Winkel M kót; (*Gegend*) zakótje
winken ⟨po⟩máhati
winseln cvíliti, jávkati
Winter M zíma; **im ~** pozími
winterlich zímski
Wintermantel M zímski plášč
Wintersport M zímski špórt
Winzer M vinográdnik
winzig drôbcen, májcen
Wipfel M vŕh (drevésa)
wir mí *mpl*; mé *fpl*; **~ zwei** mídva *m/dl*; mídve *f/dl*
Wirbel M vrtínec; ANAT vretênce; *fig* vihár, razbúrjenje
Wirbelsäule F hrbteníca
Wirbelsturm M vrtínčast vihár, tornádo
wirken delováti; učinkováti
wirklich dejánski; právi, resníčen; ADV rés
Wirklichkeit F dejánskost *f*
wirksam učinkovít
Wirkung F delovánje, učinkovánje, učínek, efékt; JUR veljáva
wirkungslos brez učínka, nèučinkovít
wirr zméden; *Haar*: skúštran
Wirrwarr M zméda, zmešnjáva
Wirt M gostílničar; BIOL gostítelj
Wirtin F gostílničarka
Wirtschaft F gospodárstvo
wirtschaften gospodáriti
wirtschaftlich gospodárski
Wirtshaus N gostílna
wischen brísati
wissbegierig vedožêljen
wissen védeti (**um** za); **~ lassen** dáti *pf* na znánje
Wissen N znánje; védnost *f*; **ohne mein ~** brez môje védnosti; **meines ~s** kólikor vém
Wissenschaft F znánost *f*, véda
Wissenschaftler M znánstvenik
Wissenschaftlerin F znánstvenica
wissenschaftlich znánstven
wissentlich ADV védoma, nalášč
wittern ⟨za⟩vóhati; *fig* ⟨za⟩slutíti
Witterung F (*Wetter*) vrême; *Jagd*: vóh; vónj
Witwe F vdóva
Witwer M vdóvec
Witz M šála, smééšnica
witzeln zbíjati šále (**über** o)
witzig šaljív; sméšen
wo kjé; REL PRON: kjèr; **~ auch immer** kjèrkóli
woanders kjé drugjé, kàm drugàm
wobei pri čémer
Woche F téden
Wochenende N kônec tédna, víkend; **schönes ~!** lép kônec tédna!, *umg* lép víkend!
wochenlang céle tédne, tédne in tédne
Wochenschau F tédnik
Wochentag M dán v tédnu;

délavnik
wöchentlich tédenski
wodurch s čím; REL PRON: s čímer
wofür za káj; REL PRON: za kàr
Woge F vál
wogegen próti čému; REL PRON: próti čémur
wohin kám; REL PRON: kámor; ~ **auch immer** kámorkóli
wohl ADV dôbro; (*vermutlich*) pàč, nájbrž; ~ **oder übel** hóčeš nóčeš; **lebe** ~! zbógom!
Wohl N blágor; **auf Ihr** ~! na Váše zdrávje!
Wohlbefinden F dôbro počútje
wohlbehalten nèpoškodován; ADV dôbro, v rédu
wohlhabend premóžen
Wohlstand M blagínja
Wohltat F dobróta; dôbro délo
wohltätig dobrodélen
wohltuend dobrodéjen
wohlüberlegt dôbro premíšljen
wohlwollend naklónjen
wohnen stanováti
Wohngemeinschaft F stanovánjska skúpnost *f*
wohnhaft stanujóč
wohnlich udóben, prijéten
Wohnmobil N ávtodóm
Wohnort M, **Wohnsitz** M bivalíšče
Wohnung F stanovánje
Wohnwagen M stanovánjska prikólica
Wohnzimmer N dnévna sôba
wölben: **sich** ~ bóčiti se
Wölbung F obòk
Wolf M vólk
Wolke F oblák
Wolkenbruch M nalív, plôha
Wolkenkratzer M nebotíčnik, stôlpnica
wolkenlos brezobláčen
wolkig obláčen
Wolle F vólna; **aus** ~ volnén
wollen hotéti; **ich will nicht** nóčem; **ohne es zu** ~ ne da bi hôtel
womit s čím; REL PRON: s čímer
wonach ADV nakàr
woraus iz čésa; REL PRON: iz čésar
worin v čém; REL PRON: v čémer
Wort N beséda; **geflügeltes** ~ krilática; **das** ~ **ergreifen** spregovoríti *pf*
Wörterbuch N slovár, besednják
wörtlich dobeséden
wortlos brez beséd
Wortschatz M besédni zaklàd
Wortwechsel M prerékanje
worüber o čém
worum: ~ **handelt es sich?** za káj gré?
worunter pod čém; REL PRON: pod čémer
wovon od čésa; o čém; REL PRON: od čésar; o čémer
wovor pred čím
wozu čému
Wrack N razbitína
Wucher M oderúštvo
wuchern razbohôtiti se; divjáti
Wucherung F vzbŕst *f*, dívje tkívo
Wuchs M rást *f*, postáva
Wucht F síla; **mit voller** ~ z vsò

močjó
wuchtig mogóčen
wühlen ríti (in po)
wund ránjen, bolèč
Wunde F rána
Wunder N čúdež; **das ist kein ~** nìč ni čúdnega
wunderbar čudovít
wundern presenéčati; správljati v začúdenje; **sich ~ über** čúditi se (*D*)
wunderschön čudovíto lép
Wunsch M žêlja
wünschen ⟨za⟩želéti (**sich** si)
wünschenswert zaželèn
Würde F dostojánstvo, část *f*
würdevoll dostojánstven
würdig dostojánstven; vréden
würdigen céniti; **keines Blickes ~** ne privoščíti níti pogléda
Wurf M mèt
Würfel M kócka
würfeln kóckati
Würfelzucker M sládkor v kóckah
würgen dáviti
Wurm M čŕv; MED glísta
wurmstichig čŕvív
Wurst F klobása
Würze F začímba; aróma
Wurzel F korenína; MATH korèn
würzen začíniti *pf*
würzig začínjen; aromátičen
wüst púst; dívji
Wüste F puščáva
Wut F jéza, bès
wüten razsájati, divjáti
wütend bêsen, jézen

X

x-Beine NPL íksaste nôge *fpl*
x-beliebig poljúben
x-mal neštétokrat
Xylofon N ksilofón

Y

Yoga N jóga

Z

Zacke F koníca; *Kamm*: zób; *Gabel*: rôgelj; *Stern*: krák
zaghaft nèodlóčen, pláh, obotavljív
zäh žílav; *Fleisch*: žílast, tŕd; (*hartnäckig*) trdožív
zähflüssig žídek, góst
Zahl F števílo
zahlen plačeváti ⟨pláčati⟩
zählen štéti, preštévati ⟨preštéti⟩
Zähler M števec (*a.* MATH)
Zahlkarte F polóžnica
zahllos neštéto
zahlreich števílen
Zahlung F plačílo; plačevánje

Zählung F štétje
Zahlungsanweisung F nakazílo
Zahlungsbedingungen FPL plačílni pogóji *mpl*
Zahlungsmittel N plačílno srédstvo
zahlungsunfähig plačílno nèsposóben, insolvénten, nèlikvíden
zahm krôtek
zähmen ⟨u⟩krotíti
Zahn M zób
Zahnarzt M zobozdravník
Zahnbürste F zóbna ščétka
Zahnersatz M umétni zobjé *mpl*, zóbna protéza
Zahnfleisch N dlésni *fpl*
Zahnpasta F zóbna kréma
Zahnrad N zóbnik
Zahnradbahn F zobáta železnica
Zahnschmerzen MPL zobobòl; **ich habe ~** zób me bolí
Zahnseide F zóbna nítka
Zahnstocher M zobotrébec
Zange F klé́šče *fpl*
zanken prepírati (**sich** se)
Zäpfchen N MED svéčka, supozitórij; ANAT jezíček
Zapfen M čèp, zatič; BOT stòrž, češárek
Zapfhahn M pípa za tóčenje
Zapfsäule F avtomát za tóčenje
zappeln cepetáti; *Fisch*: premetávati se
zart nežen; *Fleisch*: mêhek
zärtlich nežen
Zärtlichkeit F néžnost *f*
Zauber M čár
Zauberei F čarovníja
zauberhaft čarôben
Zauberkünstler M čaróvnik, čarodéj
zaubern čárati
zaudern obotávljati se
Zaum M bŕzda
Zaun M plót, ográja
Zebrastreifen M prehòd za péšce
Zeche F zapítek; BERGB jáma, rúdnik
zechen popívati
Zecke F klòp
Zehe F pŕst (na nôgi)
Zehenspitze F koníca nôžnega pŕsta; **auf ~n** po pŕstih
zehn desét
Zehn F desetíca
Zehnkampf M deseterobòj
zehnte(r) desêti
Zehntel N desetína, desetínka
Zeichen N znák, známenje
zeichnen ⟨na⟩rísati
Zeichner M rísar
Zeichnung F rísba
Zeigefinger M kazálec
zeigen ⟨po⟩kázati
Zeiger M kazálec
Zeile F vŕsta
Zeisig M čížek
Zeit F čàs; dôba
Zeitabschnitt M obdóbje
Zeitalter N dôba, vék, êra
Zeitangabe F navédba čása
zeitgemäß čásu priméren
Zeitgenosse M sodôbnik
zeitgenössisch sodôben
zeitig zgódnji; ADV zgódaj
zeitlos brezčásen
Zeitpunkt M trenútek

zeitraubend zamúden
Zeitschrift F revíja, časopís
Zeitung F časopís, čásnik
Zeitungsartikel M časopísni članek
Zeitverlust M izgúba čása
Zeitverschwendung F zaprávljanje čása
Zeitvertreib M zabáva, kratkočásenje
zeitweilig začásen
Zeitwort N glágol
Zelle F célica
Zellstoff M celulóza
Zelt N šôtor
zelten taboríti
Zeltplatz M kámp
Zement M cemènt
Zenit M nadglavíšče, zenít
zensieren cenzurírati (*im*)*pf*
Zensur F cenzúra; *Zeugnis*: océna
Zentimeter N céntiméter
zentral osrédnji, centrálen
Zentrale F centrála
Zentralheizung F centrálno ogrévanje
zentralisieren centralizírati (*im*)*pf*
Zentrum N sredíšče, cénter
zerbeißen razgrísti *pf*; pregrízniti *pf*
zerbrechen razbíti *pf* (*v*/*i* se); **sich den Kopf ~ über** belíti si glávo z
zerbrechlich kŕhek
zerdrücken zmečkáti *pf*; pomečkáti *pf*
Zeremonie F ceremónija, obrèd
Zerfall M razpàd, razpádanje
zerfallen razpádati ⟨razpásti⟩
zerfressen razjédati, razžréti *pf*; ADJ razžŕt
zergehen raztopíti se *pf*; **auf der Zunge ~** v ústih se stopíti *pf*
zerhacken nasékati *pf*, nasekljáti *pf*
zerkleinern ⟨z⟩drobíti; *Gemüse* nasekljáti *pf*
zerknirscht skrúšen, skesán
zerknüllen zmečkáti *pf*
zerkratzen razpráskati *pf*
zerlegen razstávljati ⟨razstáviti⟩; *Fleisch* razkósati *pf*
zerlumpt razcapán
zerplatzen póčiti *pf*
zerquetschen zmečkáti *pf*
zerreißen raztŕgati *pf* (*v*/*i* se)
zerren vléči, vlačíti
zerrissen raztŕgan; *seelisch*: razdvojèn, razklán
Zerrung F pretèg
zerrüttet *Nerven*: razrván; *Ehe*: nèvzdŕžen; *Gesundheit*: spodkopán
zersägen razžágati *pf*
zerschlagen razbíjati ⟨razbíti⟩ (**sich** se); **sich ~** *fig Projekt*: propásti *pf*; ADJ *fig* zbít, preutrújen
zerschneiden razrézati *pf*
zersetzen razkrájati ⟨razkrojíti⟩ (**sich** se)
zersplittern razbíti *pf* (*v*/*i* se); *Knochen* zdrobíti *pf*
zerspringen razletéti se *pf*
Zerstäuber M razpršílnik
zerstören razdejáti *pf*, uníčiti *pf*
zerstörerisch uničeválen
Zerstörung F razdejánje; uníčenje

zerstreiten: **sich ~** spréti se *pf*, skrégati se *pf*
zerstreuen raztrésti *pf* (**sich** se); *Bedenken* razpršiti *pf*; **sich ~** *fig* zabávati se, razvedríti se *pf*
zerstreut *fig* raztrésen
Zerstreuung F razprševánje, razpršitev *f*, disperzíja; (*Unterhaltung*) razvedrílo
zerstückeln razkósati *pf*
zertrampeln pomendráti *pf*
zertreten pohodíti *pf*
zertrümmern razbíti *pf*; ⟨z⟩drobíti
zerzaust skúštran
Zettel M lístek
Zeug N rečí *fpl*, stvarí *fpl*; (*Kram*) kráma, šára
Zeuge M príča
zeugen príčati
Zeugenaussage F pričevánje, izjáva
Zeugnis N spričeválo; JUR pričevánje
Ziege F kôza
Ziegel M opéka
Ziegenbock M kôzel
ziehen vléči, potegníti *pf*; *Zahn* izdréti *pf*; **auf sich ~** *Blicke* obrníti *pf* náse
Ziehharmonika F harmónika
Ziehung F žrébanje
Ziel N cílj
zielen mériti
ziellos ADV brez cílja
Zielscheibe F tárča
ziemlich precéjšen; ADV precéj
Zierde F okràs, okrásek
zieren krasíti; **sich ~** braníti se
zierlich drôben, drôbcen
Ziffer F števílka
Zifferblatt N števílčnica
Zigarette F cigaréta
Zigarre F cigára
Zigeuner M *neg!* cigàn
Zigeunerin F *neg!* cigánka
Zimmer N sôba
Zimmermädchen N sôbarica
Zimmermann M tesár
zimperlich prevèč občutljív
Zimt M címet
Zink N cínk
Zinke F rôgelj; *Kamm*: zób
Zinn N kosíter
Zinne F zóbčasti nadzídek
Zinsen PL obrésti *fpl*
Zipfel M kônec, kônček
Zipfelmütze F čépica s côfom
Zippverschluss M *österr* zadŕga
Zirkel M MATH šestílo; *fig* króžek
Zirkus M církus (*a. fig*)
zischen síkati ⟨síkniti⟩
Zitat N citát, navédek
Zither F cítre *fpl*
zitieren citírati (*im*)*pf*, navájati
Zitrone F limóna
Zitronensaft M limónov sók
zittern drgetáti, trésti se; (*sich fürchten*) trepetáti
zivil cívilen
Zivildienst M cívilno slúženje vojáškega róka
Zivilisation F civilizácija
zivilisiert civilizíran
zögern obotávljati se
Zoll M carína
Zollamt N carinárnica
Zollbeamte(r) M carínik
Zollerklärung F carínska deklarácija

zollfrei caríne pròst
Zollkontrolle F carínska kontróla
zollpflichtig zavézan caríni
Zone F pás; cóna
Zoo M živálski vŕt
Zopf M kíta
Zorn M jéza, sŕd
zornig jézen; ~ **werden** razjezíti se *pf*
zottig kúštrav, zmŕšen
zu k, h (*D*); v (*A*); na (*A*); za (*A*); ~ **Mittag** opóldne; ~ **viel** prevèč; ~ **wenig** premálo
Zubehör N opréma, pribòr
zubereiten priprávljati ⟨pripráviti⟩
Zubereitung F pripráva
zubinden zavézati *pf*
Zucht F *Tiere*: vzréja; BOT gojênje
züchten *Tiere* vzréjati; BOT gojíti
Züchter M réjec
zucken tŕzati ⟨tŕzniti⟩; *Blitz*: švígati ⟨švígniti⟩
Zucker M sládkor
zuckern sladkáti
Zuckerrohr N sladkórni tŕst
Zuckerrübe F sladkórna pésa
zudecken pokrívati ⟨pokríti⟩
zudringlich vsiljív
zueinander drúg do drúgega
zuerst nájprej, spŕva
Zufahrt F dovòz
Zufall M naključje, slučáj; **durch** ~ po naključju
zufällig naključen, slučájen; ADV slučájno
Zuflucht F pribežalíšče
Zufluss M dotòk
zufrieden zadovóljen
Zufriedenheit F zadovóljstvo
zufriedenstellen zadovoljíti
zufrieren zamŕzniti *pf*
zufügen prizadejáti *pf*, naredíti *pf*; *Schaden* povzročíti *pf*
Zufuhr F dovòd, dovájanje
zuführen dovájati; dodájati
Zug M *Gesicht*: potéza; (*Schluck*) požírek; BAHN vlák; (*Luft*) prepíh
Zugabe F dodátek; **als** ~ povŕh
Zugang M dostôp
zugänglich dostópen; *fig* odpŕt
zugeben (*eingestehen*) priznávati ⟨priznáti⟩
zugehen: ~ **auf** blížati se (*D*)
Zugehörigkeit F pripádnost *f*
Zügel PL vájeti *fpl*
zügellos razbrzdan, razúzdan
zügeln brzdati
Zugeständnis N koncesíja
zugestehen priznávati
zugetan naklónjen
Zugführer M vlakovódja *m*
zügig híter; ADV odločno
Zugkraft F vléčna síla; *fig* privláčnost *f*
zugkräftig ki vléče (*a. fig*)
zugleich obênem, hkráti
Zugluft F prepíh
zugrunde: ~ **gehen** propádati ⟨propásti⟩; ~ **richten** uničeváti ⟨uničiti⟩
zugutekommen bíti v korist (*D*)
Zugverbindung F zvéza
Zugvogel M ptíca selívka
zuhaben iméti zapŕto
Zuhälter M zvodník

Zuhause N dóm
zuhören poslúšati *(A)*
Zuhörer M poslušálec
zukleben zalepíti *pf*
zuknöpfen zapénjati ⟨zapéti⟩
zukommen: **~ auf** blížati se *(D)*; *fig* čákati *(A)*; **~ lassen** *j-m et.* posláti *pf*, posredováti *(im)pf*
Zukunft F prihódnost *f*, bodóčnost *f*; GRAM prihódnjik
zukünftig prihódnji; bodóči
Zulage F dodátek
zulassen pustíti *pf* zapŕto; *(gestatten)* dopúščati ⟨dopustíti⟩
zulässig dopústen
Zulassung F registrácija, dovoljênje
zuletzt nazádnje
zuliebe na ljúbo, zarádi
zumachen zapírati ⟨zapréti⟩; *Kleid* zapéti *pf*
zumindest vsáj, nàjmanj
zumuten: **j-m et. ~** pričakováti kaj od kóga, zahtévati kaj od kóga
Zumutung F nèupravíčena zahtéva
zunächst spŕva, nájprej
zunähen zašíti *pf*
Zunahme F povéčanje, naráščanje
Zuname M priímek
zünden TECH vžígati ⟨vžgáti⟩
Zündholz N vžigálica
Zündkerze F (vžigálna) svéčka
Zündschnur F vžigálna vŕvica
Zündung F vžíg, vžíganje
zunehmen naráščati, véčati se; *Mensch*: ⟨z⟩redíti se
Zuneigung F naklónjenost *f*
Zunge F jêzik
zunichtemachen uníčiti *pf*
zuordnen dodelíti *pf*, uvrstíti *pf*
zupfen cúkati, ⟨po⟩cúkniti; *Unkraut* pulíti; MUS brénkati
Zupfinstrument N brenkálo
zurechnungsfähig prištéven
zurechtfinden: **sich ~** znájti se *pf*
zurechtmachen pripráviti *pf*; uredíti *pf* (**sich** se)
zurechtweisen opómniti *pf*, posvaríti *pf*
zureden prigovárjati
zurichten: **übel ~** zdélati *pf*
zurück nazáj
zurückbehalten obdržáti *pf*; zadržáti *pf*, pridržáti *pf*
zurückbekommen dobíti *pf* nazáj
zurückbleiben zaostájati ⟨zaostáti⟩
zurückblicken ozírati ⟨ozréti⟩ se
zurückbringen vrníti *pf*, prinêsti *pf* nazáj
zurückdrängen potísniti *pf* nazáj, poríniti *pf* nazáj
zurückfahren peljáti *pf* nazáj (*v/i* se)
zurückfordern zahtévati nazáj
zurückgeben vráčati ⟨vrníti⟩; dáti *pf* nazáj
zurückgehen íti *(im)pf* nazáj, vrníti se *pf*; *(nachlassen)* upádati ⟨upásti⟩
zurückgezogen zadržán; *Leben*: odmáknjen
zurückhalten zadržáti ⟨zadrževáti⟩ (**sich** se)

Zurückhaltung F zadržánost *f*

zurückkommen vráčati ⟨vrníti⟩ se; príti *pf* nazáj

zurücklassen pustíti *pf* (za sebój)

zurücklegen položíti *pf* nazáj; *Geld* dáti *pf* na strán; *Weg* prevozíti *pf*, prehodíti *pf*

zurücklehnen: **sich ~** naslánjati ⟨nasloníti⟩ se nazáj

zurücknehmen vzéti *pf* nazáj

zurückrufen poklícati *pf* nazáj

zurückschlagen udáriti *pf* nazáj

zurufen: **j-m et. ~** zaklícati kómu kaj

zurzeit sedàj, trenútno

zusammen skúpaj, skúpno

Zusammenarbeit F sodelovánje

zusammenbinden zvézati, povezováti ⟨povézati⟩

zusammenbrechen podréti se *pf*, porúšiti se *pf*; *System*: razpásti *pf*; *Mensch*: pásti *pf* skúpaj, zgrúditi se

Zusammenbruch M zlòm; porušítev *f*; razpàd

zusammendrücken stískati ⟨stísniti⟩

zusammenfassen *Text, Rede* povzémati ⟨povzéti⟩, strníti *pf*

Zusammenfassung F povzétek

zusammenfügen dáti *pf* skúpaj; zlágati ⟨zložíti⟩; spájati ⟨spojíti⟩

zusammengehören spádati skúpaj

Zusammenhang M zvéza, kontékst; povezáva; **im ~ mit** v zvézi z

zusammenhängen bíti povézan

zusammenkommen príti *pf* skúpaj; nabráti se *pf*

Zusammenkunft F sréčanje

zusammenleben živéti skúpaj

zusammenreißen: **sich ~** zbráti se *pf*

zusammenschließen združeváti ⟨združíti⟩ (**sich** se)

zusammensetzen sestáviti *pf*; **sich ~** usésti se *pf* skúpaj; **sich ~ aus** bíti sestávljen iz

Zusammensetzung F sestáva

zusammenstellen sestáviti *pf*

Zusammenstellung F seznàm, preglèd

Zusammenstoß M tŕčenje

zusammentreffen sréčati se *pf*

zusammenzählen seštévati ⟨seštéti⟩

zusammenziehen potegníti *pf* skúpaj; zategníti *pf*; ⟨s⟩kŕčiti (**sich** se)

Zusatz M dodátek; pristávek

zusätzlich dodáten

zuschauen glédati (**j-m** *A*)

Zuschauer M gledálec

Zuschauerraum M avditórij

zuschicken posláti *pf*

Zuschlag M pribítek, doplačílo; TECH dodátek

zuschließen zaklépati ⟨zakleníti⟩

zuschneiden ukrojíti *pf*; TECH prirézati *pf*

zuschnüren zavézati *pf*; *Kehle*

stískati ⟨stísniti⟩
zuschrauben zapírati ⟨zapréti⟩
Zuschrift F písmo, dopís
zuschulden: **sich et. ~ kommen lassen** zagrešíti *pf (A)*
Zuschuss M dodátek; doplačílo
zuschütten zasípati ⟨zasúti⟩
zusehen glédati (**j-m** *A*), opazováti (**j-m** *A*)
zusetzen dodájati ⟨dodáti⟩; **j-m ~** zdélati *pf (A)*
zusichern zagotávljati ⟨zagotovíti⟩
Zusicherung F zagotovílo, oblјúba
zuspitzen priostríti *pf*; *fig* zaostrováti ⟨zaostríti⟩ (**sich** se)
Zustand M stánje; **Zustände** *pl* razmére *fpl*
zustande: **~ bringen** napráviti *pf*, zmôči *pf*
zuständig pristójen
zustellen dostávljati ⟨dostáviti⟩; JUR vročíti *pf*
Zusteller M dostavljáč
Zustellung F dostáva; dostávljanje; JUR vročítev *f*
zustimmen pritrjeváti ⟨pritrdíti⟩, strínjati se
Zustimmung F pristánek, privolítev *f*; *(Beifall)* pritrjevánje
zustopfen zamašíti *pf*
zustoßen súniti *pf*, zabôsti *pf*; *j-m* pripetíti se *pf*, zgodíti se *pf*
Zutaten FPL dodátki, sestavíne
zuteilen dodelíti *pf*
zutragen: **sich ~** pripetíti se *pf*
zutrauen *j-m et.* pričakováti (kaj od kóga); **sich et. ~** úpati si lotíti
zutraulich zaupljív; *Reh*: krôtek
zutreffen držáti, ustrézati
zutreffend pravílen, ustrézen, tóčen
Zutritt M dostòp
zuverlässig zanesljív
Zuverlässigkeit F zanesljívost *f*
Zuversicht F zaúpanje
zuversichtlich optimístičen; ADV z zaúpanjem
zuvor préj
zuvorkommend ustrežljív; uslúžen
Zuwachs M prirástek; naráščanje, rást *f*
Zuwanderer M priséljenec
zuweilen od čása do čása, včásih
zuweisen dodelíti *pf*
zuwenden obráčati ⟨obrníti⟩, kázati; **sich ~** *e-r Sache* posvéčati ⟨posvetíti⟩ se
Zuwendung F pozórnost *f*, ljubézen *f*; *(Geld)* finánčna pomóč *f*
zuwider ADJ zóprn, odúren
zuziehen *Vorhang* zagrníti *pf*; **sich ~** nakopáti si *pf*
zuzüglich plús, s pribítkom
Zwang M prisíla; prisiljevánje; pritísk
zwanglos nèprisíljen; nèformálen
zwangsweise prisílno
zwanzig dvájset
zwar sicèr; rés da jè
Zweck M namèn
zwecklos nèsmíseln
zweckmäßig smótrn

zwei dvá *m*; dvé *f, n*
Zwei F dvójka
Zweibettzimmer N dvopósteljna sôba
zweideutig dvoúmen
zweifach dvójen
Zweifel M dvóm
zweifelhaft dvomljív
zweifellos ADV nèdvómno, brez dvóma
zweifeln dvómiti
Zweig M véja; HANDEL pánoga
Zweikampf M dvóbòj
zweimal dvákrat
zweiseitig dvóstránski, obojestránski
Zwerchfell N prepóna
Zwerg M pritlíkavec; pálček
Zwetschge F čéšplja
zwicken ščípati ⟨uščípniti⟩
Zwieback M prepečênec
Zwiebel F čebúla
Zwielicht N somrák
zwielichtig *fig* dvomljív
Zwiespalt M razklánost *f*
Zwietracht F nèslóga
Zwilling M dvójček
zwingen ⟨pri⟩síliti; **~ zu** primórati *pf* k
Zwirn M súkanec
zwischen med (*A, I*)
Zwischendeck N medkróvje
zwischendurch vmés, občasno
Zwischenfall M pripetljáj
Zwischenlandung F vmésni pristánek
Zwischenraum M vmésni prôstor
Zwischenruf M mèdklic
Zwischenzeit F: **in der ~** medtém
zwitschern žvrgoléti, žgoléti
Zwitter M dvóspôlnik, hermafrodít
zwölf dvánajst
Zylinder M válj, cilínder
zynisch cíničen
Zypern N Cíper
Zypresse F ciprésa

Anhang

Sprachführer

Das Allerwichtigste

Guten Tag!	**Dóber dán!**
Guten Abend!	**Dóber večér!**
Auf Wiedersehen!	**Na svídenje!**
Bitte!	**Prósim!**
Danke!	**Hvála!**
Nichts zu danken!	**Ni za kàj!**
Ja!	**Dà!**, *umg* **Já!**
Nein!	**Nê!**
Entschuldigung!	**Oprostíte!**, **Oprôsti!** (*beim Duzen*)
In Ordnung!	**V rédu!**, **Pràv!**
Hilfe!	**Na pomóč!**
Wir brauchen schnell ärztliche Hilfe!	**Hitro potrebujemo zdravniško pomoč!**
Rufen Sie schnell einen Krankenwagen!	**Hítro poklíčite rešílca!**
Wo ist die Toilette?	**Kjé je straníšče / WC?**
Wann?	**Kdáj?**
Was?	**Káj?**
Wo ist ...?	**Kjé je ...?**
Wo gibt es ...?	**Kjé se lahkó dobí ...?**
Hier.	**Tú(kaj).**
Dort.	**Tàm.**
Rechts.	**Désno.**
Links.	**Lévo.**

Geradeaus.	**Narávnost.**
Heute.	**Dánes.**
Morgen.	**Jútri.**
Haben Sie …?	**Ali imáte …?**
Ich möchte …	**Ràd(af) bi …**
Was kostet das?	**Kóliko tó stáne?**
Ich will nicht.	**Nóčem.**
Ich kann nicht.	**Ne mórem.**
Einen Moment bitte.	**Trenútek, prósim.**
Lassen Sie mich in Ruhe!	**Pustíte me pri míru!**

Verständigung

Ste razuméli / si razumél(a *f*)?	Haben Sie / Hast du verstanden?
Ich habe verstanden.	**Sem razumél(a *f*).**
Ich habe das nicht verstanden.	**Téga nísem razumél(a *f*).**
Sagen Sie es bitte noch einmal?	**Lahkó, prósim, ponovíte?**
Bitte sprechen Sie etwas langsamer.	**Govoríte málo počasnêje, prósim.**
Bitte schreiben Sie mir das auf!	**Napíšite mi tó, prósim.**

Small Talk

Wie heißen Sie / heißt du?	**Kakó vam / ti je imé?**
Ich heiße …	**Imé mi je …**
Woher kommen Sie / kommst du?	**Od kód prihájate / prihájaš?**
Ich komme aus…	**Prihájam iz …**
Deutschland.	**Némčije.**

Österreich.	**Ávstrije.**
der Schweiz.	**Švíce.**
Wie alt sind Sie / bist du?	**Kóliko ste stári / si stàr** (**stára** *f*)?
Ich bin … Jahre alt.	**Stàr / stára sem … lét.**
Was machen Sie / machst du beruflich?	**Káj ste / si po poklícu?**
Ich bin … (Ich arbeite als …)	**Sem … (Délam kot …)**
Sind Sie / bist du zum ersten Mal hier?	**Ste / si pŕvič tú(kaj)?**
Nein, ich war schon zweimal / mehrmals in Slowenien.	**Nê, žé dvákrat / vèčkrat sem bil(á** *f*) **v Slovéniji.**
Wie lange sind Sie / bist du noch hier?	**Kóliko čása še ostánete / ostáneš túkaj?**
Noch eine Woche / zwei Wochen.	**Še èn téden / dvá tédna.**
Gefällt es Ihnen / dir hier?	**Vam / ti je túkaj všéč?**
Es gefällt mir sehr (gut).	**Zeló mi je všéč.**

Unterwegs …

Entschuldigung, wo ist … ?	**Oprostíte, kjé je …?**
Wie komme ich nach …	**Kakó se príde na / v …?**
Wie komme ich zur Autobahn?	**Kakó se príde do ávtocéste?**
Wie komme ich am schnellsten / am billigsten …?	**Kakó se najhitrêje / najcenêje príde …**
zum Bahnhof?	**do železníške postáje?**
zum Busbahnhof?	**do ávtobusne postáje?**
zum Flughafen?	**na letalíšče?**
zum Hafen?	**v pristaníšče?**

in die Innenstadt? **v cênter mésta?**
Nazáj mórate. Sie müssen zurück.
Narávnost. Geradeaus.
Na désno. Nach rechts.
Na lévo. Nach links.
Najbólje s táksijem. Am besten mit dem Taxi.

... und über Nacht

Ich habe bei Ihnen ein Zimmer reserviert. **Pri vàs sèm rezervíral(a *f*) sôbo.**
Mein Name ist … **Píšem se …**
Hier ist meine Bestätigung. **Túkaj imám potrdílo.**
Lahkó dobím vaš kupón? Dürfte ich bitte Ihren Gutschein haben?

Haben Sie ein Doppelzimmer / Einzelzimmer frei …? **Imáte prôsto dvopósteljno / enopósteljno sôbo?**
für eine Nacht / für … Nächte? **za êno nóč / za … nočí?**
mit Bad / Dusche und WC? **s kopálnico / s túšem in WC-jem?**
mit Blick aufs Meer? **s poglédom na mórje?**
Žàl imámo vsè zasédeno. Leider sind wir ausgebucht.
Jútri / … se bó êna sôba izpráznila. Morgen / Am … wird ein Zimmer frei.
Račún prósim. Die Rechnung bitte.
Wie viel kostet es …? **Kóliko stáne …?**
mit / ohne Frühstück? **z zájtrkom / brez zájtrka?**
mit Halbpension / Vollpension? **s pôlpenziónom / s célim penziónom?**

Shopping

Wo bekomme ich …?
Kjé lahkó dobím …?

Kaj želíte?
Was möchten Sie?

Vam lahkó pomágam?
Kann ich Ihnen helfen?

Danke, ich sehe mich nur um.
Hvála, samó glédam.

Ich werde schon bedient.
So me žé postrégli.

Ali imáte …?
Haben Sie …?

Ich hätte gerne …
Ràd(a *f*) bi … prósim.

eine Flasche Wasser.
stekleníco vôde.

Oprostíte, žàl nam je zmánjkalo …
Es tut mir leid, wir haben keine … mehr.

Was kostet (kosten) …?
Kóliko stáne (stánejo) …?

Das gefällt mir (sehr).
Tó mi je (zeló) všéč.

Ich nehme es.
Tó bóm vzél(a *f*).

Želíte še káj?
Darf es sonst noch etwas sein?

Danke, das ist alles.
Hvála, tó je vsè.

Kann ich mit dieser Kreditkarte bezahlen?
Lahkó pláčam s tó kredítno kártico?

Im Restaurant

Die Karte bitte.
Jedílni líst, prósim.

Káj želíte píti / jésti?
Was möchten Sie trinken / essen?

Ich möchte …
Jaz bi …

ein Glas Rotwein.
kozárec rdéčega vína.

eine Flasche Weißwein.
stekleníco bélega vína.

ein großes / kleines Bier.
velíko / málo pívo.

Haben Sie vegetarische Gerichte?	**Ali imáte vegetarijánske jedí?**
Želíte prèdjéd / sladíco?	Möchten Sie eine Vorspeise / einen Nachtisch?
Vam je biló všéč / je biló okúsno?	Hat es Ihnen geschmeckt?
Danke, sehr gut.	**Ja, zeló je biló okúsno.**
Ich möchte zahlen.	**Lahkó pláčam, prósim.**

Jedílni líst | Speisekarte

Júhe in enolônčnice | Suppen und Eintöpfe

Fižólova júha	Bohnensuppe
Góbova júha	Pilzsuppe
Govêja júha	Rindsuppe
z rézanci	mit Nudeln
z zdróbovimi cmôki	mit Grießknödeln
Zelenjávna júha	Gemüsesuppe
Bújta répa	Rübeneintopf
Govêja obára (z ájdovimi žgánci)	Rindereintopf (mit Buchweizensterz)
Jóta	Eintopf aus Sauerkraut und Kartoffeln
Prékmurski bógrač	Rindergulasch aus Prekmurje
Ríčet	Gerstensuppe

Hládne prèdjedí | Kalte Vorspeisen

Domáča divjačínska paštéta	Hausgemachte Wildpastete
Kráški pršút z melóno	Karster Prosciutto mit Zuckermelone
Narézek (pršút, sír, olíve)	Aufschnitt (Prosciutto, Käse, Oliven)

Tôple prèdjedí | Warme Vorspeisen

Ájdova káša z júrčki	Buchweizen mit Steinpilzen
Góbova rižóta	Pilzrisotto
Lisíčke z jájci	Pfifferlinge mit Ei
Njóki s sírovo omáko	Gnocchi mit Käsesoße
Sírovi štrúklji	Gekochte Quark-Teigrollen (Štruklji)

Glávne jedí | Hauptspeisen

Mêsne jedí | Fleischgerichte

Čebúlna bržóla	Zwiebelrostbraten
Dúnajski zrézek (s pomfríjem)	Wiener Schnitzel (mit Pommes frites)
Ídrijski žlíkrofi z bákalco	Gefüllte Teigtäschchen aus Idrija mit Lammgulasch
Kránjska klobása (s kíslim zéljem)	Krainer Wurst (mit Sauerkraut)

Ljubljánski zrézek	Cordon bleu
Piščánec po ptújsko	Brathähnchen auf Ptuj-Art (*mit Buchweizen und pikanter Soße*)
Puránov zrézek z góbami	Putenschnitzel mit Pilzen
Svínjska pečénka (s praženim krompírjem in zelenjávo)	Schweinebraten (mit Bratkartoffeln und Gemüse)
Teléčja pečénka v smétanovi omáki	Kalbsbraten in Rahmsoße

Prilóge | Beilagen

Krúhov cmòk	Semmelknödel
Kúhana zelenjáva	Gekochtes Gemüse
Pečèn krompír	Gebackene Kartoffeln
Polénta	Polenta
Pomfrí	Pommes frites
Prážen krompír	Bratkartoffeln
Riž	Reis
Skútni / špináčni štrúklji	Quark- / Spinat-Teigrollen

Ríbe | Fische

Brancín na žáru	Gegrillter Seebarsch
Ocvŕt filé oslíča	Gebackenes Seehechtfilet
Pečêna sóška postŕv	Gebratene Soča-Forelle
Pôlnjeni lígnji	Gefüllte Kalamari

Prilóge | Beilagen

Blítva s krompírjem	Mangold mit Kartoffeln
Maslén krompír	Butterkartoffeln
Slán krompír	Salzkartoffeln

Vegetarijánske jedí | Vegetarische Gerichte

Póhan sír s pomfríjem	Panierter Käse mit Pommes frites
Špináčne palačínke	Spinatpalatschinken
Testeníne z zelenjávno omáko	Nudeln mit Gemüsesoße

Soláte | Salate

Krompírjeva soláta	Kartoffelsalat
Méšana soláta	Gemischter Salat
Radíč s fižólom	Radicchio mit Bohnen
Rdéča pésa	Rote-Bete-Salat

Sladíce | Nachspeisen

Blêjska krémna rezína	Cremeschnitte aus Bled
Oréhova potíca	Potiza (*Nussstrudel*)
Prékmurska gíbanica	Schichtkuchen aus Prekmurje (*mit Äpfeln, Topfen, Mohn,*

	Nüssen)
Skútne palačínke	Quarkpalatschinken
Skútni / oréhovi štrúklji	Quark- / Nuss-Teigrollen

Pijáče | Getränke

Vina | Weine

bélo víno	Weißwein
cvíček	Cviček (*blassroter Wein aus Dolenjska*)
penína	Sekt
rdéče víno	Rotwein
rozé	Rosé
pívo (velíko, málo)	Bier (groß, klein)

Brezalkohólne pijáče | Alkoholfreie Getränke

jábolčni sók	Apfelsaft
ledéni čáj	Eistee
minerálna vôda (gazírana)	Mineralwasser (mit Kohlensäure)
pomaránčni sók	Orangensaft
vôda (negazírana)	Wasser (stilles)

Tôple pijáče | Warme Getränke

béla káva	Milchkaffee
čáj	Tee
kakáv	Kakao
kapučíno	Cappuccino
káva	Kaffee
káva z mlékom	Kaffee mit Milch
vróča čokoláda	Heiße Schokolade

Zahlen | Števniki

Grundzahlen | Glávni števniki

0 *nič* null
1 *êden, èn m, êna f, êno n* ein(s)
2 *dvá m, dvé f, n* zwei
3 *tríje m, trí f, n* drei
4 *štirje m, štíri f, n* vier
5 *pét* fünf
6 *šést* sechs
7 *sédem* sieben
8 *ósem* acht
9 *devét* neun
10 *desét* zehn
11 *enájst* elf
12 *dvánajst* zwölf
13 *trínajst* dreizehn
14 *štírinajst* vierzehn
15 *pétnajst* fünfzehn
16 *šéstnajst* sechzehn
17 *sédemnajst* siebzehn
18 *ósemnajst* achtzehn
19 *devétnajst* neunzehn
20 *dvájset* zwanzig
21 *enaindvájset* einundzwanzig
22 *dvaindvájset* zweiundzwanzig
30 *trídeset* dreißig
31 *enaintrídeset* einunddreißig
40 *štírideset* vierzig
50 *pétdeset* fünfzig
60 *šéstdeset* sechzig
70 *sédemdeset* siebzig
80 *ósemdeset* achtzig
90 *devétdeset* neunzig
100 *stó* hundert
101 *sto êden m, sto êna f* hunderteins
200 *dvé sto* zweihundert
300 *trí sto* dreihundert
400 *štíri sto* vierhundert
500 *pét sto* fünfhundert
1000 *tísoč* tausend
2000 *dvá tísoč* zweitausend
3000 *trí tísoč* dreitausend
6000 *šést tísoč* sechstausend
10 000 *desét tísoč* zehntausend
1 000 000 *milijón* eine Million
2 000 000 *dvá milijóna* zwei Millionen
3 000 000 *trí milijóne* drei Millionen
4 000 000 *štíri milijóne* vier Millionen
5 000 000 *pét milijónov* fünf Millionen
1 000 000 000 *milijárda* eine Milliarde …

Die Zahlen von **12** bis **19** können auch auf der letzten Silbe betont werden, z. B.: dvanájst, petnájst usw.

Ordnungszahlen | Vrstílni števniki

1. *pŕvi* erste
2. *drúgi* zweite
3. *trétji* dritte
4. *četŕti* vierte
5. *pêti* fünfte
6. *šêsti* sechste
7. *sêdmi* siebente
8. *ôsmi* achte
9. *devêti* neunte
10. *desêti* zehnte
11. *enájsti* elfte
12. *dvánajsti* zwölfte
13. *trínajsti* dreizehnte
14. *štírinajsti* vierzehnte
15. *pétnajsti* fünfzehnte
16. *šéstnajsti* sechzehnte
17. *sédemnajsti* siebzehnte
18. *ósemnajsti* achtzehnte
19. *devétnajsti* neunzehnte
20. *dvájseti* zwanzigste
21. *enaindvájseti* einundzwanzigste
22. *dvaindvájseti* zweiundzwanzigste
30. *trídeseti* dreißigste
40. *štírideseti* vierzigste
50. *pétdeseti* fünfzigste
60. *šéstdeseti* sechzigste
70. *sédemdeseti* siebzigste
80. *ósemdeseti* achtzigste
90. *devétdeseti* neunzigste
100. *stôti* hundertste
101. *stopŕvi* hunderterste
102. *stodrúgi* hundertzweite
200. *dvestôti* zweihundertste
500. *petstôti* fünfhundertste
1000. *tísoči* tausendste
1003. *tísočtrétji* tausenddritte
2000. *dvatísoči* zweitausendste
1960. *tísočdevétstošéstdeseti* tausendneunhundertsechzigste

Abkürzungen und Symbole | Kratíce in simbóli

a.	auch	tudi
A	Akkusativ	tožilnik
abw	abwertend	slabšalno
ADJ, *adj*	Adjektiv	pridevnik
ADV, *adv*	Adverb	prislov
AGR	Landwirtschaft	poljedelstvo
ANAT	Anatomie	anatomija
ARCH	Architektur	arhitektura
ASTRON	Astronomie	astronomija
AUTO	Auto	avto
BAHN	Eisenbahn	železnica
BERGB	Bergbau	rudarstvo
BIOL	Biologie	biologija
BOT	Botanik	botanika
CHEM	Chemie	kemija
D	Dativ	dajalnik
DL, *dl*	Dual	dvojina
ELEK	Elektrotechnik	elektrotehnika
e-m	einem	nekomu
e-n	einen	nekoga
e-r	einer	neki
e-s	eines	nekoga
etw	etwas	nekaj
F, *f*	Femininum	ženski spol
FDL, *fdl*	Femininum Dual	dvojina ženskega spola
fig	figürlich, übertragen	figurativno

FLUG	Luftfahrt	letalstvo
FOTO	Fotografie	fotgrafija
FPL, *fpl*	Femininum Plural	množina ženskega spola
G	Genitiv	rodilnik
GASTR	Gastronomie	kuharstvo
GEOG	Geografie	geografija
GRAM	Grammatik	slovnica
HANDEL	Handel	trgovina
HIST	historisch, Geschichte	zgodovina
I	Instrumental	orodnik
(IM)PF, *(im)pf*	imperfektives und perfektives Verb	dovršna in nedovršna oblika glagola
INT	Interjektion	medmet
iron	ironisch	ironično
IT	Informatik, Computer	informatika, računalništvo
j-m	jemanden	nekomu
j-n	jemanden	nekoga
j-s	jemandes	nekoga
JUR	Rechtswesen	pravo
KONJ, *konj*	Konjunktion	veznik
L	Lokativ	mestnik
LING	Sprachwissenschaft	jezikoslovje
M, *m*	Maskulinum	moški spol
MDL, *mdl*	Maskulinum Dual	dvojina moškega spola
MAL	Malerei	slikarstvo
MATH	Mathematik	matematika
MED	Medizin	medicina
MIL	Militär	vojska
MPL, *mpl*	Maskulinum Plural	množina moškega spola
MUS	Musik	glasba